人力资源强国指标体系
与实践路径研究

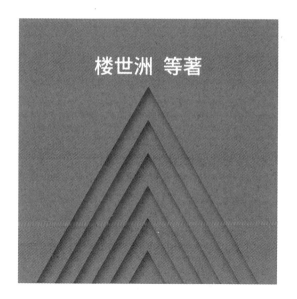

楼世洲 等著

中国财经出版传媒集团

经济科学出版社
Economic Science Press

图书在版编目（CIP）数据

人力资源强国指标体系与实践路径研究/楼世洲等
著 . —北京：经济科学出版社，2019. 9
ISBN 978 - 7 - 5218 - 0844 - 5

Ⅰ. ①人… Ⅱ. ①楼… Ⅲ. ①人力资源管理 - 发展战略 -
研究 - 中国 Ⅳ. ①F249. 21

中国版本图书馆 CIP 数据核字（2019）第 188324 号

责任编辑：申先菊　赵　悦
责任校对：王苗苗
版式设计：齐　杰
责任印制：邱　天

人力资源强国指标体系与实践路径研究

楼世洲　等著
经济科学出版社出版、发行　新华书店经销
社址：北京市海淀区阜成路甲 28 号　邮编：100142
总编部电话：010 - 88191217　发行部电话：010 - 88191522
网址：www. esp. com. cn
电子邮件：esp@ esp. com. cn
天猫网店：经济科学出版社旗舰店
网址：http：//jjkxcbs. tmall. com
固安华明印业有限公司印装
710 × 1000　16 开　31 印张　540000 字
2019 年 9 月第 1 版　2019 年 9 月第 1 次印刷
ISBN 978 - 7 - 5218 - 0844 - 5　定价：298. 00 元
（图书出现印装问题，本社负责调换。电话：010 - 88191510）
（版权所有　侵权必究　打击盗版　举报热线：010 - 88191661
QQ：2242791300　营销中心电话：010 - 88191537
电子邮箱：dbts@ esp. com. cn）

本书系全国教育科学规划办 2013 年国家社科基金教育学重点招标项目"人力资源强国评价指标体系与实践路径研究"（AGA130002）的结题成果。

参与"人力资源强国指标体系与实践路径研究"课题组成员有张天雪教授、周国华副教授、李阳琇副教授、李云星博士、俞向军博士、黄丹硕士、盛静茹硕士、薛盂开硕士、查国硕硕士及博士生吴海江、王翠英、俞丹丰和硕士生郭丽静、许军建、袁星星等。

前 言

《国家中长期教育改革和发展规划纲要（2010—2020 年）》确定到 2020 年教育改革发展的战略目标是"基本实现教育现代化，基本形成学习型社会，进入人力资源强国行列"。建设人力资源强国是党中央的重大战略抉择。人力资源是一个国家最重要的财富基础，也是一个国家发展的重要保障，高质量的人力资源是国家竞争力的核心。在全球经济竞争中，一个国家的比较优势与综合竞争力不仅取决于经济环境，同时也在很大程度上取决于人力资源的竞争力，因而全面开发人力资源是实现富民强国的第一国策。人力资源强国（A Country of Profound Human Resource，CPHR）是指人力资源存量丰富、开发充分、结构合理、利用达到世界先进水平的国家，作为国家战略之一，其最终指向全体国民的人力资源实现充分开发、普遍提升、合理配置和有效利用。

人力资源强国的核心问题就是寻找适切的工具来衡量一个国家的人力资源存量、开发、贡献和发展潜力。以企业组织作为基础的人力资源统计方法，不足以全面衡量和测算国家范畴的人力资源，需要调整、补充和完善更综合性的指标加以度量。因此，研究人力资源强国建设中的重大理论与实践问题，尝试提出人力资源强国理论框架和相应的评价指标体系，运用定性与定量相结合的方法，分析我国人力资源建设中存在的问题，探索建设人力资源强国的实践路径，为把我国建设成为人力资源强国提供理论支撑、路径模式、评价标准和实践对策，选题具有重要的战略意义。

从学术价值来说，人力资源在理论上的可测性为构建人力资源强国评价指标奠定基础。人力资源强国本身包含数量、结构、经济、教育、健康、竞争力等特征（张力，2010），采用数学和统计方法，利用具体指标和数量关系建构出的指标体系，可以揭示人口、教育、经济和社会诸因素对人力资源竞争力发挥的作用，解释人力资源与经济增长、教育发展、和谐社会等的关系问题；指标量化的人力资源水平数据可以反映一个国家和地区的发展实力和存在问题，体现教育、经济、社会发展的不协调因素，有利于正确认识人力资源发展的客观规律，更好地预测和规划我国人力资源强国的实践路径，等等。

从应用价值来说，在人力资源强国评价指标建构基础上，采取存量评价和增量预测相结合的方法，为我国与其他国家发展差异提供了科学的依据，为我国人力资源强国建设所处阶段、发展水平和未来趋势进行评判和预测，以监测人力资源开发和建设的进程，分析存在的问题和影响因素；通过对各省人力资源水平的差异研究，可以比较科学地预测各省域人力资源发展的规律和变化的基本趋势，为今后地方政府决策人口、经济、教育、社会发展提供必要的理论和现实依据，减少政府行为的随意性和盲目性，即为实现人力资源强国目标而采取适切的实践路径。

人力资源强国评价指标的构建，为我国与其他国家人力资源差异的测量提供了科学的依据，有助于人力资源强国建设的有效监测和推进；通过国别比较和省域比较，可以比较科学地预测我国人力资源的发展规律和变化趋势，有助于更加全面地反映我国及各省份人力资源的动态变化过程，进一步认识我国人口、教育、经济和社会发展的现状及前瞻，进而提出人力资源强国的实践路径。

总之，人力资源强国评价指标和实践路径研究，通过指标体系的构建，建立科学测量人力资源发展水平的多尺度、严密完整的综合评价模型，进而将在宏观、中观和微观的不同层面，分析人力资源与经济、教育及社会的互动关系的影响，探索经济、教育、社会协调发展的人力资源强国的实践路径，从理论和实践上解决这些问题，将在促进人力资源强国建设、决策科学化等方面发挥基础作用。

"强国"的概念早于"人力资源"的概念，1890 年，美国著名海军战略理论家阿尔弗雷德·马汉出版了《海权对历史的影响》一书，提出了制海权是成为世界强国的前提条件。一个强国取决于六个条件：地理位置、领土大小、自然结构、人口数量、国民习性和政府特性。1965 年，德国物理学家威廉·富克斯出版了《国力方程》，用人口、钢产量和能源产量 3 个指标构建了强国的模型公式。进入 20 世纪 70 年代，强国研究趋向于综合国力的研究。1977 年美国学者克莱茵出版了《世界权力的评价》，选取了 44 个指标，对 77 个国家或地区的综合国力进行了测算。综合国力有自然力、人力、经济力、政治力、精神力和科技力等指标组成。2008 年全球综合国力研究表明，中国排名第 4 位。

人力资源强国是中国提出的一个创新概念，是中国共产党几代领导人关于人口发展和建设国家思想的共同结晶。2005 年 10 月，时任中共中央总书记胡锦涛同志在十六届五中全会上的讲话指出"要推进人力资源能力建设，提高劳动者整体素质，使我国从人口大国转变到人力资源强国。"2006 年 8 月，胡锦涛同志在中共中央政治局第 34 次会议上指出"必须坚定不移地实施科教兴国战略和人才强国战略"，"努力把我国建设成为人力资源强国，为全面建设小康社会、实现中华民族的伟大复兴提供强有力的人才和人力资源保证"。2007 年，中国共产党第十七次全国代表大会报告提出"优先发展教育、建设人力资源强国"。

关于人力资源强国的测度，需要以人力资源强国评价为支撑，以评价指标为依据，而人力资源强国评价指标研究主要体现在两个方面。一是在教育发展指标中的人力资源指标，主要侧重于劳动者受教育现状的描述，对国民教育水平、结构及其支持条件的评价和监测，多为一些基础性、结构比例性指标；二是在经济综合竞争力、社会综合竞争力指标中的人力资源指标，将人力资源作为经济和社会发展的影响因素。因此，关于人力资源强国评价指标研究综述，要结合教育指标、经济指标、科技指标和社会发展指标等进行综合考虑。

一、历史演变

人力资源指标在理论上属于社会指标的范畴。最早由美国学者雷蒙德·鲍尔（Raymond Bauer）在 1966 年发表的《社会指标》一书中提出，随即在美国和世界范围内掀起了一场"社会指标运动"。20 世纪 60 年代，由于经济指标的建立与应用（如国民生产总值、国民收入、失业率等），再次激起了学者对于社会指标的兴趣，许多研究领域（科学、环境、教育等）开始自主发展适合的指标，教育也是其中的重要内容，如"健康、教育、福利指标"（CHEW Indicators）。1966 年，美国学者詹姆斯·S·科尔曼（James S. Coleman）发表了著名的调查报告《教育机会均等的观念》，无论发达国家还是发展中国家都纷纷开始评价各国教育发展指标的作用、效益等。

20 世纪 70 年代，世界各国对于教育质量越来越重视，如何定义、测量、评估进行提升教育质量，成为世界各国教育的主题。人力资源指标逐渐从社会指标中分离出来，成为教育发展指标的核心指标之一。同时，经济合作与发展组织（Organisation for Economic Cooperation and Development，OECD）、联合国教科文组织（United Nations Educational Scientific and Cultural，UNESCO）等国际性组织也积极从事教育指标的开发、设计工作，期望能够建立一种提升教育发展质量的监测机制。1975 年，由格拉迪（Mary Golladay）担任主编，美国国家教育统计中心编写的《教育状况》（The Condition of Education）年度报告出版，这是国际上第一本有关教育指标的应用书籍。1987 年，美国教育部邀请各国共同加入经济合作与发展组织（OECD）进行"国际教育指标"研究。自此，教育指标建立工作开始逐渐蓬勃发展。

在 1982 年，UNESCO 专家詹姆斯·约翰斯通（J. N. Johnstone）结合数十年经验，撰写了专著《教育系统指标体系》形成了教育指标理论研究的基本框架。OECD 于 1987 年重新开始教育指标研究，1992 年编辑的《OECD 国际教育指标：一个分析框架》和 1994 年编辑的《开展教育计量：开发和应用教育指标》，这两本论文集是教育指标理论研究的经典文献。美国兰德公司、国际教育规划研究所等机构也积累了丰富的理论文献。关于职业教育指标的理论研究国际上更为丰富。

20 世纪 80 年代以来，我国教育事业有了稳定、持续的发展，并取得了显著成就，教育统计系统也日益健全，突出的特点是教育统计指标的逐步规范化和统计数据的公开化。我国也建立了包括 7 类 90 项的教育统计调查指标体系，90 年代初，建立了包括 4 类 77 项的教育评价监测指标体系，与此同时，也开始系统利用《中国统计年鉴》《中国教育年鉴》等逐年报告我国教育发展的基本信息。

二、研究进展

教育作为人力资源开发的核心问题和组成部分，其发展指标最受社会关注。不少国际组织、国家或地区逐渐把教育指标应用于监测政策执行和评估政策效果等方面。例如，为保证"全民教育目标"的实现，UNESCO 确定了 15 个核心指标进行年度监测。《美国 2000 年教育战略》的六大目标（后修改为八项）的达成情况，教育部成立了"教育指标专门研究小组"并制定了适用于国家层次的 27 个指标和州层次的 34 个指标。在职业教育领域，由于职业教育比普通教育更需要与职业和社会的变化保持一致，因此，包括欧洲培训基金会（European Training Foundation，ETF）、德国职业教育研究所、澳大利亚国家职业教育研究中心（National Centre for Education Research，NCVER）等机构都普遍重视"职业教育与培训（Vocational Education and Training，VET）"的指标研究工作。例如，欧洲培训基金会（ETF）设计了多项"关键指标"来监测职业教育和劳动力市场的变迁状况。澳大利亚国家职业教育研究中心则与其国家培训署（Australian National Training Authoriy，ANTA）合作，每年发布关于职业教育与劳动力市场变化的指标研究报告，各项指标还列出红灯、黄灯、绿灯的警示标志，从而有效地支持了教育决策。

中国共产党第十八次全国代表大会提出我国要实现资源节约型的经济发展模式，通过持续的技术创新实现经济的可持续增长，人力资源成为经济与社会发展的核心推动力。长期跟踪监测人力资源的发展规模、结构、素质、效能等变化状况就显得更加必要。

在我国，对人力资源的指标研究，主要结合教育与经济、社会发展的关系展开，探索人才资源与市场、经济之间的作用机制。如孙林岩（1998）利用随机差分方程的基本理念，分析科技人才与地区生产总值的相关联系；殷淑严、顾培引（2000）利用 BP 神经网络理论，建立了人才需求预测模型；王维（2005）等利用灰色模型 GM(1, 2) 和 GM(1, 1)，预测了第三产业从业人才需求和人才结构情况；杨月、沈进（2006）实现了多元线性回归分析在人才需求预测中的应用；肖健华（2007）证明了支持向量回归预测法在人才需求预测方面的可行性；汤伟伟，况敏（2010）对技能人才相关研究及人才预测理论进行论述的基础上，运用回归分析法、时间序列法、灰色系统预测法和组合预测四种方法，估计了未来技能人才需求总量。

人力资源指标研究除了人才指标外，还在人力资源竞争力和发展指标研究上进行突破。倪鹏飞（2005）提出的人力资本竞争力指标体系，由人力资源数量指数、人力资源质量指数、人力资源需求指数和人力资源潜力指数综合而成。桂昭明（2002）在瑞士洛桑国际管理发展学院（International Institute for Management Development，IMD）发表的《世界竞争力年鉴》(World Competitiveness Yearbook，WCY）的基础上，从评价国际竞争力的指标体系中，抽出了部分反映人才竞争力的指标，从而形成了评价一个国家人才国际竞争力的指标体系。这个指标体系分内在竞争力和外在竞争力两大类要素，共有 54 个要素指标，包括人才数量、质量、创新能力、使用效益、状态和环境六个要素类型，这个指标体系针对的是国际人才竞争力，其竞争主体是国家。赖德胜（1997）对中国人力资源发展现状的评价指标，主要包括人力资源的总量状况（数量特征）、素质状况（质量特征）、分布状况（结构特征）、利用效率（效能特征）和管理机制（环境特征）五个方面。中国科学院课题组以评价可持续发展能力为目标的指标体系，从 1999年起对全国社会经济发展进行评价。该指标体系分为 5 大系统，16 个状态层，47个变量层，249 个要素指标。徐建平（2003）根据已有的人力资源理论和社会指标理论，选取了 100 个二级指标构建了一套区域人力资源发展状况和发展水平的指标体系，这一指标体系对区域人力资源状况的考察分两个维度进行：纵向上将人力资源分为人口资源、劳动力资源和人才资源；横向上对人力资源的考察分别从社会人力资源的数量、质量、结构、效能和环境五个子系统进行。沈鸿等（2011）建立了西南少数民族地区农村人力资源开发评价指标，由教育、医疗、经济、民族文化、法律法规、自然地理、人口等七个维度构成。

这里需要重点提及人力资源强国指标问题的三个直接相关研究。2005 年在教育部领导建议下，以国家教育发展研究中心谈松华研究员为组长开展了《人力资源强国指标研究》，设计了人力资源发展水平指数、能力指数、贡献指数等 7大指标并给予相应权重，同时进行了 56 个国家的比较，中国排名第 34 位；2006年由中央教育科学研究所国际比较教育研究中心承担完成，王素负责的进入人力资源强国行列研究报告，课题组建构了人力资源强国的指标体系，包括 4 个维度12 个指标，关注了劳动力教育结构、高校在校生人数、全职研发人员数量、学校受教育年限、三级教育综合入学率、SCI 论文收录引用情况、教育经费与研究与试验发展（Research and Development，R&D）经费占 GDP 的比例。此指标体系限于描述性指标数量的简单排序，不涉及指标的数量关系和其他计算。2010年张力等设计了人力资源强国指标的理论模型和人力资源竞争力评价指标体系，包括人力资源开发存量、开发能力、开发潜力、开发贡献、开发负债 5 个维度 13个指标，并给予 0.5 和 1 的权重赋值计算，在 2005 年 58 个国家中中国排名第 19位。这一体系考察了劳动力、文化素质、健康水平、教育发展、潜在劳动力、科技创新等多因素，但指标选取简单且权重赋值没有数量依据支持。

三、研究述评

关于人力资源强国研究限于定性描述，其评价指标研究少。高书国（2008）认为人力资源强国的内涵包括数量特征、经济特征、教育特征、健康特征和竞争力特征。建立人力资源强国的指标体系是个系统工程，需要综合考虑人口、经济、教育、文化、医疗等综合因素的影响。现有关于教育指标、经济指标的研究较多，对人力资源发展指标研究仅限于行业或企业人力资源管理局部研究，国别研究相对较少；对综合人口、经济、教育等综合框架内的指标设计少；此外指标统计以描述分析为主，对国家或区域范畴内人力资源竞争力进行定量的模型研究并作出综合评估和排名的研究成果较少，或者说没有统一或共同认同的衡量人力资源发展的指标体系和衡量方法。

学者往往根据各自的理解来设计衡量的指标体系。尽管在选择的时间段、数据来源上大致重合，其根据不同的指标所得出的研究结果却有明显差异。如在教育发展指标设计上，有学者（吴玉鸣，2002）认为，教育竞争力的区域非均衡性非常明显；教育竞争力较强的区域，经济发展水平较高。而另有学者（胡咏梅，2003）提出教育竞争力的区域非均衡不明显；教育竞争力水平较高的省（区、市），其经济发展水平未必较高。

有的学者在对国际教育或经济指标介绍之后加上一些启示，虽然其中不乏作者的独到见解，但这些研究都是演绎式的，缺少在调查和了解中国教育现实的基础上进行必要的反思，难以反映出中国发展的主要矛盾，难以对中国发展提出具有实践价值的决策性建议。因此，从指标体系的建立到综合评估方法进行实证研究，更为细致、全面、客观地评价国家人力资源竞争力水平实属必要。

本书认为，指标体系的构建和修改需要一套比较成熟的指标理论作为指导，人力资源强国关注的内容不仅仅局限于劳动力等关键指标，而要关注包括人口、教育、经济、社会等全方位的关系，从而使人力资源强国战略决策在社会大背景下合理定位人口、教育、经济、社会的发展规模、速度和职能。因此，现将人力资源强国评价指标体系与实践路径研究的原则和立意概括为以下几点内容：

第一，体现"投入—过程—产出"理论模式。人力资源强国包括开发、培养、利用等各个领域和部门，它可以跟其他生产部门的生产活动一样，按"投入—过程—产出"三段模式来进行描述和分析。现有国际教育、经济指标体系的构成大都遵循着这个理论分析模式。

第二，注重人力资源产出与效率的研究。一切资源的投入不仅要服从效率的原则，而且最终要体现在产出效益上，因此人力资源的产出与效率指标在整个指标体系中应分得非常细致，数据要求需要易得且详尽，如社会劳动生产率、专利数、失业率、文盲率、老龄人口比率等。

第三，指标体系反应人力资源强国所包含的人口、经济、教育、社会等综合特征。每一个指标体系都是在一定的理论和价值观取向基础上形成的一个整体监测系统。这种监测不仅反映在独立的每个指标数据上，而且也反映在指标与指标的关系上，科学地体现人力资源与经济、教育和社会的交互影响。要以开放的观点构建指标体系。人力资源系统是一个和国家的经济、教育、社会发展密切相关的开放系统，人口、教育、经济、社会发展为人力资源强国提供了什么样的条件，产生了哪些影响等方面的指标应非常重视，并要有充分的反映和深入的分析。这既能折射出一段时间内国家社会的发展趋势，又不是孤立地呈现人力资源发展的状况，同时又使指标体系具有一定的应用价值。

第四，重视指标体系的国际通用性和国际可比性。人力资源强国评价本身是个比较的概念，指标体系在指标的选取和统计资料收集上，既力求切合各国国情，更强调各国间的相互联系，非常注重国际通用性和国际可比性，同时还考虑到全球化等新问题。如教育经费开支占本国 GDP（GNP）① 的比值、教育留学生的比例。这是因为在当今经济全球化加速发展的时代大背景中，世界各国之间政治、经济、技术、文化、社会的相互作用日益加强，任何一个国家的教育发展都不可能孤立存在的。

第五，强调人力资源强国的实践路径。根据指标体系构建，选取 1998—2017 年时间段进行分析，通过国际与区域比较，揭示我国和各省份人力资源强国的发展水平和发展阶段，反映经济、教育、社会与人力资源水平的相互关系，解释存在的矛盾和差异，提出人力资源强国的国家战略和区域发展实施路径，这种深层研究在以往未给予足够的重视。

国内外已有研究主要从管理学、教育学以及统计学的角度，在人才供给、人才预测等方面进行探讨，并论证教育、经济发展与人才之间具有一定的逻辑联系，为本书提供了有力的理论和数据支撑。结合课题组成员对经济指标、教育指标的持续研究为本书奠定了重要的基础，人力资源强国评价指标体系与实践路径研究将在研究方法、研究内容、研究视野、研究层次上进行新的思考和分析。

楼世洲

2019. 5. 9

---

① 国内生产总值（Gross Domestic Product，GDP）.
国民生产总值（Gross National Product，GNP）.

目　录

第一章
人力资源强国研究的指导思想与方法

第一节 研究目标、研究内容和研究框架

1979 年诺贝尔经济学奖得主、著名的美国经济学家舒尔茨（T. W. Shutlz）指出了"人力资本"对世界未来发展的重要性。他认为人力资本是指对人力进行投资所形成的资本，是体现人的体能、技能、知识和经验的综合。人力资本所包含的诸多内容恰恰是人类发展指数的重要组成部分，是人的发展的重要体现。

改革开放 40 多年来中国致力于推动人口与经济、社会、资源、环境的协调和可持续发展，尤其引人注目的就是推动了人力资本的开发、提升和储备，人口素质的提高、国民能力建设的加强为经济社会发展提供了有力支撑和动力源泉。有关研究表明，在过去 40 年经济高速增长的过程中，通过教育和国民素质的提升所带来的经济增长贡献份额为 24%，与劳动数量投入的贡献份额相当。[①] 由此可见，过去 40 多年来中国走过的发展历程，是一部经济腾飞与人口发展、人力资本积聚交相辉映的奋斗史。它记载着一个十几亿人口、资源紧缺、环境脆弱的发展中国家，如何逐步形成资源节约、环境友好、经济高效、社会和谐的发展新格局，如何从人口大国逐步转变为人力资本强国，又是如何迈出了向人力资源强国转变的第一步。

一、研究目标、研究假设和指导思想

首先，根据建设人力资源强国的基本理论，准确把握人力资源强国评价指标

---

① 赵白鸽. 中国改革开放创造了世界人口发展奇迹［EB/OL］.（2008 – 11 – 01）［2019 – 07 – 25］. http：//www. gov. cn/jrzg/2008 – 11/01/content_1137767. htm.

的内涵。建设人力资源强国是我国建设现代化强国的总体目标的一个部分，我国要实现经济社会的可持续发展目标，必须形成以创新机制为主导的发展模式，人力资源强国的评价指标要集中体现国家的创新能力。因此，我们提出了教育与产业的协同创新、经济增长中的技术创新力和技术贡献率、以及创新人才和高技能应用人才培养等区别于一般人力资源评价指标的内容。

其次，人力资源强国评价指标的性质厘清、功能定位、体系建构。人力资源强国是国家综合竞争力的体现，因此，我们将以经济竞争力、社会竞争力、教育竞争力和国际竞争力四个维度进行分析。评价指标既要体现人力资源的发展对经济、政治、文化、社会等各项建设指标的贡献，同时也要关注人的全面发展，体现以人为本的基本理念。

最后，运用指标体系分析人力资源强国建设的进程与趋势，探索建立人力资源强国的实践路径。根据人力资源强国理论框架和相应的评价指标体系，运用定性与定量相结合的分析方法，分析我国人力资源建设中存在的问题，为把我国建设成为人力资源强国提供理论支撑、路径模式、评价标准和实践对策。

指标的种类很多，根据不同的标准有不同的分类，如按其所反映内容的不同，可分为数量指标和质量指标；按其作用和表现形式的不同，可分为存量指标、流量指标和综合指标；按其性质的不同，可分为客观指标和主观指标。尽管划分指标种类的角度不同，但不同种类指标之间经常出现交叉重叠的现象，如有些数量指标，可能同时也是存量指标或客观指标。对指标进行分类，不仅可以指导我们从不同角度考察同一项指标的内涵，以便加深对某一项指标性质特征的认识，还可以帮助我们从各类指标中恰当地选择某些类型的指标合理地构建指标体系。

一般来说，发展指标体系的功能包括五个方面的内容：一是描述功能，即对所要研究的教育现象进行客观的描述，是指标体系中的基础性指标，也是一种客观指标；二是解释功能，即对所要研究的对象进行全面、深入的分析，不但要发现问题，而且还要说明问题发生的原因，是一种主观性指标；三是评价功能，即发展指标体系作为一种发展进程的测量尺度，能对所要研究的对象及其发展变化情况进行测量和分析；四是监测功能，即通过指标体系中的数据反映发展中的问题，提供决策参考；五是预测功能，即根据发展指标分析发展趋势，对未来一个时期的发展进行预测分析。

从过程性看，发展指标应该具有三性：一是阶段性，即指标体系应该根据发展的阶段性确定发展目标、常模和权重；二是通用性，即指标体系既可以与我国的发展指标纵向衔接，又可与国际标准横向比较；三是独特性，人力资源评价指标应综合地反映一个国家或地区的教育、经济与社会发展状况。

人力资源强国建设是一个多目标、多功能、多层次、多要素的系统，要想全面、客观、科学地反映和评价人力资源发展的整体状况，评价指标体系必须由一系列相互联系、相互制约的能够反映人力资源基本特征的统计指标所构成。目前，我国关于发展指标的概念模式是基本理论框架、设计技术和体系功能目标的综合体，概念模式是指标分析和建构指标的方法论基础，也是指标选择的依据。一般来说，一个指标的概念模式主要有系统模式、归纳模式、演绎模式、问题模式和目标模式五种类型。建构与发展指标体系，需要以概念模式为引导，将信息资料与理论模式加以结合，才能形成完整的指标体系。

一个科学的指标体系必须具有四种功能：描述系统的状态、描述系统的发展、描述系统与目标的差距、将系统分类。每一种功能将造成指标体系之间存在很大差异。人力资源作为社会系统的一个子系统，人力资源的发展进程也具有明显的阶段性特征。根据这样一种观点，作为评估强国实现程度的指标是一个具有阶段性特征的指标体系，评价的是一个国家建设人力资源强国的实现程度如何。因此，人力资源强国评价指标应该包括定性指标和定量指标两个方面，利用指标体系进行数量化的监测现状与预测未来。

人力资源强国的指标体系可在宏观、中观和微观三个层面来思考。宏观层面是战略与绩效相关性的评价指标，即在可比较的方面与参照国进行人力资源水平对照性的评价，它运用各种经济理论，特别是人力资本理论，对一个特定的战略规划期内的人力资本存量、人力资本结构、人力资本增值及其与国家整体实力的相关性进行科学研究并为新的战略规划期提供理论与设计工具；中观评价是对国家人力资源制度、政策、机制以及人力资源战略运行过程的研究，这种研究对于完善国家人力资源能力的评价制度，促进国家人力资源能力的提升具有重要价值；微观评价是按照人力资源能力的总体性，对具体组织、职业或行业群体的人力资源能力的分析，具有直接的微观意义，同时也具有间接的宏观价值。

国际竞争力背景下的人力资源强国战略指标体系主要包括经济竞争力、社会竞争力、教育竞争力以及科技竞争力四个基本分析维度，既关注人力资源对经济、科技、社会等方面的贡献，也关注人的全面发展和国家的人口素质。由人力资源数量、结构、效能、发展、素质、环境、保障等一级指标构成，主要评价的是人力资源的教育结构与发展现状，国家对人力资源发展的投入与政策环境，人力资源的经济效能、科技效能以及社会效能等。综合评价人力资源对经济与社会可持续发展的贡献，见表 1-1。

表 1-1　　　　　　　　　　　人力资源强国指标体系的基本内容

目标层 A	准则层 B	一级指标 C	二级指标 D	权重因子 E
国际竞争力背景下的人力资源强国指标体系	经济竞争力社会竞争力教育竞争力科技竞争力	人力资源数量指标	……	
		人力资源结构指标	……	
		人力资源效能指标	……	
		人力资源发展指标	……	
		人才资源素质指标	……	
		人才资源环境指标	……	
		人力资源保障指标	……	

这一指标体系实质上是一个根据层次分析法（analytic hierarchy process，AHP）原理建立起来的人力资源评价指标体系的层次结构模型。其中，将人力资源发展水平定义为目标层 A，用 4 个评价角度设计准则层 B，通过 7 个评价角度将准则层分解为一级指标 C，最后用若干个指标构成可测量的二级指标体系层 D，还设计了权重指数 E。由于本书确定人力资源强国的评价指标，通过经济竞争力、社会竞争力、教育竞争力和科技竞争力四个领域进行考察，而这四个领域的人力资源二级指标评价指标将出现交叉与重复，我们在研究中可以运用旋转矩阵的方法对这些指标因素确立权重因子式，结合观察指标 D 和权重因子 E，运用历史数据和调研数据就可以进行数学建模和定量分析。在研究方法上，采用德尔菲法对各指标进行量化，形成准则、细则和指标三个层次的权重矩阵，运用历史数据与区域发展数据，根据各准则的得分矩阵及权重矩阵，从横向和纵向两个方面分析我国人力资源发展水平和区域发展的状况，通过构建的层次结构模型对中国人力资源发展水平进行综合评判。在对影响因素进行综合分析和调查研究的基础上，分析建设人力资源强国的发展阶段和存在的问题，探索建设人力资源强国的实践路径。

二、研究的基本内容和分析框架

一是研究人力资源强国建设的理论内涵、形态特征、发展阶段和建设模式等问题。重点研究人力资源强国的基本理论问题，特别是对基本概念、主要标志、范畴领域等相关的理论问题进行初步探索和研究。

二是建立相关指标体系，并进行国际和国内各省份的测量和评价。首先，对教育、经济、社会、综合国力等指标体系研究现状进行分析，旨在对反映人力资源可持续发展水平变量进行选择，确定各指标体系的权重和内部变量的计算，构建出指标体系的综合评价模型。其次，采取存量评价和增量预测相结合的方法，对于中国人力资源强国建设所处阶段、发展水平和未来趋势进行评判和预测，以测评人力资源强国建设进程。

三是依据测量结果对我国人力资源强国战略提出实施路径。结合全球和全国各省份人力资源发展情况，计算出人力资源发展水平的指数，这主要是从表征人力资源状况的水平指数、协调指数和结构指数来考察各国和各地区的国际比较和省际比较。国际比较提出我国的优势与不足，提出人口、教育、科技、经济、社会等人力资源发展的战略参考。通过我国省际的差异分析，提出建议为今后各省份人力资源建设实践服务，以实现强国目标。

四是揭示我国人力资源发展的动态变化特征，分析变化原因以预计变化规律和趋势。为今后地方政府决策人力资源发展，推动人口、教育、经济、创新等发展规划的具体实践，最终实现我国人力资源强国的战略目标。

以上可见，人力资源强国评价指标体系的构建是重中之重。以下详细表述评价指标体系构建的具体步骤和方法。

（一）　确定指标体系中的核心指标

核心指标是指标体系中以它为主的指标。以哪一个指标作为核心指标，取决于许多因素。例如，研究对象的性质、范围、目的等。核心指标不是固定不变的，它可以随着客观情况的变化而变化。如世界经济论坛（World Economic Forum，WEF）的《全球竞争力报告》（The Global Competitiveness Report，CCR）则选择制度、基础设施、宏观经济、健康与基础教育、高等教育与培训、市场效率、技术准备、企业的成熟性、创新 9 个指标作为核心指标。因此，人力资源强国指标体系的研究过程中，我们根据可持续发展的目标，对经济竞争力、社会竞争力、教育竞争力和国际竞争力四个领域进行考察，从人力资源发展的内部表征指标和外部影响指标中，通过演绎法、文献法、专家咨询法进行因素定性分析，最后结合相关分析等定量方法，筛选人力资源强国评价的一级核心指标和二级表征指标。

（二）　设计指标体系结构和内容

核心指标确定以后，应当围绕它从不同的角度设计各种相互依存、相互联系的统计指标体系。一般包括指标的层级结构的设计和具体计量指标的选择。指标的层级结构的设计一般有三种方式：（1）根据现象之间相互联系的情况进行设计；（2）根据影响活动成果的因素进行设计；（3）根据活动成果的构成进行设计。具体体现为一种层级的指标体系。

指标体系的内容是具体计量指标的选择。计量指标具有以精确的统计数字来测量现象的功能。这些指标具有明显的测度功能，如教育投入总量、教育财政支出总量、入学率、毕业生总量等。这些现象的名称一般直接体现了测度的特征，在设计统计指标时，往往可以直接用作指标名称。有些指标是不具备测度功能的。例如，人才素质、教育效益、人才环境等。对这一类现象，必须另行寻找既能体现现象的本质，又具有测度功能的特征来作为统计指标。这类现象统计指标名称不可能与现象的定性概念相一致，需要寻找替代的方法。通常有以下几种方法。

（1）在与对象性质相近的其他具有测度功能的特征中，选择最适合作为观察这一现象总体量的统计指标。例如，"教育水平"这一现象是不可度量的，便可以选择与其性质近似的，如新增劳动人口的教育年限、职工平均受教育年限、每万人中接受高等教育的比例等许多具有测度功能的特征中挑选最能体现"水平"的特征来作为统计指标。

（2）从对象形成的结果和影响因素等具有测度功能的特征中，选择最能体现其本质的特征作为测度这一现象总体量的统计指标。例如，工人生产技术水平取决于工人接受文化教育专业训练的年限，以及企业的技术培训等。这样，就可以从中选择最能体现其本质的特征作为统计指标。

（3）根据对象的性质，设计专门的计算公式来得出计量指标。如作为教育投入与产出的统计指标。全球竞争力报告在对"创新"这一核心指标进行测量时，就设计了根据企业科技研发投入（R&D）、使用专利数、知识产权、大学/产业的研究合作、工程技术人员的数量等一系列可测度的指标，运用数学计量模型计算创新能力指标的赋值。

（三） 确定指标的计量单位和计算方法

指标的计算方法，有的比较简单，在确定了总体范围和指标口径之后，并不需要再规定具体的计算方法。因为这些指标的计量单位是关于数量的汇总，如招生规模、在校生人数等。有的统计指标计算方法则比较复杂，它必须以对象性质的理论剖析作为依据。当一个指标有几种可供选择的计算方法时，应比较哪种方法更符合这些理论，剖析后决定取舍。当需考虑采取简便变通的计算方法时，应以不违背这个基本原理为前提，有些分析指标的计算还需要选定恰当的数学模型来解决。

如"中国教育现代化进程研究"课题组，根据亚历克斯·英克尔斯教授（Alex Inkeles）的评价模型，设计和构建了我国教育现代化的评估模型：

$$EMI = \sum S_i \cdot K_i (K_i 为权重系数，S_i 为现代化达标程度)$$

其中：$S_i = i_{实际值} / i_{标准值}$（正指标，$S_i \leqslant 100$）

$S_i = i_{标准值} / i_{实际值}$（逆指标，$S_i \geqslant 100$）

指标的时间和空间限制有两种：一种以一般时期（日、月、季、年）为界限；另一种以某一标准时刻为界限，如以某年初、年末、月初、月末等为时间标准。但是，计算时间是由统计指标性质、特点、需要和可能来决定的。

（四）　指标权重的计算确定

本书确定人力资源强国的评价指标，通过经济竞争力、社会竞争力、教育竞争力和国际竞争力四个领域进行考察，而这四个领域的人力资源二级指标评价指标将出现交叉与重复，我们在研究中可以运用旋转矩阵的方法对这些指标因素确立权重因子式。

对综合评价中权数的设置也是一个较为复杂的问题，赋权的方法，有客观赋权法和主观赋权法两类，客观赋权法主要有选择赋权法、熵值法、变异系数法、秩和法、双级值距离法、相关系数法、第一主分量法等；主观赋权法主要有德尔菲法、比较评分法、先定性排序后定量赋权法、移动平均法、指数平滑法等。在指标体系的设计，可以综合运用层次分析法（AHP）、模糊聚类、指数评价、灰色评价、可能—满意度、灰色关联等各种手段和方法。

任何评价指标体系都需要在实践过程中进行检验和修正，为此本书将沿着这样的基本思路完成指标体系与内容的构建（图1-1）。

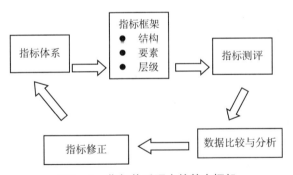

图1-1　指标体系研究的基本框架

从总体上说，人力资源强国是国家综合实力、或者说是国际竞争力框架下的人力资源竞争力的具体体现，而且人力资源要素是国家综合实力的核心要素，因为要实现经济社会的可持续发展，必须依靠科技和教育的发展为基础，是以人力资源的开发为核心；经济和社会全面、协调、和谐发展的最终目的，是促进人类的进步和幸福。因此，我们以促进人口素质的全面提高作为人力资源强国的出发点和落脚点。从经济竞争力、社会竞争力、教育竞争力、科技竞争力的维度来构建人力资源强国的指标体系。我们的研究内容包括五个方面。

第一，建设人力资源强国的内涵与特点。主要探讨人力资源强国的理论依据、内涵与外延，人力资源强国指标体系的内涵与构成要素，以及指标体系的逻辑框架与功能特点。

第二，人力资源强国指标体系与经济竞争力、社会竞争力、教育竞争力、科技竞争力之间的相关分析。主要围绕体系、内容、形式、功能、效果、机制、途径等维度开展分析研究。

第三，制约人力资源强国建设的内外因素分析。着重分析体制、经济、文化、教育、社会等内外部因素，以及财政政策、产业政策、科技政策、教育政策、社会管理、运行机制等因素，分析影响提升人力资源能力的影响因素和实践路径。

第四，人力资源指标体系的国际比较研究。主要是通过考察国际组织与发达国家的人力资源报告，比较我国与发达国家指标体系的异同，探求构建具有中国特色的人力资源强国的指标体系。

第五，进行提升人力资源能力的促进方式和实践路径的研究。以建设人力资源强国为目标、以促进教育、社会、经济协调发展为指导，以提升教育社会服务能力为目标，以整合政府、企业（产业）、学校等的力量为手段，提出提升人力资源能力的实践调查和政策研究。

三、研究方法及技术路线

由系统模式发展出来的人力资源强国评价指标体系，涵盖了整个国家人力资源系统的背景、投入、运作及其结果，指标之间具有层级性的逻辑关系以及互为因果的关系。运用该模式建构出来的评价指标，涵盖范围比较全面，体现人力资源的整体发展水平和重要因素。尽管人力资源的内在和外在背景因素具有重要作用，但由于影响人力资源发展的背景因素极为复杂，背景指标又具有一种综合性指向，难以形成一种全面的分析指标。因此，一般都将研究集中在体系的内部要素，将评价指标划分为输入、过程、输出（结果）三个领域。

研究方法主要采取定性研究与定量分析相结合的方式进行。通过分析教育发展与人力资源发展水平的关联性、人力资源与经济、社会发展之间的相关性研究，揭示人力资源强国的数量特征、质量特征、变化规律及发展趋势；通过对发展数据定量描述和定性分析，从纵向比较（历史性）和横向比较（国别与省域）两个维度，揭示建设人力资源强国的内在本质、规律和特点；辅助之以社会调查和政策研究，为建设人力资源强国的理论和实践提供咨询性、政策性和战略性研究成果。

　　定性分析是对研究对象的质的规定性做整体的分析。本书在坚持马克思主义基本观点的前提下，利用比较、归纳、演绎、分析、综合等方法对人才资源开发与经济增长理论问题进行定性分析，并在此基础上，进行大量的定量分析，可以说定量分析是本书一个最大的特点。我们借鉴引用西方经济增长的模型，如哈罗德一多马增长模型、新古典经济增长模型、内生经济增长理论模型等，并利用这些理论模型对改革开放以来资本、人才资源、劳动力等生产要素在经济增长及三次产业经济增长中的作用进行系统的定量分析，并对分析的结果进行经济学解释，从模型分析的角度指出人才资源开发存在的问题、趋势以及解决问题的条件和策略措施。

　　指标和指标体系从定量分析的全局出发，根据现象在特定活动中使所设计的各种统计指标在定量分析时能够互相配合，互相协调，形成有机的整体，即应从各种指标的纵向、横向、上层、下层等交织的关系中对指标相互联系的逻辑要求进行设计，如图1-2所示。

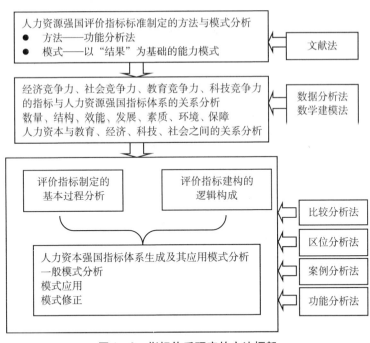

图1-2　指标体系研究的方法框架

　　人力资源强国指标体系综合评价的技术路线，如图1-3所示。

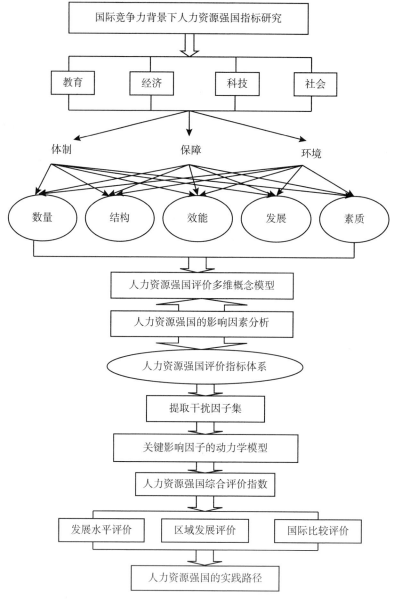

图1-3 指标体系研究的技术路线

综合考虑人力资源与社会、经济、教育等环境因素,从经济竞争力、教育竞争力、社会竞争力、科技竞争力的指标体系中,由系统模式发展出人力资源强国的评价指标,指标之间具有层级性的逻辑关系以及互为因果的关系,能充分体现人力资源的整体发展水平和本质要素。这是本书的第一个特色与创新之处。

通过构建人力资源强国多维评价指标体系,从输入、过程、输出(结果)三个维度，构建人力资源发展水平评估与影响因素分析的动力学分析模型，为促进人力资源强国建设提供一个较为全面系统的定量评估的有效工具，是本书的第二个特色与创新之处。

第二节　建设人力资源强国的"四大要素"[*]

我国是拥有 13.68 亿人口的大国，正经历由享受"人口红利"转向背负"人口负债"的过渡阶段。中国发展研究基金会报告指出，自 2012 年起，我国劳动年龄人口将逐渐减少，从 2010 年至 2020 年劳动年龄人口将减少 2 900 多万人，"人口红利"的消失会造成劳动力的减少和资本投入增长率放慢，导致中国未来经济进入"减速关"[①]。人力资源是一国发展最重要的财富基础，是保障中国持续发展可再生性的第一资源。2010 年《国家中长期人才发展规划纲要（2010—2020 年）》中指出"到 2020 年，我国人才发展总体目标是培养和造就规模宏大、结构优化、布局合理、素质优良的人才队伍，确立国家人才竞争比较优势，进入世界人才强国行列，为在 21 世纪中叶基本实现社会主义现代化奠定人才基础"；同时《国家中长期教育改革和发展规划纲要（2010—2020 年）》中也明确提出"到 2020 年，基本形成学习型社会，进入人力资源强国行列"的战略目标。高质量的人力资源是国家竞争力的核心，建设人力资源强国是党中央的重大战略抉择。

建设人力资源强国的核心是提高一个国家的人口素质，而人口素质可以归纳为一个体系和三个维度，一个体系即是以生理能力为载体的人口素质基础体系，而三个维度是以教育为载体的人口素质密度、以社会抚慰为载体的人口素质厚度和以人口总量和集聚的人口素质宽度。[②] 人力资源内在潜能的挖掘可视为对人力资源本身所存储能量的开发。实现人口大国向人力资源大国的历史性转变，是我国教育改革发展的结果，城乡九年义务教育的全面实现、高等教育大众化、职业教育突破性进展及教育公平问题的基本解决等使全民综合素质普遍提高、中等教育文化水平劳动力、中高等应用型及高层次创新型人才得以充分开发，高素质人力资源存量与增量显著增加，人力资源红利又促使科技竞争力、经济竞争力、教育竞争力显著增强，社会和谐发展。《2015 年人力资源强国评价报告》显示，中

---

[*] 本节由周国华、吴海江撰写。

[①] 央视网. 全国人大常委委员蔡昉：人口红利消失拐点已在 2012 年出现 [EB/OL]. (2013 – 01 – 28). http://news.cntv.cn/2013/01/28/ARTI1359324450352507.shtml.

[②] 王丽. 提高区域人口素质的公共服务模式研究——以武义县为例 [D]. 金华：浙江师范大学，2013：7.

国人力资源竞争力指数已达 0.785，正跨越门槛，进入人力资源强国行列。[1] 有学者指出人力资源强国是中国的一种原生概念及创新理论，人力资源强国是指人力资源发展水平、发展能力、发展潜力、发展贡献的综合指数位于世界前列的国家。[2][3] 我们认为人力资源发展水平是由科技竞争力、经济竞争力、教育竞争力和社会竞争力四大要素构成。从而构成四个维度的人力资源发展的"能量流"，其中人力资源效能的竞争，表现为转化能；发展能力是人力资源势能的竞争，表现为持续能；发展潜力强调人力资源潜能的开发，表现为发展能；发展贡献凸显人力资源现能的竞争，是表现能，但从人力资源大国转为人力资源强国绝不是一蹴而就，是高素质人力资源的表现能、发展能、转化能、持续能的密切配合，协同并进，如图 1-4 所示。

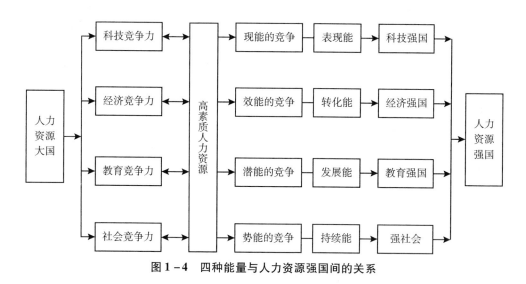

图 1-4 四种能量与人力资源强国间的关系

第一，从社会发展历程及其发展观来看，社会发展从当初片面强调以 GDP 为中心的经济发展逐渐转向以人为本，注重经济、社会、环境、文化、政治等全面、协调可持续发展；党的十八大提出构建经济建设、政治建设、文化建设、社会建设、生态建设五位一体的中国特色社会主义；人力资源强国战略是人力资源的存量和流量与相应的现实经济发展水平、教育开发状况、市场化资源配置及社会保障能力和条件相互适应，和谐发展。[4] 鉴于此，在当前学者研究基础上对人

---

① 中国教育报. 中国正跻身人力资源强国行列 [N]. 2016 (1)：1.
② 高书国. 人力资源强国概念、内涵与特征分析 [J]. 当代教育科学，2008 (5)：3-6.
③ 臧兴兵，沈红. 公共教育投入与人力资源强国建设 [J]. 清华大学教育研究，2010 (8)：21-28.
④ 谢炜. 人力资源强国战略：内涵、挑战及路径选择 [J]. 云南社会科学，2011 (3)：19-23.

力资源强国概念进行一定的解构，指出人力资源强国是"四能"下的"强社会"、科技强国、经济强国、教育强国的统一体。

第二，科技人力资源的量与质所形成的规模优势、能力及贡献所取得的突出成就表现为科技强国，是一国人力资源中科技人力资源表现能的体现。

第三，教育本质在于人的发展，教育强国在尊重个体需要和差异基础上的"选择性教育"，使人潜能得以充分发挥、人人成才，人的发展永无止境，高素质人力资源集聚的发展能推动教育强国的诞生。

第四，高素质人力资源转化为直接或间接、显性或隐性生产力推动经济结构优化升级与发展方式转型，促进经济发展由要素驱动转向以人为载体的创新驱动，实现经济"调结构、稳增长、促转型"。

第五，"强社会"是满足人生存、安全基本需求的前提下，为人力资源的发展需要提供透明性保证、公正平等的机会等"工具性自由"，营造自由民主的环境氛围，保障人们享有选择有理由珍视的生活的可行能力。

第六，经济强国与科技强国是人力资源强国的外在表现，教育强国和"强社会"是人力资源强国的内在表现，外因须通过内因才能起作用。"持续能""发展能"作为建立人力资源强国的基础，"转化能"和"表现能"须通过"发展能"和"持续能"得以进一步稳定与发展，同时经济与科技的进步又反过来支撑教育和社会的发展。

一、"表现能"：科技竞争力

第三次科技革命及其带来的科学技术的重大发明和广泛应用，推动世界范围内生产方式、生产力、经济结构等发生前所未有的深刻变革，加速全球生产要素流动和产业的变革步伐。党的十七大指出，提高自主创新能力是提高综合国力的关键，当前我国已进入加快转变经济发展方式的攻坚时期，必须依靠科技进步和创新推动社会经济发展。科学技术作为解决当前和未来发展重大问题的根本手段，其重要性和紧迫性日益凸显。[①]

国家间的科技竞争直接体现在该国科技人力资源的现实竞争力方面，即"现能的竞争"，现有的科技人力资源数量、素质及创新能力等方面。科技人力资源通过提升人力资源结构、促进技术进步成为推动国家发展的重要基础性要素。[②]科技人力资源方面，2013年我国科技人力资源总量达7 105万人，研发人员总数为501.8万人，其中研发研究人员207万人，占研发人员总数的42%；研发人员

---

① 丁明磊. 国家创新能力的评价指标与国际比较研究 [D]. 大连：大连理工大学，2007.

② 姜玲，梁涵. 环渤海地区科技人力资源与区域经济发展的关联关系研究 [J]. 中国软科学，2010 (5)：88 –100.

总量达 353.3 万人年，其中研发研究人员达 148.4 万人年，[①] 科技人力资源数量居世界首位。2014 年全国共投入研发经费 13 015.6 亿元，研发人均经费 35.1 万元，衡量大国科技投入水平的研发投入强度达到 2.05%；国家财政科学技术支出为 6 454.5 亿元，占国家财政支出 4.25%，其中地方财政科技支出占财政科技支出的 55.1%。从活动类型看，全国用于基础研究、应用研究、试验发展的经费支出分别占研发总支出 4.7%、10.8%、84.5%；从活动主体看，企业、政府属于研究机构、高等学校的经费支出分别占研发总支出的 77.3%、14.8%、6.9%；地区看，研发经费支出最多的 6 个省份为江苏（12.7%）、广东（12.3%）、山东（10%）、北京（9.7%）、浙江（7%）、上海（6.6%）。[②] 从研发投入和国家财政科技支出经费看，我国科技创新意识日益增强，形成以东部为科技创新集聚带，试验发展研究为重点，地方财政支持、企业为技术创新主体的科技创新体系，科技发展环境和社会基础不断改善。科技竞争力作为人力资源强国的表现能，其核心内涵主要包括以下几方面内容。

（一）　自主创新能力

中华人民共和国国民经济和社会发展第十三个五年规划纲要（简称"十三五"）创新置于"创新、协调、绿色、开放、共享"五大发展理念之首，视创新为发展的第一动力。"科技创新是强国富民的关键，实施创新驱动发展战略是把握自主发展权、提高核心竞争力的必然选择，是加快转变经济发展方式、破解经济深层次发展矛盾的必然选择"。[③] 因此，可预见我国未来发展将由资本的投资驱动转为科技的创新驱动，以科技创新带动、促进全面创新的作用越显举足轻重。主要通过发明专利数、科技发明成果、科技论文产出量、研发课题数、研发经费投入等量化指标测算所得。2014 年我国国际科技论文数量稳居世界第 2 位，被引次数和高被引论文数已升至第 4 位，7 个重要领域论文引用率已达到世界第 2 位；国内专利申请量 236 万件，专利授权量 130 万件，分别位居世界第 1、第 2 位，国内有效发明专利达 71 万件，国际专利申请量居世界第 2 位，2014 年全球专利申请最多的三家公司，其中中国华为、中兴占据两席。[④] 在知识经济时代，

---

① 中华人民共和国科技部. 科技统计报告 2015 ［EB/OL］. （2015 - 03 - 12）. http://www. most. gov. cn/mostinfo/xinxifenlei/kjtjyfzbg/kjtjbg/kjtj2015/201508/P020150817346300933410. pdf.

② 中华人民共和国国家统计局. 2014 年全国科技经费投入统计公报 ［EB/OL］. （2015 - 11 - 23）. http://www. stats. gov. cn/tjsj/tjgb/rdpcgb/qgkjjftrtjgb/201511/t20151123_1279545. html.

③ 新华网. 全国科技创新大会　两院院士大会　中国科协第九次全国代表大会在京召开 ［EB/OL］. （2016 - 05 - 30）. http://www. xinhuanet. com/politics/2016 - 05/30/c_1118956522. htm.

④ 海外网. 科技部长接受港媒专访谈科技创新 ［EB/OL］. （2015 - 12 - 04）. http://hk. haiwainet. cn/n/2015/1204/c3541068 - 29419459. html.

科技创新已成为提升产业国际竞争力与驱动经济增长的关键因素①，科技创新能力强则国家强，通过提高科技自主创新能力推动我国经济、社会、教育等全面发展，实现由"中国制造"为"中国创造"。坚持创新为发展第一动力，以创新带发展、促发展，大力支持科技前沿和基础科学方面的研究及相应高端科技人才的培养、提升基于新能源、新信息通信、新材料等关键领域的核心技术掌握度、激发企业自主创新能力，走出一条以创新驱动为引领，从人才强、科技强到产业强、经济强、国家强的新型创新发展道路。

（二）　科技进步贡献率

科技兴则民族兴，科技强则国家强。新常态经济核心是"价值"，强调经济活动不是简单经济或 GDP 的增长而是创造、转化和实现价值，是社会的共同增长。科技进步分为因物质条件改善促进现有技术提高的"硬"科学技术进步和因知识创新、管理改善促进技术进步的"软"科学技术进步，② 科技进步贡献率是衡量区域科技竞争力和科技转化为现实生产力的综合性指标，反映一国经济增长中投资、科技和劳动三大要素作用的相对关系，其基本含义是扣除了资本和劳动后科技等因素对经济增长的贡献份额（中国统计年鉴），间接上也是对研发经费投入—产出效益率的估算。2013 年我国科技进步贡献率为 53.1%，高新技术产业出口占制造业出口的比重达 26.3%，居世界第 2 位；知识密集型服务业增加值占世界 40 个主要国家的比重为 8.8%，居世界第 3 位；高技术产业增加值占制造业增加值比例为 16.7%③，科技进步贡献率高反映出推动经济增长与社会发展中科技所占比重大，更加注重利用技术进步增进生产要素效率的提高。通过人力资本与科技进步的有机融合所形成的"双轮驱动"实现经济发展方式转变④、社会的可持续发展，人力资源作为社会经济持续发展的第一资源又是运用"第一生产力"的主体，凸显高素质人力资源表现能在构建科技强国中的突出地位。

二、"转化能"：经济竞争力

以牺牲环境为代价、资源高投入为主的传统"三高三低"粗放型经济增长方

---

① 计国君. 我国产业科技创新与国际竞争力研究［J］. 厦门大学学报（哲学社科版），2007（2）：81－90.

②④ 吴建宁，王选华. 中国科技进步贡献率测度：一种新的视角［J］. 科学学与科学技术管理，2013（8）：10－17.

③ 中华人民共和国科学技术部.《国家创新指数报告 2014》［EB/OL］.（2015－07－09）. http：//www. most. gov. cn/kjbgz/201507/t20150708_120616. htm.

式严重制约我国经济增长空间的同时也加剧可持续发展与生态文明间的矛盾；经济全球化背景下，资本及其他生产要素的流动日益加快导致资源和要素的重新配置与组合，而单纯依靠资源能源或劳动力数量的发展方式难以为继。党的十六届五中全会强调，必须把加快转变经济增长方式作为中华人民共和国国民经济和社会发展第十一个五年规划纲要（简称"十一五"）时期的战略重点，使经济增长建立在提高人口素质、减少环境污染、注重质量效益的基础上。

知识经济以知识等智力资源为配置第一要素，强调经济竞争力要建立在人力资源这一核心要素的基础上。作为经济强国的转化能指在经济活动中利用高素质人力资源推动经济发展、结构优化、发展方式转型，是一国人力资源的效能竞争。新经济增长理论指出经济增长的原动力已由资本积累转向知识积累，技术进步对经济增长起决定性作用。现代经济发展已不能单纯依靠资源和人的体力劳动，生产中必须以提高体力劳动者的智力水平，增加脑力劳动者的成分来代替原有的生产要素，人力资本积累是社会经济增长的源泉。[1] 而知识或技术须通过人发挥效用，高质量人力资源为"新常态经济"保驾护航。因此，人力资源"转化能"表现在高质量人力资源对经济的倍数效益及对经济改革的贡献作用方面。

（一）高质量人力资源倍数效益

人是生产力第一要素，高质量人力资源本身就是高生产力的代表。世界银行《1990 年世界发展报告》中肯定"人力资源与经济增长间的密切关系，发达国家中人力资源对经济增长的贡献作用为49%，发展中国家为31%"。据测算，美国1900—1957 年，物质资本投资增加4.5 倍，利润只增加3.5 倍，而人力资本投资增加3.5 倍，利润却增加17.5 倍，利润增加是物质资本投资的5 倍，正由于拥有世界上最高素质的、充足的人力资源对经济发展产生的倍数效益[2]，使美国经济始终保持世界经济的首位。我国是人力资源大国，2013—2015 年，我国对世界经济增长的贡献平均约为26%，GDP 平均增长率为7.3%，远高于世界同期2.4%的平均水平，明显高于美、欧、日等国[3]。人力资源的可再生性、能动性、持续性决定其不像物质资本受其稀缺性及不可再生性等特点影响其投入规模，进而影响经济增速的稳定性。人力资源大国基础上的农村、城市人力资源的充分开发及高素质的人力资本积累是维持我国新常态经济达7% ~8% 的中高速增长的重要保障。

① 舒尔茨. 论人力资本投资 [M]. 北京：北京经济学院出版社，1990.
② 李仲生. 人力资源开发与经济发展 [J]. 人口与经济，2002 (10)：13 - 15.
③ 国家统计局. 国际地位显著提高国际影响力明显增强——十八大以来我国经济社会发展状况的国际比较 [EB/OL]. (2016 - 03 - 09). http：//www. stats. gov. cn/tjsj/sjjd/201603/t20160309_1328611. html.

（二）　人力资源对经济改革贡献

"促转型"，传统的粗放型经济增长模式以过度消耗资源、过度投入高能源等换取经济的短期增长，使经济、资源、环境三者间的矛盾日益凸显。为主动适应我国经济向新常态阶段演化，必须以转变经济发展方式为核心，实现经济发展方式从规模速度型的粗放增长转向质量效率型的集约增长①。而这中间高素质人力资源是推动经济发展方式转型的关键因素，其价值直接体现在技术更新及产品的附加值上，促进产品或服务的技术含量增加、提高技术开发水平和资源利用率、提高劳动生产力，以提高自主创新能力为依托实现经济发展动力从传统要素规模驱动转向依靠人力资本质量和技术进步；"调结构"，从产业结构看，2015 年来我国第三产业增加值占 GDP 比重达 50.5%，首次突破 50%，高于第二产业 10 个百分点；工业中高技术产业增加值增长 10.2%，占规模以上工业增加值的比重为 11.8%，快于规模以上工业增加值增速约 4 个百分点②。"微笑曲线"理论指出，现代制造业中产品附加值更多集中于技术、专利与品牌、服务部分，组装、制造环节附加值较低，而在整个制造业链中服务环节所创造的价值约占整体价值的 2/3，生产环节仅占 1/3。因此，促进国民经济发展绝不仅仅持续在组装、制造环节而应更多地向技术专利、品牌服务环节迈进。知识经济时代中尤其以高新技术产业在生产中占主导地位，高质量人力资源利用现代科学技术组织三大产业生产，通过减少生产要素、增加科技投入来扩大产出，推动产业结构优化升级，农业、工业"低投入高产出"为服务业的发展提供充足的人力、智力、物力、财力支持，最终形成以第三产业（服务业）为主导的国民经济结构。

三、"发展能"：教育竞争力

国家间的竞争实质上是人才竞争，人才数量、培养模式、开发效率、管理方式的综合较量。如何促进由人力资源大国向人力资源强国转变，教育毋庸置疑是催化剂。国家的产品供给状况取决于劳动者技能、熟练程度和有用劳动者人数，并且更多地取决于技能。③ 马克思劳动生产力理论指出生产过程中有简单与复杂劳动，复杂劳动需经过专门训练和培养、具有一定文化知识和技能的劳动者才能从事，一般来说，劳动的复杂度越高，劳动者需接受的教育水平越高。

---

① 中华网. 中央首次阐释"经济发展新常态"九大特征［EB/OL］.（2014 – 12 – 12）. http：// news. china. com/domestic/945/20141212/19095722. html.

② 国家统计局.《2015 年国民经济和社会发展统计公报》［EB/OL］.（2016 – 02 – 29）. http：// www. stats. gov. cn/tjsj/zxfb/201602/t20160229_1323991. html.

③ ［英］亚当·斯密. 国富论［M］. 胡长明，译. 江苏：江苏人民出版社，2011（6）.

　　教育是社会基础结构的重要组成部分,教育对竞争力而言是根本性的,在知识社会,掌握技能的人就意味着拥有竞争力。[①] 智慧教育是培养21世纪中能够引领国际社会的具有创造性与个性的全球化人力资源的重要途径[②]。教育作为培养、提高人力资源综合素质的首要媒介,高素质人力资源凝聚的发展能对人力资源强国的提升作用主要体现为个人效益和社会效益。

(一) 教育个人效益

　　高层次人才培养方面,2014年,全国各类高等教育在学总人数3 559万人,高等教育毛入学率达37.5%;普通高等教育本专科毕业生659.37万人,比上年增加3.23%;毕业研究生53.59万人,比上年增加4.33%,其中硕士研究生48.22万人,博士研究生5.37万人。[③] 科普方面,2013年全国科普人员数量达197.82万人,比上年增加1.04%。2015年,中国人均受教育年限居世界第35位,科学家与工程师人数居世界第1位,每10万人口中科学家与工程师人数居世界41位。[④] 从统计数据可看出人力资源知识贡献力正迅速提升,学校教育是对人力资本最大的投资,通过学前教育、义务教育、高中教育、高等教育将懵懂无知的自然人逐渐培养为高素质的"社会人",即可以是学术型人才,作为社会主义接班人,也可以是技术型人才,是社会主义伟大事业的建设者,为社会发展"添砖加瓦"。

(二) 教育社会效益

1. 人口效益

　　人口是构成人类社会的基本要素,而"人口爆炸"难题一直威胁全球可持续性发展。教育对人口的优化与制约作用体现在"源头上",教育改变人们固旧的生育选择,如"多生多育""重男轻女""多子多福"等,来根本性的降低婴儿出生率。文化程度越高的妇女往往从事专业性较强的工作,对工作追求相对较高,受传统生育观念影响较小,愿意优生优育,[⑤] 帮助社会公众树立正确的生育观;"过程中",教育优化人口质量与结构,"人口教育"弘扬"优生优育""生男生女都一样"在抑制人口数量增长、平衡人口性别比的同时使父母更加关注对子女的教育投资,注重其素质的全面发展,据统计,计划生育政策实施40余年

　　① 项贤明. 教育发展与国家竞争力的理论探析 [J]. 比较教育研究, 2010 (6):1-7.
　　② 中国教育信息化网. 大数据下的智慧教育发展路径 [EB/OL]. (2014-04-24). http://www.ict.edu.cn/campus/n20140424_12604.shtml.
　　③ 中华人民共和国教育部. 2014年全国教育事业发展统计公报 [EB/OL]. (2015-07-30). http://www.moe.edu.cn/srcsite/A03/s180/moe_633/201508/t20150811_199589.html.
　　④ 中国教育报. 中国正跻身人力资源强国行列 [N]. 2016 (1):1.
　　⑤ 董泽芳. 论我国人口与教育关系 [J]. 华中师范大学 (人文社科版), 2009 (3):116-121.

累计少生 4 亿多人，劳动力比例持续上升，人口红利凸显，[①] 社会结构趋于合理、竞争力显著增强，跃升为世界第二大经济体。

2. 稳定效益

"不断提高教育质量和人才培养质量，充分发挥好教育在维护社会稳定、实现长治久安、争取凝聚民心中的基础性、先导性作用"。[②] 教育使适龄人进入相应的学段学习，使特定群体接受专业的技能培训，减少社会无业或失业人员数量，缓解社会治安压力；素质教育坚持"以人为本"的育人观，注重人综合素质的全面发展，培养合格的社会公民，让人懂法、知法、守法，"知廉耻、懂礼仪"，在遵纪守法与道德约束下从事一切社会性活动，保证社会井然有序；教育是改善民生、促进社会和谐的重要途径，高等教育通过促进社会变迁、社会阶层的合理流动来改变个人与家庭的命运，通过强化教育公平来重建社会公平；智慧教育以云计算、物联网及无线通信技术为依托的教育生态系统，不仅减少了软硬件设备的独立购买、安装、使用、维护的费用，而且能减少全球至少 2% 的碳排放量，[③] 保护社会的生态化。

3. 经济效益

教育可产生直接或间接的现实生产力，直接的现实生产力体现在教学科研产值、培育各类人才产值、教师服务产值等方面；间接的现实生产力指知识、知识创新方式传递中所产生的知识经济产值。研究 19 世纪后期以来，美国对英国、日本对美国、韩国对西欧的三次现代化后进国家追赶先行国的成功案例，发现美、日、韩不是通过物质资本来追赶而均重视教育发展，教育先行于经济发展，人力资本积累是经济迅速发展的先导因素；教育成为经济发展的基础或发动机，事关各产业链顺利发展的基石，尤其高等教育是生产最重要的生产要素行业，为各行业的发展输送人才并通过自身运营形成"教育产业化"，为全社会提供约 4% 的就业机会，对 GDP 的直接贡献达 4% ~7%[④]，推动了经济的发展。

四、"持续能"：社会发展竞争力

马克思的国家与社会关系理论认为，国家是人类社会发展到一定历史阶段的产物，社会决定国家，国家是建立在市民社会的上层建筑，是社会存在与发展的

---

① 中国社会科学网．我国计划生育政策实施 40 余年 累计少生 4 亿多人［EB/OL］．(2014 – 01 – 07)．http：//www. cssn. cn/hqxx/xkdt/xkdtnews/201403/t20140304_1014627. shtml.

② 中国共产党新闻网．张春贤：教育是实现社会稳定与长治久安的治本之策［EB/OL］．(2014 – 09 – 10)．http：//cpc. people. com. cn/n/2014/0910/c64094 – 25634148. html.

③ Nabil Sultan. Cloud computing for education：A new dawn［J］. International Journal of Information Management，2010 (30)：109 – 116.

④ 武毅英，邬大光．关于高等教育产业化若干问题的探讨［J］．教育与经济，2000 (1)：1 – 4.

工具。国家以社会为基础，是社会整体利益的代表①。人力资源强国应以人力资源"强社会"为前提，社会发展竞争力作为构建人力资源强国的持续能指为保证人力资源开发、利用、管理及满足人生存、发展、实现需要所提供的持续稳定的制度及环境。具体包括安定团结的政治局面、和谐稳定的社会环境、民主自由的社会氛围、多元全面的保障体制、公正平等的机会原则、以人为本的发展理念。

（一） 人力资源生存需要

人身安全权和温饱权是人生存权的重要组成部分，是开发人力资源的基础。旧中国，由于"三座大山"的残酷剥削，人的生命权缺乏保障，因战乱饥寒而导致死亡者众多；在我国全面进入小康社会的进程中，人的温饱及人身安全问题基本得以解决，现在面临教育、医疗、养老和育幼等基本社会服务日趋商品化，家庭靠自身条件难以承担养老和抚育未成年人的重担，家庭成员面临保障和发展困境；近30年来，中国的家庭结构和稳定性也发生很大变化，如人口老龄化、大学生就业难、高离婚率及高青少年犯罪率等都表明仅仅依靠家庭及其成员难以解决这些社会性问题②，只有建构"学有所教、劳有所得、病有所医、老有所养、住有所居"的"广覆盖、保基本、多层次、可持续"的社会保障体制，才能避免绝大多数潜在的弱势群体由于失业、疾病或天灾人祸等成为真正的弱势群体。稳定的国家政权、多元全面的社保体制是解决人们后顾之忧保证人力资本积累的重要措施，也是中国建立人力资源强国的坚实后盾。

（二） 人力资源发展需要

发展权是每个人自由参与政治、经济、社会、文化发展进程、决策和管理，并公平享有与所承担责任相匹配的利益的首要人权。公平的机会平等原则是实现"所有的社会价值——自由与机会、收入与财富及自尊的社会基础都应平等分配"③ 这一目标的有效途径之一，机会的公正平等是实现人发展需要的前提，要求对社会领域的权利与义务、利益与责任公平分配、社会各种职务与地位向所有人平等开放，只有公平的机会才享有结果的公平。公平激励个人追求更高层次发展需要，确保人力资源能被充分利用的权利保障。诚然人不能离开社会环境而独立存在，和谐稳定的社会秩序、绿色持续的生态文明为人力资源发展提供可支持性的人文和自然环境。

---

① 白贵一. 当代中国国家与社会关系的嬗变 [J]. 贵州社会科学，2011（7）：12－16.
② 张秀兰，徐月宾. 建构中国的发展型家庭政策 [J]. 中国社会科学，2003（6）：84－99.
③ ［美］约翰·罗尔斯. 正义论 [M]. 谢挺光，译. 上海：上海译文出版社，1991：10.

（三） 人力资源实现需要

经验表明人力资本投资收益率远超物力资本，人力资源质量也已不仅仅局限于劳动者知识和技能等"硬能力"，更注重劳动者创造思维及创新精神等"软能力"的培养。知识经济中人是社会发展的主体和动力，其他一切发展都是促进人全面自由发展的手段或工具。人力资源实现需要在坚持"以人为本"的发展理念上充分尊重人的自由权，确保人们享受有理由珍视的生活的可行能力，营造民主、自由的社会氛围。一个社会缺乏活力或发展缓慢往往同原有的制度因素窒息人的创新动机和创新活动得不到合理回报有关，条条框框的有形制度禁锢人们的新想法、约束人们从事创造性活动。① 解放思想，在自由民主的环境下改变不合理的制度安排，形成新的激励和动力机制，是人力资源转化为生产力推动社会、经济、教育、科技发展的动因之一。

第三节　我国人力资源强国建设的研究综述

1992 年在联合国环境与发展会议通过的《21 世纪议程》② 中，首次将人力资源开发和能力建设纳入国际社会可持续发展的进程中，强调人力资源在推动国家发展、增强地区内生力等方面具有重要意义。为响应国家号召，增强我国可持续发展的能力，在 1994 年通过的，由国务院环境保护委员会组织编制的《中国 21 世纪议程》中，将"人力资源开发和能力建设"归入我国教育与可持续发展能力建设的一个领域，通过综合开发人力资源，满足教育和社会可持续发展的需求。③ 党的十七大报告正式提出"建设人力资源强国的"的战略思想，并把发展教育、建设人力资源强国置于社会建设的任务之首。④ 可见，在经济全球化与科学技术迅猛发展的今天，人力资源作为我国社会持续发展的第一资源，是我国突破自身发展格局，增强发展动力，实现由人口大国向人力资源强国转型的重要抓手；同时，人力资源发展作为我国社会主义建设的重大战略之一，也是我国提高科技人才竞争力，开拓国际市场，实现大国崛起的必然选择。

---

① 丰子义. 发展的呼唤与回应——哲学视野中的社会发展 ［M］. 北京：北京师范大学出版社，2009：154.

② UNCED. Agenda 21 ［EB/OL］.（1992）. https：//sustainabledevelopment. un. org/outcomedocuments/agenda21.

③ 中国 21 世纪议程管理中心. 中国 21 世纪议程——中国 21 世纪人口、环境与发展白皮书 ［R］. 北京：中国环境科学出版社，1994：34 –35.

④ 教育部教育发展研究中心专题组. 人力资源强国：中国正在跨越门槛 ［N］. 中国教育报，2016（3）：1.

一、人力资源、人力资源强国的概念

关于人力资源的概念，发轫于 20 世纪初，由"管理大师"彼得·德鲁克①最先提出，他将人比作一种特殊的资源，认为只有采取有效的管理机制，才能使劳动力资源在企业中得到最优的利用，带来可见的经济效益。20 世纪 60 年代，美国经济学家舒尔茨和加里·贝克尔②提出了现代人力资本理论，从劳动力要素的角度出发，认为人力资本是凝聚在劳动者身上，通过知识、技能等所表现出来的一种潜在的能力价值，注重人力资本在社会发展中的特殊作用，并指出人的能力水平的提高是促进经济发展，实现社会公平的根本所在。英国学家哈比森，更是在其《作为国民财富的人力资源》一书中，将人力资源看作是国民财富的最终基础，认为"人是积累资本，开发自然资源，建立社会、经济和政治并推动国家向前发展的主动力量。"

人力资源强国作为一种原生概念，是基于人力资源发展所提出的一种创新性理论③。这既是对人力资源理论的丰富，同时也是我国科学发展观的重要组成部分。当前关于人力资源强国的定义，依旧围绕着"人的发展"，认为人力资源强国的关键在于人才强国，而人才强国的根本在于人才兴国。④"以人为本""以民为本"是人力资源强国的价值核心，也是实现社会和平及可持续发展的根本途径和保障。⑤在《国家中长期人才发展规划纲要（2010—2020 年)》以及《国家中长期教育改革和发展规划（2010—2020 年)》中，明确树立了我由人口大国向人力资源强国的转化的目标，强调人力资源作为一种能动性和工具性资源在国家建设和发展中的重要作用。从人口大国到人力资源大国，再到人力资源强国，是人力资源由量变到质变的过程。重视国家整体人力资源开发、挖掘公民自身潜能、把控好人力资源的存量与流量是实现人力资源强国战略的重要举措。⑥

当前，我国正处于从人力资源大国向人力资源强国转变的关键时期。在这一大的时代背景下，国内众多学者立足于不同立场和视角对人力资源强国的建设进行了相应的研究，取得了较为丰硕的成果，经梳理发现，学者们在论述和探讨人力资源强国这一问题时，表现出了不同的价值取向，基于此，本书针对其侧重领域从以下三个方面进行了归纳。

---

① ［美］彼得·德鲁克. 管理的实践［M］. 帅鹏，等译. 北京：工人出版社，1989：311.
② ［美］舒尔茨著. 论人力资本投资［M］. 吴珠华，等译. 北京：北京经济学院出版社，1990：4-8.
③⑤ 高书国. 人力资源强国概念、内涵与特征分析［J］. 当代教育科学，2008（5）：3-5.
④ 许颖. 论人才强国战略的科学内涵［J］. 河南财政税务高等专科学校学报，2009，23（1）：66-67.
⑥ 孙艳. 人力资源强国战略内涵、挑战及路径选择［J］. 黑龙江科技信息，2012（34）：48，112.

（一）人力资源强国的建设与发展

世界近代史上美国、日本和韩国三次成功的经济赶超经验，一方面，揭示了人力资源建设在促进国家经济发展中的重要作用；另一方面，也使我们意识到自身与发达国家间的差距。建设人力资源强国，是知识经济时代国家发展实力的象征。改革开放 40 多年来，我国在人力资源建设方面取得了长足的进展，但就目前人力资源开发的实际情况来看，我国依旧是人口大国而非人力资源大国。[①] 我国人力资源建设在数量、质量、结构布局以及相关机制上与发达国家间的差距，[②] 制约了我国强国战略的实施。人才总量不足，人才结构不合理以及科技实力落后等相关问题，阻碍了我国人才队伍的培养。为解决这一现实问题，实现我国人力资源转型，应将解决地区、行业以及职业间的结构性问题，作为我国人力资源开发的重心。[③] 以科学发展观作为我国人力资源强国建设的时代背景，"'以人为本'作为人力资源强国建设之魂，控制人口数量与提高人口质量，实施优先发展战略，抓住知识经济的挑战与机遇，辩证处理人才与人力间的关系"等五方面为抓手，[④] "形成科学的人力资源观，建立学习型社会，健全人力资源机制，进一步优化结构和布局等措施促进人力资源强国的建设"，[⑤] "将人力资源优势变为开发人才资源战略优势；坚定不移地搞好教育和培训，推进整体性人才资源的开发；修筑通畅的人才流动通道，营造留人拴心的环境和推动人才资源的有效配置"。[⑥]

人力资源作为第一资源，人力资源的开发应从数量、质量、结构和效用四大要素中体现我国人力资源强国建设的社会价值。结合我国当前人力资源开发的实践，我国人力资源开发表现出开发领域的全面化、开发政策的一体化、开发管理的精细化和开发方式的多元化的发展趋势。[⑦] 有研究表明，尽管我国目前依然是一个人口大国，但通过对未来人力资源的走势分析，我国在未来相当长的时间将不会出现劳动力短缺等相关问题，我国劳动力质量将会随着教育和健康投入的加大，而继续得到提高。[⑧] 在《中国教育与人力资源问题报告》中，人力资本的积累作为经济快速发展的先导，我国未来 50 年的教育与人力资源开发的构想将围绕"人力资源是中国持续发展的第一资源"，实现教育的"三步跨越"和人力资源

①⑧　童玉芬. 从人口大国走向人力资源强国——中国人力资源的现状和形势分析 [J]. 现代经济探讨, 2008 (1): 11-15.

②⑤　金雄, 延光豪. 对建设人力资源强国的若干思考 [J]. 东疆学刊, 2009, 26 (1): 1-4.

③　杜鹏, 安瑞霞. 从人口大国到人力资源强国——改革开放四十年中国教育发展成就与人力资源发展 [J]. 国家教育行政学院学报, 2018 (11): 3-12.

④　余源培. 科学发展观视野中的人力资源强国建设 [J]. 河北学刊, 2008 (6): 127-131.

⑥　孟浩明. 实施人才强国战略　加快人力资源开发 [J]. 理论前沿, 2004 (24): 46-47.

⑦　王拥华. 以人力资源开发实现强国之路 [J]. 山东社会科学, 2008 (3): 149-151.

的"两次提升"战略目标，将我国从人口大国建设成为人力资源强国。① 未来人力资源社会发展的最终目的是建立人力资本社会。建设人力资本强国应加大对人力资本的投资，深化高等教育体制改革，建立健全人力资本培训，从建立健全合理的人力激励机制的角度出发，把我国富裕的人力资源转化成人力资本，从而走向人力资本强国。②

（二） 人力资源强国的国际化发展

在全球化发展的环境中，争夺他国人才和智力资本成为当前国际竞争最根本的特征之一。③ 这种竞争，既是综合国力的竞争，也是经济和科技的竞争，更是人才资源的竞争。④ 而人力资源强国作为我国应对当前这种全球化挑战所提出的战略性措施，在培养创新性人才，增强国家竞争力，提升综合国力等方面发挥着重要作用。

《2015 年人力资源强国竞争力评价报告》指出，尽管我国在人力资源强国建设上依旧存在相应问题，但我国已具备了成为人力资源强国的核心优势，中国在人力资源竞争上已超过了部分发达国家，有望成为第一个准备进入人力资源强国行列的发展中国家。⑤ 关于人力资源强国的发展研究，多是基于人力资源竞争的国际化视野，从不同的维度出发，构建人力资源竞争力指标体系，比较中国和其他主要国家人力资源的发展现状，并对我国当前人力资源强国的发展趋势进行预判。现有研究发现，虽然我国的人力资源的世界排名不高，但依旧具备一定的发展潜力，只有加大人力资源的投入，才能有利于国家竞争力的提升。⑥ 同时，我国人力资源强国建设要以丰富的劳动力资源为基础，以提高人力资源素质为突破口，以利用人力资源促进经济发展做保证。⑦ 通过树立海外人才观，通过移民、留学规划及吸引人才回流等多种方式引进海外人才，并在此基础上通过创新管理、优化信息、提供资金以及完善配套等方式吸引海外人才。⑧加大我国在国际市场中的影响力，成为国际舞台上的重要力量。

① 中国教育与人力资源问题报告课题组. 从人口大国迈向人力资源强国——《中国教育与人力资源问题报告》辑要 ［J］. 高等教育研究，2003 （3）：1 – 14.

② 王贺. 走向人力资本强国，还有几步路 ［J］. 人民论坛，2017 （17）：62 – 63.

③⑧ 白艳莉. 海外人才引进：构建人力资源强国的重要路径——国际经验与启示 ［J］. 生产力研究，2009 （12）：91 – 93.

④ 肖和平. 国际人力资源竞争与我国的基本对策 ［J］. 湖湘论坛，2002 （6）：37 – 38.

⑤ 韩民，高书国. 跨越门槛：进入人力资源强国行列——2015 年人力资源强国竞争力评价报告 ［J］. 国家教育行政学院学报，2016 （3）：3 – 8.

⑥ 徐硼. 全球视野下中国人力资源竞争力分析——经济发展效率与创新能力方面的测度 ［J］. 武汉大学学报（哲学社会科学版），2016，69 （6）：98 – 106.

⑦ 郭宏，张华荣. 我国人力资源强国建设的现实基点及路径选择 ［J］. 东南学术，2014 （6）：104 – 111.

（三） 教育在人力资源强国中的作用

教育发展所产生的溢出效应能够有效抵制由于人口红利下降而带来的负面效应。[①] 教育作为人力资源开发的主要途径，是主动对接国家创新战略，培养创新人才的需要，[②] 也是实现民族复兴的必由之路。我国自 20 世纪以来，教育发展经历了两次重要的战略转型，第一次转型，实现由关注物质基础到注重教育和人力资源的开发的转变；第二次教育转型则实现了人力资源从存量到质量的转变，而在此基础上的第三次教育战略转型应以科技创新为主导，实施以教育主导经济的发展模式。[③]

围绕人力资源强国建设的目标，我国学者从不同的角度论述了教育如何促进人力资源强国的建设与发展。我国的教育应始终在中国特色社会主义制度基础上，坚持以科学发展观为统领，构建完善的现代国民教育体系。[④] 中国当前最有效的投资应该是人力资本投资，人力资源红利带来了人力资本总量的增加，能够为我国的发展带来众多红利。[⑤] 公共教育投入作为导致我国人力资源开发不足的主要原因之一，强国的建设，需要从器物、制度和文化三个方面入手，因此，应加大公共教育投入。[⑥] 除此之外，应从哲学的角度，思考当前我国教育发展与人力资源的关系，实现人力资源强国应处理好工具性目标与终极性目标、教育公平与效率、体制与文化、就业与创业、分类与特色、基础与殿堂等六个方面的关系。[⑦] 在区域发展上，建立人力资源强国必须关注弱势群体的教育工作，加大对农村人力资源的开发，强调发展教育是解决当前"三农"问题，实现资源合理配置，城乡均衡发展的关键。[⑧] 综合来看，创新人才培养模式，是解决当前我国在人力资源强国发展过程中所存在一系列问题的关键。而人才培养模式的创新，则需要在贯彻党的教育方针政策的基础上，解放思想，以学生为中心，以提高国民素质为宗旨，遵循人才成长规律，优先发展教育，实施素质教育，促进教育公平，完善和优化教育结构，坚持理论与实践结合，以终身学习的理念引领创新人

---

①⑤ 胡鞍钢，才利民．从"六普"看中国人力资源变化：从人口红利到人力资源红利 [J]．清华大学教育研究，2011，32 (4)：1-8.

② 王素，秦琳，卢彩晨，等．提高国民素质 建设人力资源强国 [J]．教育研究，2017，38 (5)：4-11.

③ 楼世洲，薛孟开．人力资源强国目标下教育发展的三次战略转型 [J]．教育发展研究，2015，35 (5)：1-5.

④ 李化树，黄媛媛．论建设人力资源强国的教育使命 [J]．未来与发展，2009，30 (2)：50-54.

⑥ 臧兴兵，沈红．公共教育投入与人力资源强国建设 [J]．中国高教研究，2010 (6)：7-12.

⑦ 李伟．从人口大国迈向人力资源强国的哲学思考 [J]．齐鲁学刊，2010 (3)：79-82.

⑧ 龙永连，肖祥红．试论农村人力资源与职业教育 [J]．农业考古，2008 (6)：354-357.

才，建立可持续人才培养机制，从而促进人的全面发展。①②③

二、我国人力资源强国建设面临的挑战与机遇

经过对文献的梳理，发现当前我国人力资源强国建设所面临的挑战与机遇主要集中在以下三个方面。

（一）人力资源总量丰富

"人口多，素质低"是我国当前的基本国情。④ 众多因素耦合下的"人口大国"意味着我国拥有丰富的人力资源，而巨大的人力资源总量又为我国的经济发展带来丰厚的劳动力基础，同时也是发挥"人口红利"，建设人力资源强国的重要支撑。⑤ 但是快速增长的人力资源，又给我国社会发展带来沉重的就业负担，巨大的就业压力，使得人力资源丰富的优势无法发挥。人力资源的开发质量较低，削弱了我国人力资源的整体水平。⑥ 因此，如何平衡和发挥人力资源优势，实现我国的全面发展，是人力资源强国建设首先需要面对和解决问题。

（二）人力资源结构失衡

我国人力资源开发中的"二元现象"，导致我国人力资源在数量结构、开发质量、开发能力和开放贡献方面存在不平衡的问题，⑦ 即人力资源数量结构和开发贡献较强，但开发质量和开发能力却相对较弱。具体表现为，在我国人力资源的开发过程中，依然存在着劳动力供需间的矛盾，部分行业存在劳动力缺失现象，出现"有人无业"或"有业无人"的尴尬局面。此外，在人力资源的布局上，相较于发达国家，我国依然存在人力资源区域和产业分布不平衡，学历结构整体水平偏低，缺乏高质量的人才资源等问题。人口老龄化趋势明显，"人口负

---

① 崔寿克. 论建设人力资源强国的重要战略价值 [J]. 前沿，2008 (2)：52 - 54.

② 郑树山. 创新人才培养模式　建设人力资源强国——在学院 2008 春季教育论坛上的主旨演讲 [J]. 国家教育行政学院学报，2008 (6)：7 - 9.

③ 王素，秦琳，卢彩晨，等. 提高国民素质　建设人力资源强国 [J]. 教育研究，2017, 38 (5)：4 - 11.

④ 李宝元，等. 人力资源强国之路——中国人本发展战略研究报告 [M]. 北京：经济科学出版社，2011, 65.

⑤ 郭宏，张华荣. 我国人力资源强国建设的现实基点及路径选择 [J]. 东南学术，2014 (6)：104 - 111.

⑥ 童玉芬. 从人口大国走向人力资源强国：中国人力资源的现状和形势分析 [J]. 现代经济探讨，2008 (1)：11 - 15.

⑦ 韩民，高书国. 跨越门槛：进入人力资源强国行列——2015 年人力资源强国竞争力评价报告 [J]. 国家教育行政学院学报，2016 (3)：3 - 8.

债”逐渐显现，极易造成“未强先衰”的发展局面。但我国目前正处在跨越人力资源强国门槛的关键时期，① 我国教育和人力资源开发能力提升迅速，位于发展中国家前列，人力资源综合排名甚至超过部分发达国家，发展势头迅猛，具备较为突出的竞争优势和巨大潜力。

（三）科技创新驱动

科技革命正在重塑人类社会。② 经济全球化的发展，使各国的人才竞争已经成为新一轮国际竞争的核心内容和决定因素。以新能源、新技术为主的新型科技将我国带入了新一轮的工业革命中，“互联网＋”的蓬勃发展对我国人才的培养产生了巨大的冲击。智能化的科技革命也对我国人才培养的模式提出了新的要求。当前我国正处于经济转型的关键时期，以科技创新为主导，有利于我国产业结构的转型升级，在增强自主创新能力的同时，实现经济的可持续发展。除此之外，以科技创新为目标的人才培养模式，能够使我国人力资源的开发实现由发挥劳动力成本优势向创造劳动力价值优势转变，实现由中国制造，向中国创造的根本转型。③ 这对于我国人力强国的建设和发展来说，既是机遇，又是挑战。

（四）经济全球化和“一带一路”对国际化人才的需要

国际化人才是提高我国国际竞争力的重要力量。当前，全球化进程的加快使得国与国之间的竞争演变为国际化人才的竞争，各国对人才的需求造成了人才的短缺和流失，在这样的背景下，各国都在积极探索和实施国际化人才政策，我国也颁布了系列政策以满足国家和社会对国际化人才的渴求，主要包括国际化人才引进政策、培养政策、使用政策、激励与保障政策等。

2013 年下半年，我国政府提出“一带一路”倡议的宏伟构想。近年来，“一带一路”倡议得到了国际社会的广泛认同和参与，以共商、共建、共享为基本原则的“一带一路”建设取得了举世瞩目的巨大成就。“一带一路”倡议为我国高等教育国际化事业发展带来前所未有的历史机遇和挑战，也为深化我国高等教育的综合改革、全面提高我国高等教育的质量和水平带来重大历史机遇。

---

① 谢炜. 人力资源强国战略：内涵、挑战及路径选择 [J]. 云南社会科学，2011（3）：19-23.

② 王素，秦琳，卢彩晨，李建民，等. 提高国民素质　建设人力资源强国 [J]. 教育研究，2017，38（5）：4-11.

③ 楼世洲，薛孟开. 人力资源强国目标下教育发展的三次战略转型 [J]. 教育发展研究，2015，35（5）：1-5.

三、我国人力资源强国建设的路径选择

中国是一个人口超级大国，但绝不是严格意义上的人力资源强国。"人口多，素质低"的基本国情使得我们必须想方设法把我国丰富的劳动力资源转化为一种人力资源优势，助力于中国的全方位崛起。建设人力资源强国是我国全面建设小康社会和推进社会主义现代化进程的战略举措，是国家领导人高瞻远瞩的智慧结晶。如何将庞大的人口负担转化为我们的人力资源优势，适时地从人口大国转型为人力资源强国，这就势必涉及转型的路径问题。

（一）由教育大国迈向教育强国，强国必须强教育，推进人力资源强国建设

百年大计，教育为本；教育能够改变和决定一个人未来的命运，也能改变和决定一个国家的命运。优先发展教育，真正实现教育现代化，发挥教育在建设人力资源强国中的先导作用。面对我国不同层次教育的发展现状，有必要提出教育强国的不同方法途径，以便建立健全适合本土国情的现代国民教育体系，为把我国由人口大国向人力资源强国转化提供现实的战略主导路径。

1. 夯实学前教育基础

"2011 年我国全面普及九年义务教育，以此为基础，中国教育进入普及发展快车道。2030 年，我国各级教育发展将达到全面普及化阶段。"① 这也意味着我们国家充分重视各个阶段的教育，保障公民受教育的基本权利。基础教育发展好坏，极大地决定了未来我国各级各类人才的成长水平，它是科教兴国的奠基工程，对提高我国民族素质起着关键作用，影响深远、意义巨大。《国家中长期教育改革和发展规划纲要（2010—2020 年)》中就已明确指出学前教育事业的发展目标和战略重点，可见，学前教育已引起国家和社会的高度重视和普遍关注。

人力资本可视作提高人力资源生产率的一种投资，其在建设人力资源强国中的重要性不言而喻。因此必须加大学前教育人力资本的投入，夯实学前教育的基础。在财政上加大投入比例，努力缩小地域平衡带来的差距；建立围绕以"中央为主、地方为辅"的财政投入机制，使学前教育的财政投入占比均衡并且合理化。已有研究表明"优质的学前教育是最有效的预防性干预手段之一，不仅对幼儿及其家庭有利，更具有社会经济价值，因为它既能为社会创造高质量的劳动力，提高就业率，增加国家的财政收入，还有利于降低犯罪率和改善公民的健康状况和生活质量，从而节约公共行政、司法、医疗和福利开支，是一种高回报的

---

① 课题组. 中国教育现代化发展的总体趋势和挑战 [J]. 教育研究，2017 (11)：20.

人力资本投入。"①

2. 多元化发展基础教育

中国家庭传统的"望子成龙，望女成凤"的思想，使家长和老师普遍在子女或学生基础受教育的阶段就将"精英、楷模、标杆"等思想灌输给他们，这就自然而然地造成了"我国的基础教育长期表现出'直接培养人才'的特征，而且越来越突出"②的尴尬局面。要想培养出真正的适应于社会发展需要的现代化人才，一定要注重多元化发展基础教育，为社会打造不同层次的人才，为建立人力资源强国输送完整的"社会人"，而不是脱离生活只知道课本的"自然人"。处于基础教育阶段的学生，正是他们人生观、价值观、世界观的形成时期，如果没有正确的方法引导和适度的关怀，那么这一批受教育的主体将会被周围的环境影响甚至左右，这对于未来能否有优质的人力资源参与到中国的强国梦实现和大国崛起至关重要。换言之，应该在基础教育阶段，设置多元化教学环境，让教育走进生活、贴近课堂，注重培养学生的学习兴趣；均衡发展基础教育，加强教师队伍的培训，适时给予教师交流学习的机会，提升业务素质。为全面推进教育事业科学发展，为人力资源强国建设之路打下坚实基础。

3. 关注研究职业教育

原全国政协副主席、中华职业教育社理事长张榕明在 2011 中国（上海）国际职业教育论坛综报所做演讲中曾指出"职业教育是人力资源优势化的助推器，也是未来经济社会可持续发展的战略基础"，同时指出"职业教育，作为最直接服务于经济、社会的教育形式，在以人才贡献为途径强化国力方面，显示出日益强劲的能量。"③职业教育作为教育结构不可分割的一部分，它的日益蓬勃发展，恰恰体现了人民群众对未来可供选择职业多样性的强烈需求，也相应缓解了未来劳动力供求紧张的矛盾局面。"在各种教育类型中，职业教育在满足社会对人力资源重新配置方面的功能最强。"④从国际比较视域来看，德国完善的职业教育体系值得我国深入研究和学习，注重培养人的职业能力；以就业为导向，工学交替、产教融合，结合发展，致力于为社会塑造一支应用型人才队伍。同时，有意识地激发学生的创造意识，"加强职业教育与其他教育类别以及职业教育内部不同层次、不同形式之间的互通互融，加快畅通人才升级管道。"⑤

职业教育的贡献是提高人力资源存量、构建人力资源强国不可缺少的一分

---

① 严冷，冯晓霞. 学前教育作为人力资本投入的启示 [J]. 中国教育学刊，2009（7）：10.

② 刘达中. 基础教育为人力资源强国奠基 [J]. 人民教育，2010（23）：6.

③⑤ 余秀琴. 搭建国际职业教育交流平台 全力助推人力资源强国建设——2011 中国（上海）国际职业教育论坛综报 [J]. 中国职业技术教育，2011（16）：26－30.

④ 谢炜. 人力资源强国战略：内涵、挑战及路径选择 [J]. 云南社会科学，2011（3）：22.

子，所以国家要在发展职业教育这一版块上建立相应政策，规划职业教育蓝图，投入相当人力、物力和财力，转变传统的职业教育办学思想，使职业教育成为社会主义现代化建设事业的一股强大支撑力。

4. 着重发展高等教育

从 20 世纪末至今，我国高等教育发展已经取得了长足的进步，一直在朝着利好方向稳步向前。但是，与欧美发达国家相比，我国的高等教育仍有广大的完善进步空间。比起其他任何阶段的教育，高等教育始终担负着为国家培养人才的根本任务，是建设人力资源强国的必然要求。"发达国家的历史经验表明，教育特别是高等教育对人力资源开发和经济增长有着重要的推动作用。"[①]

在高等教育发展为人力资源强国建设的助力过程中，首先，国家要始终牢牢抓住建设高水平的世界一流大学以及"双一流"学科这两大重要抓手，鼓励高校自主创新、实施知识创新，创新始终是教育发展的灵魂，是人力资源强国建设的不竭动力；其次，政府要加大对高校的财政拨款力度，包括教育事业拨款及科研经费拨款。鼓励社会各界对高校进行社会捐助，成立高校基金，为那些家庭经济困难学生带去帮助和温暖，使高校的财政渠道不再那么单一；再次，学校应以国家政策为导向，坚持以人为本，科学发展理念，建立现代大学制度，为高等教育发展营造国际化氛围；最后，在高校教师队伍建设上，教师自身要有不断提升自己专业素质和业务素质的先进意识，要有成为世界一流科学家和领军人才的崇高理念，要有把自己投身于高尚教育事业的教育情怀。通过以上途径，高等教育为国家培育了一批又一批的拔尖人才，合理优化了人力资源的人才结构，极大地推进了人力资源强国建设的进程。

（二）切实推进经济发展，为人力资源强国目标的实现提供可靠保障

自改革开放以来，我国就一直坚持以经济建设为中心，大力发展生产力的方针。经过 40 年的奋斗，我们在经济建设领域取得了飞跃式的突破。习近平总书记在党的十九大报告中指出我国社会主要矛盾已经转化为人民日益增长的美好生活需要和不平衡不充分的发展之间的矛盾。这也意味着经济发展仍是我国的中心工作。正如郭宏、张华荣在《我国人力资源强国建设的现实基点及路径选择》一文中提到"处理好人力资源开发与转变经济发展方式的关系，提高人力资源的经济贡献力"[②] 着力将我国从经济大国打造为经济强国。

---

① 王建国. 建设高等教育强国的若干思考 [J]. 中国高等教育，2008（2）：16.
② 郭宏，张华荣. 我国人力资源强国建设的现实基点及路径选择 [J]. 东南学术，2014（6）：111.

1. 政府坚定贯彻国家人才强国战略，大力开发人才资源，使之成为推动经济社会发展的战略资源

国家的经济发展离不开人才这一主体，社会主义发展道路从客观上要求我们必须坚定不移地走人才强国之路。如何构建与经济社会全面发展契合的人才强国战略，政府必须落实到以下几方面路径上。

首先，政府须清晰定位人才强国战略的目标和准则，有重点地把握，做好科学的战略规划和部署，大力开发人才资源。响应国家号召，争取在未来的几年中建立起一支规模庞大、结构合理、品质优良的现代化人才队伍。具体而言，政府应充分合理利用现有资源，不计成本的大力引进稀缺、潜在人才，同时培育好已有人才，建立好各方面的人才保障机制，使这部分人才资源能够没有后顾之忧的投入社会主义现代化建设的宏伟事业中去；其次，政府应大力宣传人才强国的概念，借助高校这一媒介，让高校充分意识到培养全方位的人才才是社会主义现代化经济建设的重中之重。必要时，政府应加大对高校的财政资助，让高校有足够的经费培养顶尖人才；最后，政府在大力开发人力资源时，应有意识地实行人才资源先行开发策略。人才资源是人力资源的一个重要组成部分，人才的开发能为经济建设服务；人才资源的快速增长成为推动经济迅速增长的最直接最有力的力量。政府应有远见卓识，即在建设社会主义经济现代化道路上，选择人才资源先导模式。

2. 确立企业的创新主体地位，永葆经济活力

企业是建设人力资源强国的重要主体之一。创新是维持企业生存、永葆经济活力的强大命脉。企业唯有不断创新，确立创新的主体地位，才能为企业的生存发展提供源源不断的人力资本，为国家的人力资源强国建设贡献力量。落实到具体途径上，可分为以下三点内容。

第一，加大企业的科技投入力度。企业的创新和科技的投入息息相关，企业内部要鼓励出现持续不断的科技活动，营造创新氛围。企业还应提供国内外各种科技创新的学习机会，鼓励员工走出去多交流多学习多探讨，以此反哺企业的创新发展；第二，企业内部形成一种自主创新文化，稳固形成创新是企业生命线的意识，培养企业内部成员的自主创新精神。第三，重视企业的研发，引进高质量的研发人才和研发团队。设立研发基金，对于有助于企业经济和科技成长的研发组或个人，给予高额物质奖励，激发员工们的创造积极性。

3. 高校在培养人才的过程中要不断加快适应我国经济社会发展需要，助力人力资源强国建设

党的十八大提出要"确保实现全面建成小康社会的宏伟目标，努力使我国从人力资源大国加快转变为人力资源强国，在新的起点上形成更大范围、更高水平的国际竞争新优势，不断增强我国经济长期发展后劲，必须根据经济全球化新形势，立足我国经济社会发展实际，紧紧围绕加快形成新的经济发展方式及以保障和改善民生为重点加强社会建设的新要求，以充分开发和合理利用人力资源为出发点，加紧作出周密安排。"① 根据国家这一战略方针，高校应进一步深化改革，针对社会发展和市场需要，培养高质量的专业技术人才，着重培养学生的创新能力和动手能力，及时更新学生适应社会适应发展的观念，不做落伍市场的淘汰分子，积极地投身于建设人力资源强国的伟大事业中。

（三）加大科技投入力度，建设科技大国，推进人力资源强国建设

"当前我国已进入加快转变经济发展方式的攻坚时期，必须依靠科技进步和创新推动社会经济发展。科学技术作为解决当前和未来发展重大问题的根本手段，其重要性和紧迫性日益凸显。"② 加大科技投入力度，强国必须强科技，科技贡献力在推进人力资源强国建设的进程中，其重要性一目了然。

1. 国家在加大科技投入比率的同时要注重培养科技人力资源的素质及创新能力

"能否抓住科技进步和信息革命带来的发展机遇，培养国际化的人才，赶上世界科技经济发展步伐、增强国际竞争与合作的能力，成为教育发展和人力资源开发的一项新的任务。"③ 科技人力资源可以包括国家财政科技、研发及其他各活动类型等要素，当然主体仍然是人力、人才。国家有意识地着重培养科技人力资源的素质，将财政投入到科技自主创新和产品研发上，对于形成具有中国特色的民族企业、民族产品起着催化剂的作用。此外，始终认清人才在人力资本角逐中的核心地位，要持续不断地培养具有一流创新能力的科技人才，将"中国制造"转换为"中国创造"，让中国名片在国际舞台持续闪闪发光，帮助中国建立真正的人力资源强国。

2. 政府要建立合理有效的科技投入机制

在建设人力资源强国的过程中，政府要勇立潮头，合理安排财政收入，建立专项经费来支持和辅助高科技人才培养、推动高科技人才的基础工作开发；将财政的一部分专门用于引进国外拥有先进科技水平的技术装备，来弥补国内科技领域某些方面的欠缺，学习国外先进科技，加强政府内部人员间的交流学习，聘请

---

① 中国共产党新闻网. 加快建设人力资源强国 ［EB/OL］. (2012 – 11 – 26) ［2018 – 12 – 13］. http：// theory. people. com. cn/n/2012/1126/c107503 – 19690968. html.

② 周国华，吴海江. 人力资源强国的"四种能量"探讨 ［J］. 浙江师范大学学报（社会科学版），2017（4）：16.

③ "中国教育与人力资源问题报告"课题组. 第一国策论———一份前瞻中国21世纪前50年教育与人力资源问题的报告 ［J］. 职业技术教育，2003（2）：26，25.

科技各领域的相关专家来为政府内部人士提供关于科技领域的精彩报告和讲座，从内心提升政府人士的科技意识；重点成立一批科技攻关项目，大力推广项目中的新科技和新技艺。这些都成了人力资源强国建设途中的重要科技力。

（四） 引进国际化人才， 提升建设我国人力资源强国的国际竞争力

"美国等发达国家和一批新兴工业化国家都高度重视发展教育和提高人力资源水平，围绕人力资源开发和人力资本的国际竞争展开争夺。"① 发达国家尚如此，作为发展中国家的中国更不能例外。从国家、政府、企业、高校等不同宏观、微观层面，都大力论述探讨了培养人才尤其是自主创新型人才的重要性，那么我们在立足国内的同时是否应该把眼光也延伸到国外呢？对于一个开放、包容的国家或政府来说，引进国际化人才也应是人力资源强国建设的途径之一。

1. 引进国外高级人才，构建国际化的科学创新平台

"20 世纪 90 年代以来，美国经济一直保持比较强劲的增长势头，其中人才国际化是一个十分重要的原因。"② 处于人口大国向人力资源强国转型的第二个阶段，中国早已具备了吸引国外高级人才来华为社会主义事业现代化建设添砖加瓦的能力。引进国外高级人才的具体途径可概括为，第一，要树立正确的国际化人才观点。"现在社会的普遍看法，所谓人才就是高学历者或经过高级培训的人员，包括工商管理硕士（Master of Business Administration，MBA）、公共管理硕士（Master of Public Administration，MPA）及国外留学人员，而在成功的各行各业的人员中，这些人员占多大的比例呢？"③ 这是社会普遍存在的人才观念的误区，由此可衍生出人们对国际化人才的误读，即错误地理解为在国际范围内尤其是在欧美国家渡过金的，留学过两三年的这一批受教育人士便可称作国际化人才。基于此，树立正确的国际化人才观非常重要；第二，提高国际化人才的待遇。待遇不仅包括普遍意义上的薪酬福利，还可针对国际化人才将知识和智能转化为科研成果的同时，让这一部分人才不仅拥有专利权，也让他们拥有专利转化为产品所产生的长久的效益分成。有条件的企业，也可以给这批人才派发原始股，让他们得到公司一定的股票，坚定留住高层次国际化人才的决心；第三，尊重知识、尊重国际化人才，营造良好氛围。来自不同国家不同地域的国际化人才，就像一个国际大家庭一样，需要人们上下一心，真诚欢迎他们加入而不是带有地域偏见，充分体现我们建设人力资源强国的高姿态和真挚心。

---

① "中国教育与人力资源问题报告" 课题组．第一国策论——一份前瞻中国 21 世纪与人力资源问题的报告 [J]．职业技术教育，2003（2）：26，25．

② 徐英起．加入 WTO 对我国人力资源管理的影响及对策分析 [J]．中国流通经济，2001（2）：64．

③ 王健菊，常东坡．树立正确人才观念 加强各类人才培养 [J]．科学管理研究，2005（4）：109，110．

2. 努力创造条件，吸引本国外流海外的国际化人才回国报效祖国，帮助建设人力资源强国

随着我国改革开放以来经济不断发展，人民日子越过越丰实，一批批国内青年学生留学国外，他们大都享受着国外优质发达的教育资源且逐渐成为国际化人才的强有力的组成部分。我国应充分重视这一部分本国外流海外的国际化人才，努力为他们提供丰厚条件、创建优越环境，鼓励他们回国报效祖国的社会主义现代化建设，使他们成为重要的人才资源，助推我国人力资源强国建设。

3. 建立健全国际化人才激励机制，营造良好的人才使用环境，搭建专业化的国际化人才使用平台

面对人才，不论是国家、政府还是企业都存在着人才外流、人才流失的现象。"现代人才学告诉我们，人才的成长过程具有非均衡性、非持久性和非直线性，人的才能存在一个生命周期，人才不可能持久地保持在一个才华横溢的高水平上，而高级人才是在实践中形成的，只有在动态的使用中加以培养才会出现能力型、创造型人才。"① 所以，要加快搭建国际化人才的使用平台，让他们物尽其用、力所能及，发挥他们的技能和才华，不断激发他们的创新意识和创造能力。建立健全国际化人才的激励机制，有利于国际化人才队伍的建设，推动经济社会可持续发展和人力资源强国的建设。

---

① 王健菊，常东坡. 树立正确人才观念　加强各类人才培养 [J]. 科学管理研究，2005（4）：109，110.

第二章
人力资源强国建设的理论与实践

自 2003 年《从人口大国迈向人力资源强国》课题组提出"人力资源强国"的概念后,"人力资源强国"及其实施在中国逐渐转变为国家教育和发展的重大方针战略。党的十七大报告明确指出"优先发展教育,建设人力资源强国"。党的十八大报告则进一步提出了"全民受教育程度和创新人才培养水平明显提高,进入人才强国和人力资源强国行列,教育现代化基本实现"的目标。为贯彻落实人力资源强国决策和战略,2010 年,国家先后发布了《国家中长期人才发展规划纲要(2010—2020 年)》和《国家中长期教育改革和发展规划纲要(2010—2020 年)》(以下简称"两大纲要")。在人力资源强国成为国家战略以及"两大纲要"实施近半程的背景下,参考、借鉴、反思国家的人力资源发展将有重要意义。

第一节 经济竞争力与人力资源强国建设

人力资源与劳动力资源不同,人力资源是指经过投资开发、加工提炼过的被称为"人力资本"的高质量的劳动力。[①] 桂昭明则认为:"人才资本(Talent capital)"是"体现在人才本身和社会经济效益上,以人才的数量、质量和知识水平、创新能力,特别是创造性的劳动成果及对人类的较大贡献所表现出来的价值"。[②] 因此,人力资源只有转化为人力资本时,才能成为经济发展的基本的要素。只有人才资源转化为经济发展的基本要素时才能促进经济竞争力的提高。通常我国以高素质人才队伍建设作为人力资源强国建设的主体,高素质人才队伍包括高素质的科技研发人才和应用型的技术人才。

---

① 刘家强. 论人才资源向人才资本的转变 [J]. 财经科学,2004(1):110 - 113.
② 桂昭明,梅介人. 试论"人才资本" [J]. 科技进步与对策,1997(2):9 - 13.

一、经济可持续发展面临的困境与挑战

要全面建成小康社会，我国必须由工业大国变成工业强国，我国工业承担着实现两个百年目标的重任。长期以来，我国制造业的增加值率偏低，仅仅是美国、日本的一半，在价值链提升方面有很大的潜力。数据显示，2014 年我国工业增加值达到 22.8 万亿元。其中，规模以上工业增加值的增幅达到 8.3%，全部工业增加值增速是 7%，工业出口占世界工业出口总额的七分之一，数量超过美国，成为世界第一大工业出口国。[①] 但中国工业发展中的问题也逐渐显现出来。

一个是工业增加值率。根据测算，"十一五"期间，我国平均的工业增加值率是 25.6%，近两年则出现下降，不到 23%，而发达国家的工业增加值率在 35% ~ 40%。这个指标的算法是用一定时期内工业增加值，除以同期工业总产出（可以用同期工业企业销售收入替换）。它反映了投入产出效果，数值越高，企业的附加值越高、盈利水平越高，投入产出的效果越佳。二是工业增长值中的科技贡献率。李毅中采用了相对能得到认可的统计数据，但也不到 50%。这与发达国家相差了近 20 个百分点。

2017 年中国工业增加值总量达到 28 万亿元人民币，占 GDP 的比重为 33.9%。2014 年以前，我国规模以上工业年增加值与 GDP 增幅大致有 1.3 至 1.4 的比例关系，随着我国经济结构调整，2014 年规模以上工业增加值与 GDP 的比例已经降到 1.15。2014 年全国规模以上工业增加值增长了 8.3%，但 2015 年的增加值降到了 6.1%，2016 年是 6.0%，2017 年规模以上的工业增加值增速达到了 6.6%，处于近三年最好的水平（见图 2 – 1）。

我国工业要提质增效、转型升级，必须靠创新驱动，调整存量、优化增量，向优质绿色低碳转型。"关键是创新！科技、产品、管理、商业模式创新，为转型升级提供原动力。"[②] 工业是服务业的基础，而制造业服务化是战略取向。

2015 年，我国出台了《中国制造 2025》规划，提出瞄准创新驱动、智能转型、强化基础、绿色发展等关键环节，让中国制造跻身世界第一方阵。其中，智能制造是中国制造升级的主攻方向，也成为各地制造企业提升价值链的突破口。因此，产业优化升级是近年来工业发展的重中之重，中投顾问在《2016—2020 年中国智能制造行业深度调研及投资前景预测报告》中指出，目前我国工业结构调整优化已取得积极进展，技术改造工作得到更大重视，高档数控机床、工业机

---

①② 新华网.23% 工业增加值的忧思 ［EB/OL］. (2015 – 03 – 07) ［2018 – 12 – 13］. http: // www.xinhuanet.com//politics/2015 – 03/07/c_127553089.htm.

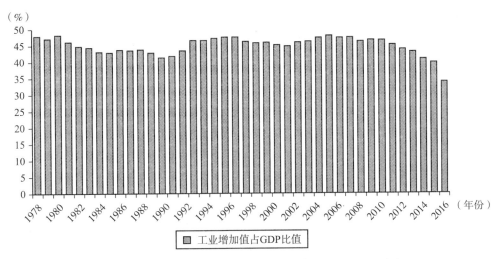

图 2 - 1　我国工业增加值占 GDP 的比值（1978—2017 年）

资料来源：前瞻数据库。

器人等新兴产业发展势头良好，市场倒逼过剩产能退出的机制加速形成。科技、资本、产业的互动关系可以总结为：科技创新—资本热潮（泡沫兴起与破灭）—产业兴起。（王明夫，2016）

制造业是中国经济增长的主要源泉，无论是制造业总量变动还是结构变迁都直接或间接地影响着国民经济的发展。到 2017 年，我国制造业创造的增加值达到 3. 591 兆亿元，约占当年国内生产总值的 33. 9%。制造业为我国经济发展从低收入阶段迈向中等收入阶段做出卓越的贡献。目前，我国经济发展已进入中上等收入国家行列，下一步还要向发达的高收入国家行列迈进。毫无疑问，我国仍然需要制造业的发展，而且需要一个更加健康、更具竞争力的强大制造业。①

《中国制造 2025》指出，没有强大的制造业，就没有国家和民族的强盛。到 2025 年中国要迈入制造业强国之列，2035 年达到世界制造强国阵营中等水平，到 2049 年进入世界制造业强国前列。为此，必须把握新一轮世界科技革命趋势，深入分析我国制造业现状、面临的困境，探索寻找中国制造业由大变强的战略路径。

经过 40 年改革开放，我国制造业迅速发展，取得了令人瞩目的成就。制造业总量规模不断扩大，结构加快转型，技术进步带动作用不断增强，所有制结构得到很大改善，对国民经济增长贡献作用日益突出。目前，我国制造业规模已跃居世界第一位，成为名副其实的世界制造大国。

---

① 马晓河. 中国制造：由大变强的战略思路与对策 ［J］. 中国发展观察，2015（8）：48.

　　我国制造业有做大的体制优势，它可以利用各级政府、国有企业和市场经济在短期内将制造业做得越来越大，但要将制造业很快做强做优目前并不具备优势。特别是实现《中国制造2025》提出的"三步走"战略目标，还面临着几个急待解决的问题，包括低端制造产能巨大，制造业由大变强面临过剩矛盾制约；制造成本全面上升，市场竞争力下降抑制制造业由大变强；原发性创新能力不强，制造业由大变强科技支撑不足；制造业粗放式发展，制造业由大变强缺乏可持续性。

　　当前，世界正在掀起新一轮技术革命浪潮。本轮技术革命以信息技术、生物技术、新材料技术和新能源技术为核心，特点是这四大技术在创新应用过程中不断交叉融合，并以渗透方式改变着我们的世界，智能化、数字化、精细化、低碳化等趋势在我们的生产生活中如影随形。这给世界制造业带来了深刻影响，在生产方式上，制造业将出现智能化、网络化、精细化和个性化发展特征。在发展理念上，制造业将出现绿色化、服务化发展特征。在组织方式上，制造业将出现扁平化、柔性化管理趋势。在商业模式上，未来制造业将更加呈现个性体验和定制特征。比如能体现新一轮技术革命的3D打印机，采用"增材"技术能打印（制造）出牙齿、骨关节、衣服、飞机及汽车零部件等产品，如果3D打印技术进一步成熟并产业化，必将替代传统的"减材"制造技术，改变整个制造业发展模式。毫无疑问，新一轮技术革命浪潮为世界各国带来了难得的发展机遇。

二、产业集聚化与人力资源集聚：科技人才是经济转型的核心要素

　　要实现经济可持续发展，当前的重点是传统产业的转型、产业链的拓展和高新产业的集聚化发展。产业集聚必然形成人才的集聚，也只有人才的集聚才能实现产业的转型和集聚。优化科技创新人才的区域优化配置，实现人才资源与经济发展的供需平衡。人力资源作为经济发展的要素之一，同样面临一个资源开发与利用的问题。人力资源如果得不到合理配置也会面临与自然资源一样的困境。

　　区域经济发展的实践证明，自然资源丰富不一定有利于经济增长，也可能会阻碍经济发展，因此宏观经济学提出了"资源诅咒"的概念，即一个区域丰富的自然资源不仅未能促进该区域的经济发展，反而成为经济发展的桎梏。随着我国经济的转型升级以及知识经济时代的到来，作为经济发展引擎与支柱的人力资源，特别是高级人力资源的作用逐渐凸显。一般来说，人才人力资源是经济发展的助推器，人力资源丰富的地区，其经济理应得到快速发展。但是，从经济发展与高等教育发展的相关数据分析，这一论点对我国的一些区域（如陕西省）而言可能并不成立，换言之，丰富的人力资源并未带来这些区域经济的快速发展，反而有可能阻碍了经济发展，陕西省可能存在一定的"人力资源诅咒"现象。高青

亮等通过对区域经济发展水平与人力资源的集聚度进行量化分析，认为经济发达地区的一般人力资本存量和人才人力资本存量对经济增长都有显著的促进作用，两种人力资本存量的效能均得到了有效发挥。只有形成经济发展与高端人才的良性循环的互动发展机制，才能形成对人才聚集的强大拉动力。[1]

从宏观经济的发展看，资源集聚是实现资源优化配置的前提条件，是经济运行高效率的重要标志。资源的集聚必然增加本身的价值，带来集聚效应，产生 $1+1>2$ 的效果，促进资源集聚地生产和经济的高速增长（朱杏珍，2002）。人才的集聚是一个地区经济增长的一个重要因素。在现代生产力系统中作为劳动者的人才及其所具有的知识和智力，不再仅仅是一种生产性要素，而且是一种具有内在增值功能和内在价值追求的资本性要素。目前，人力资本迅速积累在产业集聚区域上却表现出明显的比较优势，人才作为经济社会发展中最宝贵的资源，成了各个地区争夺的目标。

一个地区某产业的集聚必然引起该地区该产业的比重上升，从而生产要素在各产业部门中的比例发生变化。由于该产业的集聚效应，产业所在地相比其他地区的该产业就具有相对的优势。同时在本地区内，此产业也表现出相对的优势。在其他产业、人才不变的情况下，由于这种产业集聚所导致的集聚效应必然打破了原来的市场和要素的平衡，如图 2-2 所示：

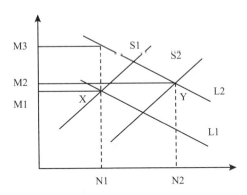

图 2-2　产业集聚与人才集聚的拟合曲线

资料来源：孙健，尤雯. 人才集聚与产业集聚的互动关系研究［J］. 管理世界（月刊），2008（3）：178.

图 2-2 中，L1 是该产业没有集聚之前对人才的需求曲线，S1 是该产业人才的供给线，点 X 是产业集聚之前供求平衡的平衡点（此时，工资为 M1，该产业

---

①　高青亮，刘毅，苏烈英. 陕西省人力资源与经济发展关系研究［J］. 西安石油大学学报（社会科学版），2018（5）：12.

的人才为 N1），S2 和 L2 是产业集聚后的人才需求曲线和产业人才供给线，点产业集聚后供求平衡点，（此时，工资为 M1，该产业集聚后的人才为 N2）。但如果人才量仍然为 N1，而同时产业对人才的需求曲线上升为 L2，则工资将上升为 M3。总之在产业集聚的过程中，产业结构发生相应的变化时，一定会产生人才集聚的客观需求，并通过工资信号产生人才的集聚和人才结构的调整。

按照市场规律理论，市场机制是靠物质利益原则和收入分配手段实施人才资源配置的。工资首先是人才供求价格信号，所以其他地区该产业的人才就会流动到该地区来，形成该产业的人才集聚。同时，工资作为杠杆，调节着人才从供过于求产业向供不应求产业转移。该产业领域专业的学生也会相应地增加。所以本地区该产业的人才供给曲线是一个不断右移的过程。在中期或是长期达到一个均衡点 Y。并且该产业的集聚导致其他产业的要素配置的变化，也使得一些产业因此壮大而另一些产业因此没落的状况。产业结构就处在不断地调整和变化中，以工资为价格信号的其他产业的人才供求也在不断地调整和变化中。总之在产业集聚的过程中，产业结构发生相应的变化，并通过工资信号产生人才的集聚和人才结构的调整。同时，人才的集聚造成该地区人才的数量结构的改变和质量水平的改变。一方面，专业人才集聚就如模型所示，会加速该产业的集聚速度，进而引起产业结构和人才结构的变化。另一方面，由于产业结构的调整和高级化，更多地体现在高新技术对传统产业的影响、融合的力度，以及引起产业结构变化的能力的增加，随着国内劳动力人口逐渐减少以及劳动力成本的逐渐上升，企业迫切需要实施机器换人战略，就工业机器人来看，2014 年国内工业机器人销售同比增长了 56%。

产业集聚与人才集聚的关联性，包括人才集聚的正效应和负效应。正效应可以分为内部效应和外部效应，内部效应包括协作效应、学习效应、竞争效应、节约效应、稳定效应，外部效应包括引致效应、品牌效应和示范效应。而负效应产生的原因是在物质资本约束下，同质人才的边际效用递减、管理成本增加、人际关系恶化造成的内耗等。[①] 牛冲槐等从制度环境、经济环境、社会环境、文化环境、科技环境、组织环境、市场环境等多个维度分析科技人才集聚的影响因素。认为从制度环境的角度看，人才身份管理制度、人才配置制度、人才产权制度、人才使用制度以及人才激励制度等是影响人才集聚的重要因素；而经济发展水平、经济体制、产业集聚和风险投资等是影响科技人才集聚的经济方面的重要因素；人口聚落环境、社会阶层与社会流动、社会集体认知与集合行为、教育政策与社会保障等是社会环境对科技型人才聚集效应影响的重要因素；从组织环境对科技型人才聚集效应的影响因素分析，认为组织结构、组织机制、组织激励、组

---

① 张体勤，刘军，杨明海. 知识型组织的人才集聚效应与集聚战略 [J]. 理论学刊，2005.6.

织文化对科技型人才聚集效应具有重要影响；人才市场体系、人才市场开发和人才市场秩序等是市场环境对科技型人才聚集效应的重要影响因素（牛冲槐等，2007，2008，2009）。①

人才流动与产业集聚方面，产业集聚可以带来人才集聚，人才集聚又促进了产业集聚。两者之间的关系是相互依存、相互促进（李刚，牛芳，2005；孙健，尤雯，2008）。人才流动所带来的人才集聚会产生知识溢出、劳动力市场的扩大等效应能促进产业的集聚，而人才流失则会导致集聚中心相对弱化，人才流动是实现以信息产业为代表的高新技术产业的产业集聚持续稳定发展的必要条件之一（高岳，2006）。在产业集聚的不同生命周期阶段，产业集聚有不同的特点，人才集聚的效应也发生不同的变化。根据人口迁移的推拉作用力，产业群制定不同的制度，形成对产业群外部的人才吸引力，和留住产业群内部人才的能力，形成较强的人才吸引磁场，集聚大量的人才，从而促进了产业集聚的形成与发展（周均旭，2010）。人才集聚与产业集聚，尤其是高技术产业集聚有着紧密联系，高技术产业的技术性指标与产值性指标对人才集聚的发展起正向推动作用，人才集聚的形成与发展离不开技术创新进程的推进，衡量综合技术创新水平的六项要素，即人口技术创新、经济技术创新、科学技术创新、环境技术创新、生活技术创新和保障技术创新，各项水平的提高对人才集聚的发展同样起到不同程度的促进作用（张樨樨，2009）。

人才集聚由经济因素、社会因素和环境因素所决定。人才聚集是一个开放的系统，必然会受到所处环境的影响。人才聚集环境包括内部环境和外部环境，内部环境的构成因素主要有组织结构、人际关系、用人机制以及岗位设置等。人才聚集的外部环境主要包括文化环境、地理环境、科技环境、制度环境和市场环境等。通过对区域产业集聚区的人才集聚的动因分析，影响人才集聚的主要因素由

---

① 牛冲槐，江海洋，王聪. 科技型人才聚集环境及聚集效应分析（一）——制度环境对科技型人才聚集效应的影响分析［J］. 太原理工大学学报（社会科学版），2007（3）：16-20.

牛冲槐，唐朝永，芮雪琴. 科技型人才聚集环境及聚集效应分析（二）——经济环境对科技型人才聚集效应的影响分析［J］. 太原理工大学学报（社会科学版），2007（4）：1-5.

牛冲槐，曹阳，郭丽芳. 科技型人才聚集环境及聚集效应分析（三）——社会环境对科技型人才聚集效应的影响分析［J］. 太原理工大学学报（社会科学版），2008（1）：22-26.

牛冲槐，王燕妮，杨春艳. 科技型人才聚集环境及聚集效应分析（四）——文化环境对科技型人才聚集效应的影响分析［J］. 太原理工大学学报（社会科学版），2008（2）：1-4.

牛冲槐，赵彩艳，樊艳萍. 科技型人才聚集环境及聚集效应分析（五）——科技环境对科技型人才聚集效应的影响分析［J］. 2008（3）：5-9.

牛冲槐，李乾坤，张永红. 科技型人才聚集环境及聚集效应分析（六）——组织环境对科技型人才聚集效应的影响分析［J］. 太原理工大学学报（社会科学版），2008（4）：1-5.

牛冲槐，张永胜. 科技型人才聚集环境及聚集效应分析（七）——市场环境对科技型人才聚集效应的影响分析［J］. 太原理工大学学报（社会科学版），2009（1）：10-12.

宏观环境、中观组织、个体意愿构成。宏观环境包括教育水平、经济水平、人文环境。中观组织指的是企业、高校、科技机构的知名度。个体意愿包括人才个体的生活、家庭等因素（朱杏珍，2010）。

人才集聚与创新方面，人才集聚能优化区域科技创新系统，而优化的区域创新系统又能通过回波效应为人才提供良好的创新平台和氛围，吸引人才聚集，提升人才聚集效应。人才集聚与技术创新水平是正相关的关系，而且相关性呈高度相关。并且人才集聚与技术创新的得分存在线性关系。技术创新的每一方面的提高都有助于吸引人才，同样人才集聚质和量的提高也有助于技术创新水平的提高，两者具有"乘数效应"（尤雯，2007）。科技人才集聚能形成创新团队，在个体、团队和社会等方面能产生升值效应、传承效应、马太效应、抗风险效应、羊群效应、加速器效应、示范效应等巨大的积极效应，从而能有效地促进创新（刘思峰，王锐兰，2008）。在人力资本与技术创新方面，有研究发现科研人员个体人力资本两维度，即受教育程度和科研工作经验对创新行为产生积极的显著影响，其中科技人才集聚的现状方面，呈现整体阶梯状，有明显的不平衡性和层次性。

区域性人才集聚的模式，可以分为市场主导、政府扶持、单一计划三种。在人才集聚模式方面，由于各地区资源差异，人才集聚模式不尽相同。研究发现，由于东部地区自身的资源禀赋优势，呈现以市场主导型的人才集聚模式。我国中西部地区在收入、人才环境和教育科研水平等方面都比东部地区差，因此中西部地区的人才集聚模式则呈现以政府扶持为主（孙健、孙启文、孙嘉琦，2008）。当然根据人才集聚的不同阶段，人才集聚模式有较大的变化。总体上看，由于市场机制的作用，我国人才地域配置呈现出较为明显的非均衡特征，即我国人才资源会向东部人才配置效率高的地区流动。

三、高素质的人才资源是提升区域综合竞争力的根本保证

"人才是创新的第一资源"，科技人才是有能力、有知识和能够进行创造性劳动，从事科技活动并在科技活动中做出贡献的人员。作为一种智力资本，科技人才已超越物质资本，成为最具价值、最为稀缺的资源，也因此成为提升区域核心竞争力的关键要素。近年来我国各省份全面实施"人才强省"战略。

刘佐菁等在分析广东省经济发展与科技人才发展的相关研究中，提出"科技人才竞争力"分析模型。他们认为"科技人才竞争力"可以从四个维度进行构建。即科技人才资源数量与质量的综合实力指标（F1）、科研经费、创新要素等投入性指标（F2）、科技创新成果、经济效益等产出性指标（F3）、科技创新环境、生活环境等环境指标（F4）等20个二级指标所构建的区域科技人才竞争力

综合评价指标体系。① 我们依据 2015 年的统计数据对我国各省份的人才竞争力指标和经济增长的相关指标进行分析，发现人才竞争力指标的得分与排名与各省份的经济综合发展水平（区域竞争力）具有高度的相关性，如表 2-1 所示。

表 2-1　　　各省份人才竞争力与经济发展指标的排名情况表（2015 年）

省份	F1	F2	F3	F4	综合	地区生产总值	地区生产总值增速（%）	人均地区生产总值/增速（%）
北京	1	13	1	30	1	14	6.9	10.58/7.68
江苏	6	1	9	5	2	2	8.5	8.85/7.72
广东	10	2	6	4	3	1	8	6.98/7.41
上海	2	20	22	3	4	13	6.9	10.34/5.96
浙江	5	10	20	2	5	4	8	7.64/6.81
山东	8	4	19	12	6	3	8	6.58/6.02
天津	3	18	21	1	7	12	9.3	10.90/5.19
湖北	7	5	8	27	8	9	8.9	5.16/7.98
安徽	13	9	2	11	9	15	8.7	3.70/5.55
河南	24	3	7	24	10	5	8.3	3.94/5.93
陕西	4	8	11	29	11	16	7.6	4.87/2.72
福建	18	12	17	7	12	12	9	7.01/0.00
湖南	20	6	13	25	13	10	8.6	4.08/7.39
四川	9	7	10	31	14	7	7.9	3.74/5.49
重庆	12	16	16	15	15	22	11	5.21/10.19

资料来源：本表格中的人才竞争力排名的数据引用刘佐菁等：广东省科技人才竞争力评价与提升策略 [J]. 科技管理研究. 2018（22）：135-138，其余数据根据国家统计局公开的数据计算得到。

从表 2-1 可以看到，我国经济增长总量的排名与人口总量高度相关，而人均经济总量却与人才资源的排名高度相关。在增长值上，经济总量增长最快的是重庆市，一方面，这与其原来的基础相对较低有关，另一方面，由于重庆市城市化导致的劳动人口集聚高度相关，但重庆市的人力资源排名偏低，反映出其人才资源的层次不高，如果不加大高层次人才的集聚，将会影响其传统产业的转型和高新技术的创新与发展。

①　刘佐菁，等. 广东省科技人才竞争力评价与提升策略 [J]. 科技管理研究，2018（22）：135-138.

四、高等教育发展与城市竞争力相关性分析

城市化是我国改革开放以来区域经济社会发展的主要特征，高等教育是高层次人才资源培养的主要渠道。因此高等教育与城市发展紧密相关，二者相互促进与制约，高等教育发展中的诸多影响因素在城市发展战略中具有重要意义。因此对高等教育发展水平与城市发展进行相关性分析，有利于推进高等教育的发展和城市竞争力的提升，为高等教育与城市在双向互动发展中提供更多的社会效益和经济效益。

城市竞争力内涵主要从竞争力的角度进行阐述，国外学者大多借鉴国家竞争力的概念来定义和分析城市竞争力。国外学者如美国哈佛大学教授迈克尔·波特，提出竞争力是生产率以及由生产率决定的长期增长能力，主要强调增长的重要性。美国著名经济学家萨缪尔森在《经济学》中提出，竞争力指的是商品参与市场竞争的能力，明显不同于一国的生产率，国外学者的相关观点很多。而我国国内学者倪鹏飞、连玉明[1]、宁越敏[2]、徐康宁[3]、朱腊云[4]和朱妙芬等对城市竞争力的理解和定义有所不同。其中中国社会科学院的倪鹏飞认为："城市竞争力主要指一个城市与其他城市在竞争和发展过程中与其他城市相比较所具有的吸引、争夺、拥有、控制和转化资源，争夺、占领和控制市场，以创造价值，为居民提供福利的能力。"[5]

国内外学者对城市竞争力的表述不尽相同，但都指出了城市竞争力内涵的综合性和复杂性、承认城市竞争力是城市各要素合力的结果，在内涵上是一致的。根据研究内容的需要，结合国内外的不同学者、不同研究人员对城市竞争力概念的认识，认为城市竞争力指"一个城市在已有的发展基础上和竞争环境中所具有的，吸引、争夺、拥有、控制和转化资源的能力，以及利用这些资源为城市市场生产产品、提供服务、为其居民提供福利，最终达到城市持续发展的能力。"[6]

高等教育发展水平受多种因素的影响，包括自然资源禀赋、经济发展水平、教育基础设施及区域内相关制度等方面。科学的评价城市高等教育发展水平应该遵循系统性、客观性、可比性、可操作性等基本原则。高等教育系统是非常复杂的，因此在选取指标过程中可以采取逐步分解的方式。本书高等教育发展水平主

---

① 连玉明. 城市转型与城市竞争力 [J]. 中国审计, 2003 (2): 11 – 14.
② 宁越敏, 唐礼智. 城市竞争力的概念和指标体系 [J]. 现代城市研究, 2001 (3): 19 – 22.
③ 徐康宁. 论城市竞争与城市竞争力 [J]. 南京社会科学, 2000 (5): 1 – 6.
④ 朱腊云. 入世后如何提高中国城市竞争力 [J]. 武汉冶金管理干部学院学报, 2002, 12 (1): 15 – 17.
⑤ 倪鹏飞. 城市人才竞争与城市综合竞争力 [J]. 中国人才, 2002: 31 – 34.
⑥ 李兴华. 我国城市竞争力的理论研究与实证分析研究 [D]. 厦门: 厦门大学, 2006: 11 – 12.

要从高等教育规模和投入的角度构建评价体系，高等教育资源的投入会影响高等教育规模的发展，高等教育资源的投入包括人力资本和物力资本的投入。高等教育的规模发展会产生城市的连带经济效益，高等教育规模发展同样带来了城市的人力资本和物力资本。

高等教育的发展功能会通过人力资本输出和物力资本输出的形式为城市发展提供硬件和软件的支持，而城市自身的发展水平也成为制约高等教育发展的重要因素之一。

1. 高等教育对城市发展的影响

高等教育具有高层次性和导向性的特点，通过影响城市的社会化、城市经济、城市文化发展来促进城市发展，其中对城市经济的作用尤为明显。高等教育对城市的经济发展功能主要表现在三个方面。一是培养和造就专业化的人力资本，二是传递和再生产科学技术功能，三是通过科研创新促进生产力转化。[①] 总结而言，高等教育通过培养人才、科学研究、服务社会这三种功能来增强城市竞争力地位。

（1）高等教育对城市社会化的影响。

1998 年我国高等教育开始扩招以来，招生规模实现了突破式增长，我国高等教育毛入学率继续提高，从 1998 年的 9.76% 升至 2017 年的 45.7%。高等教育招生规模的扩大为城市输入了源源不断的在校生和毕业生，很大一部分农村毕业生通过选择留在城市成为城市人口，增加了城市的人才资源。一方面，高等教育通过提供人才资源来促进城市化进程，高等教育培养的优质人才资源越多，越有利于为城市提供人才资源的竞争力和吸引力。另一方面，高等教育具有促进城市社会分层的作用。高等教育集中于城市地区，高等教育对阶层建设的流动产生较大影响，这是高等教育通过提供社会分层的动力机制来加速城市社会的发展。高等教育的社会分层作用体现在其通过影响受教育者的社会地位来影响受教育者自身及其后代的发展程度。一份关于高校在校生的调查显示，阶层发展差异让出身农民家庭的学生从原生动力上更渴望通过教育来进入社会上层，他们更倾向于通过教育来改变自身的社会地位，那些出身知识分子家庭的学生因为先天具有更优越的受教育机会而显示出更弱化的欲望。[②] 由此可见，高等教育无形中通过影响受教育者的教育程度来推进城市化人群的增长和城市人群的城市化。现代经济社会的发展潮流也表明，人们的职业地位和收入水平将与所受教育水平更加密切相关。并且随着高校毕业生的留城现象，会出现越来越多的挤占城市人口中未受过高等教育人口的就业机会，高等教育将为更多的人群实现城市化提供一条捷径，

① 黄英. 高等教育与城市发展的互动效应 [J]. 新疆师范大学学报，2004（6）：159-161.
② 李强. 当代中国社会分层与流动 [M]. 北京：中国经济出版社，1993.

而人口的城市化直接推动了城市化进程。可以说，高等教育通过社会分层这一功能性手段对城市社会发展产生影响，因此高等教育是影响我国城市乃至于中国未来发展的重要项目。

（2）高等教育对城市经济的影响。

大学通过其教学、科研和社会服务等功能共同作用于城市的各方面发展，能够有效的促进城市经济发展。高等教育充分发挥着其教学育人的功能，通过培养大量的社会适岗专业人才来提升城市的整体素质。如各类专门技术人才、科学研究人才、管理人才，甚至于培养出高等教育所需的各级各类专业教师，充实城市各行各业所需人才，提升城市劳动者素质的同时促进城市经济的发展。我国兴起的城市科技园就是最好的例证，浙江杭州下沙高教园区成为目前浙江省最大规模的高教园区。下沙高教区于 2000 年正式启动建设。政府规划面积 10.91 平方公里，总投资 86 亿元人民币，多达 14 所高校设于此，聚集了将近 20 万人在校大学生。高教园区的建设让下沙成为新兴的经济开发区，高教园区的高等教育资源和人才也为开发区的发展提供了便利的产学研一体化平台和更多的技术创新成果，有利于进一步加快开发区高新技术产业的发展。从高等教育的科研贡献力来看，高等教育的科学研究基地为城市科学技术工作者提供了良好的平台，高校里从事科研教学和科研工作者是高校主要科研的创新者，高校里的学生也成为巨大的科研潜力人群，他们掌握了高校的科研信息。高校的多学科性质可以尝试与企业的科技创新对接起来，形成结合势力，将高校不同学科的人才组织起来共同研发，再结合企业中高效的研究、开发、生产、销售、培训和售后服务及信息反馈的一条龙机制。这样既实现了高校学生人才和教师人才的科研才能，形成高效的科学技术创新创造学术氛围，又实现了高校与产业部门的有效结合，加速知识信息的创造、加工、传播与应用，缩短科技成果产业化、商品化的进程，也可以促进新科技和新思想的不断涌现，不断推进城市经济的发展。①

（3）高等教育对城市文化的影响。

随着我国高等教育招生规模和学生人数的不断累积，我国高等教育已然进入了大众化教育时代。越来越多的人可以接受高等教育，大学不仅仅是人才培养和科学研究中心，也将成为更广泛地增进人们的知识、丰富人们的精神生活和提高人们的文化素质的综合性、多样化的文化活动中心，大学越来越扮演着一个社会人才和文化的"孵化器"角色。城市中的高等学校通过教学服务、信息咨询对城市的文明进行辐射。教学服务方面，高等教育的多层次、多学科、多对象的培养方式，为城市各行各业提供了大量的人才。高等教育可以提高人们的文化修养，在提升人们内在修养和改造人们的价值观念时，使城市人群日渐倾向丰富的精神

---

① 闵维方. 大学在知识经济中的地位和作用［N］. 光明日报，1998－07－08.

价值追求。信息咨询方面，高校丰富的图书资料和文献资料可以为城市社会各界人员提供有效的信息咨询服务。另外高校培养的科研、学生人才，可以通过科研创新、学术交流、文艺展示等形式向城市展示，与城市人群进行充分的交流，既交流学术动态又可以拓展教育对象和空间，形成广泛的社会教育网络。高等教育从知识、技术、文化、精神内核等方面影响城市的文化市场。高等教育对城市发展的影响，存在于生活的各个方面，具有显性和隐性的作用，我们很难用数据来呈现。

2. 城市发展对高等教育的影响

高等教育与城市发展是互相影响的，那么在高等教育对城市发展的影响背面就是城市发展水平同样影响着高等教育的发展和壮大。城市可以为高等教育发展提供所需要的环境、资金、人才、技术、服务等方面的便利，相反，如果城市没有高等教育发展所需要的物质和人力资本，那么高等教育不可能在这个城市生存和发展下去。

（1）城市发展水平对高等教育的影响。

一个城市的发展水平影响着城市之间的竞争力地位，而城市发展水平对高等教育的影响主要通过城市发展观念、城市经济基础和城市政策倾斜对高等教育的作用进行分析。高等教育的发展，离不开高等教育自身的市场化运行及政府管理，以城市为经济后盾，才能助推高等教育更好的发展。政府在对高等教育的支持中，城市经济发展水平的高低将直接影响高等教育的发展规模，城市经济水平越高可以提供更多高等教育所需的资金、资源、人才等支持，提升高等教育的办学水平、科研水平、社会服务水平。如果城市经济基础薄弱，市场体系、经济环境都不完善，会影响政府的高等教育投入，进而影响高校的科研经费、师资培训和设备购置等方面，不利于实现城市中高等教育的规模、质量的提升。几年来虽然从整体上我国高等教育发展水平与城市经济发展水平的正逐渐加强，但还存在着城市中高等教育发展超前与滞后的问题，通常高等教育适度超前发展省份的经济发展潜力更大。[①] 纵观我国高等教育区域发展情况可以看出，东中西部的高等教育普遍存在差异，这是我国特有的现象。一个地区乃至一个城市的高等教育，这需要付出足够多的人、财、物资源，通过政策倾斜，完善规章制度，配套基础设施，更好地推动高等教育的发展。

（2）城市产业结构对高等教育的影响。

城市产业结构构成了城市生产力的主要因子，密切影响着城市产业的形成、城市生产力的发展及社会分工的细化。产业形成、生产力提升、社会分工共同促

---

① 许玲. 区域高等教育与经济发展水平协调性研究——基于 2004 年和 2011 年横截面数据的分析 [J]. 教育发展研究，2014（1）：24-28.

进了城市的竞争力提升，由此来看，城市产业发展可以直接促进城市竞争力的提升。① 城市竞争力的提升需要优化城市的产业结构，同时城市产业结构的优化升级也将深刻影响高等教育的发展。广东省自 2008 年以来开始进行产业结构升级和经济增长方式转型改革，力求扭转长期以来的粗放式经济发展方式。在进行产业结构转型的同时政府更加注重了对高等教育的投入和支出，广东省逐步打造高等教育体系，数量众多的高校学生为广东省经济的发展提供人才资源。② 城市产业结构优化升级对高等教育的促进作用主要体现在两个方面，一是有利于促进新的产业部门和产业链生成。产业链的升级使社会分工更加细化，加快了社会分工的进程，引发了对劳动力要素的强烈需求，形成了社会中对人才资源的需求，刺激了高等教育培养人才的动力。城市产业结构的优化需要高等教育专业结构的对应优化，促进高校在专业设置上与城市产业结构发展相适应，这样才能紧跟市场的发展需要，既实现高校人才培养的有效性，又带动城市经济和社会发展，不至于造成高校的人力、物力、财力等资源的浪费。③ 二是有利于引导社会力量对高等教育的投资热情。产业结构的优化升级带动的是企业对生产技术的重视，因此随着产业结构升级的深入发展，社会生产部门对高校人才提出了更高要求，他们开设的各种奖励机制和工作条件对高校高素质技术人才培养提出了要求，高校通过更加注重人才质量和数量的培养来适应城市产业结构优化。

从理论的外层来看，城市发展构成了高等教育发展所需的基础力量，高等教育则对城市发展进行有效反馈互动，高等教育水平的高低同样能够影响城市竞争力。因此，在城市发展与高等教育的互动发展机制中，既要着眼于高等教育的发展，又要确保城市的各方面发展，让二者在发展的过程中实现要素整合，互动发展。

3. 高等教育与城市发展互动效应分析

（1）加速发展进程，实现双向共赢。

高等教育与城市之间的互动效应显示，既要充分发挥城市对高等教育的基础支持作用，又要充分运用高等教育对城市的促进作用。一方面，城市对高校的政策支持和经济扶助，可以使高校获得发展机会。另一方面，高校在为城市提供大量的人才支持、科研技术、科技成果中，充分发挥高等教育对城市的教育服务功能。

首先，高等教育加速了城市经济发展进程。以杭州高新技术产业开发区为例，杭州滨江高新技术开发区通过与浙江大学等高等院校建立合作关系，为该区高新技术产业的发展提供了技术支撑和高素质人才。2003 年以来滨江区共引进

① 邓婕. 城市竞争力与大学生就业的关联性研究——以长三角五市为例 [D]. 金华：浙江师范大学，2013：33 - 40.

② 许玲. 区域高等教育与经济发展水平协调性研究——基于 2004 年和 2011 年横截面数据的分析 [J]. 教育发展研究，2014（1）：24 - 28.

③ 彭玲. 重庆市高等教育与区域经济的均衡发展研究 [D]. 重庆：西南大学，2010：18 - 24.

约 7.8 万各类人才，这里成为各类高新技术人才发展的一方热土。2018 年推出人才新政 30 条，实施新一轮"5050"计划，新引进各类人才 3.06 万人，增长 15.1%，其中硕博人才 7 948 人（列全市第一），诺奖、海外院士 2 名，博士后研究人员 35 名，人才引进总量和增幅创历史新高。①② 杭州高新技术产业开发区拉动了城市建设和基础建设的步伐，开发区内的高校聚集效应带动了周边行业企业的发展，也促进了该区经济和社会更好的发展。而城市对高等教育发展的影响上，杭州高新技术产业开发区为了给高新技术产业和引进的外资项目提供人才和财政支持，进一步优化人才结构，开发区政府大力发展高等教育，从土地征用、设施配套、设计规划等多方面制定优惠政策，积极引进外来的高级人才和促进大学的建设。

其次，高校为城市提供了科研成果和科学技术。高等教育进行的科学研究，可以将研究成果应用于城市，造福于城市经济。以浙江大学为例，2012 年，政府为浙江大学提供的科研总经费达到 30.78 亿元，为其科学研究提供了经费支持。从而浙江大学使得科研项目达到千万级以上的有 107 项，亿级项目 10 余个。更增加了浙江大学的科研产出，2012 年，浙江大学荣获国家科学技术奖励 13 项。③ 这些科研成果将直接转化为生产力作用于城市经济中，助力所在城市的竞争地位。

最后，高等教育可以参与城市建设中。高等教育每年所培养的学生人力资源和教师资源作为这个城市重要的人才资源对于城市各个行业的发展都有着重要的促进作用。一个学校培养的人才资源是源源不断的，高校教师更为城市的发展提供了最大化的智力支持，再结合城市高校的特色学科和科研优势，可以进行高校与企业和政府之间的合作，加强相互之间的信息交流，进行资源共享。

（2）完善人才培养体系，增加人力资本储备。

高等教育与城市发展的互动效应，促进了高校人才培养和城市发展。一方面，城市应加强对人才资源的重视，政府应采取更加积极的政策支持高等教育的发展，提升高校办学水平和发展规模，重视对高校人才的有效社会安排。另一方面，高等教育也可以借助城市的力量，积极寻求政府的政策支持和资金支持，在培育社会人才的过程中利用多种方式。可以通过着重于学生的职业能力培养和社会适应能力培训展开工作，培养更多适岗的社会人才。还可以完善继续教育体

---

① 杭州国家高新技术产业开发区管理委员会. 高新（滨江）简介［EB/OL］.（2019 - 05 - 17）［2019 - 06 - 15］. http：//www. hhtz. gov. cn/art/2019/5/17/art_1487018_20332922. html.

② 杭州国家高新技术产业开发区. https：//baike. baidu. com/item/% E6% 9D% AD% E5% B7% 9E% E5% 9B% BD% E5% AE% B6% E9% AB% 98% E6% 96% B0% E6% 8A% 80% E6% 9C% AF% E4% BA% A7% E4% B8% 9A% E5% BC% 80% E5% 8F% 91% E5% 8C% BA/7064883？ fr = aladdin.

③ 浙江大学. 浙江大学 2012 年统计公报［EB/OL］.（2014 - 03 - 13）［2019 - 06 - 15］. http：//www. zju. edu. cn/2014/0313/c588a15903/pagem. htm.

系，为城市各行各业的发展需求培养学生人才和培训职工人才，如拓展高校的职业培训业务，为社会人才提供继续深造的途径，开展学校的职业生涯规划和职业技能比赛，提高学生的职业意识和工作技能。高等教育与城市发展的有效互动，可以从人才培养方面进行途径破解，建立城市和高校同步的人才培养体系。[①] 城市经济的发展和高等教育水平的提升都能增加人力资本的存量，城市的经济水平发展程度会吸引不同层次的人力资本，高等教育的发展为城市提供了高层次的人力资本，一个城市人力资本的素质往往也是构成吸引外部人才的因素之一，因此，无论是高等教育的发展还是城市竞争力的提升，都能够促使城市人力资本的存量增加。

第二节　科技竞争力与人力资源强国建设

创新型科技人才的竞争已经成为国际竞争的焦点之一。科技竞争归根到底是人才间的竞争，创新型科技人才作为 21 世纪最重要的资本，对地区经济与社会发展都起着强有力的引领作用。因此，发达国家和发展中国家都把创新型科技人才视为本国重要的战略资源、促进区域经济发展的重要因素。

我国"十二五"规划中强调"推动我国经济发展更多依靠科技创新驱动，必须全面落实国家中长期科技、教育、人才规划纲要，大力提高科技创新能力，加快教育改革发展，发挥人才资源优势。"完善科技创新体制机制，深化科技体制改革，建设人才强国已成为我国未来人力资源中长期发展规划的重中之重。

长期以来，我国过多依赖物质资源发展经济，忽视了人类自身素质——创新能力的发展。创新型科技人才是人力资源队伍中的核心群体，他们的培育成长对提升我国自主创新能力、科技水平及综合国力具有重要影响。[②]

进入新时代，"现代化经济体系建设的迫切需求和科技有效供给不足之间的矛盾"成为我国科技发展的主要矛盾。解决这一主要矛盾既是适应新常态供给侧结构性改革的客观要求，也是我国从科技大国迈向科技强国的关键所在。通过科技供给体系重构、科技有效供给能力提升、科技有效供给环境营造等，实现我国科技事业高质量发展，切实满足建设现代化经济体系的迫切需求，发挥科技创新的战略支撑作用。

目前中国很多产业处于全球价值链的中低端，一些关键核心技术受制于人，发达国家在科学前沿和高技术领域仍占据明显领先优势，我国支撑产业升级、引

① 郝利. 高等学校与文化城市互动发展问题研究［D］. 桂林：广西师范大学，2008：35－43.
② 金振鑫，陈洪转. 基于 GERT 的创新型科技人才培育政策设计问题研究［D］. 南京：南京航空航天大学，2012：1.

领未来发展的科学技术储备亟待加强。我们应该如何通过转型去驱动创新发展？

科学转型也可以和经济转型进行类比。一些国家如墨西哥、马来西亚等，20世纪70年代就已进入中等收入国家的行列，但直到现在仍然停留在发展中国家的阶段，原因在于低端制造业转型失败，阻止了发展高端制造业、走向发达国家的通道。①

自然科学的基础研究中，中国所占的比例都越来越大，整个世界的基础研究正在向双头格局演化。下面图2-3就是一个鲜明的例子，它用的指标叫作"自然指数"（Nature Index），这是由世界顶级科学期刊《自然》提出的一个指标，用来衡量各个国家或者各个研究机构的基础研究的产出。从英国《自然》杂志引用的数据显示，从2005年到2015年，中国发表的研究论文数量占全球总量的比例从13%增长到20%，这个比例在全世界仅次于美国。在全球范围内引用率较高的论文中，大约每5篇中就有一篇有中国研究者参与。不少中国顶尖的科研院校，已进入各种世界最佳科研机构排名榜单。

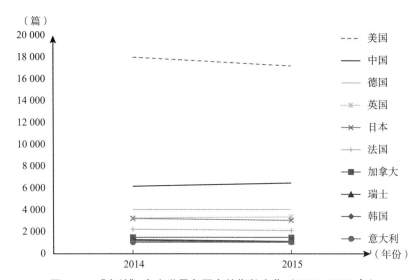

图2-3　《自然》杂志世界各国自然指数变化（2014—2015年）

资料来源：东北大学发展规划与学科建设处. 2016自然指数发布［EB/OL］.（2016-04-25）［2018-12-15］. http://xkjs. neu. edu. cn/2016/0425/c2787a51042/pagem. htm.

但是"科技创新"在中国还只是趋势与方向，尚未成为真正的现实优势。比如，虽然我国的SCI（科学引文索引）论文数量居全球第二，但SCI只能反映我国一些科学领域的基础研究的进步而不是全部。（汪品先，2016）不可否认的是，

---

①　周琳. 中国成为科技强国还缺什么？［N］. 新华每日电讯草地周刊，2016-8-9（6）.

虽然中国每年有大量论文发表，但具有高影响力的论文不多，重大和原始创新成果出现的比例还不够高，与全球科研创新的"风向标"之地还有些距离。

就像需要依靠高科技实现经济转型一样，科学研究也需要转型。我国的出口商品已经从多年前的领带、打火机发展到手机、高铁，我国的科学研究也需要向学科的核心问题进军，需要有原创性的突破，这就是转型。现在我们处在"中等"状态，往往是从外国文献里找到题目，买来外国仪器进行分析，然后将取得的结果用外文在国外发表，这当然是我国科学的进步，但也可以说这是一种科学上的"外包工"。想要成为创新型国家，就不能只注重"论文优势"，应该在国际学术界有自己的特色，有自己的学派，有自己的题目。

长期以来，我们强调的是科学研究作为生产力的重要性，忽视了科学研究的文化属性，而缺乏文化滋润的科研就会缺乏创新能力，成为转型的阻力。科学具有两重性——科研的果实是生产力，而且是第一生产力；科研的土壤是文化，而且是先进文化。作为生产力，科学是有用的；作为文化，科学是有趣的。两者互为条件，一旦失衡就会产生偏差。假如科学家不考虑社会需求，只知道"自娱自乐"，科技创新就必然萎缩；相反，失去文化滋养、缺乏探索驱动的科学研究，只能做一些技术改良，难以有创新突破。（饶毅，2016）

从技术创新的角度看，进入21世纪后，我国技术创新的能力不断提升，全国专利技术数量增长迅速，但从发展态势看，在三大专利授权中，发明专利无论是申请量还是授予量都滞后于外观设计和实用新型的专利增长率。而发明专利才能真正反映产品的技术含量，更能反映技术创新的能力和水平。下面是我国发明专利授权的增长情况，如图2-4所示。

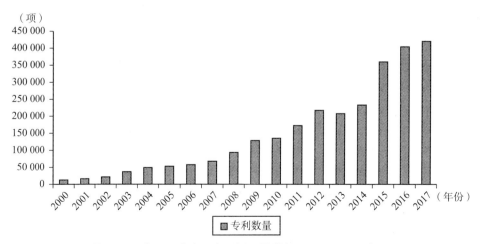

图2-4　中国国内发明专利授予量增长（2000—2017年）

资料来源：会员前瞻数据库［EB/OL］. https：//d. qianzhan. com/xdata/details/670c0cd9fa4a37b4. html.

但从国际发明专利的视角看，我国申请的国际发明专利无论是数量和质量都与发达国家有很大的差距。如图 2 - 5 所示：

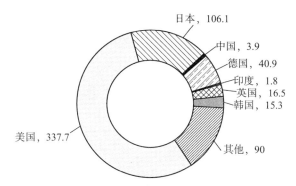

图 2 - 5 美国商标与专利局公布的国际发明专利的分布

资料来源：搜狐. 日本经济 "百足之虫，死而不僵"，看这些就知道了［EB/OL］. (2016 - 12 - 26)［2018 - 12 - 16］. http：//www. sohu. com/a/122574045_568997.

系列化创新技术专利的积累，就能孵化出一个高科技的产业而高科技产业的背后，都需要一支由创新性科技人才支撑的研发平台。我国拥有世界上较大的科学研究队伍，早在 2011 年我国研发投入占全球比重达 13.1% 仅次于美国，理应进入 "领跑" "举旗" 的行列，而不该继续为 "跻身" 国际而感到满足。但这就要求转型，要求研究者争取 "自我解放"，从学术驱动转化为需求驱动，从功利驱动拓展到求知欲驱动。

一、问题的提出及研究的意义

（一）建设现代化经济体系成为新时代我国发展的战略目标

党的十九大报告指出，中国特色社会主义进入了新时代，这是我国发展新的历史方位。我国社会主要矛盾已经转化为人民日益增长的美好生活需要和不平衡不充分的发展之间的矛盾。我国经济已由高速增长阶段转向高质量发展阶段，正处在转变发展方式、优化经济结构、转换增长动力的攻关期，建设现代化经济体系是跨越关口的迫切要求和我国发展的战略目标。必须坚持质量第一、效益优先，以供给侧结构性改革为主线，推动经济发展质量变革、效率变革、动力变革，提高全要素生产力。

（二）建设现代化经济体系对科技创新提出了迫切需求

党的十九大明确提出 "创新是引领发展的第一动力，是建设现代化经济体系的战略支撑",提出了"加快建设创新型国家"的总体要求,在抢占战略制高点、提供有力技术支撑、加强国家创新体系建设、深化科技体制改革、营造创新环境、发挥人才作用等六个方面提出了明确的任务。这一方面,体现了党对科技创新工作的高度重视,进一步强化了创新第一动力的地位和作用;另一方面,也对科技创新工作提出了更高的要求,迫切需要科技创新担负起建设现代化经济体系的战略支撑作用(见图2-6)。

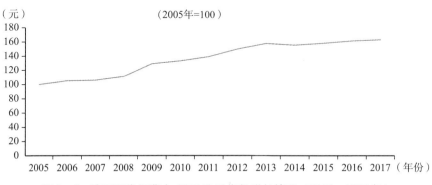

图2-6 我国研发经费占 GDP 比重指数增长情况(2005—2017 年)

(三) 把握并解决新时代我国科技发展主要矛盾意义重大

随着新时代我国社会主要矛盾的转化,科技作为经济社会发展的重要组成部分,其发展的主要矛盾也将随之转化。科学分析和准确把握新时代我国科技发展的主要矛盾是制定科技战略和科技政策的重要前提,是明确科技创新工作重心和主要任务的必然要求。解决新时代我国科技发展主要矛盾,不仅对于推动科技事业快速健康发展、推进供给侧结构性改革、培育壮大发展新动能,使科技创新成为建设现代化经济体系的战略支撑具有重要现实意义,而且对深入实施创新驱动发展战略、加快建设创新型国家和世界科技强国具有重大战略意义。

综上所述,本书将我国科技发展主要矛盾转化作为研究对象,对中华人民共和国成立以来、改革开放以来和进入新时代以来三个历史阶段科技发展主要矛盾转化的历史脉络进行梳理,试图说明新时代科技发展主要矛盾的主要内涵,并提出解决新时代我国科技发展主要矛盾的相关对策建议。

二、我国科技发展主要矛盾转化的历史进程

自中华人民共和国成立以来,我国科技发展一直处于相对落后、奋力追赶先进的状态。科技发展主要矛盾根据我国科技事业发展的现实状况,围绕国家经济

社会发展的战略需求，不断发生变化。

（一）适应计划经济，"建立工业体系的迫切需求与薄弱的科技基础之间的矛盾"成为新中国建立后我国科技发展的主要矛盾

1949 年 10 月中华人民共和国成立之时，国内仅有 30 多个专门研究机构，科学技术人员不超过 5 万人，基本处于一穷二白的境况，无法满足当时建立工业体系的迫切需求。为了解决这一主要矛盾，我国把"建立科学技术体系"作为主要任务，借鉴苏联模式建立了中国科学院、高等院校、产业科研院所、国防科研院所、地方科研机构等几路科技大军，通过引进苏联与东欧的技术，实施大批工业建设项目，初步建立起比较完整的工业与技术体系。为了实现建设目标，国家开始全面地规划科学技术事业，制定了《1956—1967 年科学技术发展远景规划纲要》（十二年规划），积极部署重大科技任务，并形成了"以任务带学科"为主要特征的科技发展模式。这种模式迅速构建了与计划经济体制相适应的国家科学技术体系基本框架，满足了国家的战略需求，为提升国家综合实力和国际地位做出了突出贡献。① 但是，这种模式最大的问题是将企业作为单纯的生产部门，在科研方面布局很少，导致我国企业的研发实力和能力一直比较薄弱，如图 2 - 7 所示。

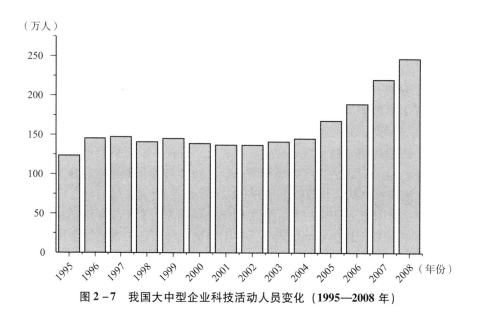

（万人）

图 2 - 7 我国大中型企业科技活动人员变化（1995—2008 年）

---

① 资料来源：金科. 新中国科技 60 年回眸 [J]. 今日科苑，2009 (21)：70 - 71.

（二）从计划到市场，"经济快速发展的需求与科技游离于经济之外的矛盾"成为改革开放以来我国科技发展的主要矛盾

1978 年我国开始改革开放，科技体制结构性矛盾随着改革开放进程加快日益突出，科技与经济严重脱节，科技创新不能提供有效供给来推动国民经济增长，甚至无法支撑大规模引进技术的消化吸收。"经济快速发展的需求与科技游离于经济之外的矛盾"成为科技发展的主要矛盾。为解决这一突出矛盾，1985 年中共中央发布《关于科学技术体制改革的决定》，全面启动了科技体制改革，引导科技工作面向经济建设主战场，"经济建设必须依靠科学技术，科学技术工作必须面向经济建设"（即"两个面向"）成为科技发展的战略方针。40 年来，促进"科技与经济结合"成为我国科技发展的主要任务，科技进步法、科技成果转化法相继出台，都强调科技对经济的服务，加强科技成果的转移和转化；1995 年全国科学技术大会、1999 年全国技术创新大会、2006 年全国科学技术大会以及 2012 年全国科技创新大会都强调加强科技与经济的结合，出台的决定和措施都将解决科技和经济"两张皮"作为主要政策导向。

（三）随着市场经济体制的逐步完善，科技和经济结合日趋紧密，科技已经成为经济发展的内生因素

我国的科技体制改革取得了重要进展和显著成效，一是优化了科技力量结构和布局，从体制上解决了大批应用开发类院所长期游离于企业之外的问题，企业的研发实力逐步增强，2016 年全社会研究与试验发展（R&D）支出企业占比达 77.5%。二是提升了科技自身实力和支撑能力，2016 年我国论文被引次数世界排名第二位，有效发明专利保有量位居世界第三；在载人航天、深海潜水器、超级计算机、高速铁路、超级稻育种等领域取得的重大突破，为经济社会发展提供了有力支撑。三是促进了科技成果转化和产业化，科技人员市场意识显著增强，国家高新技术产业开发区成为区域经济增长极，2016 年全国技术合同成交额 11 407 亿元，146 家国家高新区营业收入达到 28 万亿元。① 更为重要的是，随着我国社会主义市场经济体制的不断完善，自主创新已经成为国家的战略路径选择，创新成为发展的新动能，作为重要的内生因素已经融入经济社会发展的全局；大众创新、创业蓬勃开展，全社会支持创新、参与创新的热情空前高涨，使科技与经济"两张皮"问题有了根本性的改观。

---

① 资料来源：赵红光. 新时代我国科技发展主要矛盾转化及其对策 [J]. 中国发展观察，2018 (Z1)：66 - 70.

（四）进入新时代，"现代化经济体系建设的迫切需求和科技有效供给不足之间的矛盾"成为我国科技发展的主要矛盾

2016 年我国全社会研发支出 15 676 亿元，占 GDP 比重为 2.11%，按汇率折算，我国研发支出总量在 2013 年超过日本，成为仅次于美国的世界第二大研发经费投入国家，已经成为具有重要国际影响力和竞争力的科技大国。但从总体上看，当前我国科技创新表现为"五个不相适应"，即科技创新能力与我国大国地位快速提升的更高需求不相适应；高水平科技供给与经济新常态下转型升级的实际需求不相适应；企业创新能力与产业向中高端迈进的实际需求不相适应；高水平科技领军与建设创新型国家的实际需求不相适应；创新治理体系与实施创新驱动发展战略的要求不相适应。这五个不相适应说到底，是科技供给不能满足我国转变发展方式、优化经济结构和转换增长动力的现实需求。我国是论文专利大国，但有世界影响的论文、重大原始性的专利还不多；是技术成果产出大国，但关键核心技术受制于人的局面仍然没有得到根本改变。许多领域的关键核心技术和装备我国自己不能有效供给，还需要依赖进口。以制造业为例，总体上我国关键核心技术对外依存度超过 50%，95% 的高档数控系统、80% 的芯片、80% 的石化装备、70% 的胶印设备、轿车制造设备、先进纺织机械依靠进口，几乎全部高档液压件、密封件和发动机都依靠进口。[①]

进入新时代，我国科技发展主要矛盾转化为"现代化经济体系建设的迫切需求和科技有效供给不足之间的矛盾"，要把提高科技有效供给作为主要任务，要有重大科学理论突破，要能提供关键核心技术，为建设现代化经济体系提供战略支撑，从科技大国变为科技强国。对此，习近平总书记明确要求："要高度重视原始性专业基础理论突破，加强科学基础设施建设，保证基础性、系统性、前沿性技术研究和技术开发持续推进，强化自主创新成果的源头供给，构建高效强大的共性关键技术供给体系，努力实现关键技术重大突破，把关键技术掌握在自己手里。"[②]

科技创新展示了人类未来的产业、财富机会，拉动资本涌入—形成泡沫效应—泡沫破灭—沉淀产业力量—产业兴起。资本和产业之间的互动、循环以科技作为内核，资本围绕科技转，产业围绕科技转，这就是三者之间的互动关系。

从资本市场、产业周期、科技创新三个维度进行思考，每个维度各分为四个阶段。科技创新的第一个时期是科学期，科学转变为技术后就进入技术期；技术转变为产品，就进入产品期，比如现在石墨烯技术已经突破，产品已经出来，但

①　赵红光. 新时代我国科技发展主要矛盾转化及其对策 ［J］. 中国发展观察，2018（Z1）：66－70.
②　新华网. 坚定不移走中国特色自主创新道路 ［EB/OL］.（2016－02－26）［2018－12－15］. http：//www. xinhuanet. com/politics/2016－02/28/c_128754803_2. htm.

是产品还不成熟，还没有形成产业；最后产品性能稳定了就会出现经济上可行的标准产品，就会进入普及期，社会都需要运用该产品，见表2－2所示。

表2－2　　　　　　　　　　　三维四期矩阵

三维	第一阶段	第二阶段	第三阶段	第四阶段
资本市场	概念股	成长股	蓝筹股	重组股
产业周期	初创期	成长期	成熟期	衰退期
科技创新	科学期	技术期	产品期	普及期
四维				

产业周期就是经典教科书上所说的初创期、成长期、成熟期、衰退期。在科学期不存在产业初创的问题，当科技创新进入技术期时，产业才开始进入初创期；科技创新进入产品期很长时间，产业依然处在初创期；科技创新到了产品期后期，产业就进入成长期；科技创新过渡到普及期很长时间，产业依然处在成长期，成长期过了之后进入成熟期，成熟期维持时间或长或短，最终产业一定会衰退，没有不衰退的产业。

未来几十年的发展方向都蕴藏在这张图里。包括：人工智能与机器人、电子与计算机、军事、汽车与交通、航天航空、先进工业制造、互联网与大数据、新金融、健康产业、绿色环保、新能源、新农业、新材料，如图2－8所示。

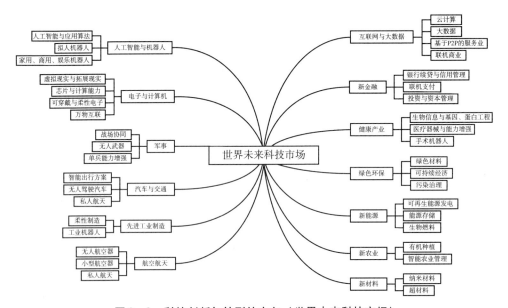

图2－8　科技创新与转型的方向（世界未来科技市场）

三、提升科技创新能力是新时代我国科技发展的主要目标

我国科技发展主要矛盾从改革开放以来的"经济快速发展的需求与科技游离于经济之外的矛盾"转化为新时代的"现代化经济体系建设的迫切需求和科技有效供给不足之间的矛盾"，既是我国科技创新实现从量的积累向质的飞跃、从点的突破向系统能力的提升、从以"跟跑"为主向"跟跑、并跑、领跑"并存转变的必然结果，也是适应新常态供给侧结构性改革的客观要求。

建设现代化经济体系是适应我国从高速增长转向高质量发展的必然选择。建设现代化经济体系的原则是质量第一、效益优先，目标是不断增强我国的经济创新力和竞争力。创新是引领发展的第一动力，是建设现代化经济体系的战略支撑。在深化供给侧结构性改革、加快建设创新型国家、实施乡村振兴战略、实施区域协调发展、推动"一带一路"建设等方面，科技要提供有效供给，满足我国产业迈向全球价值链中高端、建成科技强国、推进农业农村现代化、形成区域创新中心和经济增长极、培育国际经济合作和竞争新优势等方面的迫切需求，切实发挥战略支撑的作用。

科技发展的主要矛盾是围绕国家战略需求的变化而演化的，解决不同阶段的主要矛盾需要不同的着力点。"促进科技与经济结合"主要是解决科技与经济"两张皮"的问题，发力点在于促进科技从外生因素变成经济发展的内生因素，从间接生产力变成直接生产力。从实践来看，改革开放以来通过解决"经济快速发展的需求与科技游离于经济之外的矛盾"，切实发挥了"科技是第一生产力"的作用，使我国成了世界科技大国和经济大国。"提高科技有效供给"是解决"新动能"和"战略支撑"的问题，着力点是提高"科技是第一生产力"的质量和效益，促进经济结构调整，实现科技与经济的融合发展。进入新时代，要通过解决"现代化经济体系建设的迫切需求和科技有效供给不足之间的矛盾"，使我国成为科技强国和经济强国。只有先解决结合的问题才能实现融合发展，前者是后者的基础，后者是前者的提升。

自主创新是一个国家经济发展、科技进步的根本动力，人才是自主创新的主体。在技术创新的过程中，研发经费的运用、设备设施的改进、新产品的开发均依赖于创新人才的自主选择和应用。以人为根本，技术创新离不开人才，只有集聚大量的科技创新人才，才能为技术创新体系提供最根本的动力。人才作为第一资源，人才集聚产生效应，对技术创新体系建设有重要的作用。①

---

① 王月，吴玉鸣. 欠发达地区人才集聚与技术创新体系建设——省域竞争格局下的广西实证 [D]. 桂林：广西师范大学，2011：4 – 15.

人才集聚在同一技术创新体系中，共享知识、信息、技术、物质等资源，为技术创新体系节约了生产、交换等多种成本。创新人才通过集聚，建立创新团队，具备更强的组织稳定性，提高了技术创新体系的研发成功率。人才集聚的正效应会吸引组织外部的人才资源，扩大创新人才的集聚规模，增加技术创新体系的人力资本存量。由人才集聚所建立的优秀团队在相关的领域内，会产生品牌效应，带动社会其他单位、部门的创新人才合理流动，提高人才的配置效率，有助于技术创新体系外的单位合理利用人才资源。

完备的技术创新体系具有良好的创新环境，吸引人才发生集聚，进而发生人才集聚的经济效应。完备的技术创新体系通过促进人才个体的发展，达到吸引人才、留住人才，进而使人才发生集聚。人才个体的发展，包含着个人自我价值的实现，社会价值的提升，个人兴趣爱好的追随，配偶子女的幸福等多种因素。各种研发中心、生产实验设备、高端仪器、科研经费等硬件条件，为人才自身的发展提供了条件，搭建了平台。从人才个体发展方面，技术创新体系建设的作用主要表现在以下三个方面。

第一，完备的技术创新体系为人才提供宽松、自由的创新环境。要达到创新的目的，就要不拘一格聚人才，给予创新人才开阔的思想空间，在不加以约束、限制的同时，为其提供完善的物质、精神上的支持，满足不同类型创新人才的合理要求。如技术创新体系为人才提供完备的实验室、先进的实验仪器设备、充足的科研资金，鼓励人才根据个人的时间、兴趣自由选择课题项目。技术创新体系为人才提供自由、开放的科学研究氛围，为人才的新思想、新发现、新方法、新产品给予广阔的发展空间。

第二，完备的技术创新体系为人才提供合理的职业发展方向。技术创新体系通过提供学术交流、高层次进修与组织培训的机会，为各阶层的人才提供顺畅的职业晋升渠道与自由宽阔的发展空间。目前，国内外普遍实施的职业晋升渠道是双轨制职务提升制度，即管理与技术两种轨道。管理轨道包括管理人员、行政人员；技术轨道包括研发人员、技术人员。各种人才可以根据自己的爱好、特长，选择适合自己的轨道，实现人才个人职业生涯的发展。

第三，完备的技术创新体系为人才提供有竞争力的激励机制。目前我国人才短缺、人才流失的现象严重，技术创新体系应为创新人才提供良好的激励机制，来吸引并留住人才。对那些擅长研发技术、经营管理的人才，要安排到合适的岗位，并委以重任，培养创新人才的责任心。达到物尽其用、人尽其才，避免人才浪费的现象。为人才解决住房、配偶工作、子女上学等后顾之忧，给予不同阶层的人才不同的报酬和奖励，对做出突出贡献的人才予以重奖。通过认股、分红等奖励措施增强人才与所在科研单位的凝聚力，提高创新人才从事研发工作的积极性。

技术创新体系除促进人才个体发展之外，还会通过一些自然因素促进人才产生集聚，如地理因素，区域经济、文化水平差异，城市化进程等多种自然的因素。综上所述，技术创新体系的建设，会促进人才的流动，使人才发生集聚，并产生人才集聚效应。人才集聚，必然加剧人才之间的竞争，有助于促进人才的优胜劣汰，不断发展。

（一）　提高科技创新人才的有效供给是提升科技创新能力的基础

经济学中所谓有效供给是指与消费需求和消费能力相适应的供给，即产品的供需平衡。科技人才的有效供给是指与科学技术发展与经济发展需求和发展水平相适应的供给，即实现科学技术创新与经济发展需求的供需平衡。由于经济发展需要基础科学研究的创新也需要应用技术的创新，因此，科技创新人才的有效供给包括科学有效供给和技术有效供给两个方面：一方面，通过科学供给获取普遍的、新的知识，作为技术开发的基础；另一方面，通过技术供给解决创造某种制作或装配物质产品的工艺，提高现有产品或服务的品质，使其更加高端化；或通过技术供给形成新的产品或服务，创造新的供给，引导形成新的需求。提高科技有效供给是解决当前经济发展主要矛盾的首要任务，通过提升科技研发和技术创新提高中国制造的质量和效率，有效适应经济结构转型和高新产业的发展。

通过创新人才的集聚形成科技创新机制的变革是我国经济发展供给侧改革的现实需要。习近平总书记曾强调供给侧结构性改革的根本目的是提高社会生产力水平，减少无效供给，扩大有效供给，提高供给结构适应性和灵活性，提高全要素生产率，使供给体系更好适应需求结构。[①] 提高全要素生产率的来源包括技术进步、组织创新、专业化和生产创新等，而其中的核心要素是通过科技人才的集聚实现科技创新而形成产业的转型和高新技术的发展。2017 年欧盟发布报告指出，科研创新是生产力和经济增长的关键驱动力，通过科研创新可以有效把握由知识、技术突破、工艺和产品创新、新型商业模式所带来的发展机遇，提高经济绩效、解决社会问题。在科技创新方面进行供给侧结构性改革，核心就是提高科技有效供给。需求侧管理的政策举措作用对象在于购买者和消费者，而供给侧结构性改革的出发点是生产者，通过提高劳动者的劳动生产率、提高企业创新能力和市场竞争力、推动产业结构升级、提高区域竞争力和发挥区域优势等，实现从数量扩张和价格竞争逐步转向质量型、差异型为主的竞争。而这些需要通过科技的有效供给来提供源源不断的内生动力，实现由低水平供需平衡向高水平供需平

---

① 新华社．习近平主持召开中央财经领导小组第十二次会议 ［EB/OL］．（2016 - 01 - 26）［2018 - 12 - 03］．http：//www.xinhuanet.com//politics/2016 - 01/26/c_1117904083.htm．

衡跃升。提高科技有效供给需要供给侧和需求侧同时发力，采取"双引擎战略"，实现需求拉动和供给驱动的结合。

解决"现代化经济体系建设的迫切需求和科技有效供给不足之间的矛盾"，核心在于提高科技有效供给，这是一个系统工程，要做好顶层设计，进行统筹安排。既需要建立一个良好的、具有效率的科技供给体系，也需要提高创新主体的活力和供给能力，同时还需要营造有利于提高有效供给的创新文化环境。

（二）　重构科技有效供给体系是优化人才资源开发的保障机制

第一，建议将五大创新体系整合为科学和技术两大供给体系。一个有效的科技供给体系是建立在国家创新体系的基础上。2006 年国务院颁布的《国家中长期科学和技术发展规划纲要（2006—2020 年）》提出中国特色国家创新体系建设的五个重点，即技术创新体系、知识创新体系、国防科技创新体系、区域创新体系和科技中介服务体系。随着我国科技、经济社会的发展，地方在科技创新中发挥着越来越大的作用，地方科技投入规模已经超过中央；中央军民融合发展委员会的成立，将统筹军民融合发展工作。形势变化需要对创新体系建设进行调整。建议对原有五大体系进行优化整合，形成科学供给体系和技术供给体系两大体系。大学是科学供给体系的主体，企业是技术供给体系的主体，也是技术需求的主体。这样有三点好处：一是加强供给和需求的对接，有利于减少中间环节；二是加强军民科技创新资源的统筹，有利于推动军民融合发展；三是加强中央和地方的衔接，区域通过在特色和优势领域形成创新高地成为供给体系的重要节点。

第二，配合两大供给体系建设，对三类创新主体进行改革。科研机构的调整是科技体制为适应内外部条件变化、满足经济社会需求而不断进行自我完善的一个长期过程，其主要任务是通过转制、合并、改变归属、调整研究方向等方法对科研体制内部、外部，以及一些边缘化的科研机构进行重新定性、定位、定职责和定任务，目的是优化整合科技资源，围绕新的战略重点调整领域布局，使调整后的科研机构充分发挥作用，实现国家目标。针对目前我国大学和研究院所定位不清晰、企业技术创新能力较弱的现状，配合两大体系建设，建议对这三类主要创新主体进行改革。大学回归本位，发挥学科交叉和人才培养优势，重点聚集在基础研究和前沿技术研究方面，成为知识供给体系的主体；改革研究院所，从事偏向基础和前沿的研究院所进入大学，增强知识供给体系力量；从事战略性高技术和关键共性技术的研究院所，以国家实验室和国家研究中心为目标进行改造，成为技术供给体系中带有国家战略意图的节点；从事应用开发和产业化的研究院所进入企业，增强技术供给体系力量；企业成为技术供给体系的主体，同时也是技术最重要的需求方。从三类主体改革来看，难度最大的是研究机构，应该从适应新时代发展要求，服务国家整体战略的高度做好顶层设计，主动调整、稳妥推进。

（三）发挥科技创新人才作用，促进科技有效供给能力的提升

首先是要通过提高职业认同来调动人才的积极性。科研人员对自己的职业要有认同感，才能够爱科研，才能够踏实干科研，持续不断积累，久久为功才能出创新成果。科研人员的职业认同包括五个方面，（1）个人认同，个人认同是最基本的职业认同，个人要有较强的好奇心，能够保持对科研的兴趣，进而喜欢上科研这份职业；（2）家庭认同，家庭认同是职业稳定的基础，科研职业应该是具有较高薪酬水平的职业，能够养家糊口和体面生活，得到家庭认同；（3）社会认同，科研人员应该具有较高的社会地位，能够得到社会的尊重，得到社会认同；（4）同行认同，同行认同是科研人员追求的重要目标，科研人员应该具有较高的学术水平和学术修养，有良好的科研诚信，得到同行认同；（5）国家认同，也是最高层次的认同，科研人员应该具有较强的责任感，对国家的使命感，得到国家认同。如果这五个方面的认同都做到了，科研人员的积极性必然会得到充分调动，必然出创新成果。我国老一辈科研工作者在物质条件极度匮乏的条件下，能够创造出"两弹一星"等重大成果，就是因为做到了这五个方面的认同。

其次是通过做好人才的评价和激励来释放新的创新活力。建议在坚持以人为本的原则下，从两个方面完善人才评价机制。一方面，是对人才进行全面评价，人才评价体系应该由业绩评价（显绩）、人品评价（德性）和能力评价（潜质）共同组成，把品德、业绩、能力作为衡量人才的主要标准，避免只重业绩和学历（资历）的单一评价。另一方面，要做好分类评价，对从事不同创新活动的科技人员实行分类评价，避免一个标准"一刀切"；人才评价要和岗位相结合，增加用人单位的评价自主权，避免评聘分离的现象。建议从两个方面完善人才激励机制，实现从"重物质轻精神"到"物质和精神并重"的转变。一方面，完善薪酬制度，薪酬体现了人才的价值，不同创新主体需要建立不同的薪酬制度。企业人才的薪酬由企业自行安排，更多强调竞争和绩效；大学和院所人才的薪酬要以职责和岗位为基础，加大基本工资和岗位工资在薪酬中的比重，适当考虑绩效考核因素，更多强调稳定和职责。另一方面，注重精神激励，物质激励有边际递减效应，需要和精神激励共同发挥作用，才能更好地产生激励效果。精神激励重点是通过提高荣誉感和认同感来激发人才的责任感和使命感。

最后是通过培养创新型企业家来补齐技术供给体系中企业这个短板。企业持续发展之基、市场制胜之道在于创新，而企业家在企业创新活动中发挥核心作用。技术创新理论的创立者熊彼特就认为，创新就是企业家把一种从未有过的生产要素和生产条件的新组合引入生产体系，建立起一种新的生产函数；创新就是

企业家从事的"创造性破坏"。① 目前我国三类主要创新主体，企业的创新能力是相对比较弱的，是技术供给体系中的短板，也是供给侧结构性改革的重点。相比其他人才而言，我国创新人才最大的短板是缺乏创新型企业家，培养和造就一大批勇于创新、敢于冒险的创新型企业家是我国创新人才队伍建设的当务之急。企业要成为技术供给体系的主体，必须发挥企业家在集聚创新要素、开展研发决策、加大经费投入和科研组织等活动中的核心作用。党中央、国务院对此高度重视，已出台《关于营造企业家健康成长环境弘扬优秀企业家精神更好发挥企业家作用的意见》，旨在激发企业家创新活力和创造潜能，弘扬敢闯敢试、敢为天下先、敢于承担风险的精神。下一步的关键是形成具体的支持措施，引导和鼓励我国的企业家更加关注创新、敢于创新、善于创新。

（四）通过科技有效供给环境的营造，构建科技创新人才发展的软环境

一是以鼓励理性质疑和扩大学术自由为重点，营造良好创新生态。科学崇尚创造与开拓，鼓励理性质疑和批判，将已有的知识作为进一步探索的起点。追求真理、理性探讨与质疑、崇尚创造等也成为促进人们精神现代化的普世价值。创新建立在学术自由的基础上，要为创新提供自由的空间和环境。良好创新生态既需要政府来引导和营造，也需要科学共同体倡导和自我约束。我国目前在创新文化方面最突出的两个问题，一个是理性质疑的科学精神不够，另一个是学术自由不够。这两个问题既与我国科技发展长期处于技术跟踪、模仿、引进消化吸收阶段有关，也与我国传统观念有关。进入新时代，提升科技有效供给，一方面，需要提倡批判精神，鼓励科研人员尤其是年轻科研人员勇于探索、敢于理性质疑，推动形成"吾爱吾师，吾更爱真理"的创新氛围；另一方面，需要营造更加自由的学术环境，反对学术专制，对于科学研究中出现各种不同的认识、分歧和争论，要通过自由讨论、实践检验来解决，而不能靠权威说了算、领导拍板来解决。

二是以倡导中国特色科研核心价值观为重点，倡导创新文化。科学价值观，是指导科学共同体行为的基本准则，解决科研人员为什么要创新、创新为了谁的问题，即创新的目标和动机问题。培育和倡导中国特色科研核心价值观，对倡导创新文化，提高科技有效供给具有十分重要的意义。可以从三个层面考虑：（1）个人层面，每个科研人员应该具备科学精神，"严谨"两个字代表科学精神；（2）机构团队层面，不论是企业还是大学研究机构，科研活动是以团队为单元组织的，因此要提倡团队意识，由"协作"两个字代表；（3）国家层

---

① 赵红光. 新时代我国科技发展主要矛盾转化及其对策［J］. 中国发展观察，2018（Z1）：66 - 70.

面，一方面，从任务角度看科研要有使命意识，由"奉献"两个字代表，另一方面，从完成任务角度需要营造的环境来看要能够鼓励创新、允许失败，由"宽容"两个字代表。建议将"严谨、协作、奉献、宽容"这八个字作为中国特色科研核心价值观。

三是通过设置公众科学来提高公众参与，扩大科技创新的社会基础。公众科学是指公众志愿参与开放合作科学研究以实现研究目的和解决实际问题的一种形式，其范围涵盖研究问题构建、科学实验开展、分析数据收集、研究结果解释、新的发现提出、技术应用开发及复杂问题解决等。美国十分重视公众科学的发展，通过公众科学充分挖掘公众的聪明才智，解决科学问题和社会问题，加速科技创新，并提高政府的效率和绩效。我国目前手机上网用户世界第一。根据工信部发布的 2017 年通信行业运营数据显示，我国移动宽带用户（3G 和 4G）总数达到 11.3 亿人。基于互联网信息技术及工具的快速发展，以及我国巨大的手机上网人数优势，建议借鉴发达国家经验，推动我国公众科学发展，为公众直接参与科学研究过程、新知识的创造、重大问题的解决、加强科学普及等方面提供新的渠道和方式，激发公众创新热情，提高公民科学素养，为提高科技有效供给奠定更广泛的社会基础。

第三节 人力资源强国与教育发展的战略转型*

2005 年 10 月，胡锦涛同志在十六届五中全会上的讲话指出："要推进人力资源能力建设，提高劳动者整体素质，使我国从人口大国转变到人力资源强国。""人力资源强国"是中国提出的一个创新概念。围绕这样的目标，从 21 世纪开始，中国的教育发展战略经历了三次转型，从建设人力资源强国到建设人才资源强国的转型；从注重人力资源存量向注重人力资源质量的转型；从注重教育先行于经济发展向教育主导经济发展的转型。中国的教育制度变革和人才创新能力的培养是教育发展战略应重点关注的领域，高质量的人力资源是国家竞争力的核心，而高质量的人力资源包含量的意义、质的意义和制度的意义，三次战略转型的发展也在一步步求得这些意义的统一。

一、教育发展战略的回顾

教育发展战略是针对教育问题和教育发展的全局性、宏观性、指导性的决策

---

    * 薛孟开参与了本节撰写.

和政策，致力于解决长期性和根本性问题。基于此，教育发展战略就更应有一个高度，从质与量、公平与效率双方面进行规划。建设人力资源强国是一项复杂的系统工程和长期的历史任务，它赋予了我国教育改革发展以崭新的重要使命。①

人力资源强国首先是教育强国，特别是高等教育强国，要具有完备和完善的现代化教育体系，人力资源能力建设和制度建设走在世界前列。教育是国家发展的基石，改革开放之初，随着全国工作重心转移，教育事业怎样在新形势下发展的课题被提到了党中央的议事日程。1985 年 5 月，正当我国全面推进经济体制和科技体制改革的重要时刻，党中央召开了改革开放后第一次全国教育工作会议，讨论通过了《中共中央关于教育体制改革的决定》，以教育体制改革为突破口，确立了我国教育事业改革发展的重大战略方针，对于促进教育努力适应社会主义建设以及经济、科技体制改革的迫切需求起到了极大的推动作用。20 世纪 90 年代，我国进入实现现代化建设第二步战略目标和建设社会主义市场经济的关键时刻，1993 年 2 月，中共中央、国务院颁发《中国教育改革和发展纲要》，绘制了20 世纪 90 年代到 21 世纪初我国教育事业改革发展的蓝图。1994 年 6 月，第二次全国教育工作会议，中共中央国务院动员全党全社会实施纲要，确立教育优先发展的地位。为了应对 21 世纪的挑战，提高全民族素质和创新能力，1999 年 6 月，中共中央、国务院颁发了《中共中央国务院关于深化教育改革全面推进素质教育的决定》，召开了改革开放后第三次全国教育工作会议。②

2001 年，中国加入 WTO 后，面临人才的国际流动和比较，人们也越来越认识到"人才强国"的战略意义，人作为最重要、最活跃的生产要素，如何挖掘其潜力，促进社会总体生产力的发展成为焦点问题，通过教育获取社会人力资源质量的整体提升是人才强国的必由之路。在 21 世纪，教育发展战略在不断地完善和改进过程中经历了三次转型，朝着人力资源强国的目标迈进。

二、面向 21 世纪中国教育发展第一次战略转型

胡锦涛同志继在十六届五中全会的讲话中提出"人力资源强国"概念后，又在中共中央政治局第三十四次集体学习会上指出："必须坚定不移地实施科教兴国战略和人才强国战略，切实把教育摆在优先发展的战略地位，推动我国教育事业全面协调可持续发展，努力把我国建设成为人力资源强国，为全面建设小康社

---

① 李化树，黄媛媛. 论建设人力资源强国的教育使命 [J]. 教育与人才，2009（2）：52.

② 翟博. 绘制人力资源的宏伟蓝图——《国家中长期教育改革和发展规划纲要》诞生记 [N]. 中国教育报，2010 – 7 – 31.

会、实现中华民族的伟大复兴提供强有力的人才和人力资源保证。"① 2007 年 8 月 30 日，胡锦涛同志再次强调指出，随着经济全球化的深入，科技进步日新月异，国际竞争日趋激烈，知识越来越成为提高综合国力和国际竞争力的决定性因素，人才资源越来越成为推动经济社会发展的战略性资源，教育的基础性、先导性、全局性地位和作用更加突出。中国的未来发展，中华民族的伟大复兴，归根结底靠人才，人才培养的基础在教育。② 党的十七大将"优先发展教育，建设人力资源强国"写入文件，将其作为全面建设小康社会、加快推进社会主义现代化建设的一项战略任务。在 21 世纪前 20 年，我国要集中力量全面建设小康社会，我国是世界上人口最多的国家，也是世界上劳动力资源最丰富的国家，充分开发人力资源，提高全民教育水平同时也是基于我国的基本国情：全面建设小康社会的必然抉择。③

国家哲学、社会科学"八五"重点课题"面向 21 世纪中国教育发展战略若干问题"对 90 年代和下世纪初我国教育发展战略若干问题进行了研究。研究着眼于我国经济、社会和教育事业未来发展的客观要求，在区域教育发展战略研究的基础上进行延伸和发展，伴随教育改革步伐的加快，教育战略也需要相应的调整，因此，这一阶段《中国教育改革与发展规划纲要》也开始起草，该课题的研究也着力于为《纲要》所要研究和解决的问题提供一些建议。④ 进入 21 世纪，经历教育在数量与增长方式上的发展之后，教育进一步优化的问题显现出来，实现教育现代化的目标迫在眉睫。人力资源是第一资源，中国政府一直十分重视人才培养，提出并大力实施科教兴国战略，提倡尊重知识、尊重人才。中国仍是发展中国家，人力资源开发水平与世界先进水平相比还有很大差距，以教育为基础的整体性人力资源开发进程不可放松。2003 年，由上海教科院主持的"从人力资源大国迈向人力资源强国"的课题，其报告扉页上写着"创建世界最大的全民学习、终身学习的学习型社会"，这句话统领了这一阶段我国教育与人力资源的发展方向，在知识经济时代，知识存量不断增加，知识创新不断提速，知识折旧也不断加快。这就意味着，个人不断地摄取新知识、更新旧知识，学习成为伴随人一生的持续活动。⑤ 全民学习、终身学习，从横向和纵向扩大教育的规模，同时使教育形式多样化，是这一次转型提出的跨世纪的教育发展战略思想。报告提

① 中华人民共和国中央人民政府.《胡锦涛强调要坚持把教育摆在优先发展的战略地位》［EB/OL］.（2006 - 8 - 30）［2018 - 12 - 5］. http：//www. gov. cn/ldhd/2006 - 08/30/content_373617. htm.
② 张力，高书国. 人力资源强国报告［M］. 北京：北京师范大学出版社，2010.
③ 中国教育与人力资源问题报告课题组. 从人口大国迈向人力资源强国［M］. 北京：高等教育出版社，2003：3.
④ 郝克明，谈松华. 面向 21 世纪我国教育发展战略若干问题［J］. 教育研究，1998（3）：11.
⑤ 中国教育与人力资源问题报告课题组. 从人口大国迈向人力资源强国［M］. 北京：高等教育出版社，2003：49.

出：新世纪前 20 年，既是我国经济发展千载难逢的重要战略机遇期，也是我国教育与人力资源开发非常难得的重大战略机遇期。① 而这一阶段，我国人力资源开发也还只是低水平的、不全面的、发展很不平衡的人力资源开发。经济日益增长的人力资本需求同人力资源开发不全面之间存在着突出的矛盾，人民全面发展的教育需求同教育发展不全面之间也存在着突出的矛盾。② 所以严峻的挑战也不容忽视，作为人口众多的发展中国家，面临着不可回避的产业结构调整、城镇化等重大战略性发展问题，全面建设小康社会赋予教育和人力资源开发以更重的历史责任。

　　世界银行提出"以知识促发展"的新发展战略，强调知识在经济增长和发展中越来越显著地发挥着主导性作用。与发达国家相比，我国的知识发展水平依然较低，能否抓住知识革命带来的机遇，迅速提高我国人力资源开发水平，也是我国能否落实新的发展战略的关键和挑战之一。加之经济全球化必将消除一些地域之间和国家之间的保护性屏障，国内非义务教育将会面临国际教育市场的激烈竞争。③ 在 21 世纪初，中国教育与人力资源报告课题组提出重新构想与确立未来50 年中国教育与人力资源开发的战略思路和目标，包括从教育大国到教育强国，实现教育的三步跨越；从人口大国迈向人力资源强国，实现人力资源水平的"两次提升"。将未来 50 年分为以下三个阶段（见表 2 - 3）。

表 2 - 3　　　　　　　　　新时期我国教育发展战略的三个发展时期

阶段	地位	目标
2002—2010 年	发展关键期	高中阶段毛入学率从 40% 左右提高到 70% 左右，高等教育毛入学率从 13% 左右提高到 20% 以上，实现从教育欠发达国家到教育中等发达国家的跨越
2011—2020 年	全面提升期	九年义务教育在进一步发展的基础上达到世界先进水平，高中阶段毛入学率达到 85% 左右，基本普及高中阶段教育，高等教育毛入学率超过 40%，实现从教育中等发达国家向教育较发达国家的跨越
2021—2050 年	追赶超越期	高标准、高质量普及 12 年基础教育，高等教育毛入学率达到 50% 以上，进入高等教育普及化阶段，实现从追赶到超越的战略转变，跨入教育发达国家行列，成为世界教育强国*

　　注：* 中国教育与人力资源问题报告课题组. 从人口大国迈向人力资源强国 [M]. 北京：高等教育出版社，2003：98 - 100.

---

　　①② 中国教育与人力资源问题报告课题组. 从人口大国迈向人力资源强国 [M]. 北京：高等教育出版社，2003：33.

　　③ 中国教育与人力资源问题报告课题组. 从人口大国迈向人力资源强国 [M]. 北京：高等教育出版社，2003：77 - 80.

　　江泽民同志在十六大报告中强调发展必须坚持和深化改革。一切妨碍发展的思想观念都要坚决冲破，一切束缚发展的做法和规定都要坚决改变，一切影响发展的体制弊端都要坚决革除。实现教育与人力资源开发的战略构想，制度创新至关重要。针对制度创新，中国教育与人力资源问题报告课题组提出了制度创新的方向和十大重要举措。制度创新应旨在重构教育与人力资源开发的公共治理环境、构建现代公共教育财政制度、建立和完善教育与人力资源开发的法律法规保障体系、建立现代学校制度、培育社会参与和市场导向机制以及建设学习型社会的支持保障体系。① 按照未来 20 年人力资源开发的战略规划，提出以下 10 项重大举措，以此推进整个教育与人力资源开发的制度创新。

　　举措一：成立国家、省级教育与人力资源开发决策审议机构。

　　举措二：实行省级地方政府统筹教育与人力资源开发的管理体制。

　　举措三：实行九年义务教育全免费制度。

　　举措四：加快办学形式多样化的探索。

　　举措五：建立和完善以能力为本的就业培训制度。

　　举措六：重建提高知识创新和科技创新能力的国家创新体系。

　　举措七：提高教育与人力资源开发国际化程度。

　　举措八：以教育信息化推动教育与人力资源开发跨越式发展。

　　举措九：积极探索创建学习型社会的有效途径。

　　举措十：构建国家教育与人力资源发展指标体系平台。②

　　我国是人口大国，劳动力数量很大，但正因为如此我国劳动力素质不高，低素质的劳动力已经饱和而高技术人才存在大量空缺。与发达国家相比，我国劳动力结构存在缺陷。这些举措重在以教育和产业转型为基础，从这两者出发，目的都是人才质量的提高，与以往对人力资源存量的追求到对人才质量的追求，是对如何全面开发人力资源的思考，也是完成全面建设小康社会的第一目标。

　　对高等教育的提升和教育质量所做的要求和所提的建议，体现的是教育战略从人力资源强国向人才资源强国的转型。

三、伴随教育改革与发展规划纲要（2010—2020 年）的第二次转型

　　党中央，国务院在 2010 年 5 月审阅并通《国家中长期教育改革与发展规划纲要（2010—2020 年）》（以下简称《纲要》），这是我国教育事业发展具有里程

---

　　① 中国教育与人力资源问题报告课题组. 从人口大国迈向人力资源强国 ［M］. 北京：高等教育出版社，2003：115.

　　② 中国教育与人力资源问题报告课题组. 从人口大国迈向人力资源强国 ［M］. 北京：高等教育出版社，2003：128－138.

碑意义的文献，确定了"基本实现教育现代化，基本形成学习型社会，进入人力资源强国行列"的总体战略目标，成为指导 2010—2020 年中国教育改革和发展的纲领性文件。要实现从大到强的过渡，必须转变以规模增长、扩大教育机会为主的发展理念、发展思路和发展模式，确立和实施以提高教育质量、人才培养质量和国民素质为核心的新的发展战略。这一时期的发展战略可用四个字概括，即"以质图强"，就是要实现两个转变，一是教育发展重点从以关注规模增长和教育机会供给为重点，向更加关注教育质量和人的培养质量转变。二是在教育质量上，在重视国家统一的质量标准的同时，更加关注特色、优质和多样化学校的建设，建立统一与多元结合，多样化与个性化相统一的教育发展模式。① 《纲要》根据科学发展观提出我国教育改革和发展的五大目标，包括要实现更高水平的普及教育；形成惠及全民的公平教育；提供更加丰富的优质教育；构建体系完备的终身教育；健全充满活力的教育体制。以优先发展、育人为本、提高质量、促进公平、深化改革和强国惠民为战略指导方针的阶段，教育发展战略的关键词是公平、质量、竞争力、均衡、国际化人才。

从教育与人力资源开发的阶段性特征出发，张力、高书国等学者提出了中国人力资源开发的总体目标，包括人力资源开发能力明显提高，体系更加完善，制度不断创新，综合竞争力更强。人力资源增量快速增长，存量持续开发，总量继续保持世界第一。2020 年，我国人力资源综合指数排名达到世界前 15 位，进入世界人力资源强国的行列，成为一个全民学习、终身学习的国家，成为一个人民享受更加优质教育、具有更高民族素质和竞争力的国家，成为社会主义现代化教育体系更加完善、创新人才辈出的国家，成为国家软实力强大、为人类教育事业发展和自身能力开发作出重要贡献的国家。同时也对具体目标进行了细化，从人力资源开发的能力建设、体系建设、制度建设着手进行教育与人力资源开发，并针对东、中、西部不同地区的具体情况提出人力资源开发和教育发展的目标。② 特别是从三个方面抓好教育质量工作，既要重视对提高教育质量的投入，又要重视对投入绩效的评价；既要重视教育教学的过程，也要加强教育质量的管理；既要重视教育产出量的评价，更要重视对于人才培养质量的测量。同时也提出了若干政策建议，包含建立全国统一的质量标准；转变传统政策价值导向；增加对教育质量的投入；完善教育质量评价体系和问责制度；加强教师队伍建设；积极参与国际教育质量评估与监测；加强高水平大学建设和创新人才培养等。③ 从人才培养模式和人才培养体制的改革入手，贯彻"以质图强"的战略。

与上一阶段相比，教育发展战略有三个方面的转型，一是发展阶段的转移。

---

① 张力，高书国. 人力资源强国报告 ［M］. 北京：北京师范大学出版社，2010：61.
② 张力，高书国. 人力资源强国报告 ［M］. 北京：北京师范大学出版社，2010：54 - 56.
③ 张力，高书国. 人力资源强国报告 ［M］. 北京：北京师范大学出版社，2010：333 - 335.

巩固九年义务普及成果的同时，战略重点应转向普及高中阶段为主，提高高等教育大众化水平，发达城市尽快实现高等教育普及化。二是培养模式的转型。中国正处于工业化中期，发达的北京和上海等特大城市正在向后工业化时代——知识经济社会过渡。中国的教育一方面，要为实现工业化、走新型工业化道路、推进城镇化培养人才；另一方面，也要着眼未来，为中国向知识经济过渡培养人才，奠定人力资源基础。三是政府职能的转变。世界银行学院《中国与知识经济：把握 21 世纪》报告建议："知识经济和信息革命将使中国面临的国内发展挑战日益加剧。为了应对这些挑战，中国政府应当进行新的功能定位，即转向制度构建者和激励提供者，以推动和监管新的以知识为基础的经济发展。"[①] 这是中国 21 世纪教育改革与发展的第二次战略转型，很明显着重强调"质"的概念，也就是从注重人力资源存量向注重人力资源质量的转型，同时转变经济发展方式和政府职能，从而转变人才培养方式，改变以往长期形成的结构性矛盾和粗放型增长方式所造成的劳动生产率低下等问题。也正是由于第二、第三产业发展的滞后和不合理，我国人力资源的优势难以得到有效的开发，无法将人力资源转化为人才资源。把经济增长转变到依靠科技进步和提高劳动者素质轨道的任务已经提出了10 多年，至今仍未实现转变的根本原因是我国尚未形成高质量、创新型的人才队伍以保证实现这种转变。[②] 尤其是面对全球经济危机的新挑战，加速这种战略性转变更是迫在眉睫，因此，建设高质量教育，培养高素质人才，已经成为实现国家战略目标的关键性因素。[③] 优先发展教育是建设人力资源强国的根本保证，提高教育质量作为改革的核心任务正在进行。

《国家中长期教育改革与发展规划纲要（2010—2020 年)》对于促进教育公平也有更明确地责任分配，主要责任在政府，同时动员一切可以动员的社会力量支持教育慈善事业。而中国特色社会主义教育的价值取向以教育公平为指导，以促进个人发展为基础，从而提高中国整体的人力资源质量，而创造的社会价值又反过来致力于教育的更好发展，这是一个强国惠民的目标。到 2020 年我国教育改革发展的战略目标是，基本实现教育现代化，进入世界人力资源强国行列，为到 21 世纪中叶国家基本实现现代化奠定基础。在个人的发展上更注重创新人才的培养，在社会的发展上加速建设学习型社会，以这些目标促进我国教育现代化进程。[④]

---

① ［美］卡尔·J·达尔曼，让·艾立克·奥波特. 中国与知识经济：把握 21 世纪（2001 年中文版）［M］. 熊义志，译. 北京：北京大学出版社，2010：6.

② 楼世洲，薛孟开. 人力资源强国目标下教育发展的三次战略转型［J］. 教育发展研究，2015（5）：1 - 5.

③ 郝克明，季明明. 建设学习型社会是全面小康的重大战略决策［N］. 中国教育报，2013 - 1 - 11（6）.

④ 张力，高书国. 人力资源强国报告［M］. 北京：北京师范大学出版社，2010：322.

四、"十二五"带来的第三次战略转型

由盲目赶超回归以人为本，为 50 年来发展中国家战略演化的基本轨迹。中国进入 21 世纪的前两次战略转型也同时彰显着对人力资源要素的重视，这也符合人力资源强国的目标。第三阶段中国教育与人力资源开发的基本方向和大趋势是，以人为本、品质优先、能力为先，以每个社会成员个人终身主动自愿学习为基础，以个性发展多样性、个体享受丰富性和个体价值实现自由自主性人生目标为基本原则，不断促进人自身、人与人、人与自然的全面协调可持续发展，从正式制度建设到非正式制度安排，逐步构建和完善全面开放的终身学习型国民教育体系，力争在 21 世纪中叶最终实现由"人口大国"到"人力资源强国"的战略转变。[1] 人本制胜，是世界现代化进程中的基本国际竞争法则，推行人本发展战略，建设人力资源强国，是中国未来崛起战略的必然选择。发展的实质是社会中的每个成员都能够得到自由而全面的发展，或者说，一个高度"发展"的社会，其基本标志就是，每个社会成员都有平等的人权，为维持主体生存、实现独立自主和获得精神自由而得以不断增进其人力资源能力及人力资本价值。这就是所谓的"人本理念"。[2] 第三次战略转型更加渗透了人本的思想，对于人本的阐述更加具体。"人口多，素质低"是中国人力资源强国建设面临的基本矛盾，而中国现行国民教育体系具有显著的封闭性和应试性，[3] 体制上的"大一统"和技术上的"标准化"使中国教育更加趋于保守，必然会阻碍我国人力资源强国建设的进程。在市场化改革的大背景下，中国国民应试教育体系越来越不适应现代市场经济条件下教育业运作发展的规律，以及国家各行业、各层次人力资源教育开发的实际需要。[4] 这种境况下，中国的"人口红利"优势难以得到发挥，"人口负债"的挑战却日益严峻，随着中国老龄化问题的逐渐逼近和剩余劳动力问题的突显，中国经济要真正实现长期可持续发展，必须走出"低水平陷阱"，在有效控制人口规模膨胀的前提下，将战略重点始终放在大力实施人力资源开发、全面提高人口和劳动力素质方面来，进而积极调整和优化经济结构，不断促进产业结构高级化提升，走新型工业化和高科技内涵式发展道路。[5]

积极建立健全适合本土国情的现代国民教育体系，对于一个国家人力资源能力建设具有重大的主导战略意义。第一阶段的战略转型已经强调了制度创新的重要性，第三阶段的转型在倡导"以人为本"理念的同时，也主张以制度创新为先

---

①② 李宝元，等. 人力资源强国之路 [M]. 北京：经济科学出版社，2011：224.

③ 李宝元，等. 人力资源强国之路 [M]. 北京：经济科学出版社，2011：52–53.

④ 李宝元，等. 人力资源强国之路 [M]. 北京：经济科学出版社，2011：54.

⑤ 李宝元，等. 人力资源强国之路 [M]. 北京：经济科学出版社，2011：77.

导，大刀阔斧地彻底变革"官本位，大一统"的应试教育制度，坚定不移地走社会化、多元化和终身学习型人力资源教育开发之路。[①] 党的十六大报告中提出："创新是一个民族进步的灵魂，是一个国家兴旺发达的不竭动力，也是一个政党永葆生机的源泉。"回顾改革开放 40 年的改革和发展历程，中国在市场化的制度创新方面取得了很大的成就，但在教育、医疗等直接涉及人力资源能力建设领域的改革整体看来并未"伤筋动骨"。未来面临的最大挑战，与其说是"穷国办大教育"、大医疗等造成的"发展难题"，倒不如说是教育、医疗卫生等领域的体制改革严重滞后而导致的"制度困境"。[②] 未来中国的教育对于人力资源强国建设的贡献应放在教育制度和培养模式创新上，通过大刀阔斧的制度改革来推动人力资源能力建设的步伐。我国目前也在适应市场化大趋势，努力彻底改革"官本位、大一统"和角色职能错位的应试教育管理体制，依法确认学校经营管理的主体地位和决策权限，彻底打破教育行政性垄断格局，彻底开放教育市场，以"法"严格监督和限制政府教育规制行为，构建学校、政府、社会三位一体大教育总体运作框架，建立起在国际竞争新格局中具有自己核心竞争力的终身开放学习型国民教育体系。同时，面向普通劳动大众，面向市场职业需求，重点优先发展职业技术教育，着力培养广大劳动者基本职业道德、专业技术技能和就业创业能力，形成一套充分体现终身学习型教育理念，最大限度适应发展方式转变和经济结构调整要求，保证初中高等职业教育平衡协调发展的现代职业教育体系。[③] 这些战略对策在强调"终身教育"理念的同时，从整体着手，强调了制度改革和以往被忽视的职业技术教育。

教育发展战略不仅应在空间上立足世情国情两个大局，也应在时间上总结历史、洞悉潮流、预测未来。衡量和评价一个国家或地区的人力资源水平，不仅要关注"发展"状态，更要看重"制度变革"潜力。[④] 在战略部署上，要注意"循序渐进"，2002 年 11 月，党的十六大召开，中央决策层高瞻远瞩、审时度势、前瞻未来发展远景，将原定的"第三步战略"进一步细化为新的"三步走"战略目标为，未来 10 年是中国"全面建设小康社会"的关键时期，预计 2020 年在人力资源能力建设方面要初步奠定人力资源强国的坚实基础；然后再前瞻 10 年，到 2030 年中国人力资源能力应达到中等发达国家水平；最后到 2050 年中国将跻身于世界人力资源强国行列，基本实现现代化。[⑤] 这次的战略调整和深入站在一个新的高度，面临了更加错综复杂的国际和国内环境。

① 李宝元，等. 人力资源强国之路［M］. 北京：经济科学出版社，2011：131.
② 李宝元，等. 人力资源强国之路［M］. 北京：经济科学出版社，2011：230.
③ 李宝元，等. 人力资源强国之路［M］. 北京：经济科学出版社，2011：245 – 246.
④ 李宝元，等. 人力资源强国之路［M］. 北京：经济科学出版社，2011：231.
⑤ 李宝元，等. 人力资源强国之路［M］. 北京：经济科学出版社，2011：229.

一直广受关注的教育公平问题，也在教育战略转型过程中被多次提及并影响着政策的颁布。党的十七大报告中提出"教育公平是社会公平的重要基础。""坚持教育公益性质，加大财政对教育投入，规范教育收费，扶持贫困地区、民族地区教育，健全学生资助制度，保障经济困难家庭、进城务工人员子女平等接受义务教育。"这是教育公平问题首次写入报告。党的十八大报告又对教育公平问题进行了深化，有了新的要求"大力促进教育公平，合理配置教育资源，重点向农村、边缘、贫困、民族地区倾斜，支持特殊教育，提高家庭经济困难学生资助水平，积极推动农民工子女平等接受教育，让每个孩子都能成为有用之才。"这些要求明确提出要通过缩小城乡差距、区域差距，为孩子提供平等的受教育机会，使每个孩子都具备成才的机会。十八届三中全会通过的《中共中央关于全面深化改革若干重大问题的决定》（以下简称"决定"）中也提道：大力促进教育公平，健全家庭经济困难学生资助体系，构建利用信息化手段扩大优质教育资源覆盖面的有效机制，逐步缩小区域、城乡、校际差距，促进教育公平，促进高校的"内涵发展"。由此看出"十二五"时期对教育发展战略的调整更加全面，之前做得不够到位的工作也在这一阶段得以强调重申。

三次教育发展战略的转型之间，有可区别之处，也有互为补充的内容，分别是在前一阶段发展战略基础上的完善。虽然每次转型都有其独特的新概念出现，但无一例外都在"建设人力资源强国"目标的指导下探索着适合中国人力资源和教育的发展之路，其重点部分可以在表2-4中清晰看出。

表2-4　　　　　　　　我国教育发展战略三次转型的主题与方向

转型次数	战略主题	侧重方向
第一次战略转型	全民学习、终身学习、制度创新	从学习范围的广度和学习时间的长度强调建设"学习型社会"。——从人力资源强国向人才资源强国的转型
第二次战略转型	以质图强	实现从以量求大，到以质图强的战略转移。——从注重人力资源存量向注重人力资源质量的转型
第三次战略转型	人本战略、科技创新拉动经济发展、制度创新	"人本理念"，体现教育的最终目的；创新是从根本上突破中国教育现状的举措和倡导。——从注重教育先行于经济发展向教育主导经济发展的转型

五、未来的教育发展战略与人力资源强国的实践

三次转型有两次都提到了"制度创新"，制度不仅是由现代规范确立的，同时还有历史原因的影响，这也是制度改变起来不容易的原因，中国的教育战略也

一直致力于改变传统沿革下来的诸如应试、行政化、"官本位、大一统"等问题。十八届三中全会的《决定》中也涉及了教育制度的创新问题，提出教育管理和办学体制的改革要点，是构建政府、学校、社会之间新型关系，落实和扩大学校办学自主权，建设依法办学、自主管理、民主监督、社会参与的现代学校制度。无论是制度创新还是技术创新，说到底要依靠优质的人才资源。新加坡前总理李光耀曾经撰文说，未来中国的 GDP 将不可避免地追上美国，但创新能力可能很难与美国匹敌。因为创新需要思想竞争与自由交流，不然如何解释一个人口 4 倍于美国的国家（假设中国人才也应是美国的 4 倍）没有很高的技术突破？几年前，一个国际教育评估组对 21 个国家的中小学生进行调查，结果发现，中国学生的想象力排在倒数第一，创造力排在倒数第五。[①] 是该寻求一种解决问题的公式，还是寻求各种达成目的的方法？显然是教育培养模式该做出的解答。

对于未来中国教育发展和人力资源强国的建设，笔者想提出两点建议。首先，是对中国人才参与国际竞争的强调。联合国有针对各国人力资源能力评估的国际指标，中国在 2004—2007 年世界 34 个国家人力资源能力总指数及排名表上分别位居 26 名、25 名、25 名、24 名。可以说，与世界发达国家相比，有一定差距，所以更应注重人才的国际比较。学习发达国家的经验很重要，积极参与国际人才的竞争是途径，这一点应该体现在具体的战略实施措施上。同时在面临教育服务贸易发展的挑战时，维护好国家的教育主权成为一个新的问题。

其次，是战略上要更重视我国教育内部的均衡发展。教育发展历史中，"公平"一词的频繁出现，体现了人们对教育覆盖范围和国家支持的不懈追求。但在我国，教育"积弱"现象并没有足够的被重视，"愈好愈好，愈差愈差"，难保"积弱"之地不会拖后腿。"促进教育公平"不应只是一句口号，为适龄儿童和青少年提供更好的教育资源，为公平竞争营造良好的社会氛围，这就不仅仅是一个或多个指标可以衡量与规范的，指标是固定的，但情况是会随时变更的，我们需要一套科学的指标，但不能过度依赖于指标。在衡量教育差距和不平衡的问题上，需要更多调研，掌握实际情况，这一点应该在战略制定上予以体现，战略不是一个个数字，是教育真正的惠及全民和社会。这样才能考虑国情和地情，取得效率和公平的较好统一，将我国整体人力资源的开发能力提高，使我国的地区教育差距缩小，使同一地区的学生拥有同等的受教育权利。

未来的教育发展战略还应致力于打破地域约束，实现机会平等。每个人都可以获得不断增进其人力资本价值的自由，是教育公平也是对"人本理念"的诠释。例如，规范当前高考存在的有些地域不公平限制条件等，让有价值的人力资

[①]　2009 年，教育进展国际评估组织对全球 21 个国家的中小学生进行调查，结果发现，"中国学生的想象力排在倒数第一，创造力排在倒数第五"来源于新浪教育. 深度解析：谁扼杀了中国孩子的想象力？[EB/OL]. (2010 – 08 – 19) [2018 – 07 – 09]. http：//edu.sina.com.cn/zxx/2010 – 08 – 19/1111263865.shtml.

源可以不断升值，充分实现人口红利。

第四节　社会竞争力与人力资源强国建设

　　当代中国正在经历着一个社会各个领域全方位的转型时期。社会转型的实质就是作为社会主体的人对自身生存和发展目的追求的结果，其根本目的就是通过人的素质全面提升以达到人的自由全面发展。这一提升的问题就是国民素质现代性及其建构的问题。

　　在现代国家中，国民必须具备现代性素质，才能适应社会发展的需要和人自身生存与发展的需要，这种综合性的现代性素质就是现代社会中国民素质的现代性问题。而国民的素质现代性的形成、发展和演进，是社会全面现代化的核心主体和终极目标。当前，我们国家正处在社会转型的历史时期，这种转型的方向就是向现代社会转型。[1]

一、从经济增长向可持续发展的转型

　　可持续发展是一种全新的发展观，是人类对其自身谋求生存与发展的社会活动反思的结果，也是人类发展观历史演变的必然结果。经济的发展并不等于社会的进步。20 世纪 70 年代，随着经济的发展，贫富差距日益扩大，社会安全等问题日渐突出，世界各国先后掀起了"社会指标"运动，力图从人口数量和素质变化、经济利益分配、福利、文化、卫生、社会保障和安全等角度更全面地反映、把握社会发展的脉搏，客观上打破了以经济发展代替社会进步的一维观点。实际上，当时的学术界、思想界这种变化适应了社会和时代的发展需要，也促进了经济和社会统计的发展。这时，社会问题和社会统计被提到了一定的高度；经济统计和社会统计二者互为补充、相得益彰，共同反映经济、社会发展与进步的整体概况。[2]

　　与此同时，经济的发展和人民生活水平的不断提高，给自然界带来了很大的冲击和压力，自然资源匮乏、生态环境恶化等问题日益引起社会的关注。1972年，罗马俱乐部发表了《增长的极限》一书，一时轰动了世界。从现在看，此书的结论是悲观的，某些观点是不恰当的，论述方法上也存在缺陷；但是它第一次

---

　　① 敖翔，赵理文. 当代中国转型期国民素质现代性及其建构 [D]. 北京：中共中央党校，2013.

　　② 赵玉川，胡富梅. 人类发展观的演进及可持续发展指标体系的确定 [J]. 中国科技论坛，1998 (1)：53–56.

鲜明地提出了自然资源和环境对人类发展具有重要的、不可替代的作用，唤醒了人类对自然资源和环境的关注。虽然，这时理论界和学术界讨论的焦点仍然是"发展"，但思想的视野，已将其扩展到一个新的高度和层次，即把人类社会的发展放在其周围的环境中来考虑，追求人类与自然界的协调发展而不是人类对自然界掠夺式的发展。1981 年，法国学者 F·佩鲁受联合国委托发表了《发展新概念》一书，对"发展"的概念作出了新的概括和阐述"'新'的发展力求是'总体的''综合的'和'内源的'"；并对其进行了解释，指出"总体的"是指"一个人类整体的各方面的总和以及应该保证其内在联系的各种要素"；"综合的"是指"一定数量的单元或因素汇聚成同一个整体。因此，综合的发展就可以包含多地区的一体化，或者不同的部门、地区和社会阶层之间的更好的综合"；"内源的""这个形容词意味着一个民族内在的能力和资源及其协调的开发和利用"。

直到 20 世纪 80 年代初，在人们多年的酝酿和讨论的基础上，挪威原首相布伦特兰夫人于 1987 年主持编写了《我们共同的未来》一书，正式提出了"可持续发展"这个概念，并对此作出科学的解释，标志着可持续发展观的形成。

广义的可持续发展定义，强调人类社会的健康、协调和长远的发展，即不仅关注人类自身与自然界的协调与和谐，也注重人类社会本身的发展状况和社会公平等问题，所涉及的范围包括经济、资源、环境、人口、社会和科学技术的发展。但是不涉及社会的组织结构、制度和机制，以及人们的思想道德、安全等社会问题。联合国和英国等国家和组织的可持续发展指标体系集中体现了这种观点。可持续发展是一种全新的发展思想和战略，不仅包括广义定义所囊括的范围，也涉及人类社会组织、制度和人们的思想意识，包括社会安全、腐败等各种问题。

在可持续发展观的指导下，联合国和英国等国家和组织，以及我国的可持续发展指标体系的范围均包括经济、自然环境（含资源）、社会、人口和科学技术、教育等方面的内容。这种可持续发展指标体系的形成，并不是一种巧合，是代表了一种趋势。当然，在可持续发展指标体系创建的早期阶段，这个体系的整体内容不可能规范化和一致化；有些国际组织和国家也是以经济和环境为基准构建指标体系的，但是这种方式并不能完全代表国际可持续发展指标体系进展的主体趋势。

目前国际上所构建的可持续发展指标体系仅仅是一个指标体系的雏形，大多数是以指标群的形式出现的，即所有的指标围绕着"可持续发展"这个主题而设置的，各个指标之间尚缺乏严格的逻辑关系。要像国民账户体系（System of National Accounts，SNA）一样，通过账户、矩阵、平衡表和方程式构建成核算体系还尚需时日。联合国的有关组织已经将经济和环境联系起来，提出了"综合环境和经济核算"草案，拟用市场虚拟价格法和维持成本法对环境状况，像对经济状况一样进行货币化的核算,对促进可持续发展指标体系的研究作出了宝贵的探索。但是,现在这个核算体系仍有许多问题有待进一步研究。总体来说,整个可持续发展指标体系的研究离联合国在巴西里约热内卢提出的建立"综合核算制度"的目标还相差很远。

我国在建立"中国可持续发展指标体系"的过程中,参考了国际的各类可持续发展指标体系的研究成果,紧扣可持续发展的实质,并密切联系中国发展的现实问题,选择了与主要社会问题相联系的关键指标,并对这些指标进行了新的排列和组合(包括对有的指标进行重新定义),构建、形成了中国可持续发展指标体系。

二、从"人口大国"到"人力资源强国"的发展历程

中国是世界上人口数最多的国家。13.7亿的人口意味着我国拥有巨大的人力资源储量,是一个人力资源大国。改革开放以来,党和国家高度重视人力资源的开发,采取了一系列有关教育、科技、卫生、社会保障等方面的措施,着力提高国民受教育水平,人力资源整体素质不断提高。

当前,我国人力资源发展已经到了较高的水平,人力资源开发也找到了符合我国实际国情的独特路径。但是,必须看到我国人力资源开发与经济社会发展的需求还不适应,人力资源发展水平与世界发达国家相比还存在差距。因此,遵循科学发展、以人为本的理念,进一步完善人力资源开发的体制机制,加大人力资本投资,不断提高人才的创新能力,是我国未来人力资源开发的重要任务,是从人力资源大国向人力资源强国转化的必然选择。

中国是世界上人口最多的国家,人力资源总量十分丰富是中国的基本国情。多年来,中国政府采取积极有效的政策措施,大力加强人力资源的开发利用,使中国的人力资源状况发生了显著变化。

(一)人力资源总量丰富,劳动力规模不断扩大

根据2010年第六次人口普查,中国总人口为137 053万人。其中,普查登记的中国31个省、自治区、直辖市(不含港澳台)和现役军人的人口共133 972万人,与2000年第五次全国人口普查的126 582万人相比,十年内共增加7 389万人,增长5.84%,年平均增长率为0.57%。

中国31个省、自治区、直辖市(不含港澳台)和现役军人的人口中,0~14岁人口为22 245万人,占16.60%;15~59岁人口为93 961万人,占70.14%;60岁及以上人口为17 764万人,占13.26%,其中,65岁及以上人口为11 883万人,占8.87%。同2000年第五次全国人口普查相比,0~14岁人口的比重下降6.29个百分点,15~59岁人口的比重上升3.36个百分点,60岁及以上人口

的比重上升 2.93 个百分点，65 岁及以上人口的比重上升 1.91 个百分点。[1]

在过去的四十多年中，中国经济迅速崛起，一举成为世界第二大经济体。庞大的人口基数，意味着可以为社会提供：丰富的劳动力、廉价的用工成本，在强大的人口优势支撑下，中国才能迅速崛起，成为闻名世界的世界工厂。在这种显著的人口优势下，整个国家经济呈现"三高"局面，包括高储蓄、高投资和高增长。中国拥有 14 亿庞大的人口基数，如果这一优势一直持续，那么中国经济或将继续享受人口红利。

尤其是从 1962 年到 1970 年，中国人口自然增长率高达 27.5‰，年均出生人口达到 2 688 万人，累积净增高达 1.57 亿元。这代人的年龄已普遍处于 48～58 岁，如果大规模退出劳动力市场，后果可想而知。按照国际惯例，如果全社会 65 岁以上的人口，超总人口的 7%，那么事实上便进入了老龄化社会。中国这个比例不仅超过 7%，更是高达 10%，也就意味着，全中国每 10 个人口中，就至少有一位需要赡养的老人。而事实上，诸多迹象显示，中国已经加速进入老龄化社会。

2009 年末，中国劳动力资源 106 969 万人，比 2000 年增加 11 267 万人；就业人员 77 995 万人，其中，城镇就业人员 31 120 万人，分别比 2000 年增加 5 910 万人和 7 969 万人。[2] 2010 年，全国就业人员 79 163 万人，全年城镇新增就业 1 168 万人，比上年增加 66 万人；年末城镇登记失业率为 4.1%，比上年末下降 0.2 个百分点。2010 年农民工总量为 24 223 万人，比上年增长 5.4%。其中，外出农民工 15 335 万人，增长 5.5%；本地农民工 8 888 万人，增长 5.2%。[3] 这表明我国劳动力的规模在不断扩大，劳动力后备力量充足。

自从 2012 年开始，中国劳动力年龄人口首次出现绝对数量的减少；虽然通过吸纳农村剩余劳动力、减少失业率和延长退休年龄等方式来稳定全国的劳动就业人口，但这一发展趋势已经不可避免。而正是在这个时期中国的经济增速开始走下坡路，GDP 增速脱离双位数区间，恰好也就是从中国劳动适龄人口开始绝对减少的 2012 年开始的。

在就业人员总量稳定增加的同时，就业结构继续得到改善。这主要表现在三个方面，一是，第二三产业就业人口比重逐年增加，第一产业就业人口逐年下降。随着农业富余劳动力向非农产业的转移，我国第二三产业就业比重继续提高。"十一五"期间，我国第一产业就业人员由 2005 年的 33 970 万人，减少到

---

① 资料来源：国家统计局 . 2010 年第六次全国人口普查主要数据公报 [EB/OL]. (2011 - 04 - 28) [2018 - 12 - 14]. http：//www. stats. gov. cn/tjsj/tjgb/rkpcgb/qgrkpcgb/201104/t20110428_30327. html.

② 中华人民共和国国家统计局 . 中华人民共和国 2009 年国民经济和社会发展统计公报 [EB/OL]. (2010 - 02 - 25) [2018 - 12 - 14]. http：//www. stats. gov. cn/tjsj/tjgb/ndtjgb/qgndtjgb/201002/t20100225_30024. html.

③ 中华人民共和国国家统计局 . 中华人民共和国 2010 年国民经济和社会发展统计公报 [EB/OL]. (2011 - 02 - 28) [2018 - 12 - 14]. http：//www. stats. gov. cn/tjsj/tjgb/ndtjgb/qgndtjgb/201102/t20110228_30025. html.

2009 年的 29 708 万人，年均减少 1 066 万人；第二产业就业人员从 2005 年的 18 084 万人，增加到 2009 年的 21 684 万人，年均增加 900 万人；第三产业就业人员从 2005 年的 23 771 万人，增加到 2009 年的 26 603 万人，年均增加 708 万人。我国三次产业就业人员的比重由 2005 年的 44.8∶23.8∶31.4 转变为 2009 年的 38.1∶27.8∶34.1。第一产业年均下降约 1.7 个百分点，比"十五"时期多降约 0.7 个百分点；第二产业年均上升 1 个百分点，比"十五"时期多上升近 0.8 个百分点；第三产业年均上升 0.7 个百分点，略低于"十五"时期 0.8 的平均升幅。第一二三产业就业人口比重的变化表明，我国正在改变以往以第一、二产业为主的产业格局，以服务业、高新技术产业为代表的第三产业将逐渐成为我国吸纳就业人员的主要阵地。二是，城镇就业比重不断上升。随着城市化的不断推进，农村富余劳动力不断向城镇转移，因此，城镇就业的比重也明显上升。"十一五"期间城镇就业人员总量由 2005 年的 27 331 万人增加到 2009 年的 31 120 万人，年均增加 947.3 万人；乡村就业人员总量由 2005 年的 48 494 万人减少到 2009 年的 46 875 万人，年均减少 404.8 万人。三是，非公有制经济就业人员大幅增加。2009 年末，有限责任公司、股份有限公司以及外商和港澳台商投资企业等其他经济类型单位就业人员 5 088 万人，比 2005 年增加 1 394 万人，年均增加 349 万人；2009 年城镇私营个体就业人员为 9 789 万人，比 2005 年增加了 3 553 万人，年均增加 888 万人。非公有制经济的发展对于我国缓解城镇就业压力，吸纳农村富余劳动力，优化就业结构都有着非常重要的意义（见图 2 - 9）。①

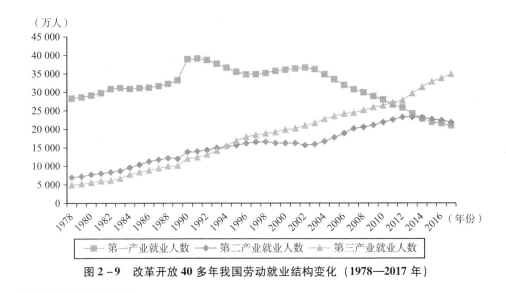

图 2 - 9　改革开放 40 多年我国劳动就业结构变化（1978—2017 年）

① 中国网. 中国人力资源开发现状 ［EB/OL］.（2012 - 12 - 24）［2018 - 12 - 09］. http：// www. china. com. cn/guoqing/2012 - 12/24/content_27495444. htm.

（二）　人力资源发展的保障条件不断完善

在收入方面，城乡居民收入快速增长。"十一五"期间，我国城乡居民收入快速增长。2010 年，我国城镇居民人均可支配收入为 19 109 元，比 2005 年增长 82.1%，扣除价格因素，年均实际增长 9.7%；农村居民人均纯收入为 5 919 元，比 2005 年增长 81.8%，扣除价格因素，年均实际增长 8.9%。其中，2010 年农村居民人均纯收入实际增长 10.9%，比城镇居民人均可支配收入实际增速快 3.1 个百分点，是 1985 年以来增速最快的一年，为 1998 年以来首次快于城镇。另外，城镇居民收入的结构不断优化，收入渠道也日趋多元化，工资性收入、财产性收入、转移性收入、经营净收入等都在逐年增加（如图 2 – 10 所示）。①

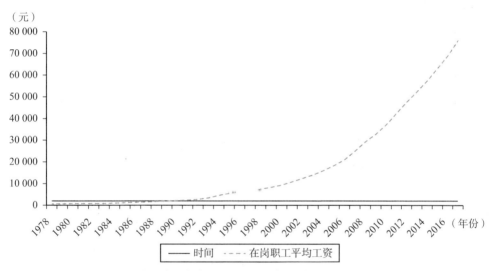

图 2 – 10　改革开放以来我国在职职工平均工资增长（1978—2017 年）

在卫生方面，我国医疗保障体系已覆盖全国绝大多数人口。2010 年末，全国医疗卫生机构总数达 93.7 万个，比上年增加 2.0 万个。其中，医院 2.1 万个，基层医疗卫生机构 90.2 万个，专业公共卫生机构 1.2 万个。与上年比较，医院增加 627 个，基层医疗卫生机构增加 2.0 万个，专业公共卫生机构增加 170 个。

2010 年末，全国医疗卫生机构床位 478.7 万张，其中，医院 338.7 万张（占 70.8%），基层医疗卫生机构 119.2 万张（占 24.9%）。与上年比较，床位增加 37.0 万张，其中，医院床位增加 26.7 万张，基层医疗卫生机构床位增加 9.2 万

---

① 资料来源：根据《中华人民共和国 2010 年国民经济和社会发展统计公报》的数据计算所得.

张。每千人口医疗卫生机构床位数由 2009 年 3.31 张增加到 2010 年 3.56 张。①

2010 年末，全国卫生人员总数达 820.8 万人，比上年增加 41.7 万人（同比增长 5.4%）。其中，卫生技术人员 587.6 万人，乡村医生和卫生员 109.2 万人，其他技术人员 29.0 万人，管理人员 37.1 万人，工勤技能人员 57.9 万人。2010 年在卫生技术人员中，执业（助理）医师 241.3 万人，注册护士 204.8 万人。与上年比较，卫生技术人员增加 34.1 万人（同比增长 6.2%）。② 我国每万人拥有的卫生技术人员数也逐年增加，由 1978 年平均 25 人不足 30 人，增加到 2017 年 65 人，约增加了 2.6 倍，如图 2 – 11 所示。

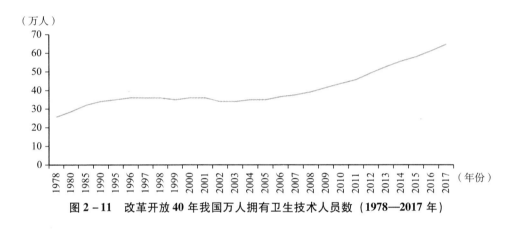

图 2 – 11　改革开放 40 年我国万人拥有卫生技术人员数（1978—2017 年）

社会保障工作全面推进。截至 2010 年末，全国参加养老保险的人数为 25 707 万人，参加医疗保险的人数为 43 263 万人，参加失业保险的人数为 13 376 万人，参加工伤保险的人数为 16 161 万人，参加生育保险的人数为 12 336 万人。截至 2010 年末，全国社保基金收入为 18 823 亿元，支出为 14 819 亿元，剩余 4 004 亿元。截至 2018 年末，全国参加养老保险的人数为 41 848 万人，参加城镇基本医疗保险的人数为 134 452 万人，参加失业保险的人数为 19 643 万人，参加工伤保险的人数为 23 868 万人，参加生育保险的人数为 12 336 万人。截至 2017 年末，全国社保基金收入为 67 154 亿元，支出为 57 145 亿元，剩余 10 009 亿元。③

---

①　资料来源：中华人民共和国统计局．国家数据［EB/OL］．http：//data. stats. gov. cn/search. htm? s = % E5% 8C% BB% E7% 96% 97% E5% 8D% AB% E7% 94% 9F% E6% 9C% BA% E6% 9E% 84% E6% 95% B02010.

②　资料来源：中华人民共和国统计局．国家数据［EB/OL］．http：//data. stats. gov. cn/search. htm? s = % E5% 8D% AB% E7% 94% 9F% E4% BA% BA% E5% 91% 98% E6% 95% B02010.

③　资料来源：中华人民共和国统计局．国家数据［EB/OL］．http：//data. stats. gov. cn/search. htm? s = % E5% 85% BB% E8% 80% 81% E4% BF% 9D% E9% 99% A9% E4% BA% BA% E6% 95% B0.

我国已基本建立起了一套完整的社会保障体系，参保范围覆盖了城镇和农村，参保人数也逐年增加。值得一提的是，2010 年末，全国新型农村医疗参合率 96%，有 27 个省（区、市）的 2 678 个县（市、区、旗）和 4 个直辖市部分区县开展了国家新型农村社会养老保险试点。全国参加新型农村社会养老保险人数为 10 276.8 万人。[①] 这标志着我国农村社会养老保险体系也进入了一个平稳的建设期。

三、中国人力资源开发存在的问题

（一）劳动力文化结构重心偏低，中高层次劳动力比重较低

我国人力资源总量巨大，劳动力人口也在逐年增加，但是劳动力文化结构重心偏低，中高层次文化的劳动力比重较低，一直是制约我国建设人力资源强国的重要因素。

2009 年，我国 15 岁以上人口平均受教育年限接近 8.9 年，新增劳动力平均受教育年限为 12.4 年，我国主要劳动力年龄人口平均受教育年限为 9.5 年，也就相当于初中三年级的教育水平，而美国 2000 年的人均受教育年限就已达到 12.75 年（UNDP 人类发展报告，2002）。另外，我国主要劳动力年龄人口中受过高等教育的比例为 9.9%，劳动力的主力还是那些受过初等教育和中等教育的人，初级水平劳动力过剩，高层次的人才仍然十分匮乏，这是我国经济社会发展的瓶颈，不改变这种人力资源格局，我国经济发展的程度和速度都将受到影响。

（二）地区和城镇人力资源发展不平衡

1. 充分就业地区间的差距

一直以来，由于经济社会发展水平相对落后，资金不足，中部、西部和东北部地区相对于东部地区来说，都存在着人才资源流失、人力资源开发不足等问题。2016 年的数据显示，我国东部地区（不含港澳台地区）城镇就业人口为 8 846.2 万人，占全国城镇总就业人口的 49.46%，而中部、西部和东北地区就业人口所占比例分别为 21.53%、21.70%、7.31%。[②] 可见，我国的就业人口布局十分不均衡，东部地区占有绝对的优势，中部、西部以及东北部地区培养的人

---

① 资料来源：中华人民共和国统计局. 国家数据［EB/OL］. http：//data. stats. gov. cn/search. htm? s = % E6％96％ B0％ E5％9E％8B％ E5％86％9C％ E6％9D％91％ E5％8C％ BB％ E7％96％97％ E4％ BF％9D％ E9％99％ A92010.

② 资料来源：中华人民共和国人力资源和社会保障部. 中国劳动统计年鉴 2017［EB/OL］. (2019 – 01 – 18)［2019 – 07 – 06］. http：//www. mohrss. gov. cn/SYrlzyhshbzb/zwgk/szrs/tjsj/201901/t20190118_309272. html.

才很多会选择去东部地区就业，这种人才流失的现象随着地区经济发展水平差距的加大而越来越突出。

2. 人力资源开发投入存在较大的地区差距

从人力资源开发的投入来看，地区之间存在明显的差距。2008年，地方财政拨款的教育经费的总量为129 317 341.8万元，华东地区（山东、江苏、安徽、浙江、福建、上海）的教育经费为38 791 551.8万元，占了总量的30%，而华北地区（北京、天津、河北、山西、内蒙古）、华中地区（湖北、湖南、河南、江西）、华南地区（广东、广西、海南）、东北地区（吉林、辽宁、黑龙江）、西南地区（四川、云南、贵州、西藏、重庆）和西北地区（宁夏、新疆、青海、陕西、甘肃）所占的比例分别为14%、15%、12%、8%、12%和8%。华东地区的教育经费基本上是其他地区的2~3.75倍，东北、西北和西南地区的教育经费严重不足，这对于改变当地人力资源供给结构，提高当地居民受教育水平是一个重大的挑战。①

3. 农村和城镇人力资源发展不平衡

农村和城镇人力资源发展的不平衡问题早已有之。中华人民共和国成立以来，国家一直都比较重视城镇的发展，尤其是直辖市等大型城市的发展，而忽视了农村的发展。虽然现在"三农"问题已经引起了中央以及地方政府的重视，但是城镇和农村人力资源发展之间的鸿沟仍然是难以逾越的，需要较长的时间才能改变。第六次人口普查显示，我国农村人口6.74亿人，占人口总数的50.32%。虽然随着我国城市化速度的加快，我国农村人口逐年减少，但是由于农村出生率较城市要高，因此我国农村的人口短时间内不会减少太多。农村人口数虽然与城镇人口差不多，但是我国中高层次的劳动力多集中在城镇，农民中的大多数还是从事第一产业，还有一部分是农民工。2017年我国农民工总量达到8.87亿人，其中外出农民工1.72亿人，比上年增加251万人，增长1.5%。②另外，在教育经费、师资水平、职业培训等方面，农村和城镇也有很大的差距，这使得农村人力资源的发展缺少必要的保障。

（三）人力资源向人力资本转化不足

人力资本是存在于人体内的具有经济价值的知识、技能和体力等质量的总和，具有资本的性质，是一种非物质资本。我国的人力资源总量十分丰富，但是人力资源向人力资本的转化不足，这主要表现在以下几个方面。

---

① 田永坡，樊平军. 中国人力资源开发现状［EB/OL］. (2012-12-24)［2019-03-05］. http://www.china.com.cn/guoqing/2012-12/24/content_27495444.htm.

② 国家统计局. 2017年农民工监测调查报告［EB/OL］. (2018-04-27)［2019-03-05］. http://www.stats.gov.cn/tjsj/zxfb/201804/t20180427_1596389.html.

（1）人力资本投资不足。加大人力资本投资的一个很重要的方面就是加大对教育事业的投入，因为教育事业的发展是人力资本存量增加的重要保证。目前，我国教育经费占 GDP 的比例约为 4%，刚刚达到世界通行的 4% 标准，但若跟美国等发达国家相比，差距仍然很大。

（2）人力资源向人力资本转化的机制不够健全。工资、福利、卫生和社会保障等人力资源激励机制不够完善。2017 年我国城镇私营单位就业人员年均工资为 45 761 元，城镇非私营单位就业人员年均工资为 74 318 元。但在通货膨胀的情形下，劳动者的收入增长速度赶不上物价上涨速度，因而劳动者的生活质量、生活水平就会相对下降，而这会影响到劳动者的劳动能力（体力和智力）的维持和发展，不利于人力资源向人力资本转化。① 另外，人力资源培训机制、人力资源市场配置机制等都会影响人力资源向人力资本转化的效率。

（3）人力资源供给结构不合理。目前，我国高层次的创新型人才匮乏，高水平的技能型人才缺乏；大学毕业生人数过剩，但很多行业却出现人员紧缺的现象；劳动者的知识构成、能力水平、专业素养等与市场所需人才的要求不一致，很多受过高等教育的劳动力占用了国家的教育资源，但却未能发挥其应有的功用。同时，高校培养模式的创新以及职业培训的力度也未能有效地跟上经济结构调整的步伐，结构性失业问题仍然很突出。人力资源的供给结构主要由人力资源的生产和再生产决定。而影响人力资源的生产和再生产的一个很重要的因素就是教育。目前，国家已经开始注意优化教育结构，如大力发展职业教育以培养高水平的专业技能型人才，在高等教育学校鼓励培养应用型创新人才等，通过加大教育投入力度等方式来增加人力资源的积累，但是结构性的问题并不能在短时间内得到解决。目前，我国职业教育类学校面临资金短缺、师资匮乏、学生就业难等一系列问题，高等教育学校也面临学生就业困难、创新人才培养模式等问题，这些问题的解决对于优化我国人力资源供给结构具有重要的现实意义。

四、建设人力资源社会保障体系的对策思考

（一）加大教育卫生投入，深化教育卫生体制改革，提高国民素质

加大教育投入，深化教育体制改革是提高国民受教育水平，促进我国人力资源发展，改变人力资源供给结构，促进经济社会发展的重要保障。《国家中长期

---

① 资料来源：国家统计局. 中国统计年鉴 2018 就业和工资 ［EB/OL］. http：//www. stats. gov. cn/tjsj/ndsj/2018/indexch. htm.

教育改革和发展规划纲要（2010—2020年）》提出，到2020年，我国高中阶段教育的毛入学率要达到90%，高等教育的毛入学率要达到40%，具有高等教育文化程度的人数要达到1.95亿。而且，我国主要劳动年龄人口平均受教育年限要从2009年的9.5年增加到2020年的11.2年，其中受过高等教育的比例要从2009年的9.9%增加到2020年的20%。

加大教育投入要求各级政府把教育作为财政支出的重点领域，保证教育财政拨款的增长明显高于财政经常性收入增长，使按照在校学生人数平均的教育费用逐步增长，保证教师工资和学生人均公用经费逐步增长。同时，要提高国家财政性教育经费支出占国内生产总值的比例，争取到2012年能达到4%。

另外，还要深化包括人才培养体制、考试招生制度、办学体制、管理体制等在内的教育体制改革，建立现代学校制度，扩大教育开放，加大国际交流。在保障方面，还要加强教师队伍建设，加快教育信息化进程，推进依法治教，保障教育事业平稳、快速发展。

（二）完善人才资源建设工作的保障机制，充分发挥人才作用

完善人才培养、选拔、流动配置、评价、激励保障等机制，就是要大力发展教育，创新人才培养模式，完善继续教育制度，建立终身教育体系，构建人人能够成才、人人得到发展的人才培养开发机制；改革人才选拔使用方式，科学合理使用人才，推行竞争性人才选拔模式，加大企业市场化选聘力度，公平公开招聘；建立专业性、行业性的人才市场和人才市场服务体系，发挥人才服务协会的作用，健全人才市场供求、价格和竞争机制，打破人才流动的体制性障碍，畅通人才流动渠道；建立以品德、能力和业绩为导向的人才评价机制，完善人才评价标准，改进人才评价方式，拓宽人才评价渠道，健全举才荐才的社会化机制；完善各类人才薪酬制度，健全以政府为导向、用人单位和社会力量奖励为主体的人才奖励体系，完善以养老保险和医疗保险为重点的社会保障制度，形成国家、社会和单位相结合的人才保障体系。

加大人力资本投资要求各级政府确保对教育、科技和卫生的投入，保证其增长幅度高于财政经常性支出增长速度；进一步加大人才发展资金投入力度，保障人才发展重大项目的实施；加大对人才培训的投入，鼓励建立各类人才培训机构；通过税收、贴息等优惠政策，鼓励和引导社会、企业等加大对人才资源开发的投资。

（三）实施改善人力资源均衡开发策略，缩小城乡和区域人力资源发展差距

加大对农村的教育、科技投入，继续完善免费师范生等制度，提高农村师资

水平；完善教师流动机制，鼓励城镇教师去农村学校任教；大力发展职业教育，建立"双师型"教师培训体系，培养技能型人才；鼓励科技人才下乡支农，将科研成果付诸实践，提高农业生产效率；鼓励农业多种经营和复合经营，提高农产品质量；延长农村发展产业链，鼓励发展农产品深加工企业；全面贯彻落实《中华人民共和国中小企业促进法》，支持创办各种性质的中小企业，制定鼓励农村中小型企业创新的税收激励政策。加大对农村卫生和社会保障的投入，加强对农村卫生技术人员的培训，增加乡村卫生院数量以及床位数量，完善农村新型合作医疗体系和新型农村社会养老保险。建立农村实用人才培训体系，充分发挥农村现代远程教育网络、各类农民教育培训项目、农业技术推广体系等的作用，培养实用性人才和生产经营型人才；在信贷发放、项目审批、税收征收等方面，政府应给予创业的农民以必要的支持。做好农村剩余劳动力转移工作，改变以单纯的劳务外派为主要转移方式的农村剩余劳动力转移现状，在政策和财政上鼓励农民工回乡创业，鼓励发展非农经济，推动农村产业结构升级。

加大对中西部地区，尤其是西部地区的教育和科技投入，加大转移支付力度，支持中西部地区教育发展；继续实施"特岗教师"制度，完善代偿机制，鼓励高校毕业生到艰苦边远地区执教，提高中西部地区师资水平；采取必要措施，确保适龄儿童不因家庭条件困难、就学困难、学习困难等原因而失学，努力消除辍学现象；利用西部地区环境特点，开展风能、地热、石油勘探等方面的科技研究，充分利用资源，将科研成果转化为生产力，促进经济发展。加大对中西部地区的医疗和社会保障投入，在政策上对中西部地区医疗和社会保障发展予以倾斜，提高中西部地区居民收入水平，完善医疗保障体系和社会养老保障体系。

第三章
人力资源强国指标体系研究的国际比较[*]

第一节　国家竞争力指标体系的国际比较

国家竞争力指标，又称国家创新能力评价指标体系，是一项用来描述一个国家创新能力发展状况，监测国家创新发展中的矛盾和问题，评价国家创新能力水平的复杂系统工程，是一项由多个指标组成的相互联系、相互依存的统计指标集。它是评价一个国家创新能力、创新水平和科学技术生产力水平的综合系统，是政府制定国家创新发展规划、进行政策研究，对现状、未来做出评价从而进行科学决策必不可少的量化评估依据。本书中的"国家创新能力指标"如对国家创新能力的概念界定中所指，包含科技相关指标、教育相关指标和人才产出相关指标。

一、国家竞争力评价的主要指标体系

国际权威机构瑞士洛桑国际管理发展学院（International Institution for Management Development，IMD）于 1989 年创建国际竞争力评价体系，内容包括经济运行、政府效率、企业效率与基础设施和社会系统四个方面的 300 多项指标。IMD 通过 300 多项指标，每年对世界主要国家或地区的国际竞争力进行比较和排名，这些排名综合考虑多方面因素，可以避免单方面或少数因素评价的片面性，减少国际竞争力判断的主观随意性，对客观判断各个国家或地区的国际竞争力有相当价值。①

　＊　薛孟开参与本章撰写。

　①　谢识予. 世界竞争力报告（2009—2010）［M］. 上海：复旦大学出版社，2010.

与 IMD 共存的，有其他国际、国内关于国家创新能力的评价指标体系，如世界经济论坛（World Economic Forum，WEF）国际竞争力评价指标体系、欧洲创新积分牌等。也有对 IMD 指标存在异议的学者和论点，就中国来说，在不同的评价指标体系内，排名甚至相差甚远，不同体系的指标内容和分类也有差别，我们不禁疑问，为什么会有这样的差别？为什么不同机构和学者设计出来的指标各不相同，其依据在哪里？通过对国内外有关国家竞争力的评价指标进行比较，阐述各个指标体系在衡量国家竞争力方面的差别和相同之处。

国际竞争力年鉴排名反映了 300 多项标准，基于对统计指标和 4 300 名国际高管进行的调查，自 1989 年发布以来，一直是世界公认领先的年度国家竞争力排名报告。可以说，同国际和国内现存的指标体系相比，IMD 指标在全面性和权威性上是较为领先的。同时，也有一些学者对 IMD 指标提出质疑，比如复旦大学的谢识予教授在《世界竞争力报告（2009—2010）》中指出，IMD 的国际竞争力排名影响力很大，并不意味着它们准确反映了各个经济体国际竞争力的实际水平。

在概念界定方面没有作出明确的界定，IMD 认为"竞争力研究分析的是经济体和企业如何管理它们所有能力以达到繁荣或获利的问题"，显然 IMD 重视的是经济体向企业提供竞争力环境的能力，特别是从企业微观竞争力（环境）角度的评价。[①] 笔者理解，概念定义本身并不存在问题，但需要对其进行严格明确的界定，这是谢识予教授所强调的重心，因为衡量的对象显然决定我们如何去解读其评价之后产生的结果，如果单用一个"国际竞争力"去混淆重点，不利于相关指数排名的价值发挥。

IMD 的指标是以古典、新古典或新增长理论为基础的，四个一级指标、五个子因子、300 多个变量，既有定量统计数据，也有来自其"管理层观点调研"的定型变量。谢识予教授认为，重视经济基础、市场效率和技术进步等因素当然有道理，因为这些都对经济增长有重要作用。但是这些因素都只是客观条件因素，都是经济增长发展的外因而不是内因，仅仅根据这些因素很难正确判断一个国家或地区经济增长发展的真正潜力。认为这些因素并不是决定一个国家或地区经济增长前途的决定性因素，决定性因素是由人们的经济努力的主观意愿，包括劳动、经营和敬业精神，以及接受教育、发明创造、改变职业、采用新技术等的主观愿望决定的经济增长内在动力，也就是现代发展经济学奠定者之一刘易斯特别强调的增长因素，人们改善生活的愿望和愿意为此付出的代价（刘易斯，1994）。这种经济增长的内在动力也可以称为"经济内能"（谢识予，2000）。这种经济内能就是一个经济体的"经济基因"，是决定一个经济体增长前途的决定性因素。

---

① 谢识予. 世界竞争力报告（2009—2010）［M］. 上海：复旦大学出版社，2010.

忽略这种经济基因就很难对一个经济体的增长前途作出准确判断。[①]

IMD 排名存在不合理性。当然，除了 IMD 世界竞争力指标，其他关于国家创新能力评价的指标体系可能也存在或多或少的不足。因为指标设定的出发点和理论假设不同。这也是本书在比较各个指标过程中会重点考虑的因素之一。指标设定受本国文化和思维方式影响。因此，没有一个完全客观的评判标准，但基本上都以发展性指标作为最终目的。

研究国家创新能力最主要的群体是从事国家创新系统研究的学者们，随着他们研究的不断深入，国家创新能力的概念也日趋丰富。

美国加利福尼亚大学教授苏维兹—维拉（Suarez - Villa，1990）提出了国家创新能力的概念，他认为，国家创新能力涉及教育、知识产权制度和法律等环境驱动因素，主张使用专利水平来衡量国家创新能力。刘和怀特（Liu & White，2001）指出创新流程是由研究、生产、最终消费、连接和教育这五种行为组成的。弗尔曼、波特和斯特恩（Furman，Porter & Stern，2002）综合国家竞争优势理论、内生增长理论和国家创新系统理论，提出国家创新能力的规范性研究框架。该框架认为公共创新基础设施、集群环境及二者之间的联系是国家创新能力的三大基础组成部分，强调从全球的角度来分析国家创新能力。胡美智和约翰·马修斯（Mei - Chih Hu & John A. Mathews，2005）指出，国家创新能力是一国持续创新活动的制度潜能，强调在创新过程中制度的重要性以及创新的持续性。约翰·马修斯和胡美智（John A. Mathews & Mei - Chih Hu，2007）修正了波特等人的国家创新能力概念，提出应该使用不同的标准来衡量技术领先国家和技术落后国家创新能力，分别为世界新颖和国家新颖。

另一研究国家创新能力的重要群体是一些具有世界影响的国际组织。OECD最早对国家创新能力进行了研究与测度，认为国家创新能力不是单一因素决定的，而是在多种复杂因素形成的创新环境中成长的，国家创新能力是环境因素、中介因素、大学和集群因素共同作用的结果。

美国国际战略研究中心（Center for Strategic and International Studies，CSIS）在一份研究报告中指出，国家创新能力是多种要素的组合，具体包括科技大量的投资知识技能以及它们的掌握者支持创新投资的政策环境新技术新产品的工业投资专业人才的培养研发机构与用户的中介开放的贸易政策。这些因素的总和构成国家创新能力，因而直接决定国家创新能力的水平。[②]

①　谢识予. 世界竞争力报告（2009—2010）[M]. 上海：复旦大学出版社，2010.
②　刘新艳. 我国国家创新能力评价与国际比较研究 [D]. 南昌：南昌大学，2011.

二、国家竞争力研究的理论依据

（一）国家创新系统理论

1987 年，弗里曼通过对日本经济发展的研究发现，国家在推动技术创新过程中起着非常重要的作用。[①] 弗里曼特别强调政府政策、企业、教育研究机构以及产业结构等四方面因素对国家创新的作用。在经济发展过程中，仅靠自由竞争的市场经济是不够的，还需要政府制定一定的政策，提供公共商品，从长远的、动态的视野出发，寻求国家资源的最优化配置，以推动产业和企业的创新。[②]

（二）技术创新理论

这一理论把技术创新看作一个系统，是一个由多个要素组成的复杂系统，包括多个子系统，具有内在结构的复杂系统。

技术创新系统的要素，主要包括创新主体、创新构想、研发与生产市场等。各个要素不是单独存在的，是紧密联系、相互影响的。要素之间内在的、稳定的、必然的联系方式就是技术创新本身的结构。技术创新实质就是由各个生产要素所形成的结构的功能表现，即技术创新在新的社会经济条件下，通过由创新主体形成新的构想，运用新的技术于生产的过程或市场，从而获得新的价值的活动和过程。技术创新是一种社会、历史现象，随着社会条件的发展变化，技术创新的要素也会发生相应的变化和调整。不同时期的技术创新要素的具体内涵具有不同的特点。由于不同社会时期经济、科技、思想等的不同，技术创新的要素和结构也会各有不同，也就相应地决定了其功能的迥异。长期以来，人类主要面临着发展经济的重任，对技术创新也只是从经济层面来理解，这便导致了对技术创新理论结构的简单性理解，即技术创新是研究发明的首次商业化应用，成功的标志就是是否获得商业利润。反过来，用这种理论指导技术创新，又强化了技术创新的唯经济性。因此，传统技术创新的理论结构实质上就是一个从新的创新构想——新的技术应用组合——市场实现——新的价值（商业利润）获得的过程，其创新的根本目标就是商业利润，即单一经济价值。目标引导结构，结构决定功能。目标始终贯穿于整个创新的全过程。单纯的经济效益追求（放弃了社会价值、环境价值及发展等价值），使创新构想局限于自然技术创新（忽视社会技术

① Freeman C. Technology Policy and Economic Performance: Lessons from Japan [M]. London: Printer, 1987.

② Freeman C. The national system of innovation in historical perspective [J]. Cambridge Journal of Economics, 1995, 19 (1): 5 - 24.

创新和人文技术创新）；创新途径也是以自然技术变革为中心的创新体系（很少研究社会技术和人文技术），创新主体单纯依靠企业来完成（排斥其他社会创新主体）；只考虑经济收益，不考虑社会和生态成本；导致创新功能也仅仅在于暂时的、局部的经济利益，引发一系列的环境问题、社会问题及人的自身发展等问题。① 因此，本书在创新指标的选取上，也更注重全面的创新衡量标准，而不只局限于传统的技术创新评价。

（三）国家竞争力理论

约翰·穆勒指出："在人类活动的每一个领域，实践都长期领先于科学。"② 人类实践和社会发展促进了经济学理论的不断发展，同时也推动国家竞争力理论不断完善。目前国内外对国家竞争力的研究成果日渐丰富，尽管不同的研究对国家竞争力影响因素的评价存在差异，但至少有三个因素是国际公认的影响国家竞争力的核心因素。

1. 人才因素

国家的竞争归根到底是人的竞争。梁启超先生曾说"今日世界之竞争不在国家而在国民"，这句话至今依然发人深省。古典学派把生产要素归结为两种，劳动和适当的自然物品。无论哪种生产要素，人都是决定力量。人是创造财富的主体，是发展生产最根本的因素。马歇尔指出："一切资本中最有价值的莫过于投在人身上面的资本。"③ 有关国家竞争力的各种学说都十分重视人才的作用，增强人才竞争力是提高国家竞争力的关键。

2. 科技因素

科学技术是提高国家竞争力最直接的因素。马克思指出："劳动生产力是随着科学和技术的不断进步而不断发展的。"④ 18 世纪末起源于英国的第一次工业革命使英国成为"日不落帝国"。20 世纪初发端于美国的第二次工业革命使美国崛起。哪个国家首先把握住科技创新的机会，就能迅速提高国家竞争力，成为世界强国。

3. 制度因素

制度通过其对生产与交换的成本来影响财富创造，并且影响长期经济绩效。只有合理的制度才能保证人尽其才，物尽其用。实践的发展推动理论创新，理论

---

① 谭雍. 技术创新理论结构研究 [D]. 湖南：湖南大学，2006.
② [英] 约翰·穆勒. 政治经济学原理及其在社会哲学上的若干应用（上卷）[M]. 赵荣潜，桑炳彦，朱泱，等译. 北京：商务印书馆，1991：14，13.
③ [英] 马歇尔. 经济学原理（下卷）[M]. 陈良璧，译. 北京：商务印书馆，1965：198 – 199，232.
④ [德] 马克思，恩格斯. 马克思恩格斯全集（第四十四卷）[M]. 北京：人民出版社，2001：698.

创新往往要求制度变革，制度变革又进一步推动生产力发展。古典经济学正是基于反对封建制度而主张自由放任，凯恩斯主张国家干预是为了弥补市场经济的制度性缺陷。率先进行制度创新的国家会推动经济的迅速发展和国家竞争力的提高。正如诺斯所言："制度构造了人们在政治、社会或经济领域里交换的激励。制度变迁决定人类历史的社会演化方式，因而是理解历史变迁的关键。"①

三、国家创新能力的指标体系的比较分析②

对国家创新能力进行测度研究可以科学地分析国家创新能力实际水平，正确认识国家科技活动的基本情况，全面了解科技竞争的优势和不足。国家创新能力的测度也是政府对科技活动进行宏观调控、制定科技发展规划和自主创新激励政策的重要依据。

对于国家创新能力的测评，国际上基本都是遵循"由简到难、由单到多"的技术路线，首先考虑用单一指标，后来由于单一指标存在诸多不足，又探索出了用多指标评价国家创新能力，多指标评价已成为当前国家创新能力测评的主流。

（一）单指标测评

单指标测评由于操作比较简单，可以选择易于获取的相关数据来进行评价，20 世纪应用得较多。常用作单指标的数据，包括研发指标、专利指标、生产率指标、国家创新系统测度、主要创新、科研论文等。③进入 21 世纪以来，仍有学者利用单指标来测评国家创新能力。例如，2005 年，澳大利亚学者胡美智和约翰·马修斯利用 1968—2001 年的专利数据，对西方七国集团成员国（美国、日本、德国、法国、英国、加拿大、意大利）和东亚五个国家和地区〔中国台湾地区、韩国、中国香港地区、新加坡、中国大陆（内地）〕的创新能力进行了对比评价。④

单指标测评虽然比较便捷，但也存在一些不足，如统计口径问题、国别差异问题、技术成果问题等。例如，当把研发投入经费作为单一评价指标时，一是企业很可能把技术开发经费作为研发投入经费，二是政府机构和企业领导对研发投入经费的考核存在夸大其词的可能，因而这一指标的不确定性较大。又如，直接

---

① 〔美〕道格拉斯·诺斯. 制度、制度变迁与经济绩效〔M〕. 杭行，译. 上海：格致出版社，2008：162，3.

② 节由李云星博士撰写.

③ 邱均平，谭春辉. 国家创新能力测评五十年〔J〕. 重庆大学学报（社会科学版），2007（6）：60.

④ Mei‐Chih HU, Johna, Mathews. National Innovative Capacity in East Asia〔J〕. Research Policy，2005（34）：1322‐1349.

用专利作为单一指标来测评国家创新能力的话，也存在问题。并不是所有的发明都可以申请专利，也不是所有的发明都申请并授予了专利，并且已授予专利的发明在质量上也存在很大差异，[①] 同时，由于各国之间申请和授予专利的政策倾向也不相同，当利用专利来比较国家之间的创新能力时，使得这种测评结果的准确性难度加大。[②]

（二） 多指标测评

国家创新能力是一种复合能力，是不可能用某一种能力来概括的，也不可能只通过一个指标就能较为合理地测评出国家的创新能力，因此众多国际组织、国家机构、学术团体和个人更倾向于用综合性指标来评价国家创新能力，并产生了大量的测评方法。

联合国教科文组织（UNESCO）从 1963 年起，每年都在《UNESCO 统计年鉴》中发布世界各国的主要科技指标数据；于 1984 年发布了《科学技术活动统计手册》，将科技活动划分为研究与发展（R&D）、科技教育与培训和科技服务三个组成部分。经济合作与发展组织于 1963 年就研发统计指标的定义和测度方法达成一致，通过了《研究与发展（R&D）调查的推荐标准与规范》，并出版了关于科技统计与科技指标的系列手册。[③] 1979 年，黑尔（Hill）提出了衡量技术创新能力的四种间接指标，测度技术创新的投入指标、测度中间产品的指标、测度某种产品或过程性能的指标、测度生产某种产品所需投入要素数量的指标。[④] 1981 年，罗斯韦尔和赛格菲尔德认为可用专利活动（pa-tent activity）和单位价值（unit value）两种指标，从衡量技术先进性（technical sophistication）角度来评价创新能力。1993 年，纳尔逊（Nelson）利用研发经费来源、研发经费的配置、大学的作用、支持和影响创新的政府政策等指标对 15 个国家的国家创新体系进行了评价。1994 年，皮·杜阿尔从规模、流向和结果三个角度，构建了相应的指标体系，研究了国家创新体系的测量和评估。[⑤] 欧盟于 1997 年发布《第 2 号欧盟科技指标报告》，并于 2000 年研发了"欧洲创新记分牌"，开始于 2001 年每年发布一次"欧洲创新排行榜"。2000 年，美国国家科学基金会发表了第 14

---

① Rilichesz. Patent Statistics as Economic Indicators：a Survey ［J］. Journal of Economic Literature，1990（92）：630 – 653.

② Korturn S，Lerner J. What is Behind the Recent Surgein Patenting ［J］. Research Policy，1999，28 (1)：1 – 22.

③ 上海研发公共服务平台. 科技指标研究的回顾与展望 ［EB/OL］.（2006 – 03 – 09）［2018 – 05 – 07］. http：//www. sgst. cn/xwdt/shsd/200705/t20070518_108445. html.

④ 王伟光，唐晓华. 技术创新能力测度方法综述 ［J］. 中国科技论坛，2003（4）：39 – 42.

⑤ 王海燕. 国家创新体系的构成、内涵及运行绩效的评价 ［EB/OL］.（2003 – 10 – 30）［2018 – 05 – 14］. http：//www. cqvip. com/read/read. aspx? id = 8869955.

期科技指标报告，即《科学与工程指标 2000》，用于综合评价一国的创新能力水平。2002 年，弗尔曼、波特和斯特恩在建立国家创新能力框架的基础上，提出了评论国家创新能力的综合指标体系和计算方法，[1] 国际上称之为弗尔曼、波特和斯特恩（Furman Porter & Stern，FP&S）评价方法。2005 年，Givan-ni Dosi，Patrick Llerena 和 Mauro Sylos Labini 利用科研论文、技术创新、科技进步对企业经济效益影响的三个指标，对美国和欧盟的创新能力进行了评估和比较。[2]

对于国家创新能力测评及其研究已开展了 50 年，期间产生了众多体系和方法，从受到广泛关注和高度认可的角度看，目前国际代表性的国家创新能力测评体系主要有以下四种。

1. OECD 科技指标

经济合作与发展组织（OECD）是最早进行系统收集科技统计数据的国际组织，在世界科技统计界处于领先地位，对科技统计的国际标准化和规范化作出了重要的贡献。[3] OECD 在科技统计和科技指标方面取得令世人瞩目的成就，是与以下原因分不开的：有专业人员专门从事统计调查、分析和指标研究工作；注意统计数据国际可比性，研究并制定了一整套科技统计手册，为科技统计工作提供了共同遵循的统一标准与规范；系统地收集科技统计数据，并建立了科技统计数据库；定期出版科技统计和科技指标出版物，并充分利用互联网传输信息；为满足制定科技政策对指标的要求，十分重视研究能测评创新以及与知识经济有关的指标；注意加强与非 OECD 成员国在科技统计和科技指标方面的合作、收集非成员国的科技统计数据并建立数据库。

OECD 的科技指标，一方面，来自对成员国所进行的研发调查，另一方面，充分利用其他国际组织的统计资料。OECD 的科技指标收录在"主要科技指标数据库"中。该数据库是由最常使用的科技指标数据组成，共有 89 个指标、29 个成员国的时间序列数据，其中有 70 个指标为研发指标，另 19 个指标为科技活动的产出和影响指标，即专利、技术国际收支以及研发密集产业的进出口贸易。研发指标主要是全国以及企业、高等学校和政府部门的研发支出，研发支出中包括不变价增长率、购买力平价的比值以及研发与 GDP 或工业增长值的比。

在"主要科技指标数据库"的基础上，OECD 每年 6 月和 12 月都会出版《主要科技指标》数据集，刊登 29 个成员国投入研发的资源及产出指标，即研

①　Jeffreyl，Furman，Michaele，porter，scottstern. The Determinants of National Innovative Capacity ［J］. Research Policy，2002（31）：899 – 933.

②　Giovannidosi，Patrick Llerena，Mauro Sylos Labini. Evaluating and Comparing the Innovation Performance of the United States and the European Union ［EB/OL］.（2007 – 04 – 08）［2018 – 12 – 13］. http：//citeseerx. ist. psu. edu/viewdoc/download？doi = 10. 1. 1. 494. 9770&rep = rep1&type = pdf.

③　成邦文. OECD 的科技统计与科技指标 ［J］. 中国科技信息，2002（5）：18.

发、专利、技术国际收支、研发密集产业的外贸方面的指标，以及用于计算这些指标的经济指标数据，这些指标可以进行国际对比。该出版物的电子版本可以从 OECD 的网站查阅。

目前，OECD 根据需要，正在从人力资源的流动、基于专利的指标、创新的经济价值、科技系统活动与网络、服务业的科技活动、企业的创新、公司的创新能力与吸收能力、产业研发的国际化、政府对创新的支持、信息与通信技术等 10 个方面来开展新科技指标的研究，并取得了一些进展。

2. 欧洲创新记分牌

在 2000 年里斯本欧洲会议上，欧盟就提出以创新科技为发展主轴的发展战略，目的是使欧洲各国能专注于高科技的创新发展，以此改善欧盟生产力不足和企业研发投入不够等现象。基于此，欧盟于 2000 年创立了"欧洲创新记分牌"，并于 2001 年开始，每年发布欧洲创新排行榜。①

欧洲创新记分牌（European Innovation Scoreboard，EIS）研究涵盖了欧盟 25 个成员国，还包括保加利亚、罗马尼亚、土耳其、冰岛、挪威、瑞士、美国和日本，用以合理评估欧盟各国的创新水平在世界的位置。EIS 指标体系及评价方法由欧盟委员会与联合研究中心合作制定，总结了创新绩效的主要方面。2005 年欧盟与联合研究中心（Joint Research Centre，JRC）密切合作，进行了 EIS 自 2000 年欧洲理事会首次提出后的第 5 次修订。通过这次修订，评价总体创新指数（Summary Innovation Index，SII）的 EIS 指标体系经过改良增加到 26 个，创新指标种类由原来的 4 类增加到 2007 年的 5 类。

3. 美国科技指标

美国是世界上最早开展科技指标研究和出版本国科技指标报告的国家。美国国家科学基金会负责全国科技指标研究的组织、资助和协调，包括《科学与工程指标》的编写与出版，以及有关数据库的建立与维护，如《计算机辅助科学政策分析与研究数据库（WEBCASPAR）》和《科学家与工程师统计数据系统（SES-TAT）》。

从 1972 年起，每两年准备一期《科学指标》报告，上报总统和国会并公开出版，自 1987 年起更名为《科学与工程指标》。在 2000 年美国国家科学基金会成立 50 周年之际，发表了第 14 期科技指标报告，即《科学与工程指标 2000》。长期以来，美国科技指标体系的基本内容相当稳定，主要组成部分有美国和国际研发经费、科学和工程劳动力及初、中等教育、科学家工程师的大学教育、大学的研发、产业研发与技术创新、公众科技理解科学及对科技的态度、新兴技术及对社会经济发展的影响，每一部分都包含数量众多的指标及其简要分析和国际比

---

① 欧盟创新排行榜［N］. 文汇报，2006 - 06 - 04.

较。在基本结构保持稳定的情况下，随着国内和全球科技与经济的发展变化，不断调整原有指标或增加新的指标。①

4. FP&S 评价方法

2002 年，美国波士顿大学弗尔曼（Jeffrey L. Fur-man）教授、哈佛商学院波特（Michael E. Porter）教授、西北大学凯洛格管理学院斯特恩（Scott Stern）教授联合发表了《国家创新能力的决定因素》一文，该文在波特的国家竞争优势"钻石模型"的基础上，构建了国家创新能力框架。该框架由三个部分组成，公共创新基础设施、支持创新的特定产业集群环境、两者之间网络联系的质量。

近年来，中国有关机构和学者也对国家创新能力测评做出了有益的尝试和探索。从 1992 年开始，中国政府每隔两年就发布一次《中国科学技术指标》，从多个角度对中国科技创新能力进行解读。中国科技发展战略研究小组于 2001 年开始发布中国区域创新能力报告，区域创新能力由知识创造、知识获取、企业创新、创新环境和创新绩效等五项指标组成。② 1995 年，杨云在《科技管理研究》杂志上发表了《我国技术创新水平的评价和难点》一文，掀开了国内学者对国家创新能力测评研究的帷幕。③ 1999 年，周献中等人提出了由技术创新能力、技术创新效果、技术创新管理 3 个一级指标、14 个二级指标组成的地区技术创新水平综合评价指标体系。④ 王广泽等提出评价一国科技竞争力的指标体系包括研究开发类指标、基础研究状况类指标、反映专利成果状况的指标、技术管理状况指标。⑤ 2000 年，罗守贵、甄峰认为可以从区域综合实力、教育资源与潜力、科技资源与潜力、企业创新实力、信息条件和区域政策与管理水平六个方面来评价区域创新能力。⑥ 2001 年，王海燕从资金、人力资源以及知识三个方面，并以国际竞争力报告为基础相应选取 46 个子指标，构成了评价国家创新系统的指标体系。⑦ 2002 年，江兵从技术创新特征角度确定出四大类指标，分别是政府干预、创新机制、科技与经济结合、产品竞争力，并对 28 个国家（地区）进行了实证研究，把 28 个国家（地区）的创新能力分为四个层次。⑧ 2005 年，张宏性和程晡建立起包括创新动力、创新资源、创新运行、创新价值要素的国家创新模型，

①　上海研发公共服务平台. 科技指标研究的回顾与展望［EB/OL］.（2006 - 03 - 09）［2018 - 12 - 15］. http：//www. sgst. cn/xwdt/shsd/200705/t20070518_108445. html.

②　中华人民共和国科学技术部. 中国科技发展战略研究小组［EB/OL］.（2003 - 12 - 16）［2018 - 12 - 14］. http：//www. most. gov. cn/ztzl/qycxtxjs/200312/t20031216_10544. htm.

③　杨云. 我国技术创新水平的评价和难点［J］. 科技管理研究，1995（4）：33 - 37.

④　周献中，等. 区域技术创新水平综合评价与分析［J］. 科技与经济，1999（3）：20 - 22.

⑤　王广泽，等. 国家创新系统效率的评价指标体系［J］. 科技与管理，1999（3）：27 - 31.

⑥　罗守贵，甄峰. 区域创新能力评价研究［J］. 南京经济学院学报，2000（3）：31 - 35.

⑦　王海燕. 国家创新系统运行绩效评价的基本原则和方法［J］. 科学管理研究，2001（4）：1 - 3.

⑧　江兵. 国家技术创新能力分类与评价［J］. 系统工程理论与实践，2002（3）：88 - 92.

并依此建立起国家创新能力综合评价体系。[①] 温桂兵借鉴了迈克尔·E·波特等人的观点，以科学家与工程师人力资源指数、创新政策指数、创新群集环境指数、创新联系指数、公司创新取向指数来划分与评价国家创新能力。[②] 官建成和余进在 OECD "国家创新系统结构"的基础上形成了衡量国家创新能力的指标体系，利用 1992—1999 年的相关数据，对 G7 成员国、印度、韩国和中国在研发经费投入、全时人员当量投入、科技成果利用能力指数、专利产出、论文产出、出口贸易等方面的表现进行了评价。[③] 2006 年，张义梁和张嵋品从国家自主创新的投入能力、产出能力、扩散能力和支撑保障能力四个方面构建起国家自主创新能力评价指标体系。[④] 郑伟和李廉水提出要从经济创造能力、资源集约能力、环境保护能力、社会和谐程度四个角度来构建创新型国家评价指标体系。

四、国家竞争力指标体系的比较分析

上一部分列举了四个（包括 IMD 在内）国际指标体系和我国国内指标体系梳理的内容，这一部分将在上部分的基础上，以 IMD 国家创新竞争力指标为标杆，对研究对象进行比较分析。分析从两部分入手：理论依据和指标意义及可量化程度。

（一）国家创新能力指标（IMD）的国际比较分析

IMD 的竞争力决定模型是按线性设计的，欧洲创新记分牌（European Innovation Scoreboard，EIS）在指标的设计上也基本遵从这个范式，与 IMD 层层分解的方式相比，EIS 指标增加了竞争力趋势图，将赋值和趋势在同一个表中表示，直观性更强。从指标的选取角度来看，IMD 指标的出发点和考察范围要广于其他国际指标，EIS 体系更倾向于对市场经济创新的衡量，注重国家和企业"输入—输出"模式践行的效果，即量化考核目的更加明确，由此也带来了范围局限的弊端。EIS 在进行数据采集的过程中，针对不可得数据，设定"基准年"，以此来推测和估计缺少的部分数据，从这个角度讲，会在一定程度上削弱结果的科学性。由于 EIS 指标更倾向于对经济参与者（尤其是企业）的测量，所以已有的指标可量化程度较高，而 IMD 通过"高管意见调查"的形式弥补了部分指标难以量化的缺陷。

如果说 IMD 教育指标制定沿循的是"大总分"和"输入—输出"模式的话，

---

① 张宏性，程晞. 国家创新模型及评价指标体系研究 [J]. 统计研究，2005（7）：20 - 23.
② 温桂兵. 基于模糊综合评价的国家创新能力实证分析 [J]. 科技进步与对策，2005（6）：33 - 35.
③ 官建成，余进. 基于 DEA 的国家创新能力分析 [J]. 研究与发展管理，2005（3）：8 - 15.
④ 张义梁，张嵋品. 国家自主创新能力评价指标体系研究 [J]. 经济学家，2006（6）：28 - 34.

那么 OECD 的教育指标从一开始就遵循"CIPP 模式"。[①] IMD 先划定影响国际竞争力的大方面因素，"教育"是包含其中，位于一级指标"基础设施"之下的二级指标，从教育总支出到入学情况与毕业生质量考察，再到教育体制与经济现实的接轨状况考察，最终到就业人数，这可以看作是一个"小 CIPP 模式"。IMD 将"就业"作为二级指标划归"经济运行"的一级指标之下，可以看出来，在 IMD 的衡量依据中，"经济"是竞争力的首要衡量背景，就业与经济状况的关联更为紧密，与教育的关联似乎是弱于经济的。教育和经济哪个对就业的影响更大，将在最后一部分的关联性分析中进行阐述。关于教育指标的部分，OECD 相较 IMD 系统更为完整，数据的采集也更为科学全面，指标的政策相关性很强，指标内容会根据各国教育政策的改变而进行修改，修改指标也是为了政策能够更好地贯彻实施。科技指标方面，OECD 具有比较显著的政策驱动性和国际可比性。由政策生出的指标的发展倾向除了数量指标之外，更重要的是质量指标，质量指标一直都是相对较难量化的指标，IMD 指标体系通过"高管意见调查"去评价"软指标"。OECD 可具体量化部分数据的收集有其具体分工（见表 3 - 1）。

表 3 - 1　　　　　　　　　OECD 指标数据收集的基本途径和内容

OECD 分机构	数据采集内容
教育指标体系（Indicators of Education Systems, INES）工会	"教科文—经合组织—欧盟统计局"（UNESCO OECD - Eurostat, UOE）的教育管理型数据（入学率、毕业率、教育支出、研级规模等）
系统等级指标网络（Network on System Level Indicators, NESLI Network）	教师与课程数据（教师的工作时间、学生的学习时间、教师的工资等）
劳动力市场与教育网络的社会成果（Labour - Market and Social Outcomes of Education Network, LSO Network）	教育产出相关数据（受教育程度与劳动力市场的数据；教育与就业的数据；教育与收入的数据）

　　除了小部分数据会因特殊情况出现断层外，所有数据每年均会更新。而断层部分的数据将以调研反馈的形式收集，从而保证统计分析的时效性。UOE 的联合统计数据是 OECD 教育数据的主要来源，这些数据也是以国际教育标准分类（international standard classification of education）为依据衡量教育发展的数据基础。数据是进行国际比较的基础，所以需要格外重视其可靠性和时效性。[②] 在"软指

---

　　① CIPP 模式是一种以决策为中心，将背景（con-text）、输入（input）、过程（process）和结果（product）四类评价结合起来的评价模式。

　　② ［法］艾蒂安·阿尔比瑟，崔俊萍，译. 走进 OECD 教育指标体系［J］. 世界教育信息，2014（17）.

标"的数据收集上，OECD 同 IMD 有相似的地方，关于"人本"和"制度"方面，目前所存指标并没有一个科学的量化方式和标准。

在全球化浪潮中，国际社会对教育问题的关注和重视已使教育的全球治理成为必然之势。UNESCO 的教育指标目标性很强，分目标在"确保包容和公平的优质教育和促进人人终身学习的机会"的总目标下，以受教育主体为依据，设立分目标，并以此建立指标，从指标分设的依据可以看出来 UNESCO 指标对于"人"这个主体，以及对教育过程保障措施的重视。与 IMD 的教育指标相比，UNESCO 更重视对教育过程的考察，对教育结果的考察力度相对较弱，这也是因为二者的价值取向不同，IMD 最初是从企业角度对企业和经济效率进行考核，结果导向更为明确，UNESCO 对教育评价的价值取向是"包容、公平和终身教育"，所以对教育过程的质量尤其重视，特别是对评价儿童心理及其成长环境的重视，很多教育指标体系也未能达到的。但依然存在有些数据难以取得的问题，科技指标的衡量又过于注重国际高质量期刊论文的发表状况，有一定的偏颇性在里面，加上各国家语言不同，在论文的发表上和信息获取上也会有一定失衡（见表 3-2）。

表 3-2 　　　　　　《全球竞争力报告》的国家创新能力评价指标

一级指标	二级指标	三级指标
技术创新	技术创新投入	研发投入总量
		研发强度
		外部技术引进消化费用
		引进技术的再创新程度
		研发人力资源
	技术创新产出	国内发明专利的申请量和授权量
		PCT 专利的申请量和授权量
		制定的国际技术标准的数量
		制定的国家技术标准的数量
	产业化水平	进入中试阶段的技术与实验室技术比例
		具有自主知识产权的新产品销售收入占产业实现销售收入的比重
	技术合作与扩散	国际合作创新项目占比
		技术市场合同交易强度
		国际合作专利比重

续表

一级指标	二级指标	三级指标
制度创新	产业联盟	产业联盟的数量
		产业联盟中建有专利池的比重
		产业联盟的 PCT 专利申请与授权数量
		产业联盟的国内发明专利申请与授权数量
		产业联盟牵头制定的国内标准数量
		产业联盟牵头制定的国际标准数量
	产学研创新网络	政府支持产学研合作项目的数量及占比
		政府支持产学研合作项目金额占比
		产学研合作申请国内发明专利及授权情况
		产学研合作申请 PCT 专利及授权情况
		产学研成果转化情况
环境创新	政策环境	财税政策及落实效果
		政府采购政策
		产学研合作的政策
		知识产权保护和激励政策
		中小微企业融资政策
	经济环境	工业增加值及增速
		高技术产业产值及增速
		进出口贸易额
	产业基础	公共技术服务平台
		实验室等创新基础设施建设和开放共享情况
		检验检测试验验证平台
		教育培训平台
		知识产权等行业情报平台
	信息化水平	宽带普及率
		数字化研发设计工具普及率
		关键工序数控化率

（二） 国家创新能力指标 （IMD） 的国内比较分析

伴随我国教育发展战略的三次转型，我国的教育评价指标也经历了三次转型，并且第三次转型正在进行中，这是由教育发展的宏观指标向教育结构和内容的纵深指标转变的过程，也是一个由教育内部指标向教育与经济社会关联指标转变的过程。从中国在 IMD 评价指标的历年综合排名看，香港一直处于前三名的状态，2014 年是第四名，处于经济大转型时期的中国大陆，排名依然在 20 名之后，香港作为小经济体，经济效率和创新能力是其明显优势，而中国大陆的创新能力明显不足，传统的劳动和技术密集型制造业支撑的 GDP 快速增长的动力已经不足，创新是"十三五"必趋之势，也是所有发展中国家必行之路。

IMD 指标不但有针对国家高科技出口、诺贝尔奖以及创新能力的专项指标，而且在教育产出方面，还很重视产出结构。在我国，无论是教育指标还是科技指标，都比较重视对总量的评测，还没有从总量陷阱里走出来，对于衡量创新能力的体现不明显，相应的政策驱动就无法实现。我国教育和科技人力资源指标的基本框架已经形成，但内容不够深入，项目、专利、论文、课题等都是科技创新不可缺少的考察指标，但教育和创新的关系是什么样的仍然不能从现存的指标体系中获得答案。人员、设备、经费都是创新的基础，但如何更好地应用这些基础，需要考察人才培养的源头和过程，以及资本使用的结构，而不单单是结果。另外，我国的创新能力相关指标缺少国际可比性，IMD 指标作为衡量国家的国际竞争力的指标体系，不断探求适用于不同国家的标准，我国的指标同 IMD 指标的出发点和评价对象不同，完全仿照 IMD 的标准去制定我国的指标显然不合适，但要与发达国家进行学习甚至人才的接轨，指标体系的国际可比性就是必备条件之一。我国的教育和科技指标从国家到地区，层层剥开测量之后发现，无论是人才总量还是硬件投入总量问题都已经基本解决，但质量和结构存在问题，接下来的指标应该思考创新人才的质量和优化人才结构，以及如何以知识经济带动社会整体的发展。

第二节 国家竞争力指标体系中的人力资源指标

国内外学者由于对"国家竞争力"的内涵理解不同，建立的评价指标体系中的人力资源指标也各有不同。由 WEF 和 IMD 联合研制的《世界竞争力年鉴》将国民素质国际竞争力分为人力资源数量与结构（劳动力特征、就业特征等）以及质量状况（教育结构、生活质量等）两大部分。《全球人才指数报告》从人口趋势、人才环境、人才吸引和教育质量等 7 个维度构建人才指标体系。拉筹伯大学从投入、产出和效率 3 个方面设立评价指标体系,通过生产力评估来对各个国家的科技人才竞争力进行评估。

陆晓芳等是我国较早开展这方面研究工作的学者,他们结合我国实际,并充分借鉴国外相关评价研究,最终选取了 GDP、居住环境和人口文化素质等 9 个指标构建我国区域人才竞争力评价指标体系,并对我国北京等 12 个省(区、市)的人才竞争力进行了评价、对比。

一、比较基准指标——IMD 的演变

(一) IMD 指标要素的演变

国际权威机构瑞士洛桑国际管理发展学院(International Institution for Management Development, IMD)于 1989 年创建国际竞争力评价体系, IMD 对国际竞争力的评价是建立在大量的统计数据和调查数据的基础之上,形成了比较全面和成熟的国际竞争力综合评价体系和方法,是当今世界上最著名的国际竞争力评价体系之一。目前, IMD 的国际竞争力评价体系已涵盖了 60 个国家或地区。它通过对世界各国竞争力的排名揭示了国家之间的竞争力差距,指出了各国国际竞争力的强弱,便于进行各国之间国际竞争力的比较。同时,它通过对各国国际竞争力最差指标的单独排序和模拟排名,向决策者提出了提升国际竞争力的政策议。[①]

IMD 主要内容包括经济运行、政府效率、企业效率与基础设施和社会系统四个方面的 314 项指标。通过 300 多项指标,每年对世界主要国家或地区的国际竞争力进行比较和排名,这些排名综合考虑多方面因素,可以避免单方面或少数因素评价的片面性,减少国际竞争力判断的主观随意性,对客观判断各个国家或地区的国际竞争力有相当价值。[②]

在 2004 年以前, IMD 一直按照国际竞争力八大要素体系评价世界各国竞争力的强弱,从 2004 年开始改用四大要素评价体系。2004 年以前的八大要素评价体系包括以下内容。

1. 国内经济要素:附加价值;资本形成;储蓄积累;最终消费需求;部门运营效率;生活成本;经济展望。

2. 国际化要素:国际贸易运营竞争力;出口竞争力;汇率竞争力;证券投资竞争力;资本国际流动竞争力;国家保护竞争力;国际开放竞争力。

3. 政府管理要素:政府债务竞争力;政府支出竞争力;财政政策竞争力;

---

① 王勤. 当代国际竞争力理论与评价体系综述 [J]. 国外社会科学, 2006 (6): 36.

② 谢识予. 世界竞争力报告(2009—2010)[M]. 上海:复旦大学出版社, 2010.

政府效率竞争力；政府干预经济的程度；社会政治稳定程度。

4. 金融环境要素：资本成本及报酬竞争力；金融效率竞争力；证券市场运行竞争力；金融服务竞争力。

5. 基础设施要素：基本基础设施竞争力；技术基础设施竞争力；能源自给竞争力；环境竞争力。

6. 企业管理要素：生产率竞争力；劳动成本与报酬竞争力；公司运营绩效竞争力；管理效能竞争力。

7. 科学与技术要素：科技资本投入；科技劳动投入；技术管理；科学环境；知识产权获取与保护。

8. 国民素质要素：人口；劳动力；就业；失业；教育结构；生活质量；劳动者态度与价值观。

2004 年开始的四大要素评价体系包括以下内容（见表 3 - 3）。

表 3 - 3　　　　　　　　IMD 四大要素评价体系的构成

要素名称	所包含的子要素	评价内容
经济运行	国内经济、国际贸易、国际投资、就业和价格	对国民经济的宏观表现进行评估。评估国家宏观经济运行状态为保持和提供企业竞争力提供的支撑条件状况
政府效率	公共财政、财政政策、体制结构、企业法规和教育	评价政府政策对发展国家竞争力的引导作用，是否为企业活动提供了公平有序的市场经济制度
企业效率	生产率、劳动力市场、金融财政、管理绩效和全球化影响	从企业创新、盈利和社会负债等方面评价竞争力
基础设施	基本基础设施、技术基础设施、科学基础设施、健康与环境、价值体系	评价国家基本的、技术的、科学的和人力资源对企业生产和运营需要的满足能力

1. 经济表现要素：国内经济、国际贸易、国际投资、就业和价格五个方面。

2. 政府效能要素：公共财政、财政政策、体制结构、企业法规和教育五个方面。

3. 企业效率要素：生产率、劳动力市场、金融财政、管理绩效和全球化影响五个方面。

4. 国家基础设施要素：基本基础设施、技术基础设施、科学基础设施、健康与环境和价值体系五个方面。[1]

---

[1] 张玉肖. 瑞士洛桑：中国国际竞争力排第几 [J]. 数据中国，2003 (2)：11.

（二）　中国在 IMD 世界竞争力排名分析

2004 年的 IMD 报告从四大要素出发，分析中国的竞争力、中国制造业的竞争力。报告的基本结论是：中国的竞争力有所上升，但竞争力主要在于 GDP 的增长，其他结构性的指标没有多大改善，经济增长中能源消耗快速增长，中国制造业的劳动生产率较低，且可胜任的经理和技术工人不足。[①]

IMD2008 年的《国际竞争力年度报告》中，中国内地排名滑落两名。该报告的主要领头人—瑞士洛桑管理学院世界竞争力中心主任格瑞理教授将中国排名下滑的原因归结为"成功的代价""中国今年的 GDP 增速可能有所放缓，但这其实是好事。"格瑞理说，很多经济学家都认为，超过 11% 的经济增长速度是不可持续的，中国发展放缓更有利于建设和谐高效的经济。

2010 年 5 月 19 日，IMD 所发布的《2010 年世界竞争力》（IMD World Competitiveness Yearbook）报告书，我国竞争力综合排名由 2009 年第 23 名，一举跃升至当年的第 8 名，调升了 15 个名次。2007 年到 2009 年我国教育排名，在 IMD 分别为 18 名、19 名与 27 名；而在 2010 年，我国的教育整体排名仅为 23 名；而相较于其他项目两位数名次的进步，教育的 IMD 排名进展，仍为原地踏步，无所进展。在这份报告书中，我国明显退步的指标为国民就业，2007 年到 2009 年其排名分别为 22 名、22 名与 21 名，而在 2010 年的排名为第 25 名，平均退步达 3 ~ 4 名之多。同时，依资料，我国在 2007 年到 2008 年，其平均失业率约为 4%，但到了 2009 年，我国的失业率直逼 6%。这显示，即便 2010 年我国经济增长为正增长，但失业率的情形依然没有改善；此外，大学、研究所学生踏入社会的起薪薪资，也低于过去的水准。这也就是说，我国 IMD 名次的大幅进步，其实与市井小民的生活幸福无关，其经济增长果实，多集中在企业与白领工作者的身上。根据上述指标，阻碍国家竞争力进步的因素已经消除，但与公众福祉相关的"教育"和"就业"等仍未改变或出现下降迹象，这表明政府需要更多关注以及更多公共资源来完成这些公共任务。除此之外，政府应该寻求合理化和公平分配经济增长的成果。

IMD《2011 年世界竞争力排名报告书》：中国香港和美国并列第一。据香港星岛日报报道，中国香港在国际投资、公共财政、商业法例、金融、价值观及信息科技建设六项表现中均夺得全球第一，但物价指数获得的评价极低，在全球排行倒数第三，即第 57 位；香港基建及教育竞争力只属一般，分别排行全球第 27

①　新华网.2007 年全球竞争力排名美国居榜首　中国超越日本 ［EB/OL］.（2007 - 05 - 10）［2018 - 10 - 11］. http：//www. docin. com/p - 641942840. html.

及 28 位。虽然香港人力市场排在全球第 6 位，但就业情况竟低至排行第 21 位。①

2013 年度全球竞争力排名显示，在 60 个参评国家或地区中，美国、瑞士和中国香港名列前三，中国内地位列第 21 名，比去年上升了 2 名。此外，中国大陆在亚太地区排第 6 名，在人口大于 2 000 万的国家或地区中排第 8 名，均比去年上升 1 名。中国在经济活力、政治稳定性、成本竞争力、开放态度等方面具有吸引力，是当前中国竞争力的关键支持要素，但是在税收负担、高等教育、营商环境、创新文化、融资渠道、劳工关系、法治环境、公司治理、设施建设、政府能力等方面还面临着很多挑战，而这些要素是赢得长期竞争力的关键所在。尤其教育和健康投入实际上是投资于人的能力，是一个国家和民族的长期竞争力所在。科研投入持续增长，但科研投入强度和创新能力仍有待提升。2011 年，我国研发（研发者）投入为 1 344.4 亿美元，排在第 3 位，但研发投入占 GDP 比重仅为 1.84%，排在第 22 位。研发人员总数为 288.3 万人，排在第 1 位，但每千人研发人员数量仅为 2.14 人，排在第 39 位。2011 年，我国专利授予数 101 490 件，排在第 3 位；但每 10 万人有效专利数为 27.3 件，排在第 32 位。企业高管调查表明，我国科学研究水平排在第 37 位；知识产权保护水平排在第 51 位；产学知识转移能力排在第 44 位；企业创新能力排在第 50 位。中国下一步的深化改革，就是要进一步提高科技创新能力、提升转变产业结构，进一步简政放权提高效率，走出"世界工厂"的传统格局，全面提升自身的竞争力。②

2014 年，前 10 名排名没有太大变化。瑞士（第 2 名）、新加坡（第 3 名）和中国香港（第 4 名）等小经济体继续因出口、经营效率和创新保持领先位置。大多数庞大的新兴市场排名下滑，归因于经济增长和外商投资放缓以及基础设施依然不足。中国内地（第 23 名）排名下滑，部分是由于机构对其商业环境的担忧。③

中国经济已经进入重大转型期，创新驱动、转型发展是我国"十二五""十三五"乃至其后一段较长时期内经济发展的一条主线，人们逐渐意识到支撑经济发展的动力不只是传统制造业和单纯的 GDP 快速增长。如何由传统模式转型新兴模式、如何从数量拉动转型科技，如何让中国的人才资源在这个过程中发挥作用，是新时期的重点和难点。

　① 中国新闻网. 世界竞争力排名中国香港升至第一与美国并列［EB/OL］.（2011 - 05 - 19）［2018 - 11 - 14］. http：//www. chinanews. com/ga/2011/05 - 19/3051015. shtml.

　② 杨永恒. 从 2013IMD 全球竞争力排名看我国面临的发展与挑战［N］. 中国青年报，2013 - 10 - 24 - 07.

　③ IMD International. 国际管理发展学院商学院发布 2014 年世界竞争力年鉴排名［EB/OL］.（2014 - 05 - 22）［2018 - 11 - 20］. https：//www. prnasia. com/story/97817 - 1. shtml.

（三）　指标的方法论（理论依据）

在过去的 20 年，随着国际环境的演变和新研究的产生，衡量国际竞争力的指标也在不断调整，正因为如此，世界竞争力年鉴才得以跟上国家环境的变化和技术革命的发展，可以对每年的排名结果进行比较，以及观察每一个经济体是如何受其他经济体的国际竞争实力影响而变化的。根据一些著名学者以及机构本身的研究和经验，WCY（世界竞争力年鉴）将国家环境分为 4 个主要的竞争力评价因素：经济运行、政府效能、企业效率、国家基础设施。

每个要素都分为 5 个子要素，总共 20 个子要素。每个要素都分别强调竞争力的不同影响方面。为了更加明确的解释和定义竞争力问题，一些子因素进一步分为不同的小类别，但不是所有的子因素都包含相同数量的指标（例如评价教育的指标就多于评估物价的指标）。每一个子因素，在最终结果中所占的衡量比例是相同的，这样不论指标数量有多少，我们都可以"锁定"每一个子因素的衡量权重，以此提高结果的可信度及其与往年结果的兼容性。由于数据可能会出现错误或者遗漏，锁定子因素的衡量权重相当于设定了一个"防火墙"——防止不相称传播问题的发生。

WCY 用不同类型的数据去分别测量"量化"和"定性"问题，数据指标来源于国际和国内，和一些宗教组织、私立学院和全球 55 个网络合作机构。这些数据包括用于决定整体排名的 138 个指标（硬数据）和用来呈现一些有用背景信息的 86 个指标。硬数据在总排名中占大约 2/3 的比重。另外的 118 个指标是从每年的高管意见调查中总结的，在 WCY 里被称为"调查数据"，调查问题作为单个的指标包含在年鉴中，并用于计算整体排名，占大约 1/3 的权重。

WCY 每年都会进行"高管意见调查"，用于补充从国际、国内和区域获得的资源，并且主要用于获取那些难以量化的指标，例如：管理实践、劳动关系、腐败、环境问题、生活质量等。高管意见调查寄给那些参与 WCY 排名国家的企业高层或中层管理者，为了在统计上具有代表性，WCY 选取的高管样本大小同其国家的 GDP 总量成相同比例。受访者的样本涵盖了每个经济体的不同商业部门，并且依据其对本国 GDP 的贡献率进行选取，因此可以作为整个国家经济的代表。意见调查中，要求高管们从丰富的国际经验出发，评价自己生活和工作地区目前的竞争力状况，以及他们对于该地区未来竞争力条件的预测，确保这些评价是在对特定环境有深入了解的基础上做出的。调查在每年一月份寄出去，四月份收回，2015 年，WCY 收到了 61 个国家的 6 100 位受访者的回信。调查结果可以反映那些正在处理国际业务的企业高管对于现在及未来国际竞争力发展的看法，由于摆脱了时间上的滞后性，这些高管们所反映的情况更加接近现实，这就弥补了

"硬数据"的滞后性，因为"硬数据"通常反映的是"过去的画面"。[①]

IMD 采用牛顿层层分解的还原论方法，将竞争力的复杂系统用"要素—子要素—指标"的层级描述范式，构建起竞争力水平描述与竞争力决定要素分析的统一逻辑框架。[②] IMD 的竞争力决定模型是按线性设计的，评价体系由 4 个竞争要素构成，各竞争要素下设 5 个子要素，共计 20 个子要素，子要素下设若干指标。筛选后的 IMD 指标（国家创新能力评价指标）主要集中在技术基础设施、科学基础设施、教育和就业 4 个二级指标类别中（共 56 个指标），而且大部分都可以具体量化，这为后期的计算提供了便利。

在指标数据的处理方法上，342 个指标有 256 个是用来计算排名的，剩下的 86 个指标只用来呈现背景信息。大多数指标，都是赋值越高越好，例如"国内生产总值"，赋值最高的排在第一，赋值最低的排在最后。但是也有一些指标，赋值越低代表其国家的竞争力越强，例如"通货膨胀"。因此就需要使用"反向排序"，赋值最高的排在最后，赋值最低的排在第一。

因为大多数指标的比例不同，所以需要用一个可比的标准尺度来计算主因素、子因素以及整体的结果，这个标准尺度就是"标准偏差"（Standard Deviation of the means，SDM）。标准偏差用来测量国家之间的相对差，这样在最后的排名中，每个国家的相对位置都能被更准确的评估。下面列举的是计算过程。

首先计算出每个指标的国家总人数的平均值，然后根据下面的公式计算出标准偏差：

$$S = \sqrt{\frac{\sum (x - \bar{x})^2}{N}}$$

然后，计算出每 60 个国家的标准值（STD），标准值的计算方法是用国家或经济体的原始赋值减去 60 个国家的平均值，再除以标准偏差：

$$(STDvalue)_i = \frac{x - \bar{x}}{S}$$

其中，

$\bar{x}$ = 原始赋值

x = 60 个国家的平均赋值

N = 国家或经济体的数量

---

① IMD. Methodology and principles of analysis [EB/OL]. http：//www.imd.org/uupload/imd.website/wcc/methodology.pdf.

② 肖红叶. 中国区域竞争力发展报告 2005 [M]. 北京：中国统计出版社，2006.

S = 标准偏差①

（四）　指标意义和可量化程度

IMD 指标用于测量国家的国际竞争力及其排名，"国际竞争力"的概念较为宽泛，包含的评价内容也很多，而国家创新能力只是国际竞争力的一部分，IMD 的指标中除了量化考核的"硬数据"，还有每年一次的"高管意见调查"，用来测量不可量化的部分指标，意见调查得来的资料能够弥补部分指标"硬数据"难以获得的缺陷。IMD 指标每年都在进行修改更新，2015 年的指标与 2014 年相比修改之处，如表 3 – 4 所示。

表 3 – 4　　　　　　　　　2014—2015 年 IMD 指标变化图

指标名称	新变化
固定电话线路/千人	删除
ICT 服务业出口占服务业总出口比重	"技术基础设施"新增三级指标
研究员数量/百万人	"技术基础设施"新增三级指标
女性获得学士和硕士学位的比例	"教育"新增三级指标

随着信息通信技术的高速发展，有些指标已经不适合用来衡量国家技术基础设施建设的水平，电脑设备和互联网的迅速覆盖普及已经在很大程度上取代了固定电话这样的联系方式，这样的指标对于技术创新的关联性自然不如从前，所以删除这个指标是合理的。剩下的三个是新增加的指标，服务业出口也是中国劳务出口重要的一部分，但是对任何一个国家来说，初级服务业出口都不是衡量国家创新能力的标准，信息、通信和科技这样高端服务业的出口情况更适合用来衡量国家的技术进步状况，技术是重视"质量"的开始，而不再是传统服务业拼"数量"的时代。"研究员数量"也是人才资源输出的结果，由于各国家人口数量不同，以"百万人"为单位，国家的人才结构也能从中看出。教育指标中新增的"女性获得学士和硕士学位的比例"，也是对国家人才结构和教育文化的衡量，以及对"公平"的诠释，女性在社会中不容忽视的角色和地位，决定了教育资源公平分配是改革的必经之路。增加的指标，在不同方面反映着社会的进步，兼顾着不同洲域和国家的文化差异，遵循着"以人为本"和"平等进步"的理念，尤其在人力资源和教育领域相关指标上，IMD 的设计也是最重视的，这点从指标数量上可见一斑。其他与创新有关的指标与 2014 年保持一致。

---

① IMD. Methodology and principles of analysis ［EB/OL］. http：//www. imd. org/uupload/imd. website/wcc/methodology. pdf.

（五） 指标内容

与本书相关的 IMD 节选指标如表 3 - 5 所示，指标均节选自 2015 年 IMD 官方发布的指标体系。

表 3 - 5 　　　　　　　　　　　　IMD 指标体系的基本框架

一级指标	二级指标	三级指标
基础设施	技术基础设施	电信投资占 GDP 比例
		固定电话资费/3 分钟本地通话
		移动电话用户/千人
		移动电话预付网外通话费用
		通信技术对商业需求的满足
		个人或企业联系的广泛程度
		在使用的电脑总量
		在使用的电脑数量/千人
		互联网使用者数量/千人
		固定宽带资费/月
		宽带用户数量/千人
		互联网宽带速度（kbp）/人
		信息技术技能
		合格工程师
		技术合作
		公共和私人部门的技术投资
		技术发展和应用
		技术发展基金
		技术规则
		高科技出口量
		高科技出口占制造业出口比重
		ICT 服务业出口占服务业总出口比重
		网络安全

续表

一级指标	二级指标	三级指标
基础设施	科学基础设施	研发投入总额（百万元）
		研发总支出占GDP比例
		人均研发支出
		企业研发支出
		企业研发支出占GDP比例
		全国研发人员总数
		研发人员数量/千人
		企业研发人员总数
		企业研发人员数量/千人
		研究员数量/百万人
		科学学位数量
		科学相关文章数量
		诺贝尔奖数量（自1950年起）
		诺贝尔奖数量/百万人（自1950年起）
		专利申请数量
		专利申请数量/十万人
		专利许可数量
		有效专利数量/十万人
		科学研究数量
		外来科研人员数量
		鼓励科研的立法数量
		知识产权
		知识转移
		创新能力
	教育	公共教育总支出占GDP比例
		人均公共教育总支出
		生均教育总支出占GDP比例
		师生比例（初级教育）
		师生比例（中级教育）
		中学入学人数比例

续表

一级指标	二级指标	三级指标
基础设施	教育	25~34 岁青年接受三级及以上教育的比例
		女性获得学士和硕士学位的比例
		本国留学生比例
		本国出国学习人数比例
		教育评价—国际学生评估项目（Progam for International Student Assessment，PISA）
		英语熟练程度—托福（The Test of English as a Foreign Language，TOEFL）
		教育体制（教育满足经济发展需求）
		学校重视科学教育的程度
		大学教育（满足经济发展需求）
		管理教育（满足商业发展需求）
		文盲率（15 岁以上）
		语言能力（满足企业需求）
		就业人数（百万人）
经济运行	就业	就业率
		就业率增长（%）
		各产业部门就业比例
		公共部门就业比例（%）
		失业率
		长期失业率
		青年失业率（25 岁以下）

资料来源：薛孟开. 国家创新能力评价指标体系（IMD）的比较［D］. 金华：浙江师范大学，2016：21－23.

二、欧洲创新记分牌（EIS）国家创新能力指标的发展

（一）EIS 指标内容和方法论

2008—2010 年，伴随着对创新过程的深入理解，并吸取在此之前修订指标的经验教训，欧洲创新记分牌的指标维度增加到 7 个，并分为 3 大主要模块。同

2007 年相比，2008—2010 年对 EIS 做了大的修改，目的是为了将相关性较高的指标汇集为一组，这样在后期的综合创新指数计算中，各组指标间的结果更容易取得平衡，利于国家间的相互比较。

表 3 - 6 是 EIS 指标 2008—2010 年相对 2007 年的变化。

表 3 - 6   EIS 2008—2010 年指标

一级指标	二级指标	三级指标	与 2007 年比较	资料来源
促成型指标	人力资源	科学工程 & 社会科学和人类学毕业生人数/每千人（20~29 岁）	修改	Eurostat
		科学工程 & 社会科学和人类学博士毕业生人数/每千人（25~34 岁）	修改	Eurostat
		接受高等教育人数/每百人（25~64 岁）	相同	Eurostat
		参与终身教育人数/每百人（25~64 岁）	相同	Eurostat
		青少年教育文化程度	相同	Eurostat
	资金支持	公共研发支出占 GDP 比例（%）	相同	Eurostat
		风险投资占 GDP 比例（%）	修改	EVCA/Eurostat
		私人信贷（相对 GDP）比率	新增	IMF
		公司宽带接入比例	修改	Eurostat
企业活动	企业投资	商业研发支出占 GDP 比例	相同	Eurostat
		信息技术支出占 GDP 比例	修改	EITO/Eurostat
		非研发创新支出占 GDP 比例	修改	Eurostat（CIS）
	连锁 & 创业	中小企业内部创新比例	相同	Eurostat（CIS）
		创新型中小企业合作比例	相同	Eurostat（CIS）
		公司续期（中小型企业项目 + 出口）比例	新增	Eurostat
		公私合作创业数量/每百万人	新增	Thomson/ISI
	企业产出	申请 EPO 专利数量/每百万人	相同	Eurostat
		注册商标数量/每百万人	相同	OHIM
		社区设计	相同	OHIM
		支付流程的技术平衡占 GDP 比例	新增	World Bank

续表

一级指标	二级指标	三级指标		与 2007 年比较	资料来源
产出	创新型企业	技术（产品、服务、过程）型创新中小企业比例		新增	Eurostat（CIS）
		非技术型创新中小企业比例		修改	Eurostat（CIS）
		资源利用效率创新	降低劳动成本	新增	Eurostat（CIS）
			减少原材料和能源消耗	新增	Eurostat（CIS）
	经济效益	中高和高科技制造业的雇用比例		相同	Eurostat
		知识密集型服务业雇用比例		修改	Eurostat
		中高科技产品出口比例		修改	Eurostat
		知识密集型服务业出口比例		新增	Eurostat
		新产品（面向市场）销售额占营业总额比例		相同	Eurostat（CIS）
		新产品（面向企业）销售额占营业总额比例		相同	Eurostat（CIS）

资料来源：Hugo Hollanders, Adriana van Cruysen. Rethinking the European Innovation Scoreboard：A New Methodology for 2008 – 2010 [EB/OL]. [2018 – 09 – 15]. http：//es. eustat. eus/elementos/ele0006100/ti_methodology-report-eis – 2008 – 2010/inf0006199_c. pdf.

  EIS 用综合创新指数来衡量国家创新能力，计算方法遵循一个被广泛使用的统计理论"肖维奈准则"。通过计算综合创新指数把一个国家的 7 个创新指标维度的平均结果聚合到一起，国家在创新方面的整体表现将被归纳在总结创新指数中。

  塔兰托拉（2008）建议"如果想要获得关于增长率的有效数字，那么每个指标在开始就应该是与欧盟的评分相对应的"，这样每个数据对象的参照物是一样的，增长率才可以相比较。但是如果以一个共同的价值标准来划分所有的分数，那么国家间的相对关系就不会因此而改变，所以为了简化，2008 年开始，EIS 决定不再采用与欧盟相对的评分。具体计算方法有以下八个步骤。

  第一步：转换数据。

  EIS 的大多数指标都是"分数性指标"，用 0% ~ 100% 之间的数字表示，也有一些指标不受数值范围的限制，这些指标可能是非常不稳定的或是分布十分不平衡的（可能大多数国家表现出很低的水平值，而少数国家表现出特别高的水平值）。例如，科学类的公私合作出版物、EPO 专利数、团体注册商标数、团体设计等指标，都是以每百万人的平均数量进行计算的。这样的数据将使用平方根进行转化，就是用平方根的结果替换原来的数值。

  第二步：识别离常值。

  正离常值是指高于欧盟平均标准偏差 3 倍的数值，负离常值是指低于欧盟平均标准偏差 3 倍的数值。然后将这些离常值排除在外，不加入"最大值"和

"最小值"的计算。

第三步：设定参考（基准）年份。

设定一个参考年份是为了在此基础上计算最新的数据，一般基准年设在需要计算的那一年的前1～2年，例如，EIS 2008 年的基准年就是 2006 年或者 2007 年。

第四步：依时间顺序整理数据。

如果设定的"基准年"是 2008 年，那么就使用 2008 年的数据，如果这一年的数据无法获取，或者缺少中间年份的数据，就用之前一年的数据；如果某项指标缺少开始几年的数据，那么计算的时候就使用可获取的最近一年的数据。

第五步：推断数据。

EIS 在推断 2009 年和 2010 年指标数据的时候，假设 2008 年相对于 2007 年的数据呈同比例增长，所有的"分数性指标"都不会超过 100%。

第六步：确定最大和最小分值。

第七步：计算缩放比例分数。

缩放之后的数值最大为 1，最小为 0。

第八步：计算综合创新指数。

综合创新指数在缩放比例分数的基础上计算出来，总结创新指数（SII）在取得至少 70% 的指标数据之后才能计算。[①]

在计算方法上，IMD 倾向于算出总赋值，再除以标准偏差，对每组指标都进行一个排名，根据指标性质，或从大到小排列，或从小到大排列。EIS 是通过平方根计算出平均值，再将平均值聚合成最终结果和排名，并在过程中排除离常值。

从表 3－6 可以观察到，在"与 2007 年比较"这一列中，新的指标体系将指标数从 25 个增加到 29 个，其中，13 个指标仍然与之前的相同，9 个指标被修改，并新增了 7 个指标。新增的这些指标主要考虑目前国家面临的主要挑战，指标更新集中在科技创新、企业创新和金融创新领域，关于人力资源领域创新指标，只做了一些修改，没有新增的部分。这也与 EIS 的目标宗旨有关，既"使欧洲各国能专注于高科技的创新发展，以此改善欧盟生产力不足和企业研发投入不够等现象。"

综合创新指数的计算方法上也做了修改，之前的 EIS 报告将重点放在各国家与欧盟有关的指标表现的测量上，而新的计算方法不再与欧盟相关，并且综合创新指数得分可以用于观测创新绩效随时间发生的实际变化。

（二）EIS 存在的争议

1. "EIS 的多数指标应该偏向高科技领域，从而使各个国家从产业结构改善

---

① Hugo Hollanders, Adriana van Cruysen. Rethinking the European Innovation Scoreboard：A New Methodology for 2008－2010 ［EB/OL］. ［2018－09－15］. http：//es. eustat. eus/elementos/ele0006100/ti_methodology-report-eis－2008－2010/inf0006199_c. pdf.

上去重视高科技活动。"（A. O. Frietsch，2005；Schibany & Streicher，2008）但是不可否认的是，其他非科技部门的创新绩效也同样影响着国家竞争力的提升，虽然在 EIS 指标中并没有重点反映；高科技和专利数量之间的高度相关性，使这类指标占了过多的权重；多个技术导向性的指标其实最终都是为了测量同一个人才创新或创业绩效的决定性因素，指标考量方面有些重复。

2. 有些本应该涉及的指标没有涉及，有些无法衡量创新的指标被列入在内。例如"中小企业与其他企业合作比例"指标，没有明确的迹象表明这样的合作一定是会为创新带来益处的，有些指标的针对性和相关性仍待考察。

3. 指标的选择上不仅要注意与创新的相关性，数据的可使用性和数据质量也很重要，尤其是来自欧盟 CIS 的数据，可能会面临数据可比性的问题。

4. EIS 认为指标赋值"越多越好"，这样的逻辑并不适用于所有指标，与"支出"相关的指标就不能直接用这样的逻辑进行考察，因为这类指标赋值高同时也意味着稀缺资源的次优分配；"接受过高等教育人口比例"这样的"分数性指标"也不能直接用"越多越好"的逻辑进行评价。

（1）指标在不同的国家可能被赋予不同的意义，这些不同可能是由于历史原因或者统计质量原因，抑或许就是其真实表现。一方面，无论怎样，EIS 指标没有一个共同的理解，没有沿着共同的维度，在考虑文化差异的状况下，去反映国家间创新能力的真实差距。另一方面，数据不全的问题也在影响着 EIS 最终评价的科学性和适用范围的广泛性。

（2）EIS 把指标分为"支出指标"和"产出指标"，创新的确是经济发展的重要驱动力，但他只是影响 GDP 增长和财富积累的因素之一，其他多种因素也对 GDP 增长做出贡献，例如资本的积累数量、劳动力输入数量、宏观经济稳定、国际关系、金融市场的宽松程度和稳定性等。这些因素并没有在 EIS 中得以体现。

（3）每个国家的创新制度不同，因而政策的制定也不同，综合指标难以体现国家结构的差异，EIS 的大多数指标无法在短时期内获得提高，都需要长期的发展过程，结构方面的变化更是渐进而缓慢的，这一点在教育和经济结构的相关指标中表现尤为明显。使用单一、合并型的指标难以达到政策实践的目的，因为没有一种指标可以通过某一项特定的作为实现迅速地提高。

三、世界经合组织（OECD）国家创新能力指标的发展

OECD 指标的选取也集中在教育、人才、科技等相关方面。

（一）OECD 教育指标的发展

经济合作与发展组织作为世界范围内有重要影响的经济组织，不仅在经济领域对

各国有着深刻影响,在教育领域的研究也极具影响力。OECD 于 1968 年成立了教育研究与改革中心(Centre for Educational Research and Innovation, CERI),该中心的主要目标是促进教育与经济协调发展,根据国际教育发展取向制定国际经济政策。[①]

OECD 早在 20 世纪 70 年代就开始了教育发展指标体系的研究,并提出了初步的教育发展指标体系,1973 年 4 月,OECD 颁发《引导政府决策的教育指标体系》报告。该报告提出衡量教育影响个体和社会的 46 个指标;从 20 世纪 70 年代开始,教育成就指标与教育质量评估成为一个国际议题,但在 20 世纪 80 年代中期前,对 OECD 的教育发展指标影响不大。直到 1987 年,OECD 重新开始了教育发展指标的研究,并于 1991 年起,每两年出版一集《教育概览:OECD 指标》,且该书从 1995 年开始每年出版一集。经历多年的研究和探索,OECD 在 1992 年出版《发展中的国际教育指标:一种分析框架》,详细阐述了其分析的 CIPP 模式(情景—输入—过程—输出),自 1992 年初次发布教育指标体系以来,CIPP 模式就贯穿 OECD 所有教育指标体系。正是基于这种模式,OECD 教育指标体系才得以在一种较为稳定的框架下发展并逐渐成熟。

CIIP 模式起源于经济学的"输入—输出"模式,以此为基础,OECD 从教育背景、教育投入、教育过程和教育产出四个维度展开统计和描述,并且在每个维度上,都是既重视数量的统计又重视质量的指标,在教育产出上尤其重视质量指标。[②] OECD 教育指标体系有一个既定的价值衡量和分析标准,即通过定量描述教育发展的水平及教育各方面的职能,帮助政府确定教育发展的合理性和教育管理的有效性,并且通过国际比较,确定教育发展的定位,从而为教育决策提供科学依据。[③]

(1)OECD 教育指标从社会、经济大背景出发分析和评价教育,不仅仅局限于教育本身的发展,更多地关注教育与社会的发展、教育与经济的发展以及教育与个人发展的关系;更多地关注教育如何在社会发展过程中寻找到合适的位置,合理定位教育的发展速度、数量、规模以及教育的各种职能等。所以 OECD 的一个明显特征就是政策相关性,与国家的教育政策紧密相关,指标数据是为各国的教育决策服务的。每一个指标都有其相应的政策含义,具体表现为通过指标的调整来顺应和体现教育政策的变化。

2003 年以前,《教育概览:OECD 指标》的不同版本不仅因为年度的不同在数据上存在差异,而且每年的指标内容都在不断更新,反映了不同时期各成员国教育关注点的变化,也反映了不同时期社会政治、经济、文化的变化以及这种变化对教

---

① 楼世洲.区域教育可持续发展指标体系研究(第一版)[M].北京:教育科学出版社,2012.

② 张国强.OECD 教育发展指标体系的启示——以《教育概观:OECD 指标(2003)》为例[J].外国教育研究,2006(11):26.

③ 王唯.OECD 教育指标体系对我国教育指标体系的启示——OECD 教育指标在北京地区实测研究[J].中国教育学刊,2003(1):1.

育的影响。但这些指标基本上是围绕以下几个主题进一步细化形成的（见表 3 - 7）。

表 3 - 7　　　　　　　　　　OECD 指标主题细分表

指标类别	指标内容
A	教育背景和教育发展概况指标
B	教育财政和人力资源投入（教育财政、教育支出结构等）指标
C	受教育机会、教育参与及教育进程等指标
D	侧重于学习环境及学校组织（教师薪金、教学计划和教学设施）指标
E	反映教育产出（个人、社会产出和劳动力市场等）指标
F	教育成效（描述学生课业成绩）指标

同时这 6 个类别的指标也对应 CIPP 模式。2003 年作为 OECD 教育指标发展的转折点，其指标系统框架发生了结构性的变化，将原有的 6 类指标改成 4 类，35 个指标项目。将原有的 A、E 和 F 类指标融合在一起，定义为新的 A 类——教育机构的输出和学习的影响因素；在原有的 C 类指标中删除了"特殊需要学生或获得额外资源学生"的指标，增加了"低教育程度青年人的现状"，首先是扩大了指标的统计范围，同时反映出指标的表达更为谨慎，指标考察范围的界定更加清晰全面。将"教育参与的总体情况"变为"基础教育的年限及入学率"，体现由宏观、总结性考察向围观、细节性考察的转变；D 类增加了"教师的供给与需求"和"教师的培训及专业发展"两项指标（见表 3 - 8）。

表 3 - 8　　　　　　　　　2003 年 OECD 教育指标系统框架

指标框架	指标内容	2002 年相关指标
教育机构的输出和学习的影响因素（The Output of Educational Institutions and the Impact of Learning）	A1. 高级中学的毕业率和成人受高中教育程度	A1
	A2. 第三级教育毕业率、结业率和成人受此教育程度	A2
	A3. 第三级教育分学科领域的毕业情况	A4
	A4. 四年级学生的阅读能力	
	A5. 15 岁学生的阅读能力	A5
	A6. 15 岁学生数学和科学能力	A6
	A7. 学校间学生表现的差异性	A7
	A8. 15 岁青年的阅读能力测试情况	
	A9. 15 岁青年的阅读参与情况	
	A10. 15 岁学生的自主学习	
	A11. 学生成绩的性别差异	A11
	A12. 不同教育程度的劳动力市场参与情况	A12
	A13. 15 ~ 29 岁人口的教育年限、工作年限及失业年限	
	A14. 教育收益：教育和收入	A14
	A15. 教育收益：经济增长和人力资本的联系	

续表

指标框架	指标内容	2002 年相关指标
教育的财政与人力资源投资（Financial and Human Resources Invested In Education）	B1. 每个学生的教育支出 B2. 教育机构的支出占 GDP 的比率 B3. 公私部门教育投资的相对比例 B4. 教育的公共开支总额 B5. 教育的学生资助和家庭的公共补贴 B6. 按服务分类和资源分类的教育机构支出	B1 B2 B3 B4 B5 B6
教育机会、教育程度与进程（Access to Education）	C1. 基础教育的年限及入学率 C2. 第三级教育的入学率、完成年限及参与中等教育的情况 C3. 第三级教育的外国留学生 C4. 青年人口的教育与工作状况 C5. 低教育程度青年的现状	C1 C2 C3 C5 C6
学习环境与学校组织（The Learning Environment and Organisation of Schools）	D1. 初等和中等教育的总学习时间 D2. 班额大小和师生比率 D3. 高级中等学校师生信息和网络技术的使用 D4. 教师的教学培训和专业发展 D5. 公立初等和中等学校教师的薪金 D6. 教学时间和教师的工作时间 D7. 教师的供给和需求 D8. 教师及教育从业人员的年龄与性别分布	D1 D2 D6 D7

资料来源：楼世洲. 区域教育可持续发展指标体系研究（第一版）［M］. 北京：教育科学出版社，2012.

教育指标体系与教育发展水平和教育发展阶段密切相关。"《教育概览》致力于满足不同读者群体的需求，从企图借鉴政策经济的政府，到获取数据进行深入分析的学者，以及希望了解本国学校如何培养国际水平学生的公众。"[1]

（2）OECD 另外一个显著的特点是对教育产出和收益的重视，因为这些是反映教育质量的指标，因此指标中既要有衡量数量的指标又要有衡量质量的指标，例如 2003 年 OECD 指标的 A 类——"教育机构的输出和学习的影响因素"的指标，非常具体的对教育成效做出测评，例如"15 岁学生的阅读能力""15 岁学生数学和科学能力""15 岁学生的自主学习"及"学生成绩的性别差异"等。

从表 3 - 9 中可以看出来，在 CIPP 分析模式的四个维度上，都是数量指标和质量指标并存的，在产出维度上，尤其重视质量指标。

---

① 教育合作与发展组织. 教育概览（2011）［M］. 中央教育科学研究所组织，译. 北京：教育科学出版社，2011.

表 3-9　　　　　《教育概览：OECD 指标（2003）》CIPP 模式的数量、质量分布

CIPP 模式	数量方面	质量方面
背景	A1、A2、A3	A15
输入	B1、B2、B3、B4、B5、B6	
过程	C1、C2、C3、D1、D2、D3、D5、D6、D8	C4、C5、D4、D5、D7
产出	A13	A4、A5、A6、A7、A8、A9、A10、A11、A12、A14

资料来源：张国强. OECD 教育发展指标体系的启示——以《教育概观：OECD 指标（2003）》为例 [J]. 外国教育研究，2006（11）：26.

（3）关注教育发展的背景环境和影响因素也是 OECD 指标的特征之一，这点从教育之前和教育之后两个时间断带设置指标，观测教育投入之前的状况，和教育投入之后的影响成效两方面。例如，在教育投入之前，"学龄人口的相对规模（2000 年 A1 指标）""教育机构的支出占 GDP 的比率（2003 年 B2 指标）""教育的公共开支总额（2003 年 B3 指标）"等，在教育投入之后的影响，"青年人口的教育与工作状况（2003 年 C5 指标）""低教育程度青年人的现状（2003 年 C6 指标）""不同教育程度的劳动力市场参与情况（2003 年 A12 指标）"等。这些都反映了教育投入的总体状况和教育对社会变化的影响。对背景的分析，有利于我们更好地把握一国教育发展的真实水平。[①]

（4）OECD 教育指标的第四个特点是客观、准确并具有时效性。保证数据的准确可靠，并且定期更新数据使其具有时效性也是 OECD 所制定的选取国际层面统计指标和数据的标准之一。为此教育指标体系（Indicators of Education Systems，INES）工会和教育政策委员会每隔两年就会对指标的表现进行评价，特别是《教育概览》中所用的指标。评价的目的是随着国际教育的发展变化以及指标评价的变化，筛选出好的指标与需要改进的指标，删减不适合的指标，或者增加一些新的指标。例如，在《教育概览 2014：OECD 指标》中，增加的新指标有：C 部分的"C6"和"C7"指标。"C6"指标从教师入职教育、教师职业发展、新教师流失率、教师职业替代路径等方面反映教师知识和技能的发展情况。"C7"指标从机构权力、资金、招生、学生社会背景、学生表现等方面反映私立教育机构的情况。另外，随着 OECD 其他项目的发展，《教育概览》还将加入其他项目的调查结果作为补充信息。例如，增加 PISA 项目中关于学业表现与学生数量和毕业率关系的数据等；增加教与学国际研究（Teaching and Learning International Study，TALIS）项目中的后进班级与班级和学校规模关系的数据等；增加国际承

① 楼世洲. 区域教育可持续发展指标体系研究（第一版）[M]. 北京：教育科学出版社，2012：89.

认能力评估（Programme for International Assessment of Competencies，PIAAC）项目中的能力代际传递分析的数据等（见表 3 – 10）。[①]

表 3 – 10　　　　　　　　　　2010—2014 年《教育概览》变化简图

年份	指标关注重点变化
《教育概览 2010：OECD 指标》	囊括有关教育的人力与财政资源投入、教育与学习系统的运行和发展以及教育投资回报等方面的信心
《教育概览 2011：OECD 指标》	关于 1995 年以来的学费改革的分析；关于社会背景与学习成果之间的关系的指标；关于公立学校与私立学校的学校问责制的指标；关于学生的专业选择的指标；关于职业教育与普通教育的学生劳动力市场成果的指标；关于成人教育与培训的范围的指标；关于学生参与阅读的指标
《教育概览 2012：OECD 指标》	全球经济衰退对教育支出的影响；世界各地早期教育体系的现状；高等教育中不同社会经济背景群体的代际流动；教育对宏观经济产出如国民生产总值的影响；影响各国教育支出水平的特定因素；与高等教育不同专业的毕业率相比较，15 岁男女学生的职业期望；不同国家教师队伍的构成及教师职业准入要求；考试对中等教育与高等教育入学的影响
《教育概览 2013：OECD 指标》	新增指标：受教育水平与就业之间的关系；失业率与收入差距之间的关系的指标等。有关经济危机的数据表明，教育仍是降低失业率的最好途径
《教育概览 2014：OECD 指标》	关注整个人口的教育和技能分配方式；包容性增长的知识与技能

《教育概览：OECD 指标》提供了一个丰富的、具有可比性的、最近的指标系列，反映了专业人士关于如何衡量国家教育现状的共识。OECD 教育体系以国家为单位、力图考察国家教育体系的总体绩效，而不是比较单个机构或地方一级教育机构的绩效。"人们越来越多地认识到，只有充分理解个体及机构层面的学习成果及其投入和过程的关系，才能对教育体系的发展、功能以及影响等很多重要性进行评价。"[②]

（二）　OECD 科技创新指标的发展

出于国家制定科技政策的需要，科技统计指标得到越来越多的重视，OECD 是最早系统收集科技统计数据的国际组织，在科技统计领域一直处于领先地位，并且对促进科技统计国际标准化和规范化做出了重要贡献，机构组织上，有专业

---

① 艾蒂安·阿尔比瑟. 走进 OECD 教育指标体系 [J]. 崔俊萍译. 世界教育信息，2014（17）：49.

② 经济合作与发展组织. 教育概览（2011）：OECD 指标（Education at a Glance 2011）：OECD INDICATORS [M]. 中央教育科学研究所组织译. 北京：人民教育出版社，2000.

人员从事统计调查、统计分析和指标研究工作，并把科技统计、科技指标和管理决策紧密地结合在一起。OECD 制定了统一的标准和规范，为数据的可比性提供了最大可能，并加强与非 OECD 成员国的联系，以此获取非成员国的科技统计数据，最重要的一点，是 OECD 十分重视研究能独立创新以及与知识经济有关的指标，这部分指标也是本书的重点。

OECD 的科技统计和科技指标主要涉及该组织的科技政策委员会（Committee for Science and Technology Policy，CSTP）和秘书处的科技工业司（Directorate for Science，Technology and Industry，DSTI）。CSTP 是 OECD 的常设委员会，由成员国以及作为观察员的非成员国和国际组织的代表组成，其主要职责是协调成员国的科技政策，促进在科技领域内的合作。CSTP（以及 OECD 的工业委员会）服务的工作机构，CSTP 所需要的科技统计数据、科技指标以及其他信息和分析材料都是 DSTI 提供的。DSTI 下设的经济分析和统计处（Economic Analysis and Statistics，EAS）是主要从事科技统计和科技指标的机构。EAS 的主要工作是，对各成员国和部分非成员国进行研发调查、收集数据；处理数据并建立数据库、编辑出版科技统计资料；编写科技指标为科技政策委员会提供信息和分析资料；组织专家研究科技统计方法和指标，组织编写各类统计手册和规范，① 如表 3 - 11 所示。

表 3 - 11   OECD 科技统计标准与规范

时间	名称	功能	贡献
1963 年	弗拉斯卡蒂手册	计量投入研发的资源和投入科技活动的人力资源的标准和规范	国际最早推出的针对研发统计调查的标准和规范；规范研究与发展统计的概念、定义、范围和分类；成为非成员国进行统计调查的参考标准以及联合国教科文组织手册的编写基础
1990 年	TBP 手册（收集和说明技术国际收支数据的标准方法建议）	计量科技活动产出（技术国际收支和专利）的标准和规范	OECD 第一本用于计量科技活动产出的手册，并对国家之间无形技术贸易进行调查和收集数据提供标准和规范
1992 年	奥斯陆手册（推荐的技术创新数据采集和解答指南）	计量科技与经济结合创新的技术创新活动的标准和规范	从统计的角度对技术创新进行界定，为制造业领域的技术创新统计制定了技术规范；成为 OECD 大多数成员国测度产业创新活动的参考并成功运用于欧共体创新调查（CIS）

① 成邦文. OECD 的科技统计和科技指标 [J]. 中国科技信息，2002 (5)：18.

时间	名称	功能	贡献
1994 年	专利手册	同 TBP 手册	向希望利用专利统计数据建立科技指标的人员提供标准化工具
1995 年	科技人力资源手册	同弗拉斯卡蒂手册	界定科技人力资源概念和范围；提出科技人力资源存量和流量模型；介绍科技人力资源分类及有关定性信息；讨论收集和编制科技人力资源资料的数据来源

OECD 指标重视"科学与创新"，而对于创新能力的提高和知识经济发展的推动，最终能够产生作用的根本动力在于提供充分和高层次的科技创新人力资源。① 所以有关科技人力资源开发创新政策的指标贯穿于 OECD 科技和创新指标始末，这也是科技和创新指标与教育和人力资源开发指标的接轨。同教育指标一样，科技指标也严格遵循政策相关的原则，致力于政策的分析和评估，所以量化的指标在科技政策形成过程中是一个需要考虑的重要因素。如果只有统计数据而不了解系统的政策经济学性质，就不可能很好地进行政策设计与评估；反过来，如果只有对科技系统的政策经济分析，但没有过硬的统计指标资料，也做不好政策研究。

科技创新指标是本书重点收集的，与国家创新能力关联较大的创新指标体系，科技创新系统中的所有角色都受到外部环境的影响，比如产品市场的条件，资金、劳动力的影响，通信基础设施，教育与培训系统，所有这些要素在国家创新系统中都产生影响。创新对经济的增长，对创造工作机会以及对国家的竞争力都做出了贡献。竞争体制如果不完善，创新系统的运行就会受到阻碍；金融体系如果运行不好，创新系统也会受到影响；如果科学系统与企业系统之间关联不好，科技成果商业化不能很好地被实现，创新体系同样也会受到影响。可见科技与经济增长的关系非常复杂，并不仅仅是研发投资的问题。有的国家研发投入非常高，而创新非常糟糕。典型的例子是苏联，科技系统工作很好，但创新体系运行很差，科技与产业之间联系很差。所以必须把这些要素结合在一起，才能发挥作用。图 3 - 1 是帮助我们理解科技创新同其他关联要素之间关系的角色诠释图。

---

① 余晓，汤易兵，吴伟.OECD 国家科技人力资源开发探究［J］.中国人力资源开发，2010（8）：74.

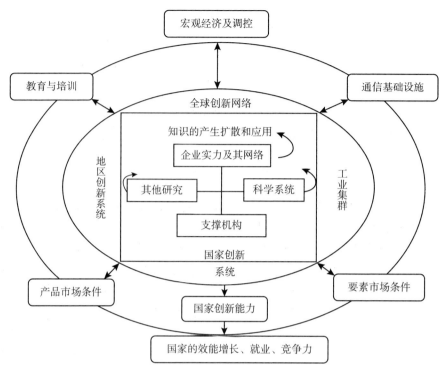

图 3 – 1　科技创新同其他关联要素之间关系的角色诠释

资料来源：［法］丹尼尔·马尔金. 发展科技指标，促进政策的分析和评估［J］. 科技管理研究，2003（1）.

由于科技指标关联的复杂性，科技指标的收集和计算难度也因此加大，OECD 不是一个统计组织，OECD 开发统计方法是因为它对研究政策有用。统计数据和指标的开发都是由政策驱动的。OECD 是国际上科技统计和指标开发的领先组织，当然也有其他国际组织，如联合国教科文组织，欧盟的统计机构（即欧洲统计局）等等都做这方面的工作。这些科技统计的定义和标准不是 OECD 的官员们制定的，是由参与这项工作的各国专家共同制定的。这个组织叫科技指标国家专家组（National Expert Group on Science and Technology Indicators，NESTI），即科技指标国家专家组，专家们在科技政策委员会下工作，制定统计方法和标准规范，使统计能响应各成员国的政策需求。一个重要的问题是这些指标应是国际可比的。中国是科技政策委员会的观察员，可以观察员身份参加科技指标专家组，可以为制定方法做出自己的贡献。①

———————

① ［法］丹尼尔·马尔金. 发展科技指标，促进政策的分析和评估［J］. 科技管理研究，2003（1）：7.

四、联合国教科文组织（UNESCO）国家创新能力指标的发展

（一）　UNESCO 教育和人力资源指标的发展

UNESCO 的教育指标应该是目前国际上发展比较完备，最具代表性的教育统计指标体系，它是由联合国教科文组织统计局与各国教科文组织全国委员会及各国统计部门协作编写而成的。每年的统计大约有 200 多个国家参与，教育指标体系基本由 4 个部分组成。

（1）参考表。包括各国人口、面积及人口密度；15 岁及 15 岁以上文盲人口数及文盲率；25 岁及 25 岁以上人口受教育程度。

（2）各级教育总结表。包括 1977—2010 年世界人口及 0～24 岁人口（估计数）；15 岁及 15 岁以上文盲人口及文盲率（估计数）；各级教育注册生总数及女生数、百分比分布、教师总数及女教师数、毛入学率、公共教育经费等。

（3）各级教育分级统计，包括各大洲的义务教育及一、二级教育学制、各国教育的其他学制及变更情况、各级教育入学率、学校数、教师数及注册生数等。

（4）教育经费。包括各大洲的公共教育经费总额、占 GNP 的百分比及基建经费等。

总的来说，以"联合国教科文组织统计年鉴"为代表的这类指标体系更主要是根据各国官方填报的联合国教科文组织调查表、专项调查、各国官方报告及国际机构所获的资料等来客观呈现出的一系列统计数据，它能大致地反映出每年各洲、各国、各级教育的发展状况，是进行横向国际比较和纵向了解教育的发展趋势丰富的参考资源，有利于国家政府从宏观角度来制定政策法规和调整教育发展布局，但由于它是一种世界性的大规模数据统计，无法从微观角度对各国教育进行深入的分析和概括，同时它没有提供一定的衡量标准，需要各国依据自身情况来制定相应的评价指标体系来对教育质量进行对比和评估。[①]

2015 年的 UNESCO 指标框架分为 42 个主题，目标是确保包容和公平的优质教育，并且推动终身学习机会的扩展，具体内容如表 3-12 所示。

---

① 孙袁华，等. 建构我国的高质量义务教育评价指标体系——一种国际化视野的归类比较与综合分析 [J]. 教育理论与实践，2003（8）：14-19.

表 3 – 12   2015 年的 UNESCO 教育指标框架

序号	指标名称
1	阅读/数学达到最低标准的儿童比重（小学和初中结束后）
2	组织全国性学习的国家所占比重（小学和初中最后三年）
3	小学和初中容纳总人数
4	小学、初中和高中完成学业人数所占比重
5	小学、初中阶段未入学儿童所占比重
6	小学和初中超龄儿童所占比重
7	小学、初中阶段保障义务教育的法律条框数目
8	5 岁以下儿童健康、学习和心理幸福得到满足的儿童比重
9	体验过响应和刺激育儿方式的 5 岁以下儿童
10	有组织学习的参与比重（24 个月—官方小学入学年龄）
11	学前教育总入学率
12	保障学前教育的法律条框数目
13	三级教育总入学率
14	职业技术教育课程的参与率（15 ~ 24 岁）
15	成人正规和非正规教育培训的参与率
16	信息与通信技术（Information and Communications Technology，ICT）技能型青年/成人比重
17	教学语言即母语的人数比重
18	有教育资源重新分配（向弱势群体倾向）政策的国家所占比重
19	家庭负担的教育支出占总支出的比重
20	教育援助分配给低收入国家的比重
21	青年/成人熟练识字的人数比重
22	青年/成人精通计算技能的人数比重
23	青年/成人识字率
24	扫盲项目中成人文盲的参与率
25	15 岁熟练掌握环境科学和地质科学的学生比重
26	13 岁对平等、信任和参与治理持拥护和促进态度的学生所占比重
27	致力于可持续发展教育/全球公民教育的时长所占比重
28	提供人类免疫缺陷病毒（Human Immunodeficiency Virus，HIV）和性知识教育的学校所占比重
29	实施世界人权教育框架的国家数量
30	提供基本饮用水、充足卫生设备和服务的学校比重

续表

序号	指标名称
31	学生和电脑比例
32	电子和互联网教学的学校所占比重
33	有适应残疾人的设施的学校所占比重
34	有欺凌、惩罚、骚扰、暴力、性别歧视和虐待经历的学生比重
35	学生、工作人员和机构遭受袭击的次数
36	高等教育奖学金的受惠国家数量
37	高等教育奖学金的官方发展援助（Officail Development Assistance，ODA）数量
38	符合国家标准的教师所占比重
39	按国家标准参与培训的教师所占比重
40	相比其他专业人士教师的平均工资
41	教师流失率
42	参加在职培训的教师比重

资料来源：Members of the Technical Advisory Group. Technical Advisory Group Proposal：Thematic Indicators to Monitor the Post – 2015 Education Agenda ［EB/OL］. ［2018 – 12 – 14］. http：//www. uis. unesco. org/Education/Documents/tag-proposed-thematic-indicators-post2015-education-agenda. pdf.

UNESCO 的教育指标，除了指标框架之外，每阶段都设定一个未来的目标。例如，前 7 项指标设定追求的目标是"到 2030 年，保证所有的男童和女童完成自由、公平和优质的小学及初中教育，取得相关的有效的学习成果"；8 ~ 12 项指标设定追求的目标是"保证所有的男童和女童都能接受优质的学前素质发展，为小学教育做好准备"等。这样的目标间接为教育指标做了分类。UNESCO 的教育指标另外一个显著特征，是对人价值观形成的不断促进和评价，对教育本身以及教育产出的质量尤为重视。明确"教育可持续发展和公民教育"的重要性，教育是为人服务的，并且贯穿人的一生，"确保包容和公平的优质教育和促进人人终身学习的机会"是 UNESCO 教育指标的最终目标。

（二） UNESCO 科技创新指标的发展

联合国教科文组织统计研究所联合国教科文组织统计研究所（UNESCO Institute for Statistics，UIS）设立于 1999 年，是联合国教科文组织下设的唯一研究机构。从 2000 年至 2002 年，UIS 对科技指标的用户需求进行了调查。调查包括通过邮件进行的正式咨询、专门会议讨论以及其他办法。调查的结果形成一份战略文件并于 2002 年发表，确立了以下三个方面数据的收集。

（1）研发数据，包括资金与人力。特别重视与学生流动和人才流失相关的课题；

（2）创新活动数据，尤其重视创新调查和技术转移；

（3）科学技术的社会影响的数据。

UIS 遵循一定的数据收集原则。这些原则包括，在发表前先向数据提供者告知使用的指标（即"no surprises" pinin-ciple，"非惊奇"原则）；避免数据重复收集以使成员国的采集数据的负担最小。UIS 通过积极合作，与诸如 OECD、欧盟和南美洲科技指标网络（RICYT）这样的现有网络进行数据共享来避免重复劳动。①

2010 年的 UNESCO 科技指标共分为五大部分，也是五个一级指标，具体内容如表 3 – 13 所示。

表 3 – 13 　　　　　　　　　　2010 年的 UNESCO 科技指标体系

一级指标	二级指标	
环境指标	人口	
	劳动力	
	国内生产总值（美元）	
	国内生产总值（购买平价）	
投入指标	财务资源	科技经费支出（美元）
		科技经费支出（购买力平价）
		科技经费支出占 GDP 的百分比
		按人口平均科技经费支出（美元）
		按人口平均科技经费支出（购买力平价 PPP）
		按研究人员平均科技经费支出（美元）
		按研究人员平均科技经费支出（购买力平价 PPP）
		按活动类型平均研发经费支出
		按资金来源 STA② 经费支出
		按资金来源研发经费支出
		按绩效部门 STA 经费支出

---

① ［英］西蒙·埃里斯. UNESCO 的科技指标方法：新的研究课题［J］. 科技管理研究，2005（12）：63.

② STA，英文全称 Spike-triggered average，直译做"发放—触发平均方法"。

续表

一级指标	二级指标	
投入指标	财务资源	按绩效部门研发经费支出
		STA 经费支出（按社会经济目标）
		研发经费支出（按社会经济目标）
		政府用于研发（R&D）的预算拨款（按社会经济目标）
		研发经费支出（按科学领域）
	人力资源	科研人员（人数）
		科研人员（FTE①）
		每千名劳动力的研究人员
		科研人员性别比例
		各就业行业的研究人员（人数）
		各就业行业的研究人员
		不同科学领域的科研人员（人数）
		不同科学领域的科研人员（FTE）
		取得最高资质水平的科研人员（人数）
		取得最高资质水平的科研人员（FTE）
教育毕业生	一级大学毕业生人数	
	硕士毕业生人数	
	博士毕业生人数	
专利指标	专利申请数	
	专利批准数	
	依赖率	
	自给率	
	发明系数	
文献计量指标	科学引文索引（Science Citation Index，SCI）可检索论文数	
	结构化编程语言（Pascal）相关论文数	
	INSPEC 论文数	
	美国工程索引 Ei 数据库（Papers in COMPENDEX）论文数	
	"化学文摘"论文数	

---

① FTE，英文全称 Full Time Employee，是财务共享中心常用的一种计算工作量的单位，它与员工数是不同的概念，（Flow - To - Equity）权益现金流量法，资本预算的方法之一。

续表

一级指标	二级指标
文献计量指标	"生物学文摘"论文数
	生物医药文献数据库（MEDLARSon – LINE）论文数
	CAB（Commonwealth Agricultural Bureaux，CAB）国际论文数
	西班牙的国家性文献数据库（ICYT）论文数
	保险、数学与经济学（IME）论文数
	期刊（PERIODICA）论文数
	拉丁美洲社会科学和人文科学索引（CLASE）论文数
	拉丁美洲和加勒比地区文献（LILACS）论文数
	SCI 可检索论文数/人
	Pascal 相关论文数/人
	Papers in SCI Search/GDP
	Papers in Pascal/GDP
	SCI 研究论文数/研发支出（Papers in SCI Search/R&D Expenditure）
	结构化编程语言论文数/研发支出（Papers in Pascal/R&D Expenditure）
	SCI 可检索论文数/百名研究员
	Pascal 相关研究论文数/百名研究员

资料来源：RICYT［DB/OL］. http：//www. ricyt. org/comparatives.

UNESCO 的教育指标是专门针对教育的两种主体——教育者和受教育者而建立的，而科技指标更重视现状和结果的考察，但是对产出的考察多集中在文献计量指标的测评，科技运行是一个复杂的过程，在高质量国际期刊进行成果的发表是对理论转化为经济效益的交流和检验，与此同时，对于创新的衡量不仅集中在官方可查询的数据，还应有民间可调查的数据。

第四章
人力资源强国指标体系的理论和体系

第一节　我国国家竞争力指标体系构建的理论框架

创新不仅是一个技术范畴的概念，也是经济学范畴的概念。第一次从经济学角度描述创新的是美籍奥地利经济学家熊彼特，他在 1911 年德文版《经济发展理论》一书中分析了经济增长的非均衡变化，使用了"创新"（Innovation）一词。在熊彼特看来，"创新"不仅是指科学技术上的发明创造，更是指把已发明的科学技术引入生产系统中，形成一种新的生产能力，强调了创新的经济效益。熊彼特认为企业或产业的创新包括以下五种类型：创造一种新的产品；采用一种新的生产方法；开辟一个新的市场；取得或控制原材料或半制成品的一种新的供给来源；出现任何一种新的产业组织方式或企业重组。

可以看出，熊彼特最初的创新定义已指明了创新活动的复杂性和经济性。举一个例子。LCD 液晶显示技术是由美国人黑尔迈乐在 20 世纪 60 年代最先提出的，但没能将这项新技术引入生产系统，实现规模生产，不能算作真正意义的创新，而以夏普公司为代表实现了液晶显示技术产业化的日本公司才真正完成了创新活动，实现了新技术的市场价值。当前，我们实施创新驱动发展战略，就是要解决科技与经济结合不紧密的问题，要重视创新的经济特性，发挥创新对产业和经济发展的引领支撑作用。[①]

创新活动有自身的逻辑，在推动和实施的过程中，要遵从创新的客观规律。制造业历来是创新最为集中、最为活跃的领域。例如，美国制造业研发活动占全社会的71％，研发经费占66％，专利数量占90％。研究制造业的创新活动对于实施创新驱动发展战略意义重大，但同时也要遵从创新逻辑，如表 4－1 和表

---

① 何颖. 中国制造业创新指标体系构建思路［J］. 中国工业评论，2015（9）：52－60.

4 - 2 所示。①

表 4 - 1　　　　《全球竞争力报告》的国家创新能力评价指标体系

一级指标	具体指标内容
一、创新产出	1. 国际专利量
二、科学和工程人力资源次指数	2. 国家劳动力中科学家和工程师所占比例
三、国家的创新政策次指数	3. 知识产权保护的有效性
	4. 研发课税信贷的规模与可获得和对私人企业的研发补助
	5. 推动长期竞争力的环境规则的有效性
四、国家的创新群集环境次指数	6. 群集发展状况（广度和深度）
	7. 本地竞争程度
	8. 国内顾客的挑剔程度
五、联系次指数	9. 专业研究和培训机构在当地的可获得性
	10. 针对创新而非风险项目的风险资本的可获得性
六、公司创新取向次指数	11. 公司竞争优势依赖于独有商品和服务的程度
	12. 市场营销的复杂程度
	13. 报酬与效率的关联程度

表 4 - 2　　　　　　　　《国家创新指数》的指标体系

一级指标	二级指标
创新资源	研究与发展经费投入强度
	研发人力投入强度
	科技人力资源培养水平
	信息化发展水平
	研究与发展经费占世界比重
知识创造	学术部门百万研究与发展经费的科学论文引证数
	万名科学研究人员的科技论文数
	百人互联网用户数
	亿美元经济产出的发明专利授权数
	万名研究人员的发明专利授权数
	科技论文总量占世界比重
	三方专利总量占世界比重

---

① 何颖. 中国制造业创新指标体系构建思路 [J]. 中国工业评论，2015（9）：52 - 60.

续表

一级指标	二级指标
企业创新	企业研究与发展经费与工业增加值的比例
	万名企业研究人员拥有 PCT（Patent Cooperation Treaty，专利合作条约）专利数
	综合技术自主率
	企业主营业收入中新产品所占比重
	中高及高技术产业增加值占全部制造业的比重
创新绩效	劳动生产率
	单位能源消耗的经济产出
	人口预期寿命
	高技术产业出口占制造业出口的比重
	知识服务业增加值占 GDP 的比重
	知识密集型产业增加值占世界比重
创新环境	知识产权保护力度
	政府规章对企业负担的影响
	宏观经济环境
	当地研究与培训专业服务状况
	反垄断政策效果
	员工收入与效率挂钩程度
	企业创新项目获得风险资本支持的难易程度
	产业集群发展状况
	企业与大学研究与发展协作程度
	政府采购对技术创新影响

首先，创新是一个慢变量与快变量综合平衡的系统。创新包括了技术创新、产品创新、管理制度创新和商业模式创新等，几类创新的内容不同、性质不同、速度也不同。尽管当前技术创新的周期不断缩短，但某些技术创新，特别是以产品创新为目的的技术创新，如流程型制造业中的原材料创新，如航空发动机的创新，都要经过漫长的投入积累和循序渐进的过程，要通过大量的试验和不断的试错取得进展，这就是一种慢变量式的创新。而另一种创新，如商业模式创新，特别是基于互联网和移动互联网的模式创新，则很快可以实现，这就是一种快变量式的创新。根据协同学中系统慢变量支配原则，技术创新这个慢变量是决定制造业创新活动的支配变量，而制造业的创新正是快变量和慢变量不断综合平衡的系

统过程。

其次，创新是一个充满风险和不确定性的动态过程。创新活动具有相当大的不确定性和风险，一个成功产品从成果到市场，期间需要经过许多"惊险的跳跃"。在高技术项目中只有60%的研究开发计划在技术上是可行的，而其中又只有30%能够推向市场，在推向市场的产品中又只有12%的产品是有利可图的。高技术项目成功的概率只有 2.16% ($0.6 \times 0.3 \times 0.12 = 0.0216$)，其高风险由此可见。同时创新也具有极大的偶然性，往往是无心插柳柳成荫，难以实现种瓜得瓜种豆得豆，青霉素的发明就是最佳的佐证。可见，创新活动是一个非标准、难预见、高风险的动态过程。

最后，创新是一个多要素共同组成的协同生态系统。创新曾经在很长时间里被认为是少数人的事情或企业家的个体行为，而忽略了创新的系统性。到20世纪80年代后期，英国经济学家弗里曼首次运用系统的观点分析日本的技术创新，并提出了国家创新系统的概念，从此，开创了创新研究的系统范式。从系统论的角度来看，系统包括要素和要素之间的作用机制，以及系统的外部环境。在制造业创新系统中，系统要素包括企业、政府、高校和研究机构以及中介机构，要素之间协同互动，构成了创新网络；制造业的政策环境和技术环境、经济环境等形成了创新系统的外部环境。

一、中国科学技术发展战略研究院建立的国家创新指数

为实现《国家中长期科学和技术发展规划纲要（2006—2020）》目标，中国科学技术发展战略研究院从2011年起发布《国家创新指数报告》，报告提出了包括创新资源、知识创造、企业创新、创新绩效和创新环境5个方面的创新指标体系，是我国建立国家创新调查制度的重要成果之一，如图4-1所示。

二、中国制造业创新指标体系

制造业创新是一个系统过程，要素之间不仅不是线性的关系，而且存在着网络化的协同互动关系。制造业创新系统由相互作用的参与者（要素），包括企业、科研机构、政府等构成，要素相互作用的方式影响着系统的整体创新绩效，并受特定的基础设施、制度安排、文化背景和政府政策等因素影响。

在创新驱动的战略背景下，根据《中国制造2025》对制造业创新的要求，并兼顾制造业创新活动自身规律，构建制造业的创新指标需要全方位、多层次地进行考量，同时结合当前制造业创新发展的国际国内新形势新动态，在构建指标体系时需要遵循以下原则：首先，指标既能够反映企业的创新，又能够兼顾多主

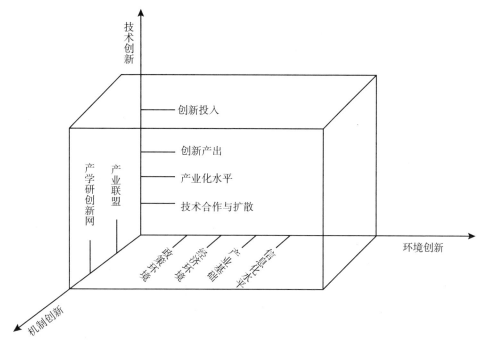

图 4 - 1 制造业创新指标体系

体协同创新网络的创新活动；其次，指标既要关注制造业本身的创新，又要考虑新业态新模式对制造业创新的作用；最后，指标既要包括创新活动和创新绩效的指标，又要包括创新制度和环境的测度。

　　2015 年 1 月 29 日，由英士国际商学院、新加坡人力资本领导能力研究院和人力资源公司德科集团联合发布了"全球人才竞争力指数"（Global Talent Competitiveness Index）报告。报告显示，新加坡在培养、吸引和保留人才方面的竞争力处于全球领先地位，在全球 93 个国家中高居第 2 位，排名第 1 位的是瑞士。该指数涵盖的比较参数十分详尽，分为激励因素、人才吸引、人才培养、人才保留、劳动力技能、知识能力等 6 大范围的共 65 个参数。今年排名第 3 位至第 10 位的分别是卢森堡、美国、加拿大、瑞典、英国、丹麦、澳大利亚和爱尔兰。其他亚太区国家的全球排名分别是新西兰（第 16 位）、日本（第 20 位）、韩国（第 29 位）、马来西亚（第 35 位）、中国（第 41 位）、菲律宾（第 54 位）等。报告强调，开放性是人才竞争力的关键因素。瑞士、新加坡和卢森堡在贸易、投资、移民和新思想方面都有着较高的开放性，他们在充分吸纳全球化的同时，充分发挥本国人力资源的优势。

第二节　基于国家创新能力的人力资源发展指标

伴随我国教育发展战略的三次转型，我国的教育指标也经历了三次结构和内容的变迁。中国已有的与教育和人力资源相关的各种统计指标，信息量比较丰富，但是在信息平台建设上还存在不少问题，如教育投入与产出、教育与经济发展、教育与人力资源等方面结合起来的宏观分析不够；指标主要侧重于对教育现状的描述，对整个国民教育水平、结构及其支持条件的评价和监测，多为基础性、结构比例性指标，既缺乏历史的延续性，又缺少国际可比性；在教育质量、教育水平与经济收入的关系等方面的指标极为有限；指标统计口径不尽一致；及时反映改革变化的指标建设滞后。①

中国教育与人力资源报告课题组在参考国家统计指标和各研究机构的指标体系研究报告的基础上，同时借鉴国际和部分国家比较成熟的指标、年度报告和专门的统计报告，建立可供比较和参考的符合中国国情的国家教育与人力资源发展指标。指标体系分为九类，共计 200 多项，其中与教育发展直接相关的指标有100 多项，设计框架如表 4 - 3 所示。

表 4 - 3　　　　　　　　　　中国教育事业发展各项指标

序号	指标类别	指标重点内容
1	教育发展	规模与普及水平；质量与效益；成人培训
2	教育经费	总体投入与支出；生均教育经费
3	国民受教育水平	人均受教育年限；国民受教育程度；
4	科学技术	国家科技活动及水平；高等学校科研活动水平

资料来源：中国教育与人力资源问题报告课题组.从人口大国迈向人力资源强国［M］.北京：高等教育出版社，2003：500 - 501.

这个指标体系本身涵盖的范围较广，在数量、结构、效益等方面都进行了考察，教育指标关注的重点内容是从基础教育到高等教育的普及范围和教育投入的增加，并且针对中国在国际上的地位做了简单比较。此体系虽然在数量和规模指标的建立上已经较为完善，但仍存在一些问题：结构测量指标不足；缺少教育和科技转化为生产力的评估指标；缺少地区间的比较；缺少政策与指标的明显互动

---

① 中国教育与人力资源问题报告课题组.从人口大国迈向人力资源强国［M］.北京：高等教育出版社，2003：492.

和补充等。重点仍然放在教育内部指标的衡量上，外部相关环境对教育的影响没有明显体现。

2005 年，在教育部的指导建议下，以国家教育发展研究中心谈松华研究员为组长，开展了《人力资源强国指标研究》的课题研究，该课题在分析人力资源强国建设的理论内涵、形态特征、发展阶段和建设模式等问题的基础上，制定了两套人力资源强国指标体系的方案，并依据此指标体系对世界主要国家的人力资源开发状况进行了初步测度和分析（见表 4-4）。

表 4-4　　　　　　　　　　人力资源强国指标体系（第一方案）

指数类别	指标名称	指标含义	权重
人力资源发展水平指数	1. 经济活动人口数	劳动力总量	1
	2. 15 岁以上人口人均受教育年限	人口文化素质综合水平	2
人力资源发展能力指数	3. 三级教育综合入学率	教育发展综合水平	2
	4. 高等教育注册学生数	高文化素质人口结构	1
	5. 公共教育经费占 GDP 比重	教育经费投入水平	1.5
人力资源发展贡献指数	6. 研究及技术人员数	研究科技贡献	1.5
	7. 社会劳动生产率	经济效率	1

资料来源：张力，高书国. 人力资源强国报告［M］. 北京：北京师范大学出版社，2010.

第二方案在两点上有别于第一方案：将第一方案的第六个指标"研究及技术人员数"改为选取"每十万人口中研究开发人员的人数"；从考察高等教育在校生的总量到考察每百万人口中在校生的相对数量。

这两个方案都将指标体系分为三部分指数进行设计，根据指标名称和对指标含义的描述，除了对人力资源发展水平指数，也就是对"数量"的测算之外，还有能力和贡献指标，分别强调对"潜力"和"贡献率"的测算。将指标明确分为"发展水平指数""发展能力指数"和"发展贡献指数"三个类别，体现对人力资源建设"投入—过程—产出"模式收益的衡量，将人力资源开发同社会劳动生产率结合，初步体现教育产出同社会经济的互动，逐渐突破教育人力资源指标只看重教育本身，而忽视外部联系的局限。

课题组在人力资源竞争力评价指标体系中还提出了"人力资源开发负债"的分析维度，其指标包括失业率（权重 0.5），成人文盲率（权重 0.5）和老龄化比例（权重 0.5）。这一分析维度一改前阶段对人力资源总量（包括投入规模和产出规模）统计的着重渲染，从正反两面看人力资源开发的结果。同时，人力资源强国指标的建立开始着眼个人的发展以及个人对总量的影响。失业或者文盲，都不仅仅是个人的问题，还是会对整体造成影响的问题，有这样的维度及相关指标，有利于后期对如何降低成人文盲率和失业率的探讨。

全国教育科学"十五"规划国家课题"区域教育可持续发展指标体系研究"的结题成果中，把区域教育可持续发展指标在 4 个教育单元的基础上分为 3 个领域 4 个子系统三级指标分类的共 93 个观察指标，如表 4 – 5 所示。

表 4 – 5   区域教育可持续发展指标体系

一级指标	二级指标	三级指标
基础教育	发展规模	学生在校规模
		学校招生规模
	办学条件	教育经费投入
		办学环境
	结构协调	学校结构
		人口结构
		经费投入结构
	教育效益	升学率
		生师比
		学龄儿童入学率
		6 岁及以上人口不（少）识字人数比（逆指标）
		6 岁及以上人口中学程度识字人数比
（中等）职业教育	发展规模	学生在校规模
		学校招生规模
	办学条件	教育经费投入
		办学环境
	结构协调	学校结构
		职业教育人口占就业劳动人口中的比重
		中等职业教育在校生数占高中阶段教育在校生比重
		经费投入结构
	教育效益	生师比
		办学效益

续表

一级指标	二级指标	三级指标
高等教育	发展规模	学生在校规模
		学校招生规模
	办学条件	教育经费投入
		办学环境
	结构协调	学校结构
		经费投入结构
		高等教育人口占就业劳动人口比重
	教育效益	普通高校生师比 高校科研人员总量
		6岁及以上人口大专以上学历人数比
		高等院校接受外国留学生的人数 普通高等学校每台十万元以上教学、科研仪器设备金额
教育投入		国家财政性教育经费占国内生产总值比重 教育支出占各地区城镇居民家庭平均每人全年消费性支出比重 国家财政性教育经费占教育经费比重 预算内教育经费占财政支出比重 学杂费占教育经费的比重 各地教育经费总投入 国家财政性教育经费 国家预算内投资资金占学校本年度完成投资资金比重
		教育基本建设投资合计

资料来源：楼世洲. 区域教育可持续发展指标体系研究［M］. 北京：教育科学出版社，2012.

　　这一指标体系将教育协调发展作为主线，并在其基础上设计经济、社会、科技、国际竞争力的指标，重点关注这些指标同教育指标的相互关系。不仅保留了总量指标，同时考虑到各区域面积和人口数量的客观差异较大，采用"人均发展量"和"比率"两项指标。指标重点从对宏观总量的衡量到对结构性调整和地区差距缩小转变的过程，是指标关注点由表及里、逐层深入的发展过程。同时在这一阶段，职业教育被重点关注，从区域研究开始，职业教育与经济发展和产业创新所具有的紧密联系已得到认同，区域协调指标的建立体现了我国教育的走向更加注重实际，从宏观走向中观，也更加具体，避免"一刀切"的做法。这套指标对职业教育的考察包括中等职业教育和高等职业教育，而且大多数指标的可衡量程度较高。针对教育投入也有一部分专门的指标，考核投入的总量、比重和各地区的偏好，这也是地区教育发展指标的显著特征，从国家层面来看，将教育权下放的同时也将政策倾斜，这一时期的指标开始呼应国家教育政策，也更注重区域创新能力的培养，教育结构的变化是大环境下教育关注重点的变化，对职业教育指标的重视也在一定程度上影响着教育结构的变化。

在教育渡过了规模发展阶段，向结构优化的内涵发展阶段转变的同时，人才创新作为新课题被提出来，人才创新不是将人作为工具，而是将人视为主体，是创新主体以及受益主体。这也是在"十二五"时期，我国各教育指标体系涉及的方面，如表 4 - 6 所示。

表 4 - 6　　　　　　　　　　"十二五"时期教育指标节选

指标出处	一级指标	二级指标
1. 高等教育质量与水平评价指标	高等教育过程	教育资源转化
	高等教育结果	社会服务
2. 城市教育竞争力评价指标体系	本体产出	教育成果、教育机会、教育公平
	功能产出	教育投入对经济的贡献、教育投入对经济科技的影响
3. 城市教育竞争力评价指标体系	教育管理力	领导重视程度、市民重视程度
	教育制度创新力	流动人口子女接受教育状况
4. 教育竞争力指标	教育对知识创新的贡献	科技论文数量指标、专业数量指标
5. 高等教育资源配置转型程度综合指标体系	就业体制	毕业生就业自主权、国家助学贷款制度
6. 中国教育竞争力国际比较的指标	教育对人的促进作用	学生的身体健康状况、学生的社会交往能力、学生的幸福感、学生的创新能力、人的发展指数
7. 教育质量与水平评价体系	教育自身的可持续发展结果	（一）教育公平和（二）教育环境社会服务
8. 教育强省核心指标	教育结果	教育对经济发展贡献率 社会对教育满意度

资料来源：徐宏毅，周群英. 高等教育质量与水平评价指标体系构建——基于高等教育强国的视角 [J]. 现代教育管理，2010，(5)：43 - 46. 邵泽斌. 教育强省核心指标设计研究 [J]. 教育理论与实践，2011，(12)：21 - 31. 李建忠，曾天山. 中国和欧盟未来十年教育发展指标体系比较研究 [J]. 教育理论与实践，2011，31 (25)：20 - 25.

社会服务、教育公平、教育投入对经济科技的贡献、学生的幸福感、学生的创新能力、社会对教育的满意度、特殊学校的设置等，指标的建立表现了更加重视教育同其他相关因素如经济、科技、社会的互动和转化关系；更加重视学生和社会对教育的评价和满意的程度；更加注重教育公平在指标中的体现；更加重视学生自身对教育的体验和创新能力的培养。许多新一级指标和二级指标的加入，使人力资源强国指标体系更加人性化和科学化。

教育现代化指标体系建设在"十二五"阶段也有很大进展，2013 年，教育部启动了"教育现代化监测评价指标"研究制定工作，并取得了重要的阶段性成果。"教育现代化监测评价体系"包含 40 个核心指标，指向 6 大方面，如图 4 - 2 所示。

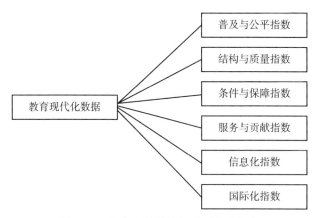

图 4 - 2　教育现代化指标体系基本框架

资料来源：高书国. 教育指标体系——大数据时代的战略工具 ［M］. 北京：北京师范大学出版社，2015.

40 个核心指标分别承担三个层面的监测评价功能：全国教育现代化综合指数、国际比较以及各省（自治区、直辖市）不同指标的年度变化。这一阶段国家承担起推动教育现代化的重任，并根据我国教育发展的阶段性特点，借鉴和选取区域教育现代化指标。增加国际化指数，进一步丰富了我国教育现代化指标体系。

第三节　国家竞争力模型下的人力资源指标分析

一、社会发展力指标中的人力资源指标建构

自 20 世纪 60 年代开始，伴随着全球经济的崛起和科技的迅猛发展，人类社会在实现巨大进步的同时，也受到诸如贫富差距扩大、环境污染等一系列社会、环境问题的困扰。人们开始由仅仅关注经济发展转向关注社会发展，由仅关注 GDP 等宏观经济指标转向关注"社会指标"，以期以新的理念实现社会的可持续

发展。①

（一） 指标体系渐趋完善

社会指标运动作为一场对现代化、特别是对经济增长和科技发展的反思率先在发达国家兴起。迄今为止，西方社会指标研究的发展大约经历了三个阶段：第一阶段为 20 世纪 50 年代至 70 年代末，以美国社会指标运动为代表的早期宏观研究阶段；第二阶段为 20 世纪 80 年代至 90 年代，研究重点由宏观的、客观综合性社会指标向微观的、主观生活质量指标研究转变的阶段；第三阶段为 2000 年至今，着重关注可持续发展及发展中国家问题的阶段。相应地，以上三阶段的变化反映在具体的社会指标研究中，则体现为由宏观的综合性社会指标研究，到微观的、具体化的生活质量指标的研究，再到新的宏观与微观结合的社会指标研究的过程。

第一阶段的社会指标研究聚焦于社会整体和宏观层面，关注社会运行、社会发展和进行"社会诊断"，即从社会监督和政策制定的角度出发，尝试建立一个从整体层面反映社会各个方面的指标体系。然而，到了 20 世纪 80 年代至 90 年代，研究的重心由关注"社会"逐渐转移到关注"人"本身，由关注客观指标转向关注主观指标，即第二阶段的研究关注人的生活质量和生活体验，强调指标研究要以人的幸福为中心，要满足人的主观心理需求。进入 2000 年以后，社会指标第三阶段的研究又出现新的转折，即重新关注"发展"问题，可持续发展、发展中国家的发展问题成为新的焦点议题。

中国的社会指标研究始于 1980 年。与国外社会指标研究三阶段类似，我国的社会指标研究也可以按照研究重点的不同大致划分为 1980—1989 年，1990—1999 年，以及 2000 年至今三个阶段。

第一阶段（1980—1989 年），学者们在致力于建立一个较为全面的综合性社会指标体系的同时，也在进行生活质量指标的研究。这一时期代表性的社会指标体系有社会发展综合指标体系、客观生活质量指标以及天津、上海居民主观生活质量指标体系等。第二阶段（1990—1999 年），主、客观的生活质量指标体系继续完善，可持续发展指标体系的研究也开始受到重视。这一时期的代表性成果有中国可持续发展战略指标体系、小康社会基本监测指标以及居民生活满意度指标等。第三阶段 2000 年以后，社会指标研究备受关注，大批研究成果迅速涌现。可持续发展、科学发展、全面发展、和谐发展的指标体系成为研究主流，同时生活质量指标研究也在继续提升和完善。其中，科学发展指标体系、人的全面发展指标体系、现代化指标体系、全面建设小康社会指标体系、居民幸福感量表等，成为这一时期的代表性研究成果。

---

① 李路路. 社会指标建设推进可持续发展 [N]. 中国社会科学报，2016 - 11 - 09 (006).

（二）　发展是主题

纵观多年来国内学者对社会指标研究的历程，最显著的变化是研究理念发生了重大转变，即从单一指标向综合指标体系转变，从重视经济指标向经济与其他社会指标并重转变，从单纯关注客观指标向同时关注客观与主观指标转变。在改革开放以来特殊的社会经济转型与变迁的大背景下，我国的社会指标研究又形成了自身的特点。

第一，我国的社会指标研究起步较晚，但系统化、体系化的特点十分突出。例如，中国可持续发展战略指标体系、科学发展指标体系、现代化指标体系、全面建设小康社会指标体系等，均是主题突出、结构完整、规模庞大的社会指标体系。

第二，"发展"是我国社会指标体系中最突出的主题。可持续发展指标、现代化指标、小康社会指标以及人的全面发展指标体系，都是从不同角度对我国快速发展的社会进行监控和测量。而这些指标体系的不断完善也反映出我们对"发展"这一问题的认识不断深化，即由注重物质经济发展向经济发展与生态环境以及社会发展并重转变。

第三，我国社会指标体系的构建呈现出鲜明的中国特色。例如，全面实现小康社会指标体系、和谐社会统计监测指标体系等都是在我国特定的政治语境下提出的。它们大多依据国家在一段时期内特定指导思想或总体发展目标而制定，具有突出的中国特色。

（三）　发展新方向：过程性、多层次性

经过40多年的发展，我国社会指标研究取得了长足的进步，形成了较为健全的社会指标统计体系。但是目前，与很多国家特别是经济发达国家相比，我国社会统计领域尚存在诸多不足。

第一，社会统计缺乏整体框架和顶层设计，未建立社会统计大框架下各领域间的有机联系。国内已有的大部分研究，特别是国家统计部门在设计指标体系时都针对每一个系统提出相应的指标进行测量，力图全面描述经济、政治、文化、社会、生态等各方面的状况。这类指标体系带有较强的工作性质，各子领域之间缺乏有机联系。

第二，缺乏全方位、有深度，能够充分利用主观和客观指标各自的优点，并将两者紧密结合起来的指标体系。

第三，缺乏有效反映当代中国特定社会转型阶段社会发展特点的统计指标。归根结底，发展的本质是"人的发展"。目前，在新的发展形势背景下，"以人为本"思想为指导的、密切关注"人"的社会指标体系尚有待进一步发展。

关注社会转型与可持续发展。近年来，随着全球化的不断深入以及发展中国

家在经济上的崛起，发展中国家面临着如何从单向发展经济转向实现社会全面发展的新挑战，以及如何确立一个社会可持续发展目标的新问题。与发达国家的社会指标体系相比，发展中国家的社会指标体系具有两个明显的特点。

第一，首要关注宏观问题，尤其是发展和社会转型问题，对于个体微观和主观层面问题的测量在其次。发展中国家的指标体系相比于传统发达国家的指标体系而言较为粗略，实际上这主要是因为两者的社会发展水平不同、首要的关注点存在差异。

第二，由于当前许多发展中国家正处于社会转型、矛盾多发的发展阶段，因此其社会指标体系中往往设有测度转型的指标，如经济发展指标、可持续发展指标、生态指标、就业指标、贫富差距指标。因此，当我们在构建新的综合性社会指标时，应当以发展中国家社会指标的上述两个特点为依据，并在实践中重点研究发展与转型指标。

中国社会科学院"社会发展与社会指标"课题组根据我国国情，参照国外有关指标体系的理论框架而建立的。它是由人均 GNP、社会结构、人口素质、生活质量 4 个部分共计 16 个代表性指标所组成（见表 4 – 7）。

表 4 – 7 社会发展与社会指标

一级指标	二级指标
人均国民生产总值	人均 GDP
社会结构	农业产值在国民生产总值中的比重
	第三产业产值在国民生产总值中的比重
	出口总量在国民生产总值中的比重
	城市人口占总人口比重
	非农业就业人口占就业人口比重
	教育经费占国民生产总值的比重
人口素质	中学生占 12~17 岁年龄人口的比重
	大学生占 20~24 岁年龄人口的比重
	人口自然增长率
	平均预期寿命
	婴儿死亡率
生活质量	平均多少人有一名医生
	人均每日摄取热量
	通货膨胀率（年度平均）
	人均能源消费量

按照社会发展力的维度，包括人力资源存量水平、人力资源保障服务、人力资源生活安全 3 个二级指标。其指标体系如表 4 - 8 所示。

表 4 - 8 社会发展力指标中的人力资源指标

一级 B	二级 C	三级 D		指标解释	指标方向
		具体指标	权重		
生存—保障维（衣食住行、人身安全）	C1 人力资源存量水平（数量、质量、结构）	D1 劳动年龄人口比例		15～64 岁人口数/总人数	正向
		D2 老龄化率		65 岁人口增长率/总人口增长率	逆向
		D3 人均预期寿命		假设各年龄段死亡率不变出生时的预期寿命	正向
		D4 人均受教育年限		以 15 岁以上人口计	正向
		D5 人均 GDP 劳动人口人均 GDP 贡献率 年国内生产总值/就业总人数		年国内生产总值/常住人口数	正向
		D6 第二、第三产业就业人员比例		第二、第三产业就业人数/就业总人数	正向
	C2 人力资源保障服务（支撑）	D7 社会保障覆盖率		养老保险与失业保险覆盖率之和	正向
		D8 每万人拥有医疗机构数		医疗机构数/人口总数	正向
		D9 社会保障资金占 GDP 比重		社会保障资金/GDP	正向
		D10 负担系数		少儿（0～14 岁）抚养比与老年（65 岁以上）赡养比之和	反向
		D11 各类卫生机构总支出占 GDP 比重		卫生机构总支出/GDP	正向
	C3 人力资源生活安全	D13 对食品安全的担忧		1 = 完全不担心，5 = 非常担心	逆向
		D14 租住房支出占个人消费总支出比例		租住房支出/支出总额	逆向
		D15 5 岁以下儿童死亡率		新生儿在达到 5 岁前死亡的概率	逆向
		D16 失业率		失业人口指非自愿失业人口	逆向
		D17 失踪人口数比例		失踪人口指意外事故下落不明人口	逆向
		D18 营养不良人口比重		低于最低饮食标准人数/总人口数	逆向

资料来源：作者整理.

关注过程性指标，而不仅仅是注重结果性指标。过程性指标可以比结果性指标更好地反映社会的发展变化，并能帮助我们探寻诸多社会问题的根源，更加深刻地把握转型时期的社会动向。例如，在衡量经济发展时，我们不仅关注经济总量、增量、增长率等结果性指标，还应特别关注经济发展过程，并寻求过程性指标刻画这一过程，如生态环境成本、生态足迹。这将加深我们对社会过程的认识，从而有助于揭示社会问题形成的根源。

关注多层次指标，兼顾宏观与微观、客观与主观。与生活质量指标相比，综合性社会指标更多关注发展的整体或宏观层面，可直接反映社会问题，刻画社会结构。这与我们现有的国家统计体系更吻合，因此可以更大程度上利用现有的统计资料，节省人力、物力、财力，并且更容易推广使用。然而，这种指标体系中也往往存在重视客观、宏观指标，忽视主观、微观指标，容易使国家统计数据损失重要的可分析信息。因此完全可以考虑将部分生活质量指标纳入综合性社会指标中来，从而形成一套宏观与微观相统一、客观与主观相协调的、多层次的、全面的综合性社会指标体系。

二、科技创新力指标中的人力资源指标体系

科技人才是一种广义的、抽象的、与时俱进的，随人们对品德、知识、才能理解的变化而变化其特征的动态概念。通常情况下，科技人才是知识型人才，是具有自我驱动能力与独创性的个体，包含探索性、创造性、精确性、个体性与协作性等特点。现有文献中科技人才的界定进行了总结，归纳为四个要素：（1）具有专门的知识和技能；（2）从事科学和技术工作；（3）较高的创造力；（4）对科学技术发展和人类进步做出较大贡献的人。

《国家中长期人才发展规划纲要（2010—2020年）》中指出需建立以岗位职责要求为基础，以品德、能力和业绩为导向，科学化、社会化的人才评价发现机制；完善人才评价标准，克服唯学历、唯论文倾向，注重靠实践和贡献评价人才；改进科技评价方式，完善以创新和质量为导向的科研评价办法。建立以创新能力、质量、贡献为导向的科技人才评价体系，形成并实施有利于科技人才潜心研究和创新的评价制度；改变唯论文、专利、资金数量的人才评价标准。[①] 科技人才培养在于确立科学的人才观和政绩观、完善人才评估体系，政府"人才计划项目"管理的重点应放在成果验收上，推进学术共同体内同行评议制度建设。[②]

对科技人力资源的评估是了解其现状、发现存在的问题、完善后续政策的基础。科技人力资源竞争力是指一国或地区与其他国家或地区比较时，其科技人力资源在规模数量、素质状况、创新能力、培养能力、投资力度和外部环境等方面因素凝聚后表现出来的综合动态力量，包括现实竞争力（规模数量、素质状况、

---

① 新华网. 习近平：在中国科学院第十九次院士大会、中国工程院第十四次院士大会上的讲话 [EB/OL]. (2018 – 05 – 28). http://www.xinhuanet.com/politics/2018 – 05/28/c_1122901308.htm.

② 樊秀娣. 本土科技人才发展评价及对策——基于本土人才与海归人才的比较 [J]. 中国高校科技, 2018 (10)：15 – 17.

创新能力）和潜在竞争力（培养能力、外部环境）。[①] 主要从科研投入、环境支撑、科技创新和人才储备 4 个维度、15 个二级指标来评价中国科技人力资源总体概况。[②] 或从经济发展水平、科研投入与产出、产业及人口分布、教育环境 4 个维度 29 个指标来评价科技人力资源发展水平。[③] 也有学者根据投入指标（研发人员数、人员全时当量、经费内部支出作为投入指标）与产出指标（科技论文数、发明专利授权数、技术市场成交合同额、高新技术产业新产品销售收入）来建构科技人力资源配置效率指标体系对我国科技人力资源进行评价，发现我国科技人力资源整体配置效率低、产出与投入不成正比；区域上看，科技人力资源配置效率大体呈东中西地域性递减分布。[④]

科技人才发展环境意指满足科技人才培育、生存、发展、尊重、自我实现需求等密切相关的各种物质和精神条件的总和。但受传统人才培养模式和培养理念的制约，当前我国科技创新人才培养机制不健全；创新人才培养形式单一，校企联系不紧密，政策落实不到位等问题，需建立以创新理念为指导的科技创新人才培养机制，以协调理念为指导的科技创新人才环境机制，以共享理念为指导的科技创新人才管理机制。[⑤] 科技创新人才发展离不开良好的氛围，其发展环境并不是真空存在的，而是受多种因素影响，科研环境、评价激励机制、人才流动体制机制、知识产权保护、创新文化环境对科技人才发展环境营造有正向显著影响[⑥]。应围绕政策环境、经济环境、社会生活环境和科技环境、文化环境、生态环境等方面来系统构建多层次的科技人力资源生态环境评价指标体系。[⑦⑧] 西方国家高等教育人才培养模式在整体设计上与创新型科技人才的培养要求相适应，对科技创新素质的培养主要体现在知识体系建构、个性品格塑造以及实践能力培养等多

① 林喜庆，焦慧卿. 海峡西岸经济区科技人力资源竞争力实证研究 [J]. 中国行政管理，2012 (6)：67－70.

② 韩伯棠，王莹. 中国科技人力资源评价指标体系构建方法研究 [J]. 北京理工大学学报（社科版），2006 (6)：31－35.

③ 朱云娟，仰海锐，等. 区域科技人力资源综合发展水平的实证研究——基于安徽16地市的数据分析 [J]. 科技与经济，2013 (5)：81－85.

④ 吴迪，梁秀霞. 我国科技人力资源配置效率评价研究 [J]. 资源开发与市场，2016 (4)：394－399.

⑤ 杨颖. 基于五大发展理念的科技创新人才培养机制构建 [J]. 中国高校科技，2018 (4)：7－9.

⑥ 李欣，范明姐. 基于结构方程模型的科技人才发展环境影响因素 [J]. 中国科技论坛，2018 (8)：147－154.

⑦ 刘明，聂青，等. 基于主成分分析的青岛市科技人力资源生态环境评价研究 [J]. 科技管理研究，2018 (6)：54－59.

⑧ 司江伟，陈晶晶. "五位一体"人才发展环境评价指标体系研究 [J]. 科技管理研究，2015 (2)：27－30.

个维度，其培养目标具有一定综合性和明确导向性。①② 创新型科技人才具备独创思维意识，领域知识水平的全球战略视角，要通过创新科技人才培养机制、引入机制、保护机制三方面来发展、管理科技人才。③ 注重教育衔接、培养创新意识；加强文理渗透、优化知识结构；重视教学创新、教研有机结合；优化育人环境、营造创新氛围；完善激励机制、催生创新成果等多元途径来培养科技人才。④

高素质人力资本有助于技术的充分使用，进而对创新绩效产生积极影响。⑤ 培养科技创新人才，是牢牢把握新一轮科技革命和产业变革大势，掌握前沿领域和关键技术，重塑国家全球竞争力的基础性工程。⑥ 科学精神和创新绩效是评价科技人才创新行为的 2 个基本维度，其中，科学精神表现为兴趣、主动、勇气、严谨、专注、追求真理和团队合作等；创新绩效表现为新方法或新理论、工作计划性、学术交流能力等。⑦ 关于创新型科技人才指标体系，有学者从"五商"或"三商"角度或者引入冰山模型来构建创新型科技人才素质指标体系。围绕健商、智商、知商、情商、德商、意商和位商"五商"建立科技创新人才指标体系对科技创新人才进行系统评价。⑧ 基于情商、智商和逆商的创新型科技人才素质模型中科技人力资源的核心素质包括自主学习能力、创新实践能力、资源掌控能力、自我认知能力、人际关系能力、创新意识、自我实现需要等。⑨ 有学者提出科技创新人才评价指标的建立应坚持以基本素质（学术道德、专业知识、科研能力）为基础、创新能力（学习能力、影响力、发展潜力）为核心、创新成果（科研成果、成果影响力、成果转化情况）为导向。⑩ 相应地创新型科技人才评价冰山模型主要包括创新知识、创新技能、影响力、创新能力、创新动力、管理能力，其中，创新知识、创新技能和影响力为海平面以上的基础性因子，创新能力、创

① ［美］霍华德·加德纳. 大师的创造力［M］. 沈致隆，等译. 北京：中国人民大学出版社，2012（2）：308 - 320.

② 林崇德. 创新人才与教育创新研究［M］. 北京：经济科学出版社，2009.

③ 张豪，张向前. 日本适应驱动创新科技人才发展机制分析［J］. 现代日本经济，2016（1）：76 - 85.

④ 李祖超，王甲旬. 美国研究型大学培养科技创新人才的经验与特色［J］. 清华大学教育研究，2016（2）：35 - 43.

⑤ Hurwitz J，Lines S，Montgomery B，et al. The linkage between management practices，intangibles performance and stock returns［J］. Journal of Intellectual Capital，2002（1）：51 - 61.

⑥ 李群. 加紧培养造就自主创新人才［J］. 中国科技论坛，2018（9）：9 - 10.

⑦ 张相林. 科技人才创新行为评价体系设计研究［J］. 中国行政管理，2010（7）：107 - 111.

⑧ 薛昱，张文宇. 基于匹配模型的科技创新人才评价［J］. 技术经济，2018（9）：65 - 72.

⑨ 王养成，赵飞娟. 基于 3Q 的四维度创新型科技人才素质模型［J］. 科技进步与对策，2010（18）：149 - 153.

⑩ 盛楠，孟凡祥，等. 创新驱动战略下科技人才评价体系建设研究［J］. 科研管理，2016（S1）：602 - 606.

新动力和管理能力为海平面以下的鉴别性因子。① "五因子素质结构模型" 主要以创新型科技人才为效标，创新能力思维风格、广博精深的专业知识技能、科学创新的核心价值理念、创新的个性动机、学术共同体内交流与合作的 5 维度构成的创新型科技人才指标体系。② 创新知识、创新技能、影响力、创新能力、创新动力和管理能力 6 个维度，论文专著、拥有知识产权量、代表性研究成果等 13 个指标的创新型科技人才评价指标体系。③ 基本素养（道德诚信和资历/经历）、能力素质（科研能力、实践能力、管理能力）、社会认可（荣誉奖励、社会角色、市场影响）是判断高层次科技人才的基准，④ 其创新能力特征包括通用性能力（知识背景、业务能力、人才培养）和专业性能力（创新动机、创新水平、创新贡献）⑤。

　　科技人力资源评估是开展科研管理工作的重要内容，是促进科技人才资源开发和管理的重要手段，学者目前多聚焦于中观层面，区域科技人才或科技人力资源评价指标的构建，如中部、西部及东部的广东省和浙江省等；或某类科技人力资源、科技人才，如工程类、青年类、农业类等；或是某组织的科技人力资源，如高校、企业、研发组织等，缺少宏观视角的创新型科技人才培养、模式、机制和路径等探讨。

　　我国的科技指标建设起步较晚，系统研究工作始于 20 世纪 80 年代中期。1985 年我国实施了首次全国科技普查。1989—1991 年第一次进行了全社会科技投入调查。从 1991 年起，我国开始正式出版《中国科学技术指标》报告，即《科学技术黄皮书》，每两年出版一期。从各类科技指标体系的结构与指标内容来看，目前的各种科技指标体系大体上是一种松散的体系。科技指标研究的基本方式是把国家科技——创新体系作为一个整体并置于国际背景之下，从多角度、多侧面揭示系统各构成要素，特别是科技活动主体的特征及其变化。各单项指标揭示科技、经济复杂系统某一方面的具体特征，全部科技指标的集合则描述系统多方面的状况。

　　具体来讲，主要包括以下几个方面：科技人力资源指标包括具有中等及以上专业技术职称的专业技术人员；直接从事科技活动的科技人员及其中的科学家与

　　①　赵伟，包献华，等 . 创新型科技人才分类评价指标体系构建［J］. 科技进步与对策，2013（16）：113 – 117.

　　②　黄小平 . 五因子素质结构模型构建及其对我国高校创新型科技人才培养的启示［J］. 复旦教育论坛，2017（2）：54 – 60.

　　③　赵伟，包献华，等 . 创新型科技人才分类评价指标体系构建［J］. 科技进步与对策，2013（16）：113 – 117.

　　④　刘亚静，潘云涛，等 . 高层次科技人才多元评价指标体系构建研究［J］. 科技管理研究，2017（24）：61 – 67.

　　⑤　杨锴，赵希男 . 高层次科技人才创新能力识别及团队构建［J］. 中国科技论坛，2018（11）：141 – 150.

工程师；从事研发活动的人员及其中的科学家与工程师。研发机构的科技人员按研究、管理和科技服务分类。科技财力资源指标包括中央和地方政府的财政科技拨款；银行和其他金融机构的科技贷款；科技活动经费和研发经费支出等方面的内容。科技活动指标将科技活动分为五大类：基础研究、应用研究、试验发展、研发成果应用和科技服务。科技产出和技术创新指标从论文、专利、技术合同、专著等几个方面加以描述。同教育发展指标体系相似的趋势是，我国的科技指标也从侧重对科技规模，主要是科技投入的单方面测量到对科技产出以及科技对社会经济的互动关系的重视，有自己的特点，也开始重视借鉴参考国外指标。在全国科技进步统计监测指标体系修订方案的基础上，姜鑫等学者在 2009 年提出科技创新能力评价指标体系，如表 4 - 9 所示。

表 4 - 9 科技创新能力评价指标体系

一级指标	二级指标
A1 科技进步环境	B1 科技人力资源
	B2 科研物质条件
	B3 科技意识
A2 科技活动投入	B4 科技活动人力投入
	B5 科技活动财力投入
A3 科技活动产出	B6 科技活动产出水平
	B7 技术成果市场化
A4 科技成果产业化	B8 科技成果产业化水平
	B9 科技成果产业化效益
A5 科技创新效果	B10 宏观经济绩效
	B11 环境改善
	B12 社会生活信息化

资料来源：姜鑫，余兴厚，罗佳. 我国科技创新能力评价研究［J］. 技术经济与管理研究，2010 (4)：41 - 45.

这套指标在考察科技人员、设备、经费、专利等数量的前提下，对于科技产出、成果转化、科技创新等都更加重视，并且有很多比例性指标，对科技发展会带来的环境影响也有所考察，创新之处在于考察科技如何改善环境，而不仅仅是科技给环境带来了什么样的负担。科技的转化能力和科技的创新能力是科技发展质量的两方面，而科技发展的质量又要回归人才的质量，科技可视为教育和人才培养的要素之一。

林喜庆、焦慧卿在《海峡西岸经济区科技人力资源竞争力实证研究》中将科技人力资源竞争力指标归纳为2个一级指标、6个二级指标和20个三级指标，如表4-10所示。

表4-10　　　　　　　　　区域科技人力资源竞争力评价指标体系

评价指标	一级指标	二级指标	三级指标		
			指标名称		量纲
科技人力资源竞争力（F）	现实竞争力（A1）	规模数量（B1）	研究与实验发展（R&D）人员全时当量（C1）	★	人年
			大专及以上人口（C2）	▲	人
		素质状况（B2）	研发人员中科学家和工程师比重（C3）	★	%
			科技活动人员中科学家和工程师比重（C4）	★	%
		创新能力（B3）	人均国家产业化计划项目数（C5）	★	项/千人
			人均国内三种专利授权数（C6）	★	件/千人
			人均国外主要检索工具收录科技论文数（C7）	★	篇/千人
			人均技术市场成交合同金额（C8）	★	万元/人
			研究与开发机构人均科技活动课题数（C9）	★	个/人
			高等院校人均研发课题数（C10）	★	个/人
	潜在竞争力（A2）	培养能力（B4）	高等学校普通本、专科在校学生数（C11）	▲	人
			高等学校/机构在校研究生数（C12）	◆	人
		投资力度（B5）	人均科技经费内部支出额（C13）	★	万元/人
			人均国家财政性教育经费（C14）	▲	万元/人
		外部环境（B6）	人均地区生产总值（C15）	▲	元/人
			城镇单位就业人员平均劳动报酬（C16）	▲	元
			研究与开发机构数（C17）	★	个
			大中型工业企业中有科技机构的企业数（C18）	★	个
			高等学校数（C19）	★	个
			公共图书馆数（C20）	▲	个

注：指标名称中，标有★符号的指标来源于《中国科技统计年鉴》；标有▲符号的指标来源于《中国统计年鉴》；标有◆符号的指标来源于《中国教育统计年鉴》。所有指标均为正指标，即数值越大，竞争力水平越高。

区域科技竞争力评价指标体系遵循"一体两翼"的竞争力模型，"一体"是指"科技人力资源竞争力"这个"主体"，"两翼"则是指科技人力资源的"现实竞争力"和"潜在竞争力"这两大部分。"现实竞争力"包括科技人力资源的规模数量、素质状况和创新能力三个要素,"潜在竞争力"则包括科技人力资源的培养能力、投资力度和外部环境三个要素。六个要素相互作用,共同构成科技人力资源竞争力模型。[①]

新一轮科技革命和产业变革与我国加快转型经济发展方式形成的历史性交汇是我国实施创新驱动发展战略,建设创新型国家,推进世界科技强国建设的重大机遇。自党十八届五中全会以来,明确"十三五"时期以提高发展质量和效益为中心,把创新摆在国家发展全局的核心位置,发挥科技创新在全面创新中的引领作用,但"中心"——"核心"——"引领"发挥作用的最终落实主体在于人,尤其是科技人力资源和科技人才。我国历来重视科技人才队伍建设,从中央到地方相继颁布和实施了一系列关于科技人力资源(人才)培养、开发、管理、评价、流动、引入等方面的政策措施,逐渐建立起完善的科技人力资源政策体系,培养造就了大批科技领域的优秀人才。但伴随经济全球化深入发展 以智能化为主要标志的工业"4.0时代"的到来,作为创新之本的科技人才跨国、跨区域流动与集聚将日益频繁,围绕科技人才的竞争日趋激烈。如何通过构建科技人力资源评价指标体系以科学、全面的描述与评估当前我国科技人力资源的实际需求、发展趋势、质量水平等,并反过来监测社会系统在促进科技人力资源开发、利用、管理过程中存在的问题与不足,以提高社会供给的效率和质量,从而促进科技人力资源自由而全面发展,是对接中国经济转型、产业升级、抢占未来科技"制高点"进程中亟须解决的重点。在坚持科学性和可操作性为前提、重点与全面相统一、成果性与效率性相结合、主观性与客观性相统一等基本指标构建原则下,形成科技人力资源存量水平、科技人力资源结构分布、科技人力资源环境支撑、科技人力资源创新能力、科技人力资源潜能储备5维度、26个指标的科技人力资源评价指标体系,其中科技人力资源存量水平指标主要了解、把握我国科技人力资源的规模数量;科技人力资源结构分布指标主要从科技人力资源素质结构和年龄结构来考察其能力与健康度;科技人力资源环境支撑是指为科技人力资源培养、发展、管理所提供的物质和精神环境,通过科技人力资源所能支配的科研经费、政策保障、薪酬水平等方面予以体现;科技人力资源创新能力是衡量科技人力资源综合竞争力的关键指标,主要以科技人力资源的论文发表数、专利授权量及出售收入、技术转让费等来评估,但更多的是通过人均指标体系来评价我国科技人力资源创新效益或创新绩效情况;科技人力资源潜能储备是科技人力资源后续潜能的发挥,在未来经济社会发展中持续推动力,如潜在科技人力资源总量、企业参与科技研发、高等教育在校生数等如表4-11所示。

---

① 林喜庆,焦慧卿.海峡西岸经济区科技人力资源竞争力实证研究 [J].中国行政管理,2012 (6):68.

表 4 – 11　　　　　　　我国科技人力资源评价指标体系的基本框架

名称	一级指标	二级指标
科技人力资源指标体系	科技人力资源存量水平	科技人力资源总量（人）X_1
		研究与发展（R&D）人员全时当量（万人年）X_2
	科技人力资源结构分布	高级职称科技人员数与科技人员总数的比例（%）X_3
		科技人力资源总量中本科及以上学历层次数占比（%）X_4
		科技人力资源总量中 39 岁以下占比（%）X_5
		科技人力资源总数占 16~64 周岁人口数的比例（%）X_6
	科技人力资源环境支撑	政府拨入科技经费数（万元）X_7
		企事业委托项目科技经费数（万元）X_8
		科技人力资源的人均科研经费数（万元）X_9
		国家颁布的科技人力资源相关政策文件数（项）X_{10}
		从业人员平均劳动报酬（元/人年）X_{11}
		互联网用户数（万人）X_{12}
	科技人力资源创新能力	科技人员授权专利数（个）X_{13}
		科技人员人均发明专利数（个）X_{14}
		科技人员授权的发明专利数占授权专利数的比例（%）X_{15}
		发表论文数（篇）X_{16}
		人均发表论文数（篇）X_{17}
		专利出售合同收入（万元）X_{18}
		单项专利出售平均金额（万元）X_{19}
		技术转让合同经费总额（万元）X_{20}
		单笔合同平均技术转让经费（万元）X_{21}
	科技人力资源潜能储备	普通高等院校在校生数（人）X_{22}
		研发机构数（个）X_{23}
		研发支出占 GDP 比重（%）X_{24}
		世界 500 强的中国企业的研发支出总额（万元）X_{25}
		世界 500 强的中国企业中有科技研究机构的企业数（个）X_{26}

三、经济竞争力指标中的人力资源指标体系

关于人力资源与经济增长的理论模型，目前主要有以下两种：一是卢卡斯的

专业化人力资本积累模型，该模型实际上是将舒尔茨的人力资本概念融入了索洛的技术进步概念，使技术进步和人力资本更具体化和微观化。卢卡斯考察了人力资本对生产的内部效应和外部效应后认为，只有专业化的人力资本积累才是经济增长的真正动力。二是柯布—道格拉斯模型（C-D模型），人力资本作为一种独立的生产要素加入经济模型就始于此。由于C-D生产函数以劳动和资本两种要素为基础，且形式简练，因此，诸多学者在研究人力资本和经济发展的关系中多用此模型。

（一） 区域经济竞争力指标中的人力资源指标体系

根据经济发展度量指标体系设置的基本原则与要求，在设置指标体系时，我们必须弄清经济发展包括哪些内容。我们认为，经济增长是指生产的增长或产出的增长，用统计学术语来说，经济增长指工农业生产总值的增长、社会总产值的增长、国民收入的增长或国民生产总值的增长。而经济发展却包括比经济增长更为广泛的内容，经济增长只是经济发展的必要的、先决的条件，但经济增长并不必然会带来经济发展，甚至会产生"有增长而无发展"的局面。经济发展包括以下基本内容。

（1） 一定幅度的经济增长，表现为人均国民生产总值的提高。

（2） 经济结构的一定程度改进与优化，具体包括以下2点内容。

①投入结构的变化，即生产中投入要素比例的变化，是否从手工劳动转向机械化操作，是否从粗放劳动转而使用熟练劳动，是否从土著生产方法转而使用先进技术，或者向相反的方向发生变化。

②产出结构的变化，主要表现在产业结构的变化上，是否在各产业的比重上，农业部门相对缩小，工业部门比农业部门相对扩大的同时又比服务业部门相对缩小，服务业部门则逐步扩大；是否重工业与轻工业的比例趋于合理、初级产品业与加工业的比例趋于合理以及基础产业与非基础产业的比例趋于合理。

（3） 收入分配结构的变化，即指在收入分配中贫困线以下的人口是否减少；收入分配是日趋平等还是日趋不均。

（4） 人口结构的变化，是指在经济发展过程中城市化水平是否提高；农村人口占总人口的比例是否变小；在人口素质结构上，适龄青少年特别是适龄儿童的入学率和成人识字率是否提高；在就业结构上，失业率是否降低，就业人口占适龄人口的比重是否增大。

根据以上所述，武汉大学经济发展研究中心提出了我国经济发展度量指标体系的内容框架。如表4-12所示。

表 4 – 12   我国经济发展度量指标体系

经济发展的基本内容		经济发展的度量指标体系
经济增长	一定幅度的经济增长	国民生产总值、人均国民生产总值
经济结构	投入结构的变化	综合农业机械化程度、工业生产机械化程度、生产和流通领域的信息化程度
	产出结构的变化	三产结构与比重、高新企业的比重
	收入分配结构的变化	基尼系数、贫困人口比重
	人口结构的变化	城乡人口结构与比重、就业人口结构和比重、劳动力平均受教育年限、新增劳动力受教育年限、失业率、学前教育入学率、基础教育普及率、高中和职业学校在校生占适龄人口的比重，高等教育入学率
经济质量	经济效益的提高	资本—产出系数、劳动生产率、全要素产出率
	经济稳定程度的提高	
	健康卫生状况的变化	
	自然环境和生态平衡的变化	

表 4 – 13 的指标体系中人均 GDP、农业劳动生产率、科技进步贡献率是人力资源效能性指标，社会安全指数、社会保障覆盖率、平均期望寿命、医生数是人力资源保障性指标，儿童入学率和大学生数是人力资源发展性指标。

表 4 – 13   河南省社会经济综合评价指标体系权值

一级指标	权值	二级指标	权值	指标属性
经济发展度（B1）	0.272	人均 GDP（C_1）（元/人）	0.0693	+
		工业增加值占 GDP 比重（C_2）（%）	0.0440	–
		人均利用外资额（C_3）（美元/人）	0.0305	+
		第三产业增加值占 GDP 比重（C_4）（%）	0.0567	+
		农业劳动生产率（C_5）（%）	0.0432	+
		贸易总额占 GDP 比重（C_6）（%）	0.0283	+
社会发展度（B2）	0.303	城市化指数（C_7）（%）	0.0679	+
		恩格尔系数（C_8）（%）	0.0474	–
		公路密度（C_9）（km/km²）	0.0345	+
		政府社会支出占总支出比重（C_{10}）（%）	0.0414	–
		社会安全指数（C_{11}）（件/万人）	0.0503	–
		社会保障覆盖率（C_{12}）（%）	0.0597	+

续表

一级指标	权值	二级指标	权值	指标属性
生活质量度 (B3)	0.182	自来水普及率（C_{13}）（%）	0.0046	+
		医生数（C_{14}）（人/千人）	0.0643	+
		绿化覆盖率（C_{15}）（%）	0.0330	+
		三废处理率（C_{16}）（%）	0.0401	+
科技发展度 (B4)	0.115	研发经费占 GDP 比重（C_{17}）（%）	0.0279	+
		科技进步贡献率（C_{18}）（%）	0.0504	+
		信息化综合指数（C_{19}）（%）	0.0367	+
人口发展度 (B5)	0.128	平均期望寿命（C_{20}）（%）	0.0236	+
		儿童入学率（C_{21}）（%）	0.0483	+
		大学生数（C_{22}）（人/万人）	0.0246	+
		拥有图书量（C_{23}）（册/人）	0.0315	+

注：部分指标解释如下：
(1) 社会安全指数：刑事案件数、治安案件数、交通事故数和火灾事故数与人口数之比。
(2) 信息化综合指数：指电视机、移动电话、个人计算机、IP 地址数的综合指标。
资料来源：梁爽，段曼丽. 河南省社会经济综合发展指标体系研究［J］. 河南机电高等专科学校学报，2005（1）：73－75.

（二） 工业制造业竞争力指标中人力资源指标

在表 4 - 14 基于工业企业竞争力的指标体系中，人力资源指标除技术创新竞争力中科技活动比率外。研发经费支出问题及占企业总产值的比例是人力资源投入性指标，新技术产品产值和申请总量，以及新产品产值率和专利批准率是人力资源效能性指标。经济效益中的全员劳动生产率也属于人力资源效能性指标。

表 4 –14 　　　　　　　　　　工业竞争力评价指标体系

工业竞争力评价指标体系		
衡量层面	指标名称	计算公式
经济实力	工业总产值	
	固定资产总额	
	产业固定资产新度系数	产业固定资产净值年平均余额/固定资产原值

续表

工业竞争力评价指标体系		
衡量层面	指标名称	计算公式
经济效益	总资产贡献率	（利润总额＋税金总额＋利息支出）/平均资产总额
	成本费用利润率	利润总额/成本费用总额
	全员劳动生产率	工业总产值/全部从业人员平均数
	利润总额	
	增加值率	增加值/总产值
市场竞争力	市场占有率	区域产业产品销售收入/全国相应产业产品销售收入
	产业相对专业化系数	区域工业总产值中某一产业所占比重/全国工业总产值中该产业所占比重
	产品销售率	产业销售产值/总产值
	产品销售收入	
技术创新竞争力	科技人员百分数	（工程师＋中高级职称人员）/从业人员
	研发经费占 GDP 比重	研发经费支出总数/GDP
	新产品产值率	新产品产值/总产值
	专利批准率	专利批准量/专利申请量
	研发经费支出总数	
涉外竞争力	利用外资总规模	
	出口比重	出口收入/销售收入
生态竞争力	废水治理率	废水达标量/废水排放量
	废物利用率	固体废物利用量/固体废物排放量
	废气治理率	燃烧中废气治理量/燃烧中废气排放量
	工业三废综合利用产值	

资料来源：常阿平，郭海华. 工业竞争力指标体系的构建及其评价方法研究 ［J］. 统计与决策，2004（8）：89.

（三）城市综合竞争力指标中的人力资源指标

在表 4－15 中基尼系数、城乡居民收入比重、失业率，以及城市养老、医疗和失业保险覆盖率属于人力资源保障性指标，研发支出占 GDP 的比重属于人力资源投入性指标，技术合同成交总量及增量、专利授权量及增量属于人力资源效能性指标，每万人高等学校在校生比例则是人力资源发展性指标。

表 4 - 15   北京经济发展评价体系的指标权重

指标	信息熵 e_1	效用值	权重
GDP 增长率 C_{11}	0.9642	0.0358	0.0419
进出口总额占 GDP 比重 C_{12}	0.9661	0.0339	0.0397
全社会固定资产投资占 GDP 比重 C_{13}	0.9422	0.0578	0.0676
社会消费品零售总额占 GDP 比重 C_{14}	0.9662	0.0338	0.0396
第三产业占 GDP 比重 C_{21}	0.9666	0.0334	0.0392
重工业与轻工业之比 C_{22}	0.9620	0.0380	0.0445
城乡固定资产投资之比 C_{23}	0.9660	0.0340	0.0398
进出口净额占 GDP 比重 C_{24}	0.9579	0.0421	0.0493
基尼系数 C_{41}	0.9955	0.0045	0.0053
城乡居民收入比重 C_{42}	0.9642	0.0358	0.0420
失业率 C_{51}	0.9662	0.0338	0.0396
人口流动率 C_{52}	0.9631	0.0369	0.0432
城乡人口比重 C_{53}	0.9645	0.0355	0.0416
研发经费内部支出占 GDP 比重 C_{61}	0.9614	0.0386	0.0452
技术合同成交总额增长率 C_{62}	0.9704	0.0296	0.0346
专利授权量增长率 C_{63}	0.9661	0.0339	0.0396
每万人高等学校在校生比例 C_{71}	0.9529	0.0471	0.0551
政府投入教育费用占 GDP 比重 C_{72}	0.9612	0.0388	0.0455
城市养老保险覆盖率 C_{81}	0.9675	0.0325	0.0381
城市医疗保险覆盖率 C_{82}	0.9652	0.0348	0.0408
城市事业保险覆盖率 C_{83}	0.9668	0.0332	0.0389
城市绿化覆盖率 C_{91}	0.9610	0.0390	0.0456
污水处理率 C_{92}	0.9646	0.0354	0.0415
空气质量达到二级及好于二级天数比重 C_{93}	0.9642	0.0358	0.0419

资料来源：朱远程，谭敏. 北京经济发展指标体系构建及实证研究 [J]. 商业时代，2012（2）：136 - 137.

第五章
劳动力素质与城市竞争力的相关性研究[*]

城市竞争力，代表着城市各方面力量的整体实力，这一议题受到国内外学者的高度关注。人力资本日益成为城市资源的重要组成部分，而劳动力的受教育年限，作为衡量城市人力资本的重要指标，是城市竞争力的重要影响要素之一。本书认为对这两个变量结合起来开展更深入的探讨十分必要。

人力资源强国一直被世界各国呼吁，这一呼吁不仅是对其数量上的强调，更为关键的是对其质量上的要求。人力资源的质量指一个国家劳动力素质的整体情况和先进程度，一般用人均受教育程度体现。2004 年，高书国等人[①]研究了人力资源开发情况，并将其划为 4 个阶段。2005 年，谈松华等人开始深入研究这一主题，并着手制定相关的指标体系，其中人口的受教育年限作为重要指标代表着人力资源的状况。世界银行研究报告指出："教育能够让人获得角逐上的优势，且社会参与的源泉，不仅有利于经济增长，也有助于竞争。"[②] 因此，关注教育情况、关心我国人力资源的质量、化解人口素质瓶颈是当前的必然选择和战略决定。

近几十年来，"人口红利"为中国的经济蓬勃发展做出了巨大贡献，尤其是在中国市场经济飞速发展的时候，更是发挥着重要作用。可以说，这一红利为各大城市的发展提供了有力的保障，这是中国走向富强的一把"利剑"。是许多其他国际无法比拟的优势。2015 年 1 月 20 日，国家统计局发布的数据，在 2014 年全年经济增速创下 24 年来新低的同时，劳动年龄人口比例也出现了连续第 3 年的下降。随之而来的人口及教育红利的效应会逐渐消退，老龄化社会的问题日益显现，教育红利也将消耗殆尽。而相关研究也表明人口数量红利对经济增长的作

---

* 本章由张天雪、盛静茹负责撰写。

① 高书国，杨晓明. 中国人口文化素质报告 [M]. 北京：社会科学文献出版社，2004：21 – 23.

② ［哥伦比亚］卡尔·J·达尔曼，曾智华，王水林. 终身学习与中国竞争力 [M]. 北京：高等教育出版社，2007：2.

用在下降。通过增加人力资本的积累，提高劳动力受教育年限来增强劳动生产率，将人口红利转为人力资本红利是当下的重要任务。[①]

2001 年 10 月 18 日，中国社会科学院在经济日报首次推出《中国城市竞争力排行榜》，其后城市竞争力的相关研究成果陆续出现。当下，提升自身的竞争力成为各级政府的要务。而在城市之间的角逐中，人力资本的用途表现得越来越显著。而劳动力受教育年限，正是衡量它的重要指标。教育发展的区域差异会影响区域劳动力的受教育程度，也引起了地区间人力资本质量的差距，因而在一定程度上对城市竞争力的提高也产生了不利影响。

关于这方面的研究发现，尤其是两者之间的相关性研究比较少，根据文献检索发现，仅有李涛和朱新江在这方面做了比较系统的专门研究，而李煜伟、倪鹏飞等[②]根据观察 10 年来各大小城市教育改革的情况，并将其与这些样本城市的竞争力结合，探讨他们之间的关系。此外，几乎没有查阅到其他比较权威的文献材料。大多数只是在论述城市竞争力问题的时候泛泛地提及人力资本或人力资源的问题，未展开专题的定性或定量的研究。相关研究归纳如表 5 - 1 所示。

表 5 - 1　　　　　　　国内外城市竞争力研究和人力资本的相关研究现状

类型	学者	主要观点
国外	林纳玛（Liimamaa）*	城市的竞争力是各自要素的集成者，其中包括人力资本，且是重要的要素之一
	马可森 Markusen **	一个城市的竞争力大小不仅表现它能够留住它所拥有的人、财、物等资源，同时也表现在它具备吸纳更多外来的丰富资源的进驻的能力
	韩国的汉城国立大学赵东成教授	开发了适合韩国城市竞争力发展情况的九要素动态理论模型。+ 这九大要素包括物质资源、人力资源和机会要素三大部分
国内	倪鹏飞[③]	提出著名的"弓箭"模型，其中，将人才放在城市硬竞争力的首位。他认为城市产业价值体系的形成与变化中，人力资本是直接投入的要素
	连玉明[④]	投资人力资本对促进经济增长率是有效的，人口增长率的降低和初等教育普及和提高综合作用可提高人均 GDP 增长率

①　龚龙飞. 我国人口红利的嬗变及其对经济增长方式的影响研究［D］. 南宁：广西大学，2017.
②　李煜伟，倪鹏飞，黄士力，等. 教育与城市竞争力的关联性研究［J］. 教育研究，2012（4）：29 - 34.
③　倪鹏飞主编. 中国城市竞争力报告 No. 1［M］. 北京：社会科学文献出版社，2003：47 - 72.
④　连玉明主编. 中国城市蓝皮书四［M］. 北京：中国时代经济出版社，2003.

续表

类型	学者	主要观点
国内	朱妙芬①	从其内涵及构成出发，分析了体现城市竞争力的各类指标中直接和间接地与人力资源的相互关联性
	李涛②	将城市竞争力与人力资本做了比较系统的相关性研究

注：＊ Markusen. A. Stickky. Place in SliPPery SPace：A TyPology of lndustrial Distriets［J］. Eeonomic GeograPhy，1996（72）：259－292.

＊＊ Markku Sotaraura, Reija Linnamaa. Urban Competitiveness and Management of Urban Policy Networks：Some Reflection Tampere and Oulu，Paper presented in Conference Cities at the Millenium，London，England，1999：12－19.

＋ 李兴华. 我国城市竞争力的理论研究与实证分析研究［D］. 厦门：厦门大学，2006.

从以上综述可知，新增劳动力受教育年限与城市竞争力之间的相关性研究，无论在宏观层面还是在微观层面，均是一个比较值得深入研究的课题。探讨和分析新增劳动力受教育年限这一重要的人力资本存量指标在城市竞争过程中的作用，既有助于全面推动、挖掘整个城市人力资本的存量，加大城市人力资本的了解，也对推进其自身的竞争力有益处。

第一节 劳动力素质与城市竞争力相关性分析

一、人力资本投资的构成因素

人力资本投资的构成因素多种多样，这与其投资的行为者密切相关，具体包括国家层面（政府）、社会层面（企业、其他机构）及个人层面（家庭、个体）三个方面。从上述理论分析中可知，人力资本的投资是经教育、培训、社会保障等多种路径来提高人的知识、能力等，从而充分地挖掘或开发每个人的潜力，在未来的发展中可以创造更多的收益或价值的一种投资。目前，这一方面的投资的研究很多，对其构成要素也有很多的分类，贝克尔将这一理论应用于微观家庭行为分析并认为其构成因素包括教育、培训等。而李涛则创造性地建立了"六要素"钻石模型，并详细地分析了六个方面要素。本书在前人对此方面的研究基础上，综合本书的重点，我们重点阐述以下三种要素。

① 朱妙芬. 基于城市竞争力的人力资源战略探讨［J］. 现代管理科学，2003（2）：11－13.
② 李涛. 人力资本投资与城市竞争力［M］. 北京：社会科学文献出版社，2006.

（一） 教育培训

城市新增的人力资本力量不仅指一个城市新的人力资本的数量状况，还包括它的质量。只有质和量都具备充足的力量才能充当城市发展的内在强大动力，为城市未来的发展创造源源不断的价值。而一个城市教育的质量及体系的健全与否直接会影响着城市的人力资本力量。人力资本的实际水平如何一般要在具体的知识、文化、工作技能等方面反映。而这些方面的力量，主要通过教育来获得。教育的投资形式是通过学校教育来获得人力资本，除了基础、初等、高等等不同阶段的正式教育，函授、电视、网络等形式的社会办学也包含在内。通过教育使被投资者掌握一定的知识、技能，获得各方面解决问题的能力。培训投资的目的是为了提高劳动者现在和未来的工作绩效，投资的形式主要有在职训练、职业技术培训等。学校教育形成的人力资本需要通过技能提高来将其转化为城市运转的"润滑剂"。因此，人力资本的内部动力提升，离不开教育与培训的紧密结合。

（二） 科研开发

科研开发也是人力资本投资重要构成因素。大量的科研开发能形成大量的不同形态、不同形式的资本。通过教育和培训的投资，知识积累到一定程度时，就会作为发明、专利、工艺与技术等成果，物化成为研究者的知识产权资本；如果不被物化，就是研究者的人力资本。科研和开发是需要大量投资的高风险、高外部性的经济活动，在城市的竞争中，各级城市对科研开发给予重视，及各方面的投入和补助，能够迅速地增加知识存量，推动城市的科技实力和综合实力的增强。值得注意的是，在激烈的市场竞争中，对科研知识的产权保护是必要的，不仅维持了市场的正常秩序，也提高城市运行绩效和竞争力。

（三） 劳动力迁移

劳动力发生迁移，是由于地区间出现劳动力的供需不平衡和差异引起的社会劳动资源的再配置。地区间和职业间的发生居多。一般来说，这种迁移是有益的。对劳动者个人来说，这种迁移是工作效益最大化的追求、家庭幸福的要求或自我实现的需要；对整个国家社会来说，劳动力迁移总的来说是有益的，不仅能够更好地调剂不同地区的不同需求，还能使劳动者自身的优势得到全面地施展，最大限度地展示人力资本的作用。但这种迁移也有着不利的地方，由于在迁移时需要花费许多成本，如劳动力的资金、时间、信息等成本，政府控制增加的以及其他不确定的一些成本等。只有劳动力在迁移后所得收入可以比原收入及各种成本多时，劳动力才会发生转移，因此，若能够大力投资和分担劳动力迁移的各种费用，将会拥有大量的人力资本，从而产生巨大的经济收益与精神收益，具有重大的现实意义。

二、城市竞争力的影响因素

城市竞争力是个庞大的议题，综述中关于它的因素研究有很多。本书在前人研究的深厚基础上，对城市竞争力的构成因素中政府作用、制度因素、科技创新、产业集聚及人力资本几个构成展开阐释。

（一） 政府作用与制度因素

在市场竞争中，政府充当催化剂的角色。政府的作用在城市中无处不在，包括在地方基础设施建设、企业的发展、生活环境塑造、人才培养、社会秩序的维持、社会保障等各个方面。各层级政府之间的经济政策及其作用是相互影响的，尽管我国各级政府仍存在着职权和分工不明确等问题，但随着政府管理的权力下放，城市将拥有更多的政策话语权。城市政府可以通过制定相应的政策来改善城市竞争中的各种要素。国家政策是统一的，并不是针对某个城市的，由于各层级政府在自身管理范围内制定的政策，每个城市都有自己的特征，会出现政策干扰的现象。因此，如克莱索教授等学者指出政府要适当地给予调控，不能过度，政府内部应该有明确的分权以及分工。

制度是政府作用得以体现的重要方式。制度是分析城市竞争力不同地位的变量之一，学者们的评价框架里几乎都要考虑到这一因素，制度环境影响着一个城市的整体发展和活力。如信任、社会关系网络等因素通过加强成员协作影响企业的经济效率；地方排外自守、行政不廉洁这些现象则会削弱城市的整体力量，因而，整个城市自然不会向上、向更好的方向发展。一个城市制度环境的优越与否对其自身竞争力强弱作用是不可忽视的。

（二） 科技创新

科学技术不仅指科技实力，还有其创新与转化能力等多方面。加之，世界整体化及知识经济和信息技术的推进，科技技术对于城市来说尤为关键。科技创新更是一个城市竞争力的关键环节，关联着其内外发展动力的强弱。世界各国、各地区、各城市都在将科技创新作为竞争力的核心，科技创新几乎成为竞争力的代名词，成为推动新一轮经济增长的动力，其对城市的竞争力影响很大。科技的开发、创新和科技在城市生产中的广泛应用，发挥着巨大的带动效应。一方面，是通过科技开发、创新，改善了城市的各种生产要素，使企业的生产技术和劳动生产率提高，还能节约产品成本，资源也能获得合理的利用，进而保障其经济、产业有序最优开展。另一方面，技术的应用将科研开发、创新产业化，使城市获得垄断优势的资源和产品，扩大了城市产业产品的市场占有率，使其对城市的价值体系有了实际的转变。此外，科技创新还可以衍生新的产业，带动新的价值资源。科技是第一生产力，科技创新对城市发展的重要程度不言而喻，可以说是重中之重。

（三）产业聚集

城市是产业的空间集聚，产业的分布与构成决定了经济的格局。产业集群（Industrial Cluster）是由波特提出，经过深入世界各个国家的调查，选择 10 个样本国家，这些国家都是工业化发展的典型，结果发现集聚是一个普遍的情况。它是产业结构的优化和升级。产业集群是在一个特定的范围，有一个主导性产业，许多基于互补性和共通性而彼此有机牵连的组织或企业及支持机构的集合，这一集合会给这些组织或机构带来持续性的竞争优势，形成强有力的产业竞争能量和助力。这一集合过程就是产业聚集。产业集群主要增强各个产业的内部生产率；吸引相关企业加入；刺激新企业的出现与成长三种方式来影响城市竞争力，通过专业分工、社会协作提高生产率，增加企业的创新能力，获得竞争优势，形成上述的集群效应，刺激新企业的衍生。对产业集群的整理、分析、研究，特别是系统化、体系化的建立尤为重要。产业集群从多方面影响着产业的生产和交易成本，进而影响城市的价值收益状况，不仅能够大大减少各个企业原有交易中的运送及放置费用，而且让买方得到来自供给商的帮忙与协助。企业和产业间分享知识技术创新的效益，增强了自身的竞争力，并将其效益辐射到城市、区域、全国乃至世界。伴随城市竞争的日趋火热，产业集群会变成其自身经济和产业发展新的主要组织形式。所以，如果能够好好的将产业集群模式的优势及辐射功能加以利用与把握，对城市的产业、经济都会十分有益，从而增强城市的竞争力。当前国内长三角、珠三角和环渤海等产业群就在发挥这一因素的辐射功能，带动当地乃至全国的经济增长。

（四）人力资本

一个城市的人力资本规模及变动，会引起这个城市企业财富的创造能力的变化。城市的常住及劳动力就业人口是城市企业创收的前提和基础。人力资本的差异会演变成城市之间的差异，因此，它会成为城市的重要因素和影响构成因素。我们假设一个城市的其他要素条件同样充足、无明显差异，那么其对人力资本的投资与这个城市的产业规模大小成正比。人力资本的影响体现在劳动力的整体素质、供给成本、技术熟练程度等方面。其增值空间远远大于物质资本，随着知识经济和信息时代的到来，将更加注重城市的配置及调整、企业的应变等能力，而这些都有赖于并通过人这一载体能动地表现出来，人力资本，它是"活资本"，它拥有这种能力，将有着巨大的增值潜力。目前我国的人力资本情况正在提高但还是低于世界水平，且还存在着地域、城乡等差异，这一情况必然会牵绊着城市的整体发展及竞争。此外，城市人力资本配置状况是否合理，也会影响劳动力的生产积极性及效率，这将不利于城市的竞争，如图5-1所示。

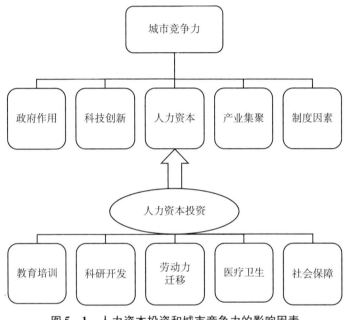

图5-1 人力资本投资和城市竞争力的影响因素

三、人力资本投资对城市竞争力的作用机理

（一）教育的人力资本价值分析

教育一直被视作人力资本投资的重要途径。可以说，对教育与经济增长的研究直接引发了人们对人力资本理论的探究，而这些研究多认为人力资本是对劳动者投资的结果，这些投资中教育是最重要的方式。教育有家庭教育、正规的学校教育以及成人教育多种。家庭教育投资对其的影响表现在：家庭有意识地培养孩子的各项初步能力，既提高了孩子的人力资本（能力）；投资可以加快人力资本提升的速度。正规的学校教育包括初等、中等和高等教育三阶段。初等教育是累积铺垫阶段。中等教育阶段，是对人力资本一个强化阶段，在这一阶段，接受专业化的教育，形成某一方面的优势人力资本。高等教育阶段是人力资本积累的深

化阶段，进一步往专业化方向发展，使受教育者成为更加符合社会需要的人才。学校教育对人力资本价值的作用，一方面，表现在通过教育提高了人的知识量，获得更多的文化知识，增加了自身的学习能力，另一方面，表现在提高劳动生产率和收入水平。而成人教育则为未能接受高等教育的人提供多种形式的教育，使其人力资本含量在不同程度上得到提高，其作用也不容小觑。教育投资为国家、社会、家庭培养了不同层次的劳动力和各级人才，产生的巨大人力资本价值具体表现在：第一，提升了劳动力的知识与技能，增强了人力资本的存量，进而生产效率改善。第二，提高技术水平和熟练程度，物质要素使用效率的提高和改善，并能够能动的将其合理的优化配置。第三，提高了劳动者自身的素质，包括劳动者的职业素养、职业责任感、自我管理和监督能力的增强，使管理水平得到提升，从而产生显著的经济效应和社会收益。

正如舒尔茨曾说过："如果要国家人民致富，最重要的其实不是给他一些物质资本比如房子、耕地，更重要的是能够让人民接受教育，提高素质。"① 这说明了教育是最有效也是最直接的知识革命，能促进经济的增长。教育投资也是一种周期比较长的投资，依附于人身，通过知识和技术积累的转化和扩散在未来某一条件下发挥其内在的具有强大的生产能力的价值。目前我国正加速人力资本的投资，其质量也在不断提升，随着社会的发展对人才劳动力量，特别是对质量的需求，教育投资所累积在人身上的相关知识技能将成为社会的能源站。

通过教育形成的资本，它还会对不是通过教育形成的其他形式的人力资本产生作用，因此，一般会用教育资本来衡量人力资本。人力资本存量，它是一个地区的劳动力所拥有的人力资本的整合，由于概念本身就很抽象，导致对它的测算方法研究，到目前为止没有统一的标准，目前学者们较为认可并广泛采用的人力资本存量指标是受教育年限。具体的测算方法即等于劳动力的人口数量乘以平均受教育年限。其他学者关于受教育年限的测算方法，笔者在导论部分已经列出，这里不再赘述。本书关于该变量的计算会在第四部分详述。人力资本水平高能够演变成强大的优势，这种优势是能持久存在的。因此，城市的劳动者构成状况直接影响着其竞争力，而受教育年限能体现劳动力的基本教育状况和水平。本书将从新增劳动力的受教育年限角度来探讨其与城市竞争力的关系。

（二）人力资本投资对城市竞争力的作用

1. 人力资本投资可以优化城市资本

资本是城市获取竞争力的重要力量，不仅仅是盘活整个城市各项资源和要素系统的关键，其本身也是一种要素、资源。一个城市的资本畅通和把控关联着整

---

① ［美］舒尔茨. 论人力资本投资［M］. 吴珠华，等译. 北京：北京经济学院出版社，1990.

个城市的发展，比如，其产业集聚和升级、技术进步和创新、就业等各个方面。随着经济的增长，由物质资本的不断投资而获得生产的增长已不适应当前经济的要求，与生产力相匹配的高素质人力资本可以弥补物质资本投入中的不足，培养与社会、当前经济发展相匹配的人力资本可以使城市的各项资本得到优化。这一优化可以从以下三点内容看出。第一，增强城市资本的使用率。通过让劳动者获得知识的增多来丰富他们自身的内涵，进而增强城市的人力资本力量，不仅对其本身素质的提高有益，而且他们会将这一进步应用到具体的生产劳作中，使原有生产的效率和产出量提升，创造更多的附加产品。此外，也为各行各业产出所需的人才。第二，能够帮助城市吸纳更多的资本。人力资本的投资增强一个城市资本的使用效率，自然会将更多的资本吸纳到这个城市的各个行业，这样不仅节省了投入，也提高了收益。出于这个目的也应该要加大这一投入。第三，弥补竞争时各要素不足的状态。城市的发展主要是依托自身的先天资源和要素进行的，而所谓的竞争即是这些要素的竞争，不同城市的不同要素，不同使用、配置方式，会影响到竞争中的局面。资源紧缺就可能会限制城市进一步发展，而对人力资本的投资能够通过培养出高素质的专业型人才，补充城市先天的不良条件，用知识改进生产方式提高生产技术和生产率，增加资源的投入产出率，使资源往最有效的使用方向流动，起到吸引和汇集要素实现合理最优的流动效果。

2. 人力资本投资可以促进城市科技进步

上述因素分析中，科技创新作为竞争力的核心，几乎成为竞争力的代名词。科技的开发、创新和科技在城市生产中的广泛应用，发挥着其巨大的带动效应。而一切科技、所有的创新都离不开人，人是知识和科技的承载者，通过拥有的知识创造新的技术并传播和应用技术所产生的价值。对人力资本地加大投资能够使城市中的物质要素和人力要素得到充分地契合和改进。首先，通过强化城市对人力的教育和培训支撑力度，获得大量高水平的劳动力，再进行大量的科技创新。其次，这一投资的增加推进了科技结果的转化。高素质人力资本可以不停创造新的知识和技能，并把这些知识和技能应用到城市生产和发展的各个角落，使其成为内在的能源，成为城市创新和发展的主力，为城市带来更多的新鲜血液。如果一个城市的人力资本投资多，这个城市相应的知识存量也会增大，通过人力资本的应用和实践，会产生更多的知识积累，从而产生更多的科技创新成果。反之，如果投资少，则会引起城市技术创新不足，知识和技术转化受限等问题的出现。

3. 人力资本投资可以提升城市产业和企业竞争力

一个城市的产业状况及其整个产业的带动实力既是城市的重要构成要素，又能够很好地反映其整体实力的代表性要素。城市的发展以人为载体，城市的劳动力是产业发展的关键和主要要素，劳动力的质量和水平直接影响着产业的生产效率和技术水平，因此，它的提高依赖于人力资本的总体存量与质量。不同存量与质量的人力资本进入产业，效果不同，质量高的能够吸纳各种优势资源，为产业发展添砖加瓦，而存量与质量低的则不具备强有力的吸引力，且前者会渐渐具备自身的产业优势和系统，产生相关产业的集聚效益，如密集型或是高技术产业易于产生集聚的现象。与此同时，这种知识的替代和转化能够使城市形成新的产业。城市的产业发展各有不同，一般主要是与其所拥有的先天要素及市场供求状况有关。而这些是能经过调整不断改良的，增加对人力资本投资，即能够有效的提升产业的载体——劳动者的综合素质，通过知识和技术，改变、调控现有的供求结构，再去开拓新的需求，促进新产业的形成。

企业就是城市这一庞大系统的一个最基本但又不可或缺的成分。其得以运转的资源主要包括了物质资源和人力资本两部分内容，企业的各要素的相互运作使其不断产生价值，而这也是一个城市得到发展的主要路径。因此，企业与城市的竞争力的大小息息相关，而企业竞争力是内部资源有效整合而形成的，企业所需的人、管理等是支持其发展的关键成分，而这些要素要通过努力地学习和培养才能拥有和增强。那么就需要增加对人这一载体的投入。促使企业人力资本的各要素不断地完善，实现最优化的要素整合，累积形成企业自身的发展能力，提高其要素调配、市场拓展能力，加强核心的竞争力。

4. 人力资本对城市竞争力的作用模型及分析

基于波特的国家竞争力模型，赵成东教授提出的新的竞争力模型，该模型将城市资源分为物质资源要素和人力资源要素两种，将人力资本置于显著地位，并找到了城市竞争力的内在和主要因素。在这个模型中，他提出了四种物质要素资源（要素禀赋、需要条件、相关与支持性产业、商业要素）和四种人力资本要素（劳动者、政治家与行政人员、企业家、职业经理人与各类专家），这八种要素和机会要素构成九要素动态理论模型，九要素动态理论模型中的各种要素相互作用、相互影响，环境的变化对这些要素产生的影响渗透于城市不同的历史时期和发展过程。第一阶段，城市有着充足的劳动力和天然资源。第二阶段，政治家和行政人员对城市经济的发展发挥着决定性的影响。第三阶段，企业家已经上升成为"焦点"。第四阶段，优秀的管理者和专家加盟已经成为维持竞争力的重要环节。四个阶段每个阶段都有一个起主要作用的人力资本，四类人力资本的作用也有所不同。模型中有五个构成因素包括三个方面，第一层次是政府作用和制度环境基础设施因素（政府作用和制度环境）；第二层次是科技创新、企业发展和产业结构为三大因素；第三层次指内在性因素，即人力资本。三个层次形成了图5-2的动态作用模型。赵成东教授所建的这一模型，其研究针对发展中国家和地区。因此对本书有一定的参考与借鉴意义。

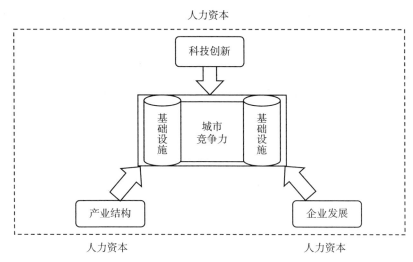

人力资本

图5-2　人力资本对城市竞争力的影响因素的作用模型

四、城市竞争力对人力资本投资的影响

（一）城市竞争力为人力资本投资的实现提供相配套的基础设施和经济支持

不论通过什么途径的投资，都需要城市为其提供一定的人、财、物等各种资源上的支持。如教育、培训等实施时所需要的各种物品和设施。人力资本投资的发展水平如何要看城市发展到什么样的水平，反之，只有后者发展到什么程度，才能为前者的发展提供经济条件、物质技术条件等方面的相关支持，同时后者也对人力资本提出了相应的要求，社会方面要求人力资本投资要为城市的发展提供合格的、结构合理的充足劳动力以保证城市竞争力的提高。但如果二者发展不协调，城市的发展不能满足人力资本投资的需求，人力资本投资不能达到社会发展的要求或是效果尚未形成，那反过来会阻碍城市竞争力。

（二）城市竞争力影响着人力资本投资的水平和规模

城市竞争力水平还决定了其所能给予投资的剩余劳动力人口的数量。他们中的一部分可以进行学习，接受教育和培训。城市竞争力水平低下，不可能让更多的劳动力去接受教育和培训，影响城市的人口受教育程度，城市的教育发展规模就会受到限制。同时城市竞争力水平影响人力资本投资水平，一般来说，竞争力高的城市，在教育、培训等方面的投资支出数量都会较之竞争力低得多，且占经济指标的比重也会提升。在竞争力较高的城市，往往开办各种高等教育、职业技术学校、半工半读等各种形式的学校，以教育、培训为主的人力资本投资体系较为完备。

第二节 劳动力素质与城市竞争力的实证研究

一、样本城市选择和说明

珠三角地区城市群，是中国三个特大城市群之一，是最具活力的经济区之一，被誉为中国的"南大门"。珠三角地区以广东 30% 的人口，创造着全省范围内 77% 的生产总值。离纲要目标越来越近。本书讨论的是"小珠三角"，即我们通常说的珠三角地区。不包括两个特别行政区，现在的"珠三角"已由最初的十几个中小城市调整扩大到珠江沿岸的九个城市组成的区域，就是我们所熟知的"珠三角经济区"（"珠三角"）。① 这九个城市，即除港澳以外的广州市、深圳市、珠海市、东莞市、江门市、惠州市、中山市、佛山市和肇庆市等城市。考虑到各个城市的相关指标统计口径不一，同时也方便下面的实证统计，因此本研究选择了广州市、深圳市、珠海市、东莞市、江门市五个城市来进行，所选的五个城市的基本情况如表 5-2 中所示。

表 5-2 珠三角地区五个城市的基本情况表

城市	位置	人口	概况
广州市	珠三角北部，广东中南部，临南海	常住 1 308.05 万人	中心城市，2014 年地区生产总值达 16 706.87 亿元，其中，工业仍为基础产业、第三产业不断发展。省内领先
深圳市	珠三角东岸	常住 1 077.89 万人	第一个经济特区，2014 年，本地生产总值 16 001.98 亿元。城综合竞争力内地第一
东莞市	广东中南部，广州和深圳中间	常住 834.31 万人	东莞经济总量规模逐年变大。2014 年，生产总值达 5 881.18 亿元，主要以制造业为主，规模庞大，产业体系完备
珠海市	广东南部；与香港、澳门相连接	常住 161.42 万人	花园式的海滨城市；2014 年，地区生产总值 1 857.32 亿元，外商投资的热点城市之一

① 贺建风. 珠三角城市群形成与空间结构演变研究 [J]. 现代商业，2007 (14)：180-181.

续表

城市	位置	人口	概况
江门市	广东中南部，珠三角西侧	常住451.14万人	"侨乡" 2014年地区生产总值2 082.76亿元

资料来源：广州市统计局 http：//www. gzstats. gov. cn/.
深圳市统计局 http：//tjj. sz. gov. cn/.
东莞市统计局 http：//tjj. dg. gov. cn/website/web2/main. jsp？parentcolumnId = 1000.
珠海市统计局 http：//www. stats-zh. gov. cn/.
江门市统计局 http：//www. jiangmen. gov. cn/szdwzt/jmtjj/.

二、研究假设

我们先给出以下假设：

假设1 假设城市的产业竞争力和科技竞争力即是城市竞争力，城市产业发展的收益和科技创新收益是城市经济收益的主体部分，城市拥有产业集聚优势，能够帮助其竞争力的提升。

假设2 产业发展与科技创新情况都是城市竞争力的构成要素。城市的发展以人为载体，城市的劳动力是产业发展和科技创新的关键，劳动力的质量和水平直接影响着产业的生产效率和科技创新水平，而劳动力受教育年限影响，可以反映一个城市劳动力的质量和水平。

假设3 一个城市每年新增的劳动力不仅包括16岁以上在本市及其他城市前来就业的毕业生，还包括其他达到年龄的劳动力人口。考虑到城市人口的流动性及不确定性，加之统计数据的复杂性，本书假设16～25岁的毕业学生人数作为统计对象来计算一个城市的新增劳动力人数及其受教育的年限。

三、变量说明

（一）新增劳动力受教育年限

人均受教育年限是指"某一人口群体人均接受学历教育的年数"，[①] 其测算的方法是用相应的受教育程度加权求和，再除以对应的总人口数，这一指标可用以衡量群体总体的教育水平，这种方法在综述中有很多学者已经采用，它是目前最广泛采用的人力资本水平测量代理变量。用受教育的年数代表人力资本存量，

[①] 国家统计局人口，社会科技统计司. 中国人口统计年鉴 [M]. 北京：中国统计出版社，2004：302.

这是将受教育的年数看作是人力资本的输出。本书的研究变量新增劳动力平均受教育年限指的是 16~25 岁初次进入劳动力市场人口的接受学历教育的年限。学历教育指普通和成人学历教育，它包括小学、初中、高中、中职、技工学校、大学专科、大学本科和研究生，笔者通过对各个城市的统计年鉴进行检索，发现各个城市对研究生毕业生人数的统计口径不一样。因此，本书的各级学历年限按照小学 6 年，初中 9 年，高中 12 年，大学专科、本科 16 年进行计算。计算公式如下：

$$新增劳动力平均受教育年限 = E/P$$

E：16 岁以上初次进入劳动力市场人口的受教育年限总和；

P：16 岁以上初次进入劳动力市场的人口数

计算方式：

E = 初中、中职、技工学校、高中、大专、本科毕业生人数乘以各自的学历年数的总和；

P = 初中、中职、技工学校、高中、大专、本科毕业生人数和。

（二）城市竞争力指标的选择

科技竞争力是城市竞争力的核心指标，一个城市未来的发展在很大程度上由它的科技水平决定和影响，同时它也代表着该国家的创新能力如何。因此，城市科技竞争力受到特别的重视和大力支持。科技竞争力的指标应该是那些可以最大限度地反映和代表城市的科技水平的。而科技的产出即是其中一个可权衡科技程度的主要指标。本书采用了发明专利申请授权量、专利授权量、研发经费支出、高新技术企业家数量 4 个子指标来衡量城市的科技竞争力水平。前两个指标是国际都认可的，可以表现出一个城市和区域总体科技水平，是科技综合力量的体现；后两个指标则能够直接表示科技成果投入和转化得到的效益，体现了其转化能力。

产业竞争力亦是反映城市竞争力的重要指标。产业结构指产业之间的比例关系，它是随社会发展不停地向上朝更好的方向变化的。其演化的动力主要是生产力的发展，即技术进步导致主导产业的不断更替和产业间比例的变化。城市的发展有赖于产业为其创造的大量的价值。不同的城市产业发展状况不一，结构不尽相同，而产业结构对产业的发展起决定性作用，因此优化产业结构对城市经济发展具有十分重要的意义。本书采用第一、第二、第三产业增加值、总产值、人均GDP、规模以上工业增加值 6 个指标来衡量城市的产业竞争力水平。三大产业的增加值这 3 大指标能代表城市产业的发展水平和结构状态，第 4 个指标代表的是城市总的经济水平，而人均 GDP 指标表示的是城市各产业的人均状况，第 6 个指标则代表了产业的产出程度。以上这 6 个指标在不同方面反映着城市和地区的产业情况。城市中拥有大量各级的人力资本，而较高素质的人力资本更容易集聚形成产业的竞争优势，如北京的中关村聚集了大量的 IT 人才。因此，本书还选择产业竞争力的某些指标，并将新增劳动力受教育年限与其进行相关分析。

四、数据来源、收集及处理

（一）　数据来源

本书将五个城市的新增劳动力平均受教育年限与城市竞争力的十大指标展开研究，这些指标分别是：X1 第一产业增加值（亿元）；X2 第二产业增加值（亿元）；X3 第三产业增加值（亿元）；X4 总产值（亿元）；X5 人均 GDP（元）；X6 规模以上工业增加值（亿元）；X7 专利申请受权量（项）；X8 专利授权量（项）；X9 研发经费支出（亿元）；X10 高新技术企业数量（家）；X11 新增劳动力受教育年限（年）。

新增劳动力受教育年限的数据来自广东省统计年鉴、国民经济和社会发展公报和第六次人口普查数据公报，五大城市 2009—2014 年的统计年鉴及其国民经济和社会发展公报。对新增劳动力受教育年限这一变量是将对五大城市的年鉴和公报中 6 年来关于学历教育的毕业生人数数据代入上述公式中计算得出。

城市竞争力相关指标数据来源于 2009—2014 年五大城市的统计年鉴、科技发展报告和城市国民经济和社会发展公报。

（二）　数据采集及处理

通过对五大城市 2009—2014 年 6 年的统计年鉴及各市的国民经济和社会发展公报的查找，得到反映珠三角地区五大城市科技投入和产业产出、产业产值的测度的指标数据及新增劳动力平均受教育年限数据，以下是珠三角地区五大城市竞争力十大指标及新增劳动力的平均受教育年限原始数据，统计详情如表 5 - 3 所示。

表 5 - 3　　　　　　珠三角地区五大城市相关指标原始统计数据

广州市						
指标＼年份	2009	2010	2011	2012	2013	2014
X1（亿元）	172.28	188.56	204.54	213.76	228.46	237.52
X2（亿元）	3 405.16	4 002.27	4 576.98	4 720.65	5 227.34	5 606.41

广州市						
指标 \ 年份	2009	2010	2011	2012	2013	2014
X3（亿元）	5 560.77	6 557.45	7 641.92	8 616.8	9 964.34	10 863
X4（亿元）	9 138.21	10 748	12 423	13 551.21	15 420.14	16 707
X5（元）	79 383	87 458	97 588	105 909	119 695	127 723
X6（亿元）	3 107	3 573.32	4 008.38	4 090.62	4 449.11	5 075.41
X7（项）	16 530	20 803	28 097	33 387	39 751	46 330
X8（项）	11 095	15 091	18 346	21 997	26 156	28 137
X9（亿元）	—	192.43	238.06	262.87	292.07	985.43
X10（个）	1 291	1 411	1 218	1 280	1 356	1 662
X11（年）	13.27	13.22	12.99	13.46	13.22	13.46

深圳市						
指标 \ 年份	2009	2010	2011	2012	2013	2014
X1（亿元）	6.69	6.47	6.55	6.3	5.25	5.29
X2（亿元）	3 827.08	4 523.37	5 343.32	5 737.64	6 296.85	6 823.05
X3（亿元）	4 367.56	5 051.67	6 155.65	7 206.12	8 198.14	9 173.64
X4（亿元）	8 201.32	9 581.51	11 506	12 950.06	14 500.23	16 002
X5（元）	2 918	94 296	110 387	123 247	136 947	149 497
X6（亿元）	3 429.9	4 092.63	5 228.78	5 091.42	5 695	6 501.06
X7（项）	42 279	49 430	63 522	73 130	80 657	82 254
X8（项）	25 894	34 951	39 363	48 662	49 756	53 687
X9（亿元）	296.56	333.31	416.14	488.37	584.61	—
X10（个）	3 086	3 234	2 543	1 359	1 461	2 073
X11（年）	—	10.94	10.83	10.92	10.89	11.79

珠海市						
指标 \ 年份	2009	2010	2011	2012	2013	2014
X1（亿元）	28.82	32.36	36.55	39.02	43.11	48.79
X2（亿元）	543.96	662.01	764.41	776.36	849.05	939.04

续表

	珠海市					
指标 \ 年份	2009	2010	2011	2012	2013	2014
X3（亿元）	465.88	514.23	603.98	688.38	770.21	869.49
X4（亿元）	1 038.7	1 208.6	1 404.93	1 503.76	1 662.38	1 857.32
X5（元）	68 042	77 888	89 794	95 471	104 800	115 900
X6（亿元）	478.55	615.38	710.76	755.54	744.99	828.43
X7（项）	2 779	3 554	5 594	7 097	8 017	8 998
X8（项）	2 008	2 768	3 690	4 936	4 805	6 258
X9（亿元）	296.56	333.83	416.14	488.37	584.61	423.9
X10（个）	240	237	197	285	335	346
X11（年）	12.52	12.32	12.47	12.16	12.79	12.86

	东莞市					
指标 \ 年份	2009	2010	2011	2012	2013	2014
X1（亿元）	14.79	16.57	17.88	18.76	20.09	20.84
X2（亿元）	1 823.08	2 160.82	2 366.2	2 375.64	2 518.88	2 697.9
X3（亿元）	1 926.04	2 069.07	2 351.32	2 615.78	2 951.06	3 162.44
X4（亿元）	3 763.91	4 246.45	4 735.39	5 010.17	5 490.02	5 881.18
X5（元）	48 988	52 798	57 470	60 557	66 109	70 604
X6（亿元）	1 453.37	1 708.31	1 642.45	1 978.13	2 425.62	2 593.54
X7（项）	19 106	21 654	24 500	29 199	29 012	28 431
X8（项）	12 918	20 397	19 400	20 900	22 595	20 336
X9（亿元）	41.38	51.67	71.62	83.02	109.93	71.52
X10（个）	246	334	412	526	666	755
X11（年）	10.83	10.68	10.75	10.88	10.89	10.94

	江门市					
指标 \ 年份	2009	2010	2011	2012	2013	2014
X1（亿元）	117.03	117.03	138.36	149.51	158.81	168.14
X2（亿元）	777.45	872.21	997.27	960.82	1 013.03	1 024.47

江门市						
指标 \ 年份	2009	2010	2011	2012	2013	2014
X3（亿元）	459.08	581.18	695.01	770.06	828.34	890.15
X4（亿元）	1 340.88	1 570.42	1 830.64	1 880.39	2 000.18	2 082.76
X5（元）	30 999	35 622	41 063	42 028	44 546	46 237
X6（亿元）	700.75	829.69	1 130.48	1 432.62	1 634.62	1 793.18
X7（项）	4 916	5 845	7 697	8 163	8 439	8 345
X8（项）	3 450	5 418	5 226	5 283	5 345	5 534
X9（亿元）	13	15.24	22.83	28.1	32.14	22.26
X10（个）	231	256	103	137	177	173
X11（年）	10.92	10.6	10.92	11.05	11.07	10.95

五、数据处理结果

（一）不同城市的城市竞争力差异

1. 不同城市产业竞争力之间差异

五个城市产业竞争力的基本情况如表 5-4、表 5-5 及图 5-3 所示。从它们的均值和标准差数据来看，五个城市的产业竞争力从高到低的排列顺序分别是广州市、深圳市、珠海市、东莞市、江门市，这一结果可能存在误差，可能是抽样上也有可能是数据上的问题导致，那么城市之间的产业竞争力情况是否真的是这样，我们再进行方差分析，从方差分析的结果中可以看出，在产业竞争力上，广州市和珠海市、东莞市以及江门市之间存在显著的差异，广州市的城市产业竞争力比这三个城市要高，还可以得出，深圳市的产业竞争力也与珠海市、东莞市、江门市存在显著差异，且高于这三个城市。未得出广州和深圳的差异关系。

表 5-4　　　　　不同城市之间产业竞争力之间差异的描述统计

城市	N	均值	标准差
广州市	6	22 167.6706	4 152.83641
深圳市	6	22 022.5572	9 829.18174
珠海市	6	15 927.2219	3 029.73710

续表

城市	N	均值	标准差
东莞市	6	11 849.4917	1 682.25502
江门市	6	7 484.4322	1 120.41033
总数	30	15 890.2747	7 473.18371

表 5 - 5　　　　　　　　不同城市之间产业竞争力差异的方差

	自由度（df）	均方	F	显著性	事后比较
组间	4	245 997 102.063	9.676	0.000	1 > 3, 4, 5
组内	25	25 424 694.398			2 > 3, 4, 5
总数	29				3 > 5

注：1 代表广州；2 代表深圳；3 代表珠海；4 代表东莞；5 代表江门。

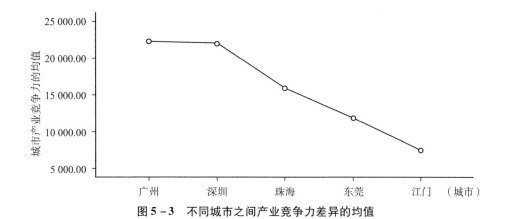

图 5 - 3　不同城市之间产业竞争力差异的均值

2. 不同城市科技竞争力之间差异

五个城市科技竞争力的基本情况如表 5 - 6、表 5 - 7 及图 5 - 4 所示。从它们的均值和标准差数据来看，五个城市的科技竞争力从高到低的排列顺序分别是广州市、深圳市、珠海市、东莞市、江门市，这一结果可能存在误差，可能是抽样上的也可能是数据上的问题导致，那么城市之间的科技竞争力情况是否真的是这样，我们再进行方差分析，从方差分析的结果中可以看出，在科技竞争力上，深圳市与广州市、珠海市、东莞市和江门市之间是存在显著差异的，深圳市的城市科技竞争力比其他四个城市的都要高，还可以得出，深圳市的科技竞争力也与珠海市、江门市存在显著差异，其科技竞争力高于后两个。

表 5 - 6 不同城市之间科技竞争力差异的描述统计

城市	N	均值	标准差
广州市	6	13 179.2930	4 521.96496
深圳市	6	27 495.1579	6 596.06982
珠海市	6	2 695.3088	1 037.17788
东莞市	6	11 325.6725	1 856.04253
江门市	6	3 119.6488	528.03365
总数	30	11 563.0162	9 795.05478

表 5 - 7 不同城市之间科技竞争力差异的方差

	自由度（df）	均方	F	显著性	事后比较
组间	4	609 642 767.581	44.334	0.000	2 > 1, 3, 4, 5
组内	25	13 751 151.113			1 > 3, 5
总数	29				4 > 3, 5

注：1 代表广州；2 代表深圳；3 代表珠海；4 代表东莞；5 代表江门。

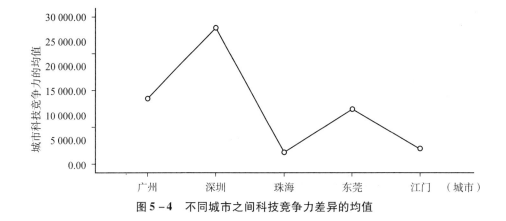

图 5 - 4 不同城市之间科技竞争力差异的均值

3. 不同城市的城市竞争力之间的差异

五个城市的城市竞争力的基本情况如表 5 - 8、表 5 - 9 及图 5 - 5 所示。从它们的均值和标准差数据来看，五个城市的竞争力从高到低的排列顺序分别是广州市、深圳市、珠海市、东莞市、江门市，这一结果可能存在误差，可能是抽样上的也有可能是数据上的问题导致，那么城市之间的竞争力情况是否真的是这样，我们再进行方差分析，从方差分析的结果中可以看出，在城市竞争力上，深圳市与广州市、珠海市、东莞市和江门市之间是存在显著差异的，深圳市高于广州市，广州市高于珠海市，珠海市比江门市要高。

表 5 – 8 不同城市之间城市竞争力之间差异的描述统计

城市	N	均值	标准差
广州市	6	17 673.4818	4 336.41164
深圳市	6	24 758.8576	8 084.08564
珠海市	6	9 311.2653	2 028.74390
东莞市	6	11 587.5821	1 707.24529
江门市	6	5 302.0405	817.81314
总数	30	13 726.6455	7 994.12553

表 5 – 9 不同城市之间城市竞争力之间差异的方差

	自由度（df）	均方	F	显著性	事后比较
组间	4	348 498 545.374	18.970	0.000	2 > 1 > 3, 4, 5
组内	25	18 371 242.630			3 > 5
总数	29				

注：1 代表广州市；2 代表深圳市；3 代表珠海市；4 代表东莞市；5 代表江门市。

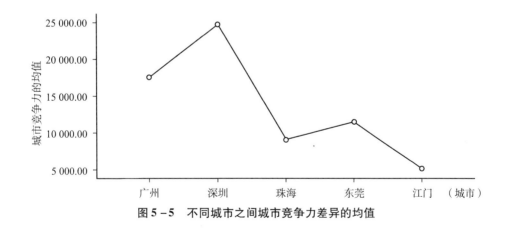

图 5 – 5 不同城市之间城市竞争力差异的均值

（二）不同城市之间新增劳动力受教育年限差异

表 5 – 10、表 5 – 11 及图 5 – 6 为 2009—2014 年五个城市的新增劳动力受教育年限的基本情况。从它们的均值和标准差数据来看，五个城市的竞争力从高到低的排列顺序分别是广州市、深圳市、珠海市、东莞市、江门市，这一结果可能

存在误差，可能是抽样上也有可能是数据上的问题导致，那么城市之间的情况是否真的是这样，我们再进行方差分析，从方差分析的结果中可以看出，在新增劳动力受教育年限上，广州市与深圳市、珠海市、东莞市和江门市之间是存在显著差异的，并且年限高于其他四个城市。差异分析结果得不出东莞市和江门市之间的有显著性差异。

表 5 – 10　　　不同城市之间新增劳动力受教育年限差异的描述统计

城市	N	均值	标准差
广州市	6	13.2700	0.17641
深圳市	6	11.0733	0.35993
珠海市	6	12.5200	0.26855
东莞市	6	10.8283	0.09704
江门市	6	10.9183	0.16893
总数	30	11.7220	1.02963

表 5 – 11　　　不同城市之间新增劳动力受教育年限差异之间的方差

	自由度（df）	均方	F	显著性	事后比较
组间	4	7.348	135.695	0.000	1 > 2, 3, 4, 5
组内	25	0.054			3 > 2, 4, 5
总数	29				

注：1 代表广州市；2 代表深圳市；3 代表珠海市；4 代表东莞市；5 代表江门市。

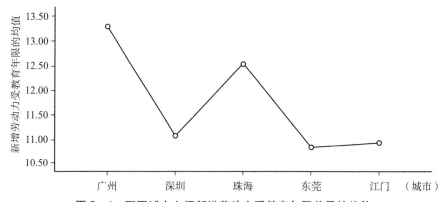

图 5 – 6　不同城市之间新增劳动力受教育年限差异的均值

　　以上是本书对五个城市之间产业、科技竞争力、城市竞争力及新增劳动力受教育年限的各项指标分别进行了描述统计和差异比较的结果呈现。下表是不同城市之间产业竞争力、科技竞争力、城市竞争力及新增劳动力受教育年限之间差异的描述统计及差异统计总表。详见表 5 - 12、表 5 - 13。

表 5 - 12　　不同城市之间城市竞争力及新增劳动力受教育年限之间差异的描述统计总表

竞争力	城市	N	均值	标准差
城市产业竞争力	广州市	6	22 167.6706	4 152.83641
	深圳市	6	22 022.5572	9 829.18174
	珠海市	6	15 927.2219	3 029.73710
	东莞市	6	11 849.4917	1 682.25502
	江门市	6	7 484.4322	1 120.41033
	总数	30	15 890.2747	7 473.18371
城市科技竞争力	广州市	6	13 179.2930	4 521.96496
	深圳市	6	27 495.1579	6 596.06982
	珠海市	6	2 695.3088	1 037.17788
	东莞市	6	11 325.6725	1 856.04253
	江门市	6	3 119.6488	528.03365
	总数	30	11 563.0162	9 795.05478
城市竞争力	广州市	6	17 673.4818	4 336.41164
	深圳市	6	24 758.8576	8 084.08564
	珠海市	6	9 311.2653	2 028.74390
	东莞市	6	11 587.5821	1 707.24529
	江门市	6	5 302.0405	817.81314
	总数	30	13 726.6455	7 994.12553
新增劳动力受教育年限	广州市	6	13.2700	0.17641
	深圳市	6	11.0733	0.35993
	珠海市	6	12.5200	0.26855
	东莞市	6	10.8283	0.09704
	江门市	6	10.9183	0.16893
	总数	30	11.7220	1.02963

表 5 - 13   不同城市的城市竞争力及新增劳动力受教育年限之间差异总表

竞争力		自由度（df）	均方	F	显著性	事后比较
城市产业竞争力	组间	4	245 997 102.063	9.676	0.000	1 > 3, 4, 5
	组内	25	25 424 694.398			2 > 3, 4, 5
	总数	29				3 > 5
城市科技竞争力	组间	4	609 642 767.581	44.334	0.000	2 > 1, 3, 4, 5
	组内	25	13 751 151.113			1 > 3, 5
	总数	29				4 > 3, 5
城市竞争力	组间	4	348 498 545.374	18.970	0.000	2 > 1 > 3, 4, 5
	组内	25	18 371 242.630			3 > 5
	总数	29				
新增劳动力受教育年限	组间	4	7.348	135.695	0.000	1 > 2, 3, 4, 5
	组内	25	0.054			3 > 2, 4, 5
	总数	29				

注：1 代表广州市；2 代表深圳市；3 代表珠海市；4 代表东莞市；5 代表江门市。

（三）城市竞争力各指标和新增劳动力受教育年限的相关研究

1. 广州市城市竞争力的各指标和新增劳动力受教育年限的相关研究

根据对广州市的城市竞争力和新增劳动力受教育年限的描述统计和方差分析结果，我们再将广州市的城市竞争力和新增劳动力受教育年限进行相关性检验，首先用 SPSS20.0 对广州市的城市竞争力各指标和新增劳动力受教育年限的相关数据进行处理，所得的数据结果显示：城市竞争力的十大指标和新增劳动力受教育年限都没有相关性。详细数据结果如表 5 - 14 所示。

表 5 - 14   广州市城市竞争力各指标和新增劳动力受教育年限的相关研究结果

指标		新增劳动力受教育年限
第一产业增加值	相关系数	0.353
	Sig.（双侧）	0.492
	N	6
第二产业增加值	相关系数	0.310
	Sig.（双侧）	0.550
	N	6

指标		新增劳动力受教育年限
第三产业增加值	相关系数	0.413
	Sig.（双侧）	0.415
	N	6
总产值	相关系数	0.385
	Sig.（双侧）	0.452
	N	6
人均 GDP	相关系数	0.409
	Sig.（双侧）	0.420
	N	6
规模以上工业增加值	相关系数	0.362
	Sig.（双侧）	0.481
	N	6
专利申请受权量	相关系数	0.426
	Sig.（双侧）	0.399
	N	6
专利授权量	相关系数	0.403
	Sig.（双侧）	0.428
	N	6
研发经费支出	相关系数	0.558
	Sig.（双侧）	0.250
	N	6
高新技术企业数	相关系数	0.572
	Sig.（双侧）	0.236
	N	6

2. 深圳市城市竞争力的各指标和新增劳动力受教育年限的相关研究

根据对深圳市的城市竞争力和新增劳动力受教育年限的描述统计和方差分析结果，我们再将深圳市的城市竞争力和新增劳动力受教育年限进行相关性检验，用数据分析软件对深圳市的城市竞争力各指标和新增劳动力受教育年限的数据进行相关性检验，所得的数据结果显示城市竞争力的十大指标与新增劳动力受教育年限无相关性。详细数据结果如表 5 - 15 所示。

表 5 – 15　　　深圳市的城市竞争力各指标和新增劳动力受教育年限的相关研究结果

指标		新增劳动力受教育年限
第一产业增加值	相关系数	– 0.528
	Sig.（双侧）	0.282
	N	6
第二产业增加值	相关系数	0.469
	Sig.（双侧）	0.348
	N	6
第三产业增加值	相关系数	0.535
	Sig.（双侧）	0.274
	N	6
总产值	相关系数	0.512
	Sig.（双侧）	0.299
	N	6
人均 GDP	相关系数	0.250
	Sig.（双侧）	0.633
	N	6
规模以上工业增加值	相关系数	0.506
	Sig.（双侧）	0.306
	N	6
专利申请受权量	相关系数	0.361
	Sig.（双侧）	0.482
	N	6
专利授权量	相关系数	0.398
	Sig.（双侧）	0.434
	N	6
研发经费支出	相关系数	– 0.133
	Sig.（双侧）	0.801
	N	6
高新技术企业数	相关系数	– 0.035
	Sig.（双侧）	0.947
	N	6

3. 珠海市的城市竞争力各指标和新增劳动力受教育年限的相关研究

根据前面对珠海市的城市竞争力和新增劳动力受教育年限的描述统计和方差分析结果，我们再将珠海市的城市竞争力和新增劳动力受教育年限进行相关性检验，用数据分析软件对珠海市的城市竞争力各指标和新增劳动力受教育年限的数据进行相关性检验，所得的数据结果显示：城市竞争力的十大指标和新增劳动力受教育年限不相关。详细数据结果如表 5－16 所示。

表 5－16　　　珠海市的城市竞争力各指标和新增劳动力受教育年限的相关研究结果

指标		新增劳动力受教育年限
第一产业增加值	相关系数	0.605
	Sig.（双侧）	0.203
	N	6
第二产业增加值	相关系数	0.528
	Sig.（双侧）	0.282
	N	6
第三产业增加值	相关系数	0.594
	Sig.（双侧）	0.214
	N	6
总产值	相关系数	0.568
	Sig.（双侧）	0.240
	N	6
人均 GDP	相关系数	0.566
	Sig.（双侧）	0.242
	N	6
规模以上工业增加值	相关系数	0.313
	Sig.（双侧）	0.546
	N	6
专利申请受权量	相关系数	0.504
	Sig.（双侧）	0.308
	N	6
专利授权量	相关系数	0.434
	Sig.（双侧）	0.389
	N	6

续表

指标		新增劳动力受教育年限
研发经费支出	相关系数	0.276
	Sig.（双侧）	0.597
	N	6
高新技术企业数	相关系数	0.608
	Sig.（双侧）	0.201
	N	6

4. 东莞市城市竞争力各个指标和新增劳动力受教育年限的相关研究

根据对东莞市的城市竞争力和新增劳动力受教育年限的描述统计和方差分析结果，我们再将东莞市的城市竞争力和新增劳动力受教育年限进行相关性检验，用数据分析软件对东莞市的城市竞争力各指标和新增劳动力受教育年限的数据进行相关性检验，所得的数据结果显示：城市竞争力的十大指标和新增劳动力受教育年限之间并不相关。详细数据结果如表 5 - 17 所示。

表 5 - 17　　　　东莞市城市竞争力各个指标和新增劳动力受教育年限的相关研究结果

指标		新增劳动力受教育年限
第一产业增加值	相关系数	0.644
	Sig.（双侧）	0.168
	N	6
第二产业增加值	相关系数	0.520
	Sig.（双侧）	0.290
	N	6
第三产业增加值	相关系数	0.770
	Sig.（双侧）	0.073
	N	6
总产值	相关系数	0.684
	Sig.（双侧）	0.134
	N	6
人均 GDP	相关系数	0.723
	Sig.（双侧）	0.105
	N	6

指标		新增劳动力受教育年限
规模以上工业增加值	相关系数	0.731
	Sig.（双侧）	0.099
	N	6
专利申请受权量	相关系数	0.663
	Sig.（双侧）	0.151
	N	6
专利授权量	相关系数	0.135
	Sig.（双侧）	0.798
	N	6
研发经费支出	相关系数	0.500
	Sig.（双侧）	0.313
	N	6
高新技术企业数	相关系数	0.747
	Sig.（双侧）	0.088
	N	6

5. 江门市城市竞争力各指标和新增劳动力受教育年限的相关研究

根据对江门市的城市竞争力和新增劳动力受教育年限的描述统计和方差分析结果，我们再将江门市的城市竞争力和新增劳动力受教育年限进行相关性检验，用 SPSS20.0 对江门市的城市竞争力各指标和新增劳动力受教育年限的相关数据进行处理，所得的数据结果显示城市竞争力的十大指标与新增劳动力受教育年限不相关。详细数据结果如表 5 – 18 所示。

表 5 – 18　　江门市城市竞争力各指标和新增劳动力受教育年限的相关研究结果

指标		新增劳动力受教育年限
第一产业增加值	相关系数	0.680
	Sig.（双侧）	0.137
	N	6
第二产业增加值	相关系数	0.462
	Sig.（双侧）	0.357
	N	6

指标		新增劳动力受教育年限
第三产业增加值	相关系数	0.530
	Sig.（双侧）	0.279
	N	6
总产值	相关系数	0.519
	Sig.（双侧）	0.292
	N	6
人均 GDP	相关系数	0.522
	Sig.（双侧）	0.288
	N	6
规模以上工业增加值	相关系数	0.625
	Sig.（双侧）	0.185
	N	6
专利申请受权量	相关系数	0.620
	Sig.（双侧）	0.189
	N	6
专利授权量	相关系数	− 0.043
	Sig.（双侧）	0.935
	N	6
研发经费支出	相关系数	0.727
	Sig.（双侧）	0.102
	N	6
高新技术企业数	相关系数	− 0.636
	Sig.（双侧）	0.175
	N	6

6. 城市竞争力各指标与新增劳动力受教育年限之间的相关研究

通过对五个城市的城市竞争力各指标与新增劳动力受教育年限进行相关性检验，得出的结果是五个城市的城市竞争力各指标与新增劳动力受教育年限之间结果均无相关性。笔者再用 SPSS20.0 数据软件将城市竞争力各指标与新增劳动力受教育年限数据进行总的相关性处理和分析，从城市竞争力各指标与新增劳动力受教育年限相关性分析的结果可以看出：第二产业增加值、第三产业增加值、人均 GDP 值和研发经费支出和新增劳动力受教育年限之间的相关检验 Sig.（双侧）值是 0.002（＜0.01）、0.034（＜0.05）、0.005（＜0.01）和 0.002（＜0.01），说明这四个指标与新增劳动力受教育年限有相关性。且四个指标的相关系数结果是 0.549、0.389、0.501、0.542，表示这四个指标与新增劳动力受教育年限显著相关。城市产业竞争力与新增劳动力受教育年限之间的相关性 p 值是 0.008（＜0.01），相关系数是 0.478，说明二者显著相关，如表 5－19 和表 5－20 所示。

表 5－19　　　　城市竞争力各指标和新增劳动力受教育年限的相关研究结果

指标		新增劳动力受教育年限
第一产业增加值	相关系数	0.158
	Sig.（双侧）	0.404
	N	30
第二产业增加值	相关系数	0.549 **
	Sig.（双侧）	0.002
	N	30
第三产业增加值	相关系数	0.389 *
	Sig.（双侧）	0.034
	N	30
总产值	相关系数	0.313
	Sig.（双侧）	0.092
	N	30
人均 GDP	相关系数	0.501 **
	Sig.（双侧）	0.005
	N	30
规模以上工业增加值	相关系数	0.122
	Sig.（双侧）	0.521
	N	30
专利申请受权量	相关系数	－ 0.129
	Sig.（双侧）	0.496
	N	30

续表

指标		新增劳动力受教育年限
专利授权量	相关系数	-0.167
	Sig.（双侧）	0.379
	N	30
研发经费支出	相关系数	0.542**
	Sig.（双侧）	0.002
	N	30
高新技术企业数	相关系数	0.065
	Sig.（双侧）	0.732
	N	30
城市产业竞争力	相关系数	0.478**
	Sig.（双侧）	0.008
	N	30
城市科技竞争力	相关系数	-0.137
	Sig.（双侧）	0.472
	N	30
城市竞争力	相关系数	0.140
	Sig.（双侧）	0.461
	N	30

注：** 表示 $p < 0.01$。

表 5-20　　城市竞争力各指标与新增劳动力受教育年限之间的相关研究结果

指标	新增劳动力受教育年限	指标	新增劳动力受教育年限	指标	新增劳动力受教育年限
第一产业增加值	0.158	规模以上工业增加值	0.122	高新技术企业数	0.065
第二产业增加值	0.549**	专利申请受权量	-0.129	城市产业竞争力	0.478**
第三产业增加值	0.389*	专利授权量	-0.167	城市科技竞争力	-0.137
总产值	0.313	研发经费支出	0.542**	城市竞争力	0.140
人均 GDP	0.501**				

注：* 表示 $p < 0.05$；** 表示 $p < 0.01$。

第六章
高等教育与城市竞争力的相关性研究[*]

综合高等教育与城市发展的互动关系理论分析，本章将对高等教育发展水平与城市竞争力的相关性进行数据呈现，以期更直观的了解高等教育发展水平与城市竞争力的相关性关系。本书将以我国两大民间颇有影响力的大学排行榜为例，一是中国管理科学研究院版（武书连版），摘取其排行榜中100强高校，对各个大学所在城市进行整合，分别列出各个城市的大学数，再与本书所摘选的城市竞争力指标中主要的经济指标进行线性趋势分析，呈正态分布则证明大学的发展与城市竞争力是正态相关的。二是以网大版的高等教育城市竞争力排行榜为例，根据其中的各个指标与城市竞争力指标中主要经济指标进行相关性分析，对高等教育与城市竞争力相关的主因子进行分析。

第一节 高等教育发展水平与城市竞争力的相关性分析

研究假定

假定1 一个城市的高校数能够反映该城市的高等教育发展规模，高等教育发展反过来会从各方面影响城市的综合实力发展，因此假设城市高校数代表了该城市的高等教育发展水平，进而影响城市竞争实力，城市中的高校数越多该城市竞争力越强。

假定2 高等教育发展水平指标的复杂性，假设人力资本和物力资本构成高等教育发展的主要资本，其中高等教育规模和质量的主体影响因子是高等教育人力资本和高等教育物力资本，在城市发展和竞争力的提升中形成长期的影响。

---

* 本章由张天雪、黄丹负责撰写。

假定3 影响城市竞争力的主要因素是城市经济发展水平，假设城市经济发展作为城市竞争力的主因子，则其中构成城市经济发展的综合影响因子构成了城市经济发展指数。运用城市经济发展指数的科学计算方法，从大体上看出城市竞争力中的经济发展状况。

假定4 高等教育发展水平与城市竞争力的具体分析中，设定高等教育中的主要人力资本和物力资本，与城市经济发展具有线性相关关系，各城市高等教育发展水平作用于城市经济来影响城市竞争力。

假定5 我国城市竞争力的指标体系还没有形成统一标准，也没有具体的城市竞争力对高等教育发展的研究，假定城市竞争力的经济发展情况对高等教育发展具有直接影响，从城市经济发展方面来实证对高等教育发展的影响。

假定6 高等教育发展水平与城市竞争力相关性研究，需要在城市的选取上既考虑该城市高等教育发展水平的典型性，又考证该城市综合发展实力情况，保证城市中高等教育与城市发展互动关系的典型性。因此在城市样本量和城市发展的典型性上要有所权衡，做到二者的平衡。

假定7 高等教育与城市竞争力的相关性研究存在区域不平衡的现象。在城市选取上要考虑地域因素，需要从东中西部三个区域分别选取几个具有代表性的城市，一是增加样本量，实证方法上更加科学化，二是证明城市发展与高等教育发展的典型性，三是从区域发展上实证高等教育与城市竞争力的发展均衡性。

一、高等教育竞争力（武书连版）排行榜与城市竞争力的关联性

我国目前还没有一套官方的大学排行榜体系，当前影响比较大的民间组织的大学排行榜主要有中国校友会网大学排行榜、武大版中国大学排行榜、中国大学网大排行、武书连中国大学排行榜、中国大学排行榜人大版、上海交通大学排行榜。其中武书连排行榜倾向于使用综合指标。综合实力排名能更好地体现学校整体实力，专业排名体现学科实力。为了直观地表现出一个城市高等教育与城市竞争力之间的相关性，书中将从大学排行榜与城市经济实力的关联性角度出发，试图从一个微观的角度去浅探高等教育与城市之间存在的关联性。根据武书连2014中国千所大学排行榜100强的数据资料进行收集整理，将这一百所高校分别归属到相应所在的城市，整理出城市所拥有的100强高校数量，根据每个城市拥有的高校数与城市竞争力的主要经济指标进行比对。书中城市竞争力指标主要选取了各城市国民经济与社会发展统计公报中的五个综合指标，以防止因为指标过多而造成过程复杂化和内容反复，本章内容力求简洁明了的呈现高等教育与城市竞争力的相关性分析结果，主要选取了具有代表性的城市地区生产总值、社会固定资产投资额、地方财政收入、第二产业增加值、第三产业增加值五个综合经济指

标。试图通过观察各个城市主要的经济指标折线图与武书连大学排行榜 100 强城市的高校数是否呈现趋势走向一致性。各城市的排列顺序依据中国社科院发布的 2013 年《城市竞争力蓝皮书》，根据《城市竞争力蓝皮书》中各城市的综合经济实力将 100 强所涉及的城市按水平从高到低进行排序。

首先，从整理的数据来看武书连大学排行榜中 100 强高校在各城市的分布情况，如图 6 - 1 所示：

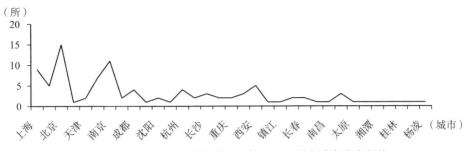

图 6 - 1　2014 年武书连大学排行榜 100 强所在城市分布折线

根据资料的整理，100 强高校所在城市总共有 33 个，因为城市数目太多，无法逐一在图示中显示名称，大部分学校分布于各省会城市和直辖市，也有非省会城市，其中包括苏州、青岛、大连、厦门、济南、徐州、镇江、扬州、湘潭、秦皇岛、杨凌，可以发现这些非省会城市相对于所在省份来说其经济都属于靠前的。再来看城市分布的高校数曲线，因为图示城市按照综合经济实力排列的，所以我们可以从中发现一定的规律性，随着城市水平从高到低，100 强中所在城市大学数量也呈现由多到少的趋势，可以发现高等教育与城市经济水平之间的潜在规律。其中城市经济实力与学校数反差较大的城市是苏州，其经济发展水平在所列城市中排名第四，但是其 100 强大学中只有一所大学，这一城市所特有的经济发展特点和历史原因造成了这一情况。综合实力越高的城市其高校数量越多，北京、上海、南京这几个城市最为突出，北京一个城市在大学科技创新竞争力 100 强中占有了 15 所，占总数的 15%，南京有 11 所大学，上海和广州加起来只有 13 所。可见一个城市的综合发展水平越高，越有实力支持高等教育的发展，反之，高等教育带来的聚集效应也反作用于城市。

其次，为了更深入、更直观地看出高校数与城市经济之间的关联性，需要进一步根据选取的城市竞争力主要综合指标列出城市趋势分布，将其与图 6 - 1 的城市间高校数量分布折线图进行比对，看是否存在分布规律性和关联性，如图 6 - 2 所示。

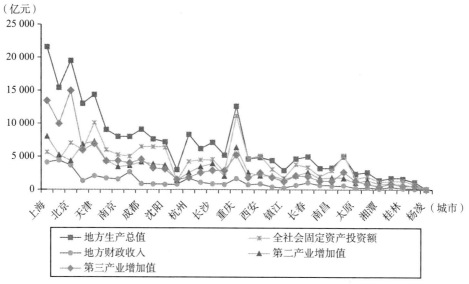

图 6 - 2 2013 年所列城市主要经济发展数据与武书连大学排行榜 100 强关系折线

本书将分为武书连大学排行榜 100 强所在城市分布折线图和城市主要综合指标折线图两个图进行呈现，最后将两图进行比对。从图 6 - 2 可以看出各个城市2013 年地方生产总值、全社会固定资产投资额、地方财政收入、第二产业增加值和第三产业增加值的数据分布，根据城市综合水平的排列分布来看，城市综合经济水平越高的城市，其主要指标数据也越高，衡量城市发展的主要五个指标数据整体上呈现从高到低的趋势，与城市竞争力报告中的城市综合经济水平高低的排列具有较大程度的一致性走向。再将图 6 - 2 与图 6 - 1 进行比对，两图的对比可以看出，一个城市的高校数与城市发展趋势呈现了正比关系。在这里我们可以大胆假设高校数量多少反映的高等教育发展水平与城市竞争力是相关的，并且互为影响，具体论证需要通过数量分析加以验证。

二、中国高等教育竞争力（网大版）排行榜与城市竞争力的关联性

（一）高等教育城市竞争力排名

书中选取的"中国高等教育城市竞争力排行"阐述了地域、经济与教育的关系，榜单数据并没有追求全面性，但是其数据能反映出一些问题。① 本书选取网大排行榜中的"中国高等教育城市竞争力排行"，其评价指标主要有本科院校数

---

① 网大. 网大 2013 中国大学排行榜发榜辞［EB/OL］.（2013 - 06 - 13）. http：//rank2013. netbig. com/#.

得分、200 强高校数得分、学生人数得分、人口均学生数得分、GDP 均学生数得分，通过各个指标得分数的高低来对各个大学进行排名，从这些指标中可以看出网大 2013 中国大学排行榜中国高等教育城市竞争力排行榜主要通过本科院校数的多少、200 强高校中城市所占高校数、高校学生人数的多少、人均学生人数的多少，以及学生人均 GDP 多少来进行评价，评价的是一个城市中高等教育的竞争力。在做进一步论述之前需要对"高等教育城市竞争力"进行概念界定。

我国目前开始对城市教育竞争力进行研究，但是有关城市教育竞争力的概念现在还比较少见，没有运用高等教育城市竞争力这一概念进行系统研究。朱向军认为城市教育竞争力是一个城市提供教育产品和教育服务，提高城市教育水平，促进城市教育发展等方面的能力。而倪鹏飞认为城市教育竞争力主要体现在两方面，一是教育竞争力资源；二是教育竞争力能力。综合以上观点再结合网大高等教育城市竞争力排行榜指标，书中的高等教育城市竞争力是指在城市竞争环境中，一个城市在高等教育发展过程中所具有和产出的人力资本和物力资本等有形和无形资产，为城市提供优质高等教育产品和高等教育服务，提高城市整体教育水平，促进城市高等教育发展的能力。

根据网大中国高等教育城市竞争力排行榜的含义和内容，为了研究高等教育与城市竞争力之间的相关性，利用排行榜中列出的指标数据与城市竞争力的相关指标进行相关性分析，反观高等教育是否与城市竞争力存在相关性，以及高等教育与城市竞争力的哪些指标因子具有显著的相关性，如表 6 – 1 所示。

表 6 – 1　　　　　　　　2013 年中国高等教育城市竞争力排行榜

城市	总分	本科院校数得分 X1	200 强数得分 X2	学生人数得分 X3	人口均学生数得分 X4	GDP 均学生数得分 X5
北京	100	100.00	100.00	100.00	73.62	41.18
西安	70	50.85	24.32	58.65	100.00	100.00
武汉	70	47.46	21.62	67.35	99.37	66.23
南京	58	40.68	37.84	48.92	88.24	52.45
上海	53	52.54	45.95	63.99	40.14	21.97
哈尔滨	52	38.98	21.62	46.20	62.72	71.74
广州	47	40.68	24.32	53.55	60.87	28.68
兰州	41	18.64	5.41	19.20	76.66	93.02
南昌	41	23.73	8.11	27.29	78.13	66.86
长春	40	32.20	8.11	33.36	62.74	54.41

续表

城市	总分	本科院校数 得分 X1	200 强数 得分 X2	学生人数 得分 X3	人口均学生数 得分 X4	GDP 均学生数 得分 X5
沈阳	39	33.90	18.92	32.36	57.63	35.83
成都	38	28.81	16.22	44.10	45.33	41.04
济南	35	30.51	8.11	27.27	57.78	40.77
郑州	35	27.12	2.70	34.03	56.95	45.64
天津	35	33.90	27.03	33.30	37.17	19.61
长沙	33	22.03	13.51	29.39	60.25	34.47
太原	32	16.95	8.11	18.42	63.29	58.33
大连	31	25.42	13.51	25.55	55.14	27.60
杭州	31	27.12	18.92	26.77	44.43	25.16
合肥	29	22.03	10.81	22.01	42.61	39.88

（二） 高等教育城市竞争力的因子分析

高等教育城市竞争力排行榜中，五个公因子对各个城市的高等教育总分进行了计算，我们可以直观地看到高等教育对城市竞争力影响的排名，也大致可以了解到城市的高等教育发展水平与城市的综合实力之间存在较强的一致性。根据高等教育城市竞争力指标的设置方式，可以试图利用表中几个因子，解释多个变量之间的相关性，因此这里用因子分析来进行研究。

根据表 6-1 的因子数据，将这些数据进行 SPSS17.0 软件处理与分析。根据 KMO 和 Bartlett 检验结果得出各指标间存在的线性相关关系，可以进行因子分析，在对照 Pearson 相关系数矩阵，结果相差不多，也说明了可以进行因子分析。根据表 6-2 中高等教育城市竞争力解释的总方差输出结果所示，表 6-2 中显示有两个初始特征值大于 1，其他特征值明显小于 1，因此只能提取两个因子，公因子的累计贡献率达 94.781%，即已解释了 94.781% 的总方差。不旋转下两个因子的贡献率分别是 64.949%、29.832%，旋转后两个新的因子贡献率分别是 62.198%、32.583%，明显缩小了两个因子的贡献率的差距。而且根据 SPSS 分析输出的碎石图可以看出碎石图显示从第三个因子后曲线变得平缓，表明第 3 个因子之后的各因子的方差贡献变得很小，甚至可以忽略。提取三个公因子是合适的。根据数据分析结果来看，提取出前两个公因子 F1、F2，其特征值分别为 3.897、1.790。

表 6 - 2				高等教育城市竞争力解释的总方差				
因子	初始特征值			提取平方和载入			旋转平方和载入		
	合计	方差的%	累积%	合计	方差的%	累积%	合计	方差的%	累积%
1	3.897	64.949	64.949	3.897	64.949	64.949	3.732	62.198	62.198
2	1.790	29.832	94.781	1.790	29.832	94.781	1.955	32.583	94.781
3	0.181	3.021	97.802						
4	0.105	1.752	99.555						
5	0.025	0.414	99.969						
6	0.002	0.031	100.000						

　　公因子方差图和旋转成分矩阵图分别是不旋转和旋转后的因子载荷阵，经因子旋转后，如旋转成分矩阵图显示，公因子的载荷值反映了公因子与各指标之间的关联程度。从表 6 - 2 可以看出：公因子 F1 中，总分 X1、本科院校数得分 X2、200 强数得分 X3、学生人数得分 X4、因子载荷系数较大，因此可以命名为高等教育规模因子，这里总分 X1 因子特殊，在后面的计算中可以忽略。公因子 F2 中，人口均学生数得分 X5、GDP 均学生数得分 X6 的因子载荷系数比较大，首先对人口均学生数和 GDP 均学生数这两个因子进行解释，GDP 均学生数的得分越高，总体上可以说明该城市 GDP 总量越大，城市高等教育投入水平越高，同样人口均学生数得分越高，总体上来说该城市对高等教育的投入量越大，为更多的学生提供了充足的资源，城市人口均学生数越多，因此可以将这个因子命名为高等教育投入因子。

（三）　高等教育城市竞争力公共因子的方差贡献

　　回归方程中，公共因子对于某一观测变量的系数即因子载荷，反映的是该因子对于某一观测变量的影响力，这涉及某一观测变量的归属以及该因子的命名。方差反映了数据的变化程度。第 i 个测验的分数 Xi 的方差反映了被试在该测验中反应的差异性大小。因素分析假设：每个测量变量都受到公共因子和随机误差的影响。因此，Xp 的方差可以分解成公共因子的方差和误差方差两个独立部分。

　　因素分析的基本模型表达式为：

$$Spy = b_{p1}Z_1 + b_{p2}Z_2 + b_{p3}Z_3 + \cdots + b_{pm}Z_m + e_p \qquad (6.1)$$

可以推导出第 p 个变量的方差为：

$$S_p^2 = b_{p1}^2 + b_{p2}^2 + b_{p3}^2 + \cdots + b_{pm}^2 + d^2 = h^2 + d^2 = 1 \qquad (6.2)$$

　　观测项目得分和公共因子得分全都取标准分数，其方差均为 1，b_{p1}^2、b_{p2}^2、$b_{p3}^2 \cdots b_{pm}^2$ 为各公共因子对于观测变量 Xp 的方差贡献；d^2 为随机误差，即不能被公共因子解释的那一部分。h^2 表示因子共同度,反映所有因子对这个变量共同起作用的程度。

由高等教育城市竞争力的分析结果可知:$h^2_{总分} = (0.911)^2 + (0.410)^2$;$h^2_{院校数} = (0.989)^2 + (0.054)^2$;$h^2_{200强数} = (0.960)^2 + (-0.131)^2$;$h^2_{学生数} = (0.964)^2 + (0.124)^2$;$h^2_{人口均学生数} = (0.254)^2 + (0.919)^2$;$h^2_{GDP均学生数} = (-0.093)^2 + (0.952)^2$。在"总分"测验中的城市差异99.8%是由于它们在"高等教育规模"和"高等教育投入"两个方面的差异带来的,这个结果符合高等教育城市竞争力排行榜的指标设计和城市排名,进一步论证了高等教育规模的发展和高等教育投入的多少对城市竞争力存在着重要的影响作用。在"本科院校数得分"测验中,城市差异98.1%是由于"高等教育规模"和"高等教育投入"两个方面的差异带来的,另外1.9%的城市差异是其他因素带来的。在"200强数得分"测验中,城市差异93.9%是由"高等教育规模"和"高等教育投入"两个方面的差异带来的,另外存在6.1%的城市差异是其他因素带来的。在"学生人数得分"测验中,城市差异94.5%是由"高等教育规模"和"高等教育投入"两个方面的差异带来的,另外存在5.5%的城市差异是其他因素带来的。在"人口均学生数得分"测验中,城市差异90.9%是由"高等教育规模"和"高等教育投入"两个方面的差异带来的,另外存在9.1%的城市差异是其他因素带来的。在"GDP均学生数得分"测验中,城市差异91.5%是由"高等教育规模"和"高等教育投入"两个方面的差异带来的,另外存在8.5%的城市差异是其他因素带来的。总分、本科院校数、200强数得分、学生人数得分中,高等教育规模因子的贡献更大,贡献率分别为83.0%、97.8%、92.2%、92.9%。而对于人口均学生数得分和GDP均学生数得分而言,高等教育投入因子的贡献更大,贡献率分别为84.5%、90.6%,根据公共因子的共同度来进行解释,在高等教育城市竞争力排行榜的指标设计和城市排名中,高等教育规模因子和高等教育投入因子占主要部分,影响因素也是最大的,可见对于高等教育投入的增加会带来高等教育的产出和规模效应,可以促进城市发展的连带效应。

基于因子载荷矩阵得到变量共同度,是从单个变量变异的角度分析公共因子的作用大小;同样我们基于因子载荷矩阵可以从公共因子角度,看其对所有观测变量方差贡献总和,叫作公共因子的方差贡献。公共因子方差贡献的计算公式为:

$$v^2_m = \sum b^2_{pm} = b^2_{1m} + b^2_{2m} + \cdots + b^2_{pm} \tag{6.3}$$

其中,v^2_m 反映了公共因子对于所有测量变量总的影响,同时也体现了公共因子在所有公共因子中的相对重要性。运用这个公式可以对本书公共因子进行方差计算:$V^2_{高等教育规模} = (0.911)^2 + (0.989)^2 + (0.960)^2 + (0.964)^2 + (0.254)^2 + (-0.093)^2 = 2.80$,$V^2_{高等教育投入} = (0.410)^2 + (0.054)^2 + (-0.131)^2 + (0.124)^2 +$

$(0.919)^2 + (0.952)^2 = 1.95$，本书高等教育城市竞争力共有 6 个指标项目，所以总变异量为 6，两个因子方差贡献总和 4.75，占到总变异量的 79.2%。高等教育规模的贡献率为 46.7%，高等教育投入的贡献率为 32.5%，说明了城市发展中高等教育规模发展具有重要作用，城市也应重视对高等教育的投入。

根据不同高等教育排行榜的分析来看，高校排名以及高等教育城市竞争力的影响因子是多方面的，我国高等教育的发展与城市发展具有很大的同构性。数据关联性分析结果验证了假定 1，一个城市的高校数某种程度上反映了该城市的高等教育发展规模，高校数量反映了城市的竞争实力，城市中的高校数越多该城市竞争力越强，该城市高等教育规模越大、高校数越多城市竞争力越强，城市竞争力越强高校投入越多。高等教育的发展会以人力资本的产出、科研产出等形式对城市进行经济推动，高等教育规模效应会带来城市的联动发展。从我国不同高校排行榜可以看出大致相同的城市排名，武书连、和高等教育城市竞争力排行榜虽然设置的指标和评价方式不尽相同，但是得出的城市发展情况却是大致一样的。武书连的大学排行榜偏向于高校的综合性实力评比，2013 网大版高等教育城市竞争力排行榜则比较全面，将高等教育的发展与城市竞争力相结合进行指标分析，总结出高等教育规模因子和高等教育投入因子是高等教育影响城市竞争力的主要因子，从得出的结果来看是符合我国高等教育发展实际情况的，高等教育投入和高等教育规模直接影响该城市的人力资本存量和科技创新能力，以及其他高等教育带来的附加效应。

1. 以增加高等教育投入为手段

在高等教育城市竞争力中，高等教育投入因子的贡献率达到了 32.5%，可见高等教育的投入对于城市竞争力具有重要促进作用。高等教育投入可以通过扩大高等教育规模和增加高等教育人力资源以及加强城市和企业的科技创新能力作用于城市发展。可以从城市高等教育投入方面来有效提升城市竞争力，通过增加高等教育经费资源，丰富基础资源建设，以推进该城市高等教育竞争力，促进城市竞争力的提升。

高等教育投入首先，需要优化管理制度和发展环境。通过完善高等教育法律法规来优化高等教育发展的制度环境，改善社会组织和成员参与高等教育的发展环境。以浙江省杭州市为例，虽然杭州市的综合经济实力远远超过了西安，但是杭州市的高等教育规模却远低于西安，杭州市政府意识到高等教育发展问题，逐步加强了高等教育的经费投入，出台了更多的高校就业政策来鼓励高校的发展，特别注重了对杭州高教园区的基础建设和资金投入。其次，需要增加政府财政投入。高等教育的政府投入，可以通过对高校国家重点学科建设、自然科学和社会科学基金资助项目的设立进行，增强高等教育基础资源。还可以主张高校办学多样化，引导社会资金的投入。完善学生资助机制和教师待遇的相关政策和规定，为高校的生源积累和师资队伍建设创造条件，进而促进城市竞争力的提升。

2. 以稳定高等教育规模为目的

高等教育规模发展可以促进社会消费，拉动城市消费并增加就业岗位、满足城市人才需求。高等教育的规模发展对城市存在推动作用，根据我国研究和本书的研究数据来看，一定数量高校的存在会拉动周边社区的房屋租赁、零售业、饮食业、旅游业等行业的发展，而且高等教育规模发展会直接刺激居民消费。高等教育发展的直接效应便是通过招收学生直接拉动本地的消费，一定规模的学生数量除了缴纳相应的学费外，还通过吃、穿、住、行甚至旅游等直接消费带动城市经济增长。① 另外高等教育所培养的毕业生和所拥有的教师资源都会作用于这个城市，通过生产、科研创新以及消费等形式来促进城市发展。以杭州市为例，杭州市的高等教育城市竞争力在全国各城市中处于第 19 位（见表 6 - 1），与其城市综合经济发展实力全国 13 位存在一些差距，考虑杭州当前的高等教育发展现状，应以稳定发展教育规模为主，以其较高的城市综合实力作用于高等教育发展，利用城市发展的综合水平提高高等教育规模和质量。要正确认识和调整高等教育发展规模与高等教育质量的相互关系，既要以城市高等教育发展规模为城市发展目的，也要重视城市高等教育质量。现阶段，针对我国城市高等教育的发展情况，高等教育城市竞争力较强的城市应该以稳定其现有规模，同时要注重提升高等教育质量，培育能贡献于城市经济发展的研究型大学。而高等教育城市竞争力相对落后的城市，应该拓展其高等教育规模，注重学校发展规模与城市发展综合实力与发展需求相适应，将高等教育规模效益与质量效益有机结合起来，增强城市中高等教育人才培养的数量和质量，对高等教育发展远远落后于综合经济实力的城市更要重点提高该城市的高等教育规模和质量，进而提升城市中高等教育的竞争力。

第二节　高等教育发展水平与城市竞争力的实证分析

根据各个版本的大学排行榜排名情况，不难发现各城市经济状况曲线与其所拥有的上榜高校数曲线，起伏度呈现一致。根据网大公布的大学数据显示，中国各城市所收录的上榜院校数量，排出"中国高等教育重镇榜20强"。东部地区的南京排在第 3 名，杭州排名第 13，中部地区的武汉、合肥分列第 4、第 18，而西部地区的西安和成都则排名第 6 和第 9。再根据 2013 年城市竞争力蓝皮书公布的

---

① 王银花. 澳门高等教育扩展的逻辑——基于高校与城市互动的视角 [D]. 上海：华东师范大学，2014：35 - 37.

城市综合经济实力排名，武汉和南京排名分别为第 6 和第 7 名，成都则紧接着排名第 9，杭州、合肥、西安则分别排在第 13、18、19 名。在研究高等教育发展水平与城市竞争力的相关性时，本书分别选取东中西部三个区域高等教育发展水平靠前而且城市综合实力也靠前的城市，因此东中西部的南京、杭州、武汉、合肥和成都、西安这六个城市具有典型意义，其高等教育在全国排前 20 名，而城市综合经济实力也分别排在前 20 名。

一、城市竞争力的指标选取——以东中西部的六个城市为例

（一）城市竞争力指标的来源与选取

根据对城市竞争力相关论文的分析，为了验证假设 3 影响城市竞争力的主要因素是城市经济发展水平，这里将从城市竞争力中经济发展进行分析，选取各城市统计年鉴的城市发展经济指标，运用城市经济发展指数的科学计算方法，推算城市竞争力中的经济发展状况。以往建构的指标体系，城市竞争力大致由 5 大指标模块组成，分别是经济发展指标、人力资源指标、政府管理指标、基础设施指标、对外开放程度指标。根据城市竞争力蓝皮书中的城市综合经济竞争力指数排名来看，经济发展指数这一指标在城市竞争力中充当着举足轻重的作用，一个城市竞争力的强弱虽然表现在很多方面，书中试图从经济发展方面进行衡量验证。对高等教育与城市竞争力进行相关性分析，通过选取经济发展指标中的主要经济指标进行经济发展指数的计算，一个城市的经济发展指数可以用来衡量该城市的经济发展情况。

经济发展指数可以用于衡量社会商品或物量的总体、综合变动状况，反映一定社会经济现象的数量。本书拟用来衡量所选城市的经济发展情况，其应用的前提是按照第一节的指标选取和构建。本书通过利用综合指数和已有的成熟指标体系对城市经济发展情况进行计算和合理组合，形成经济发展指数年份序列。根据《南京市统计年鉴》中"分区社会经济主要指标"有：年末常住人口总数、地区生产总值、公共财政预算收入、社会固定资产总额、社会消费品零售总额、进出口总额、工业产值等。① 根据武汉市和成都市的统计年鉴来看②③，其主要经济指标也比较相似。考虑到数据的可得性，结合楼世洲课题组的区域经济发展水平指

---

① 南京市统计局. 统计年鉴 [EB/OL]. http：//221. 226. 86. 104/file/2014/index. htm.

② 武汉市统计信息网. 统计年鉴 [EB/OL]. http：//tjj. hubei. gov. cn/wzlm/sjzx/% 20sjkscx/tjnj/gfz-tjnj/whs/110246. htm.

③ 成都市统计信息网. 统计年鉴 [EB/OL]. http：//gk. chengdu. gov. cn/uploadfiles/07140206020202/2018022212082925. pdf.

数（见表6-3）和李丽莎的经济发展指标，① 以及本书在以往城市竞争力的研究基础上构建起来的指标体系中的主要经济发展指标，主要可以选取地区生产总值、全社会固定资产投资总额、社会消费品零售总额、进出口总额、财政收入总额五个主要经济指标（见表6-4）。再分别以南京、武汉、成都3个城市的2009—2013年统计年鉴中各指标的对应数据（均已换算成人民币计算）为基础，以上5大指标的平均数比值为参考，结合楼世洲课题组的区域经济发展水平指数权重适当调整，最终确定经济发展指标的权重值。

表6-3　　　　　　　楼世洲课题组的区域经济发展水平衡量指标

指标 P_i	权数 Q_i
国内生产总值	22
财政收入	13
出口总值	13
固定资产投资额	22
电力消费量	10
外来人口总量	5
社会消费品零售额	10
农村居民住房面积	5

在指标选取的基础上，通过查阅历年的《南京市统计年鉴》《杭州市统计年鉴》《武汉市统计年鉴》《合肥市统计年鉴》《成都市统计年鉴》《西安市统计年鉴》，以2009—2013年对应年份、对应指标的具体数值，如表6-4所示。

表6-4　　　　　2009—2013年各城市经济发展指标数据汇总表　　　　单位：亿元

城市	年份	地区生产总值	固定资产投资总额	社会消费品零售总额	进出口总额	财政收入总额
南京	2009	4 230.26	2 668.03	1 961.58	2 159.68	901.15
	2010	5 010.36	3 306.05	2 267.77	2 918.46	1 075.25
	2011	6 145.52	4 010.03	2 670.30	3 670.02	1 298.77
	2012	7 201.57	4 683.45	3 080.58	3 535.04	1 427.25
	2013	8 011.78	5 265.55	3 504.17	3 568.45	1 591.59

---

① 李丽莎. 我国经济发展指标体系的构建与应用研究——基于经济发展的数量与质量角度 [J]. 特区经济, 2011 (6)：295-297.

续表

城市	年份	地区生产总值	固定资产投资总额	社会消费品零售总额	进出口总额	财政收入总额
杭州	2009	5 098.66	2 291.68	1 804.93	2 586.69	1 019.43
	2010	5 945.82	2 751.13	2 146.08	3 350.72	1 245.43
	2011	7 011.80	3 105.16	2 548.36	4 094.21	1 488.92
	2012	7 803.98	3 722.75	2 944.63	3 947.71	1 627.89
	2013	8 343.52	4 263.87	3 531.17	4 164.54	1 734.98
武汉	2009	4 560.62	3 001.10	2 164.09	734.27	1 005.03
	2010	5 515.76	3 752.17	2 523.20	1 155.2	1 416.14
	2011	6 756.20	4 255.16	2 959.04	1 458.56	1 795.99
	2012	8 003.82	5 031.25	3 432.43	1 302.66	2 093.68
	2013	9 051.27	6 001.96	3 878.60	1 350.36	1 730.65
合肥	2009	2 102.12	2 468.42	703.42	411.39	341.91
	2010	2 702.5	3 066.97	839.02	637.31	476.20
	2011	3 636.61	3 376.97	1 111.12	787.78	623.77
	2012	4 164.34	4 001.10	1 293.62	1 129.09	694.36
	2013	4 672.90	4 707.99	1 480.84	1 164.16	768.27
成都	2009	4 502.6	4 025.9	1 950.0	1 143.04	387.5
	2010	5 551.3	4 255.4	2 417.6	1 578.24	526.9
	2011	6 854.6	5 006.0	2 861.3	2 426.24	680.7
	2012	8 138.9	5 890.1	3 317.7	3 042.56	781.0
	2013	9 108.9	6 501.1	3 752.9	3 237.12	898.5
西安	2009	2 719.10	2 500.13	1 381.12	457.07	398.84
	2010	3 241.49	3 250.56	1 611.04	654.07	510.69
	2011	3 864.21	3 352.12	1 935.18	792.477	649.88
	2012	4 369.37	4 243.43	2 236.06	819.88	753.07
	2013	4 884.13	5 134.56	2 548.02	1 132.87	902.76

在表6-4的基础上，结合表6-5中国经济发展指标及其权重即可计算出对应年份的经济发展指数，并以指数为工具去衡量历年的经济发展情况。

表 6 – 5 各城市经济发展指标及其权重表

城市	P_i（指标）	统计数值	Q_i（权重）	结果
南京	地区生产总值	P1	0.36	0.36P1
	固定资产投资总额	P2	0.23	0.23P2
	社会消费品零售总额	P3	0.16	0.16P3
	进出口总额	P4	0.18	0.18P4
	财政收入总额	P5	0.07	0.07P5
	IED = 0.36P1 + 0.23P2 + 0.16P3 + 0.18P4 + 0.07P5			
杭州	地区生产总值	P1	0.39	0.39P1
	固定资产投资总额	P2	0.18	0.18P2
	社会消费品零售总额	P3	0.15	0.15P3
	进出口总额	P4	0.20	0.20P4
	财政收入总额	P5	0.08	0.08P5
	IED = 0.39P1 + 0.18P2 + 0.15P3 + 0.2P4 + 0.08P5			
武汉	地区生产总值	P1	0.4	0.4P1
	固定资产投资总额	P2	0.26	0.26P2
	社会消费品零售总额	P3	0.17	0.17P3
	进出口总额	P4	0.07	0.07P4
	财政收入总额	P5	0.1	0.1P5
	IED = 0.4P1 + 0.26P2 + 0.17P3 + 0.07P4 + 0.1P5			
合肥	地区生产总值	P1	0.36	0.36P1
	固定资产投资总额	P2	0.37	0.37P2
	社会消费品零售总额	P3	0.11	0.11P3
	进出口总额	P4	0.09	0.09P4
	财政收入总额	P5	0.07	0.07P5
	IED = 0.36P1 + 0.37P2 + 0.11P3 + 0.09P4 + 0.07P5			
成都	地区生产总值	P1	0.32	0.32P1
	固定资产投资总额	P2	0.32	0.32P2
	社会消费品零售总额	P3	0.18	0.18P3
	进出口总额	P4	0.14	0.14P4
	财政收入总额	P5	0.04	0.04P5
	IED = 0.32P1 + 0.32P2 + 0.18P3 + 0.14P4 + 0.04P5			

城市	P$_i$（指标）	统计数值	Q$_i$（权重）	结果
西安	地区生产总值	P1	0.35	0.35P1
	固定资产投资总额	P2	0.34	0.34P2
	社会消费品零售总额	P3	0.18	0.18P3
	进出口总额	P4	0.07	0.07P4
	财政收入总额	P5	0.06	0.06P5
	IED = 0.35P1 + 0.34P2 + 0.18P3 + 0.07P4 + 0.06P5			

（二） 城市经济发展指数的构建

按照指数理论，在确定个体权重的情况下，收集相应的数据，综合指数可以用于衡量某一时期被测变量的综合变动趋势。遵循综合指数的计算公式，本书以2009 年的经济发展数据为计算器，指标值为 P0，则 2010 年的经济发展指数（Index of Economy Development，IED）的计算公式如下：

$$IED = \frac{\sum P_i Q_i}{\sum P_0 Q_i} = \frac{\sum_{2010} P_i Q_i}{\sum_{2009} P_0 Q_i} \tag{6.4}$$

按照公式，南京市 2010 年的经济发展指数为：

$$IED = \frac{\begin{array}{c}5\,010.36 \times 0.36 + 3\,306.05 \times 0.23 + 2\,267.77 \\ \times 0.16 + 2\,918.46 \times 0.18 + 1\,075.25 \times 0.07\end{array}}{\begin{array}{c}4\,230.26 \times 0.36 + 2\,668.03 \times 0.23 + 1\,961.58 \\ \times 0.16 + 2\,159.68 \times 0.18 + 901.15 \times 0.07\end{array}} = 1.21546927$$

其他各城市各年份的经济发展指数的计算方法与之一致，由此可得各城市2009—2013 年的经济发展指数（见表 6 - 6）。

表 6 - 6 结合图 6 - 3，在 2009—2013 年，东中西部地区的南京、杭州、武汉、合肥、成都、西安这 6 个城市经济都基本呈现了直线上升的良好发展态势，通过数据和图表可以看出它们都属于高等教育强市，而且经济的发展势头良好，伴随着综合经济发展指数的不断增长。可以发现一个特别有趣的现象，作为东部地区的南京和杭州地区的经济发展指数处于低位，略低于中西部的两个城市，中部地区的武汉和合肥地区的城市经济发展指数反而最高，西部地区的城市经济发展指数次之。尤其是武汉和合肥地区的经济发展指数基本呈现了直线式的增长，其增速最快，西部地区的成都市、西安地区相对来说稍逊一筹，但总体也是平稳上升，而东部地区的南京和杭州则在 2011 年左右出现增长放缓的趋势。从经济发展指数来看，选取的东中西部的这 6 个城市的排名与网大版的高等教育城市竞争力排名相符，这是否就说明了本书的经济发展指标体系能够客观反映城市宏观

经济的发展情况，以及是否能够反映城市的综合经济发展指数与高等教育发展水平的相关关系？

表 6 - 6 　　　　　各城市 2009—2013 年综合经济发展指数

城市	年份	经济发展指数 IED
南京	2009	1
	2010	1.21546927
	2011	1.48626405
	2012	1.68728512
	2013	1.86399511
杭州	2009	1
	2010	1.19419973
	2011	1.4106659
	2012	1.55173263
	2013	1.68862947
武汉	2009	1
	2010	1.26330642
	2011	1.51386131
	2012	1.77756479
	2013	2.01308605
合肥	2009	1
	2010	1.2666986
	2011	1.54580003
	2012	1.80937088
	2013	2.07123304
成都	2009	1
	2010	1.17197312
	2011	1.43675266
	2012	1.70286866
	2013	1.89214789

续表

城市	年份	经济发展指数 IED
西安	2009	1
	2010	1. 2373281
	2011	1. 39346678
	2012	1. 65085254
	2013	1. 92156733

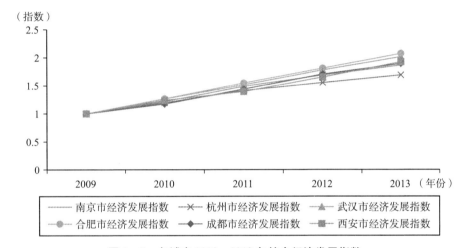

图 6 - 3　各城市 2009—2013 年综合经济发展指数

为了配合研究思路，本书将用城市的经济发展指数与高等教育发展水平的相关指标进行相关性分析，高等教育发展水平分为人力资本指标和物力资本指标两大类，通过分别的相关系数分析，总结出高等教育发展水平主要指标对城市竞争力的促进作用。

二、高等教育发展水平的指标选取

（一）高等教育发展水平指标选取的依据

通过对城市竞争力中主要的经济指标进行经济发展指数的构建，来反映城市的经济发展总体情况。那么与城市竞争力相对应的高等教育发展水平也应选取相对应的指标进行相关性分析。在对高等教育发展水平的指标建构中，充分依据了以往关于高等教育发展水平的研究基础，在以往的基础上初步将高等教育发展水平划分为高等教育发展规模、高等教育投入、高等教育产出、高等教育开放程度4大指标体系，下设相应的二级指标和三级指标。根据网大版的高等教育城市竞争力的因子分析结果，高等教育规模因子和高等教育投入因子对我国城市竞争力具有重要的影响作用。再对应本书研究主题，高等教育的发展水平应不仅体现在高等教育自身发展方面，还应该反映在高等教育对城市发展的作用因素方面。例如，在具体评价中，若某一城市的高等教育规模大，但是其存在的高校毕业生流失、科技成果转化困难等问题，仍不能被认定为高等教育发展水平较高的城市。因此，高等教育发展水平的指标选取应从高等教育自身发展和高等教育的产出这两个层面出发。

高等教育发展水平与城市竞争力的对应性分析，建立在对高等教育与城市竞争力相互影响的基础之上，高等教育在促进城市竞争力的过程中主要发挥的是其外溢性功能，是在高等教育投入和发展规模的基础上增加高等教育人力资本和物力资本的产出来促进城市竞争力的提升。而高等教育自身的发展规模、发展结构及其投入机制是高等教育自身发展的层面，是作用于城市发展的前提。高等教育对于城市的促进作用，主要从高等教育的外部关联层面进行分析，从前文的分析中可以看到，高等教育可以促进城市发展。除此之外，高等教育还可以为城市发展培养人才和提供科研技术。因此，在对高等教育的发展规模、发展结构、投入机制三方面分析基础上，本书更加侧重于对高等教育的外部关联性来对城市竞争力的影响进行分析，高等教育的外部关联性主要通过高等教育的产出来产生影响，高等教育的产出主要体现在人力资本的产出和物力资本的产出方面，物力资本主要是通过科技成果转化为经济资本来实现。

（二）　高等教育发展水平指标的确立

综合前面的人力资源强国研究的指导思想与方法、人力资源强国建设的理论与实践、人力资源强国指标体系研究的国际比较的内容分析，参见已描述的指标体系，将所有数据直接进行对比分析显得极为烦琐，而且也存在数据的不可得，因此，基于指标数据的全面性、可得性、针对性及层次性原则，经多次数据搜集和指标综合比较，最终在具体实证部分选取人力资本和物力资本共6个核心指标。具体如下：

X1：高等学校在校生数（包括研究生/万人）

X2：高等学校毕业生数（包括研究生/万人）

X3：高等教育专职教师数（万人）

X4：地方财政一般预算内教育支出（亿元）

X5：技术合同成交额（亿元）

X6：专利授权数（件）

　　书中对人力资本产出进行指标设定，城市中高等教育产出的人力资本主要由高校在校生、毕业生以及高等教育中教师数构成，根据数据的不可得和简洁性原则，其他人力资本因素本书没有具体罗列。高等教育对城市的物力资本贡献主要通过科技成果的产出来实现。科技成果产出方面其产出和人才的数量、质量以及经费投入都有极为密切的关系，鉴于此，本书将主要从地方财政一般预算内高等教育支出、技术合同成交额、专利授权数来衡量高等教育的物力资本，因为教育的经费投入既构成了高等教育自身的物力资本，又可以通过科技成果的产出转化为高等教育的物力资本，因此本书将地方财政一般预算内高等教育支出囊括进高等教育物力资本中，而专利授权数和技术合同成交额可以衡量所属城市高等教育的科技成果产出率，通过科技创新来推动城市的经济发展，诸如其他研发课题等类似的衡量指标本书未做指标分析。

（三）　高等教育与城市竞争力相关性的测量方式

　　高等教育在城市发展中的外部性体现在其会受城市的经济、政治、文化等方面的影响，并为城市各方面发展提供服务，随着城市不断发展，高等学校逐步认识到它对城市的经济、科技进步、文化中的作用，并随之进行学校职能和专业设置的调整，促使大学发展直接为社会服务的职能发展。[①] 伴随着我国科教兴国战略的实施，国家更加重视对高等教育的投入和扶持，通过扩大高等教育规模来实现高校教学功能、科研功能、经济功能对城市经济的作用力。高等教育培养的专门人才、研发的科学技术都能直接运用于城市各行各业的发展中，城市的经济、社会、文化等发展会直接反馈到高等学校的办学、教学等各个方面。因此，充分运用高等教育的外部性规律能够推动城市发展。高等教育外部性规律，会通过科技创新、培养人才、社区服务为城市经济的发展服务，因此高等教育的发展水平与城市经济的发展有着非常密切的互动关系。

　　综合文献综述的内容，从高等教育发展水平和城市竞争力的宏观层面出发，将大量的高等教育发展水平指标与城市竞争力的指标直接进行相关性研究的很少。所以本书在选取高等教育发展水平的主要指标时，在反复的查找和验证的过程中，根据已列举的相关实证分析数据，选取了实证性较高的指标，而城市竞争力的衡量指标主要是选取城市中主要的经济指标，把这些经济指标构建成经济发展指数。对高等教育发展水平和城市竞争力的两组数据进行数学建模，论证之间的相关系数高低，探索二者之间的关系，从数学和统计学的角度解释其关系。

---

　　① 钞秋玲，李秀岭. 高等教育与区域经济互动发展关系理论综述 ［J］. 开放教育研究，2007，3（13）：18－21.

三、高等教育发展水平与城市竞争力的相关性分析

（一）高等教育发展水平与城市竞争力的基本假设

高等教育与城市竞争力呈现互动性发展态势是毋庸置疑的，但是在研究高等教育发展水平与城市竞争力的具体相关性时，根据高等教育发展水平与城市竞争力的相关性假设，实证了高等教育与城市发展的关联性。这里继续根据假定 2 和假定 3，假设城市的主要经济发展构成了城市竞争力，即直接与经济增长相关的因素，城市的各项主要经济增长点是衡量城市经济发展的主指标，而城市的经济发展是城市竞争力最有力的助推力，可以为高等教育发展提供更优厚的财政资源。假设高等教育中人力资本和物力资本是最重要的两个方面，其中政府对高等教育的财政支出构成了高等教育规模发展的基础动力，而高等教育在储存和输送人力资本的过程中产出的科研成果可以转化为市场和企业中的经济额，所以高等教育中的人力资本和物力资本又可以直接作用于城市经济发展，进而促进城市竞争力。

综合研究假设，本书采用城市经济发展指数与相关年份的高等教育主要指标进行相关性分析，先对城市经济发展指数与高等教育发展水平进行一个总体性的相关性分析，再分别对各个城市中高等教育的人力资本和物力资本与城市经济发展指数进行分析，通过相关系数分析相关性的强弱，探索高等教育人力资本和物力资本对城市竞争力的影响作用，发现高等教育与城市发展的相关规律。

（二）高等教育发展水平与城市竞争力的相关性分析

1. 高等教育发展水平与城市竞争力的散点图分析

相关分析侧重于两个现象之间的数量联系的研究，这里借助指标数据对各变量之间的密切程度进行测定。在判断相关关系的密切程度之前，首先分析指标之间的相关关系。一是根据相关理论和实践经验进行综合分析判断；二是进行相关图表和数据的分析，通过计算相关系数来测定相关关系的密切程度。书中以选取的高等教育发展水平相关指标为自变量，以城市竞争力中的经济发展指数为因变量，通过相关系数的测定发现高等教育发展水平的相关内容与城市竞争力的互动效应，为此要寻求高等教育发展与城市发展的双效机制。

为了判断高等教育发展水平与城市竞争力的相关关系，本书先以图表的形式来对相关性进行实证。表 6 - 7 显示的是六个城市 5 年内经济发展指数和高等教育发展水平的相关数据。

表 6 - 7　　　　　各城市高等教育发展水平与城市经济发展指数的数据

城市	年份	经济发展 指数 Y	高校在校 生数 （万人） x1	高校毕业 生数 （万人） x2	专职教 师数 （万人） x3	地方财政一 般预算内教 育支出 （亿元） x4	技术合同 成交额 （亿元） x5	专利授权 数（件） x6
南京	2009	1	69.34	17.49	4.83	64.07	63.78	6 591
	2010	1.21546927	79.34	21.70	5.0	76.50	75.19	9 150
	2011	1.48626405	80.85	23.20	5.12	95.30	113.87	12 404
	2012	1.68728512	81.53	23.54	5.22	124.99	141.21	18 612
	2013	1.86399511	70.79	20.86	5.25	125.89	135.61	19 484
杭州	2009	1	39.41	9.61	2.48	86.28	56.46	15 507
	2010	1.19419973	39.58	10.17	2.5	105.88	63.78	26 483
	2011	1.4106659	40.5	10.45	3.83	132.05	62.91	29 249
	2012	1.55173263	41.57	10.75	2.67	146.93	66.87	40 651
	2013	1.68862947	47.18	11.67	2.75	162.44	75.43	41 518
武汉	2009	1	93.38	22.17	5.03	66.49	74.04	5 500
	2010	1.26330642	98.08	22.12	5.13	75.29	88.87	10 165
	2011	1.51386131	102.32	24.11	5.40	85.32	107.51	11 588
	2012	1.77756479	105.32	24.07	5.50	133.80	169.69	13 698
	2013	2.01308605	107.38	24.73	5.70	137.31	220	15 901
合肥	2009	1	35.21	8.39	1.98	30.5	25.15	2 304
	2010	1.2666986	37.26	9.69	2	37.01	29.78	4 007
	2011	1.54580003	40.95	11.27	2.19	67.11	33.42	10 712
	2012	1.80937088	42.51	11.37	2.33	99.92	42.3	9 639
	2013	2.07123304	44.34	11.84	2.36	104.47	61	11 487
成都	2009	1	65.09	16.14	3.67	79.69	56.43	16 349
	2010	1.17197312	68.63	17.33	3.84	97.67	61.19	25 981
	2011	1.43675266	72.06	17.96	4.50	117.84	71.53	21 228
	2012	1.70286866	76.11	18.17	4.63	162.29	119.63	32 563
	2013	1.89214789	77.90	19.98	5.0	179.02	144.3	33 256

城市	年份	经济发展指数 Y	高校在校生数（万人）x1	高校毕业生数（万人）x2	专职教师数（万人）x3	地方财政一般预算内教育支出（亿元）x4	技术合同成交额（亿元）x5	专利授权数（件）x6
西安	2009	1	70.46	16.94	4.06	39.24	35.60	4 706
	2010	1.2373281	68.34	18.25	4.21	53.08	57.3	8 037
	2011	1.39346678	71.19	19.78	4.27	74.53	204.59	7 076
	2012	1.65085254	80.87	20.94	4.45	100.04	303.75	3 475
	2013	1.92156733	95.91	24.83	4.64	113.54	415.67	3 708

表中经济发展指数与高等教育发展水平相关指标互为变量，画出它们之间的散点分布矩阵图，如图 6 - 4 所示，从图中可以看出各城市中的高等教育发展水平与城市经济发展指数散点分布大致呈现直线形，其中，中西部地区的武汉、合肥和成都、西安的散点图呈现的分布规律更明显，而东部的南京、杭州则呈现了不太规律的现象。我们还可以采用一元线性回归分析方法了解他们之间的关系。

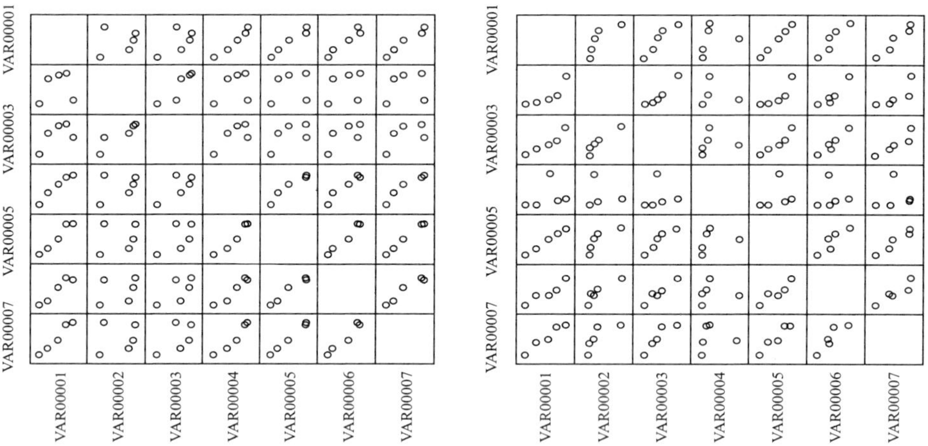

南京
（a）

杭州
（b）

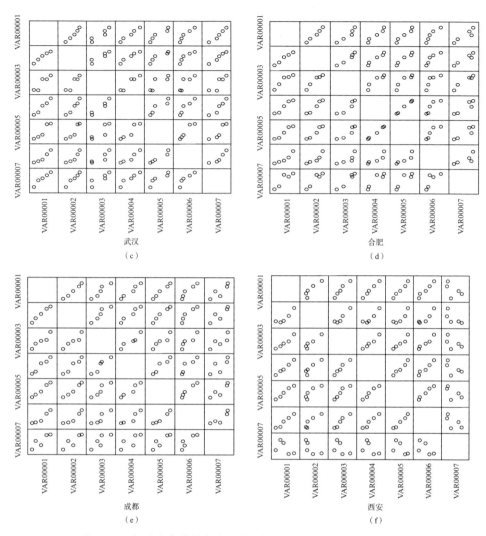

图 6 – 4　各城市高等教育发展水平与城市经济发展指数散点矩阵

2. 高等教育发展水平与城市竞争力的相关系数分析

为了配合说明变量之间的相关性，可结合 Pearson 相关系数分析，以高等教育发展水平中的相关指标为自变量，再以城市经济发展指数为因变量，计算各城市的高等教育发展水平与城市经济发展指数的相关系数。分别用 R1 – R6 来代表城市经济发展指数与高等教育指标的相关系数，其中 R1 代表城市经济发展指数与高校在校生数的相关指标；R2 代表城市经济发展指数与高校毕业生数的相关指标；R3 代表城市经济发展指数与高校专人教师数的相关指标；R4 代表城市经济发展指数与地方财政一般预算内支出的相关指标；R5 代表城市经济发展指数与技术合同成交额的相关指标；R6 代表城市经济发展指数与专利授权数的相关指标，表 6 - 8 为城市经济发展指数与高等教育指标的相关系数。

表 6 - 8 各城市高等教育发展水平与城市经济发展指数的相关系数

城市	代表名称	相关系数	显著性水平
南京	R1	0.190	0.760
	R2	0.603	0.281
	R3	0.982	0.003
	R4	0.979	0.004
	R5	0.964	0.008
	R6	0.980	0.003
杭州	R1	0.817	0.091
	R2	0.955	0.011
	R3	0.280	0.648
	R4	1	0.000
	R5	0.912	0.031
	R6	0.970	0.006
武汉	R1	0.990	0.001
	R2	0.922	0.026
	R3	0.989	0.001
	R4	0.947	0.015
	R5	0.960	0.009
	R6	0.980	0.003
合肥	R1	0.991	0.001
	R2	0.948	0.014
	R3	0.969	0.007
	R4	0.972	0.006
	R5	0.938	0.018
	R6	0.912	0.031
成都	R1	0.995	0.000
	R2	0.944	0.016
	R3	0.981	0.006
	R4	0.992	0.001
	R5	0.956	0.011
	R6	0.868	0.056

续表

城市	代表名称	相关系数	显著性水平
西安	R1	0.904	0.035
	R2	0.977	0.004
	R3	0.997	0.000
	R4	0.989	0.001
	R5	0.979	0.004
	R6	-0.520	0.369

相关系数的值越大（不论正负号），相关系数就越强，0.6~0.8 的相关系数区间即显示强相关，0.8~1.0 即表示非常强的相关性。由表 6-8 中数据可以得知，呈现弱相关的城市指标有，南京的经济发展指数与高校在校生数（包括研究生）呈现弱相关，与高校毕业生数（包括研究生）呈现强相关，杭州的专职教师数呈现弱相关，高校在校生数呈现强相关，西安市的城市经济发展指数与专利授权数呈现弱相关，其他的数据结果都显示出了非常强的相关。而且当显著性水平小于 0.05 的情况下，说明该分析结果显著性水平很明显，除了南京的 R1、R2 > 0.05，杭州的 R1、R3 > 0.05，西安的 R6 > 0.05 外，成都 R6 的 0.056 略大于 0.05，在要求不是很严格的情况下，可以认为它是具有显著性水平的。南京这一特殊情况说明高等教育在校生数和毕业生数（也统称为高等教育学生规模）对城市经济的发展并没有中部地区的武汉和西部地区的成都那么明显，杭州的情况也反映出高等教育的在校生数和专职教师数对于城市经济的发展贡献弱于中西部两个城市。从侧面也可以反映出，城市经济越发达的东部地区高等教育的促进作用不如对经济稍弱的中西部城市，特别高校在校生数、高校毕业生数、专职教师数对于城市发展的贡献力低于中西部两个城市，这或许与南京的饱和高校人才数和杭州的教师资源缺乏有关，东部地区的南京和杭州的这一特殊情况可能由于城市经济发展、政策等多重原因造成的。

3. 高等教育发展水平与城市竞争力的回归分析

从散点图的分布趋势，可以看出各城市高等教育发展水平各指标与城市经济发展指数基本呈线性关系。从相关性系数表来看，除了个别几个数据相关不显著外，各城市的数据基本也呈现了非常高的相关性。接下来，我们可以选取一元线性回归模型去衡量高等教育发展水平各指标与城市经济发展指数的关系。如仍用 R1~R6 来代表城市经济发展指数与高等教育指标的模型指代名称，如表 6-9 所示。

表 6 - 9　　　　各城市高等教育发展水平与经济发展指数回归分析的模型汇总

城市	模型	R	R 方	调整 R 方
南京	R1	0.190ᵃ	0.036	− 0.285
	R2	0.603ᵃ	0.364	0.152
	R3	0.982ᵃ	0.965	0.953
	R4	0.979ᵃ	0.958	0.944
	R5	0.964ᵃ	0.930	0.906
	R6	0.980ᵃ	0.961	0.948
杭州	R1	0.817	0.668	0.558
	R2	0.955	0.912	0.882
	R3	0.280	0.079	− 0.229
	R4	1.000	0.999	0.999
	R5	0.912	0.832	0.777
	R6	0.970	0.942	0.922
武汉	R1	0.990ᵃ	0.980	0.973
	R2	0.922ᵃ	0.849	0.799
	R3	0.989ᵃ	0.977	0.970
	R4	0.947ᵃ	0.897	0.863
	R5	0.960ᵃ	0.922	0.897
	R6	0.980ᵃ	0.960	0.947
合肥	R1	0.991	0.982	0.976
	R2	0.948	0.898	0.864
	R3	0.969	0.938	0.918
	R4	0.972	0.945	0.926
	R5	0.938	0.880	0.840
	R6	0.912	0.832	0.775
成都	R1	0.995ᵃ	0.991	0.988
	R2	0.944ᵃ	0.891	0.855
	R3	0.981ᵃ	0.962	0.949
	R4	0.992ᵃ	0.984	0.978
	R5	0.956ᵃ	0.913	0.884
	R6	0.868ᵃ	0.754	0.672

续表

城市	模型	R	R 方	调整 R 方
	R1	0.904	0.818	0.757
	R2	0.977	0.955	0.941
西安	R3	0.997	0.994	0.992
	R4	0.989	0.977	0.970
	R5	0.979	0.958	0.944
	R6	0.520	0.271	0.027

从图 6-4 的分布趋势来看，南京、杭州、武汉、合肥、成都、西安六个城市的高等教育与城市经济发展指数呈现了显著的线性关系，而且从各城市的相关系数分析结果来看，除了南京的高校在校生数和毕业生，杭州的高校在校生数和专职教师数以及西安的专利授权数显著性水平不明显外，其他各指标的显著性水平均小于 0.05，显著性水平较高，具有较好的统计学意义。再结合回归分析的模型汇总分析表，可以看出，除了南京的高校在校生数、高校毕业生数的拟合优度 R 方，杭州的高校在校生数、专职教师数以及西安的专利授权数不具备意义外，其他大部分的指标拟合优度 R 方都高于 0.9，调整后的拟合优度 R 方普遍高于 0.8 以上，大部分高于 0.9，说明各城市的大部分指标拟合优度较高，进而说明方程与数据实际情况的共线性较高。进一步根据回归分析的系数表结果分析，除了南京的前两个指标，杭州的 R1、R3 指标以及西安的专利授权数指标不具有显著相关性外，成都的 R6 分析指标显著性水平（Sig 值）略大于 0.05，从不严格意义上来说可以看作具有显著性水平。在回归模型中其余的指标显著性水平（sig 值）均小于 0.05，可见当前模型的拟合优度较高，回归方程具有较好的统计学意义。

四、高等教育发展水平与城市竞争力的实证分析结果

在以上分析结果的基础之上采用经济学方法来解读高等教育发展水平与城市竞争力的相关关系，根据数据实证分析得出相关结果。

（一）高等教育发展水平与城市竞争力的相关性分析结果

从以上的分析结果可以看出，总体上高等教育发展水平的主要指标对城市经济发展指数是具有强相关的，并且具有明显的显著性水平，东中西部的六个城市基本呈现了相同的趋势，但是略微有些不同。这里将从综合的视角，把分析结果

进行图表呈现，进行统筹分析，对各城市的高等教育发展水平与城市经济发展进行更加清晰的探索。

1. 各城市高等教育发展水平与城市竞争力的相关性强弱

由表6-10中分析结果汇总可以得知，除了南京市的经济发展指数与高校在校生数（包括研究生）呈现弱相关，与高校毕业生数（包括研究生）呈现强相关外，其他的数据结果都显示出了非常强的相关，而且当显著性水平小于0.05的情况下，说明该分析结果显著性水平很明显，除了南京的R1、R2 > 0.05外，杭州的R1、R3 > 0.05，西安的R6明显大于0.05，成都R6的0.056略大于0.05在要求不是很严格的情况下，可以认为它是具有显著性水平的。东部地区的南京和杭州的这一特殊情况说明其城市的高等教育在校生数和毕业生数（也统称为高等教育学生规模）以及专职教师数对城市经济的发展并没有中部地区的武汉市和西部地区的成都市那么明显，从侧面也可以反映出，城市经济越发达的东部地区高等教育的促进作用越不如对经济稍弱的中西部城市。南京和杭州的这一特殊情况可能由于城市经济发展、政策等多重原因造成的。总的来看，分别代表东、中、西部高等教育强市的六个城市都呈现了大体一致的结果，即高等教育发展水平与城市经济发展指数是相关的，高等教育与城市在互动的基础上存在促进的影响作用，各城市的高等教育对城市的影响通过不同的方式来表现，如表6-10所示。

表6-10　　各城市高等教育发展水平与经济发展指数的相关分析结果汇总

城市	代表名称	相关系数	显著性水平	结果分析	相关水平排名
南京	R1	0.190	0.760	除了R1、R2指标相关系数呈现弱相关和中度相关，显著性水平没有统计学意义外，其余指标相关系数都较高，显著性水平具有统计学意义	6
	R2	0.603	0.281		
	R3	0.982	0.003		
	R4	0.979	0.004		
	R5	0.964	0.008		
	R6	0.980	0.003		
杭州	R1	0.817	0.091	R1、R3指标相关系数不高，显著性水平很低，其余指标具有显著的相关性，特别是R4指标达到1，显著性水平极高	5
	R2	0.955	0.011		
	R3	0.280	0.648		
	R4	1.000	0.000		
	R5	0.912	0.031		
	R6	0.970	0.006		

续表

城市	代表名称	相关系数	显著性水平	结果分析	相关水平排名
武汉	R1	0.990	0.001	相关系数较高，显著性水平	1
	R2	0.922	0.026		
	R3	0.989	0.001		
	R4	0.947	0.015		
	R5	0.960	0.009		
	R6	0.980	0.003		
合肥	R1	0.991	0.001	相关系数较高，显著性水平具有统计学意义	2
	R2	0.948	0.014		
	R3	0.969	0.007		
	R4	0.972	0.006		
	R5	0.938	0.018		
	R6	0.912	0.031		
成都	R1	0.995	0.000	除了 R6 指标相关系数稍低，显著性水平可以认为有统计学意义外，其他指标相关系数较高，显著性水平具有明显统计学意义	3
	R2	0.944	0.016		
	R3	0.981	0.006		
	R4	0.992	0.001		
	R5	0.956	0.011		
	R6	0.868	0.056		
西安	R1	0.904	0.035	除了 R6 指标相关系数呈现负数的低水平外，其他指标相关系数较高，显著性水平具有明显统计学意义	4
	R2	0.977	0.004		
	R3	0.997	0.000		
	R4	0.989	0.001		
	R5	0.979	0.004		
	R6	− 0.520	0.369		

2. 各城市高等教育发展水平与城市竞争力的相关性排名结果

由各城市高等教育发展水平与城市经济发展指数的相关分析汇总结果可知，其中 R1、R2、R3 为高等教育发展水平中的人力资本，R4、R5、R6 为物力资本。根据对三个城市的相关系数和显著性水平数据进行计算分析，六个城市的高等教育发展水平与城市经济发展指数的相关性排名结果为，武汉 > 合肥 > 成都 >

西安 > 杭州 > 南京（无统计学意义）。可以发现在六个城市中，中部地区的武汉和合肥的高等教育与城市相关性最高，显著性水平也最高，西部地区的成都和西安次之，反而是东部地区的南京和杭州的高等教育与城市经济发展相关性偏弱。我们暂且不讨论分析结果和数据的科学性，这里仅就表面现象来分析该情况。从数据结果来看，中部地区的武汉和合肥高等教育对城市经济发展的促进作用最为明显，其次是西部地区的两个城市，而东部地区两个城市排在最后，这其中包含了城市本身经济发展水平、各城市高等教育规模和城市历史发展等多方面复杂因素，很难做出一个具体而明确的论断。作为东部地区的南京和杭州本身对高校人才具有较强的吸引力，所以其本身的高等教育人才产出对城市的影响没有中西部地区那么强，而西部地区的成都和西安的专利授权数都表现出了弱相关的状态，尤其是西安，说明相对于中部地区，其高等教育产出的科研成果相对较弱，如图6－5所示。

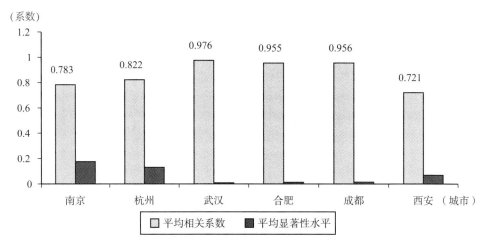

图6－5　各城市高等教育发展水平与城市经济发展指数分析结果对比

3. 各城市人力资本和物力资本要素的区域分布相关性

再来从具体分析数据结果来看，根据本书高等教育发展水平的指标设置，R1、R2、R3为高等教育发展水平中的人力资本，R4、R5、R6为物力资本，如图6－6所示。首先，从城市内部的高等教育人力资本和物力资本结果对比来看，东部地区的南京和杭州的高校人力资本相对于高校物力资本而言，对城市经济发展的贡献力要小，中部地区武汉和合肥的人力资本与物力资本对城市经济发展的影响系数相当，而西部地区的成都和西安高等教育人力资本对城市经济发展的影响系数大于物力资本，尤其是西安市更为明显。其次，对各城市之间的高等教育人力资本与物力资本与城市经济发展指数的相关进行对比分析。

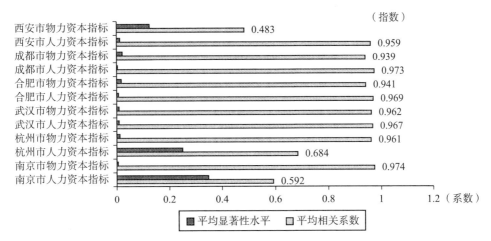

图6-6　各城市高等教育人力资本和物力资本与城市经济发展指数相关分析结果对比

　　一是人力资本方面，南京＜杭州＜西安＜武汉＜合肥＜成都，说明东部地区两个城市的人力资本相关系数对城市经济发展指数的相关系数明显低于中西部地区四个城市的人力资本指标，成都的高等教育人力资本对城市发展的贡献力最大，原因可能是作为东部地区的经济发达城市，南京和杭州并不缺高等教育人才，不仅因为本市的高等教育人力资本足够多，而且作为经济强市的东部城市每年还可以吸引大量的外地高等教育人才，因此南京的人力资本对城市经济的贡献力低于本市物力资本的贡献力。杭州虽然专职教师数相对其他高等教育大市来说存在弱势，但是杭州的经济发展优势区位和经济实力可以吸引大量高校人才和引进高校教师，高等教育的发展本身就呈现出了区域的不均衡性。中西部地区的高等教育人力资源因为受自身城市地域和经济的影响，其产出的高校人才存在大量流失的现象，会外流出形成东部城市的人力资本，再加之其本身的经济发展基底薄弱，需要大量的人才资源来推动城市经济的发展。因此对于中西部地区城市而言，其本身的经济发展形势不如东部城市，城市经济发展在弱势的经济基础上更加需要人才资源的人力和智力贡献，所以高等教育产出的人力资本对中西部城市来说推动力和贡献力明显大于东部城市。分析结果与我国当前的城市发展情况基本相符。
　　二是物力资本方面，南京＞杭州＞武汉＞合肥＞成都＞西安，相对于人力资本，东中西部六个城市的物力资本对城市发展的贡献力则呈现了不一样的态势，东部地区的南京和杭州的物力资本对城市经济发展指数的相关系数分别大于中西部几个城市，中部城市次之，西部城市最后，由东部向西部依次递减，形成了我国区域发展的分布特点。物力资本的分析结果与人力资本的分析结果呈现完全相反的趋势，其原因可能是，作为东部经济发达城市的南京和杭州，经济规模本身具有优势，因此它在对高等教育的物力资本投入中明显更加有优势，雄厚的财政实力背后直接可以保证高等教育的规模发展，城市对高等教育的扶持力度越大高等教育发展态势越良好，反过来，高等教育的规模发展在促进科技创新和人才资源产出的过程中同时可以作用于城市经济的发展，研究型高校和高校的科研水平可以直接向城市输出科研成果，以专利输出和技术合同的成交等方式来推动城市的经济发展，城市的高等教育与经济实力似乎在某种程度上形成了一个良性循环圈，其中西部地区的成都和西安的专利授权数明显弱相关印证了这一点。所以，中西部城市在受制于城市经济的弱势情况，对高等教育的财政投入明显不如发达城市，本书选取的东、中、西部的这六个典型城市，正好反映出了这一现状。这一分析结果可以初步体现出我国当前的区域高等教育与城市发展情况，验证了高等教育发展与城市发展区域不均衡的假定，如图6-6所示。

（二）高等教育发展水平与城市竞争力的回归分析结果

由分析结果可知，南京和杭州的高校在校生数和高校毕业生数以及专职教师数指标和西安的专利授权数指标对城市经济发展指数的相关系数较低，没有统计学意义。通过散点矩阵图以及回归分析数据来看，各城市的其他高等教育发展水平与城市经济发展指数之间的数据大致呈现线性关系，而且显著性水平都具有统计意义，因此本书采用一元线性回归分析，以高等教育发展水平各指标为自变量，城市经济发展指数为因变量，建立回归模型验证高等教育与城市竞争力的相关性。

$$Y = bX_i + a$$

其中，Y称为因变量，X是自变量，a和b为待估计的回归参数，下标i（1、2、3、4、5、6）表示高等教育发展水平各指标与经济发展指数的观测值。再通过SPSS软件逐一对各城市各个指标之间进行一元回归分析。整合各回归方程如表6-11所示。

表6-11　　　　各城市高等教育发展水平与经济发展指数回归模型

各城市回归模型	$Y_1 = bX_1 + a$（高校在校生）	$Y_2 = bX_2 + a$（高校毕业生）	$Y_3 = bX_3 + a$（专职教师数）	$Y_4 = bX_4 + a$（公共财政高等教育支出）	$Y_5 = bX_5 + a$（技术合同成交额）	$Y_6 = bX_6 + a$（专利授权数）
南京	—	—	Y = 1.987X - 8.652	Y = 0.012X + 0.262	Y = 0.01X + 0.434	Y = 6.009X + 0.655
杭州	—	Y = 0.345X - 2.262	—	Y = 0.009X + 0.724	Y = 0.036X - 1	Y = 2.476X + 0.609

续表

各城市回归模型	$Y_1 = bX_1 + a$ （高校在校生）	$Y_2 = bX_2 + a$ （高校毕业生）	$Y_3 = bX_3 + a$ （专职教师数）	$Y_4 = bX_4 + a$ （公共财政高等教育支出）	$Y_5 = bX_5 + a$ （技术合同成交额）	$Y_6 = bX_6 + a$ （专利授权数）
武汉	$Y = 0.07X$ $- 5.628$	$Y = 0.306X$ $- 5.654$	$Y = 1.454X$ $- 6.271$	$Y = 0.011X$ $+ 0.381$	$Y = 0.006X$ $+ 0.381$	$Y = 0.376$
合肥	$Y = 0.112X$ $- 2.946$	$Y = 0.280X$ $- 1.406$	$Y = 2.307X$ $- 3.473$	$Y = 0.012X$ $+ 0.724$	$Y = 0.028X$ $+ 0.460$	$Y = 9.262X$ $+ 0.832$
成都	$Y = 0.069X$ $- 3.554$	$Y = 0.248X$ $- 2.998$	$Y = 0.646X$ $- 1.354$	$Y = 0.009X$ $+ 0.343$	$Y = 0.009X$ $+ 0.628$	$Y = 4.383X$ $+ 0.307$
西安	$Y = 0.028X$ $- 0.750$	$Y = 0.116X$ $- 0.892$	$Y = 1.592X$ $- 5.447$	$Y = 0.011X$ $+ 0.574$	$Y = 0.002X$ $+ 1$	—

结合表6-9与表6-10整合成表6-11。由数学原理可知，一元回归方程的 $Y = bX + a$ 的数学意义是 Y 为因变量，X 是自变量，b 表示直线的斜率。当 b 的值越大，说明 X 的变化对 Y 值的影响幅度越大。当 X = 0 时，Y = a，是截距，说明没有 X 的时候，Y 是个常量。结合图表分析来看，总体上来说，城市经济发展都随着高等教育各指标数值的增大而增大，说明了高等教育的发展水平有助于促进城市经济的发展，进而影响城市的竞争力。

1. 各城市高等教育人力资本要素呈现区域性差异

首先，从各城市高等教育的人力资本分析结果来看，除了南京、杭州、西安的个别指标与城市经济发展指数相关分析显著性不明显外，本书将这一现象归结为在南京的经济发展中，高等教育产出的人才资源和吸纳其他城市的高等教育人才已经数量足够多，南京的高等教育人力资源趋于饱和的状态，杭州的高校在校生数作为杭州的人才总量其贡献力不明显，而杭州的专职教师数明显少于其他几个城市，高校教师对城市经济的贡献也不明显，这些情况本书不做具体分析。其次，表6-11中，其他人力资本指标数据，在高校在校生数、毕业生数、专职教师数与城市经济发展指数的分析中，武汉的高校在校生数、毕业生数、专职教师数每增加一个单位（万人），其促进的城市经济发展指数就增加0.07、0.306、1.454，而成都市的高校在校生数、毕业生数、专职教师数每增加一个单位（万人），其引起的城市经济发展指数则分别增加0.069、0.248、0.646，南京的专职教师数每增加一个单位，其相关的经济发展指数则增加1.987，杭州的毕业生数每增加一个单位，其经济发展指数就增加0.345，这就明显大于武汉和成都。说明随着人力资本的单位增长，东中西部六个城市的经济发展指数分别呈现由大到小的变化。但是根据总体公式来看，因为城市中原有的人力资本积累和储备，南京的人才资源因为高等教育的产出和引进的原因，其基数较大，因此高等教育的人力资本每增加一个单位（万人），对城市经济发展指数的贡献反而不明显。同理，中部地区的武汉和合肥本身是高等教育强市，高等教育产出的人力资源基数较大，城市经济发展在消耗已有的人力资源的同时，高等教育每增加一个单位（万人），对城市经济发展指数的作用逐渐下降。西部地区的成都和西安，其经济发展水平处于弱势，高等教育的人力资源基数虽然不小于东中部的城市，但是因为其区域因素，不能像南京和杭州吸引众多外来高等教育人才，反而会将好不容易培养的高等教育学生和教师资源流出本地，因此其高等教育每增加一个单位（万人），对城市经济发展指数的影响是最明显的。

这一现象符合"边际效益递减"理论，当高等教育人力资本增加单位量时，边际效用会增加，即城市经济发展指数增加幅度大，但累计相当规模的高等教育人力资源总量后，高等教育人力资源的增加对城市发展的边际效用逐渐减少。当城市的人力资源规模总量累积到饱和，边际效用递减至 0 时，表示总效用不会再累计增加，此时总效用达到最大。① 可见根据城市经济发展水平和高等教育发展水平的双重标准，高等教育人力资本对城市经济发展指数的边际效用呈现东中西部递减的趋势，即高等教育人力资本与城市竞争力呈现东中西部依次递减的趋势（本结论不适用于所有城市）。

2. 各城市高等教育物力资本要素呈现区域性差异

从各城市高等教育的物力资本分析结果来看，除了武汉的专利授权数指标分析结果是一个常量和西安的专利授权数不具有分析意义时，其余的指标可以进行直接分析。根据相关性系数和显著性水平分析，南京＞杭州＞武汉＞合肥＞成都＞西安，南京和杭州的物力资本对城市经济发展指数的相关系数和显著性水平分别大于中部和西部城市，由东部向西部递减。回归分析结果表明，公共财政教育支出指标中，高等教育每增加一个单位的公共财政教育支出（亿元），南京、杭州、武汉、合肥、成都、西安的经济发展指数分别增加 0.012、0.009、0.011、0.012、0.009、0.011。说明六个城市中南京和合肥的公共财政教育支出对城市经济发展的影响最大，武汉、西安次之，对杭州、成都影响最小，一定程度上也能说明城市经济本身的发展水平是制约公共财政教育支出的基础性前提，而公共财政教育支出反过来又在一定程度上通过提升高等教育发展水平的方式影响城市发展。从高等教育物力资本的另外两个指标（技术合同成交额、专利授权数）来看，六个城市的经济发展都随着技术合同成交额和专利授权数为指标的物力资本单位（亿元）的增大而增大，说明了高等教育产出的物力资本有利于促进城市发

---

① 厉以宁. 西方经济学［M］. 北京：高等教育出版社，2010：67 – 68.

展。而且东部地区城市发展情况明显比西部城市好，南京高等教育中技术市场合同成交额、专利授权数每增加一个单位（亿元），其城市经济发展指数就分别增加 0.016、0.009，杭州高等教育中技术市场合同成交额、专利授权数每增加一个单位（亿元），其城市经济发展指数就分别增加 0.036、2.476，而成都高等教育中技术市场合同成交额、专利授权数每增加一个单位（亿元），其城市经济发展指数则分别增加 0.009、4.383，西安的市场合同成交额每增加一个单位（亿元），其城市经济发展指数则增加 0.002。可见城市高等教育物力资本对城市经济发展的影响也呈现了区域分布的特点，越往东部的发达城市其高等教育物力资本水平越高，对城市发展的影响越大，越往西部的城市因为本身发展水平的限制，其高等教育物力资本水平越低，对城市发展的影响没有东部发达城市大，影响各城市综合竞争力。

3. 高等教育发展水平与城市竞争力总体相关性

总体来看，城市发展随着高等教育各指标数值的增大而增大，说明了高等教育的发展水平有助于促进城市的发展，进而影响城市的竞争力。从相关性分析和回归性分析中，虽然在高等教育人力资本和物力资本的数据分析中，东、中、西部地区六个城市表现出来的情况有所差异，其中本书中所涉及的人力资本指标和物力资本指标对城市经济发展指数东中西部地区表现出了不一样的影响趋势，但是可以看出，不管是高等教育的人力资本还是物力资本，或者本书未列出的高等教育其他指标，其与城市经济发展都具有一定程度的相关性。因为六个城市的高等教育发展水平均与城市发展呈现正相关，可见，高等教育发展水平与城市竞争力存在着相关性，而且根据高等教育指标的不同和城市的不同，其高等教育相关指标与城市发展的互动影响程度是不一样的，具体相关性需要依据具体情况来验证。

（三）　研究结论

综合以上理论和实证分析，初步得出以下几个结论：

（1）高等教育发展与城市发展之间存在长期显著的相关关系。无论是从理论分析，还是通过综合利用因子分析法、相关分析和回归分析等途径对高等教育与城市发展进行了测度。理论分析论证了高等教育与城市发展之间存在着互动效应，两者互动协同发展。实证分析则从东中西部地区的六个城市出发，从近 5 年来城市发展与高等教育发展的相关性数据分析结果来看，城市发展在高等教育发展中的地位相当重要，高等教育的发展主要受城市经济发展水平制约，城市发展水平在很大程度上影响了高等教育的内部发展，高水平的高等教育反过来也促进了城市的发展。因此各个城市在发展高等教育的战略选择上，应结合自身发展情况，大力发展城市经济，促进城市与高等教育的协调发展。找到高等教育对城市经济贡献突出的方面，进而选择发展的重点。

（2）高等教育发展与城市竞争力存在着区域差异。中西部城市高等教育发展潜力巨大，东部城市需要优质高效发展。本书各个高等教育城市竞争力排行榜数据，以及东中西部的南京、杭州、武汉、合肥、成都、西安六个城市分析来看，中西部城市高等教育竞争力总体水平普遍低于东部城市，而东部城市因为经济发展的优势其高等教育竞争力有提升趋势。其中一个重要的问题在于，高等教育投入量的多少与城市综合实力有很大关系。而高等教育的不断发展又意味着对城市的贡献弹性系数加大。东部城市高等教育的主要发展问题在于，需要寻找新的创新点，可以在已有的高等教育物力资源和人力资源的基础上，通过提高城市高等教育人力资源和科研创新能力来进一步为城市发展提供动力、提升竞争力。

（3）高等教育发展推动城市区域协调发展具有相应理论层面的支持。本书综合了众多关于高等教育发展与城市发展的相关研究，在以往的研究方法和观点梳理和归纳的基础上，构建了研究理论基础。首先，借鉴了以往的理论研究，从高等教育与城市发展的互动方面进行理论分析，阐述二者之间的互动机制。其次，从总体的数据上，阐述高等教育与城市经济发展之间的表层关系，从高等教育全国各城市的分布情况来验证与城市发展之间的关系，阐述城市发展水平与高等教育之间的相关关系。最后，结合具体的高等教育指标和城市经济指标，具体分析高等教育与城市发展之间的互动机制。从而构建了高等教育发展水平与城市竞争力之间的互动机制，为全书的研究奠定了逻辑基础。

（4）应该尊重高等教育和城市发展的客观规律，分别实现重点突破。应该尊重高等教育发展规律，在不脱离城市发展的实际情况下有效发展高等教育。根据不同城市的发展情况，探寻城市中高等教育发展的阶段性特征，重点突破城市高等教育发展不同时期的难题。从数据分析来看，高等教育不同方面对城市发展的贡献值不同，而且不同城市的高等教育对城市的贡献度也不一样，这和高等教育的市场需求以及城市自身的经济实力不无关系。

（四）研究不足

虽然本书的研究基于系统的文献梳理和适量的实证分析基础上，但是由于高等教育发展系统和城市经济发展系统本身的复杂性，以及两者之间互动内容的复杂性和不确定性，影响因素错综复杂，因此，研究时存在很多不足，需要进一步的研究。

1. 研究范围小

本书虽然在高等教育与城市竞争力的相关研究中试图从不同区域城市进行分析，但是只选取了东、中、西部其中具有典型性的一个城市，借此从一定程度上来探索高等教育与城市竞争力在城市区域上体现出的不同。鉴于样本量太少，以及高等教育与城市竞争力的反馈机制极为复杂，将研究对象仅停留在六个城市以及城市的经济发展层面，从中分析高等教育与城市竞争力的相关性，不够全面深入，其社会层面的发展还有待于进一步研究。

2. 研究指标和研究数据不全面

本书研究的数据基础来源于我国东、中、西部的六个代表型城市，涉及高等教育发展水平的指标，因为数据的来源渠道和研究内容的限定性，高等教育发展水平只选取了六项指标。而在对城市竞争力的指标选取中，因为指标数量过多过杂，限定于研究的对象和内容，只选取了城市竞争力指标中的主要城市经济发展指标。在受限的研究指标数据基础上的成果是有待继续考证的，为了深入高等教育发展水平与城市竞争力的相关性研究，今后的研究需要进一步扩大两个变量的指标范围和指标数据来源的广度，从更大的研究视野和运用更加规范的研究方法来进行实证研究。

第七章
人力资源强国指标体系与分析模型建构[*]

第一节 研究目标、研究内容和研究框架

著名的美国经济学家、1979 年诺贝尔经济学奖得主舒尔茨（T. W. Shutlz）指出了"人力资本"对世界未来发展的重要性。他认为人力资本是指对人力进行投资所形成的资本，体现在人的体能、技能、知识和经验方面的综合。人力资本所包含的诸多内容恰恰是人类发展指数的重要组成部分，是人的发展的重要体现。

改革开放 40 多年来，中国致力于推动人口与经济、社会、资源、环境的协调和可持续发展，尤其引人注目的就是推动了人力资本的开发、提升和储备，人口素质的提高、国民能力建设的加强为经济社会发展提供了有力支撑和动力源泉。有关研究表明，在过去 40 多年经济高速增长的过程中，通过教育和国民素质的提升所带来的经济增长贡献份额为 24%，与劳动数量投入的贡献份额相当。[①] 由此可见，40 多年来中国走过的发展历程，是一部经济腾飞与人口发展、人力资本积聚交相辉映的奋斗史。它记载着一个十几亿人口、资源紧缺、环境脆弱的发展中国家，如何逐步形成资源节约、环境友好、经济高效、社会和谐的发展新格局，如何从人口大国逐步转变为人力资本强国，又是如何迈出了向人力资源强国转变的第一步。

---

    * 吴海江、郭丽静等参与本章撰写。

    ① 赵白鸽. 中国改革开放创造了世界人口发展奇迹［EB/OL］.（2008 – 11 – 01）. http：//www. gov. cn/jrzg/2008 – 11/01/content_1137767. htm.

一、研究目标、研究假设和指导思想

首先，根据建设人力资源强国的基本理论，准确把握人力资源强国评价指标的内涵。建设人力资源强国是我国建设现代化强国的总体目标的一个部分，我国要实现经济社会的可持续发展目标，必须形成以创新机制为主导的发展模式，人力资源强国的评价指标要集中体现国家的创新能力。因此，我们提出了教育与产业的协同创新、经济增长中的技术创新力和技术贡献率，以及创新人才和高技能应用人才培养等区别于一般人力资源评价指标的内容。

其次，人力资源强国评价指标的性质厘清、功能定位、体系建构。人力资源强国是国家综合竞争力的体现，因此，我们将以经济竞争力、社会竞争力、教育竞争力和国际竞争力四个维度进行分析。评价指标既要体现人力资源的发展对经济、政治、文化、社会等各项建设指标的贡献，同时要关注人的全面发展，体现以人为本的基本理念。

最后，运用指标体系分析人力资源强国建设的进程与趋势，探索建立人力资源强国的实践路径。根据人力资源强国理论框架和相应的评价指标体系，运用定性与定量相结合的分析方法，分析我国人力资源建设中存在的问题，为把我国建设成为人力资源强国提供理论支撑、路径模式、评价标准和实践对策。

指标的种类很多，根据不同的标准有不同的分类，如按其所反映内容的不同，可分为数量指标和质量指标；按其作用和表现形式的不同，可分为存量指标、流量指标和综合指标；按其性质的不同，可分为客观指标和主观指标。尽管划分指标种类的角度不同，但不同种类指标之间经常出现交叉重叠的现象，如有些数量指标，可能同时也是存量指标或客观指标。对指标进行分类，不仅可以指导我们从不同角度考察同一项指标的内涵，以便加深对某一项指标性质特征的认识，还可以帮助我们从各类指标中恰当地选择某些类型的指标去合理地构建指标体系。

一般来说，发展指标体系的功能包括五个方面的内容：一是描述功能，即对所要研究的教育现象进行客观的描述，是指标体系中的基础性指标，也是一种客观指标；二是解释功能，即对所要研究的对象进行全面、深入的分析，不但要发现问题，而且还要说明问题发生的原因，是一种主观性指标；三是评价功能，即发展指标体系作为一种发展进程的测量尺度，能对所要研究的对象及其发展变化情况进行测量和分析；四是监测功能，即通过指标体系中的数据反映发展中的问题，提供决策参考；五是预测功能，即根据发展指标分析发展趋势，对未来一个时期的发展进行预测分析。

从过程性看，发展指标应该具有三性：一是阶段性，即指标体系应该根据发展的阶段性确定发展目标、常模和权重；二是通用性，即指标体系既可以与我国的发展指标纵向衔接，又可与国际标准横向比较；三是独特性，人力资源评价指标应综合地反映一个国家或地区的教育、经济与社会发展状况。

人力资源强国建设是一个多目标、多功能、多层次、多要素的错综复杂的系统，要想全面、客观、科学地反映和评价人力资源发展的整体状况，评价指标体系必须由一系列相互联系、相互制约的能够反映人力资源基本特征的统计指标所构成。目前，我国关于发展指标的概念模式是基本理论框架、设计技术和体系功能目标的综合体，概念模式是指标分析和建构指标的方法论基础，也是指标选择的依据。一般来说，一个指标的概念模式主要有系统模式、归纳模式、演绎模式、问题模式和目标模式五种类型。建构与发展指标体系，需要以概念模式为引导，将信息资料与理论模式加以结合，才能形成完整的指标体系。

一个科学的指标体系必须具有四种功能：描述系统的状态、描述系统的发展、描述系统与目标的差距、将系统分类。每一种功能将造成指标体系之间存在很大的差异。人力资源作为社会系统的一个子系统，人力资源的发展进程也具有明显的阶段性特征。根据这样一种观点，作为强国实现程度的评估指标是一个具有阶段性特征的指标体系，评价的是一个国家建设人力资源强国的实现程度如何。因此，人力资源强国评价指标应该包括定性指标和定量指标两个方面，利用指标体系进行数量化的监测现状与预测未来。

人力资源强国的指标体系可在宏观、中观和微观三个层面来思考。宏观层面是战略与绩效相关性的评价指标，即在可比较的方面与参照国进行人力资源水平对照性的评价，它运用各种经济理论，特别是人力资本理论，对一个特定的战略规划期内的人力资本存量、人力资本结构、人力资本增值及其与国家整体实力的相关性进行科学研究并为新的战略规划期提供理论与设计工具。中观评价是对国家人力资源制度、政策、机制以及人力资源战略运行过程的研究，这种研究对于完善国家人力资源能力的评价制度，促进国家人力资源能力的提升具有重要价值。微观评价是按照人力资源能力的总体性，对具体组织、职业或行业群体的人力资源能力的分析，具有直接的微观意义，同时也具有间接的宏观价值。

国际竞争力背景下的人力资源强国战略指标体系主要包括经济竞争力、社会竞争力、教育竞争力以及国际竞争力四个基本分析维度，既关注人力资源对经济、科技、社会等方面的贡献，也关注人的全面发展和国家的人口素质。由人力资源数量、结构、效能、发展、素质、环境、保障等一级指标构成，主要评价的是人力资源的教育结构与发展现状，国家对人力资源发展的投入与政策环境，人力资源的经济效能、科技效能以及社会效能等。综合评价人力资源对经济与社会可持续发展的贡献。

这一指标体系实质上是一个根据 AHP（Analytic Hierarchy Process）原理建立起来的人力资源评价指标体系的层次结构模型。其中，将人力资源发展水平定义为目标层 A，用 4 个评价角度设计准则层 B，通过 7 个评价角度将准则层分解为一级指标 C，最后用若干个指标构成可测量的二级指标体系层 D，还设计了权重指数 E。由于本书通过经济竞争力、社会竞争力、教育竞争力和国际竞争力四个领域对人力资源强国的评价指标进行考察，而这四个领域的人力资源二级评价指标将出现交叉与重复，我们在研究中可以运用旋转矩阵的方法对这些指标因素确立权重因子式，结合观察指标 D 和权重因子 E，运用历史数据和调研数据就可以进行数学建模和定量分析。在研究方法上，采用德尔菲法对各指标进行量化，形成准则、细则和指标三个层次的权重矩阵，运用历史数据与区域发展数据，根据各准则的得分矩阵及权重矩阵，从横向和纵向两个方面分析我国人力资源发展水平和区域发展的状况，通过构建的层次结构模型对中国人力资源发展水平进行综合评判。在对影响因素进行综合分析和调查研究的基础上，分析建设人力资源强国的发展阶段和存在的问题，探索建设人力资源强国的实践路径，如表 7-1 所示。

表 7-1　　　　　　　　　人力资源强国指标体系的基本内容

目标层 A	准则层 B	一级指标 C	二级指标 D	指标性质
国际竞争力背景下的人力资源强国指标体系	经济竞争力 社会竞争力 教育竞争力 科技竞争力	人力资源数量指标	劳动人口规模（经济活动人口）	+
			人口自然增长率	+
			科技人才规模（研究与试验发展人员全时当量）	+
			第一、第二、第三产业就业人数	+ -
		人力资源结构指标	基础研究人员占比	+ -
			应用研究人员占比	+ -
			试验发展人员占比	+ -
			第一产业就业人员占就业人员比重较上一年变化率	+ -
			第二产业就业人员占就业人员比重较上一年变化率	+ -
			第三产业就业人员占就业人员比重较上一年变化率	+ -
		人力资源效能指标	就业人员中高职业教育比例	+
			就业人员具有大专以上比例	+
			人均 GDP 增长率	+
			第一、第二、第三产业人均生产总值	+
			专利授予量	+
			科技论文发表量	+
			高技术产品出口增加值	+
			技术市场成交额	+
			大中型工业企业新产品项目数	+

续表

目标层 A	准则层 B	一级指标 C	二级指标 D	指标性质
国际竞争力背景下的人力资源强国指标体系	经济竞争力 社会竞争力 教育竞争力 科技竞争力	人才资源发展指标	公共教育支出占 GDP 比重	+
			研发支出占 GDP 比重	+
			政府资金占研发的比重	+ =
			企业资金占研发比重	+
			规模以上工业企业有研究与试验发展活动企业数（个）	+
			国家财政性教育经费占公共财政的比重（万元）	+
			出/回国留学人员比例	=
			年度接受专业培训人数	+
		人才资源素质指标	平均受教育年限	+
			高等教育毛入学率	+
			具有高中以上学历的人口比例	+
			每十万人口高中阶段平均在校生数（人）	+
			每十万人口高等学校平均在校生数（人）	+
			具有大专以上学历的人口比例	+
		人才资源环境指标	基尼系数	−
			区域发展均衡度	−
			社会福利覆盖度	+
			健康卫生事业支出占 GDP 比重［卫生总费用（亿元）/GDP］	+
			每万人拥有卫生技术人员数（人）	+
			总抚养比	=
		人力资源保障指标	城乡居民人均收入增长率	+
			职工平均工资	+
			失业率	=
			每万人互联网用户数	+
			居民收入/支出比	+

注："＋"表示指标方向为正，即正向指标，"－"表示指标方向为负，即逆向指标。

二、指标体系的测评方法

（一）指标体系测评方法及比较

目前国内外建立的评价方法有数百种之多，大多数尚处于理论研究阶段，不十分成熟。这些评价方法各有其特点，但大体上可以分为两类，主要区别在确定权重上。一类是主观赋权，多是采取综合咨询评分的定性方法确定权数，然后对无量纲后的数据进行综合，如专家评价法、层次分析法、模糊综合评判法等。另一类是客观赋权，即根据各指标之间的相关关系或各项指标值的变异程度来确定权数。

鉴于本指标体系中的参数指标较多，且指标间的轻缓程度不好判断，层次分析法（AHP）不适宜该指标的评价，其他一些评价方法也不适合，而主成分分析法是研究用变量族的少数几个线性组合（新的变量族）来解释多维变量的方差结构，挑选最佳变量子集（即影响总体的关键因素），简化数据揭示变量间经济关系的一种多元统计方法，故本书采用主成分分析法进行初步赋权。[①]

（二）主成分分析法的基本原理

主成分分析法是将多个指标转化为少数几个互不相关的综合指标的一种多元统计分析方法，设有 n 个样本，每个样本有 p 个指标 x_1，x_2，x_3，$\cdots$，x_p 描述，可得原始数据矩阵：

$$X = \begin{bmatrix} X_{11} & X_{12} & X_{1p} \\ \cdots & \cdots & \cdots \\ X_{n1} & X_{n2} & X_{np} \end{bmatrix} \overset{\triangle}{=} (X_1, X_2, \cdots, X_p) \tag{7.1}$$

$$X_j = (X_1 = x_{1j}, x_{2j}, \cdots, x_{nj})^T, j = 1, 2, \cdots, p$$

用数据矩阵 X 的 P 个向量 X_1，X_2，$\cdots$，X_p 做线性组合（即综合指标向量）可得

$$F_i = a_{1i}X_1 + a_{2i}X_2 + \cdots + a_{pi}X_p, (i = 1, 2, \cdots, p) \tag{7.2}$$

F_1 是 X_1，X_2，$\cdots$，X_p 作出的线性组合中方差最大的，其次是，F_2，$\cdots$，F_p，即

$$Var(F_1) \geqslant Var(F_2) \geqslant \cdots \geqslant Var(F_p) \tag{7.3}$$

如式（7.3）决定的 F_1，F_2，$\cdots$，F_p 分别称为原指标的第一主成分、第二主

---

① 刘新平，张运良．教育统计与测评导论（第二版）[M]．北京：科学出版社，2013（1）：187．

成分……第 p 主成分。在实际操作中可以看出用前面的一部分的主成分就可以包含了较大的信息量，而且主成分之间互不相关，这样就可以用少数的几个不相关的主成分代替原始指标来分析解决问题。[①]

（三） 确定指标的计量单位和计算方法

指标的计算方法有的比较简单，在确定了总体范围和指标口径之后，并不需要再规定具体的计算方法。因为这些指标的计量单位是关于数量的汇总，如招生规模、在校生人数等。有的统计指标计算方法则比较复杂，它必须以对象性质的理论剖析作为依据。当一个指标有几种可供选择的计算方法时，应比较哪种方法更符合这些理论，剖析后决定取舍。当需考虑采取简便、变通的计算方法时，应以不违背这个基本原理为前提，有些分析指标的计算还要选定恰当的数学模型来解决。

如"中国教育现代化进程研究"课题组，根据亚历克斯·英克尔斯教授（Alex Inkeles）的评价模型，设计和构建了我国教育现代化的评估模型：

$$EMI = \sum S_i \cdot K_i（K_i 为权重系数，S_i 为现代化达标程度）$$

其中：$S_i = i_{实际值}/i_{标准值}$（正指标，$S_i \leqslant 100$）

$S_i = i_{标准值}/i_{实际值}$（逆指标，$S_i \geqslant 100$）

指标的时间和空间限制有两种：以一般时期（日、月、季、年）为界限；另一种以某一标准时刻为界限，如以某年初、年末、月初、月末等为时间标准。但是，计算时间是由统计指标的性质、特点、需要和可能来决定的。

（四） 指标权重的计算确定

本书确定人力资源强国的评价指标，通过经济竞争力、社会竞争力、教育竞争力和国际竞争力四个领域进行考察，而这四个领域的人力资源二级评价指标将出现交叉与重复，我们在研究中可以运用旋转矩阵的方法对这些指标因素确立权重因子式。

对综合评价中权数的设置也是一个较为复杂的问题，赋权的方法，有客观赋权法和主观赋权法两类，客观赋权法主要有选择赋权法、熵值法、变异系数法、秩和法、双级值距离法、相关系数法、第一主分量法等。主观赋权法主要有德尔菲法、比较评分法、先定性排序后定量赋权法、移动平均法、指数平滑法等。在指标体系的设计，可以综合运用 AHP、模糊聚类、指数评价、灰色评价、可能满意度、灰色关联等各种手段和方法。

---

① 刘新平，张运良. 教育统计与测评导论 [M]. 北京：科学出版社，2013（1）：189.

第二节　人力资源强国指标的主成分分析

一、测评原则

在人力资源强国指标体系的建构中，评价指标的选择和设置必须抓住人力资源强国的主要方面和本质特征，尽量保证指标设置的科学化、全面化，并以一定的现实统计数据为基础，以利于实际计算应用和评价分析，因此应当遵循以下原则。

（一）系统性与独立性的统一

指标体系的系统性是指要以整体的眼光评估大学科技创新力，评价指标要对评估对象特质的方方面面有着整体的把握，不能有所遗漏或偏颇。同时也指要站在系统论的角度来评估大学的科技创新力，认为高校系统以科技创新人才为主体，以物质资源和创新人才培养对象为客体，以科技创新制度文化环境为支撑，形成有序运行、协同作用的创新生态系统。而独立性是指各个评价指标之间应当相互独立、没有交叉，分别具有不同的特征意义，以此保证测评结果的精确性。

（二）定性与定量的统一

首先，在大学科技创新力的评价指标选取中应当坚持"定性与定量相结合"的原则。由于不同的学科具有不同的特点，存在研究周期和成果难易等方面的差异。如果统一采用量化指标，难免对一些学科的发展有失公平，同时又由于量化指标通常是对已经表现出来的成熟事物的衡量，一些诸如文化制度和满意度等方面的指标难以量化；然而，如果仅采用主观性的定性指标，相当于把评价权几乎完全交给了评价者，由于自身的知识局限和情感偏好就很难保证评价结果的客观性，同时也可能会成为评价腐败的寻租工具。此外，在量化指标的选取上应当平衡绝对指标和相对指标的比例。绝对数量的大小往往具有规模效应，跟一个实体的现有存量能力往往呈现正相关关系，但与此同时，也应考虑规避了规模效应的人均指标，以更好的反映学校的科技创新效率和潜力。

（三）成果性与效率性的统一

信息化时代，知识成为前沿生产力中最为核心的生产要素，教育是知识产生和散播的"温床"。在人力资本理论中，教育是一种针对人力资源能力的投资，因此站在经济角度上，教育应当像其他的经济活动一样，不仅应当关注它的成果更应该关注它的收益。对高校科技创新体系的评价也是一样的，我们不仅要分析高校的论文产出情况、科技成果鉴定、专利申请、成果转化等，也需要从"效率"的角度去考察我国高校的科技创新，以经济学的眼光来衡量大学的科技创新产出效率，从而对科技创新活动中的资源浪费等现象起到警醒作用。

（四） 可行性与指导性的统一

指标体系的可行性既表现在指标的可得性，又表现在可操作性上。本书在对现有大学科技创新力评价指标的整理和综合的基础之上，以 2014—2016 年三年的《高等学校科技统计资料汇编》《中国研究生教育及学科专业评价报告》、中华人民共和国教育部官网、科技部官网、各高校官网及信息公开网为数据来源，最大限度地利用和开发现有公开的官方数据，同时又要综合考虑考核主体的综合能力，设计便于操作的评价步骤，评价结果易于理解。

根据指标的构建原则初步拟出"人力资源强国指标体系"如表 7－2 所示。

表 7－2　　　　　　　　人力资源强国指标体系的基本框架

目标层 A	准则层 B	一级指标 C	二级指标 D	权重因子 E
国际竞争力背景下的人力资源强国指标体系	经济竞争力社会竞争力教育竞争力科技竞争力	人力资源数量指标	劳动人口规模（经济活动人口）	
			人口自然增长率	
			科技人才规模（研究与试验发展人员全时当量）	
			第一、第二、第三产业就业人数	
		人力资源结构指标	基础研究人员占比	
			应用研究人员占比	
			试验发展人员占比	
			第一、第二、第三产业就业结构变化率	
			就业人员具有大专以上比例	
		人力资源效能指标	人均 GDP 增长率	
			第一、第二、第三产业人均生产总值	
			专利授予量	
			科技论文发表量	
			高技术产品出口增加值	
			技术市场成交额	
			大中型工业企业新产品项目数	

续表

目标层 A	准则层 B	一级指标 C	二级指标 D	权重因子 E
国际竞争力背景下的人力资源强国指标体系	经济竞争力 社会竞争力 教育竞争力 科技竞争力	人力资源发展指标	公共教育支出占 GDP 比重	
			研发支出占 GDP 比重	
			政府资金占研发的比重	
			企业资金占研发比重	
			规模以上工业企业有研究与试验发展活动企业数（个）	
			国家财政性教育经费占公共财政的比重（万元）	
			出/回国留学人员比例	
			年度接受专业培训人数	
		人才资源素质指标	平均受教育年限	
			高等教育毛入学率	
			具有高中以上学历的人口比例	
			每十万人口高中阶段平均在校生数（人）	
			每十万人口高等学校平均在校生数（人）	
			具有大专以上学历的人口比例	
		人才资源环境指标	基尼系数	
			区域发展均衡度	
			社会福利覆盖度	
			健康卫生事业支出占 GDP 比重〔卫生总费用（亿元）/GDP〕	
			每万人拥有卫生技术人员数（人）	
			总抚养比	
		人力资源保障指标	城乡居民人均收入增长率	
			职工平均工资	
			失业率	
			每万人互联网数	
			基民收入与支出比	

二、测评方法

目前国内外相关的评价方法多达数百种，大多数尚处于理论研究阶段，不十分成熟。这些评价方法各有特点，大体上可以分为主观赋权和客观赋权两类，主要区别在确定权重上，见图 7 - 1 所示。一类是主观赋权，多是采取综合咨询评分的定性方法确定权数，然后对无量纲后的数据进行综合，如专家评价法、层次分析法、模糊综合评判法等。另一类是客观赋权，即根据各指标之间的相关关系或各项指标值的变异程度来确定权数如数据包络法和熵值法等。鉴于本指标体系中的参数指标较多，且指标间的轻缓程度不好判断，层次分析法（AHP）不适宜该指标的评价，其他一些评价方法也不适合，本次测评采用的是主成分分析法，其原理已在本章第一节二（二）中阐述，故不在此赘述。

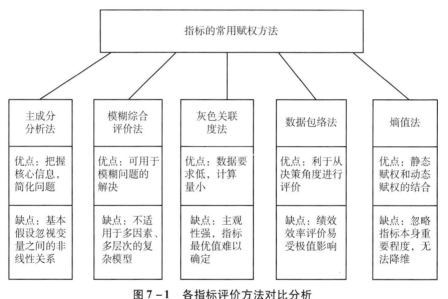

图 7 - 1　各指标评价方法对比分析

主成分分析法是研究用变量族的少数几个线性组合（新的变量族）来解释多维变量的方差结构的，挑选最佳变量子集（即影响总体的关键因素），简化数据，揭示变量间经济关系的一种多元统计方法，故本书采用主成分分析法进行赋权。

三、数 据 来 源

本书所需要的数据主要来源于中国人力资源和社会保障部的《中国劳动统计年鉴》《人力资源和社会保障事业发展统计公报》，以及中华人民共和国统计局的《中国统计年鉴》《中国教育统计年鉴》《中国教育经费统计年鉴》《中国高技术产业统计年鉴》《中国经济普查年鉴》《国民经济和社会发展统计公报》、世界银行数据库等。

四、检验数据分析可行性

使用 spss23.0 对所得样本数据进行 KMO 和 BARTLETT 的球形度检验，求得 KMO 值 >0.85，且 P 值为 0.000 <0.05，球形度检验显著性，可以认为数据非常适合进行主成分分析。

表 7 – 3　　　　　　　　　　**KMO 和 BARTLETT 检验**

KMO 取样适切性量数		0.867
巴特利特球形度检验	近似卡方	8 176.624
	自由度	210
	显著性	0.000

（一）变量的共同度

表 7 – 4 显示，"公因子方差"实际给出的就是初始变量的共同值，"提取"列表示变量共同度的取值。共同度取值的空间范围为 [0，1]。表中的 45 个变量的共性方差均大于 0.5，介于 0.7 ~ 0.9 区间，能很好地反映原始变量的主要信息。

表 7 – 4　　　　　　　　　　　公因子方差表

指标	初始	提取
劳动人口规模（经济活动人口）（万人）X1	1.000	0.990
人口自然增长率 X2	1.000	0.950
科技人才规模（研究与试验发展人员全时当量）（万人）X3	1.000	0.996
第一、第二、第三产业就业总人数（万人）X4	1.000	0.998
基础研究人员占比 X5	1.000	0.927
应用研究人员占比 X6	1.000	0.991
试验发展人员占比 X7	1.000	0.991
第一产业就业人员占就业人员比重较上一年变化率 X8	1.000	0.961
第二产业就业人员占就业人员比重较上一年变化率 X9	1.000	0.944
第三产业就业人员占就业人员比重较上一年变化率 X10	1.000	0.938
就业人员具有大专以上比例 X11	1.000	0.979

续表

指标	初始	提取
人均 GDP 增长率 X12	1.000	0.880
第一产业人均生产总值（万元）X13	1.000	0.998
第二产业人均生产总值（万元）X14	1.000	0.996
第三产业人均生产总值（万元）X15	1.000	0.998
专利授予量（万项）X16	1.000	0.980
科技论文发表量（万篇）X17	1.000	0.993
高技术产品出口增加值（万美元）X18	1.000	0.985
技术市场成交额（万元）X19	1.000	0.998
大中型工业企业新产品项目数（万项）X20	1.000	0.949
公共教育支出占 GDP 比重 X21	1.000	0.976
研发支出占 GDP 比重 X22	1.000	0.990
政府资金占研发的比重 X23	1.000	0.916
企业资金占研发比重 X24	1.000	0.983
规模以上工业企业有研究与试验发展活动企业数个 X25	1.000	0.993
国家财政性教育经费占公共财政的比重 X26	1.000	0.914
出国回国留学人员比例 X27	1.000	0.985
年度接受专业培训人数（万人次）X28	1.000	0.797
平均受教育年限 X29	1.000	0.953
高等教育毛入学率 X30	1.000	0.990
具有高中以上学历的人口比例 X31	1.000	0.870
每万人口高中阶段平均在校生数（人）X32	1.000	0.980
每万人口高等学校平均在校生数（人）X33	1.000	0.992
具有大专以上学历的人口比例 X34	1.000	0.913
基尼系数 X35	1.000	0.882
区域发展均衡度 X36	1.000	0.965
社会福利覆盖度 X37	1.000	0.997
健康卫生事业支出占 GDP 比重（卫生总费用占 GDP 比重）X38	1.000	0.890
每万人拥有卫生技术人员数（人）X39	1.000	0.997
总抚养比 X40	1.000	0.933
城乡居民人均收入增长率 X41	1.000	0.956

续表

指标	初始	提取
职工平均工资（万元）X42	1.000	0.998
失业率 X43	1.000	0.935
每万人互联网数（个）X44	1.000	0.993
居民收入与支出比 X45	1.000	0.948

注：提取方法为主成分分析法。

（二）因子分析的总方差解释

从表7-5可以看出，前五个因子的特征根分别为：31.464、7.043、2.375、1.280、1.027，旋转后的因子方差贡献率都大于1.0，第一个因子的特征根31.464，解释了45个原始变量总方差的69.920%，累计方差贡献率为69.920%；第二个因子的特征根为7.043，解释了45个原始变量总方差的15.652%；前五个因子的累计方差贡献率为95.976%，且他们的特征根取值大于1，贡献率分别是69.920%、15.652%、5.278%、2.845%、2.282%，累计贡献率已经达到了95.977%；从第六个因子开始，旋转后的方差贡献率小于2%，说明选择前五个公因子基本包含了45个全部原始变量的主要信息，因此，选择前5个因子即可，也就是说可以将前5个因子视作该指标群中的主成分。同时，被提取的载荷因子平方和旋转后的平方载荷数据累积出的因子被提取后和旋转后的因子方差解释情况，都支持选择前5个公共因子。

表7-5　　　　　　　　　　因子分析的总方差解释

成分	初始特征值			提取载荷平方和			旋转载荷平方和		
	总计	方差百分比	累积%	总计	方差百分比	累积%	总计	方差百分比	累积%
1	31.464	69.920	69.920	31.464	69.920	69.920	28.285	62.855	62.855
2	7.043	15.652	85.571	7.043	15.652	85.571	7.500	16.667	79.521
3	2.375	5.278	90.849	2.375	5.278	90.849	3.698	8.219	87.740
4	1.280	2.845	93.694	1.280	2.845	93.694	2.246	4.990	92.730
5	1.027	2.282	95.976	1.027	2.282	95.976	1.460	3.245	95.976
6	0.455	1.011	96.987						
7	0.424	0.942	97.928						
8	0.251	0.558	98.486						

续表

成分	初始特征值			提取载荷平方和			旋转载荷平方和		
	总计	方差百分比	累积%	总计	方差百分比	累积%	总计	方差百分比	累积%
9	0.235	0.523	99.009						
10	0.187	0.415	99.424						
11	0.112	0.249	99.673						
12	0.076	0.169	99.843						
13	0.041	0.092	99.935						
14	0.029	0.065	100.000						
15	3.047E−15	6.771E−15	100.000						
16	1.057E−15	2.348E−15	100.000						
17	9.892E−16	2.198E−15	100.000						
18	8.777E−16	1.950E−15	100.000						
19	8.018E−16	1.782E−15	100.000						
20	7.921E−16	1.760E−15	100.000						
21	6.354E−16	1.412E−15	100.000						
22	5.963E−16	1.325E−15	100.000						
23	4.913E−16	1.092E−15	100.000						
24	4.559E−16	1.013E−15	100.000						
25	3.628E−16	8.062E−16	100.000						
26	2.506E−16	5.569E−16	100.000						
27	2.309E−16	5.131E−16	100.000						
28	1.846E−16	4.103E−16	100.000						
29	1.226E−16	2.724E−16	100.000						
30	5.598E−17	1.244E−16	100.000						
31	8.913E−18	1.981E−17	100.000						
32	−3.414E−17	−7.586E−17	100.000						
33	−1.255E−16	−2.788E−16	100.000						
34	−1.666E−16	−3.702E−16	100.000						
35	−1.821E−16	−4.047E−16	100.000						
36	−3.249E−16	−7.221E−16	100.000						
37	−3.365E−16	−7.479E−16	100.000						

续表

成分	初始特征值			提取载荷平方和			旋转载荷平方和		
	总计	方差百分比	累积%	总计	方差百分比	累积%	总计	方差百分比	累积%
38	−4.855E−16	−1.079E−15	100.000						
39	−6.248E−16	−1.388E−15	100.000						
40	−7.053E−16	−1.567E−15	100.000						
41	−7.643E−16	−1.699E−15	100.000						
42	−9.265E−16	−2.059E−15	100.000						
43	−1.091E−15	−2.425E−15	100.000						
44	−2.014E−15	−4.475E−15	100.000						
45	−3.422E−15	−7.605E−15	100.000						

注：提取方法为主成分分析法。

如图 7-2 所示的是因子碎石图。横坐标为因子数目，纵坐标为特征值。可以看到，第一因子的特征值很高，对解释原有变量的贡献最大，因子 1 到 5 间的连线的坡度相对较陡，说明前五个因子是主要因子，这与表 7-5 中的结论判断吻合。

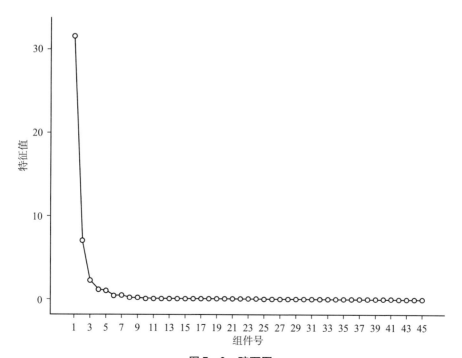

图 7-2　碎石图

（三） 旋转前的因子载荷矩阵

虽然通过系数矩阵可以用标准化后的原始变量转化为各因子表达式，但各因子的解释意义仍然模糊。这里采用凯撒正态化最大方差法（见表 7 - 6）。

表 7 - 6 旋转前的成分矩阵

指标	成分				
	1	2	3	4	5
第二产业人均生产总值（万元）X14	0.997	-0.007	-0.022	0.032	0.023
科技人才规模（研究与试验发展人员全时当量）（万人）X3	0.997	-0.035	-0.030	-0.025	-0.004
第三产业人均生产总值（万元）X15	0.996	-0.046	-0.045	0.041	0.007
每万人互联网数（个）X44	0.993	-0.016	-0.064	-0.004	-0.057
职工平均工资（万元）X42	0.992	-0.101	0.004	0.057	0.016
社会福利覆盖度 X37	-0.992	-0.087	-0.024	-0.072	-0.010
研发支出占 GDP 比重 X22	0.991	0.021	-0.056	-0.035	-0.054
劳动人口规模（经济活动人口）（万人）X1	0.991	0.051	0.014	0.077	-0.001
第一、第二、第三产业就业总人数（万人）X4	0.986	0.143	0.044	0.055	0.032
第一产业人均生产总值（万元）X13	0.984	-0.159	0.022	0.033	0.050
每万人拥有卫生技术人员数（人）X39	0.976	-0.202	0.028	0.055	0.023
专利授予量（万项）X16	0.973	-0.172	-0.016	0.052	0.003
公共教育支出占 GDP 比重 X21	0.972	-0.035	-0.149	-0.051	-0.074
高等教育毛入学率 X30	0.968	-0.141	0.128	0.104	0.086
科技论文发表量（万篇）X17	0.967	0.233	-0.039	0.036	-0.041
每万人口高等学校平均在校生数（人）X33	0.964	0.250	0.002	0.037	0.004
企业资金占研发比重 X24	0.958	0.224	0.059	0.071	0.081
技术市场成交额（万元）X19	0.958	-0.254	0.052	0.104	0.056
区域发展均衡度 X36	-0.952	0.154	0.156	0.104	0.023
大中型工业企业新产品项目数（万项）X20	0.948	0.148	-0.113	-0.113	-0.062
规模以上工业企业有研究与试验发展活动企业数（个）X25	0.941	-0.294	0.049	0.137	-0.020
应用研究人员占比 X6	-0.936	-0.280	0.178	0.024	0.061
试验发展人员占比 X7	0.935	0.252	-0.207	-0.057	-0.083
平均受教育年限 X29	0.927	-0.267	0.108	0.066	0.081

续表

指标	成分				
	1	2	3	4	5
就业人员具有大专以上比例 X11	0.924	− 0.300	0.114	0.073	0.127
具有大专以上学历的人口比例 X34	0.923	− 0.197	0.095	− 0.003	0.118
高技术产品出口增加值 X18	0.922	0.337	− 0.086	− 0.105	0.050
具有高中以上学历的人口比例 X31	0.906	− 0.186	0.062	0.026	0.096
出国回国留学人员比例 X27	− 0.897	− 0.398	− 0.140	− 0.042	− 0.006
居民收入与支出比 X45	0.848	− 0.378	0.226	− 0.118	0.146
基础研究人员占比 X5	− 0.847	− 0.084	0.339	0.227	0.190
政府资金占研发的比重 X23	− 0.828	− 0.023	− 0.425	− 0.068	− 0.211
总抚养比 X40	− 0.731	− 0.598	0.165	0.118	0.021
人均 GDP 增长率 X12	− 0.678	0.561	0.044	0.174	0.270
每万人口高中阶段平均在校生数（人） X32	0.362	0.920	− 0.040	0.036	− 0.022
第二产业就业人员占就业人员比重较上一年变化率 X9	− 0.389	0.812	0.214	0.243	0.168
国家财政性教育经费占公共财政的比重 X26	0.104	0.789	− 0.526	0.043	0.038
基尼系数 X35	0.111	0.772	0.462	0.216	− 0.113
人口自然增长率 X2	− 0.577	− 0.740	0.087	0.229	0.095
城乡居民人均收入增长率 X41	− 0.239	0.680	− 0.410	0.039	0.518
年度接受专业培训人数（万人次） X28	0.484	0.660	0.077	− 0.058	− 0.342
失业率 X43	− 0.139	0.474	0.700	0.089	− 0.439
第一产业就业人员占就业人员比重较上一年变化率 X8	− 0.041	− 0.619	− 0.628	0.277	− 0.324
健康卫生事业支出占 GDP 比重 X38	− 0.564	0.373	0.012	− 0.657	0.030
第三产业就业人员占就业人员比重较上一年变化率 X10	0.529	− 0.363	0.394	− 0.594	0.131

注：提取方法为主成分分析法。

（四）　旋转后的因子载荷矩阵

虽然通过系数矩阵可以用标准化后的原始变量转化为各因子表达式，但各因子的解释意义仍然模糊。这里采用凯撒正态化最大方差法。经过旋转之后，使得各因子的变量变得清晰、易于理解，如表 7 - 7 所示。

表 7-7　　　　　　　　　　　　旋转后的成分矩阵

指标	成分				
	1	2	3	4	5
高等教育毛入学率 X30	0.988	0.091	0.027	0.071	0.032
技术市场成交额（万元）X19	0.986	0.051	-0.090	0.126	-0.004
就业人员具有大专以上比例 X11	0.978	-0.034	-0.085	0.097	0.067
每万人拥有卫生技术人员数（人）X39	0.976	0.129	-0.087	0.145	0.021
第一产业人均生产总值（万元）X13	0.975	0.164	-0.078	0.111	0.047
规模以上工业企业有研究与试验发展活动企业数（个）X25	0.970	0.031	-0.094	0.197	-0.059
职工平均工资（万元）X42	0.967	0.219	-0.049	0.111	0.008
平均受教育年限 X29	0.964	0.009	-0.066	0.125	0.055
专利授予量（万项）X16	0.958	0.177	-0.103	0.144	0.001
第三产业人均生产总值（万元）X15	0.949	0.290	-0.060	0.093	0.002
第二产业人均生产总值（万元）X14	0.947	0.306	-0.025	0.071	0.023
具有大专以上学历的人口比例 X34	0.939	0.073	-0.060	0.082	0.123
劳动人口规模（经济活动人口）（万人）X1	0.938	0.322	0.050	0.064	-0.013
科技人才规模（研究与试验发展人员全时当量）（万人）X3	0.937	0.312	-0.056	0.118	0.062
社会福利覆盖度 X37	-0.934	-0.342	-0.075	-0.044	0.001
第一、第二、第三产业就业总人数（万人）X4	0.921	0.369	0.114	0.011	0.027
每万人互联网数（个）X44	0.920	0.351	-0.059	0.146	0.014
具有高中以上学历的人口比例 X31	0.919	0.089	-0.069	0.082	0.078
研发支出占 GDP 比重 X22	0.907	0.380	-0.040	0.138	0.045
居民收入与支出比 X45	0.906	-0.119	-0.089	0.170	0.275
企业资金占研发比重 X24	0.892	0.393	0.167	-0.066	0.032
区域发展均衡度 X36	-0.885	-0.300	0.236	-0.174	-0.080
公共教育支出占 GDP 比重 X21	0.882	0.389	-0.144	0.162	0.019
政府资金占研发的比重 X23	-0.877	0.002	-0.323	0.054	-0.198
每万人口高等学校平均在校生数（人）X33	0.865	0.472	0.140	-0.009	0.017
科技论文发表量万篇 X17	0.859	0.493	0.105	0.029	-0.011
大中型工业企业新产品项目数（万）X20	0.819	0.509	-0.032	0.103	0.088
出国回国留学人员比例 X27	-0.793	-0.490	-0.331	0.052	-0.056
应用研究人员占比 X6	-0.789	-0.606	-0.012	-0.017	0.014

指标	成分				
	1	2	3	4	5
高技术产品出口增加值 X18	0.782	0.589	0.079	−0.066	0.124
试验发展人员占比 X7	0.781	0.615	−0.031	0.050	−0.002
健康卫生事业支出占 GDP 比重 X38	−0.710	0.259	0.056	−0.055	0.560
人均 GDP 增长率 X12	−0.668	0.041	0.348	−0.550	−0.088
基础研究人员占比 X5	−0.667	−0.607	0.251	−0.218	−0.063
人口自然增长率 X2	−0.332	−0.847	−0.295	0.095	−0.165
国家财政性教育经费占公共财政的比重 X26	−0.110	0.826	0.027	−0.421	−0.205
每万人口高中阶段平均在校生数（人）X32	0.158	0.790	0.485	−0.307	−0.040
总抚养比 X40	−0.526	−0.777	−0.170	0.132	−0.074
年度接受专业培训人数（万人次）X28	0.269	0.705	0.460	0.125	−0.016
失业率 X43	−0.194	0.066	0.901	0.286	0.006
基尼系数 X35	0.030	0.343	0.857	−0.157	−0.068
第一产业就业人员占就业人员比重较上一年变化率 X8	−0.006	−0.145	−0.716	0.333	−0.563
第二产业就业人员占就业人员比重较上一年变化率 X9	−0.428	0.243	0.651	−0.516	−0.110
城乡居民人均收入增长率 X41	−0.317	0.447	−0.016	−0.810	−0.020
第三产业就业人员占就业人员比重较上一年变化率 X10	0.541	−0.151	−0.059	0.294	0.730

注：1. 提取方法为主成分分析法。

2. 旋转方法：凯撒正态化最大方差法。旋转在 14 次迭代后已收敛。

（五）　主因子影响因子群分析

经过分析各因子的因子荷载，分列出对各个主成分因子影响程度较大的若干个因子，从而对主成分因子的内涵概念有一个整体的把握。如表 7 - 6 中显示了实施因子旋转后的负荷矩阵。可看到，第一个主因子在"高等教育毛入学率""技术市场成交额""就业人员具有大专以上比例""每万人拥有卫生技术人员数（人）""一产业人均生产总值""规模以上工业企业有研究与试验发展活动企业数"等指标上具有较大的负荷系数；第二个因子在"国家财政性教育经费占公共财政的比重""每万人口高中阶段平均在校生数（人）""年度接受专业培训人数""城乡居民人均收入增长率"等指标上的系数较大；第三个因子在"区域发展均衡度""人均 GDP 增长率""基础研究人员占比""失业率""基尼系数""第二产业就业人员占就业人员比重较上一年变化率"等指标上系数较大；第四个因子在"政府资金占研发的比重""出国回国留学人员比例""健康卫生事业支出占 GDP 比重（卫生总费用亿元 GDP）""人口自然增长率""总抚养比""第一产业就业人员占就业人员比重较上一年变化率"等指标上系数较大；第五个因子在"社会福利覆盖度""应用研究人员占比""第三产业就业人员占就业人员比重较上一年变化率"等系数上最大……具体见表 7-8 至 7-12 所示。

经过分析各因子的因子荷载，分别列出对各个主成分因子影响程度较大的若干个因子，从而对主成分因子的内涵概念有一个整体的把握。

表 7-8   主成分因子 F1 的影响因子群

对 F1 因子影响程度较大的因子变量	因子荷载
高等教育毛入学率 X30	0.988
技术市场成交额（万元）X19	0.986
就业人员具有大专以上比例 X11	0.978
每万人拥有卫生技术人员数（人）X39	0.976
第一产业人均生产总值（万元）X13	0.975
规模以上工业企业有研究与试验发展活动企业数（万个）X25	0.970
职工平均工资（万元）X42	0.967
平均受教育年限 X29	0.964
专利授予量（万项）X16	0.958
第三产业人均生产总值（万元）X15	0.949
第二产业人均生产总值（万元）X14	0.947
具有大专以上学历的人口比例 X34	0.939
劳动人口规模（经济活动人口）（万人）X1	0.938
科技人才规模（研究与试验发展人员全时当量）（万人）X3	0.937
第一、第二、第三产业就业总人数（万人）X4	0.921
每万人互联网数（个）X44	0.920
具有高中以上学历的人口比例 X31	0.919
研发支出占 GDP 比重 X22	0.907
居民收入与支出比 X45	0.906
企业资金占研发比重 X24	0.892
公共教育支出占 GDP 比重 X21	0.882
每万人口高等学校平均在校生数（人）X33	0.865
科技论文发表量（万篇）X17	0.859

对 F1 因子影响程度较大的因子变量	因子荷载
大中型工业企业新产品项目数（万项）X20	0.819
高技术产品出口增加值（万美元）X18	0.782
试验发展人员占比 X7	0.781

　　主因子 F1 主要反映高等教育毛入学率、技术市场成交额、就业人员具有大专以上比例、每万人拥有卫生技术人员数人、一产业人均生产总值、规模以上工业企业有研究与试验发展活动企业数等指标，可以将主因子 F1 定义为人力资源现能因子。

表 7-9　　　　　　　　　　主成分因子 F2 的影响因子群

对 F2 中影响程度较大的因子变量	因子荷载
国家财政性教育经费占公共财政的比重 X26	0.826
每万人口高中阶段平均在校生数（人）X32	0.790
年度接受专业培训人数（万人次）X28	0.705
城乡居民人均收入增长率 X41	0.447

　　主因子 F2 反映了国家财政性教育经费占公共财政的比重、每万人口高中阶段平均在校生数（人）、年度接受专业培训人数、城乡居民人均收入增长率等指标，因此可以将 F2 主因子定义为人力资源潜能因子。

表 7-10　　　　　　　　　　主成分因子 F3 的影响因子群

对 F3 影响程度较大的因子变量	因子荷载
区域发展均衡度 X36	0.236
人均 GDP 增长率 X12	0.348
基础研究人员占比 X5	0.251
失业率 X43	0.901
基尼系数 X35	0.857
第二产业就业人员占就业人员比重较上一年变化率 X9	0.651

　　主因子 F3 主要反映了区域发展均衡度、人均 GDP 增长率、基础研究人员占

比、失业率、基尼系数、第二产业就业人员占就业人员比重较上一年变化率等项目，因此可以将主因子 F3 定义为人力资源环境支撑因子。

表 7 – 11   主成分因子 **F4** 的影响因子群

对 F4 影响程度较大的因子变量	因子荷载
政府资金占研发的比重 X23	0.054
出国回国留学人员比例 X27	0.052
人口自然增长率 X2	0.095
总抚养比 X40	0.132
第一产业就业人员占就业人员比重较上一年变化率 X8	0.333

主因子 F4 主要反映了政府资金占研发的比重、出国回国留学人员比例、人口自然增长率、总抚养比、第一产业就业人员占就业人员比重较上一年变化率等指标，因此可以将 F4 主因子定义为人力资源规模因子。

表 7 – 12   主成分因子 **F5** 的影响因子群

对 F5 影响程度较大的因子变量	因子荷载
社会福利覆盖度 X37	0.001
应用研究人员占比 X6	0.014
第三产业就业人员占就业人员比重较上一年变化率 X10	0.730
健康卫生事业支出占 GDP 比重 X38	0.560

主因子 F5 主要反映了社会福利覆盖度、应用研究人员占比、第三产业就业人员占就业人员比重较上一年变化率、健康卫生事业支出占 GDP 比重等指标，因此可以将 F5 命名为人力资源续能因子。

使用 spss23.0 求得样本数据的成分得分矩阵，如表 7 – 13 所示。

表 7 – 13   样本数据的成分得分矩阵

指标	成分				
	1	2	3	4	5
劳动人口规模（经济活动人口）（万人）X1	0.039	− 0.004	0.023	− 0.013	− 0.050
人口自然增长率 X2	0.054	− 0.175	0.000	− 0.082	− 0.114

续表

指标	成分				
	1	2	3	4	5
科技人才规模（研究与试验发展人员全时当量）（万人）X3	0.025	0.019	-0.017	0.011	0.013
第一、第二、第三产业就业总人数（万人）X4	0.040	-0.005	0.031	-0.039	-0.020
基础研究人员占比 X5	0.057	-0.187	0.119	-0.179	-0.047
应用研究人员占比 X6	0.003	-0.096	0.032	-0.032	0.028
试验发展人员占比 X7	-0.012	0.112	-0.047	0.056	-0.016
第一产业就业人员占就业人员比重较上一年变化率 X8	-0.035	0.092	-0.154	0.207	-0.384
第二产业就业人员占就业人员比重较上一年变化率 X9	0.038	-0.064	0.155	-0.219	-0.083
第三产业就业人员占就业人员比重较上一年变化率 X10	-0.010	-0.017	-0.031	0.056	0.508
就业人员具有大专以上比例 X11	0.073	-0.095	0.008	-0.095	0.009
人均 GDP 增长率 X12	0.034	-0.072	0.050	-0.292	-0.028
第一产业人均生产总值（万元）X13	0.048	-0.032	-0.007	-0.036	-0.002
第二产业人均生产总值（万元）X14	0.037	0.000	-0.006	-0.024	-0.016
第三产业人均生产总值（万元）X15	0.035	0.003	-0.012	-0.012	-0.031
专利授予量（万项）X16	0.041	-0.017	-0.010	-0.002	-0.035
科技论文发表量（万篇）X17	0.018	0.045	0.018	0.015	-0.042
高技术产品出口增加值（万美元）X18	0.008	0.070	-0.029	-0.043	0.077
技术市场成交额（万元）X19	0.062	-0.065	0.008	-0.047	-0.044
大中型工业企业新产品项目数（万项）X20	-0.007	0.089	-0.038	0.062	0.043
公共教育支出占 GDP 比重 X21	0.003	0.068	-0.051	0.067	-0.009
研发支出占 GDP 比重 X22	0.012	0.046	-0.015	0.050	0.001
政府资金占研发的比重 X23	-0.091	0.148	-0.122	0.160	-0.084
企业资金占研发比重 X24	0.048	-0.017	0.038	-0.087	-0.013
规模以上工业企业有研究与试验发展活动企业数（个）X25	0.054	-0.054	0.022	0.013	-0.091
国家财政性教育经费占公共财政的比重 X26	-0.035	0.166	-0.109	-0.121	-0.093
出国回国留学人员比例 X27	-0.030	-0.011	-0.084	0.022	0.006
年度接受专业培训人数（万人次）X28	-0.064	0.165	0.118	0.273	-0.059
平均受教育年限 X29	0.063	-0.077	0.015	-0.057	-0.002

续表

指标	成分				
	1	2	3	4	5
高等教育毛入学率 X30	0.068	−0.077	0.037	−0.073	−0.023
具有高中以上学历的人口比例 X31	0.055	−0.055	−0.004	−0.069	0.023
每万人口高中阶段平均在校生数（人）X32	−0.016	0.103	0.069	−0.040	−0.038
每万人口高等学校平均在校生数（人）X33	0.027	0.026	0.026	−0.020	−0.022
具有大专以上学历的人口比例 X34	0.057	−0.062	−0.003	−0.079	0.055
基尼系数 X35	0.017	−0.028	0.271	0.045	−0.118
区域发展均衡度 X36	−0.007	−0.054	0.080	−0.040	−0.043
社会福利覆盖度 X37	−0.040	0.004	−0.026	0.022	0.041
健康卫生事业支出占 GDP 比重 X38	−0.109	0.165	−0.095	0.083	0.461
每万人拥有卫生技术人员数（人）X39	0.048	−0.035	0.000	−0.015	−0.024
总抚养比 X40	0.023	−0.133	0.027	0.001	−0.051
城乡居民人均收入增长率 X41	0.043	−0.005	−0.153	−0.512	0.080
职工平均工资（万元）X42	0.043	−0.018	0.002	−0.016	−0.032
失业率 X43	−0.040	0.011	0.352	0.379	−0.102
每万人互联网数（个）X44	0.017	0.038	−0.015	0.049	−0.023
居民收入与支出比 X45	0.057	−0.090	0.000	−0.061	0.162

注：1. 提取方法为主成分分析法。

2. 旋转方法为凯撒正态化最大方差法。

由此，可计算区域教育投入均衡性各个主成分的线性组合表达式：

$$
\begin{aligned}
F1 =\ & 0.039 \times X1 + 0.054 \times X2 + 0.025 \times X3 + 0.040 \times X4 + 0.057 \times X5 + 0.003 \\
& \times X6 - 0.012 \times X7 - 0.035 \times X8 + 0.038 \times X9 - 0.010 \times X10 + 0.0.073 \\
& \times X11 + 0.034 \times X12 + 0.048 \times X13 - 0.037 \times X14 + 0.035 \times X15 + 0.041 \\
& \times X16 + 0.018 \times X17 + 0.008 \times X18 + 0.062 \times X19 - 0.007 \times X20 + 0.003 \\
& \times X21 + 0.012 \times X22 - 0.091 \times X23 + 0.048 \times X24 + 0.054 \times X25 - 0.035 \\
& \times X26 - 0.030 \times X27 - 0.064 \times X28 + 0.063 \times X29 + 0.068 \times X30 + 0.055 \\
& \times X31 - 0.016 \times X32 + 0.027 \times X33 + 0.057 \times X34 + 0.017 \times X35 - 0.007 \\
& \times X36 - 0.040 \times X37 - 0.109 \times X38 + 0.048 \times X39 + 0.023 \times X40 + 0.043 \\
& \times X41 + 0.043 \times X42 - 0.040 \times X43 + 0.017 \times X44 + 0.057 \times X45
\end{aligned}
$$

$$F2 = -0.004 \times X1 - 0.175 \times X2 + 0.019 \times X3 - 0.005 \times X4 - 0.187 \times X5 - 0.096$$
$$\times X6 + 0.112 \times X7 + 0.092 \times X8 - 0.064 \times X9 - 0.017 \times X10 - 0.095 \times X11$$
$$- 0.072 \times X12 - 0.032 \times X13 + 0.000 \times X14 + 0.003 \times X15 - 0.017 \times X16$$
$$+ 0.045 \times X17 + 0.070 \times X18 - 0.065 \times X19 + 0.089 \times X20 + 0.068 \times X21$$
$$+ 0.046 \times X22 + 0.148 \times X23 - 0.017 \times X24 - 0.054 \times X25 + 0.166 \times X26$$
$$- 0.011 \times X27 + 0.165 \times X28 - 0.077 \times X29 - 0.077 \times X30 - 0.055 \times X31$$
$$+ 0.103 \times X32 + 0.026 \times X33 - 0.062 \times X34 - 0.028 \times X35 - 0.054 \times X36$$
$$+ 0.004 \times X37 + 0.165 \times X38 - 0.035 \times X39 - 0.133 \times X40 - 0.005 \times X41$$
$$- 0.018 \times X42 + 0.011 \times X43 + 0.038 \times X44 - 0.090 \times X45$$

$$F3 = 0.023 \times X1 + 0.000 \times X2 - 0.017 \times X3 + 0.031 \times X4 + 0.119 \times X5 + 0.032$$
$$\times X6 + 0.047 \times X7 - 0.154 \times X8 + 0.155 \times X9 - 0.031 \times X10 + 0.008 \times X11$$
$$+ 0.050 \times X12 - 0.007 \times X13 - 0.006 \times X14 - 0.012 \times X15 - 0.010 \times X16$$
$$+ 0.018 \times X1 - 0.029 \times X18 + 0.008 \times X19 - 0.038 \times X20 - 0.051 \times X21$$
$$- 0.015 \times X22 - 0.122 \times X23 + 0.038 \times X24 + 0.022 \times X25 - 0.109 \times X26$$
$$- 0.084 \times X27 + 0.118 \times X28 + 0.015 \times X29 + 0.037 \times X30 - 0.004 \times X31$$
$$+ 0.069 \times X32 + 0.026 \times X33 - 0.003 \times X34 + 0.271 \times X35 + 0.080 \times X36$$
$$- 0.026 \times X37 - 0.095 \times X38 + 0.000 \times X39 + 0.027 \times X40 - 0.153 \times X41$$
$$+ 0.002 \times X42 + 0.352 \times X43 - 0.015 \times X44 + 0.000 \times X45$$

$$F4 = -0.013 \times X1 - 0.082 \times X2 + 0.011 \times X3 - 0.039 \times X4 - 0.179 \times X5 - 0.032$$
$$\times X6 + 0.056 \times X7 + 0.207 \times X8 - 0.219 \times X9 + 0.056 \times X10 - 0.095 \times X11$$
$$- 0.292 \times X12 - 0.036 \times X13 - 0.024 \times X14 - 0.012 \times X15 - 0.002 \times X16$$
$$+ 0.015 \times X17 - 0.043 \times X18 - 0.047 \times X19 + 0.062 \times X20 + 0.067 \times X21$$
$$+ 0.050 \times X22 + 0.160 \times X23 - 0.087 \times X24 + 0.013 \times X25 - 0.121 \times X26$$
$$+ 0.022 \times X27 + 0.273 \times X28 - 0.057 \times X29 - 0.073 \times X30 - 0.069 \times X31$$
$$- 0.040 \times X32 - 0.020 \times X33 - 0.079 \times X34 + 0.045 \times X35 - 0.040 \times X36$$
$$+ 0.022 \times X37 + 0.083 \times X38 - 0.015 \times X39 + 0.001 \times X40 - 0.512 \times X41$$
$$- 0.016 \times X42 + 0.379 \times X43 + 0.049 \times X44 - 0.061 \times X45$$

$$F5 = -0.050 \times X1 - 0.114 \times X2 + 0.013 \times X3 - 0.020 \times X4 - 0.047 \times X5$$
$$+ 0.028 \times X6 - 0.016 \times X7 - 0.384 \times X8 - 0.083 \times X9 + 0.508 \times X10$$
$$+ 0.009 \times X11 - 0.208 \times X12 - 0.002 \times X13 - 0.016 \times X14 - 0.031$$
$$\times X15 - 0.035 \times X16 - 0.042 \times X17 + 0.077 \times X18 - 0.044 \times X19$$
$$+ 0.043 \times X20 - 0.009 \times X21 + 0.001 \times X22 - 0.084 \times X23 - 0.013$$
$$\times X24 + 0.091 \times X25 - 0.093 \times X26 + 0.006 \times X27 - 0.059 \times X28$$
$$- 0.002 \times X29 - 0.023 \times X30 + 0.023 \times X31 - 0.038 \times X32 - 0.022$$
$$\times X33 + 0.055 \times X34 - 0.118 \times X35 - 0.043 \times X36 + 0.041 \times X37$$

$+0.461 \times X38 - 0.024 \times X39 - 0.051 \times X40 + 0.080 \times X41 - 0.032$

$\times X42 - 0.101 \times X43 - 0.023 \times X44 + 0.162 \times X45$

若设 F 为人力资源强国综合指标得分，F_i（$i = 1$，2，3，4，5）的系数为各因子的信息贡献率（各因子的方差贡献率与 5 个主成分的累计贡献率的比值）（见表 7 - 14 及图 7 - 3），则各省份的人力资源强国综合指标得分公式为：

$F = 0.7285 \times F1 + 0.1631 \times F2 + 0.0551 \times F3 + 0.0296 \times F4 + 0.0238 \times F5$

表 7 - 14　　　人力资源强国指标体系的各主成分得分及 F 值（1998—2017 年）

年份 得分	F1	F2	F3	F4	F5	F
1998	1	1	1	1	1	1
1999	1.19	1.24	1.29	1.42	1.26	1.17
2000	1.48	1.54	1.56	1.43	1.56	1.45
2001	1.78	1.83	1.82	1.74	1.83	1.75
2002	2.02	1.96	1.83	2.09	1.92	2.04
2003	2.50	2.22	1.81	2.79	2.08	2.61
2004	3.11	2.42	1.53	3.81	2.11	3.39
2005	3.66	2.49	1.06	4.83	1.99	4.13
2006	4.32	2.72	0.78	5.91	2.04	4.96
2007	5.34	2.95	0.09	7.72	1.95	6.30
2008	6.39	3.51	0.06	9.26	2.30	7.55
2009	7.24	4.35	0.82	10.12	3.11	8.39
2010	9.28	5.72	1.32	12.84	4.18	10.70
2011	11.27	7.21	2.12	15.36	5.43	12.89
2012	15.16	10.17	3.80	20.21	7.95	17.15
2013	17.56	11.95	4.73	23.26	9.43	19.80
2014	20.14	13.89	5.78	26.50	11.06	22.64
2015	23.04	16.31	7.48	29.91	13.24	25.72
2016	26.59	19.78	10.56	33.61	16.58	29.30
2017	31.27	23.39	12.67	39.40	19.67	34.40

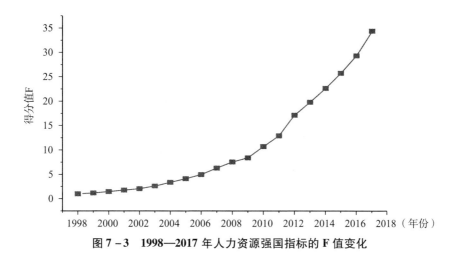

图 7 - 3 1998—2017 年人力资源强国指标的 F 值变化

（六） 1998—2017 年我国人力资源指标体系分项指标纵向分析

本部分数据均来自中国统计年鉴。

1. 人力资源的数量指标

人力资源存量水平是判断一国从人口大国进入人力资源大国的基准，也是建设人力资源强国的重要基础。人力资源整体数量主要通过劳动人口规模、科技人才规模、三大产业就业人员规模三个绝对值和人口自然增长率一个相对值四个指标来衡量我国人力资源存量水平，其中劳动人口规模主要以经济活动人口为体现，科技人才规模指研究与试验发展人员的全时当量。

观察图 7-4，从总体上看，在中国人口自然增长率逐年下降的前提下，人力资源数量，即劳动人口数量持续上升。1998 年中国人口自然增长率约高达 0.009，但 2011 年约下降到 0.004，降幅约达 52%，此后，人口自然增长率虽有小幅上升，约高达 2016 年的 0.005，但 2017 年又回落至 5.32‰，表明"二胎"政策全面放开下，中国的生育率仍基本维持在 5‰左右，相较于 20 世纪末，生育意愿有所下降。从近 20 年来中国的人力资源总量的绝对数来看，包括三大产业在内的经济活动人口规模却一直呈增长趋势，由 1998 年 72 087 万人增加到 2017 年 81 082 万人，20 年间我国劳动人口增加了 8 995 万人；其中三大产业就业人员数也由 70 637 万人上升到 77 640 万人，就业人数增加了 7 003 万人。

从图 7-4 各时段的具体值来看，中国劳动人口增幅存在一定的周期性变化。1998 年我国的劳动人口规模为 72 087 万人到 2003 年的 74 911 万人，年增长率为 0.77%；到 2008 年劳动人口数量增长至 77 046 万人，年增长率下降至 0.56%；至 2013 年与 2017 年中国劳动力数量分别为 79 300 万人和 81 082 万人，年增长率分别为 0.58% 和 0.56%。可以看出，1998—2003 年的中国劳动人口的年增幅较大，而后 2003—2008 年的年增幅有所下降，其后 2008—2013 年的年增幅又小幅回升，但 2013—2017 年的年增幅却又小幅回落。就三大产业就业人员增幅来看，1998 年三大产业就业人数 70 637 万人，到 2003 年为 73 736 万人，年增长率 0.86%；到 2008 年三大产业就业人数为 75 564 万人，年增长率下降为 0.49%；到 2013 年和 2017 年三大产业就业人数分别增加到 76 977 万人和 77 640 万人，年增长率分别为 0.37% 和 0.21%，发现，1998—2003 年间，中国三大产业就业人员数的年增幅较高，但自 2003 年后，年增幅渐趋下降趋势。主要是由于中国人力资源红利在逐渐消退，加上生育率变动所造成的滞后性影响。

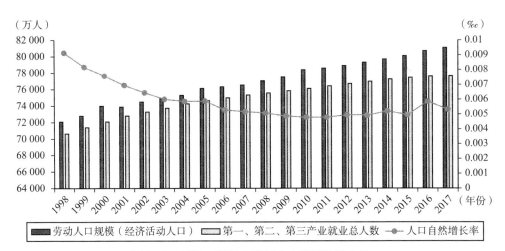

图 7-4　1998—2017 年我国人力资源存量水平

2. 人力资源的结构指标

中国正由"人口红利期"进入"人口负债阶段"，劳动人口的下降以及人口老龄化势必会对未来中国经济社会的可持续发展带来巨大挑战，要求从传统的要素资源拉动转向依靠人力资本红利和科技人力资源红利带来的创新和技术进步驱动为主。2014 年清华大学技术创新研究中心发布的《国家创新蓝皮书》指出我国研发人员总量占世界总量的 25.3%，超过美国的 17%，居世界第一位。[①] 2013 年我国科技人力资源保持稳定增长，总量达到 7 105 万人，研发人员总量上升至 353.3 万人年，研发研究人员总量达 148.4 万人年，居世界首位，已成为第一科技人力资源大国。[②] 当前中国正从人力资源大国迈入人力资源强国的关键期，其

---

① 人民网. 中国科技人力资源总量和研发人员均已居世界第一 [EB/OL]. (2014-09-03). http://world. people. com. cn/n/2014/0903/c1002-25595686. html.

② 中国科技统计年鉴. 科技统计报告 2013 年我国科技人力资源发展状况分析 [EB/OL]. (2015-03-12). http://www.sts. org. cn/Resource/editor/attached/file/20181228/636816313438925781 2964603. pdf.

建设人力资源强国已不能仅仅依靠人力资源数量上的优势，应更多地转向人力资源结构优化来驱动。在我国科技人力资源红利期到来，积极开发和高效利用好丰富的科技人力资源，尽快释放科研生产力和科技创新活力，加快推进中国跨入人力资源强国行列。人力资源结构指标主要侧重于人力资源中科技人力资源的结构变化以及产业结构调整、升级、转型中第一、第二、第三产业的就业人员结构变化。具体通过基础研究人员、应用研究人员、实验发展研究人员数量，三大产业中就业人员的年度变化率以及就业人员中学历层次来评估我国人力资源整体结构状况。

由图 7-5 可知，我国科技人才规模总体呈上升趋势，从 1998 年的 75.52 万人年增加至 2017 年的 403.36 万人年，20 年间我国研究与实验发展研究人员全时当量增加了 327.84 万人年，年均增长约 16.392 万人年，研发人力投入规模不断扩大。观察 1998—2017 年的科技人才规模的年增长变化趋势可将其分为三个阶段，1998—2004 年的缓慢增长阶段，2005—2013 年的快速增长阶段与 2014—2017 年的较慢增长阶段。具体看，1998 年和 2003 年研究与实验发展人员全时当量分别为 75.52 万人年和 109.48 万人年，年增长率为 7.71%；到了 2008 年和 2013 年，中国研发人员全时当量分别为 196.54 万人年和 353.3 万人年，年增长率分别上升至 12.41% 和 12.44%；2017 年的研究与实验发展人员全时当量为 403.36 万人年，年增长率下降到 3.37%。表明我国科技人力资源总量自 21 世纪前 10 年获得快速增长后虽继续保持上升趋势但增幅有所下降。从我国科技人力资源分布结构变化看，20 年间基础研究人员占研发与实验发展人员全时当总量的比例最低，年均占比约为 7.82%，从 1998 年的 10.42% 下降到 2017 年 7.19%，

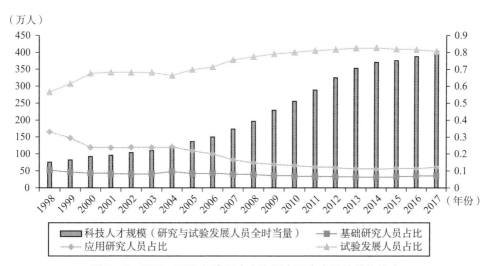

图 7-5　1998—2017 年我国人力资源中研发人员的结构构成

下降了 3.23%。在研发人员中，应用研究人员占比居中，但自 1998—2014 年间基本处于下降趋势，由 1998 年的 33.06% 下降至 2014 年的 10.97%，17 年间下降了 22.09%，虽在 2014—2017 年应用研究人员占比有些许回升，但涨幅不大，2017 年比例为 12.15%。实验发展人员占研发人员的比例最大，从 1998 年的 56.51% 上升到 2017 年 80.66%，20 年间增长了 24.15%，年均占比约为 74.05%，且 20 年间维持稳中有升的态势。表明我国人力资源中的研发人员结构分布有所变化，应用研究人员在研发人员全时当量中的比例不断下降，与基础研究人员占比的差距不断缩小，但试验发展人员比重仍占主导地位，如图 7-5 所示。

如图 7-6 所示，首先，第一产业就业人员占三大产业就业人员的比例较上一年基本呈下降趋势，1998—2002 年间虽有下降但仍位于 "0" 以上，表明相较于上一年每年仍有新增劳动力在第一产业就业，尤其是 2002—2007 年间，第一产业新增就业人员下降明显，最低谷达 -2.2%，在 2007—2012 年间呈 "波浪式" 变动，但在 2013 年又现低谷，为 -2.2%，其后第一产业新增就业人员占三产业就业人员比例较上一年有所回暖，2017 年仅为 -0.691%。其次，第二产业就业人员占就业人员比例较上一年的变化率具有 "缓降—快降—快升—缓降—缓升—快降" 的波动特点，其中 1998—2002 年间第二产业就业人员占就业人员比例较上一年变化率一直位于 "0" 以下，说明相较于上一年，第二产业就业人员逐年减少，低峰值 -0.9%；在 2002—2007 年间一直处于上升状态，且在 2003 年，第二产业就业人员占就业人员比例相对于上一年的变化率开始居于 "0" 以上，即新增的第二产业就业人员数逐年增加；但在 2012—2017 年间每年新增第二产业就业人员占就业人员比重呈下降趋势，并在 2013 年又开始出现负增长，为 -0.2%，2017 年为 -0.69%。再次，第三产业就业人员占就业人员比例相较于上一年的变化率基本处于上升趋势，且一直居于 "0" 上，具有 "M" 型特点，最高峰值为 2.4%，峰谷为 0.2%。最后，就业人员的学历结构看，1998—2017 年间我国就业人员中具有大专以上学历人数比例稳中有升，从 1998 年的 6.8% 增加至 2017 年的 35%，前者是后者的 5.15 倍。1998 年我国第一、第二、第三产业的结构比例分比为 17.97%:49.22%:32.81%，国民经济中主要以第二产业为主；到 2013 年第一产业增加值占 GDP 的比重为 10.0%，第二产业增加值比重为 43.9%，第三产业增加值比重为 46.1%，国民经济中第一产业和第二产业占 GDP 的比重不断下降，第三产业增加值比重首次超过第二产业，占 GDP 的比重不断上升；至 2017 年我国第一、第二、第三产业结构比重分别为 7.9%:40.5%:51.6%，产业结构渐趋调整优化，正确树立以服务业为主体的产业结构调整主攻方向，逐渐形成以现代服务业为主导的现代产业体系。国民经济中产业结构的调整优化反映到三大产业新增就业人员的比例变化上，即三大产业的结构调整影响到就业人员人数，第一产业、第二产业比重的降低造成第一、第二产业新增就业人员数的下降，我国正建设以第三产业为主体的产业体系，第三产业岗位的增多对就业人员数量与质量提出了新的需求，要求越来越多的人员从事第三产业。

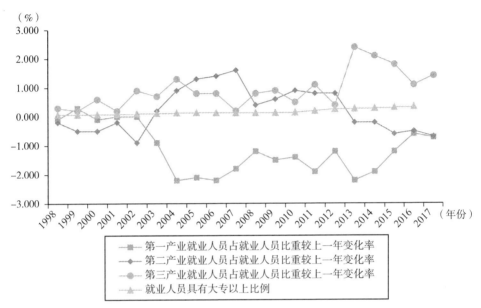

图 7 - 6　1998—2017 年我国人力资源中三大产业就业人员的比例变化

3. 人力资源效能指标

伴随知识经济的深入发展，知识创新的作用日益凸显，当前的国际竞争归根结底为科技竞争与人才的竞争，不同于过去单纯追求经济的线性发展，现在更加注重经济、社会、生态等全面协调，以科技创新和人力资本驱动国家发展，在物质资源有限和人力资源红利优势不明显下更加凸显出人力资源的单位效能。人力资源效能指标指人力资源从事的各项活动后所达成的预期效果或影响的程度，主要考察我国人力资源的人均效率与效益，相较于已有学者评估人力资源时侧重于人力资源总量上的产出，而更加突出人均效益，屏除通过人力资源规模或资源要素的高投入所带来的粗放式增长，以切实衡量我国人力资源的实际效能，避免单纯出现"总量丰富、人均不足"的局面；同时侧重于人力资源产出中技术附加值的统计，以评估人力产出的内涵式发展，以"质"代"量"及"以质取胜"。主要以人均 GDP 增长率、一、二、三产业人均生产总值、专利授予量、科技论文发表量、高技术产品出口增加值、技术市场成交额、大中型工业企业新产品项目数 7 个指标为评价标准。

图 7 - 7 显示的是 1998—2017 年我国人均 GDP 增长率和人力资源的人均产业值情况。人均 GDP 大体呈现"先升后降"的特点，即从 1998—2007 年间一直处

于中高速增长时期，并达到最高值 13.6%，其后开始呈下降趋势，到 2012 年至今基本维持在 7% ~ 6% 的中低速增长，中国经济进入新常态发展阶段，进入经济发展转方式、换动力、调结构的关键期。三大产业的人均产值均呈递增趋势，但第一产业人均生产值递增率的"坡度"明显低于第二产业和第三产业的人均产值的增长率。纵观年份看，1998 年第一产业的人均产值 4 156 元，1999 年第一产业人均产值为 4 068 元，第一产业的人均产值出现微降，但自 2000 年开始，第一产业人均产值为由 4 083 元增加到 2005 年的 6 521 元，年增长率为 9.82%，到 2010 年，第一产业人均产值为 14 093 元，年增长率上升至 16.66%，2015 年和 2017 年第一产业人均产值分别为 27 767 元和 31 258 元，年增长率分别为 14.53% 和 2.4%，从第一产业人均产值的绝对数看，2017 年的第一产业人均产值是 1998 年的 7.5 倍，说明我国第一产业人均产值增长较快，但从年增幅看，共经历了"快升—缓降—极降"三个周期，尤其是 2015—2017 年间第一产业人均产值保持个位数的年增长率。第二产业作为我国国民经济的重要组成部分，其人均产值一直维持较高位置，1998 年第二产业人均产值高达 23 506 元，到 2017 年达到历史新高的 153 328 元，是 1998 年的 6.5 倍，年均值为 73 965.65 元。1998 年第三产业人均产值 16 733 元，2017 年增加到 122 457 元，是 1998 年的 7.3 倍，年均值为 58 069.1。从三大产业人均产值的横向比较看，第一产业人均产值在三大产业中处于最低，1998 年，第一产业人均产值与第二产业和第三产业人均产值分别相差 19 350 元和 12 577 元，到 2017 年，分别相差 122 070 元和 91 199 元，差距进一步拉大。而比较第二产业人均产值和第三产业人均产值，1998 年两者相差 6 773 元，2017 年为 30 871 元（见图 7 - 7）。

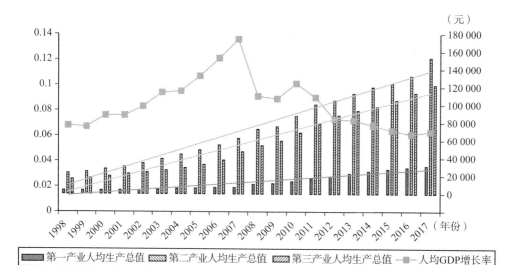

图 7 - 7　1998—2017 年我国人力资源的人均劳动生产值及 GDP 变化趋势

从图7-7三大产业人均生产值的趋势线也可直观的发现，第一产业人均产值随着时间的推移，与第二产业和第三产业的人均产值呈现"剪刀"型，其趋势线与第二产业和第三产业人均产值趋势线越来越大，但第二产业与第三产业的人均产值趋势线基本处于平行状态，即两者保持同步增长。虽然第三产业在2013年开始超过第二产业，在国民经济中占有主导地位，但差距并不大，2017年两者相差约10个百分点。第三产业新增就业人数逐年增加与第二产业每年就业人数逐年递减，两者"一增一减"，在现有产业经济体系下，第三产业人均产值仍落后第二产业，也间接证实了人均效能考察的重要性。

无论就总量规模，还是结构层次而言，科技人力资源已成为中国继资本、土地、劳动之后最丰富、最宝贵、可再生的战略性资源。形成以科技创新为引领的全面创新，须紧紧抓住和用好科技人力资源红利窗口期，把蕴藏在科技工作者中的无限创造潜能充分调动激发出来，以科技人力资源红利的释放来促进发展方式转变和发展动力转换。[①] 对我国科技人力资源的效能评价有助于了解、把握科技人力资源发展现状，发现、纠正存在的问题与不足。主要利用专利授予量、科技论文发表量、高技术产品出口增加值、技术市场成交额、大中型工业企业新产品项目数5个指标来综合评价，具体情况如图7-8和图7-9所示。评价一国科技人力资源产出的直接标准是知识创新和技术创新，包括专利授予量、科技论文发表量、技术市场成交额和高技术产品出口增加值。1998—2017年我国科技人力资源的专利授予、科技论文发表量和大中型工业企业新产品项目数均呈增长态势，如1998年专利授予量6.79万项、科技论文发表数21.6万篇和大中型工业企业新产品项目数5.18万项，到2008年三者分别增加到41.198万项、119.32万篇和12.14万项，年增长率分别为19.76%、18.64%和8.89%；到2017年三者分别达183.64万项、170万篇和21.55万项，年增长率下降到18.06%、5.76%和6.58%，表明科技人力资源的科技产出有所减少。同时，相较于科技人力资源的技术产出而言，其知识产出量更多，以2017年为例，科技人力资源的专利授予量和科技论文发表量分别是新产品数的8.5倍和7.54倍，我国科技人力资源科技产出仍以知识创新产出为主。

技术市场成交额和高技术产品出口增加值反映一国科技人力资源技术创新产出状况，我国的技术市场成交额从1998年的435.82亿元增加到2017年的13 424.22亿元，20年间约增长了30.8倍，由图7-9可知，1998—2009年间技术市场成交额的年增长幅度为19.31%，增长了597.31%，而到2017年增长率为20.41%，增长了341.73%。在全球高技术产品进出口市场，也从1998年的

---

① 人民网. 迎接科技人力资源红利期的到来 ［EB/OL］. (2016-03-09). http：//scitech. people. com. cn/GB/n1/2016/0309/c1007-28183070. html.

－89.5 亿美元变为 2004 年 41 亿美元，意味着中国在全球高技术产品进出口中，首次出现贸易顺差，一直到 2017 年的 889.78 亿美元，但在 2004—2017 年间高技术产品出口增加值出现波动，即在 2009 年回落为 670.77 亿美元，与 2008 年的 737.86 亿美元相比，减少了约 10%，2016 年我国高技术产品出口增加值为 804.5 亿美元，比 2015 年的 1 060.05 亿美元下降了 24.11%。

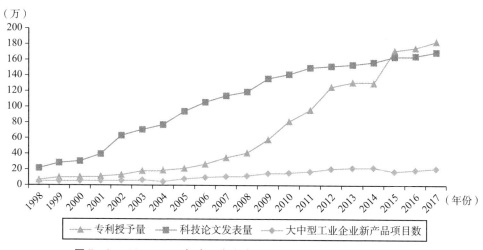

图 7-8 1998—2017 年我国人力资源中科技人力资源的产出变化

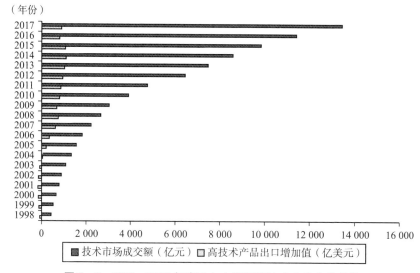

图 7-9 1998—2017 年我国人力资源高技术产出变化趋势

4. 人力资源发展指标

充足的经费投入是保障人力资源充分发展的重要基础，研究与试验发展（R&D）活动主要指科技人力资源在科学技术领域，从事知识总量增加以及运用知识去创造、创新应用而进行系统性、创造性的活动，包括基础研究、应用研究和试验发展三类活动。相应地研究与试验发展（R&D）是科技活动的核心，是衡量一国家或地区科技发展水平的重要指标，同时也是反映企业独立自主创新能力的主要指标。人力资源发展指标主要包括公共教育支出占 GDP 比重、研发支出占 GDP 比重、政府资金占研发的比重、企业资金占研发比重、国家财政性教育经费占公共财政的比重；人力资源发展离不开社会参与，企业参与研发活动的主动性主要体现在出/回国留学人员比例、年度接受专业培训人数、规模以上工业企业有研究与试验发展活动企业数。

由图 7 - 10 可知，1998—2017 年间，我国科技经费投入力度加大，研究与试验发展（R&D）经费投入增速加快，国家财政科技支出平稳增长，研究与试验发展（R&D）经费投入强度稳步提高，研发经费投入强度从 1998 年的 0.65% 上升到 2017 年的 2.13%，上升了 1.48 个百分点，再创历史新高。表明投入强度已达到中等发达国家水平，增速保持世界领先，自 2013 年我国研发经费总量首次跃居世界第二位，总量与美国的差距正逐年缩小。① 公共教育支出占 GDP 比重是评价教育大国向教育强国转变的重要标志，由 1998 年国家财政性教育经费 2 032.45 亿元，占国内生产总值的 0.65%，增至 2007 年占 GDP 的 1.54%，首次破万亿，达 10 449.6296 亿元，年增长率约为 19.95%；再到 2016 年公共教育支出首破 3 万亿元，高达 31 396.2519 亿元，占国内生产总值的 4.22%，② 年增长率 13% 左右；再到 2017 年的 34 207.75 亿元，占比为 4.14%，20 年间公共教育支出（国家财政性教育经费）占比增加了 3.49 个百分点。国家财政性教育经费支出占国内生产总值 4% 的指标是世界衡量教育水平的基础线，需指出的是 2012 年公共教育支出占 GDP 的比例首次达到国际标准 4%，为 4.28%，已连续六年高于 4%，在经济危机的后期影响下，全球各国纷纷削减国家教育财政投入的，中国国家财政教育经费却大幅增加，顺利完成公共教育支出占 GDP 比重从"追四"到"破四"至"保四"的"攻坚战"。

---

① 国家统计局. 我国科技投入力度加大　研发经费增速加快［EB/OL］.（2018 - 10 - 09）. http：//www. stats. gov. cn/tjsj/sjjd/201810/t20181009_1626712. html.

② 新京报网. "2016 年教育经费执行情况发布：国家财政性教育经费首超 3 万亿 占 GDP 比例为 4.22%［EB/OL］.（2017 - 10 - 25）. http：//www. bjnews. com. cn/news/2017/10/25/461711. html.

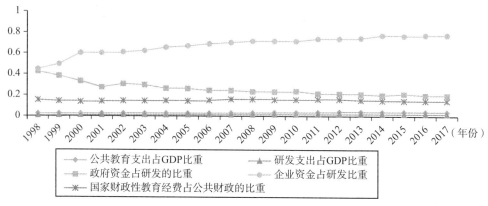

图 7 - 10　1998—2017 年促进我国人力资源发展的经费投入变化

　　国家财政性教育经费占公共财政比重是指公共财政支出中用于教育部分，能判断在经济、政治、科技、文化、教育、生态等公共支出中教育的地位如何，是否具有优先性。1998 年，在公共支出中国家财政性教育经费占比 15.36%，2017 年比重为 14.71%，小幅下降了 0.65 个百分点，20 年间国家财政性教育经费占比公共支出均值 15.14%，最大值是 16.32%，最小值为 13.8%，极差为 2.52%，国家财政教育经费在公共支出中虽稍有变动，但一直保持两位数增长。显示出中国政府坚持教育优先发展战略，推进教育事业持续快速发展的坚定决心。研究与试验发展（R&D）能够促进科技进步与创新，对经济、社会、科技发展具有重要作用，合理配置研究与试验发展（R&D）资源有助于促进科技创新、加强科技成果转化、推动科技成果市场化，为国家和地区的均衡发展提供源源不断的动力。从研究与实验发展（R&D）资金来源主体看，1998 年各类企业的研发经费（R&D）占研发经费的 44.8%，到 2017 年企业经费支出高达 13 660.2 亿元，占研发经费支出的 77.6%，20 年间增加了 32.8%；政府资金占研发经费方面，从 1998 年的 42.6% 下降到 2017 年的 19.81%，20 年间下降了 22.79%，观察图 7 - 10 的企业资金和政府资金占研发经费比例的趋势线发现，自 1998 年两者占研发经费比重比较接近（44.8% 和 42.6%）外，随时间推移，两者差距越拉越大，自 2011 年开始，企业资金占研发经费比例与政府资金占研发经费比例的差距超过 50%，达 52.22%，同时已连续 7 年两者相差比例超过 50%，且差距还在进一步拉大，最大相差 57.79%（2017 年），说明在研究与实验发展活动方面，企业资金已成为研发经费的主体，其参与科学研究的意识不断强化，参与研发的主动性不断增强，有助于形成以企业为主导、高校参与、政府引导的多元立体化的研究与实验发展活动体系。

5. 人才资源素质指标

　　伴随经济全球化、社会信息化的深入发展以及新一轮科技革命汹涌而至，科学技术是第一生产力、人力资源是第一资源、创新是第一动力的作用与地位日益凸显。党的十九大报告中强调我国经济已由高速增长阶段转向高质量发展阶段，必须着力加快科技创新和人力资源协同发展的产业体系，培养造就一大批具有国际水平的战略科技人才、科技领军人才、青年科技人才和高水平创新团队。国家间的综合较量实质上是人才的较量，创新驱动本质上也是人才驱动，因此，提高人力资源素质是关键，而直接判别一国或地区人力资源质量水平的高低更多的依据该国或地区人力资源的受教育水平高低。主要通过平均受教育年限、高等教育毛入学率、具有高中以上学历的人口比例、每万人口高中阶段平均在校生数、每万人口高等学校平均在校生数、具有大专以上学历的人口比例 6 个指标来宏观中观把握人力资源素质的整体概况。

　　图 7 - 11 所示的是 1998—2017 年我国人力资源素质的变化趋势。从人口中的学历层次看，1998 年我国具有高中以上学历人数约 1.5532 亿人，占当年总人口比重为 0.12，到 2017 年，我国具有高中以上学历人数达 4.0576 亿人左右，占总人口的 29.19%，伴随九年义务教育普及、维护教育公平政策的颁布实施、国家教育经费投入等一系列举措，20 年间，我国人口中具有高中以上学历人数净增了 2.5044 亿人，相当于平均每年增加 1 252.2 万人。具有大专以上人口比例是人口中接受良好教育水平的人群，1998 年，我国大专以上人口数仅有 3 218.83 万人，占当年人口总数的 0.02，但至 2017 年，大专以上学历人数增加到 1.7918 亿人，占人口数的 0.13，共增加了 1.47 亿人，平均年增加大专学历人数 735 万人。高中文化以上人口，尤其是大专以上学历人口的大规模增加，已经明显超过

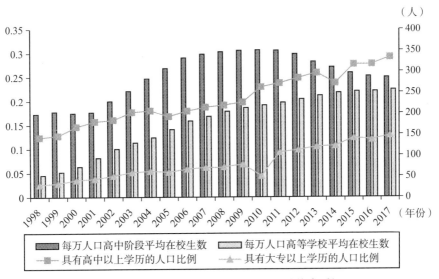

图 7 - 11　1998—2017 年我国人力资源整体素质概况

了劳动年龄人口比例下降的幅度，显示了教育红利、人力资源红利大大抵消了人口红利下降的影响，也标志着进入了"教育红利期""人力资源红利期"及"人才红利期"。[①]

其次，从每万人口高中阶段平均在校生数看，从 1998 年的 197.8 人到 2001 年的 202.1 人，3 年间增加了 4.3 人，基本处于持平状态；而到 2007 年每万人口高中阶段在校生数为 340.9 人，6 年间增加了 138.8 人，年增长率约上升为 9.11%；到 2012 年为 341.1 人，5 年间增加了 0.2 人；到 2017 年每万人中高中阶段平均在校生数为 286.1 人，下降了 55 人，年增长率为 –3.46%。从 1998—2017 年每万人口高中阶段平均在校生数的变化趋势看，呈现"倒 U"形。观测 1998—2017 年的每万人口高等学校平均在校生数，具有逐年递增的特点，1998 年为 51.9 人，到 2017 年为 256.7 人，在校生数增长了 5 倍，20 年间递增了 204.8 人。高校作为科技第一生产力和人才第一资源的重要结合点，肩负着人才培养和科技创新的双重历史使命。1998 年，每万人口高等学校平均在校生数为 51.9 人，到了 2012 年为 233.5 人，年增长率约为 11.34%，处于快速增长阶段，到 2017 年每万人口高等学校平均在校数为 256.7 人，年增长率将为 1.91%，进入缓慢增长时期。与 1999 年教育部出台的《面向 21 世纪教育振兴行动计划》有关，扩大普通高校本专科院校招生规模，进入高校扩招时代，大大提高了我国人力资源素质、培养了大批国家社会发展亟须人才、实现高等教育发展阶段性飞跃。

"非学无以广才"，教育改革发展的核心指标，就是要不断提高人口受教育年限，而衡量一国人力资本的标准和人口素质除了高中以上人口数占当年总人口数的比重外还包括人口的平均受教育年限。人口平均受教育年限是切实反映劳动力文化教育程度的综合指标，表现劳动力文化教育程度的现状和发展变化。1998 年我国劳动人口的平均受教育年限仅为 7 年（图 7 – 12），劳动力受教育程度相当于六年制小学毕业水平，到 2013 年，我国人口的平均受教育年限增加到 9 年，相当于九年义务教育毕业，即初中学历，2016 年劳动年龄人口的平均受教育年限为 10.23 年，相当于高中受教育水平，20 年来中国劳动人口的平均受教育程度不断提高，人力资本不断提升。高校担负着知识创新、文化传承、人才培养和服务社会的四大职能，知识经济时代高校的职能日益凸显。回顾我国高等教育发展历程（见图 7 – 12），1998 年我国高等教育毛入学率 9.8%，2002 年高等教育毛入学率为 15%，2012 年高等教育毛入学率达 30%，2015 年的高等教育毛入学率正式进入 40%，2017 年达到历史新高的 45.7%，成为世界高等教育第一大国。按照国际上高等教育的阶段划分，高等教育毛入学率在 15% 以下时属于精英教

[①]　胡鞍钢. 教育红利正在抵消人口红利下降影响［N］. 中国教育报，2015 – 12 – 11.

育阶段，15% ~ 50% 为高等教育大众化阶段，50% 以上为高等教育普及化阶段，我国在 2002 年以前属于高等教育精英阶段，但高等教育扩招政策的推行，高等教育获得规模发展，于 2002 年进入高等教育大众化阶段一直持续至今，正向高等教育普及化阶段迈进。中国高校在经济、社会、科技与文化等各方面都发挥着非常重要的作用，越发体现出其强大的竞争力和影响力，对中国的未来引领和长远发展至关重要。因此，为更好地引导中国高校可持续发展，推进高等教育强国建设，2015 年国务院印发《统筹推进世界一流大学和一流学科建设总体方案》拉开了中国高等教育内涵式发展的序幕，标志着中国高等教育结构、规模进入新的质量发展时代，由量到质的转变过程（见图 7 - 12）。

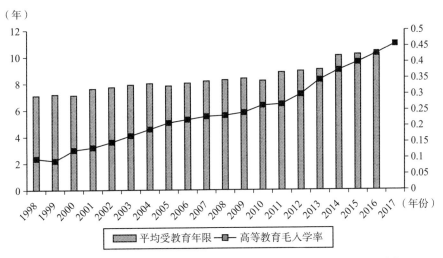

图 7 - 12　1998—2016 年我国人口平均受教育年限和高等教育毛入学率

6. 人力资源环境指标

马斯洛需求层次理论是由低级到高级包括生理需求、安全需要、归属与爱的需要、尊重的需要、自我实现需要，人的较低层次需求的满足会诱发人追求更高层次的需求。而自 1978 年改革开放以来，经济社会的快速发展，高中教育的基本普及，人的温饱问题基本得以解决，追求更高层次的尊重和自我实现需要，即个人在社会中能够实现远大理想与抱负，简单来说就是人尽其才、才尽其用。马克思在论述人的社会属性和自然属性时，指出人的本质在其现实性上是一切社会关系的总和，[①] 因此，作为社会上的人并不能脱离社会而"真空"存在，人力资

---

① 贺来，张欢欢．"人的本质是一切社会关系的总和"意味着什么［EB/OL］．(2014 - 10 - 23)．
http://www.cssn.cn/zhx/zx_zhyj/201410/t20141023_1374107_4.shtml.

源只有在一定的社会环境下才得以发挥和体现其价值和作用，也就是说人力资源的潜能是否能充分发挥，某种程度受社会环境的影响，评价人力资源时应对影响人力资源的因素予以考虑，通过人力资源开发、发展、利用、管理环境的考察来评估人力资源的综合实力。

社会保障、医疗卫生是人力资源应对天灾人祸等突发情况以及保障健康的重要手段。如图 7 - 13 所示，基尼系数是综合考察居民内部收入分配差距的重要分析指标，用来测定社会居民收入分配的差异程度，基尼系数低于 0.2 表示收入过于公平；而 0.4 是社会分配不平均的警戒线，故基尼系数应保持在 0.2 ~ 0.4 之间，低于 0.2 代表社会动力不足，高于 0.4 则表示社会不安定。1998 年我国的基尼系数是 0.3809，处于收入分配公平阶段，到 2002 年基尼系数上升到 0.4013，开始越过社会平均警戒线，趋于社会不公，2003 年突增至 0.4790，2010 年更是高达 0.4810，但其后稳中缓慢下降，2017 年降为 0.4670，略高于国际警戒线，表明我国社会居民收入分配仍存在贫富差距，但政府开始意识到居民收入存在不平等现象，通过收入再分配注重公平，向高收入群体多征税的累进所得税等综合措施解决收入不平等的问题，最终走向"共同富裕"，可预见未来我国的基尼系数仍稳中有降，趋于 0.4 以内。公共服务偏向中低收入群体、区域发展均衡主要通过比较东、中、西部的 GDP 变异系数来表示东、中、西部地区均衡发展状况，指数越高说明东、中、西部间经济强弱差距越大，发展越不均衡。1998 年我国区域发展均衡指数为 0.4978，在 1998—2006 年间一直处于上升趋势，2006 年我国区域发展均衡指数上升到 0.5596，增加了 0.0618，表明东、中、西部区域间的不平衡度加剧，其后又微降至 2017 年的 0.4708，说明东、中、西部区域间的不均衡程度降低。社会福利覆盖度主要解决人发展的后顾之忧，能"老有所养、病有所医、弱有所扶"，主要指参与医疗保险、失业保险和养老保险人数占总人

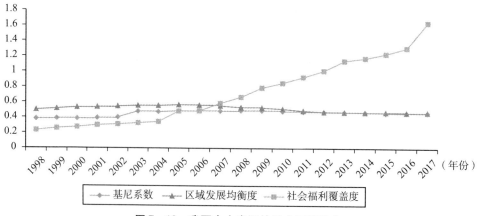

图 7 - 13　我国人力资源的社会环境维度

口数的比例，如果占比大于1，说明至少共同参与了其中的两种保险。1998年，我国的社会保险覆盖度为23.13%，2012年为101.26%，首次突破"1"，增加了78.13个百分点，说明越来越多的人不止参与一类社会保险，到2017年甚至高达164.03%，形成了"保基本、广覆盖、多层次、可持续"的社会保障体系。

计划经济体制向市场经济体制改革，使传统的就业保障及相关福利丢失，市场竞争制代替计划分配制；近年来中国家庭规模趋于缩小化，随着教育、医疗、养老、育幼、住房等基本服务日趋商品化，家庭独立应对、承担其成员发展的压力剧增。而衡量一国社会保障水平，世界通用的标准是医疗卫生支出、养老金支出等分别占GDP的比重。① 图7-14显示的总抚养比包括少儿抚养和老人抚养比之和，即非劳动年龄人口与劳动年龄人口之比，1998年我国总抚养比高达47.9%持续下降到2010年的34.2%，降低了13.7%，与之前实行的计划生育政策有关，新生儿的减少是总抚养比降低。1998年我国每万人拥有卫生技术人员36人，2010年增加到37.6人，年增长率为0.44%，到2017年每万人拥有卫生技术人员64.69人，年增长率提升达到5.58%，10年间实现了翻倍。就健康事业支出占GDP比例看，除1998—2000年间，健康事业支出占GDP比重在6%左右外，从2001年到2017年期间基本处于同一水平，大约在5%~4%间波动。人力资本投资主要包括教育、卫生保健、劳动力流动等，而针对人力资源的卫生健康投资也是提升我国人力资源素质和人力资本的重要途径。说明中国积极推进健康中国建设，深化医改取得重大阶段性成效，公共卫生、医疗卫生服务能力逐步提升，城乡居民健康水平持续提高（见图7-14）。

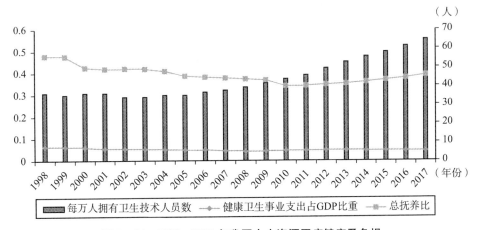

图7-14 1998—2017年我国人力资源医疗健康及负担

---

① 环球网国内新闻. 专家解读十二五：期待提高社保支出占GDP比重［EB/OL］. (2010-10-19). http://china. huanqiu. com/roll/2010-10/1182722. html.

7. 人力资源保障指标

党的十六大报告中曾指出国家发展、富强的最终目标和目的是为了让全体国民生活的幸福美满。追求并获得幸福是人类奋斗的伟大目标，我们最终目标是人们幸福的最大化。[①] 人力资源保障包括国家层面提供的基本社会保障体系，但更多的是保障人力资源的物质方面，如"衣食住行"等；在人的生存有保障，物质层面得以满足，个人主观感受的满足上升为主导，由重视人的物质需要和经济条件转移到关注公民的心理感受、生活质量上，即个人层面为追求幸福和自我实现需要，个人潜能和抱负的实现而通过终身教育、培训、国际迁移等提升技能和素养。经济增长是否与居民收入增长基本同步也是衡量一国是否将经济发展转化为社会福祉的重要表现，构筑"国进民进"新格局。主要通过城乡居民人均收入增长率、职工平均工资、失业率、每万人互联网数、居民收入与支出比 5 个指标来评价。

人均居民收入增长率能大体反映一国的经济发展水平和居民可支配收入。如图 7 - 15 所示，1998 年我国城乡居民人均收入增长率约为 0.05，2007 年上涨到 16.81%，期间人均收入约增加了 0.13，2009 年人均收入增长率约下降至 0.09，约下降了 0.04，但自 2010—2017 年基本处于稳中有降，2017 年，人均收入增长率约为 0.08，20 年平均每年城乡居民人均收入增长率约为 0.11。观测 1998—2017 年的职工平均工资，从 1998 年的 7 479 元上涨到 2017 年 52 388 元，增加了 7 倍；而从年增长率看，1998 年职工平均工资为 7 479 元和 2003 年为 14 040 元，年增长率约为 0.13，到了 2008 年，职工平均工资升到 29 229 元，年增长率上升到了 0.16，2013 年和 2017 年职工的平均工资分别为 52 388 元和 74 318 元，年增长率分别约为 0.13 和 0.07，发现统计的前 15 年职工平均工资保持两位数比例增长，职工可支配收入增多，采取多种方式对人力资本投资的可能性增大。居民收入与支出比指居民可支配收入与消费间的占比，比值在"1"及以上表示居民的年均收入大于年均消费支出而有盈余。1998 年我国居民收入与支出比为 0.94，表示居民的年均收入低于年均消费支出，即"入不敷出"，但自 2000 年开始，我国居民的收入与支出比突破"1"，为 1.28，2017 年居民收入与支出比为 1.42，居民人均收入增长与经济增长基本同步。

失业率指一定时间内满足全部就业条件的就业人口中，仍未能实现就业的人数占当期劳动人口的比例，意味着人力资源中存在闲置人力资源，是判断一定时期内全部劳动人口的整体就业情况，也是反映整体经济状况的重要指标。1998 年我国失业率为 3.1%，2017 年失业率为 3.89%，低于 4%，20 年内，失业率最高值为 2009 年 4.3%，最低值为 1998 年的 3.1%，极差为 1.2%，均值为 3.9%，

---

① 奚恺元，张国华. 从经济学到幸福学 [J]. 上海管理科学，2003 (3)：4 - 5.

说明我国失业率一种处于平稳中，在 4% 上下小幅度波动，符合国际社会将失业率控制在 4%，同时政府颁布"大众创业、万众创新"政策，积极鼓励"创新创业创优"，通过职业培训、失业人员再就业培训、加强劳务协作、开发岗位等多种手段促进就近就地就业、稳就业来解放和发展生产力，破解就业结构性难题（见图 7 – 15）。

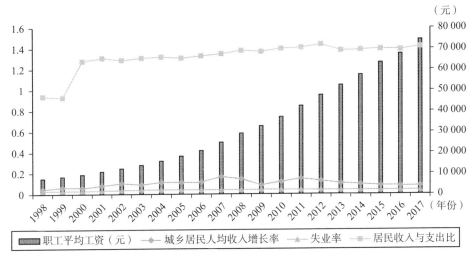

图 7 – 15　1998—2017 年我国人力资源收入及其支出比的变化趋势

第三节　31 个省（区市）的人力资源指标的主成分分析

一、基于 31 个省（区市）的人力资源指标的主成分分析

根据表 7 – 1 的人力资源强国指标体系，坚持指标评价的系统性与独立性相统一、定性与定量相结合、成果性与效率性相统一、可行性与指导性相结合的 4 大原则，采用主成分分析法对 2009—2017 年近十年的我国 31 个省（区市，不包含港澳台地区）的人力资源综合实力进行实证分析，旨在把握我国各省（区市）人力资源的发展现状，评估全国范围内其人力资源水平及名次，以进一步探索我国人力资源强国的实践路径。数据主要来源于各省份《统计年鉴（1998—2018年)》、各省份《国民经济与社会发展统计公报（1998—2018 年)》、各省份《教育年鉴》和《科技统计年鉴》《中国统计年鉴（1998—2018 年)》《中国卫生健康统计年鉴（2003—2018 年)》《中国科技统计年鉴（1998—2018 年)》《中国教

育统计年鉴（1998—2018 年）》以及各省（区市）的统计局网站、教育厅和科技厅网站，中国国家统计局、科技部、教育部等网站等。

1. 检验数据分析可行性

使用 SPSS21.0 对所得样本数据进行 KMO 和 Bartlett 的球形度检验，求得 KMO 值为 0.766 > 0.7，因子分析效果较好，Barlett 的球形度检验近似卡方为 9 747.679，且 P 值为 0 < 0.05，在 0.05 的水平上变量间是相关的，这两方面的检验都说明数据适合进行主成分分析，如表 7 - 15 所示。

表 7 - 15   KMO 和巴特利特检验

KMO 取样适切性量数		0.766
Bartlett 的球形度检验	上次读取的卡方	9 747.679
	自由度	820
	显著性	0.000

2. 变量的共同度

如表 7 - 16 所示，"公因子方差"实际给出的就是初始变量的共同度，"提取"列表示变量共同度的取值，共同度的取值范围在 [0, 1]。表 7 - 16 中的 41 个变量的共性方差均大于 0.5，介于 0.5 ~ 0.9 之间，能较好地反映原始变量的主要信息。

表 7 - 16   公因子方差

指标	初始值	提取
劳动人口规模（经济活动人口）（万人）X1	1.000	0.932
人口自然增长率 X2	1.000	0.723
科技人才规模（研究与试验发展人员全时当量）（万人年）X3	1.000	0.951
第一、第二、第三产业就业总人数（万人）X4	1.000	0.929
基础研究人员占比 X5	1.000	0.864
应用研究人员占比 X6	1.000	0.815
试验发展人员占比 X7	1.000	0.862
第一产业就业人员占就业人员比重较上一年变化率（%）X8	1.000	0.956
第二产业就业人员占就业人员比重较上一年变化率（%）X9	1.000	0.792
第三产业就业人员占就业人员比重较上一年变化率（%）X10	1.000	0.593
人均 GDP 增长率 X12	1.000	0.633

续表

指标	初始值	提取
第一产业人均生产总值（万元）X13	1.000	0.721
第二产业人均生产总值（万元）X14	1.000	0.765
第三产业人均生产总值（万元）X15	1.000	0.556
专利授予量（万项）X16	1.000	0.937
科技论文发表量（万篇）X17	1.000	0.692
高技术产品出口增加值（亿美元）X18	1.000	0.808
技术市场成交额（万元）X19	1.000	0.809
大中型工业企业新产品项目数（万项）X20	1.000	0.920
公共教育支出占 GDP 比重 X21	1.000	0.736
研发支出占 GDP 比重 X22	1.000	0.791
政府资金占研发的比重 X23	1.000	0.865
企业资金占研发比重 X24	1.000	0.849
规模以上工业企业有研究与试验发展活动企业数（万个）X25	1.000	0.812
地方财政性教育经费占公共财政的比重 X26	1.000	0.768
平均受教育年限 X29	1.000	0.812
高等教育毛入学率 X30	1.000	0.905
具有高中以上学历的人口比例 X31	1.000	0.844
每万人口高中阶段平均在校生数（人）X32	1.000	0.686
每万人口高等学校平均在校生数（人）X33	1.000	0.844
具有大专以上学历的人口比例 X34	1.000	0.879
基尼系数 X35	1.000	0.777
社会福利覆盖度 X37	1.000	0.589
健康卫生事业支出占 GDP 比重 X38	1.000	0.853
每万人拥有卫生技术人员数（人）X39	1.000	0.837
总抚养比 X40	1.000	0.664
城乡居民人均收入增长率 X41	1.000	0.691
职工平均工资（万元）X42	1.000	0.840
失业率 X43	1.000	0.729
每万人互联网数（个）X44	1.000	0.673
居民收入与支出比 X45	1.000	0.656

3. 因子分析总方差解释

从表 7 – 17 中可发现，前 7 个因子的特征根分别为 11.647、7.101、3.373、2.21、1.899、1.89、1.748，旋转后的因子方差贡献率均大于 5%，第一个因子的特征根 11.647，解释了 41 个原始变量总方差的 28.407%，累积方差贡献率为 28.407%；第二个因子的特征根 7.101，解释了 41 个原始变量总方差的 17.320%，……，前 7 个因子的累积方差贡献率达 72.847%，且它们的特征根都大于 1，自第 8 个因子开始，旋转后的额方差累积贡献小于 5%，说明选择前 7 个公因子基本包含了 41 个全部原始变量的主要信息，因此，选择前 7 各因子为主因子即可，也就是说可以将前 7 个因子视为人力资源指标群的主成分。同时，被提取的载荷因子平方和旋转后的平方载荷数据组累计的因子被提取后和旋转后的因子方差解释情况大都支持选择前 7 个公因子。

表 7 – 17　　　　　　　　　　　　总方差解释

组件	初始特征值			提取载荷平方和			旋转载荷平方和		
	总计	方差百分比	累积%	总计	方差百分比	累积%	总计	方差百分比	累积%
1	11.647	28.407	28.407	11.647	28.407	28.407	5.750	14.025	14.025
2	7.101	17.320	45.726	7.101	17.320	45.726	5.391	13.148	27.173
3	3.373	8.226	53.952	3.373	8.226	53.952	5.382	13.128	40.300
4	2.210	5.390	59.342	2.210	5.390	59.342	4.543	11.080	51.380
5	1.899	4.632	63.974	1.899	4.632	63.974	3.620	8.830	60.210
6	1.890	4.610	68.584	1.890	4.610	68.584	2.197	5.359	65.568
7	1.748	4.263	72.847	1.748	4.263	72.847	1.900	4.634	71.202
8	1.184	2.888	75.735	1.184	2.888	75.735	1.892	4.615	74.817
9	1.106	2.698	78.433	1.106	2.698	78.433	1.482	3.616	78.433
10	0.975	2.378	80.811						
11	0.955	2.328	83.140						
12	0.796	1.940	85.080						
13	0.704	1.717	86.797						
14	0.649	1.584	88.381						
15	0.576	1.405	89.786						
16	0.512	1.248	91.034						
17	0.456	1.111	92.145						

组件	初始特征值			提取载荷平方和			旋转载荷平方和		
	总计	方差百分比	累积%	总计	方差百分比	累积%	总计	方差百分比	累积%
18	0.398	0.971	93.116						
19	0.363	0.885	94.001						
20	0.325	0.793	94.794						
21	0.297	0.724	95.518						
22	0.237	0.579	96.097						
23	0.224	0.548	96.644						
24	0.202	0.494	97.138						
25	0.178	0.435	97.573						
26	0.152	0.371	97.943						
27	0.138	0.335	98.279						
28	0.119	0.291	98.569						
29	0.091	0.222	98.791						
30	0.082	0.200	98.991						
31	0.079	0.192	99.183						
32	0.067	0.165	99.347						
33	0.060	0.146	99.493						
34	0.051	0.124	99.617						
35	0.036	0.088	99.704						
36	0.033	0.081	99.785						
37	0.028	0.068	99.853						
38	0.025	0.060	99.913						
39	0.020	0.049	99.962						
40	0.014	0.035	99.997						
41	0.001	0.003	100.000						

如图 7-16 所示，因子碎石图的横坐标为因子数目，纵坐标为特征根。可以看到，第一个因子视为特征根很高，对解释原变量的贡献最大，因子 1 到 7 间的连线的坡度相对较陡，说明前 7 个因子是主因子，与表 7-17 中的论断相吻合。

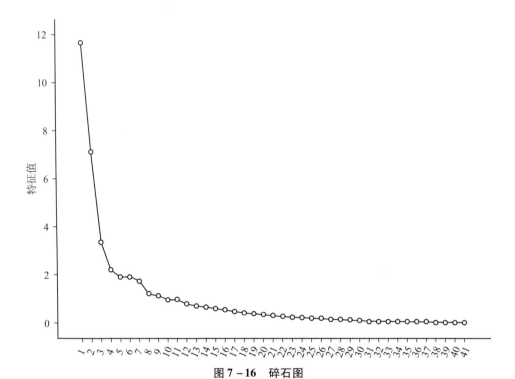

图 7 - 16　碎石图

4. 旋转前的因子载荷矩阵

表 7 - 18　　　　　　　　　　　系数矩阵的因子表达式

指标	成分						
	1	2	3	4	5	6	7
劳动人口规模（经济活动人口）（万人）X1	0.539	-0.650	-0.128	0.175	-0.187	-0.251	0.172
人口自然增长率 X2	-0.386	-0.262	0.627	0.217	0.223	0.026	0.121
科技人才规模（研究与试验发展人员全时当量）（万人年）X3	0.849	-0.309	0.070	0.173	-0.060	0.266	0.082
第一、第二、第三产业就业总人数（万人）X4	0.554	-0.648	-0.128	0.176	-0.187	-0.246	0.157
基础研究人员占比 X5	-0.617	0.593	0.039	0.135	-0.261	0.092	0.067
应用研究人员占比 X6	-0.636	0.481	-0.100	0.093	-0.032	0.088	0.106
试验发展人员占比 X7	0.606	-0.549	0.088	-0.125	0.192	-0.128	-0.134
第一产业就业人员占就业人员比重较上一年变化率（%）X8	0.128	0.180	-0.043	-0.326	-0.016	0.175	0.857

续表

指标	成分						
	1	2	3	4	5	6	7
第二产业就业人员占就业人员比重较上一年变化率（%）X9	-0.176	-0.326	-0.260	0.265	-0.012	-0.024	-0.623
第三产业就业人员占就业人员比重较上一年变化率（%）X10	0.073	0.238	0.369	0.141	-0.004	-0.233	-0.414
人均 GDP 增长率 X12	-0.338	-0.386	-0.328	0.126	0.313	0.347	0.000
第一产业人均生产总值（万元）X13	0.607	0.248	0.177	-0.222	-0.151	0.133	-0.157
第二产业人均生产总值（万元）X14	0.082	0.571	0.137	-0.440	0.287	0.089	-0.112
第三产业人均生产总值（万元）X15	0.414	0.191	0.255	-0.133	0.056	0.152	-0.106
专利授予量（万项）X16	0.817	-0.298	0.177	0.108	-0.175	0.321	0.040
科技论文发表量（万篇）X17	0.616	-0.069	-0.389	0.219	-0.152	-0.021	-0.122
高技术产品出口增加值（亿美元）X18	0.603	-0.277	0.127	0.263	0.019	0.401	0.106
技术市场成交额（万元）X19	0.597	0.433	-0.126	0.422	0.164	0.034	0.047
大中型工业企业新产品项目数（万项）X20	0.785	-0.353	0.173	0.125	-0.152	0.318	0.045
公共教育支出占 GDP 比重 X21	-0.583	0.143	0.482	0.288	-0.092	0.107	0.047
研发支出占 GDP 比重 X22	0.670	0.341	-0.277	0.287	-0.139	0.122	0.074
政府资金占研发的比重 X23	-0.407	0.613	-0.282	0.345	-0.260	0.026	0.133
企业资金占研发比重 X24	0.414	-0.581	0.286	-0.403	0.197	-0.043	-0.122
规模以上工业企业有研究与试验发展活动企业数（万个）X25	0.733	-0.304	0.164	0.011	-0.198	0.298	-0.039
地方财政性教育经费占公共财政的比重	0.250	-0.442	0.139	-0.127	0.258	-0.263	0.212
平均受教育年限 X29	0.681	0.489	-0.146	0.009	0.265	-0.085	0.019
高等教育毛入学率 X30	0.718	0.476	-0.029	-0.132	-0.250	-0.141	-0.182
具有高中以上学历的人口比例 X31	0.356	0.592	-0.023	0.023	0.565	-0.034	0.020
每万人口高中阶段平均在校生数（人）X32	-0.523	-0.452	0.178	0.202	0.316	0.132	0.024
每万人口高等学校平均在校生数（人）X33	0.611	0.495	-0.326	0.193	0.204	-0.139	-0.060
具有大专以上学历的人口比例 X34	0.573	0.703	0.005	0.066	0.224	0.011	-0.003

续表

指标	成分						
	1	2	3	4	5	6	7
基尼系数 X35	− 0. 615	− 0. 161	0. 482	0. 205	0. 163	0. 218	− 0. 016
社会福利覆盖度 X37	0. 458	0. 368	0. 350	− 0. 047	− 0. 035	0. 108	− 0. 167
健康卫生事业支出占 GDP 比重 X38	− 0. 566	0. 419	0. 409	0. 285	− 0. 296	− 0. 103	0. 076
每万人拥有卫生技术人员数（人）X39	0. 464	0. 550	0. 394	− 0. 124	0. 158	− 0. 042	0. 135
总抚养比 X40	− 0. 405	− 0. 416	0. 394	0. 077	− 0. 027	− 0. 347	0. 021
城乡居民人均收入增长率 X41	− 0. 324	− 0. 137	− 0. 418	0. 121	0. 376	0. 403	− 0. 099
职工平均工资（万元）X42	0. 519	0. 458	0. 558	0. 084	− 0. 152	− 0. 111	− 0. 031
失业率 X43	− 0. 249	− 0. 059	− 0. 360	− 0. 595	− 0. 327	− 0. 042	− 0. 029
每万人互联网数（个）X44	0. 623	− 0. 073	0. 236	0. 190	0. 062	− 0. 379	0. 136
居民收入与支出比 X45	0. 121	− 0. 110	− 0. 264	0. 335	0. 244	− 0. 526	0. 238

注：提取方法为主成分分析法，已提取了七个成分。

5. 旋转后的因子载荷矩阵

虽然通过系数矩阵可用标准化后的原始变量转化为因子表达式，但各因子的解释意义仍然模糊。这里采用凯撒正态化最大方差法，经过旋转后使得各因子的变量更加清晰、易于理解（见表 7 - 19）。

表 7 - 19　　　　　　　　　　旋转后的因子负荷矩阵

指标	成分						
	1	2	3	4	5	6	7
劳动人口规模（经济活动人口）（万人）X1	0. 584	− 0. 226	0. 403	0. 243	0. 119	0. 395	− 0. 305
人口自然增长率 X2	− 0. 014	− 0. 119	0. 051	− 0. 829	0. 032	0. 011	− 0. 121
科技人才规模（研究与试验发展人员全时当量）（万人年）X3	0. 858	0. 185	0. 359	0. 175	0. 087	0. 039	0. 070
第一、第二、第三产业就业总人数（万人）X4	0. 587	− 0. 220	0. 415	0. 248	0. 117	0. 402	− 0. 282
基础研究人员占比 X5	− 0. 320	− 0. 034	− 0. 817	− 0. 144	0. 097	− 0. 223	− 0. 059
应用研究人员占比 X6	− 0. 340	0. 056	− 0. 716	− 0. 114	− 0. 085	− 0. 268	− 0. 300
试验发展人员占比 X7	0. 277	0. 000	0. 825	0. 070	0. 013	0. 252	0. 182

指标	成分						
	1	2	3	4	5	6	7
第一产业就业人员占就业人员比重较上一年变化率（%）X8	0.058	0.058	-0.064	0.110	-0.026	-0.005	0.016
第二产业就业人员占就业人员比重较上一年变化率（%）X9	0.035	-0.203	-0.026	0.068	-0.257	0.005	-0.047
第三产业就业人员占就业人员比重较上一年变化率（%）X10	-0.124	0.214	0.068	-0.188	0.409	0.009	0.046
人均 GDP 增长率 X12	-0.001	-0.142	0.065	-0.153	-0.746	0.027	-0.139
第一产业人均生产总值（万元）X13	0.251	0.222	0.159	0.265	0.350	-0.192	0.584
第二产业人均生产总值（万元）X14	-0.276	0.508	-0.034	0.105	0.198	-0.592	0.009
第三产业人均生产总值（万元）X15	0.224	0.342	0.217	0.036	0.262	-0.309	-0.056
专利授予量（万项）X16	0.840	0.076	0.360	0.127	0.152	-0.013	0.233
科技论文发表量（万篇）X17	0.455	0.184	0.151	0.529	0.006	0.232	-0.119
高技术产品出口增加值（亿美元）X18	0.833	0.201	0.202	-0.023	-0.028	-0.102	-0.140
技术市场成交额（万元）X19	0.401	0.719	-0.170	0.231	0.120	0.164	-0.042
大中型工业企业新产品项目数（万项）X20	0.851	0.053	0.364	0.099	0.123	-0.015	0.180
公共教育支出占 GDP 比重 X21	-0.175	-0.177	-0.397	-0.675	0.070	0.002	0.117
研发支出占 GDP 比重 X22	0.447	0.429	-0.124	0.457	0.077	0.246	0.246
政府资金占研发的比重 X23	-0.222	0.063	-0.869	0.102	-0.050	0.148	0.137
企业资金占研发比重 X24	0.201	-0.095	0.859	-0.056	0.107	-0.173	-0.123
规模以上工业企业有研究与试验发展活动企业数（万个）X25	0.703	-0.014	0.396	0.140	0.131	-0.021	0.349
地方财政性教育经费占公共财政的比重 X26	0.132	-0.031	0.404	-0.087	0.078	0.150	-0.014
平均受教育年限 X29	0.138	0.743	0.073	0.398	0.187	0.061	0.158
高等教育毛入学率 X30	0.144	0.375	0.094	0.541	0.506	0.022	0.372
具有高中以上学历的人口比例 X31	-0.106	0.894	0.024	0.089	0.046	-0.076	-0.074
每万人口高中阶段平均在校生数（人）X32	-0.075	-0.223	0.084	-0.609	-0.409	0.027	-0.275

续表

指标	成分						
	1	2	3	4	5	6	7
每万人口高等学校平均在校生数（人）X33	0.107	0.715	-0.010	0.471	0.087	0.244	0.074
具有大专以上学历的人口比例 X34	0.079	0.807	-0.087	0.254	0.254	-0.015	0.249
基尼系数 X35	-0.149	-0.216	-0.133	-0.799	-0.182	-0.084	0.068
社会福利覆盖度 X37	0.141	0.358	0.134	-0.007	0.366	-0.112	0.424
健康卫生事业支出占 GDP 比重 X38	-0.260	-0.120	-0.627	-0.460	0.343	0.012	-0.025
每万人拥有卫生技术人员数（人）X39	0.068	0.585	-0.026	-0.022	0.490	-0.168	0.324
总抚养比 X40	-0.152	-0.387	0.134	-0.494	0.195	0.121	-0.395
城乡居民人均收入增长率 X41	-0.116	0.020	-0.063	-0.064	-0.799	0.007	0.139
职工平均工资（万元）X42	0.244	0.419	-0.006	-0.087	0.727	-0.068	0.190
失业率 X43	-0.350	-0.453	0.062	0.464	-0.054	-0.284	-0.183
每万人互联网数（个）X44	0.286	0.283	0.366	0.010	0.418	0.443	0.018
居民收入与支出比 X45	-0.112	0.169	0.100	0.070	-0.066	0.752	-0.114

注：1. 提取方法为主成分分析法。

2. 旋转法，指具有 kaiser 标准化的正交旋转法，旋转在 13 次迭代后收敛。

由表 7 - 19 中显示了实施因子旋转后的载荷矩阵。可看到，第一个因子在"劳动人口规模""科技人才规模""第一、第二、第三产业就业总人数""专利授予量""高技术产品出口增加值""大中型工业企业新产品项目数""规模以上工业企业有研究与试验发展活动企业数"等指标上具有较大载荷系数。第二个因子在"二产业人均生产总值""技术市场成交额""平均受教育年限""具有高中以上学历的人口比例""每万人口高等学校平均在校生数""具有大专以上学历的人口比例"等指标上系数较大。第三个因子在"基础研究人员占比""应用研究人员占比""试验发展人员占比""政府资金占研发的比重""企业资金占研发比重"等指标上具有较大载荷系数。第四个因子在"人口自然增长率""研发支出占 GDP 比重""公共教育支出占 GDP 比重""科技论文发表量""高等教育毛入学率""每万人口高中阶段平均在校生数"等指标上系数最大。第五个因子在"第二产业就业人员占就业人员比重较上一年变化率""就业人员比重较上一年变化率""人均 GDP 增长率""城乡居民人均收入增长率""职工平均工资"等指标上有较大系数。第六个因子在"每万人互联网数（个）""城乡居民人均收入增长率"等指标上系数较大。第七个因子在"社会福利覆盖度"等指标上的载荷系数较大。根据每个主因子所包含的信息，我们可以将 7 个主因子分别重新定义为人力资源效能因子、人力资源素质因子、人力资源发展因子、人力资源潜能因子、人力资源结构因子、人力资源保障因子、人力资源环境因子。

使用 SPSS 21 求得 2017 年 31 省（区市）的样本数据的成分得分矩阵（见表 7 – 20）。

表 7 – 20　　　　　　　　　　　成分得分系数矩阵

指标	成分						
	1	2	3	4	5	6	7
劳动人口规模（经济活动人口）（万人）X1	0.104	– 0.065	– 0.033	0.061	0.096	0.096	– 0.201
人口自然增长率 X2	0.040	0.064	0.027	– 0.237	0.015	0.028	– 0.038
科技人才规模（研究与试验发展人员全时当量）（万人年）X3	0.200	0.013	– 0.046	– 0.021	– 0.029	– 0.063	– 0.037
第一、第二、第三产业就业总人数（万人）X4	0.100	– 0.066	– 0.027	0.059	0.092	0.102	– 0.184
基础研究人员占比 X5	0.070	– 0.034	– 0.195	0.011	0.068	– 0.075	– 0.066
应用研究人员占比 X6	0.071	0.052	– 0.167	0.018	0.016	– 0.139	– 0.235
试验发展人员占比 X7	– 0.099	0.003	0.215	– 0.032	– 0.038	0.118	0.154
第一产业就业人员占就业人员比重较上一年变化率（%）X8	0.026	– 0.033	– 0.020	0.000	– 0.055	0.044	– 0.015
第二产业就业人员占就业人员比重较上一年变化率（%）X9	0.034	– 0.003	– 0.059	0.059	– 0.030	– 0.069	0.041
第三产业就业人员占就业人员比重较上一年变化率（%）X10	– 0.076	0.046	0.085	– 0.061	0.131	0.031	– 0.039
人均 GDP 增长率 X12	0.036	0.073	0.046	– 0.051	– 0.267	– 0.006	– 0.006
第一产业人均生产总值（万元）X13	– 0.003	– 0.063	– 0.005	0.036	0.044	– 0.070	0.341
第二产业人均生产总值（万元）X14	– 0.062	0.141	0.049	0.026	0.026	– 0.300	– 0.122
第三产业人均生产总值（万元）X15	0.044	0.077	0.077	– 0.023	0.039	– 0.180	– 0.192
专利授予量（万项）X16	0.190	– 0.047	– 0.037	– 0.028	– 0.014	– 0.062	0.086
科技论文发表量（万篇）X17	0.079	0.006	– 0.015	0.112	– 0.010	0.045	– 0.160
高技术产品出口增加值（亿美元）X18	0.263	0.069	– 0.075	– 0.067	– 0.059	– 0.152	– 0.202
技术市场成交额（万元）X19	0.114	0.174	– 0.096	– 0.021	– 0.031	0.037	– 0.159

续表

指标	成分						
	1	2	3	4	5	6	7
大中型工业企业新产品项目数（万项）X20	0.201	-0.039	-0.044	-0.032	-0.016	-0.073	0.056
公共教育支出占 GDP 比重 X21	0.040	-0.031	-0.065	-0.175	0.024	0.079	0.126
研发支出占 GDP 比重 X22	0.091	0.017	-0.086	0.052	-0.053	0.118	0.083
政府资金占研发的比重 X23	0.054	-0.043	-0.235	0.044	-0.008	0.126	0.120
企业资金占研发比重 X24	-0.061	0.018	0.234	-0.024	0.032	-0.134	-0.117
规模以上工业企业有研究与试验发展活动企业数（万个）X25	0.131	-0.082	-0.001	-0.013	-0.020	-0.040	0.195
地方财政性教育经费占公共财政的比重 X26	-0.032	0.032	0.014	-0.037	0.046	0.035	0.065
平均受教育年限 X29	-0.036	0.155	0.013	0.031	-0.022	0.021	-0.003
高等教育毛入学率 X30	-0.060	-0.047	0.027	0.112	0.116	0.037	0.136
具有高中以上学历的人口比例 X31	-0.065	0.281	0.079	-0.056	-0.076	-0.040	-0.182
每万人口高中阶段平均在校生数（人）X32	0.031	0.082	0.052	-0.161	-0.118	0.003	-0.103
每万人口高等学校平均在校生数（人）X33	-0.044	0.151	0.017	0.052	-0.045	0.114	-0.052
具有大专以上学历的人口比例 X34	-0.026	0.158	0.003	-0.015	-0.020	0.016	0.035
基尼系数 X35	0.031	0.025	0.007	-0.215	-0.070	0.011	0.128
社会福利覆盖度 X37	-0.027	0.013	0.072	-0.058	0.033	-0.001	0.192
健康卫生事业支出占 GDP 比重 X38	0.040	-0.058	-0.134	-0.091	0.154	0.072	-0.025
每万人拥有卫生技术人员数（人）X39	-0.016	0.093	-0.027	-0.065	0.087	-0.052	0.120
总抚养比 X40	-0.027	-0.027	0.044	-0.086	0.160	0.046	-0.220
城乡居民人均收入增长率 X41	-0.007	0.089	0.028	-0.042	-0.322	0.018	0.200
职工平均工资（万元）X42	0.038	0.022	-0.018	-0.070	0.195	-0.012	-0.021
失业率 X43	-0.098	-0.161	0.077	0.217	0.056	-0.144	-0.126
每万人互联网数（个）X44	-0.039	0.044	0.068	-0.061	0.114	0.221	-0.031
居民收入与支出比 X45	-0.124	0.077	0.037	-0.023	-0.013	0.393	0.009

注：1. 提取方法为主成分。

2. 具有 kaiser 标准化的正交旋转法。

根据表 7 - 20 可写出以下人力资源综合竞争力的各主成分线性组合表达式：

$$F1 = 0.104 \times X1 + 0.040 \times X2 + 0.200 \times X3 + 0.100 \times X4 + 0.070 \times X5$$
$$+ 0.071 \times X6 - 0.099 \times X7 + 0.026 \times X8 + 0.034 \times X9 - 0.076$$
$$\times X10 + 0.036 \times X12 - 0.003 \times X13 - 0.062 \times X14 + 0.044 \times X15$$
$$+ 0.190 \times X16 + 0.079 \times X17 + 0.263 \times X18 + 0.114 \times X19 + 0.201$$
$$\times X20 + 0.040 \times X21 + 0.091 \times X22 + 0.054 \times X23 - 0.061 \times X24$$
$$+ 0.131 \times X25 - 0.032 \times X26 - 0.036 \times X29 - 0.060 \times X30 - 0.065$$
$$\times X31 + 0.031 \times X32 - 0.044 \times X33 - 0.026 \times X34 + 0.031 \times X35$$
$$- 0.027 \times X37 + 0.040 \times X38 - 0.016 \times X39 - 0.027 \times X40 - 0.007$$
$$\times X41 + 0.038 \times X42 - 0.098 \times X43 - 0.039 \times X44 - 0.124 \times X45$$

$$F2 = - 0.065 \times X1 + 0.064 \times X2 + 0.013 \times X3 - 0.066 \times X4 - 0.034 \times X5$$
$$+ 0.052 \times X6 + 0.003 \times X7 - 0.033 \times X8 - 0.003 \times X9 + 0.046 \times X10$$
$$+ 0.073 \times X12 - 0.063 \times X13 + 0.141 \times X14 + 0.077 \times X15 - 0.047$$
$$\times X16 + 0.006 \times X17 + 0.069 \times X18 + 0.174 \times X19 - 0.039 \times X20$$
$$- 0.031 \times X21 + 0.017 \times X22 - 0.043 \times X23 + 0.018 \times X24 - 0.082$$
$$\times X25 + 0.032 \times X26 + 0.155 \times X29 - 0.047 \times X30 + 0.281 \times X31$$
$$+ 0.082 \times X32 + 0.151 \times X33 + 0.158 \times X34 + 0.025 \times X35 + 0.013$$
$$\times X37 - 0.058 \times X38 + 0.093 \times X39 - 0.027 \times X40 + 0.089 \times X41$$
$$+ 0.022 \times X42 - 0.161 \times X43 + 0.044 \times X44 + 0.077 \times X45$$

$$F3 = - 0.033 \times X1 + 0.027 \times X2 - 0.046 \times X3 - 0.027 \times X4 - 0.195 \times X5$$
$$- 0.167 \times X6 + 0.215 \times X7 - 0.020 \times X8 - 0.059 \times X9 + 0.085 \times X10$$
$$+ 0.046 \times X12 - 0.005 \times X13 + 0.049 \times X14 + 0.077 \times X15 - 0.037$$
$$\times X16 - 0.015 \times X17 - 0.075 \times X18 - 0.096 \times X19 - 0.044 \times X20$$
$$- 0.065 \times X21 - 0.086 \times X22 - 0.235 \times X23 + 0.234 \times X24 - 0.001$$
$$\times X25 + 0.014 \times X26 + 0.013 \times X29 + 0.027 \times X30 + 0.079 \times X31$$
$$+ 0.052 \times X32 + 0.017 \times X33 + 0.003 \times X34 + 0.007 \times X35 + 0.072$$
$$\times X37 - 0.134 \times X38 - 0.027 \times X39 + 0.044 \times X40 + 0.028 \times X41$$
$$- 0.018 \times X42 + 0.077 \times X43 + 0.068 \times X44 + 0.037 \times X45$$

$$F4 = 0.061 \times X1 + - 0.237 \times X2 - 0.021 \times X3 + 0.059 \times X4 + 0.011 \times X5$$
$$+ 0.018 \times X6 - 0.032 \times X7 + 0.000 \times X8 + 0.059 \times X9 - 0.061 \times X10$$
$$- 0.051 \times X12 + 0.036 \times X13 + 0.026 \times X14 - 0.023 \times X15 - 0.028$$
$$\times X16 + 0.112 \times X17 - 0.067 \times X18 - 0.021 \times X19 - 0.032 \times X20$$
$$- 0.175 \times X21 + 0.052 \times X22 + 0.044 \times X23 - 0.024 \times X24 - 0.013$$
$$\times X25 - 0.037 \times X26 + 0.031 \times X29 + 0.112 \times X30 - 0.056 \times X31$$
$$- 0.161 \times X32 + 0.052 \times X33 - 0.015 \times X34 - 0.215 \times X35 - 0.058$$

$$\times X37 - 0.091 \times X38 - 0.065 \times X39 - 0.086 \times X40 - 0.042 \times X41$$
$$- 0.070 \times X42 + 0.217 \times X43 - 0.061 \times X44 - 0.023 \times X45$$

$$F5 = 0.096 \times X1 + 0.015 \times X2 - 0.029 \times X3 + 0.092 \times X4 + 0.068 \times X5$$
$$+ 0.016 \times X6 - 0.038 \times X7 - 0.055 \times X8 - 0.030 \times X9 + 0.131 \times X10$$
$$- 0.267 \times X12 + 0.044 \times X13 + 0.026 \times X14 + 0.039 \times X15 - 0.014$$
$$\times X16 - 0.010 \times X17 - 0.059 \times X18 - 0.031 \times X19 - 0.016 \times X20$$
$$+ 0.024 \times X21 - 0.053 \times X22 - 0.008 \times X23 + 0.032 \times X24 - 0.020$$
$$\times X25 + 0.046 \times X26 - 0.022 \times X29 + 0.116 \times X30 - 0.076 \times X31$$
$$- 0.118 \times X32 - 0.045 \times X33 - 0.020 \times X34 - 0.070 \times X35 + 0.033$$
$$\times X37 + 0.154 \times X38 + 0.087 \times X39 + 0.160 \times X40 - 0.322 \times X41$$
$$+ 0.195 \times X42 + 0.056 \times X43 + 0.114 \times X44 - 0.013 \times X45$$

$$F6 = 0.096 \times X1 + 0.028 \times X2 - 0.063 \times X3 + 0.102 \times X4 - 0.075 \times X5$$
$$- 0.139 \times X6 + 0.118 \times X7 + 0.044 \times X8 - 0.069 \times X9 + 0.031 \times X10$$
$$- 0.006 \times X12 - 0.070 \times X13 - 0.300 \times X14 - 0.180 \times X15 - 0.062$$
$$\times X16 + 0.045 \times X17 - 0.152 \times X18 + 0.037 \times X19 - 0.073 \times X20$$
$$+ 0.079 \times X21 + 0.118 \times X22 + 0.126 \times X23 - 0.134 \times X24 - 0.040$$
$$\times X25 + 0.035 \times X26 + 0.021 \times X29 + 0.037 \times X30 - 0.040 \times X31$$
$$+ 0.003 \times X32 + 0.114 \times X33 + 0.016 \times X34 + 0.011 \times X35 - 0.001$$
$$\times X37 + 0.072 \times X38 - 0.052 \times X39 + 0.046 \times X40 + 0.018 \times X41$$
$$- 0.012 \times X42 - 0.144 \times X43 + 0.221 \times X44 + 0.393 \times X45$$

$$F7 = - 0.201 \times X1 - 0.038 \times X2 - 0.037 \times X3 - 0.184 \times X4 - 0.066 \times X5$$
$$- 0.235 \times X6 + 0.154 \times X7 - 0.015 \times X8 + 0.041 \times X9 - 0.039 \times X10$$
$$- 0.006 \times X12 + 0.341 \times X13 - 0.122 \times X14 - 0.192 \times X15 + 0.086$$
$$\times X16 - 0.160 \times X17 - 0.202 \times X18 - 0.159 \times X19 + 0.056 \times X20$$
$$+ 0.126 \times X21 + 0.083 \times X22 + 0.120 \times X23 - 0.117 \times X24 + 0.195$$
$$\times X25 + 0.065 \times X26 - 0.003 \times X29 + 0.136 \times X30 - 0.182 \times X31$$
$$- 0.103 \times X32 - 0.052 \times X33 + 0.035 \times X34 + 0.128 \times X35 + 0.192$$
$$\times X37 - 0.025 \times X38 + 0.120 \times X39 - 0.220 \times X40 + 0.200 \times X41$$
$$- 0.021 \times X42 - 0.126 \times X43 - 0.031 \times X44 + 0.009 \times X45$$

需注意的是以上的 X1，X2，X3，…，X41 为标准化后的数据，由于各省份 "就业人员具有大专以上学历人口比例" "年度接受专业培训人数" "区域发展均衡度" "出国/回国留学人员比例" 指标数据缺失，故该指标不计入此次计算中。若设 F 为人力资源综合竞争力得分，F_i（i = 1，2，3，4，5，6，7）的系数为各因子的信息贡献率（各因子的方差贡献率与 7 个主成分的累计贡献率的比值），则各省份的人力资源综合竞争力的得分公式为：

$$F = 0.3899F1 + 0.2377F2 + 0.1129F3 + 0.0740F4$$
$$+ 0.0636F5 + 0.0633F6 + 0.0585F7$$

二、基于指标体系的人力资源综合竞争力的实证分析

我国31个省（区市，不含港澳台地区）的人力资源的综合得分及排名分析。

将2009—2017年标准化后的数据代入人力资源综合竞争力的线性组合表达式F1～F7，可得出31个省（区市，不含港澳台地区）在7个综合因子方面的得分并根据上面的各省份的人力资源综合竞争力的得分公式：

$$F = 0.3899F1 + 0.2377F2 + 0.1129F3 + 0.0740F4$$
$$+ 0.0636F5 + 0.0633F6 + 0.0585F7$$

可得出中国31个省（区市，不含港澳台地区）在2009—2017年近10年的人力资源综合竞争力的最终排名及各主因子得分见表7-21至表7-29。

表 7-21　　　　2017 年 31 个省份人力资源综合竞争力 F 值排名

省份 \ 得分	F1	F2	F3	F4	F5	F6	F7	F	排名
广东	5.3218	0.1871	-0.0678	-1.2213	0.3022	-1.6031	-0.4246	1.9143	1
北京	1.1656	5.5443	-2.4516	-0.2423	0.7750	1.4344	-1.1812	1.5486	2
江苏	3.3331	-0.0099	0.6122	0.3955	0.7897	-1.1039	1.1949	1.4458	3
浙江	1.8789	-0.3374	1.0780	-0.4171	1.2433	0.0767	2.4868	0.9726	4
上海	0.4149	2.1850	-0.1733	1.1614	1.3349	-0.3284	-1.238	0.7392	5
山东	1.1012	-0.4665	0.7452	0.5472	1.4811	0.2016	-0.4103	0.5260	6
河南	-0.0533	0.0958	1.4710	-0.6882	1.6300	3.1339	-1.4708	0.3331	7
湖北	0.2670	0.2445	0.2920	0.7409	0.9609	0.3457	-0.2273	0.3209	8
天津	-0.8366	2.0877	0.6825	0.8892	0.6487	-0.9258	-0.5253	0.2648	9
陕西	0.1645	1.0446	-0.7562	0.0133	0.5230	-0.2975	-0.5101	0.2126	10
福建	-0.1186	-0.3328	1.2515	-0.0208	0.7845	-0.2559	0.9583	0.1041	11
安徽	0.2920	-0.5949	0.3484	-0.3520	0.8202	0.7228	0.0864	0.0887	12
四川	0.5794	-0.7279	-0.5827	0.3075	0.9830	0.6226	-0.4790	0.0838	13
湖南	-0.1585	-0.2117	0.8107	0.3053	1.0042	-0.2616	-0.9377	-0.0055	14
重庆	-0.7012	0.4735	0.9935	0.1727	0.6287	-0.3527	-0.2314	-0.0317	15
广西	0.2552	0.1686	-0.8305	-1.1022	0.9751	-0.2228	-1.1272	-0.0538	16

得分\省份	F1	F2	F3	F4	F5	F6	F7	F	排名
河北	−0.3091	−0.6034	0.7799	0.1629	1.4014	0.3132	−0.1814	−0.0655	17
江西	−0.3183	−0.4602	0.3611	−0.3113	0.7430	0.8157	0.6375	−0.0796	18
辽宁	−0.3045	−0.2066	−0.3768	1.2686	1.0906	−0.5044	−0.0290	−0.0808	19
海南	−0.4110	0.1635	−1.0513	−1.4268	0.7523	0.4391	1.7811	−0.1658	20
黑龙江	−0.1562	−1.0647	−1.1389	1.7396	1.2375	−0.0264	1.2023	−0.1665	21
山西	−0.6029	0.2693	0.2345	−0.1303	0.4290	−0.1727	−0.5261	−0.1686	22
内蒙古	−1.3236	0.8757	0.9369	0.0159	0.6830	−1.2670	0.6511	−0.1997	23
甘肃	−0.0743	−0.3402	−1.3209	−0.9927	1.2895	0.5987	0.00093	−0.2125	24
云南	−0.2132	−0.4703	−0.4239	−0.6724	1.2743	0.1309	−0.1936	−0.2145	25
贵州	−0.2729	−0.2000	0.0134	−1.2623	0.6149	−0.0683	−0.0864	−0.2161	26
新疆	−0.5492	0.7309	−0.6031	−1.3874	1.4669	−1.0381	−0.5582	−0.2162	27
宁夏	−1.0783	0.6659	0.2033	−0.6297	0.9078	−0.8889	−0.0044	−0.2846	28
吉林	−0.6073	−0.1835	−0.9975	1.4140	1.4941	−1.043	−0.454	−0.2859	29
西藏	1.0017	−1.1498	−3.9013	−1.6631	1.0356	0.49334	0.4844	−0.3208	30
青海	−0.4027	−0.6090	−0.7001	−1.5709	1.3046	−0.0230	1.1640	−0.3474	31

表 7 - 22　　　　　　2016 年 31 个省份人力资源综合竞争力 F 值排名

得分\省份	F1	F2	F3	F4	F5	F6	F7	F	排名
广东	4.1122	0.3544	0.1687	−0.9889	0.1922	−0.815	−0.8651	1.5435	1
北京	0.9776	5.1888	−2.3576	−0.194	0.7803	1.6365	−0.903	1.4344	2
江苏	3.1253	−0.2370	0.6124	0.5387	0.7446	−0.9676	1.2203	1.3287	3
浙江	1.6729	−0.4983	1.1055	−0.1657	1.1134	−0.0049	2.3522	0.8545	4
上海	0.4010	1.8049	−0.2337	1.2353	1.0803	−0.1785	−0.8885	0.6558	5
山东	0.9659	−0.5196	0.778	0.6521	1.2108	0.2915	−0.4407	0.4589	6
天津	−0.7087	1.7759	0.7973	1.1547	0.1664	−0.8942	−0.1783	0.2648	7
湖北	0.1499	0.2508	0.2729	0.6959	0.726	0.4422	−0.2533	0.2597	8
河南	−0.1349	−0.2531	1.4318	−0.3392	1.6159	3.0154	−1.3693	0.2373	9
陕西	0.0981	0.7731	−0.8149	0.1524	0.6226	−0.1674	−0.2606	0.1550	10

续表

得分 省份	F1	F2	F3	F4	F5	F6	F7	F	排名
福建	-0.2385	-0.5226	1.2931	-0.0087	0.8663	-0.1898	1.0168	0.0307	11
安徽	0.1780	-0.8441	0.3060	-0.0399	0.8048	0.6541	0.0749	-0.0027	12
四川	0.5003	-1.0402	-0.7411	0.5510	1.082	0.3561	-0.5145	-0.0338	13
重庆	-0.6997	0.4325	1.0352	-0.1936	0.8044	-0.3125	-0.2753	-0.0522	14
湖南	-0.2087	-0.4872	0.7628	0.4423	0.8417	-0.2368	-0.8497	-0.0895	15
辽宁	-0.3392	-0.3357	-0.4306	1.319	1.0652	-0.3727	0.0608	-0.1154	16
河北	-0.2965	-0.8056	0.6111	0.385	1.1507	0.2698	-0.1417	-0.1276	17
江西	-0.3899	-0.51	0.2383	-0.1839	0.6279	0.7971	0.4316	-0.1443	18
甘肃	0.0027	-0.2726	-1.1888	-1.1539	0.9066	0.5749	0.1071	-0.183	19
广西	-0.0824	-0.1662	-0.4535	-0.8156	1.1692	-0.2121	-1.0617	-0.1844	20
海南	-0.3963	-0.0566	-0.9282	-1.4077	0.4906	0.4323	1.9704	-0.2031	21
黑龙江	-0.3830	-0.9566	-0.8635	1.6606	1.3314	-0.0898	0.8718	-0.2213	22
内蒙古	-1.5540	1.0857	1.2759	0.0411	0.8133	-1.7776	0.1552	-0.2525	23
山西	-0.8599	-0.0574	0.2714	-0.0948	1.1344	0.2588	-0.2775	-0.253	24
新疆	-0.3769	0.2147	-0.8311	-1.3153	1.6693	-0.8152	-0.4293	-0.2576	25
西藏	1.1334	-1.1719	-3.8857	-1.0844	1.3225	0.3031	-0.2564	-0.2673	26
贵州	-0.4419	-0.3607	0.2102	-1.2816	0.7649	-0.0263	-0.2051	-0.2942	27
吉林	-0.8620	-0.1478	-0.4732	1.3096	1.4724	-1.0135	-0.0976	-0.3040	28
云南	-0.0738	-0.8835	-0.7747	-0.304	1.0417	-0.0018	-0.4464	-0.3087	29
宁夏	-0.4960	0.2638	1.3302	-0.9811	1.5351	-3.3376	-2.7351	-0.3267	30
青海	-0.0882	-0.6562	-1.2258	-1.4198	0.8642	-0.4671	0.7307	-0.3657	31

表 7-23　　　　　　　2015 年 31 个省份人力资源综合竞争力 F 值排名

得分 省份	F1	F2	F3	F4	F5	F6	F7	F	排名
广东	3.7090	0.3804	0.2395	-0.8246	0.0432	-0.8063	-1.3404	1.3759	1
北京	0.6975	4.9239	-2.1998	0.0995	0.2525	1.9938	0.2857	1.3604	2
江苏	3.1164	-0.3155	0.5798	0.6201	0.5140	-1.0140	1.1948	1.2898	3
浙江	1.5866	-0.6866	1.0273	0.0062	0.8804	-0.1058	2.2846	0.7548	4

续表

得分 省份	F1	F2	F3	F4	F5	F6	F7	F	排名
上海	0.3863	1.6573	-0.3351	1.5189	0.8245	-0.3124	-0.8806	0.6003	5
山东	0.8338	-0.5413	0.7886	0.7848	1.0414	0.2112	-0.3478	0.4028	6
湖北	0.0428	0.2430	0.3396	0.7947	0.6040	0.4020	-0.4945	0.2065	7
天津	-1.1824	1.6157	1.1348	1.2783	0.9437	-0.4060	0.1245	0.1873	8
河南	-0.2347	-0.2784	1.3515	-0.2384	1.6232	2.8627	-1.3165	0.1847	9
陕西	-0.2535	0.7763	-0.6475	0.3475	0.8681	0.0056	-0.0349	0.0918	10
福建	-0.4557	-0.3150	1.3549	-0.0432	0.7485	-0.1455	0.8696	-0.0135	11
安徽	0.1217	-0.7514	0.2026	-0.0887	0.7392	0.7600	-0.0138	-0.0205	12
四川	0.4953	-0.9993	-0.9202	0.6479	0.9004	0.2720	-0.4806	-0.054	13
重庆	-0.6529	0.3687	0.9616	-0.1242	0.1853	-0.3268	-0.2917	-0.0935	14
湖南	-0.2758	-0.5353	0.7985	0.4832	0.6631	-0.1083	-0.7673	-0.1184	15
辽宁	-0.5543	-0.1609	-0.1736	1.573	0.8620	-0.6356	0.3456	-0.1228	16
甘肃	0.0172	-0.0272	-1.2090	-1.1686	0.0005	0.5089	0.5521	-0.1582	17
河北	-0.3929	-0.8600	0.5703	0.5373	1.1561	0.2963	-0.0558	-0.1644	18
江西	-0.5013	-0.492	0.1916	-0.0919	0.4062	0.5682	0.3326	-0.2163	19
海南	-0.7595	0.1228	0.0711	-1.531	0.5541	0.2019	1.6982	-0.2249	20
黑龙江	-0.2358	-1.1478	-1.0084	2.0507	0.7502	-0.2163	0.9370	-0.2380	21
广西	-0.3363	-0.1564	-0.2660	-0.8826	1.3241	-0.0639	-1.1504	-0.2508	22
新疆	-0.6186	0.3613	-0.5423	-1.2496	1.2822	-0.5453	-0.0637	-0.2657	23
内蒙古	-1.6358	1.0115	1.5303	0.029	0.6264	-1.6404	0.2801	-0.2701	24
吉林	-0.6840	-0.2423	-0.6829	1.5815	1.2776	-0.946	-0.1587	-0.2723	25
山西	-0.9117	-0.1844	0.2422	-0.0491	0.7145	0.5096	0.1194	-0.2909	26
贵州	-0.2845	-0.4122	-0.1447	-1.1412	0.3715	-0.0608	-0.4093	-0.3139	27
西藏	0.6537	-0.826	-3.6012	-1.9547	1.5525	0.6996	0.2263	-0.3364	28
宁夏	-1.0334	0.4240	0.3543	-0.7490	0.6846	-1.0969	-0.6315	-0.3804	29
云南	-0.1722	-1.0287	-0.7823	-0.0258	0.7587	-0.0852	-0.4288	-0.3841	30
青海	-0.1038	-0.6961	-1.1402	-1.3214	0.7284	-0.7014	0.5904	-0.3960	31

表 7 – 24　　　　　2014 年 31 个省份人力资源综合竞争力 F 值排名

省份 \ 得分	F1	F2	F3	F4	F5	F6	F7	F	排名
广东	3.4511	0.4856	0.4378	− 0.8845	− 0.283	− 0.633	− 1.168	1.3186	1
北京	0.9947	4.5405	− 2.2516	− 0.1255	0.2569	1.5031	0.0359	1.3172	2
江苏	2.8495	− 0.2632	0.6067	0.526	0.0989	− 0.9995	0.9233	1.1529	3
浙江	1.3904	− 0.6186	0.9745	0.2257	0.2276	− 0.1061	2.4422	0.6724	4
上海	0.4226	1.4691	− 0.2888	1.5719	0.4555	− 0.3266	− 0.4492	0.5797	5
山东	0.7804	− 0.5745	0.8322	0.7177	1.2713	0.1859	− 0.8095	0.3600	6
天津	− 1.1029	1.7677	1.3156	0.7371	0.3804	− 0.5103	− 0.2304	0.1716	7
河南	− 0.3474	− 0.1826	1.4484	− 0.3082	0.8959	3.1447	− 1.0208	0.1582	8
湖北	− 0.0116	0.1741	0.4928	0.8723	− 0.1314	0.2602	− 0.3838	0.1427	9
陕西	− 0.0954	0.8235	− 0.5527	0.1216	0.0074	− 0.2648	− 0.1353	0.0810	10
福建	− 0.4439	− 0.4059	1.3994	− 0.0378	0.8984	− 0.2084	0.6233	− 0.0339	11
安徽	0.0769	− 0.6553	0.2793	− 0.1803	0.2280	0.6664	0.0244	− 0.0495	12
四川	0.5428	− 1.0379	− 0.8109	0.6467	0.6099	0.0912	− 0.7713	− 0.0793	13
辽宁	− 0.6093	− 0.0002	0.2872	1.4335	0.1294	− 0.5537	0.7606	− 0.0814	14
重庆	− 0.7072	0.4947	1.1571	− 0.3306	− 0.2315	− 0.3553	− 0.3547	− 0.1100	15
湖南	− 0.2656	− 0.5004	0.8453	0.3604	− 0.3071	− 0.054	− 0.2859	− 0.1401	16
甘肃	− 0.0298	− 0.0788	− 0.8292	− 1.0338	− 0.1501	0.1714	0.1532	− 0.1902	17
黑龙江	− 0.1762	− 0.8805	− 1.4382	1.9057	− 0.1103	0.1119	1.7812	− 0.1950	18
河北	− 0.4127	− 0.9462	0.7797	0.449	0.7557	0.2736	− 0.2065	− 0.2113	19
海南	− 0.7113	0.1967	0.201	− 1.4988	− 0.3153	0.2003	1.8813	− 0.2161	20
江西	− 0.5825	− 0.3312	0.4413	− 0.2025	− 0.2043	0.5842	0.4746	− 0.2192	21
新疆	− 0.6884	0.5726	− 0.274	− 1.123	0.5012	− 0.5938	0.0567	− 0.2487	22
山西	− 0.901	0.0330	0.7546	− 0.2067	− 0.0054	0.1885	0.1532	− 0.2530	23
吉林	− 0.5751	− 0.1974	− 0.7192	1.6017	0.746	− 1.2021	− 0.1793	− 0.2730	34
广西	− 0.2658	− 0.3579	− 0.1798	− 0.6507	0.8888	− 0.1516	− 1.088	− 0.2739	25
内蒙古	− 1.7119	1.0017	1.5184	− 0.0192	1.0626	− 2.0562	0.3788	− 0.2998	26
贵州	− 0.4191	− 0.2897	0.1253	− 1.1361	− 0.1908	0.002	− 0.1391	− 0.3223	27
青海	− 0.2474	− 0.2686	− 0.6247	− 1.4602	− 0.4015	− 0.6473	1.3313	− 0.3275	28
宁夏	− 0.8616	0.1391	0.2747	− 0.6393	0.0974	− 1.1018	− 0.1591	− 0.3920	29
西藏	0.8984	− 1.3212	− 3.8774	− 1.3633	0.9123	0.5336	− 0.0405	− 0.4130	30
云南	− 0.2727	− 1.0375	− 0.6335	− 0.0668	0.7975	− 0.3083	− 0.738	− 0.4414	31

表 7 - 25   2013 年 31 个省份人力资源综合竞争力 F 值排名

得分 / 省份	F1	F2	F3	F4	F5	F6	F7	F	排名
北京	0.8219	4.7039	- 2.0307	- 0.1394	- 0.2603	1.7022	0.1802	1.3007	1
广东	3.5488	0.2617	0.3374	- 0.9245	0.5327	- 0.7721	- 1.7998	1.2953	2
江苏	2.8547	- 0.2905	0.5764	0.5375	- 0.0022	- 0.9598	0.6542	1.1262	3
浙江	1.2642	- 0.4531	1.1511	0.0916	0.2115	0.0385	2.5745	0.6885	4
上海	- 0.099	1.4074	0.2704	1.2316	1.3707	0.0645	- 0.9981	0.4505	5
山东	0.6423	- 0.2725	0.964	0.4607	0.1235	0.4492	- 0.1932	0.3536	6
天津	- 0.8118	1.6454	0.874	1.0377	- 0.314	- 0.7094	- 0.0459	0.1825	7
河南	- 0.3998	- 0.2667	1.3823	- 0.1615	0.6537	3.1272	- 0.853	0.1145	8
陕西	0.0241	0.7932	- 0.726	0.1413	- 0.5145	- 0.23	0.0583	0.0825	9
湖北	- 0.1091	0.0998	0.507	0.9554	- 0.2536	0.282	- 0.6721	0.0715	10
福建	- 0.4436	- 0.3089	1.3607	0.0463	- 0.2606	- 0.191	1.0453	- 0.0569	11
辽宁	- 0.604	0.0722	0.1987	1.4559	0.0496	- 0.5563	0.8614	- 0.0698	12
重庆	- 0.4621	0.4157	0.8912	- 0.3257	- 1.181	- 0.2262	0.0613	- 0.0907	13
四川	0.4616	- 0.9664	- 0.6384	0.5443	0.1341	0.1932	- 0.6204	- 0.0971	14
安徽	0.0103	- 0.7048	0.3208	- 0.1961	0.1259	0.6267	- 0.1063	- 0.1003	15
湖南	- 0.2859	- 0.6806	0.7688	0.4806	0.0350	0.0149	- 0.5750	- 0.1813	16
黑龙江	0.3642	- 0.7848	- 2.6483	1.9261	0.0731	- 0.3473	0.5684	- 0.1851	17
甘肃	0.0274	- 0.0494	- 0.8246	- 1.0926	- 0.5521	0.1975	0.0252	- 0.1961	18
山西	- 0.7258	0.1762	0.5075	- 0.2963	- 0.2648	0.0987	0.2528	- 0.2015	19
江西	- 0.6210	- 0.1379	0.4554	- 0.2023	- 0.3543	0.5223	0.3573	- 0.2070	20
河北	- 0.5979	- 0.6334	0.8351	0.4105	0.4126	0.3262	- 0.0341	- 0.2141	21
海南	- 1.0297	0.5427	0.4949	- 1.7833	0.0246	0.2873	1.8780	- 0.2190	22
新疆	- 0.5339	0.4071	- 0.4028	- 1.0374	0.3676	- 1.1374	0.0657	- 0.2784	23
广西	- 0.1491	- 0.3542	- 0.2342	- 0.6448	0.1234	- 0.2317	- 1.0192	- 0.2829	24
吉林	- 0.5199	- 0.2087	- 0.7017	1.5790	- 0.0480	- 1.2712	0.2174	- 0.2855	25
内蒙古	- 1.4913	0.6974	1.3651	0.0186	0.2428	- 1.5429	0.1844	- 0.3316	26
贵州	- 0.4156	- 0.4581	0.1326	- 1.0185	- 0.3977	0.1655	- 0.1896	- 0.3572	27
青海	- 0.2591	- 0.4307	- 0.6574	- 1.297	- 0.306	- 0.4508	0.8144	- 0.3740	28
云南	- 0.223	- 0.9112	- 0.6973	- 0.1832	0.2985	- 0.203	- 0.7594	- 0.4341	29
西藏	0.8044	- 1.2575	- 3.5999	- 1.3592	0.1732	0.3786	0.1340	- 0.4494	30
宁夏	- 0.9265	- 0.165	0.3465	- 0.4127	1.3276	- 1.1691	- 1.238	- 0.4539	31

表 7 – 26　　　　　**2012 年 31 个省份人力资源综合竞争力 F 值排名**

省份＼得分	F1	F2	F3	F4	F5	F6	F7	F	排名
北京	0.5437	4.5735	– 1.7832	– 0.1744	– 0.2859	1.9886	0.1283	1.2001	1
广东	3.2540	0.4265	0.3143	– 0.915	– 0.9071	– 0.5370	– 1.0278	1.1861	2
江苏	2.6646	– 0.2288	0.6522	0.4554	– 0.7233	– 0.6659	1.0556	1.0654	3
浙江	1.1751	– 0.5433	1.0555	0.235	– 0.2466	0.1106	2.4235	0.5987	4
上海	0.1715	1.2994	– 0.1873	1.9953	0.3672	– 0.2664	– 0.0408	0.5063	5
山东	0.6531	– 0.4014	0.8991	0.4957	– 0.2126	0.3696	– 0.3016	0.2896	6
天津	– 1.0261	1.7787	1.1232	0.8352	– 0.5469	– 0.4068	– 0.1259	0.1434	7
湖北	0.234	– 0.2574	0.5558	0.8067	– 0.7988	0.1929	0.1548	0.1230	8
河南	– 0.5448	– 0.155	1.4399	– 0.3293	0.1687	3.2791	– 0.6437	0.0695	9
陕西	0.2789	0.5086	– 0.7300	– 0.1307	– 2.0549	0.2809	0.2618	0.0399	10
福建	– 0.5168	– 0.1922	1.4823	– 0.1627	– 0.7926	– 0.0001	1.0206	– 0.0826	11
四川	0.4012	– 0.8248	– 0.7411	0.479	– 0.4309	0.3901	– 0.2065	– 0.1026	12
辽宁	– 0.6524	0.0704	0.1584	1.4648	– 0.2726	– 0.606	0.9808	– 0.1097	13
安徽	– 0.098	– 0.6647	0.4336	– 0.2749	– 0.2356	0.4894	– 0.0429	– 0.1541	14
黑龙江	– 0.0898	– 0.5768	– 1.2611	1.4342	– 0.7248	0.3013	1.3645	– 0.1556	15
重庆	– 0.0377	0.3010	– 0.394	– 0.0724	– 0.7248	– 0.8961	– 1.1613	– 0.1637	16
海南	– 0.578	0.5016	– 0.059	– 1.8168	– 1.0757	0.3019	2.023	– 0.1782	17
湖南	– 0.3164	– 0.6684	0.8634	0.3779	– 0.3814	0.0837	– 0.4114	– 0.1999	18
河北	– 0.5013	– 0.603	0.7269	0.3511	– 0.0779	0.2836	0.0461	– 0.2151	19
甘肃	– 0.0126	0.0346	– 0.7779	– 1.0844	– 1.101	0.0888	0.0588	– 0.2257	20
山西	– 0.8330	0.3764	0.6556	– 0.3859	– 0.6016	– 0.1216	0.1443	– 0.2274	21
江西	– 0.6715	– 0.1450	0.5198	– 0.4273	– 0.5992	0.6858	0.4896	– 0.2353	22
新疆	– 0.3894	0.4744	– 0.4938	– 0.9716	– 0.6262	– 1.1835	0.0891	– 0.2762	23
内蒙古	– 1.4047	1.1653	1.2863	– 0.0557	– 0.6568	– 2.0911	0.2383	– 0.2898	24
吉林	– 0.6229	– 0.0181	– 0.5659	1.3889	– 0.5964	– 1.1689	0.3684	– 0.2986	25
广西	– 0.1676	– 0.5243	– 0.2596	– 0.6279	– 0.1829	– 0.0708	– 0.8409	– 0.3311	26
青海	– 0.3251	– 0.4183	– 0.6419	– 1.668	– 0.1723	– 0.3702	0.9248	– 0.4024	27
西藏	0.3819	– 0.8340	– 2.6879	– 1.1195	0.0213	0.3651	0.1198	– 0.4042	28
贵州	– 0.4846	– 0.5577	0.1905	– 1.1225	– 0.7981	0.1710	0.1244	– 0.4157	29
云南	– 0.4336	– 0.6849	– 0.5909	– 0.3316	– 0.1599	0.3500	– 0.4553	– 0.4377	30
宁夏	– 0.8979	0.0333	0.3174	– 0.5479	– 0.2996	– 0.9109	– 0.4491	– 0.4499	31

表 7 - 27　　　　　　　2011 年 31 个省份人力资源综合竞争力 F 值排名

得分 省份	F1	F2	F3	F4	F5	F6	F7	F	排名
北京	0.5642	3.9015	- 1.8867	0.3004	- 1.015	1.7846	0.4309	1.0302	1
广东	2.5656	0.5592	0.7484	- 0.8527	- 1.4582	- 0.3573	- 0.7789	0.9937	2
江苏	2.0889	0.0292	0.8787	0.5494	- 1.6194	- 0.4212	0.6118	0.8674	3
浙江	0.8609	- 0.4683	1.1224	0.2826	- 0.8601	- 0.0355	2.3379	0.4518	4
上海	0.4774	0.8906	- 0.2413	2.0137	0.3714	- 0.9767	- 0.563	0.4485	5
山东	0.4918	- 0.3614	0.995	0.5845	- 0.8775	0.275	- 0.2602	0.2078	6
天津	- 1.0584	1.7702	1.1324	0.8435	- 0.5397	- 0.3882	- 0.1011	0.1336	7
湖北	0.3254	- 0.2995	0.6166	0.8561	- 1.8137	0.0750	- 0.0734	0.0737	8
河南	- 0.6682	- 0.0841	1.6104	- 0.1725	- 0.6324	3.0263	- 0.7700	- 0.0052	9
陕西	0.2148	0.0104	- 0.8854	0.2729	- 0.9002	0.3535	- 0.1942	- 0.0398	10
福建	- 0.5981	0.0539	1.4845	- 0.1113	- 1.5202	- 0.0871	1.045	- 0.1021	11
辽宁	- 0.5591	0.1598	0.4097	1.2345	- 1.5675	- 0.5984	0.9007	- 0.1273	12
海南	- 0.429	0.7026	- 0.2915	- 2.1015	- 2.0395	0.6024	2.2066	- 0.1512	13
内蒙古	- 1.9564	1.3765	2.6832	- 0.9505	- 0.0995	- 2.167	3.1918	- 0.1598	4
重庆	- 0.4329	0.4932	0.7473	- 0.279	- 2.1409	- 0.3466	- 0.2449	- 0.1603	15
黑龙江	- 0.0582	- 0.4408	- 1.1252	1.3699	- 1.839	0.2831	1.4988	- 0.1645	16
安徽	- 0.0553	- 0.6314	0.4968	- 0.2659	- 1.5478	0.5047	0.0340	- 0.1997	17
湖南	- 0.2684	- 0.5619	0.9055	0.4909	- 1.1554	- 0.0077	- 0.4464	- 0.1997	18
四川	- 0.6623	- 0.2162	- 0.4506	0.3919	- 1.471	3.8089	- 0.2858	- 0.2007	19
河北	- 0.5183	- 0.451	0.9486	0.3157	- 0.9611	0.1223	0.0408	- 0.2298	20
江西	- 0.604	- 0.0629	0.7342	- 0.515	- 1.4492	0.6167	0.4519	- 0.2324	21
新疆	- 0.4129	0.6914	- 0.3566	- 1.0298	- 1.1402	- 1.022	0.2309	- 0.2368	22
山西	- 0.7019	0.3860	0.7359	- 0.3036	- 1.8325	- 0.3073	0.2272	- 0.2440	23
甘肃	- 0.0008	- 0.1152	- 0.6367	- 0.9040	- 1.5786	0.0008	- 0.2066	- 0.2789	24
吉林	- 0.3032	0.0155	- 0.7906	1.3375	- 1.6105	- 1.2045	0.0401	- 0.2811	25
广西	- 0.0153	- 0.3838	- 0.2031	- 0.6365	- 0.7388	- 0.2214	- 1.2569	- 0.3018	26
青海	- 0.2254	- 0.3911	- 0.4845	- 1.3363	- 1.2379	- 0.5184	0.8786	- 0.3946	27
云南	0.0711	- 0.9788	- 0.8082	- 0.1579	- 1.1001	- 0.5252	- 0.4253	- 0.4359	28
西藏	0.6193	- 0.8852	- 3.4574	- 0.7552	- 0.0957	0.0778	- 0.3592	- 0.4373	29
宁夏	- 0.9763	0.2404	0.5801	- 0.7439	- 1.0480	- 0.7530	- 0.1920	- 0.4386	30
贵州	- 0.4181	- 0.6584	0.1771	- 1.028	- 1.1810	0.1552	- 0.235	- 0.4546	31

表 7 - 28   **2010 年 31 个省份人力资源综合竞争力 F 值排名**

省份 \ 得分	F1	F2	F3	F4	F5	F6	F7	F	排名
北京	0.1881	3.6091	- 1.8171	0.6837	- 0.4289	2.1122	0.4154	0.9074	1
广东	2.3423	0.3355	0.6671	- 0.6334	- 1.2754	- 0.4407	- 1.0801	0.8492	2
江苏	1.4306	0.033	0.8996	0.5777	- 1.3871	- 0.0939	- 0.1231	0.6086	3
上海	0.0557	1.1107	0.001	2.2727	- 0.2468	- 0.7743	- 0.0496	0.3864	4
浙江	0.6334	- 0.5897	1.1939	0.3515	- 0.8144	0.0509	1.852	0.3274	5
山东	0.4202	- 0.5488	0.9392	0.7064	- 0.6286	0.3939	- 0.7936	0.1302	6
天津	- 1.103	1.3617	0.7538	1.1633	- 0.9124	- 0.1214	0.3315	0.0185	7
陕西	0.3722	- 0.0858	- 1.0671	0.4049	- 2.1908	0.3604	0.3965	- 0.0591	8
湖北	0.0244	- 0.3125	0.3682	1.0042	- 1.8109	0.3552	- 0.7297	- 0.0842	9
河南	- 0.6928	- 0.356	1.4725	- 0.057	- 0.6666	3.0103	- 0.9441	- 0.0998	10
辽宁	- 0.4200	- 0.1334	0.3781	1.2289	- 1.3626	- 0.4116	0.6992	- 0.1336	11
福建	- 0.5965	- 0.2550	1.3285	0.1038	- 1.3200	- 0.0909	0.5742	- 0.1916	12
四川	0.535	- 1.2271	- 1.0098	0.7665	- 0.8515	0.5616	- 0.7042	- 0.2002	13
黑龙江	- 0.3091	- 0.5051	- 0.8801	1.2001	- 1.0002	0.3350	0.9120	- 0.2402	14
安徽	- 0.0088	- 0.8289	0.3405	- 0.0413	- 1.4845	0.4706	- 0.2724	- 0.2457	15
湖南	- 0.1737	- 0.7944	0.6914	0.4742	- 0.9772	- 0.0183	- 0.8495	- 0.2564	16
河北	- 0.4005	- 0.6383	0.6876	0.2960	- 0.8674	0.1671	- 0.4047	- 0.2766	17
江西	- 0.4123	- 0.5322	0.4124	- 0.1747	- 1.2669	0.5247	0.0274	- 0.2994	18
新疆	- 0.4492	0.3878	- 0.2162	- 1.0638	- 1.2526	- 0.837	0.3100	- 0.3006	19
山西	- 0.8021	0.1853	0.9569	- 0.4953	- 1.3807	- 0.1264	- 0.1351	- 0.3010	20
海南	- 0.4201	- 0.0437	- 0.5026	- 1.4872	- 1.3619	0.2678	1.5813	- 0.3181	21
重庆	- 0.6295	- 0.0346	1.0624	- 0.2352	- 1.3918	- 0.5238	- 0.7853	- 0.3187	22
甘肃	0.0035	- 0.4936	- 0.6495	- 0.7536	- 1.3785	0.138	- 0.2398	- 0.3380	23
吉林	- 0.4100	- 0.3345	- 0.6262	1.2557	- 1.0889	- 0.8845	- 0.0957	- 0.3480	24
广西	0.0447	- 0.5813	- 0.3682	- 0.5506	- 0.9018	- 0.1971	- 1.3819	- 0.3537	25
内蒙古	- 1.1607	0.5023	1.1175	0.057	- 0.7404	- 1.9159	- 0.4735	- 0.3989	26
青海	- 0.1673	- 0.7035	- 0.4452	- 1.1923	- 1.1313	- 0.4613	0.5029	- 0.4427	27
云南	- 0.0202	- 1.2925	- 1.0606	0.0197	- 0.4835	- 0.1317	- 0.5568	- 0.5050	28
宁夏	- 0.7609	- 0.1909	0.5289	- 1.2267	- 1.7418	0.2116	- 0.8685	- 0.5213	29
西藏	0.5302	- 1.0515	- 3.1278	- 0.6024	- 0.2261	- 0.2019	- 0.9144	- 0.5216	30
贵州	- 0.4319	- 1.1263	- 0.0493	- 0.9188	- 0.2511	0.1443	- 0.5235	- 0.5471	31

表 7 – 29　　　　　　　2009 年 31 个省份人力资源综合竞争力 F 值排名

得分 省份	F1	F2	F3	F4	F5	F6	F7	F	排名
北京	– 0.1462	3.3148	– 1.4141	0.6076	– 0.1575	2.3298	0.5052	0.7833	1
广东	1.6470	– 0.0988	0.8347	– 0.5343	– 0.3196	– 0.1577	– 1.2043	0.5726	2
江苏	0.8944	– 0.3943	0.8824	0.6894	– 0.6949	0.1495	– 0.3743	0.3490	3
上海	– 0.1400	1.4683	0.1007	1.8844	– 0.5863	– 0.5949	– 0.9281	0.3160	4
浙江	0.2693	– 0.9200	1.1497	0.4016	0.0753	0.3151	1.1912	0.1402	5
山东	0.2351	– 0.8495	1.0206	0.7122	– 0.1201	0.4893	– 0.8343	0.0322	6
陕西	0.3634	– 0.4337	– 1.2328	0.4339	– 1.2631	0.3268	0.0762	– 0.1237	7
天津	– 1.0642	0.7351	0.5838	0.9128	– 0.1226	0.0906	– 0.3625	– 0.1300	8
河南	– 0.6336	– 0.7278	1.1023	0.1340	– 0.0445	2.6082	– 0.9503	– 0.1790	9
辽宁	– 0.4262	– 0.5531	0.1440	1.1608	– 0.3671	– 0.4141	0.2236	– 0.2320	10
湖北	– 0.1532	– 0.7268	0.3736	0.7320	– 1.0221	0.2424	– 0.8053	– 0.2329	11
四川	0.4134	– 1.6216	– 0.8256	0.8206	– 0.1272	0.4939	– 0.9405	– 0.2886	12
福建	– 0.7877	– 0.4485	1.3449	– 0.0492	– 0.5006	– 0.023	– 0.0004	– 0.2989	13
黑龙江	– 0.0241	– 1.1954	– 1.6060	1.4248	– 0.1137	0.4021	0.6510	– 0.3131	14
湖南	– 0.2908	– 1.0802	0.4723	0.4434	– 0.1589	0.1719	– 0.6811	– 0.3231	15
河北	– 0.4475	– 0.9868	0.5066	0.5206	– 0.1711	0.2341	– 0.3238	– 0.3283	16
江西	– 0.3845	– 0.7202	0.0362	– 0.117	– 0.4892	0.4709	– 0.2686	– 0.3427	17
安徽	– 0.2338	– 1.2923	0.2858	0.0243	– 0.0658	0.4969	– 0.8017	– 0.3839	18
山西	– 0.7651	– 0.4273	0.5944	– 0.1734	– 0.1092	– 0.1659	– 0.4533	– 0.3896	19
吉林	– 0.2424	– 0.7909	– 0.8104	1.3864	– 0.5646	– 1.023	– 0.3906	– 0.3949	20
重庆	– 0.5102	– 0.6899	0.5359	0.1503	– 0.5892	– 0.5127	– 1.0356	– 0.4218	21
广西	0.3037	– 1.1879	– 1.0758	– 0.0011	– 0.4984	– 0.4515	– 1.3079	– 0.4223	22
甘肃	– 0.0051	– 0.9325	– 0.9373	– 0.7084	– 0.4268	0.2600	– 0.6017	– 0.4278	23
海南	– 0.5166	– 0.6235	– 0.5287	– 1.093	– 0.5422	0.3122	1.1455	– 0.4379	24
内蒙古	– 1.2273	0.4934	1.0968	– 0.0900	– 1.2475	– 1.703	– 0.1708	– 0.4412	25
新疆	– 0.5019	– 0.1878	– 0.8322	– 0.5313	0.3517	– 0.8353	– 0.6384	– 0.4415	26
青海	– 0.1859	– 0.9642	– 0.8127	– 1.0972	– 0.2062	– 0.3478	0.3021	– 0.4921	27
宁夏	– 1.3426	– 0.0644	0.5526	– 0.6113	0.079	– 0.1423	– 0.0517	– 0.5286	28
西藏	0.1708	– 1.3709	– 2.1091	– 0.7218	– 0.1007	0.1350	– 0.1994	– 0.5603	29
云南	0.0131	– 1.6713	– 1.4802	0.1588	0.4187	0.2266	– 1.1100	– 0.5715	30
贵州	– 0.4426	– 1.4501	0.0866	– 0.626	– 0.0269	0.0659	– 0.4392	– 0.5770	31

　　对比 31 个省份在 2009—2017 年的人力资源综合竞争力 F 的数值进行描述性统计分析如表 7 – 30 ~ 表 7 – 38 和图 7 – 17 ~ 图 7 – 25 所示。

表7-30   2017年31个省份人力资源综合竞争力F的得分的描述性分析

描述	N	极小值	极大值	均值	标准差	中位数
F	31	-0.3474	1.9143	0.175458	0.5784701	-0.053777
有效的N（列表状态）	31					

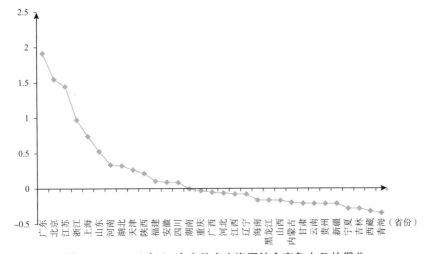

图7-17   2017年31个省份人力资源综合竞争力F的得分

表7-31   2016年31个省份人力资源综合竞争力F的得分的描述性分析

描述	N	极小值	极大值	均值	标准差	中位数
F	31	-0.3657	1.5435	0.112070	0.5262183	-0.08948
有效的N（列表状态）	31					

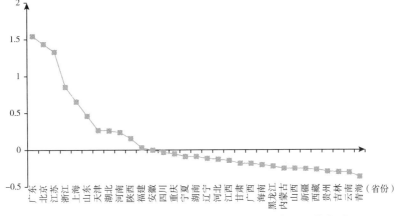

图7-18   2016年31个省份人力资源综合竞争力F的得分

表 7 – 32   **2015 年 31 个省份人力资源综合竞争力 F 的得分的描述性分析**

描述	N	极小值	极大值	均值	标准差	中位数
F	31	− 0.3960	1.3759	0.060298	0.5092672	− 0.12278
有效的 N（列表状态）	31					

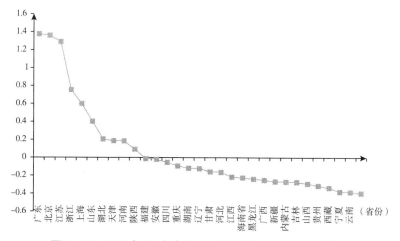

图 7 – 19   2015 年 31 个省份人力资源综合竞争力 F 的得分

表 7 – 33   **2014 年 31 个省份人力资源综合竞争力 F 的得分的描述性分析**

描述	N	极小值	极大值	均值	标准差	中位数
F	31	− 0.4414	1.3186	0.038184	0.4869733	− 0.140063
有效的 N（列表状态）	31					

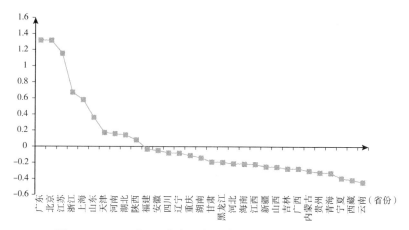

图 7 – 20   2014 年 31 个省份人力资源综合竞争力 F 的得分

表 7 - 34　　　　　2014 年 31 个省份人力资源综合竞争力 F 的得分

描述	N	极小值	极大值	均值	标准差	中位数
F	31	- 0.4539	1.3007	0.019345	0.4836777	- 0.181344
有效的 N（列表状态）	31					

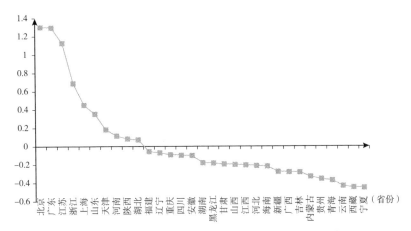

图 7 - 21　2013 年 31 个省份人力资源综合竞争力 F 的得分

表 7 - 35　　　2012 年 31 个省份人力资源综合竞争力 F 的得分的描述性分析

描述	N	极小值	极大值	均值	标准差	中位数
F	31	- 0.4499	1.2001	- 0.004296	0.4602076	- 0.163742
有效的 N（列表状态）	31					

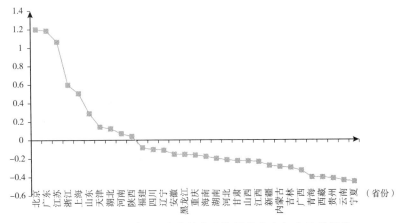

图 7 - 22　2012 年 31 个省份人力资源综合竞争力 F 的得分

表7-36   2011年31个省份人力资源综合竞争力F的得分

描述	N	极小值	极大值	均值	标准差	中位数
F	31	-0.4546	1.0302	-0.040949	0.4031844	-0.16447
有效的N（列表状态）	31					

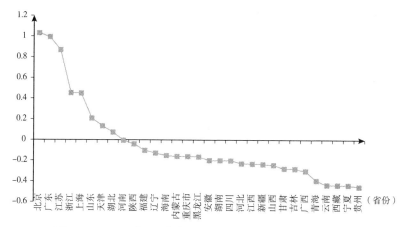

图7-23   2011年31个省份人力资源综合竞争力F的得分

表7-37   2010年31个省份人力资源综合竞争力F的得分

描述	N	极小值	极大值	均值	标准差	中位数
F	31	-0.5471	0.9074	-0.131420	0.3792961	-0.256448
有效的N（列表状态）	31					

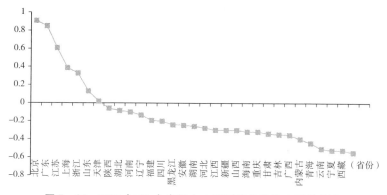

图7-24   2010年31个省份人力资源综合竞争力F的得分

表 7 - 38　　　　　　2009 年 31 个省份人力资源综合竞争力 F 的得分

描述	N	极小值	极大值	均值	标准差	中位数
F	31	- 0.5770	0.7833	- 0.228690	0.3369481	- 0.328331
有效的 N（列表状态）	31					

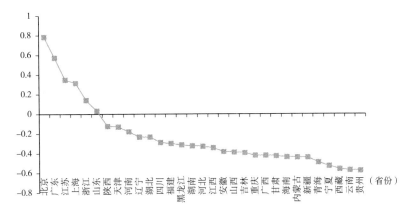

图 7 - 25　　2009 年 31 个省份人力资源综合竞争力 F 的得分

对我国 31 个省份（不含港澳台地区）的人力资源综合竞争力 F 的得分结果进行描述性统计分析可知，极差为 2.2617，标准差约为 0.5785，表明我国省际的人力资源综合实力差异较大，中位数为 - 0.0538，而均值为 0.1754，进一步证实 31 个省份间人力资源发展不均衡。由图 7 - 17 的 F 散点分布可知，人力资源综合竞争力的得分 F > 0 的有广东省、北京市、江苏省、浙江省、上海市、山东省、河南省、湖北省、天津市、陕西省、福建省、安徽省和四川省 13 个省份，占全国样本数的 41.93%，其中位于东部地区省份的是广东省、北京市、江苏省、浙江省、上海市、山东省、天津市、福建省，占 13 个省份中的 61.54%，说明我国东部地区省份的人力资源综合竞争力相较于西部和中部地区省份更强，人力资源发展存在区域发展不均衡问题。但需注意的是 13 个省份中 F > 0.7 的处于人力资源强省的有广东省、北京市、江苏省、浙江省、上海市，且分差较大；而大部分省份的 F 得分位于 [0.3，- 0.3] 之间，表明该省份的人力资源综合竞争力偏弱，具体在"科技人才规模""专利授予量""高技术产品出口增加值""大中型工业企业新产品项目数""规模以上工业企业有研究与试验发展活动企业数"等指标上表现较差，即人力资源的产出所带来的直接效益和间接效益，尤其是人力资源的科技产出及其价值偏低，造成人力资源整体水平不高，大部分省份的综合得分 F 值偏低。另一方面，观察 2009—2017 年近 10 年的 31 个省份的人力资源综合竞争力 F 得分的纵向变化，发现前 5 位的是北京市、广东省、江苏省、浙江省、上海市，这五个省份的人力资源综合得分一直居于全国前列，说明这些省份的人力资源竞争力强。具体来看，2009—2013 年，人力资源综合得分最高的是北京市，第 2 名是广东省，但从 2014 年开始，广东省人力资源综合得分开始超过北京市，居于第 1 位；同时浙江省也由 2009 年的第 5 位开始上升到 2011 年的第 4 位，在于人力资源效能因子，如三大产业人均产值、劳动人口规模、科技人才规模、专利授予量、高技术产品出口增加值、大中型工业企业新产品项目数、规模以上工业企业有研究与试验发展活动企业数等指标上表现较好。

第八章
人力资源强国建设的实践路径*

第一节　深化基础教育改革　全面提高国民素质

当今，世界正处在大发展、大变革、大调整的时期。21 世纪的今天，经济全球化快速发展，科技进步日新月异，国际竞争日趋激烈，知识经济方兴未艾，世界各国的较量是综合国力的较量，加快人才发展是在激烈的国际竞争中赢得主动的重大战略选择。我国正处在改革发展的关键阶段，实现中华民族伟大复兴，必须大力提高国民素质，在继续发挥我国人力资源优势的同时，加快形成我国人才竞争比较优势，逐步实现由人力资源大国向人才强国的转变。

《国家中长期教育改革和发展规划纲要（2010—2020 年）》着眼教育中长期发展，从普及、公平、优质、体系完备等方面初步勾勒出教育现代化的特征。规划纲要在战略目标上指出：到 2020 年基本实现教育现代化，基本形成学习型社会，进入人力资源强国行列。中国是拥有 13.68 亿人口的大国，正经历由享受"人口红利"转向背负"人口负债"的过渡阶段。中国发展研究基金会报告指出，自 2012 年起，我国劳动年龄人口将逐渐减少，2010—2020 年劳动年龄人口将减少 2 900 多万人，"人口红利"的消失会造成劳动力的减少和资本投入增长率的放慢，导致中国未来经济进入"减速关"。[①] 实现教育的高质量可持续发展，全面提高国民的教育素养，将会为经济发展获得大规模的人力资源红利，这在未来不仅可以有效地抵消人口红利不断减少的负面作用，而且还可以保持人力资本总量的持续增加，从而支撑整个中国经济的长期持续高增长，

　＊ 吴海江、郭丽静、许军建、袁星星等参与了本章撰写。

　① 周国华，吴海江. 人力资源强国的"四种能量"探讨［J］. 浙江师范大学学报（社会科学版），2017，42（4）：14-20.

为未来 20 年中国成为世界经济强国提供巨大的、丰富的人力资源基础。中国最有效的公共投资是人力资本投资，这包括对教育、公共卫生及健康、就业及培训等，这些投资将会对中国带来长期的多重的红利。[①] 推进基础教育高质量、均衡化的全面发展，全面提高国民素质是实现人力资源强国建设的重要路径之一。我国已经确立将教育投入作为支撑国家长远发展的基础性、战略性投资，是公共财政保障的重中之重。

在知识经济时代，人类面临着前所未有的挑战，也面临着前所未有的机遇。应对挑战、抓住机遇，必须加快推进全民教育、提高国民素质，这已经是世界许多国家达成的共识。促进教育公平、推进全民教育和提高国民素质已经成为中国教育政策的基本取向，成为教育改革发展的重大战略目标。我国教育体系的多层次性和多方面性特点，使全面提高国民素质具有严峻性和艰巨性。

根据 IMD《世界竞争力年鉴》中的数据计算，国民素质排名在国际竞争力排名的斯皮尔曼等级相关系数为 0.902，位居各相关系数之首；国内经济实力位居第 2，为 0.791；教育结构位居第 3，为 0.783。国民素质的指标体系分人力资源数量与结构、人力资源质量两大部分七个方面，计 44 项指标，与教育尤其是与高等教育相关的指标有 22 项（见表 8 - 1）。教育与国民素质国际竞争力的相关系数最高，为 0.887，说明教育对人力资本形成、国民素质教育提高具有特殊重要性。[②]

表 8 - 1　　　　　　国民素质竞争力与教育有关的相关评价指标

子系统	指标数	国民素质
劳动力特征	2	熟练劳动力、人才外流
就业	4	就业的三次产业结构、就业率、就业改善、就业增长
失业	1	青年失业
教育结构	10	教育体系、初等教育入学人数、高等教育入学人数、大学教育、教育成绩、学生教师比（1 级）、学生教师比（2 级）、当前公共教育支出总额、文盲率、经济知识普及

① 胡鞍钢，才利民. 从"六普"看中国人力资源变化：从人口红利到人力资源红利 [J]. 清华大学教育研究，2011，32（4）：1 - 8.

② 中国人民大学竞争力与评价研究中心研究组. 中国国际竞争力发展报告（2001）[R]. 中国人民大学出版社，2001：342 - 345.

续表

子系统	指标数	国民素质
生活质量	3	收入分配、生活质量、人文发展指数
态度和价值观	2	灵活性和适应性（对挑战的灵活性和适应性）、社会价值观（努力工作、创新）

联合国计划开发署（United Nations Development Programme，UNDP）（UNDP，2018）最新发布的人类发展指数（Human Development Index，HDI）（HDI），2017 年中国的人类发展指数为 0.752，在世界排名第 86 位。世界银行（the World Bank，WB）（WB，2018）最新公布的人力资本指数报告，2017 年中国的人力资本次数为 0.67，在 157 个国家和地区中排名第 46 位，而发达国家的人力资本指数基本上都在 0.75 以上。人类发展指数反映的是一个国家当下的人类发展水平，而人力资本指数衡量的是一个国家新生一代的健康和教育水平，即一个新生儿成长到 18 岁时所能蕴含的人力资本，可以反映一个国家未来的发展潜力。由于在人类发展指数中我国教育质量指标的得分明显低于经济发达国家，虽然中国的平均预期受教育年限达到 13.2 年，但考虑到教育质量的因素，受教育年限缩短到 9.7 年。如果这种状况不能得到有效改善，不仅会使中国未来的发展潜力受损，同时也会削弱未来的国际竞争力。[①] 因此，基础教育是国民素质提升的主要途径。

在《国家中长期教育改革和发展规划纲要（2010—2020 年）》中，我国提出了基本实现教育现代化、基本建成学习型社会和进入人力资源强国行列的发展指标。如有关人力资源开发的"具有高等教育文化程度的人数""主要劳动年龄人口平均受教育年限""新增劳动力平均受教育年限，其中受过高中阶段及以上教育的比例"等。2017 年 2 月 6 日，国务院印发《"十三五"促进就业规划》中也明确提出："'十三五'期间劳动年龄人口平均受教育年限要达到 10.8 年，新增劳动力平均受教育年限要达到 13.5 年。"劳动生产率是我国人力资源开发的"最短板"。2000 年排名第 52 位，2015 年排名仅为第 48 名。目前我国劳动年龄人口平均受教育年限达到 10 年左右，高于世界平均水平，新增劳动力平均受教育年限达到 13 年左右，接近中等发达国家平均水平，[②] 在未来人力资源开发中具有较大空间。如图 8-1 所示。

---

① 张车伟主编. 中国人口与劳动问题报告（NO.19）［R］. 北京：社会科学文献出版社. 2018：28.
② 国家统计局国际统计信息中心. 国际比较表明我国劳动生产率增长较快［EB/OL］.（2016 - 09 - 01）. http：//www. stats. gov. cn/tjsj/sjjd/201609/t20160901_1395572. html.

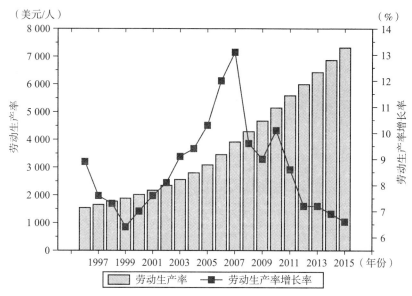

图 8-1 我国劳动生产率水平及增长率

资料来源：国家统计局. 国际比较表明我国劳动生产率增长较快［EB/OL］. http：//www. stats. gov. cn/tjsj/sjjd/201609/t20160901_1395572. html.

如果实现人力资源质量增量优势替代人口红利存量不足，就需要靠大力发展教育和持续的人力资源开发，提高我国高中及以上教育普及水平。争取在高质量义务教育的基础上，到 2020 年高中阶段毛入学率达到 90% 以上。坚持公共教育经费占 GDP 4% 的目标不动摇，逐年增加教育公共经费支出占总公共财政经费的比重，随着我国劳动、就业、医疗、保险和扶贫等各项公共保障体系逐步健全，到 2025 年之后可将公共教育经费占 GDP 的比例提高到 4.5% 左右。解决人力资源存量短板是我国人力资源强国建设紧迫而长期的战略任务。整体而言，我国人力资源存量水平不高。2016 年，我国 5~59 岁劳动年龄人口总量为 90 199 万人，比 2015 年减少 600 万人。据全国第六次人口普查统计，2010 年全国主要劳动年龄人口中，文盲人口占 2.28%；小学水平占 20.23%，初中水平占 48.73%（2014 年为 46.97%），合计达到 71.24%，高中及高中以上劳动者的比例不到 30%。

习近平总书记在全国教育大会上强调："坚持把优先发展教育事业作为推动党和国家各项事业发展的重要先手棋，不断使教育同党和国家事业发展要求相适应、同人民群众期待相契合、同我国综合国力和国际地位相匹配。"教育是国之大计、党之大计，是提高人民综合素质、促进人的全面发展的重要途径，是民族振兴、社会进步的重要基石，是对中华民族伟大复兴具有决定性意义的事业。我们必须从实现"两个一百年"奋斗目标的历史高度，加深对新时代优先发展教育这一重大战略的认识，将建设教育强国作为基础工程。这为解决基础教育发展不平衡、不充分问题指明了方向并提出了要求。

胡鞍钢等认为，教育及其外溢性作用在经济社会发展中具有基础性、先导性的地位，人力资本快速积累是经济迅速增长、社会加速转型的重要推动因素。由于教育具有外溢效应，不仅本身会产生教育红利，还会产生其他外溢红利即人力资源红利，远大于人口红利。中国 70 年社会主义现代化最大的变化就是中国人不断实现现代化，即全国所有人口的现代化要素——人力资本（受教育年限、技能经验、专业化程度、健康和文化）水平不断提高，并形成世界最大规模的变化。教育水平提高，平均受教育年限上升，将有力地带动中国人力资本水平的提高。① 因此，全面提高国民素质是建设人力资源强国的首要任务。

一、加大教育投入，提升基础教育的层次和质量

基础教育是在读规模最大的教育，是学龄最长的教育，是与每个家庭、每个孩子息息相关的教育，是为学生终身发展打基础的教育。在整个教育体系中，基础教育具有奠基性作用，被看作现代国民教育体系的基石。② 对基础教育而言，要深入落实立德树人，深入开展社会主义核心价值观教育，大力加强优秀传统文化和革命传统教育，进一步拓展教育载体，丰富教育内涵，创新方式方法，让社会主义核心价值观真正融入学生学习生活，成为学生成长、成才的内在需求。

新时代，我国义务教育在教育质量和教育公平上面临着新的任务和重大挑战。教育普及水平大幅提升，但质量有待进一步提高。学生实践动手能力较弱、体质健康状况下降、创新能力不足、心理健康状况堪忧、社会责任有待增强。城乡差距、区域差距、校级差距、群体差距较大。③ 从适应经济社会发展的需要、从满足人民的期盼、从适应科技信息化发展的趋势、从符合全球竞争力的要求来审视我国教育，当前我国基础教育主要存在以下几方面的问题。

①教师教育观念滞后、教育内容、教育方法陈旧，应试教育导致学生课业负担过重，素质教育推进困难。

②学生的学习过度追求知识的掌握，忽视创新能力和创新素养的培养。

③教育体制机制不灵活，公立学校办学活力不足，民办教育机构缺乏监管。

④教育结构和布局不尽合理，城乡、区域教育发展不平衡，贫困地区、民族地区教育发展相对滞后。

---

① 胡鞍钢，才利民．从"六普"看中国人力资源变化：从人口红利到人力资源红利［J］．清华大学教育研究，2011，32（4）：1－8．

② 朱之文．大力推进基础教育公平优质发展［N］．中国教育报，2018－10－19（1）．

③ 杨东平，等．中国教育蓝皮书：中国教育发展报告（2018）［M］．北京：社会科学文献出版社，2019．

⑤教育投入不足，教育优先发展的战略地位尚未完全落实。

总之，袁振国认为教育强国下的教育体制应该具有数量充足、质量一流、结构合理、公平有效、保障有力等维度的基本特征。① 要实现这一发展目标，最具有战略性的举措就是始终将教育发展作为国家经济和社会发展的先导性，进一步加大教育投入，提升基础教育的层次和质量。

多年来，我们在促进教育公平方面采取了诸多举措，教育公平迈出了重要步伐。但总体上看，我国基础教育发展十分不平衡，城乡、区域、校际、群体之间教育的差距依然很大。② 在"十三五"期间提出要通过大力改善贫困地区的基础教育办学条件，全面完成义务教育阶段薄弱学校改造任务，确保全国所有义务教育学校都达到国家规定的基本办学标准。要持续推进县域义务教育均衡发展，确保到2020年全国所有县（市、区）都通过县域义务教育均衡发展评估验收，部分县（市、区）实现优质均衡。要加快发展学前教育，进一步强化政府责任，加大财政投入，社会广泛参与，基本形成覆盖城乡的学前教育公共服务体系。要全力实施高中攻坚，大力改善贫困地区普通高中办学条件，扩大普通高中办学资源，完善普通高中经费保障机制，促进高中阶段普通教育和职业教育协调发展，全面提升高中阶段教育普及水平。要高度重视进城务工人员随迁子女、农村留守儿童、残疾儿童等特殊群体教育。针对残疾儿童，要进一步扩大特殊教育资源，增加他们的教育机会，尊重特殊教育孩子的个体差异，探索形式多样的特殊教育模式，促进残疾学生的社会融入。要千方百计办好公办中小学幼儿园，让公办教育成为基础教育阶段优质教育资源的提供主体，确保普通家庭子女在公办学校体系也能够享受优质教育。

首先，把教育放在国民经济发展的基础与先导性地位，进一步加大教育的财政投入，确保教育经费的稳定可持续增长，确保一般公共预算教育支出逐年只增不减，确保按在校学生人数平均的一般公共预算教育支出逐年只增不减。在实现教育财政投入占国民生产总值（GDP）4%的基础上，争取到"十三五"末达到4.5%的发展目标。

2001年我国建立了"以县为主"的义务教育财政制度，构建了在国务院的领导下，地方政府负责，分层次管理，以县为主的基础教育经费投入和保障体制。这一体制的建立有效地保障了基础教育经费的稳定可持续增长。2017年，全国教育经费总投入为4 026万亿元，国家财政性教育经费为3.42万亿元，占GDP的比重为4.14%，连续6年保持在4%以上，如图8-2和图8-3所示。

---

① 袁振国. 我们离教育强国有多远［M］. 北京：高等教育出版社，2014.
② 教育部教育发展研究中心专题组. 人力资源强国：中国正在跨越门槛［N］. 中国教育报，2016-01-28（003）.

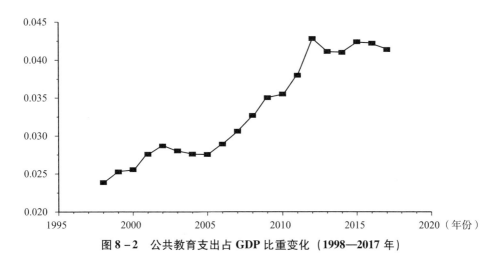

图 8 - 2　公共教育支出占 GDP 比重变化（1998—2017 年）

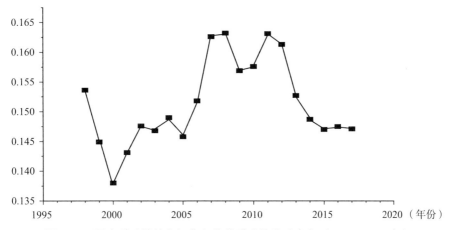

图 8 - 3　国家财政性教育经费占公共财政的比重变化（1998—2017 年）

从图 8 - 2 可以看到，国家整体教育投入从 2012 年开始放缓，公共教育支出占 GDP 的比重维持在约 4% ~ 4.5% 的水平。2015 年新修订的《中华人民共和国义务教育法》中，提出了建立"中央地方共担"义务教育经费的新体制，中央财政加大了对基础教育，尤其是义务教育和中等职业教育实施免费教育的财政转移支付的力度，为促进基础教育的均衡发展和质量提升构建了制度保障。

但从图 8 - 3 可以看到，国家财政性教育经费占公共财政的比重随着经济进入新常态有明显的下降，由于基础教育的投入主要来自国家财政性教育经费，因此在短时间内提高基础教育阶段生均经费的可能性较低，而公办教育需要兼顾公平性和公益性等特点，短时期内较难满足家长对子女教育的差异化需求。因此，一方面，我国要探寻教育经费投入的新体制和新机制。需要实现由"以收定支"

向"充足保障"的思路转变，通过教育投入产出绩效确定教育经费投入标准，需要重新确定教育生均经费充足的核算方法，保障县级及以上财政对基础教育的投入，建立政府教育投入持续稳定增长的长效机制。[①] 另一方面，未来基础教育阶段公共事业费的结构将会出现一些变化，来自家庭和民办教育机构的资金将进一步在整体基础教育市场进行渗透。

我国城镇居民的人均教育消费支出增速由 2006—2010 年间的 1.9% 迅速提升至 2010—2016 年间的 13.5%。同时，中国城镇居民教育消费支出占人均每年总支出的 5% 左右，是美国平均家庭支出中教育占比（2.1% 左右）的约 2 倍，而根据《2017 中国家庭教育消费白皮书》的调研，K12 阶段教育支出在家庭年收入的占比达到 21%，意味着中国消费者在教育上有投资意愿，随着人均可支配收入的增长，教育消费支出还有较大的增长空间（见图 8 - 4）。

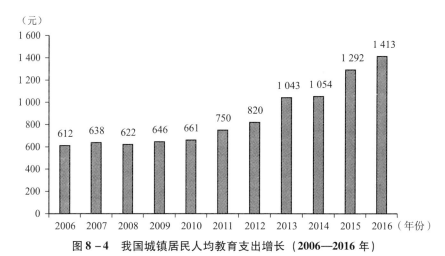

图 8 - 4　我国城镇居民人均教育支出增长（2006—2016 年）

资料来源：芥末堆.《2018 年教育行业蓝皮书》[EB/OL].（2018 - 10 - 17）. https：//www. jiemodui. com/N/101254.

二、加大对农村地区的教育投入，重点发展农村地区的高中阶段教育

在基础教育阶段，高中文化程度人口比重偏低，成为我国人力资源素质提高的"瓶颈"。教育发展的主攻方向应是高中阶段教育，这是突破我国高中教育劳动者比例偏低"瓶颈"的唯一途径。同时要大力推进中等职业教育，因为它是提高一般劳动者科学文化素质的关键，尤其是对中西部不发达地区，加强教育的适

①　杨会良，杨雅旭. 改革开放四十年中国教育财政制度演进历程、特征与未来进路 [J]. 教育经济评论，2018，3（6）：11.

应性，是解决当地经济发展中中等专业技术素质劳动者供不应求的有效途径。

提高国民文化素质，全面普及高中阶段教育，提高国民人均受教育年限，把劳动年龄人口平均受教育年限提高到 2020 年的 10.8 年、2035 年的 12 年以上；稳步推进高等教育普及化（2020 年毛入学率达到 50%、2030 年达到 60% 以上），提高主要劳动年龄人口受高等教育比例（2020 年达到 20% 以上、2030 年达到 40% 以上），实现从依靠人口红利向人力资源红利、人才红利发展的转变。

普及高中阶段教育的重点在农村。要加大对农村地区基础教育的投入，尤其是农村地区高中阶段的教育投入，扩大农村地区高中的规模，确保实现我国农村劳动力向城镇转移的发展目标。国家发改委出台了相关的都市区和大中城市放开落户政策，加快农村人口向城市转移的战略决策。但这一举措能够为我国经济转移提供发展驱动力的前提是转移到城市的是高素质的人才而不是低素质的人口。因此，各中心城市出台的落户政策都是针对人才的政策而不是人口的政策。各大城市出台的人才落户政策基本都是针对具有大专以上和具有中级以上的专业技术人员，要实现这一目标的前提就必须加快农村地区的高中阶段的普及教育，让更多的农村孩子能够在完成高中阶段教育的基础上接受高等教育。而目前我国高中教育阶段城乡的巨大差距严重制约了这一发展目标。2017 年网络上广泛转载的文章《现实是有 63% 的农村孩子一天高中都没上过，怎么办?》，引发了网上热议。该文是美国经济学教授罗斯高率领其团队与中国国内研究机构合作，经过调查研究对中国农村教育问题所做的分析报告。文章提出高质量的劳动力决定了国家能否跨越中等收入陷阱的关键，从衡量高质量劳动力的标准——该国家或地区的高中受教育程度占比来看，占有中国高中学龄人口大多数的农村孩子有 63% 没有接受高中教育。罗斯高指出"中国有 63% 的农村孩子一天高中都没有上过，包括职中和职高"，通过数据进一步分析当前中国农村教育存在两个突出的问题，一是城乡孩子受教育资源、水平、机会差异大；二是农村孩子受教育程度低，接受高中及以上教育的只有 37%，毋庸置疑罗斯高看到了中国农村教育存在的问题，提出的政策建议也颇具一定的指导意义。很显然中国缺乏高质量的劳动力。[1]

虽然这一研究结果与我国公布的教育统计数据有较大的差异。但其所揭示的我国基础教育发展中的不充分、不均衡现象客观存在。根据《国家中长期教育改革和发展规划纲要（2010—2020 年)》中所公布的数据，2009 年我国高中阶段教

---

[1]　Shi Yaojiang, Ma Yue, Zhang Linxiu, Yi Hongmei, Liu Chengfang, Natalie Johnson, James Chu, Prashant Loyalka, Scott Rozelle. Dropping Out of Rural China's Secondary Schools: A Mixed-methods Analysis [J]. The China Quarterly, 2015 (224): 1048 – 1069.

育的毛入学率就已经到达了 79.2%，^① 但是由于城乡教育水平的实际差距，西部经济欠发达地区的基础教育尤其是高中阶段的教育存在诸多问题。

根据 2010 年全国第六次人口普查数据（将人口受教育程度按乡村、镇、城市分别统计），如表 8 – 2 所示，发现在高中入学阶段，乡村孩子在校生数为 11 601 748 人，而与此同时乡村的 15~18 岁孩子数为 36 690 549 人，乡村孩子的毛入学率达到 31.62%；镇的孩子在校生数为 12 457 100 人，镇的 15~18 岁孩子数为 18 890 398，镇的孩子的高中入学率为 65.94%；城市孩子在校生数为 15 537 807 人，15~18 岁孩子数为 22 764 701 人，城市孩子高中毛入学率为 68.25%。

表 8 – 2　　　　　　　　　　2010 年我国人口受教育情况统计

区域	2010 年高中阶段在校生数	15~18 岁人口数	高中毛入学率
乡村	11 601 748	36 690 549	31.62%
镇	12 457 100	18 890 398	65.94%
城市	15 537 807	22 764 701	68.25%

注：总人口：1 370 536 875 人　其中 20~59 岁：834 004 694 人。
资料来源：中国 2010 年人口普查资料［EB/OL］. http：//www. stats. gov. cn/tjsj/pcsj/rkpc/6rp/index-ch. htm.

另据 2010 年全国第六次人口调查数据显示，我国高中（含中专）文化程度的人口为 187 985 979 人，大学（指大专以上）文化程度的人口为 119 636 790 人，高中及高中以上文化程度的人口为 307 622 769 人，占总人口比例为 22.45%，这一数据与罗斯高先生称"上过高中和高中以上的人口占 24%"大致相符。但考虑到中国的具体国情，一个城镇每年新增的劳动力不仅包括 16 岁以上在本城镇及其他城镇前来就业的劳动力，还包括其他年龄段的劳动力人口，而且中国城市化与工业化发展，人口流动性比较频繁，流动方向不确定，用新增劳动力受教育年限更能反映当前我国劳动力的实际受教育程度。15 岁以上人口平均受教育年限超过 9.5 年，新增劳动力平均受教育年限接近 12.4 年，均超过世界平均水平。^②

中国农村教育问题虽一直存在，但是随着这些年国家各项政策对农村的倾斜，新农村建设已让城乡间差距不断缩小。2014 年，城镇居民人均可支配收入

---

① 新华社. 国家中长期教育改革和发展规划纲要（2010—2020 年）［EB/OL］.（2010 – 7 – 29）. http：//www. gov. cn/jrzg/2010 – 07/29/content_1667143. htm.

② 新世纪第一次全国教育工作会议：绘就发展新蓝图中国政府门户网站［EB/OL］.（2010 – 7 – 29）. http：//www. gov. cn/jrzg/2012 – 09/11/content_2221685. htm2012 – 09 – 11/2017 – 09 – 26.

增长 6.8%，农村居民可支配收入实际增长 9.2%，农民人均收入增幅连续第 5 年超过城镇居民人均收入增幅，城乡居民人均收入差距连续第 5 年缩小。而且根据《中国农村教育发展报告 2015》[①]：入学前教育阶段，在新增的教育部门办普惠性幼儿园中，八成以上投放到了农村地区。在经费投入方面，从 2011 年到 2013 年，幼儿园教育经费农村（镇区＋乡村）增长了 94.87%，高出城市 33.55 个百分点。在义务教育阶段，自 2011 年在连片特困地区试点农村学生营养改善计划以来，中央和地方政府已累计投入营养改善计划资金 1 443 亿元，29 个省份的 1 422 个县开展了营养改善计划试点工作，试点县占到全国区县总数的 49.82%，全国受益学生达到 3 209 万人，占到农村义务教育学生总数 33.96%。根据中国疾病预防控制中心营养与健康所对国家试点县学生营养健康状况的检测，学生每天吃到三餐的比例提高到 93%，每天能吃得饱的比例提高到 96%。在高中教育阶段，全国普通高中在校生中，县域内生源约占三分之二（64.44%）。而且为了普及高中阶段教育，目前已率先从建档立卡的家庭经济困难学生中实施普通高中免除学杂费。面向农村贫困地区定向招生专项计划由 2012 年的 1 万名增加到 2014 年的 5 万名。在中等职业教育方面免学费政策覆盖面持续扩大，2014 年就有 70.31% 的在校生享受免学费政策。可见，农村教育发展水平已经提高不少，虽有问题，但并不像罗斯高所言的那般严峻。

另外，从我国 15 岁以上人口的受教育水平也可以反映出我国劳动力水平在不断提升。据 2010 年第六次人口普查数据显示（以下各种受教育程度的人包括各类学校的毕业生、肄业生和在校生），如表 8 - 3 和表 8 - 4 所示。

表 8 - 3　　　　　我国 15 岁以上人口数变化表（2010—2015 年）　　　　　单位：人

年份	15 岁及以上人口
2010	1 118 320 000
2011	1 125 040 000
2012	1 130 620 000
2013	1 137 560 000
2014	1 142 130 000
2015	1 147 470 000

资料来源：数据根据国家统计局年度数据计算所得.

① 邬志辉，秦玉友，等. 中国农村教育发展报告 2015 [M]. 北京：北京师范大学出版社，2016：2 - 8.

表 8 - 4   我国受教育程度的人数变化表（2010—2015 年）   单位：人

受教育程度	2010 年	2011 年	2012 年	2013 年	2014 年	2015 年
大学（大专以上）	119 636 790	126 291 765	133 561 974	143 461 071	146 834 550	170 547 742
高中（含中专）	187 985 979	194 175 294	203 298 436	209 352 798	212 709 246	210 385 290
初中教育	519 656 445	519 888 236	518 410 349	517 206 813	511 474 453	490 354 129
小学教育	519 656 445	346 155 294	338 966 306	334 133 820	334 377 130	335 456 387
文盲人口	54 656 573	53 838 373	53 252 673	527 46 773	52 305 273	51 857 773

资料来源：数据根据《中国统计年鉴（2011—2016 年）》计算所得.

根据以上统计数据，按照国际人力资源计量标准，我们可以得出 2010 年全国 15 岁及以上人口的平均受教育年限为 9.88 年。2010—2015 年全国 15 岁以上人口的平均受教育年限，如图 8 - 5 显示，从中可以看出，2010—2015 年全国 15 岁以上人口的平均受教育年限呈逐年上升趋势。在 2010 年我国 15 岁以上人口的受教育年限已经是 9.88 年，超过九年义务教育程度。

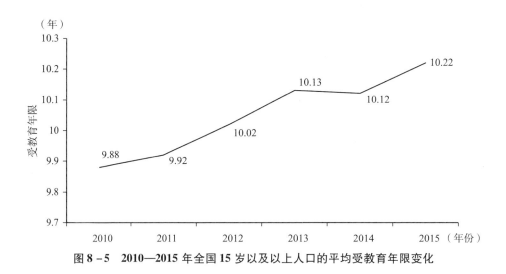

图 8 - 5   2010—2015 年全国 15 岁以及以上人口的平均受教育年限变化

一方面，进入 21 世纪后我国的高中阶段的教育，尤其是中高等职业教育进入快速发展的时期。同时考虑到中国城市化、工业化和产业结构的变化发展，人口流动性比较频繁，流动方向不确定，用新增劳动力受教育年限更能反映当前我国劳动力的实际受教育程度。2010 年我国 15 岁以上人口平均受教育年限已经超过 9.5 年，而新增劳动力平均受教育年限接近 12.4 年，均已经超过世界平均水平。人力资源中最直接影响经济社会发展的是就业人口。根据 2015 年全国统计年鉴，我国 15 岁以上总人口为 11.4 亿人，其中 16～59 岁劳动年龄人口为 9.1 亿人，实际就业人口为 7.1 亿人。就业人口中折算后的就业人口平均受教育年限为 9.62 年，其中大专及以上比例为 14.62%。

另一方面，从行业来看，我国就业人口存在人才集聚现象。大专及以上文化程度人口集中分布在教育、金融、卫生、国际组织、科技以及公共事业等行业。教育行业大专及以上受教育程度的人口比例最高，国际组织中本科及研究生学历比例最高，且教育、金融、卫生、国际组织、科技以及公共事业的就业人员中大专及以上学历比例都超过 60%，本科及以上学历人员比例在 40% 左右。而居民服务、住宿餐饮、建筑业等行业学历层次较低，大部分为初中文化程度，大专及以上文化程度比例不到 10%，尤其农林牧渔业就业人员的受教育程度较低，基本为高中及以下文化程度，大专及以上人员比例仅为 0.16%。[①]

推动城乡教育均衡发展、促进教育公平，一直是我们国家教育事业发展的重点。国家对农村教育的大力关注，推进了农村各级各类教育事业的大力发展。2010 年我国颁布的《国家中长期教育改革和发展规划纲要（2010—2020 年)》（以下简称《教育规划纲要》）明确提出：到 2020 年，普及高中阶段教育，满足初中毕业生接受高中阶段教育需求；要加大对中西部贫困地区高中阶段教育的扶持力度。近些年，在《教育规划纲要》的指导下，国家加大对农村高中阶段教育的政策倾斜，加快农村高中阶段教育发展。虽然我国城乡教育差距仍然存在，但是农村高中阶段教育取得的进展却是不容忽视的，包括加大了对农村高中学生的经费投入，增加了农村学生高中就学的机会，提升了农村高中教育的教学水平等。

首先，加大对农村高中学生的经费投入。在普通高中教育方面，据《教育规划纲要》中期评估报告显示，自 2009 年来中央财政加大对中西部地区普通高中教育的支持力度，中西部地区普通高中生均公共财政预算事业经费持续增长（如图 8-6）。在支持农村地区中等职业教育方面，2010—2012 年，为支持四省藏区推行"9+3"免费职业教育模式，中央财政安排补助资金 1.9 亿元。在支持内地举办西藏新疆中职班，中央财政安排 2.13 亿元。在奖励助学经费支持方面，国家分别建立了普通高中和职业教育的学生资助体系。2009—2012 年，中央财政共安排国家助学金 195.3 亿元，中职学校 90% 的学生享受了国家助学金资助。正如在《教育规划纲要》学生资助中期评估中所指出，国家资助政策特别注重向农村地区、贫困地区、民族地区、特困群体和特殊专业倾斜。这有力保障了农村学生，尤其是农村贫困学生就学没有后顾之忧。除了对农村高中教育学生经费投入

① 杜鹏安，瑞霞. 从人口大国到人力资源强国——改革开放四十年中国教育发展成就与人力资源发展 [J]. 国家教育行政学院学报，2018 (11)：3-12.

外，国家在农村高中教育办学条件上也投入了大量资金，在 2011—2014 年，中央财政共安排专项资金 89.7 亿元支持中西部连片特困地区 1 542 所普通高中学校改善办学条件。在 2015 年又下拨改善普通高中办学条件补助资金 40 亿元，专项用于支持连片特困地区普通高中校舍改扩建、配置图书和教学仪器设备等设施建设。

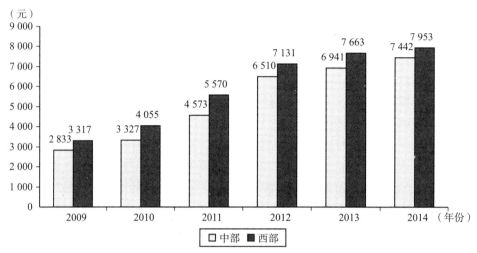

图 8 - 6　中西部地区普通高中生均公共财政预算事业经费（2009—2014 年）

注：中华人民共和国教育部 . 国家中长期教育改革和发展规划纲要（2010—2020 年）中期评估 . ［EB/OL］. http：//www. moe. gov. cn/jyb_xwfb/moe_1946/fj_2015/201512/W020151210290778670238. pdf.

其次，增加农村学生高中就学的机会。这可以从两个方面来反映。一是在高中阶段教育入学方面。如图 8 - 7 显示，2010—2014 年农村地区（镇区 + 乡村）初中升普通高中的升学比例总体呈上升趋势，这表明接受普通高中教育的农村孩子在逐渐增加。

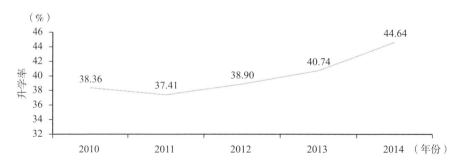

图 8 - 7　2010—2014 年农村地区（镇区 + 农村）初中升普通高中的升学比例

资料来源：图表根据《中国农村教育发展报告》2011、2012、2013—2014、2015 年度中相关数据计算所得。

除了农村地区高中学校招生规模的扩大，城镇地区针对随迁农村学生的高中教育情况也得到改善。针对进城务工人员随迁子女的就学问题，2012 年国务院通过《关于做好进城务工人员随迁子女接受义务教育后在当地参加升学考试工作的意见》。该政策出台后，全国各地陆续出台了相应的"异地中考"政策。在 2015 年《教育部全力做好 2015 年高中阶段学校招生工作的通知》又提出各地要根据本地区实际进一步明确和完善进城务工人员随迁子女报考、招生录取和家庭经济困难资助等相关政策。这些政策的出台，为进城务工人员随迁子女提供了公平的高中教育机会，有效改善异地就读高中的情况。还有针对偏远地区少数民族高中教育，为推进民族教育，国家在内地部分省（区市）的高中学校设置民族班，坚持招生计划向少数民族农牧民子女倾斜。如内地新疆高中班经过 10 次扩招，年招生规模已由 2000 年的 1 000 人扩大到 2015 年的 9 880 人，已累计完成 16 届 8.02 万人的招生任务。在校生规模达到 3.7 万人，学生分布在全国 14 个省（区市）的 45 个城市 93 所办班学校。（新疆班，2015）

二是在高中阶段教育升学方面。为了促进高等教育区域和城乡入学机会公平，缩小高等学校入学机会，国家实施"支援中西部地区招生协作计划"，对录取率"削峰填谷"或进行生源计划调控，使高等学校入学机会省际差距显著缩小。最低录取率省份和全国平均录取率的差距由 2010 年的 15.3% 缩小到 2017 年的 4.0%。与此同时，国家还实施重点高校招收农村和贫困地区学生的国家专项计划、地方专项计划和高校专项计划。自 2012 年开始实施面向贫困地区学生的国家专项计划以来，计划招生人数由 1 万人增加至 2017 年的 6.3 万人。

最后，提升农村高中教育教学水平。师资是影响教育水平的关键。国家在推进农村高中阶段教育发展的举措之一就是加强农村教师队伍建设。2015 年国家颁布《乡村教师支持计划（2015—2020 年）》，作为第一份专门指向农村教师的文件，推动了农村教师队伍建设。在 2010—2015 年间，为推进农村教师队伍建设，国家还采取了多种举措。如统一城乡编制，并向农村边远地区倾斜。不断完善教育部直属师范大学师范生免费教育政策，鼓励地方实行师范生免费教育，2010—2014 年，6 所部属师范大学共免费培养 4.5 万名师范毕业生，超过 91.1% 的毕业生到中西部地区任教。提升农村教师待遇水平，2014 年受益教师达到 94.9 万人。实施特岗计划，招聘农村特岗教师 30.67 万名，并实施特岗教师免试在职攻读教育硕士政策，2011—2015 年 43 所高校累计投放 8 500 个招生计划。2010—2014 年实施国培计划，培养农村教师 706 万余人次，完成对 640 多万中西部地区农村教师的一轮培训。作为农村教师队伍的重要组成，农村高中师资也在这一系列举措的支持下得到不断提升。师资水平的提升有效保障了农村高中教育教学水平。

在《教育规划纲要》指导下，国家制定和实施了适合我国国情的教育发展之路。农村高中阶段教育作为纲要中的关键领域之一，也得到了大力推进。现在距离 2020 年目标还有不到 1 年时间。在这关键的时刻，我国农村高中阶段教育能不能在前期发展的基础上更近一步，对高中阶段教育目标的达成至关重要。2016 年国务院发布了《关于加快中西部教育发展的指导意见》，这对农村教育的发展又是一项具有推动力的政策。我国一直致力将农村教育作为教育发展的实施重点，未来也必然能够为农村孩子提供均衡优质的教育服务体系。

三、加大财政转移支付，促进区域教育均衡发展

全面推进区域教育均衡发展，提高国民素质事关国家和民族的未来。21 世纪，特别是十八大以来，党和政府陆续出台了若干政策和措施，极大地推进教育均衡发展和国民素质提升。本书从全面推进区域教育均衡发展出发，提出如下政策建议。

首先，区域教育要与经济、社会生活保持协调。经济的快速、持续发展无疑离不开教育的支撑。我们应加强区域教育与区域经济的结合，将区域教育的发展纳入区域经济、社会发展的总体规划中，并用经济发展的现实需要去规划教育发展的方向、规模及层次结构。教育层次结构中心的上移程度应当随着当地产业结构的调整程度及原有教育水平而定。

为达到经济增长目标，教育发展需从以下两个方面与经济增长相协调，一是各级各类教育的规模和发展速度应同经济建设的规模和发展速度相适应，两者在数量上要协调发展；二是避免在指导教育规划、平衡教育协调发展实践中简单的数量扩张，忽视了教育各个层次需求结构的均衡性。

转移支付制度是调节政府间责任与财力不对称、地区间财力不均衡而设立的。其目的是均衡公共财政和实现公共服务均等化。2010 年国家颁布了《国家中长期教育改革和发展规划纲要（2010—2020 年）》，其中明确提出要"逐步实现基本公共服务均等化"。[①] 教育服务作为公共服务的重要组成部分，不论地区差异还是个体差异，均等化的目标在内容上应当是统一的。财政转移支付中教育部分是由中央和省级政府对下级政府或学校拨款，实现教育资金的转移，以弥补教育资金的短缺问题，尽可能地减小地区间生均经费的差距，达到公共教育服务均等化，从而促进教育均衡发展。

教育资源配置是教育发展的重要内容，而教育资源分配公平又是教育均衡发

---

① 新华社. 国家中长期教育改革和发展规划纲要（2010—2020 年）［EB/OL］. (2010 – 7 – 29). http：//www. gov. cn/jrzg/2010 – 07/29/content_1667143. htm.

展的基础。① 完全由市场来调节教育资源配置，那么教育服务就等同于私人产品，这样势必会受到个人资本积累情况的影响，从而会出现财富积累较高的家庭可以承担较高学费，获取更多教育资源。相对应地，中、低收入家庭因支付能力有限，势必会减少教育需求，进而在教育资源和人力资本积累上下降。这样就会形成"马太效应"，贫富分化，社会流动减缓，一些家庭可能会陷入贫困陷阱。市场机制可以提高资源配置的效率，但不能保证公平，促进公平的主要责任在于政府。② 为此，必须不断完善公共教育财政政策，对教育资源进行公平的配置，尤其是对于基本的教育服务，从而保证教育起点公平。

公共服务均等化目标是作为一个长期、终极的政策目标存在的。由于基本公共服务具有排他性和非竞争性两大特征，市场无法提供这类特性的产品，因此实现基本公共服务均等化这个目标需要政府依靠财政转移支付制度来达成。③ 同时，在初次收入分配过程中，中央政府财政支出所占比重低于中央财政收入所占比重，形成了"财力剩余"，而地方政府支出比重高于地方财政收入比重，形成"财力缺口"，这一现象不仅会导致区域之间不均衡发展，而且还会导致市场的资源配置效率降低，不能形成统一的市场。④ 为了协调这一现象，中央政府需要将一定的财力剩余通过财政转移支付的方式补偿给那些有财力缺口的地方政府，在中央政府的宏观控制下，使下级政府和各地区达到公共服务和财力的均等化，从而形成统一的市场，实现社会和谐发展。

教育公共服务是基本公共服务的重要内容之一。教育服务是具有一定竞争性、排他性和正外部性的准公共服务。投入成本和收益对等，具有完全竞争性和排他性的，被认定为私人产品或服务。投入成本和收益不对等及收益外溢，不具有竞争性和排他性的，定义为公共产品或服务。私人产品或服务应由市场提供，成本应由消费者负担。公共产品或服务应由政府提供，成本应由财政负担，而作为准公共产品和服务则应由政府和市场共同提供，成本应由财政和消费者共担。⑤ 教育公共服务是教育领域中提供的公共服务，由政府、非政府组织或其他企业单位提供并承担教育供给的职能。何鹏程认为，教育公共服务是由政府主导的公益性服务，它的特点是全社会公众均能受益并能满足社会的教育共同利益需求。

教育服务属于社会共同需求，随着 2005 年政府工作报告中"建设服务型政府"话语的提出，教育公共服务成为政府的一项重要的教育职能和工作重点，政

　　① 宗晓华. 公共教育财政制度的规范理论与构建路径［J］. 西南大学学报（社会科学版），2011，37（1）：122 – 126.

　　② 王善迈. 公共财政框架下公共教育财政制度研究［M］. 北京：经济科学出版社，2012.

　　③ 胡德仁. 中国地区间财政均等化问题研究［M］. 北京：人民出版社，2011.

　　④ 孙开. 财政体制改革问题研究［M］. 北京：经济科学出版社，2004.

　　⑤ 王善迈，赵婧. 教育经费投入体制的改革与展望——纪念改革开放 40 年［J］. 教育研究，2018（9）：53.

府和财政的基本职能是提供包括教育服务在内的公共服务，政府提供教育服务有助于实现教育公平，而教育公平是社会公平的基础。

转移支付是实现教育投入均衡的直接手段。实现教育均衡发展首先要实现教育投入均衡。目前，我国教育投入在区域间的不均衡是阻碍当前教育均衡发展的一大障碍，我国的中央对地方财政转移支付中均设有教育转移支付项目，但一般性转移支付与专项性转移支付中的教育转移支付条目有所不同，专项性转移支付中的教育转移支付针对性更强，种类更加繁多。因此，需要建立以中央为主体的财政教育支付体系，通过科学、合理的财政拨款，实现中央政府对于教育资源配置的宏观调控能力，建立多级政府辅助支付的投入体制，保证教育经费来源，进而整体上把握区域教育投入均衡性与合理性，促进区域教育均衡发展。

2018 年中央对地方税收返还和转移支付预算数为 70 344 亿元，比 2017 年执行数增加 5 204.4 亿元，增长 8%，其中，中央对地方转移支付 62 207 亿元，比 2017 年执行数增加 5 152.49 亿元，增长 9%。如加上使用以前年度结转资金 1 154.48 亿元，中央对地方转移支付为 63 361.48 元。其中，一般性转移支付预算数为 38 994.5 亿元，比 2017 年执行数增加 3 826.6 亿元，增长 10.9%。如加上使用以前年度结转资金 613.13 亿元，一般性转移支付为 39 607.63 亿元。其中，城乡义务教育补助经费预算数为 1 446.43 亿，比 2017 年执行数增加 20.17 亿元，增长 1.4%。[①]

2018 年专项转移支付预算数为 23 212.5 亿元，比 2017 年执行数增加 1 325.89 亿元，增长 6.1%。如加上使用以前年度结转资金 541.35 亿元，专项转移支付为 23 753.85 亿元。其中，农村义务教育薄弱学校改造补助资金预算数为 360.5 亿元，比 2017 年执行数增加 5 亿元，增长 1.4%。主要是加大贫困地区义务教育薄弱学校改造力度。改善普通高中学校办学条件补助资金预算数为 49.5 亿元，比 2017 年执行数增加 4.06 亿元，增长 8.9%。主要是增加中西部贫困地区普通高中改造经费。现代职业教育质量提升计划专项资金预算数为 187.3 亿元，比 2017 年执行数增加 10 亿元，增长 5.6%。主要用于支持地方职业教育改革发展。支持地方高校改革发展资金预算数为 367.32 亿元，比 2017 年执行数增加 26.57 亿元，增长 7.8%。主要是支持地方高校"双一流"建设。[②]

自 2009 年中央财政转移支付制度规范以来，转移支付总额从 2009 年的 28 563.79 亿元增加到 2018 年的 70 344 亿元，增长了 2.46 倍（见表 8-5）。

①② 中华人民共和国财政部. 关于 2018 年中央对地方税收返还和转移支付预算的说明［EB/OL］.（2018-04-03）. http://yss. mof. gov. cn/2018zyys/201804/t20180403_2859403. html.

表 8 - 5　　　　　　　　　2009—2018 年我国中央转移支付规模及构成

年份	转移支付总额（亿元）	中央对地方转移支付				税收返还	
		一般性转移支付		专项性转移支付		总额（亿元）	比重（%）
		总额（亿元）	比重（%）	总额（亿元）	比重（%）		
2009	28 563. 79	11 317. 2	39. 6	12 359. 89	43. 3	4 886. 7	17. 1
2010	32 341. 09	13 235. 66	40. 9	14 112. 06	43. 6	4 993. 37	15. 4
2011	39 921. 21	18 311. 34	45. 9	16 569. 99	41. 5	5 039. 88	12. 6
2012	45 361. 68	21 429. 51	47. 2	18 804. 13	41. 5	5 128. 04	11. 3
2013	48 019. 92	24 362. 72	50. 7	18 610. 46	38. 8	5 046. 74	10. 5
2014	51 591. 04	27 568. 37	53. 4	18 941. 12	36. 7	5 081. 55	9. 8
2015	55 097. 51	28 455. 02	51. 6	21 623. 63	39. 2	5 018. 86	9. 1
2016	59 400. 7	31 864. 93	53. 6	20 923. 61	35. 2	6 868. 57	11. 6
2017	65 051. 78	35 145. 59	54. 0	21 883. 36	33. 6	8 022. 83	12. 3
2018	70 344. 00	38 994. 5	55. 4	23 212. 50	33. 0	8 137. 00	11. 6

资料来源：历年《中国财政年鉴》，其中 2018 年数据来源来自中央财政预算决算报告，2018 年为预算数。

从表 8 - 5 可以看出，2009—2018 年，我国中央财政转移支付总额不断提高，表现出一定的增长趋势。其中，增长率最低的年份为 2013 年，增长率为 5.86%；增长率最高的年份为 2011 年，增长率为 23.44%。

由图 8 - 8 可以得出，中央财政转移支付中的税收返还比重有下降趋势，从 2009 年的 17.1% 下降到 2018 年的 11.6%；一般性转移支付比重不断增加，从

图 8 - 8　2009—2018 年我国中央转移支付变化趋势
资料来源：历年《中国财政年鉴》，其中 2018 年数据来源来自中央财政预算决算报告，2018 年为预算数。

2009 年的 39.1% 增加到 2018 年的 55.4%，增长了 1.4 倍；而中央财政转移支付中的专项性转移支付比重呈现下降趋势，从 2009 年的 43.3% 下降到 2018 年的 33%，减少了约 10 个百分点。这可能与党的十七大以来，加快健全、规范、透明的财政转移支付制度，提高一般性转移支付规模和比例的政策措施有关。

四、加快教育现代化　建设教育强国

提升新时代教育质量，首先要有先进的现代化教育理念。素质教育是具有中国特色、中国风格的现代教育理念，指明了培养社会主义建设者和接班人的具体路径。经过多年努力，中国教育最显著的特征就是实现了从教育大国向教育强国的转变，进入了加快教育现代化、建设教育强国的新时代，这是党中央依据国内外形势审时度势做出的重大战略抉择。进一步落实教育优先发展战略，进一步贯彻教育强则国家强的发展理念，把人才培养作为经济社会创新发展的根基和国家创新体系的核心要素，是要从根本上解决中国教育大而不强的问题，从根本上解决人民群众学有优教、学有所成的问题，从根本上解决适应和引领经济社会创新发展的原动力问题。

教育现代化是建设教育强国的必由之路，教育强国是教育现代化的阶段性发展目标。教育现代化是一个循序渐进的历史进程，以促进人的全面、充分、自由、健康的发展为指向，兴起于工业化、发展于信息化，伴随于人类发展始终。教育现代化代表向好的方面，有着多重含义，既要遵循教育教学科学规律，突出育人为本、健康成长、增进能力的主题，又要良好适应经济社会发展要求，还要赶超世界先进水平。教育现代化有着鲜明的阶段性特点，与近代以来强国富民的梦想紧密相连，对教育现代化的深刻认识和丰富实践是在中华人民共和国成立，特别是改革开放以来形成的，我国教育经历了面向现代化（20 世纪 80 年代初）、发达地区先行试验（20 世纪 90 年代）、提高现代化水平（21 世纪初，党的十七大）到加快现代化（中国特色社会主义新时代，党的十九大）的过程，先是实现了从文盲大国向教育大国的历史性跨越，带来了数量规模外延上的历史性变化；再到实现从教育大国向教育强国的历史性跨越，这是追求质量效益内涵上的历史性变化。[①]

在当今信息化时代，要充分发挥和调动信息资源的整合力量，因此对信息化建设要有整体规划和统筹安排。我国当前教育信息化水平不仅东西部之间存在较大差异，而且在每一省份、市、县域内部之间、城市和乡村之间也普遍存在发展极不平衡的现象。通过调查可知，我国的教育信息化整体水平偏低，目前，只有

---

① 曾天山. 开拓中国特色社会主义教育现代化发展道路 [J]. 人民教育，2018（19）：15 – 18.

少数发达地区或条件相对较好的重点学校能够主动利用信息技术培养学生思考问题、解决问题的能力和技巧。大部分学校还不能运用计算机迅速完成班级、学校、教育管理部门的信息搜集与共享，不能建立与运用信息数据库来处理各种教育信息，不能运用计算机及信息技术进行高层次知识技能的教学。目前，对于经济发达地区而言，技术和硬件设备已不是突出问题，制约这些地区教育信息化发展的主要瓶颈是传统教育观念不能很好地适应现行教育评价和管理体制。而对于那些偏远、贫困地区和基础薄弱学校而言，经费的投入和保证仍然是一个十分严峻的问题。

教育信息化应以新的教育思想、新的教育观念指导教育改革。在信息化的背景下，一定会改造、淘汰、创造一批行业和岗位，在这种改造、淘汰、创造过程中，需要全新的知识基础、能力基础、素养基础。社会对技能的需求将发生改变，有人提出了未来社会的 10 条生存技能，认为在新的信息技术冲击下，数字素养、审辩思维、创造能力、解决问题能力、跨文化能力、跨学科能力、新媒体素养、社交智能等都将成为人的基本素养和生存技能。[①] 信息技术在教育的各个环节、各个领域中广泛应用，将产生新的教育模式、促进学习方式转变。未来10 年许多工作可能都会通过人工智能和机器人来处理，这将对当下的教育形成巨大的挑战。因此，要应用人工智能、脑科学等现代科技成果，充分运用现代信息科学技术的优势，合理吸收现代翻转课堂、慕课等教学改革的国际和国内相关经验，利用大数据、云数据，打破地理区域教育壁垒，探索未来教学的新形态，这种改革不仅是课程内容和教学形式的改变，更重要的是学习方式和途径，包括学校形态的根本性变革。在宏观层面，国家可以借助教育信息化整体安排和统筹，切实推进区域教育均衡发展，实现全面提高国民素质。

形成合力，建立全面提高国民素质的教育系统。全面提高国民素质是一项必须完成而又非常艰巨的任务，因此，要形成合力充分发挥政府、企业和社会各方的力量，主动适应经济社会转型发展和科技变革的要求，围绕提高国民素质、建设人力资源强国目标，以推进素质教育为主题，以提高人才培养质量为核心，把激活学生的创新潜能与培养拔尖创新人才有机统一起来，有机衔接基础教育与高等教育，紧密结合教学、科研和实践，有效整合学校、家庭、社会各方面的力量，弘扬创新文化、完善创新机制、营造创新氛围、激发创新活力，形成培养创新人才的长效机制。

我国当前教育忽视学生动手能力的培养和学生创造性思维的培养问题，因此要持续推进课程改革，加大 STEM 教育[②]、学科整合教育、创客、编程等教育人

---

① 席酉民. 新技术与未来教育［J］. 世界教育信息，2018，31（21）：13.

② STEM 是科学（Science），技术（Technology），工程（Engineering），数学（Mathematics）四门学科英文首字母的缩写。

才培养支持力度，建立有效的 STEM、创客和信息技术师资培养及培训体系，发展丰富的 STEM、创客、编程教育课程计划和有效的创新教育项目，促进学生掌握真实生活和现实世界中最前沿、跨领域的知识与技术。

在教育结构上要统筹安排基础教育、职业教育、高等教育的发展，基础教育是基础，高等教育是重点。在高等教育发展方面，提倡发展高等教育，但要客观地、有区别地看待我国高等教育发展的态势。从总体上看，我国教育的发展"重心"偏高，要根据经济发展的需求区别对待，不能"一刀切"。在经济发展水平高、而教育水平较低的地区，仍然要鼓励利用民间资本，大力发展高等职业技术教育，培养应用型技术人才；通过建立产学研一体化科技创新机制，加快研究生教育的改革，培养具有知识和技术创新能力的高素质人才。而对于经济发展水平低、高等教育水平高的地区，高等教育的规模要适当控制，尤其是本科教育和研究生教育。同时要鼓励这些地区的高校与经济发达地区的企业建立产学研基地，发展基础教育。

对标世界教育先进水平，完善教育质量标准，创新人才培养方式，以"双一流"建设为龙头引领国家教育体系质量全面提高，服务质量强国建设、健全教育质量信用机制、显著增强教育质量优势，推动我国教育进入质量时代，塑造中国教育质量的认可度和美誉度，为实现"两个一百年"奋斗目标和中华民族伟大复兴的中国梦奠定育才质量基础。

教育现代化评价及其体系在整体方向上，要具有针对性、前瞻性和引领性。教育现代化是一个不断"化"的动态过程。从评价的角度看，教育现代"化"的过程需要结合当地实际又具有一定前瞻性的指标作为指引。比如在苏南地区，办学条件与校园建设的信息化标准、教育的普及度等指标早已完成，这样的指标对于苏南地区来说，已经没有了针对性和前瞻性，起不到引领的作用；进城务工人员子女的教育（是苏南地区当前急需解决的问题）、教育国际化（是苏南地区教育现代化正在发展的方向之一）等方面的指标，就具有针对性与前瞻性，能够起到引领性的作用。只有反映地方当前急需解决的问题以及问题解决的方向并适当超前的指标，才是教育现代化评价及其体系在整体方向上的追求。教育现代化评价及其体系在内容构架上，聚焦教育现代化的内涵发展。教育现代化不仅仅是器物层面的现代化，同时还是制度的和人的现代化，后两者是教育现代化发展的核心内容。深入推进教育信息化与教育国际化。教育信息技术化与教育国际化是当代相互关联的两大趋势，它们既是教育现代化必须面临的时代背景，也是可供使用的宝贵资源。①

全面提高教育质量，提高国民素质，建设人力资源强国是重中之重，而教育

---

① 杨小微．眺望 2020 破解教育基本现代化推进难题．中国教育报［N］．2016 – 03 – 31（6）．

是人力资源开发的重要途径。新时代中国特色社会主义的主要矛盾是人民日益增长的美好生活需求和不平衡不充分的发展之间的矛盾。对于教育而言，让每个人得到充分均衡的发展就成为首先要解决的基本问题。《中国教育现代化2035》提出了"发展中国特色世界先进水平的优质教育"这一重大战略任务。进一步对教育现代化内涵赋予了新的内容，也就是从普及向质量、公平、结构、服务能力等延伸，从事业发展深入到理念、内容、方法、体系、制度、治理等各个方面，这反映了认识的深化和发展的新要求。到 2020 年，全面实现"十三五"发展目标，教育总体实力和国际影响力显著增强，劳动年龄人口平均受教育年限明显增加，教育现代化取得重要进展，为全面建成小康社会做出重要贡献。在此基础上，再经过 15 年的努力，到 2035 年，总体实现教育现代化，迈入教育强国行列，推动我国成为学习大国、人力资源强国和人才强国，为到 21 世纪中叶建成富强、民主、文明、和谐、美丽的社会主义现代化强国奠定坚实基础。2035 年主要发展目标是：建成服务全民终身学习的现代教育体系、普及有质量的学前教育、实现优质均衡的义务教育、全面普及高中阶段教育、职业教育服务能力显著提升、高等教育竞争力明显提升、残疾儿童少年享有适合的教育、形成全社会共同参与的教育治理新格局。回望 40 年改革开放的宏大叙事，从"教育优先发展"，到"科教兴国"及"人才强国"战略，再到"促进教育公平发展和质量提升"……对标国家整体现代化需求，全面提高国民素质，建设人力资源强国的教育现代化的内涵在不断丰富与更新。一方面，面向 2035 年国家基本实现现代化的时代使命，教育现代化要承担支撑和引领的重要职责。另一方面，教育现代化面临人口结构、科技变革、全球化进展等方面的机遇和挑战，教育公平、教育质量、教育信息化、教育治理和教育对外开放等都亟须新的规划与定位。

第二节　科技强国：科技创新人才资源的开发与利用

人类进入 21 世纪以来，各国经济发展进入到更高的阶段，生产方式发生了重大改变，无论是制造业还是服务业，增长的驱动力在于创新，国家的竞争力也在于创新。第一，我国当前的经济对外依存度仍然偏高，包括原材料、能源、关键技术等，产品对出口和国际市场的依赖度也偏高。第二，自主创新能力不够强，全要素生产率（Total Factor Productivity，TFP）远低于发达国家，单位国内生产总值所消耗的战略资源远高于发达国家。第三，我国的制造业总体而言大而不强，并未真正掌握诸多的关键技术，尚处于国际产业链下游。[1]人力资本理论尚难以很好地解释个人创新能力的大小和国家创新水平的高低。有的专家认为，当前世界经济发展中已经进入人力资源 3.0 时代，其的特点是："少数决定多数"，人力资本的差异性变大，变得更加复杂，同样受教育年限的人组内差异变大。少数创新创业能力强的人对科技和经济的贡献更大。从时间上来说是在第三次工业革命之后，经济发展进入追求生活质量的新阶段，产业结构以服务业和新出现的行业为主。这一时期人力资本理论的解释力出现差异化。[2]中国已经形成以规模结构为基础优势、以开发贡献为效率优势、开发能力不断提升、开发质量有待提高的人力资源开发模式。从我国当前的基本国情可以看出，以培养创新人才、增强自主创新能力促进我国的经济增长从投资驱动转向创新驱动，才能更好地应对各种挑战，实现经济社会的可持续发展。

科技是经济增长的发动机，是提高综合国力的主要驱动力。科技成果能有效地转化才能形成现实的生产力，因此，促进科技成果转化、加速科技成果产业化，已经成为世界各国科技政策的新趋势。广义的科技成果转化，包括各类科技成果的应用、劳动者素质的提高、技能的加强、效率的增加等，而其核心要素是科技创新人才。通过创办创新高科技企业、开展校企合作或共同研发以及人才交流、建立共享交流的研发平台等，才能有效实现科技成果的转化。因此，我们要重点促进科技型创新创业得以蓬勃发展，专业化技术转移人才队伍持续发展壮大，多元化的科技成果转移、转化投入渠道日益完善，科技成果转移、转化的制度环境更加优化，功能完善、运行高效、逐步建成适应市场机制的科技成果转移转化体系。

创新型科技人才是科技人才中重要的组成部分，是从事科学技术相关领域研究的具有高产值的科技人才；在从属关系上看，科技人才包含的范围更加广泛，包含创新型科技人才与一般科技人才。创新型科技人才指的是既能继承前人的科学知识和技术成果，又能超越前人的成果，能创造性地分析和解决科学技术上的问题，具有创新精神的人才。在高度信息化时期，对技术性的"硬技能"需求正在增长，复合型人才成为企业的新宠，如新媒体劳动者、UI 设计师、前端开发工程师、算法工程师、数据分析师等（见图 8-9）。

---

① 闵维方. 新时代教育发展的战略重点是提高国家创新能力 [J]. 世界教育信息，2018，31 (24)：7.

② 岳昌君. 改革开放 40 年高等教育与经济发展的国际比较 [J]. 教育与经济，2018 (6)：16.

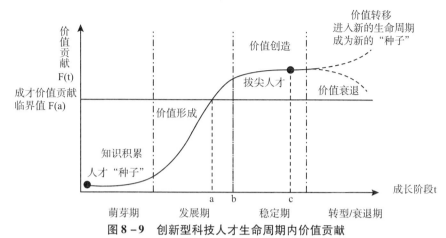

图 8-9　创新型科技人才生命周期内价值贡献

资料来源：金振鑫，陈洪转．基于 GERT 的创新型科技人才培育政策设计问题研究［D］．南京：南京航空航天大学，2012：10.

我国政府先后提出"科教兴国"和"科教强国战略"，将科学教育作为推动社会经济发展的重要战略决策。在我国改革开放进程中，教育特别是高等教育的发展在提供强大的人力资源支持方面发挥了重要的作用。高等教育是促进经济社会可持续发展的核心要素之一。从教育发展的视角看人力资源强国建设，高等教育是中国人力资源变化的新特点、新趋势。

（1）教育红利外溢产生的人力资本红利大幅上升，抵消人口红利下降的不利影响。教育发展的一个直接收益就是国民受教育水平的提高，带动全国总人力资本的提高。我国大学受教育程度人口大幅增长。截至 2017 年，我国接受过高等教育的人口已经达到 1.95 亿，2018 年大专及以上人口预期会达到 2 亿人，这是一个非常巨大的人力资源，将对我国经济社会发展产生重大影响。①

（2）人才聚集现象凸显，世界级人才城市逐步形成。我国现设有北京、上海、天津、广州、武汉、重庆、西安、郑州、成都等 9 座国家中心城市，这 9 座城市均先后提出了"人才强市"的战略思考。随着我国新型城镇化发展进程的不断推进，城市群、都市圈、主体功能区等国土空间的重新规划，使得人才发展空间逐渐放大，跨地区、跨行业、跨体制的人才流动构成了人才发展的生态群落，这一生态群落有利于区域优势互补、人才资源共享和机制协同创新，这就是当前国家中心城市人才区域化、一体化发展的重要理念和模式。如京津冀人才一体化、以上海为龙头的长江三角地区和以广州为龙头的珠江三角地区及粤港澳大湾

---

① 搜狐．无人化、便利化、智能化才是未来政府发展的方向［EB/OL］．［2019-07-27］．http://www.sohu.com/a/284817646_612910.

区等。①

（3）我国要不断地提升我们制造业的创新能力，这里面最核心的就是要建立我们联合创新的机制。对于一些重大关键的工程，要使用国家的专项去推动和引导；对于一些我们企业为主体去开发的项目，要不断地推进建立产学研相结合的这种创新的体制和机制；对于我们大量的大专院校、科研院所的创新成果，要进行所有权的改革，允许个人持股甚至作价出售，去推动它的产业化；还有要加强关键核心技术的研发，跟踪世界新技术的发展，在新一轮的产业革命和技术变革当中占领先机。要提高制造业协同发展水平，构建产业链与创新链、资金链、人才链协同发展的产业生态，包括产融结合、产业与科技的协同结合，还有制造业人才供给体系。

一、创新型科技人才队伍建设的路径探索

人才是创新能力的载体，是提升科技有效供给能力的根本。习近平总书记深刻指出："人才是创新的根基，是创新的核心要素。创新驱动实质上是人才驱动"。② 通过完善人才评价和激励机制，调动和发挥创新人才作用，不仅能从宏观上夯实我国创新基础，而且能从微观上提升科技有效供给的能力。

进入 21 世纪以来，世界正进入大发展、大变革、大调整时期，世界多极化、经济全球化、社会信息化、文化多样化深入发展，国际经济政治秩序正在加速演变，各国相互联系与依存度日趋紧密，国际力量对比更趋平衡。但也正因为此，世界强国为摆脱这种"紧随其后，你追我赶"的局面，势必在新一轮科技革命中抢占先机，以突破关键核心技术、原始创新能力提升、强化基础科学研究等方式来"破局"，进而重塑国际竞争优势。

科技部部长王志刚指出，"新一轮科技革命和产业变革正在加速演进，人工智能、互联网、大数据与传统的一些物理、化学、机械等（学科）相结合，可能是新一轮的科技革命。"新技术革命具有六大特征：③

第一，重要科学领域从微观到宏观各尺度加速纵深演进，科学发展进入新的大科学时代；

第二，前沿技术呈现多点突破态势，正在形成多技术群相互支撑、齐头并进的链式变革；

---

① 西南财经大学发展研究院. 国家中心城市"人才强市"路径的新理念新实践新挑战［EB/OL］.［2019-07-27］. http：//www. jinciwei. cn/1432709. html.

② 人民网. 解放思想勇于担当 敢为人先引领创新［EB/OL］.（2017-03-07）［2019-07-27］. http：//opinion. people. com. cn/n1/2017/0307/c1003-29127911. html.

③ 王志刚. 科技创新与国家核心竞争力［J］. 中国科技产业，2018（6）：16-19.

第三，科技创新呈现多元深度融合特征，人—机—物三元融合加快，物理世界、数字世界、生物世界的界限越发模糊；

第四，科技创新的范式革命正在兴起，大数据研究成为继实验科学、理论分析和计算机模拟之后新的科研范式；

第五，颠覆性创新呈现几何级渗透扩散，以革命性方式对传统产业产生"归零效应"；

第六，科技创新日益呈现高度复杂性和不确定性，人工智能、基因编辑等新技术可能对就业、社会伦理和安全等问题带来重大影响和冲击。

他认为，创新是国家命运所系，创新是发展形势所迫，创新是世界大势所趋。我们国家科技创新主要源于"三个逻辑"。一是国家强盛的"历史逻辑"。科技创新一直是支撑经济中心地位的一个强大力量，领先的科技和尖端的人才流向哪里，发展的制高点和经济竞争力就转向哪里；二是经济社会发展的"现实逻辑"。改革开放40年的一系列的改革使我们有了今天的发展。但今后更重要的是把科技和创新作为经济社会发展的主要动力和提升生产力的主要渠道；三是科技发展的"演进逻辑"。今天的科技已成为一种社会建制，成为整个人类社会发展的一个重要动力和指引发展的一个主要的方法论，对整个经济、社会发展和结构调整起到一种校正、支撑和引领的作用。

从1988年提出"科技是第一生产力"到1995年"科教兴国"战略实施，科学技术深刻影响着生产力各个要素，已成为经济社会增长的重要推动力，并且伴随知识经济的发展，科技和科技创新能力的重要性日益凸显。因此，党的十八大以来，党中央深入贯彻实施创新驱动发展战略，坚定不移地推进世界科技强国建设。其必然性在于，以史为鉴，中国屡次错失科技革命的"快车"，导致中国经济社会发展错失"黄金期"，落后于西方发达国家；立足现在，中国经济正步入新常态阶段，面临"调结构、促转型、转动力"的关键期，但新一轮科技和产业革命与中国经济转型升级形成新的历史交汇，为中国经济发展带来了契机，亟须充分发挥科技创新的引领作用，实现经济增长由资源要素规模推动向科技创新驱动的内涵式发展转变，促进经济与科技的深度融合，实现产业向中高端转型跃升。实然性在于中国经济社会正遭遇可持续发展"瓶颈"。中国虽然是拥有13.9亿的人口大国，但人力资源优势逐渐消失，正经历由享受"人口红利"转向背负"人口负债"的过渡阶段。自2012年起，我国劳动年龄人口将逐渐减少，从2010年到未来的10年间我国劳动年龄人口将减少2 900多万人，"人口红利"的消失会造成劳动力的减少和资本投入增长率放慢，导致中国未来经济进入"减速关"。① 但据《中国科技人力资源发展研究报告——科技人力资源与创新驱动》中显示，2016 年我国科技人力资源总量已达 9 154 万人，仍位居世界科技人力资源第一大国地位，整体学历层次逐步提高，2014—2016 年新增本科及以上学历层次科技人力资源数量已超过专科层次，科技人力资源素质不断提升；科技人力资源年龄结构趋于年轻化，其中 39 岁及以下的科技工作者是我国科技人力资源的主体。因此，在面向世界科技前沿、面向新一轮产业革命、面向经济主战场、面向国家重大需求的大背景下，如何发挥科技人力资源红利，加快各领域科技创新，以科技创新为核心带动全面创新，使科技创新成为经济社会可持续发展新引擎是支撑高水平的创新型国家建设、实现"两个一百年"奋斗目标，实现中华民族伟大复兴中国梦的基点和起点。

"创新之道，唯在得人"，科技创新实质上是人才驱动，人才是创新的第一资源。随着经济和科技的全球化发展，世界各国围绕人才的竞争渐趋"白热化"，培养造就一大批具有全球视野和国际水平的战略科技人才、科技领军人才、青年科技人才和高水平创新团队，关键是建设一支规模宏大、素质优良、结构合理的科技创新人才队伍，激发各类人才创新的活力和潜力，大力培养和吸引创新型科技人才已成为世界各国赢得国际竞争优势的战略性选择。

高等教育是经济发展的必要条件，但不是充分条件。高等教育促进经济发展的理论和机制需要不断创新和完善。除了高等教育毛入学率，高等教育的规模、结构、质量、经费投入以及高校招生方式和高校毕业生在劳动力市场上的配置效率等都对经济发展产生重要影响。为迎接和应对经济全球化、互联网时代、知识和创新经济的世界发展三大趋势的挑战，我国高等教育需要进行更加深入的改革和更加全面的发展。

我国虽然是人力资源大国，但对科技人力资源（human resources in science and technology，HRST）的研究起步较晚。1985 年第一次实行全面的全国科学技术普查，为我国科技人力资源研究奠定前期基础。1999 年周寄中主编的《科技资源论》是国内第一部系统研究科技人力资源的内容和配置方式的专著，指出科技资源是第一资源，主要体现在科技人力资源和科技财力资源，科技人力资源包括科技人员（研究人员、科技管理人员、科技辅助人员）和研究生等，其作为特殊群体，具有高智力性、高创新性、高流动性。② 《中国科技人力资源发展研究报告》对科技人力资源的定义更加明确化，具体指实际从事或有潜力从事系统性

---

① 中国网. 劳动年龄人口第一次出现绝对下降　人口红利拐点已现［EB/OL］.（2013 – 01 – 28）. http：//www. china. com. cn/renkou/2013 – 01/28/content_27814576. htm.

② 周寄中. 科技资源论［M］. 西安：陕西人民教育出版社，1999：10 – 11.

科学和技术知识的产生、促进、传播和应用活动的人力资源。① 亦有学者根据受教育的程度和是否参与科技活动分类，认为科技人力资源是具有高等教育文化程度或职称的专业技术人员和具有高等教育文化程度的政府官员和工作人员、企业家、工人、退休人员及失业人员等。② 国际组织上，对科技人力资源进行系统研究的是经济合作与发展组织（OECD），1995 年的《堪培拉手册》（又叫《科技人力资源手册》）中提到科技人力资源，其对科技人力资源的解读主要从学历层次和职业角度，学历上，指所有完成高等教育的人，不管他们是否将学到的知识用于工作或者他们终止学习后知识是否与时代脱节；从事职业上，科技人力资源指实际从事或有潜力从事系统性科学和技术知识的产生、促进、传播和应用活动的人力资源，具体包括专业技术人员、科技活动人员、研究与开发人员。③ 但伴随科技的迅猛发展及其在经济社会发展中的作用不断提升，人力资源特别是科技人力资源的培养、储备和发展在国际竞争中的地位越来越重，相应地各国将科技创新和科技人才视为经济发展的"重要抓手"，也是各国巩固和强化综合国力的重要手段和途径。2010 年 OECD 的《全球创新指数》和《奥斯陆手册》中再次强调高素质科技人才的重要性。④⑤ 2010 年我国颁布第一个中长期人才发展规划，《国家中长期人才发展规划纲要（2010—2020 年）纲要》中指出科技人才是具有一定的专业知识或专门技能，从事创造性科学技术活动，并对科学技术事业及经济社会发展做出贡献的劳动者。科技人才包含科学人才和技术人才，具体指社会科学技术劳动中，以自己较高的创造力、科学的探索精神，为科学技术发展和人类进步做出较大贡献的人，具有创造性、探索性、艰苦性、积累性、独立性、竞争性等劳动特点。⑥ 创新型科技人才指科技人力资源中具备高创造力和创造精神、较强的学习能力、技术能力、团队合作精神以及良好的环境适应能力的人。⑦

从已有研究看，科技人力资源的概念成熟化，其界定基本得到学者们的一致认可，以 OECD 的科技人力资源定义为基础，主要从人力资源的学历和职业两个方面来阐述，部分学者对其又进一步细化，分为基础性科技人力资源和创新型科

① 中国科学技术协会调研宣传部，中国科学技术协会发展研究中心. 中国科技人力资源发展研究报告［M］. 北京：中国科学技术出版社，2008：20-21.
② 杜谦，宋卫国. 科技人才定义及相关统计问题［J］. 中国科技论坛，2004（5）：136-140.
③ OECD. 弗拉斯卡蒂丛书：科技人力资源手册［M］. 北京：新华出版社，2000：17-18.
④ OECD. The global innovation index 2014：the human factor in innovation［R］. Paris：OECD，2014：Ⅶ-Ⅺ.
⑤ Chaminade C，Vang J. Globalisation of knowledge production and regional innovation policy：supporting specialized hubs in developing countries［J］. Research Policy，2008（10）：1684-1696.
⑥ 刘茂才，段成瑞，等. 人才学辞典［Z］. 成都：四川省社会科学院出版社，1987（12）：229-230.
⑦ 王广民，林泽炎. 创新型科技人才的典型特质及培育政策建议——基于84名创新型科技人才的实证分析［J］. 科技进步与对策，2008（7）：186-189.

技人力资源两大类并分别对其进行系统研究，丰富了科技人力资源的相关内容。

（一） 我国科技人力资源队伍的现状分析

自从 2000 年提出实施自主创新战略以来，我国的科技研发经费进入快速增长时期，年平均增长达 19.5%，2016 年中国全社会研究与试验发展经费投入规模达到了 2 269.29 亿美元，总规模达到美国的 44%，为日本的 1.5 倍、德国的 2 倍，是加拿大、意大利、英国和法国研发经费总和的 1.5 倍（见图 8 - 10）。且自 2013 年以来，中国已经连续 5 年研发经费投入强度（与国内生产总会之比）突破 2%，达到中等发达国家水平。2017 年全国研究与试验经费为 17 606.1 亿元，比上年增加 1 929.4 亿元，增长 12.3%，增速较上年提高 1.7 个百分点。研究与试验发展（R&D）经费的投入强度为 2.13%。按研究与试验（R&D）人员（全时工作量）计算的人均经费为 43.6 万元。①

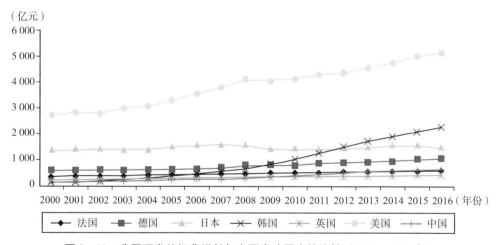

图 8 - 10　我国研发总经费增长与主要发达国家的比较（2000—2016 年）

资料来源：大连理工大学经济与管理学院. 中国科研经费报告（2018）［EB/OL］.（2019 - 03 - 05）. http://zhishifenzi.com/news/depthview/5360? category = depth.

我国科技人力资源数量不断增加，总量上已与发达国家持平。根据清华大学技术创新研究中心 2014 年的《国家创新蓝皮书：中国创新发展报告（2014）》，2011 年我国研发人员总量已占世界总量的 25.3%，超过美国研发人员总量占世界总量的比例（17%），稳居世界第一。但在人才质量和相对数量上与发达国家

---

① 搜狐. 中国地区科研经费排名：四大板块、八大区域及各省各市综合对比［EB/OL］.［2019 - 07 - 27］. http://www.sohu.com/a/314138077_99964340.

相差甚远，人均产出效率远落后于发达国家，高端的创新型人才仍非常缺乏。①
中国每十万人口科学家与工程师的人数低于世界平均水平。2015 年，中国每百
万人口科学家与工程师的人数为 1 113.07 人，52 个样本国家人数的平均值为
3 598 人，中国不及其 1/3。我国每万名劳动力拥有研发人员数量为 38 人/万名，
远低于日本（133 人/万名）、德国（132 人/万名）、俄罗斯（111 人/万名）。②
科技人力资源发展环境（创业环境、市场需求、就业机会、工资待遇、培训条件
等）与发达国家相比依然存在很大差距，在国际科技人力资源竞争中依然处于劣
势。③ 部分学者基于中观视角，分析了省域科技人力资源发展现状，如贵州省科
技人力资源存在密度低、结构合理、创新科技人才匮乏，自主研发能力相对不
足、发展科技人力资源环境需进一步优化。④ 广东省科技人力资源配置中存在科
技人才密度低、总量规模与发展要求不相适应、高层次科技人才和高技能人才严
重匮乏、创新能力和可持续发展人才供给能力不足、省内科技人才分布不均衡等
问题。⑤ 上海科技人力资源虽然数量充足，但高端科技人才缺乏，国际研发能力
和高技术产业产值占工业总产值比重较低。⑥ 安徽省的科技人力资源数量丰富，
但对人才的吸引力不足且地区分布不均衡，各地市之间科技人力资源发展水平参
差不齐。⑦ 从科技人力资源区域分布看，中、西部与东部（不含港澳台地区）地
区科技人才资源配置效率随年份的增长差距越来越小，东北地区反而增大，但从
科技人才配置效率看，大部分省份是规模有效、技术效率较低，应注重科技创
新，提高技术效率。⑧ "泛珠三角"区域科技人力资源配置存在人才密度低、科
技人力资源地区分布不平衡、科技人才培养结构失衡，高层次人才年龄老化、高
水平创新人才不足等问题。⑨ 京津冀地区科技人才密度呈现"双核心 + 多轴式"
空间分布格局，京津冀地区的科技人才密度集中趋势逐年加强，科技人才密度高

① 赵红光. 我国科技人才队伍面临的危机及对策 [J]. 中国科技论坛，2001（2）：63 – 65.

② 人民网. 中国科技人力资源总量和研发人员均已居世界第一 [EB/OL]. （2014 – 09 – 03）. http：//
world. people. com. cn/n/2014/0903/c1002 – 25595686. html.

③ 杜谦. 我国科技人才资源发展的基本态势 [J] 中国科技论坛，2001（6）：65 – 68.

④ 张彦红，王淼，等. 贵州省科技人力资源现状及优化路径选择 [J]. 科技管理研究，2013（23）：
142 – 146.

⑤ 罗珊，安宁. 广东科技人力资源的配置现状及对策研究 [J]. 华南师范大学学报（社科版），2007
（1）：40 – 46.

⑥ 朱蓓倩，高向东. 上海科技人力资源配置与耦合协调度研究 [J]. 科技进步与对策，2016（5）：
139 – 143.

⑦ 朱云娟，仰海锐，等. 区域科技人力资源综合发展水平的实证研究——基于安徽 16 地市的数据分
析 [J]. 科技与经济，2013（5）：81 – 85.

⑧ 刘冰，曾建丽. 基于 DEA 的地区科技人才资源配置效率评价 [J]. 科技管理研究，2018（14）：
49 – 56.

⑨ 陈晓红，罗珊. 论"泛珠三角"区域科技人力资源的优化配置 [J]. 科技管理研究，2007（9）：
211 – 214.

的区域占地面积小，经济发展水平和科技发展水平是驱动京津冀地区科技人才分布的主要因素。①

关于科技人力资源的静态分析主要侧重于中观研究，即省域层面，尤以江苏、浙江、上海、广东等发达省份为主；区域上，以珠三角、京津冀等地区为对象，一定程度上揭示了中国科技人力资源的基本状况，但对宏观层面上的国家科技人力资源研究较少，缺乏中部、西部省份的科技人力资源研究，科技创新是"博采众长"的过程，绝非仅仅依靠个别省份或部分区域的科技创新来实现创新型国家建设。因此，应着重于中国科技人力资源的整体现状分析，尤其是中西部省份科技人力资源的研究，"远水解不了近渴"，通过了解、掌握地方科技人力资源现状来制定、完善如何培养、发展科技人才以服务于地方经济社会发展（见图 8 – 11）。

图 8 – 11　我国科学研究人员变化（1990—2016 年）

科技人才作为科技人力资源中素质更高的一部分，其特殊性在于依靠自身所掌握的知识资源谋求生存发展，其工作较少受到外部资源的控制，如果当前组织不能满足科技人才的需求，在合适时机更倾向于选择流动到别的组织。② 因此，科技人才的流动更多的是一种自发过程，虽然具有复杂性和多向性，但科学合理的流动有利于"人尽其才，才尽其用"，反映了一国人力资本形态和经济发展水平，③ 不仅有利于接收国（地区），同时对输出国（地区）也有积极意义。④ 对

①　刘冰，曾建丽. 京津冀地区科技人才分布空间格局演化及其驱动因素 [J]. 技术经济，2018（5）：86 – 92.

②　覃成菊，孙健敏. 科技人员流动分析 [J]. 科学学与科学技术管理，2004（4）：130 – 132.

③　黄海刚. 从人才流失到人才环流：国际高水平人才流动的转换 [J]. 高等教育研究，2017（1）：90 – 97.

④　Saxenian A. From Brain Drain to Brain Circulation：Transnational Communities and Regional Upgrading in India and China [J]. Studies in Comparative International Development，2005（2）：35 – 61.

科技人才流动研究侧重于流动意愿分析，个人层面上主要包括福利待遇、发展前景、工作稳定性、家庭因素、自我价值实现等；组织层面因素包括人才政策、人才评价制度、领导重视、人际关系、工作条件、组织文化等。[1][2] 同时传统保守观念、负向心理情境、岗位考评差异、潜在流动成本4类因素对企业与高校科技人才的双向流动存在显著的阻滞作用。[3] 地区的经济发展水平、工资收入水平、科研环境科研投入、教育水平、生活便利程度等也是科技人才流动动因，[4] 其中研发经费和高技术产业增加值是科技人才流动的最主要动因，并且对科技人才流动均为单向因果关系。[5]

（二） 以人才集聚为先导， 构建科技研发大平台， 实现产业的集聚和创新

区域科技人才集聚现象作为人才流动的直接产物，其发生与否在于区域经济发展水平程度的高低，科技人才集聚易受到当地经济发展影响和制约[6]。为进一步探讨科技人才集聚与区域经济发展间的关系，学术界对此进行了深入研究。普遍认为科技人才的集聚对区域经济发展的影响传导过程有着不成比例的重要影响。[7] 有学者基于中国数据，发现高技术人才有助于促进新兴产业发展。[8] 科技人才的大量集聚对于促进经济发展有着不可或缺的作用，会带来极大的经济效益和社会效益；[9] 是区域经济发展的人才资源保障，而区域经济发展是导致人才集聚现象的根本原因。[10] 区域科技人才集聚与产业集聚间存在共生关系或相互促进

① 马志敏. 山西省科技人才流动意愿的影响因素——基于层次分析方法的实证研究 [J]. 调研世界, 2018 (11)：46 - 51.

② Hiltrop J M. The quest for the best：human resource practices to attract and retain talent [J]. European Management Journal, 1999 (4)：422 - 430.

③ 吴道友，程佳琳. 基于扎根理论的科技人才流动阻滞因素及作用机理研究——以企业与高校科技人才双向流动为例 [J]. 财经论丛, 2018 (5)：87 - 96.

④ 纪建悦，朱彦滨. 基于面板数据的我国科技人才流动动因研究 [J]. 人口与经济, 2008 (5)：32 - 37.

⑤ 纪建悦，张学海. 我国科技人才流动动因的实证研究 [J]. 中国海洋大学学报 (社科版), 2010 (3)：65 - 69.

⑥ Soete L. The impact of technological innovation on international trade patterns：The evidence reconsidered [J]. Research Policy, 2007 (18)：101 - 130.

⑦ OECD. Science and innovation policy：key challenges and opportunities [EB/OL]. (2004 - 01 - 29). http：//www. oecd. org/science/inno/23706075. pdf：31

⑧ Doug Fuller. China's emerging technological edge：assessing the role of high-end talent by Denis Fred Simon and Cong Cao [J]. Review of Policy Research, 2010 (3)：333 - 334.

⑨ Richard Florida. The economic geography of talent [J]. Annals of the association of American geographers, 2002 (4)：743 - 755.

⑩ 潘康宇，赵颖等. 人才聚集与区域经济发展相关性研究——以天津滨海新区为例 [J]. 技术经济与管理研究, 2012 (10)：104 - 107.

关系，即区域科技人才集聚有助于提升高技术产业集聚，高技术产业的空间集聚有利于吸引科技人才，为其发展区域经济提供技术和产业创新优势，从而形成科技人才集聚。①②③ 但也有部分学者对此提出异议，认为科技人才集聚对经济社会发展产生负面影响，如戈特弗里特·塔佩纳等以欧洲 51 个地区为对象，发现人力资本集聚具有空间依赖性，造成技术创新的空间失衡。④ 有以韩国为对象，发现韩国的人才集聚密度上升对新兴产业的经济产生负增长。⑤ 国内也有学者根据 2004 年第一次中国经济普查数据分析环渤海地区科技人力资源集聚，发现其集聚程度与经济发展的联动趋势不显著，并未带来劳均资本同样快速的集聚，与劳动生产率的关联也不明显。⑥

科技人才流动与集聚是地方经济发展的产物，较多学者通过实证研究来探讨科技人才集聚对区域发展的影响度，但科技人才集聚与产业发展的关系大多简单地概括为正相关，很少对科技人才集聚以及科技人才流动与区域发展、产业发展的内在关联进行分析；研究对象也多为江浙沪、北上广地区，样本对象单一；指标设定比较简单，对科技人才未区分科技创新人才与科技创业人才；有关科技人力资源对科技创新绩效影响的研究比较少，少数学者的研究也仅局限于科技人力资源数量的研究；参考国外学者的研究，科技人才集聚并不总是带来区域产业的发展，或会带来负面影响，但国内学者的研究结论基本是正面，因此，关于科技人才集聚与区域发展的内在关系的复杂性还需进一步深入系统地探讨。

人力资源是经济社会发展的第一资源，科技人力资源尤其是科技人才作为高技术产业发展核心要素，是促进产业转型升级的根本之所在。部分学者通过实证研究验证科技人力资源与经济社会发展的相互关系。从全国层面看，科技人才集聚与高技术产业发展之间存在显著的正向关系，在东、中、西部三大区域上结论仍以成立。⑦ 从科技人才对经济增长的贡献率看，1988—1998 年我国科技人才对经济增长的平均贡献率在 0.59% 左右，1998—2008 年我国科技人才对经济增长

① 孙健，尤雯. 人才集聚与产业集聚的互动关系研究 [J]. 管理世界，2008（3）：177 - 178.
② Romer P M. Endogenous technological change [J]. Journal of Political Economy，2007（8）：71 - 102.
③ 刘冰，李嫄，等. 开发区人才集聚与区域经济发展协同机制研究 [J]. 中国软科学，2010（10）：89 - 96.
④ Tappeiner G，Hauser C，Walde J. Regional knowledge spillovers：Fact or artifact？[J]. Research Policy，2008（5）：861 - 874.
⑤ Mehdi Azari，Hakkon Kim，Kim Jun Yeup，et al. The effect of agglomeration on the productivity of urban manufacturing sectors in a leading emerging economy [J]. Economic Systems，2015（8）：1 - 11.
⑥ 姜玲，梁涵，等. 环渤海地区科技人力资源与区域经济发展的关联关系研究 [J]. 中国软科学，2010（5）：88 - 98.
⑦ 裴玲玲. 科技人才集聚与高技术产业发展的互动关系 [J]. 科学学研究，2018（5）：813 - 824.

的平均贡献率约为 1.38% ,① 科技人才对经济增长的贡献率呈上升趋势；其对创新和经济发展起决定性作用，主要通过创新创造和扩散创新直接促进经济发展以及通过增加社会知识存量的途径间接促进经济发展。② 也有学者基于不同省份的面板数据研究科技人才对经济增长的贡献，结果表明科技人才对经济增长有明显的正向拉动作用，并且科技人才对经济增长的作用呈现出逐步扩大趋势。③ 以广州市科技人力资源为例，广州高新技术产业增长与科技人力资本存在稳定的均衡关系，且科技人力资本中高端科技人力资源对高新技术产业的提升力大于一般科技人力资源的作用。④ 同样的结论在中国地方高校中也实用，相较于高校教学人员和研发人员，只有科技人员数量才能同时对高校专利申请、专利授权、专利许可合同的数量和专利许可合同收入产生显著正向关。⑤

区域经济发展的内在动力来自创新人才的集聚。因此粤港澳大湾区建设要围绕建设国际科技创新中心，通过发挥高水平大学、高水平科研机构所形成的高水平创新人才的集聚，才能形成高科技企业的集群优势。要通过构建国家与地方、企业与高校多层级立体化科技创新平台体系，建立粤港澳三地协同创新与成果转化的体制机制，形成有层次有梯度的湾区创新生态群落，着力提升原始创新能力和成果转化能力。积极探索三地高校科研人员交流、科技信息交换、科技创新交互的便利措施，建立政府、高校、产业以及社会力量在科技创新和成果转化中的协同机制，提升粤港澳大湾区科技和新业态创新发展水平。⑥

（三）　高校要为关键核心技术攻关担当责任

作为科技第一生产力、人才第一资源和创新第一动力的重要结合点，高校应当发挥学科门类齐全、科技人才聚集、基础研究厚实等独特优势，努力瞄准世界科技前沿，加强对关键共性技术、前沿引领技术、现代工程技术、颠覆性技术的攻关创新，在服务国家实现关键核心技术自主可控、牢牢掌握自主创新主动权方面担当重要责任。⑦

---

① 蒋正明，张书凤，等. 我国科技人才对经济增长贡献率的实证研究 [J]. 统计与决策，2011 (12)：78－80.

② 刘璇，张向前. 适应创新驱动的中国科技人才与经济增长关系研究 [J]. 经济问题探索，2015 (10)：61－66.

③ 陈玉兰. 科技人才对我国经济增长的影响研究——来自不同时期的省级数据 [J]. 江西社会科学，2013 (8)：77－80.

④ 余璐. 广州市高端科技人力资源与高新技术产业关系的实证研究 [J]. 科技管理研究，2016 (8)：69－74.

⑤ 饶凯，孟宪飞，等. 科技人力资源因素对中国地方大学专利申请——专利许可的影响 [J]. 中国科技论坛，2013 (4)：135－141.

⑥ 章熙春. 实现粤港澳大湾区高等教育高水平发展的着力点 [N]. 光明日报，2019－03－11.

⑦ 杜玉波. 高校要为关键核心技术攻关担当责任 [N]. 光明日报，2019－03－13.

　　高校是关键核心技术攻关的主战场。我国高校的科技创新工作虽然取得了很大成绩，但与国家创新驱动发展战略要求相比，还存在不小差距。与世界一流高校相比，顶尖人才和团队比较缺乏，创新人才支撑不足，激发人才创新创造活力的激励机制还不健全；对基础研究在技术研发中的重要性认识不足，学科固化且划分过细，学科布局的综合性和交叉性不够；高校科研力量自成体系、各自为战，高校之间、高校和科研院所、企业之间，缺乏有效协同联动；科研评价体系不合理，过度依赖或不当使用学术评价成果，大同行评议难以客观公正等。这些都是制约高校提升服务国家关键核心技术攻关能力的瓶颈问题，可以从以下4个方面进行分析解决。

　　（1）把握基础研究这个"总机关"。建议尊重基础研究的规律和特点，鼓励自由探索和加强自主科研布局，加强重大基础前沿和战略领域的前瞻布局。进一步加大中央财政对基础研究的稳定支持力度，构建基础研究多元化投入机制，引导鼓励地方、企业和社会力量增加基础研究投入。深化科研项目和经费管理改革，营造鼓励创新、宽容失败的科研环境，使科研人员潜心从事基础研究。

　　（2）用好学科交融这个"催化剂"。在新的全球科技创新发展态势下，新兴学科不断涌现，前沿领域不断延伸，单学科内部循环的科研组织方式已不再适合对重大问题的研究。为此，建议适应大科学、大数据、互联网时代的要求，系统调整高校学科布局、打破学科壁垒，促进学科之间、科学和技术之间、技术之间、自然科学和人文社会科学之间的交叉融合，组建国家级交叉学科群和科技攻关团队，布局一批体量容量更大、综合集成性更强的国家实验室，以学科交叉融合推动原创性、系统性、引领性研究取得突破。

　　（3）激发协同创新这个"动力源"。提升关键核心技术创新能力是一个系统工程，需要通过高校内部人才、学科、科研的协同以及高校与科研院所、企业和政府等的协同，实现人才、资本、信息、技术的优势互补，促进创新要素的深度融合。为此，建议进一步研究破解政策制度障碍，围绕国家急需的战略性问题、尖端领域的前瞻性问题，探索高校协同创新的有效模式，开展跨学校、跨学科、跨领域、跨国界的协同创新，优化研究资源配置，服务关键核心技术创新需求。特别要找准促进高校科技成果转化的着力点，完善科研成果、知识产权等归属及利益分配机制，调动各方共同参与攻关的积极性。

　　（4）改进评价体系这个"指挥棒"。评价导向至关重要，当前评价机制存在着一些不良倾向，克服这些不良倾向，在科技评价上，建议加快推进分类评价，基础研究领域以同行学术评价为主，引入国际同行评价；应用研究和技术开发领域重在市场评价，由用户、市场和专家等相关第三方评价。探索实行代表性成果评价，突出评价成果质量、原创价值和对经济社会发展的实际贡献，避免唯论文、唯专利、唯项目等片面量化评价，鼓励科研人员"十年磨一剑"，树立把研究做到极致的工匠精神，真正担当起关键核心技术攻关的时代重任。

二、建立高等教育与区域发展的多重协调机制

当前，世界新一轮科技革命和产业变革与我国经济结构转型、发展方式转变、发展重心转移、发展动能转换形成历史性交汇，必将引发世界政治经济格局的深度调整，重塑民族国家的国际竞争力和领导力，颠覆传统产业的形态、分工和组织方式，也将重构人类的生活方式和生产模式。回应新一轮科技革命与产业变革，是我国高等教育确定发展方向、制定教育政策、深化综合改革的根本依据。[①]

高等教育是一个开放、复杂、非线性的社会子系统，与区域经济社会有着千丝万缕的联系，是推动经济社会变革的重要力量。美国的"硅谷"，法国的索菲亚科技园，日本的"筑波"和我国北京的"中关村"、武汉的"光谷"、台湾的"新竹"等，都是高等教育为全球产业和区域经济社会提供高水平服务的卓越代表，也是高等教育高质量内涵式发展的典范。[②] 随着产业升级和集聚，以高新产业为基础的大经济区建设成为我国新时期发展的动力引擎，如"粤港澳大湾区""京津冀首都经济圈""苏浙沪长三角经济带"。北京提出建立区域人才协同机制、上海实施"四新"经济人才开发工程、广州全面推行产业领军人才建设计划、武汉提出了"城市合伙人"计划、重庆提出实施知识产权人才规划、郑州着力构建"1 + N"人才政策体系、西安建立多层次人才培养体系等，天津借助其区位优势和独特资源，[③] 2017 年 1 月，天津市政府发布《关于深化人才发展体制机制改革的实施意见》，积极出台多项人才新政。[④] 近年来，国家中心城市推行的人才新政中无不凸显"引才方案"，特别是高层次人才引进，"签证""落户""送房""配钱"等措施拉开了激烈的人才争夺战。

高等教育与区域的发展关系，本身就是一个复杂的作用关系。这源自高等教育自身的特点，也来自区域经济体系的内容太过庞大。但是从各方面的数据及以往的理论论证来看，高等教育与区域发展的关系可以笼统地概括为互动关系。高等教育在助推区域发展的过程中需要与区域各方面发展要素进行紧密结合，建立并完善与区域的协调发展机制。

① 陈杰. 高等教育如何高质量内涵式发展［N］. 中国教育报，2018 - 04 - 16.

② 搜狐. 高等教育如何高质量内涵式发展［EB/OL］.［2019 - 7 - 27］. http：//www. sohu. com/a/228395472_100038904.

③ 王辉耀. 四川人才发展报告（2018）［M］. 北京：社会科学文献出版社，2018.

④ 人民网. 天津发布《关于深化人才发展体制机制改革的实施意见》［EB/OL］.［2019 - 07 - 27］. http：//tj. people. com. cn/n2/2017/0107/c375366 - 29564481. html？from = timeline.

根据不同区域发展情况与高等教育实际发展现状，高等教育的"发展适用模式"有利于促进区域与高等教育的良性互动机制构建。"发展适用模式"结合了区域发展现状，以客观的区域人力资本需求为出发点，培育当前阶段相适应的高素质人才。如在国家中心城市和经济发达地区加大培育高水平大学，推动这些区域的科技创新发展。可以在相对发展滞后的区域发展高等职业教育，以适应传统产业转型和产能转移的需要。"发展适用性理论"更适用于发展水平偏低地区。根据"发展适用性理论"和区域的发展情况，初步绘制出高等教育的适应性发展机制，如图 8 - 12 所示。

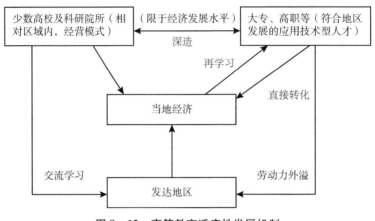

图 8 - 12　高等教育适应性发展机制

从我国高等教育发展现实来看，要优化高等教育的区域布局结构，支持中西部建设一流大学；要优化高校的层次结构、类型结构，使各级各类高校协调发展；还要优化高校的学科专业结构及内部治理结构，为区域创新驱动战略提供智慧与方案。既包括集中优质资源，实现以"双一流"建设为主要特征的高质量内涵发展。利用广泛的社会教育资源，做大做强高等职业教育，以适应当前我国经济社会发展的实际用人需求，也为区域科技力量的提升和日后的教育升级储备了力量。根据经济和社会不同发展阶段与高等教育不同发展阶段的特点，可以形成一种"两极化发展模式"。"两极化的发展培育模式"意在高等教育范畴内，把有限的优质教育资源、社会资源集中利用到该区域的精英教育，同时，运用到该地区的高等职业和应用型人才教育上来。而在经济欠发达的地区，不适宜进行普及化的高等教育发展模式，短期的快速发展容易发生人才培养的同质化。在国际高等教育大众化进程中，一些中等发达和发达国家都曾出现过这种"过度教育"的先例。我国在 20 世纪末的高等教育快速发展中也产生过类似的情况，因为盲目扩大高等教育规模，区域中高等教育学生数和高校数量快速增多，随着人力资源的质量大打折扣，使很多高校毕业生与区域发展需求脱节，造成社会上就业的"市场分隔"导致的"结构性就业困境"问题。如图 8-12 所示，发达地区因为市场机会大，优质高等教育人才通常流向这里，随之带来更多的技术、资金等。我国当前的大众化高等教育需要结合区域发展的客观实际，例如中心城市和经济发达地区可以往普及化的方向发展高等教育，扩大普及面积。而欠发达地区，更需要技术性、应用型的高等职业教育以适应区域产业的转型和发展，这是对高等教育应对经济社会发展现状的理性选择。因为对于欠发达地区而言，有限的公共资源还无法支撑大众化的高等教育，盲目扩张高等教育而不分类型地推动高等教育，不利于区域经济和社会的可持续发展，需要结合当前区域发展的现状，与地方产业结构相结合培养相适应的技术型、应用型人才。

　　高等教育利用现有的人力资本和物力资本为区域的经济社会发展提供教学、科研和服务三大职能工作，而区域经济发展和社会进步也需要与高等教育主动适应。高等教育主要是通过培养人才、进行科学研究、为社会服务等方面，对区域发展的各方面发展服务，这就适应了区域发展的客观需要；同时，社会环境、经济发展水平、科技发展水平、文化传统等因素也影响着高等教育的发展。高等教育的核心功能是进行人才培养和知识及科技成果的输出，要进行人才的培养和知识的生产需要与区域发展中的其他要素进行组合，进而将组合的生产要素运用到具体的生产环节和社会环节，才能充分发挥人才和知识这两种资源的价值。而且高等教育自身的发展也依赖于区域社会系统和经济系统为其提供社会资源和经济资源。因此，有必要建立多重协调机制来保持高等教育和区域发展的有机发展，才能以高等教育的发展助推区域竞争力的提升，同时，以区域的内生协调共赢助推高等教育的高效高质发展。

　　高等教育履行知识生产和人才培养两项主要职能，将知识产出成果运用于实现企业的技术改造和管理水平等方面的升级，还可以通过提升政府的管理水平和政府组织宣传教育提升社会运行效率。人才产出则一方面，进入劳动力市场，另一方面，主要进入以政府或社会公共服务部门为主的从事社会管理和服务的工作。从高等教育与区域之间发展的互动机理来看，书中主要从高等教育与政府、市场、经济部门这几个主体进行机制设计。首先，从高等教育与区域的互动机制来看，不同区域的发展水平不尽相同，其产业结构、技术结构、人才需求规模和结构存在差异，政府部门应结合区域发展的阶段特征，调整高等教育规模和结构，使其与区域经济保持协调发展。具体来看，政府与高等教育的互动发展机制要求政府要完善高教信息发布和信息反馈机制。地方政府要不断完善高等教育人才和科研成果信息的发布机制，定期、及时发布关于高等教育人才培养、科研成果产出的相关信息。同时政府也应向高等院校反馈市场主体对于人才需求的信息，为高校建立人才需求的检测预报制度，引导高校专业设置更加合理，培养专业适配、职业能力强的专业人才。还应加强高校与企业之间的直接联系，打通高校科研成果的市场转化机制。其次，完善高校人才驻留机制。高校培养出的大量人才，普遍存在人才外流的状况，特别是中西部经济欠发达的区域，东部区域（不含港澳台地区）因为本身发展水平较高人才驻留情况较好，而且还会吸引大量外地高校人才流入。因此针对东中西部区域收入层次差异明显的市场因素，政府需要针对区域发展现状完善人才驻留机制。消除高校人才驻留面临的各种制度障碍，通过政策优惠吸引更多的专业人才，积极搭建人才和企业的就业信息平台等手段来推动区域人力资本的积累，转化为区域经济发展的生产力。

其次，从高等教育与区域经济社会的互动机制来看。通过建立科学有效的运行机制来保障高等教育及区域经济社会发展的良性互动协调，一是针对高等教育主管部门建立专业化导向机制，在高等学校内进行学科建设时注意学科建设的专业化，学科建设应注重规模效应，有利于提升区域中高等教育部门的产业化能力。二是建立创新性的高教绩效评估机制。可以提高高校对社会资源的使用效率，也能够促使高校合理开展科研和教学工作，减少科研课题和人才培养的盲目性，最终提升区域经济效益。三要加强市场协调机制。高等教育在人才培养和知识产出的基础上，加强区域人力资源素质和科研创新水平，助推区域经济发展。但是人才和知识在进入经济系统中存在结构配置的问题，因此市场要在人才和知识的合理配置中发挥调节作用，健全的市场机制能够有力促进区域人力资本和物力资本的有效配置。

最后，从高等教育与企业层面的互动机制来看。企业是市场的微观主体，企业与高校的合作是获取生产技术和优质人力资本的有效手段。企业与高校专业联合，既为高校发展提供了资金，促进高校科研成果有效市场化，高校教学研究更加有针对性。还可以加强高等教育与社会生产直接结合，根据企业生产部门所需提供的科研成果，避免了高等教育闭门造车和资源浪费。高等教育与企业有效联系应主要围绕健全产学研合作机制来展开。打通企业与高校的联动机制，将企业的人才和知识的发展要素需求进行信息整合，反馈到高校人才和知识的内部供给渠道中，避免市场信息不对称和其他外部性的制约。高校可以通过和企业实现资源信息共享来发挥各自的优势，一方面，科研成果的有效转化可以为高校提供更多的资金，实现高等教育规模发展；另一方面，企业在高校人才和技术支持下提升了经济效益，形成互利共赢联动机制，进而促进高等教育与区域的协调发展。

以上分析更多的是从高等教育与区域发展的互动机制进行分析，接下来将分别从高等教育的宏观、中观及微观发展层面对区域竞争力的影响提出一些政策建议。

首先，要提高政府对高等教育的财政投入比例。从东中西部的数据分析来看，高等教育投入均与区域发展存在着高度相关的关系。因此，政府可以考虑合理提高高等教育的投入比例来促进区域的内生增长，提升区域竞争力。当前我国政府投入仍然是高等教育投入的主渠道，仍然需要发挥政府财政的投入主渠道作用，以财政、税收、金融和土地等优惠政策来直接影响高等教育，同时政府还应鼓励和引导社会力量捐资、出资办学。建立健全市场中多渠道筹措经费的投入机制，如建立高等教育基金制度，构建科学的指标体系规范教育经费调拨。

其次，大力发展高等教育的同时，拓展大学生的就业渠道。一是高等教育的结构上构建层次化发展的体系，即从区域经济社会发展对人才的需求出发，构建高等职业院校、应用技术型高校和高水平研究型大学相协调的高等教育体系。不同区域应该根据其发展阶段和高等教育发展阶段进行综合衡量，确定高等教育的发展方向。鉴于区域与高等教育的发展基础，各区域的地方政府应该根据自身的发展阶段，改革和变革现有的高等教育的投资体制和发展策略，通过加速高等教育的大众化和普及化来为区域发展提供动力。随着高等教育大众化阶段的不断深入，高校毕业生的区域就业问题日益严峻，因此各区域做好高校毕业生的就业工作将与区域的发展息息相关。政府应完善就业市场体系和就业指导体系，地方政府也应充分重视人才引进工作。欠发达区域应该提升本地高校人才的吸引力，防止更多的人才外流，发达区域则应更加重人才的"质"而不是重"量"，防止区域的高校人才过高过密，导致人才资源的浪费和分配不均。高校毕业生就业问题应该纳入各地方政府的工作计划当中去。

最后，结合区域发展特点，拓宽企业投入渠道。校企的互促联合是高校和企业互利共赢发展的模式，区域发展中加快建设以企业为主体的科技创新体系，增强企业在科技创新中的主力军作用。还应该完善技术市场和技术服务中介组织，完善高校科技成果转化的风险投资机制，加快区域高新科技的孵化基地建设，孕育和充分释放高校和企业联合的科技生产力。校企合作模式是实现产学研结合的一种新的市场化合作方式，需要政府的政策、财政、制度等方面的支持和鼓励，制度层面以法律和行政法规来调整市场利益分配机制，政策层面可以出台校企合作的优惠政策，财政层面以税收、财政经费等手段鼓励和扶持一批有资格、有实力、有创新的产学研合作项目，为区域中的校企合作营造氛围，创新合作机制，规范合作中的产权和利益分配，促进校企资源优势互补，利益共享。

国际学术界也针对科技人才对经济社会发展的作用予以研究，有学者分析美国1948—1997年的数据，发现科技人力资源对于促进生产率增长起积极作用。[1]以人均资产来衡量，正规教育提供的人力资源与经济增长间是一种双向关系。[2]

① Yasser Abdih，Frederic Joutz. Relating the Knowledge Production Function to Total Factor productivity：An Endogenous Growth Puzzle［J］. International Monetary Fund，2005（4）：242 –271.
② Moses O Oketch. Determinants of Human Capital Formation and Economic Growth of African Countries［J］. Economics of Education Review，2006（5）：554 –564.

科技人力资源对保持国家全球竞争力具有战略性地位，其供给量（数量和质量）的变化对国家经济绩效产生重要影响。① 科技人力资本的形成和发展是近现代日本科技发展的主要推动因素，进入 21 世纪后，日本科技人力资本数量和质量不断下降是日本在世界科技竞争中的地位下滑的主因之一。② OECD《促进人力资源向创新流动》中也指出人力资本投入是创新与增长的关键，科技人力资源的比例影响新产品和新程序的引入，科技人力资源在部门间、企业间、国际间的流动成为技术转移的重要渠道。③ OECD 发布《关键的挑战与机遇》中明确科技人力资源的数量相对于一般人力资源要少，但在经济社会发展中所创造的价值却巨大。④

舒尔茨证实，人的教育、能力、健康、培训等方面的储量增加，即人力资本积累对经济和社会的发展作用远远大于物质资本的增加，也大于劳动力数量的增加。科技人力资源的高创造性、高智力性、高探索性等属性决定其在推动经济发展中的优先地位，并且伴随知识经济社会的深入发展、中国制造 2025 的持续推进、新一轮科技革命浪潮的汹涌而至，其第一资源地位不断夯实。学者更多的是从区域或从具体省份的科技人力资源来分析其贡献率能够再次证实科技人力资源和科技人才的重要作用，为地方政府制定、完善相关科技人才政策提供依据，但在中国经济社会转型关键期，更多的是集中于人力资源主题研究，以中国科技人力资源和科技人才为研究对象具体论证的研究较为缺乏，新形势下科技人力资源的配置、影响因素的区域差异以及如何提升配置效率和耦合协调度等问题还有待深入探索。⑤⑥

1. 人才流入挑战城市经济吸引力

近年来，国家中心城市推行的人才新政中无不凸显"引才方案"，特别是高层次人才引进，"签证""落户""送房""配钱"等措施拉开了激烈的人才争夺战。然而，不难发现人才流动主要取决于流入城市的经济发展水平，即人才流动具有一定的"理性经济人"特征，如我国东部经济发达城市（不含港澳台地区）的人才流入，往往是中西部经济欠发达城市的人才流失。现有的 9 座国家中心城

① Richard B Freeman. Does Globalization of the Scientific/engineering Workforce Threaten U. S Economic Leadership? [Z]. NBER Working Paper, 2005：11457.

② Suzuki T M. The technological transformation of Japan：From the seventeen to the twenty-first century [M]. MA：Cambridge University Press, 2009：33.

③ 转引自姜玲，梁涵，刘志春. 环渤海地区科技人力资源与区域经济发展的关联关系研究 [J]. 中国软科学, 2010（5）：90.

④ OECD. Science and innovation policy：key challenges and opportunities [EB/OL]. (2004 - 01 - 29). http：//www. oecd. org/science/inno/23706075. pdf.

⑤ Sharma J B A. The indian perspective of strategic HR roles and organizational learning capability [J]. The International Journal of Human Resource Management, 2007（9）：1711 - 1739.

⑥ 陈劲，阳银娟. 协同创新的理论基础与内涵 [J]. 科学学研究, 2012（2）：161 - 164.

市中，有 5 座城市位于中西部地区（中部地区 2 座：武汉、郑州；西部地区 3 座：重庆、成都、西安）。尽管以上 5 座城市都出台了"史上最强"的引才政策，但这些并非是长久之计、万全之策。相较于北上广等一线城市，可以看出引才不能仅止于"短期刺激"，缺乏经济吸引力的人才政策将难以持续，因此要把握住经济这一核心引擎。

党的十九大明确提出建设现代化经济体系，着力加快建设实体经济、科技创新、现代金融、人力资源协同发展的产业体系。显然，这也是城市经济发展的战略目标，特别是如何完善现代化产业体系、空间布局结构和协调程度成为亟待解决的城市发展问题，这直接涉及城市与人才的互动关系，以及城市经济对人才的吸引力。随着我国"四新"经济的提出（即新技术、新业态、新产业、新模式），已经成为经济转向高质量发展阶段的重要特征，只有汇集产业人才、发展智慧经济才能提升城市发展能级。反之，只有为人才搭好"产业舞台"才能吸引他们立业兴城。总之，以经济活力吸引人才流入是国家中心城市人才发展面临的严峻挑战。

2. 人才集聚挑战城市资源承载力

吸引人才流入，只是完成了"人才强市"的第一步。如何发挥好人才集聚效应，充分利用好人才资源效率，突出 1 + 1 > 2 的人才比较优势才是创新驱动城市发展的关键性命题。然而，这一命题必然引发城市承载力与可持续发展的问题，特别是城市的经济资源、社会资源、生态资源等，这直接对应到人才发展的就业机会、成长平台、工作生活环境等。随着城镇化进程的推进，城市的人口规模将会越来越大，尤其是国家中心城市等特大城市，城市资源的有限性将会大大制约人才集聚发展，这对城市资源承载力提出了严峻的挑战。因此，拥有大规模人口的北京已经开始尝试通过实施京津冀一体化，疏解北京的非首都功能，这成为转移人才过度集聚、缓解城市承载压力的有效举措，同时促进了区域人才流动与协同发展。

当然，北京的这一方案是其城市化发展到一定阶段后的战略选择，对于不同城市应根据其资源承载情况因地制宜。面对我国多数特大城市，首先，其首要挑战是城市资源是否有效开发，是否充分承载人才集聚，如城市化发展体系、城市发展空间与布局、产业结构调整等，特别是人才集聚载体的开发与建设。其次，非"一线"国家中心城市应该如何借鉴"北京方案"，在充分挖掘自身城市承载潜力的基础上，发挥国家中心城市的引领、带动和辐射作用，推进国家级城市群建设与发展，如成渝城市群、中原城市群、关中平原城市群等，由此进一步扩容国家中心城市的承载力。显然，只有科学开发城市资源承载力，就能聚天下英才而用之。

3. 人才培育挑战城市产教融合力

城市人才发展不仅要有魅力引才、有实力竞才、有能力聚才，还要有定力育才，因为人才培育绝非朝夕之功，需要投入一定人财物才能显现成效。对于城市人才发展而言，只有推行人才发展引育并举，才能保证城市发展永续活力。但从当前劳动力市场来看，人才供需存在较为严重的失衡，即培养出的人才无法满足经济社会之所需，其中大学生结构性就业矛盾尤为突出。随着我国产业经济升级转型，对接现代产业体系的人才培养体系还未完全建立起来，由此带来的人才供给乏力致使产业升级转型动力不足，例如：我国战略性新兴产业整体创新水平和供给质量不高等。显然，产业需求与教育供给的脱离已成为人才培育问题亟待解决的难点，国家中心城市人才培育本土化的关键就在于促进产教深度融合。

尽管这一挑战具有相当的普遍性，但是对于国家中心城市而言，它们具有得天独厚的产业和科教资源优势，问题在于如何联动当地高等院校和科研院所，构建适于地方现代产业经济发展的人才培育支撑体系和发展机制。无疑，只有通过体系和机制创新，才能有效创建"教育链—人才链—产业链"融合发展的校地企创新网络。在此基础上，人才培育必须结合城市产业结构和科教资源特点，建立分层、分类、分级的立体化人才培育体系。正如党的十九大报告中指出，现代产业体系既需要"建设知识型、技能型、创新型劳动者大军"，还需要"培养造就一大批具有国际水平的战略科技人才、科技领军人才、青年科技人才和高水平创新团队"。

4. 人才留用挑战城市文化软实力

在人才争夺战中，"谁能留住人才"成为国家中心城市人才竞争无法回避的现实挑战，由于人才发展具有流动性特征，人才保持率成为各大国家中心城市关注的焦点。换言之，引才、聚才、育才的最终目标是留住人才，城市人才竞争不仅要"抢才"有策，还要"留才"有道。"留才之道"不仅在于制度安排，而且还在于"物化"制度基础上的文化涵育。经济是城市的身躯，文化则是城市的灵魂，它决定着城市发展的格局与气质。城市文化包罗万象、各有千秋，如何挖掘城市的文化底蕴，结合"双创时代"的文化朝气，营造温暖人才的文化氛围成为留住人才的关键所在。如果说引才需要经济硬实力，那么留才就需要文化软实力，甚至可以说文化软实力的打造要比经济硬实力更难，因为这需要文化的认同与积淀。

当前，国家中心城市的文化软实力建设还有待加强，"文化留人"的理念与制度还需不断完善。随着城市经济向高质量发展阶段的转轨，相应的城市文化建设也应进入内涵式发展的轨道上来，全面提升城市的文化综合建设水平。显然，"人才强市"的前提和基础是"文化强市"，只有打好"文化底色"，才能绘好"人才画卷"。尤其是中国在参与全球治理的过程中发挥着越来越重要的作用，在响应国家文化"走出去"战略号召的同时，要坚定自己的文化自信，要基于当代中国发展实情，立足当代中国现实，结合当今时代背景，将建设城市的文化软实力作为国家中心城市面向世界的重要目标与战略任务。

三、以"双一流建设"推进高校创新发展能力的提升

到 2020 年，将实现《国家中长期教育改革和发展规划纲要（2010—2020 年)》确定的"进入人力资源强国行列"的战略目标，中国将有可能成为进入人力资源强国的唯一发展中大国，并将极大地改善人类人力资源的开发水平。探索并形成了一条人力资源"低成本—高效益"的开发模式。如何保持既有的发展态势，持续提升人力资源强国建设水平，将成为中国未来教育与人力资源开发的重要使命。

20 世纪 90 年代，我国实施高校"211"工程、"985"工程等重点建设项目，集中优势资源，通过"部分—整体""中心—外围"的发展战略，优先扶持和建设一批重点高校与学科，使其达到世界一流或国际知名大学水平。总体来说效果比较显著，如学科排名中，① 中国高校、学科的入榜数量及排名位置大幅提升足见端倪，重点大学建设工程夯实了我国高等教育整体实力，进一步缩小了与世界高等教育强国间的差距。党的十八大以来提出实施创新驱动发展战略，创新是提高社会生产力与综合国力的战略支撑。国内外发展环境及发展需要均对高水平的国际化人才提出更高、更迫切的要求。为全面贯彻深化改革的要求，推动我国高等学校内涵式发展。

（一）"双一流"建设引领高校学科建设和发展

"985 工程"和"211 工程"等显著提高了重点建设高校的综合实力和国际影响力，提升了高等教育整体水平。② 当前高校"双一流"建设是我国重点大学建设发展战略的新阶段，是对长期以来重点高校建设的发展经验的总结和反思，也是面对新时期我国高等教育发展新形势做出的必然选择。"双一流"建设以学科建设为基础，突出学科建设的关键性，对新时期我国高校学科建设起到了重大的引领作用。

首先，"双一流"建设打破原有高校的身份壁垒，为所有高校提供了一个公平开放的竞争机会。"双一流"建设实行滚动淘汰机制、以五年为周期，建设高

---

① QS：中文（QS 世界大学排名）英文全称（QS World University Rankings，QS）

THE：中文（英国泰晤士高等教育）英文全称（Times Higher Education，THE）

US News：中文（美国新闻与世界报道）英文全称（U. S. News & World ReportBest Global Universities Rankings，US News）

ESI：中文（基本科学指标数据库）；英文全称（Essential Science Indicators，ESI）

② 陈鹏. 中国高等教育振兴历程［N］. 光明日报，2017 – 09 – 22.

校和学科有进有出，打破原有重点高校建设身份标签和竞争缺失的弊端，让所有高校都有参与竞争的机会，激发了高校的内生发展动力，给高校学科建设注入活力和创新力。而且"双一流"建设坚持扶优、扶强、扶特的价值取向，表明国家更关注一流高校和一流学科建设的广度和深度，积极鼓励地方高校参与"双一流"建设，尤其是一流学科角逐的机会和入选的可能，为地方高校特色学科和优势学科建设提供了难得的发展机遇。

其次，"双一流"建设强调增强高校办学自主权，提升高校学科建设自主性。"双一流"实施办法中明确提出高校要"根据自身实际，自主确定学科建设口径和范围"，给予高校更多的办学自主权，在学科办学理念、指导方针、组织建设等方面获得更大自主性。入选高校可根据自身学科建设实际来规划未来学科发展走向，可采取单个学科、学科群或学科领域等不同的目标建设模式，有利于高校重新自我定位，按照高等教育办学规律办出学科特色。[①]

最后，"双一流"建设方案着力引导学科差别化发展，推动学科建设多样化。"双一流"实施办法中提出"鼓励和支持不同类型的高水平大学和学科差别化发展"。高校学科建设要依据各自优势和特色，突出自身学科优势，具有不可替代性，以错位优势来提升本校和学科竞争力。学科建设的差异化发展要立足于自身优势和特色，精准学科定位，规避与其他优势高校的优势学科竞争中的劣势地位，也避免一流学科建设中的学科交叉重复问题，从而推动高校学科建设的多样化。差别化发展为地方高校学科建设也搭建了舞台，正如实施办法中提出"省级政府统筹推动区域内有特色高水平大学和优势学科建设，积极探索不同类型高校的一流建设之路"。在国家"双一流"高校建设的政策背景下，各省（区市）政府纷纷出台地方高校双一流建设发展规划，对其所入选的地方重点高校和学科实行倾斜性政策扶持与专项资金补助，

（二） 内驱与外推相耦合，高校学科建设发展的路径策略

学科是"双一流"建设的基石，地方高校"入围"与"突围"的内驱力在于学科定位立足地方，学科建设发展与地方经济产业发展紧密结合，但同时需政府给予地方高校学科正确的政策引导，在全面提高其人才培养质量的基础上，提升学科的综合实力服务于地方经济社会发展。

1. 依托优势或特色学科精准发力

从世界一流学科成长规律看，有特色的学科虽然不一定能够成为一流，但一

---

① 教育部. 教育部 财政部 国家发展改革委关于印发《统筹推进世界一流大学和一流学科建设实施办法（暂行）》的通知［EB/OL］. http: //www. moe. gov. cn/srcsite/A22/moe_843/201701/t20170125_295701. html.

流的学科必然具有特色。① 习总书记指出"办好中国的世界一流大学，须有中国特色，扎根中国大地办大学"。②"双一流"建设中共有 11 所医科类大学，其中 7 所高校凭"中药学"或"中医学"入选"一流"学科建设，③ 占比达 63.6%，中医药学作为最具中国特色的学科，其入选是扎根中国本土社会、弘扬中国传统文化、彰显中国鲜明特色的最佳体现。

在"双一流"建设中，地方高校须敢于承认自己与重点高校一级学科间的发展差距但不必妄自菲薄而无所作为。一方面，地方高校以特色学科为突破点，不断优化学科结构，凝练学科发展方向，立足于地方社会需求，密切与地方产业、企业发展相联系，在地方高校产学研合作中提升学科发展实力，孕育特色学科，强化学科特色，通过"以点带面、以特制胜"的发展战略，打破学科同质化和"大而全、多而广"的学科发展模式。另一方面，优势学科精准发力，依托传统优势学科平台，走出"象牙塔"主动寻找与区域产业、企业共生发展点来服务地方经济社会发展，通过产学研协作来提升师资队伍水平、培养社会所需人才、拓宽高校收入渠道、树立良好学科声誉等来保障优势学科的持续性，形成"人无我有，人有我优，人优我特"的学科格局，这也与《统筹推进世界一流大学和一流学科建设总体方案》"扶优、扶特"的价值取向相吻合。

2. 以应用型及新兴交叉学科精准定位

中国已步入新常态经济结构优化转型的关键期，经济社会发展模式的转变要求地方高校由追求学科规模数量的外延式发展向优化学科结构质量的内涵式发展转变，地方高校要承担起促进区域发展、服务当地社会、产业转型升级等责任与义务。地方高校的学科建设要以应用型及新兴交叉学科为主体来精准定位，依托的是"产教融合、校企合作"，精准对接地方与产业需求。④ AI 时代与"中国制造 2025"的大背景为地方高校培育一流的应用型学科与新兴交叉学科提供契机；同时《方案》强调"深化产教融合，促进高校学科、科研与产业互动，打通基础研究、应用开发、成果转移与产业化链条"，为地方高校打破学科壁垒，建设一流应用型学科、发展新兴学科、组建多个交叉学科群的学科生态体系提供利好政策。

"双一流"建设的"根"应是增强国家和地方的科技发展，高校服务于地区经济和社会发展需要，解决地方经济和社会发展难题。⑤ 地方高校要以应用型和新兴交叉学科为发展重点和突破点，如工学、医学、商学、法学或工程类、管理

① 沈满洪. 有为和有位："双一流"建设中的地方高校的定位 [J]. 教育发展研究，2017（7）：3.
② 教育部. 以改革创新求发展，开创"双一流"建设的新局面 [EB/OL]. http：//www. moe. gov. cn/jyb_xwfb/moe_2082/zl_2017n/2017_zl05/201701/t20170125_295696. html.
③ 双一流医科类大学等资料来源：教育部."双一流"建设学科名单 [EB/OL]. http：// www. moe. gov. cn/s78/A22/A22_ztzl/ztzl_tjsylpt/sylpt_jsxk/201712/t20171206_320669. html.
④ 黄达人. 部分地方本科高校向应用型转变的思考 [N]. 中国青年报，2015 - 12 - 14（11）.
⑤ 王洪才. 双一流建设：机制·基础·保障 [J]. 江苏高教，2017（6）：11 - 14.

类、设计类、技术方面等，侧重于直接指导当地生产服务，解决实际问题，① 学科建设服务于当地社会经济发展需要，注重培养技术开发与应用型人才。2016 年，第三产业增加值占 GDP 的比重为 51.6%，正逐渐成为国民经济的支柱产业，加大对技术性、专业性、应用型等服务型人才需求。教育与经济的相互影响性使人才培育方面产生深刻改革，地方高校要加强与市场需求的契合度，根据其自身特点，主动与相关产业对接。② 面对当前高校学科固化、同质化，地方高校"一流"学科建设须"不落窠臼"主动出击，根据所处的区域环境、产业结构、市场需求等精准定位，以应用型学科为重点，在新兴交叉领域形成突破点，以 5 年为节点，科学分析、评估社会发展需求变化与产业结构的转型升级，明确应用型学科当前建设的着力点与产业结构、社会需求转变后学科发展方向，同时注重从学科交叉中衍生出新兴学科的生长点精准定位，建设地方新兴交叉型、应用型"高峰""高原"学科。

（三） 政府要积极引导地方高校以服务导向定位学科发展

首先，政府通过政策引导地方高校坚持服务地方经济社会发展的建设目标。高校发展定位决定其学科生存与发展要扎根地方、服务地方，满足社会需求，推动产业创新转型，解决区域实际问题等。政府要政策引领地方高校建设与地方经济社会发展需求相吻合的"立地"学科。学科专业与经济社会发展需求的吻合度是衡量高校学科现代化的重要标志。③ 政府需明确地方高校学科发展的优劣与根基所在，以政策为导向，扶持建设紧贴实际、服务地方、与生产生活紧密相连，能帮助政府、企业、社会、居民解决实际问题、提供实际服务的"立地"学科④。而"双一流"建设中一流学科评选是以一级学科的综合实力为主体，而目前各省份基本上是遵循国家—省份—高校这种单一梯度式的学科遴选标准来确定地方重点高校学科建设目标，如何突破这种按国家评选标准精准定位的学科发展"入围"困境？政府在政策上要引导地方高校主动"突围"，要引导地方高校以差异化与错位化策略构建学科发展目标和"立地"的学科定位。政府需要发挥政策导向功能，正确引领地方高校学科建设发展与地方经济社会发展、产业转型需求相契合，遴选扶持学科依据应区别于"双一流"建设标准，突出地方高校学科重视应用型和服务性，而非基础学科重学术及 ESI 排名等，引导地方高校树立学科建设与地方经济社会共生发展理念。如通过省（区市）高水平大学建设、（区市）双一流大

---

① 柳国梁，余斌. 服务型区域教育体系的地方高校转型研究 [M]. 北京：高等教育出版社，2014.

② 许书烟. 地方本科高校向应用型转变的若干思考 [J]. 高教探索，2017（S1）：5 - 6.

③ 人民网. 回归育人初心　中国高校方可纵横一流 [EB/OL].（2017 - 07 - 10）. http：//edu. people. com. cn/n1/2017/0710/c1053 - 29394353. html.

④ 谭光兴，王祖霖. 处境与策略："双一流"战略背景下地方高校的学科建设 [J]. 国家教育行政学院学报，2017（8）：53 - 58.

学资金分配方案等引领地方高校学科规划建设与地方优势产业、特色产业、战略新兴产业等相对接，促进学科与产业互动，加强学科科研成果转化与技术转让，解决当地社会发展的关键问题，助推产业转型升级和企业创新，提升社会服务能力。

其次，政府指导地方高校建立政用产学研协同机制，发挥学科平台辐射效应。克拉克·克尔认为自由竞争比集中计划取得更好的效果，但需在规则和引导下进行，美国高等教育系统分化是自然演化的结果，较好地适应了社会变化需求与教育系统自身的发展特点。[①] 受经济发展方式转变、产业结构转型升级、社会发展需求等要求越来越多的地方高校向应用型大学转型发展，立足地方，构建应用型学科、特色学科、新兴交叉学科群来服务地方经济社会，而此学科群建设发展与地方政府、产业、社会等密切相关，建立政用产学研协同机制是地方高校学科与地方经济社会发展持续共生的关键保障。要求地方政府顶层设计，为地方高校与当地产业、企业协同合作牵线搭桥，建设资金重点扶持地方高校依托优势学科、特色学科、应用学科来构建学科平台或基地，进而开展与地方产业、企业、行业密切结合的应用型科学研究，注重科研成果转化与应用；政府政策协调地方高校间的跨校际、跨学科研学协作发展，打破当前大学城地理布局相近，高校间、学科间壁垒的弊端，鼓励地方高校结合区域优势，根据自身学科特点，进行跨校跨学科协作，集聚学科优势和区域资源、强强联合，构建一流学科平台，通过政用产学研协同创新形成社会服务合力，强化地方高校对区域的辐射力，吸引经费投入和人才引进，以一流学科平台辐射效应带动地方高校学科建设与发展；社会声誉是评判学科发展的重要标准，也是社会需求的直接反应，通过法规、制度与配套设施促进行业、企业积极参与用产学研合作，赋予地方高校办学自主权，引导其做好企业、市场急需人才的专业设置与规划，充分利用地方高校科研优势、学科平台来服务企业并从行业、企业难题诊断中获取研究课题，以政用产学研协同机制夯实学科实力，优先推动几个优势"立地"学科平台建设并反哺地方高校学科发展，实现"点、线、面"的突破。

高校以满足地方需求为主体目标，在服务地方经济社会与产业发展的作用上是央属高校不能替代的，学科建设更应突出应用型和特色性。但应用型学科队伍有别于学术型学科队伍，不仅要求学术队伍具有扎实的学科理论基础，而且要求具有较强的学科应用能力。[②] 而对地方高校学科发展来说，引进高水平的学科带头人能带起一个学科团队，搭建学科平台，进而集聚更多人才，能较快提高该学科水平，在"一流"学科建设中高水平人才争夺将渐趋"白热化"。但地方高校在学科建设中面临人才稀缺、经费紧缺等现实困境，在"待遇留人、事业留人"

---

① Clark，Burtun. The Higher Education System：Academic Organization in Cross – National Perspective [M]. Berkeley：University of California Press，1983：212.

② 孔繁敏，等.建设应用型大学之路 [M]. 北京：北京大学出版社，2006：89.

优势不明显情况下应另辟蹊径以"情感留人、环境育人"。大学的本质是学术组织，其管理运行最应遵循学术逻辑，强调学术自由。[①] 创造舒适人文环境和自由学术氛围，对不同层次需求的教师予以差异化的人文关怀，如待遇、子女入学、配偶安置、住房、医疗或科研平台等；而对于高端人才或"青年英才"更应注重其尊重和自我实现需求的满足，如发展机会、学术自由、科研资金、制度保障等；将优势学科、应用学科、特色学科的项目、资源、平台等贯穿到以人为本的人才培育过程中，在政用产学研互动机制中充分发挥优势学科、应用学科等的溢出效应，促进青年教师成长，着重"双师双能"型师资培养；交叉学科和新兴学科人才培养以教学模式改革为切入点，构建多元化、个性化培育体系，促进学生进行跨学科选择性学习，形成地方高校能留人与引才、育人与造才的良性局面。

最后，通过提升服务地方经济社会发展，提高高等院校学科经费筹措的能力。由于地方高校经费高度依赖政府财政拨款与学费，在地方财政拨款不能显著增加以及地方高校运营成本不断提高的情况下，经费将直接制约地方高校及其学科发展。要突破这一困境，一方面，地方高校加强与市场联系，根据经济社会发展需求和区域特色，做好应用型学科与特色学科的发展规划，促进地方高校与企业、政府、科研机构、行业等协同创新与合作，推进"产、学、研、教、用"共融；另一方面，积极主动寻求企业行业合作，如地方高校特色学科、优势学科、应用型学科可主动寻求与学科相关企业、行业、产业合作，地方高校充分利用自身科研实力与学科平台优势吸纳社会资金支持，所研究的成果如论文专著、专利、新产品、新工艺或相关服务与技术等由高校与行业、企业共同协商归属，实现高校发展与产业发展创新互动的一种"双赢"策略。

四、构建国际化创新人才引进和培育的新机制

国际化人才是提高我国国际竞争力的重要力量。当前，全球化进程的加快使得国与国之间的竞争演变为国际化人才的竞争，各国对人才的需求造成了人才的短缺和流失，在这样的背景下，各国都在积极探索和实施国际化人才政策，我国也颁布了系列政策以满足国家和社会对国际化人才的渴求，主要包括国际化人才引进政策、培养政策、使用政策、激励与保障政策等。从高校视角来看，国际化人才引进政策在各类人才政策中居于首要位置，它为培养国际化人才而服务，是使用政策和激励与保障政策制定的基础。

国际化首先在于人才的国际化，我国国际化人才的引进、培育与智力合作是一项战略性的任务。高层次海外人才引进的"千人计划"、海外人才创新创业、

---

① 彭阳红. "教授治校"与"教授治学"之辩 [J]. 清华大学教育研究，2012（6）：106 – 110.

吸引国际留学生、本土化人才培养等多样化路径是通向人才发展国际化的实践路径。只有人才构成国际化、人才流动国际化、人才素质国际化，才能从根本上实现人才竞争国际化。

首先，改革开放40年，我国是世界上出国留学规模最大的国家，同时也是科技人才流失最多的国家之一，据统计，"我国流失的顶尖人才数量居世界首位，其中科学和工程领域滞留率平均达87%"。① 近些年随着我国对国际化人才的需求加大，我国出国人员学成回国人数持续增长，从2009年的10.83万人增长到2018年51.94万人。随着国家的发展，越来越多的学子会选择回国工作，但目前海归人员的学历层次不高，而商科专业的比例较高。据《2019海归就业力调查报告》的调查，近六成的受访海归在海外已经或即将取得的最高学历为硕士。51%的受访者的主修专业为商科，工程学与自然科学的比例偏低，医学专业较少，仅为2%（见图8-13）。

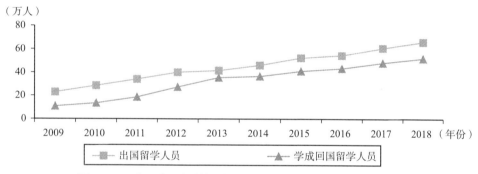

（万人）

图8-13 我国出国留学与学成回国人员变化（2009—2018年）

资料来源：教育部．历年出国留学和留学回国人员统计［EB/OL］．（2018-03-29）．http：//www.moe.edu.cn/jyb_xwfb/gzdt_gzdt/s5987/201803/t20180329_331771.html.

其次，改革开放40多年来，我国高等教育国际化的实践形式已从原来的人员交流发展为双学位课程的开设、合作研究的开展、中外合作办学机构的设立等，这种形式的高等教育国际化我们称之为"4S发展战略"，它包括战略性、实质性、可持续性、服务型四个方面。这种形式的高等教育国际化我们称之为"4S发展战略"，它包括战略性、实质性、可持续性、服务型四个方面。由2017年首次在国家层面把"国际交流合作"列为大学继"人才培养、科学研究、社会服务、文化传承创新"四项职能之外的第五项职能。高等教育国际化是要在合作中探索人才培养的新模式，构建国际化的人才培养体系，并共同落实人才培养工

① 盛若蔚．我国流失顶尖人才数居首位科学和工程领域滞留率高．［EB/OL］．（2016-06-06）．http：//finance.people.com.cn/money/n/2013/0606/c218900-21754218.html.

作，以应对不断变化发展的国际化社会，解决全球重大问题。

最后，在"高等教育—科技—经济"这一链条上，各国从传统的经济财富争夺，逐步拓展至教育和科技发展的竞争，在高等教育上尤为钻坚仰高，"科教兴国"已成为世界共识。① 高等教育国际化的目的应该最终归结于对人才培养质量的关注，应该是培养新时代背景下具有国际视野和竞争能力的国际化人才。高等教育的国际化发展必须首先树立国际化意识，在国际化意识的指引下有效推动高等教育的国际化发展。明确国际化发展对于"双一流"建设的促进作用，在实践中积极落实国际化举措，不断以国际化的视野促进国际化的发展。因此，一方面，我国要加强参与国际科技合作的广度与深度，积极参与全球重大问题的解决，逐步建构以我国为主的大科学工程和大科学计划，不断提升国际话语权、国际声誉和竞争力。另一方面，要增强多向互动性，如在人员交流上"走出去"和"引进来"质量的同步提升，中外合作办学上可考虑加快境外布局科教机构，输出优质教育资源、办学模式和中国声音等。②

（一） 我国国际化人才引进政策和成效

人才计划是一种人力资源开发、选拔、评价机制。各级、各类人才计划面向国际与国内两大人才市场以达到充分挖掘人力资源的目的。如为吸引海外高层次人才回国创新创业，"千人计划"不仅设立创新人才长期项目、高层次外国专家长期项目，还设立短期项目和青年项目，通过长期与短期相结合、中年与青年同时引进以最大范围地发掘国际性人才。③

目前我国各项人才计划与引进人才标准是按国家、省份和学校三个层面分类实施的，地方和高校引才政策中主要人才计划类型（层次）分布情况，我国高层次学术劳动力市场至少被分割为六个层次：第一层处于"金字塔"顶尖的是两院院士及"万人计划"杰出人才；第二层次主要包括"千人计划"长期项目入选者、"万人计划"领军人才、"长江学者奖励计划"特聘教授和"国家杰出青年科学基金"获得者；第三层次主要为"四青"，即"青年千人计划"入选者、"万人计划"青年拔尖人才、"长江学者奖励计划"青年长江学者和"国家优秀青年科学基金"获得者，人社部"百千万人才工程"入选者、中科院"百人计划"和"新世纪优秀人才"入选者等。而国际化高水平创新人才的引进计划主要有以下几个方面：

---

① 周连勇."双一流"建设背景下高等教育国际化的发展路径探究 [J]. 世界教育信息，2018：20.

② 伍宸，宋永华. 改革开放 40 年来我国高等教育国际化发展的变迁与展望 [J]. 中国高教研究. 2018 (12)：53－58.

③ 郭书剑. 人才计划与学术劳动力市场分割 [J]. 苏州大学学报（教育科学版），2018，6（3）：53－61.

1. 高等学校学科创新引智计划

2006 年高等学校学科创新计划由教育部和外国专家局联合组织实施，以建设学科创新引智基地为手段，加大引进海外人才的力度，其目标是瞄准国际学科发展前沿，围绕国家目标，结合高等学校具有国际前沿或国家重点发展的学科领域，以国家、省级、部级重点科研基地为平台，从世界排名前 100 位的大学或科研机构的优势学科队伍中，引进、汇聚 1 000 余名海外学术大师、学术骨干，配备一批国内优秀的科研骨干，形成高水平的研究队伍，建设 100 个左右世界一流的学科创新基地，努力创造具有国际影响的科研成果，提高高等学校的整体水平和国际地位。① 2016 年该计划首次面向地方高校。图 8－14 和图 8－15 的年度分布和高校分布反映了 111 基地的新建情况。

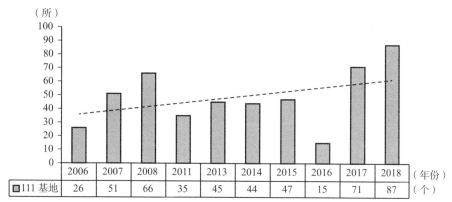

图 8－14 2006—2018 年度新建 111 基地的数量变化

资料来源：高校全景数据平台 https：//beta. cingta. com/#/login.

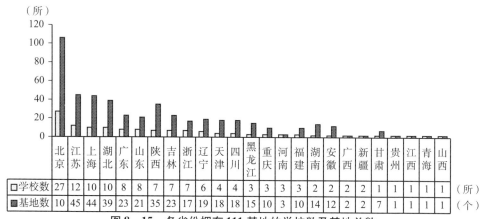

图 8－15 各省份拥有 111 基地的学校数及基地总数

资料来源：高校全景数据平台 https：//beta. cingta. com/#/login.

---

① 千人计划网. 高等学校学科创新引智计划［EB/OL］. http：//www. 1000plan. org/qrjh/channel/8.

由图 8 − 14 可知，2006 年到 2018 年，全国共有 135 所高校建立了 111 基地，数量合计 487 个。从年度分布来看，2009 年、2010 年、2012 年这三年没有新建基地，其余年份的新建基地总体呈线性上升趋势，以该计划首次面向地方高校的 2016 年为界，2006—2015 年新建 111 基地的累计百分比为 64.48%，2017—2018 年新建基地的累计百分比为 32.44%，可见政策修订激发了地方高校的引智积极性，加快了 111 基地的申报和建立。从图 8 − 15 高校分布来看，135 所高校分布在 25 个省级行政区，其中北京、江苏、上海和湖北拥有 111 基地的高校数量大于等于 10 所，基地数总和为 234 个，占全部基地数总和的 48.05%，而贵州、江西、青海和山西都只有 1 所高校建有 111 基地，且基地数为 1，可见拥有 111 基地的高校分布较广，但集中程度却有差异，主要集中在高等教育发展较好的地区。

2. 长江学者奖励计划

根据高校全景数据平台的统计，1998 年长江学者奖励计划是教育部和李嘉诚基金会共同筹资设立的专项计划，该计划包括特聘教授、讲座教授和长江学者成就奖三项内容，其目标是落实科教兴国战略，延揽海内外中青年学界精英，培养造就高水平学科带头人，带动国家重点建设学科赶超或保持国际先进水平。[1] 2015 年该计划新增青年长江学者。其中长江特聘教授和青年长江学者以国内高水平人才为主，讲座教授则以海外高水平人才为主体。图 8 − 16 和图 8 − 17 的年度分布和高校分布反映了长江学者的数量变化。

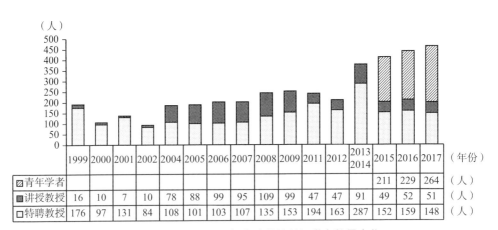

图 8 − 16　1999—2017 年度引进的长江学者数量变化

---

① 千人计划网. 教育部长江学者奖励计划［EB/OL］. http://www.1000plan.org/qrjh/channel/5.

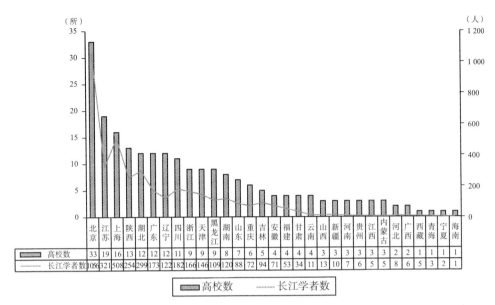

图 8-17　各省份拥有长江学者的高校数及学者总数

　　从图 8-16 和图 8-17 可知，1999—2017 年，全国共有 223 所高校引进了长江学者，数量合计 3 950 人。从年度分布来看，2003 年、2010 年这两年没有评选长江学者，其余年份的长江学者总数呈线性上升趋势，以 2015 年教育部实施青年长江学者为界，1999—2014 年的特聘教授和讲座教授总数为 2 635人，2015—2017 年的特聘教授、讲座教授总数为 611 人，青年学者总数为 704人，合计 1 315 人，接近 1999—2014 年长江学者总数的 1/2，可见新的长江学者奖励计划更加注重遴选优秀学术青年。从学校分布来看，1999—2017 年度合计引进的 3 950 位长江学者分布在中国大陆的 31 个省自治区和直辖市（不含港澳台地区），其中北京、江苏、上海、陕西和湖北引进长江学者的高校数以及学者数位列前 5，合计 2 438 位，占全部长江学者数的 61.72%，而江西、内蒙古、西藏、青海、宁夏以及海南这 6 个省份引进长江学者的高校数以及学者数都小于等于 5，可见长江学者奖励计划已覆盖中国大陆的各个省份，但是分布极不均衡，在高等教育水平较高的北京、江苏和上海等地，引进的长江学者达半数以上，而东西部地区（东部不含港澳台地区）的比例很低，区域间的差距非常明显。

3. 海外高层次人才引进计划和国家高层次人才特殊支持计划
　　2008 年海外高层次人才引进计划由中央人才工作协调小组组织领导和统筹协调，该计划的目标是围绕国家发展战略目标，用 5 到 10 年的时间，在国家重点创新项目、重点学科和重点实验室、中央企业和金融机构、以高新技术产业开发区为主的各类园区等，有重点的引进并支持一批海外高层次人才回国（来华）创新创业。① 2010 年实施青年千人计划。图 8 - 18 和图 8 - 19 的年度分布和高校分布反映了青年千人的数量变化。

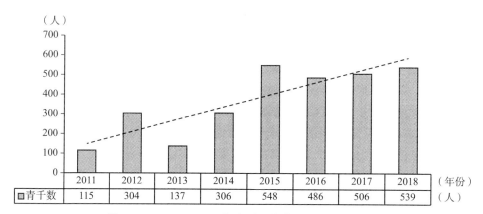

图 8 - 18　2011—2018 年度引进的青年千人数量变化

（年份）	2011	2012	2013	2014	2015	2016	2017	2018
青千数（人）	115	304	137	306	548	486	506	539

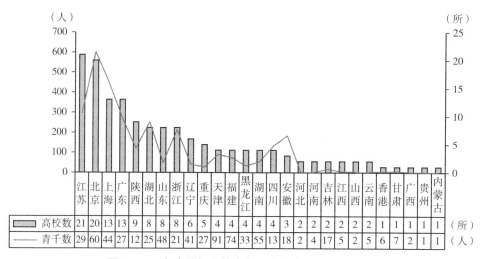

图 8 - 19　各省份拥有的青年千人的高校数和学者数

	江苏	北京	上海	广东	陕西	湖北	山东	浙江	辽宁	重庆	天津	福建	黑龙江	湖南	四川	安徽	河北	河南	吉林	江西	山西	云南	香港	甘肃	广西	贵州	内蒙古	（所/人）
高校数	21	20	13	13	9	8	8	8	6	5	4	4	4	3	3	3	2	2	2	2	2	2	1	1	1	1	1	（所）
青千数	29	60	44	27	12	25	48	21	41	27	91	74	33	55	13	18	2	4	17	5	2	5	6	7	2	1	1	（人）

由图 8 - 18 和图 8 - 19 可知，2011—2018 年，全国累计引进 2 941 位青年千人，分布在 151 所高校中。从年度分布来看，总体上呈线性上升趋势，2011—2014 年的青千数量还不稳定，时高时低，累计百分比为 29.31%，而 2015 到

① 千人计划网. 千人计划专栏［EB/OL］. http：//1000plan. org/qrjh/section/2.

2018 年的青千数量较为稳定，平均每年在 520 人左右，累计百分比为 70.69%，是前者的两倍多，可见近年来国家特别重视引进海外优秀青年人才。从学校分布来看，151 所高校分布在我国 27 个省（区市）（包括香港特别行政区）；综合学校数和青千数，排名前四的省份是江苏、北京、上海和广东，排名倒数三位的是广西、贵州和内蒙古，这些省份的学校数和青千数发展相对匹配，而湖北、浙江、四川和安徽 4 个省份的学校数和青千数发展不匹配，青千数多而高校少，往往是某一所或两所国家重点高校的青千数较多，撑起了该省份的青千数总量，可见青年千人计划应向地方高校推进，地方高校应在双一流的建设中抓住引进青年千人的契机。

为推动海外高层次人才引进计划的顺利实施，加大海外高层次人才引进力度，2008 年中央人才工作协调小组决定在企业、高校、科研院所和园区等建设海外高层次人才创新基地，共 115 个，其中 18 所高校和 17 个研究院所建立了基地。

2012 年中组部和人社部等 10 余部委联合出台《国家高层次人才特殊支持计划》（简称"国家特支计划"，亦称"万人计划"），其目标是面向国内各领域遴选支持 1 万名杰出人才、领军人才和青年拔尖人才，加快造就一支为建设创新型国家提供坚强支撑的高层次创新创业人才队伍。[1] 截至 2018 年，在全国 369 所高校中，共遴选了 2 202 名人才进入万人计划。从分项目的人数来看，杰出人才 2 人，科技创新领军人才 938 人，哲学社会科学领军人才 331 人，百千万工程领军人才 106 人，教学名师 281 人，青年拔尖人才 544 人。[2]

4. 国家杰出青年和优秀青年科学基金

1994 年国家杰出青年科学基金项目支持在基础研究方面已取得较好成绩的青年学者自主选择研究方向开展创新研究，促进青年科学技术人才的成长，吸引海外人才，培养和造就一批世界科技前沿的优秀学术带头人；而 2012 年优秀青年科学基金项目则是培养一批有望进入世界科技前沿的优秀学术骨干。[3] 图 8-20 和图 8-21 反映了国家杰出青年科学基金和国家优秀青年科学基金获得者的数量变化。

① 千人计划网. 海外高层次人才创新基地［EB/OL］.［2019 - 07 - 26］. http：//www. 1000plan. org. cn/qrjh/section/.

② 人民网. 国家高层次人才特殊支持计划.［EB/OL］.［2019 - 07 - 26］. http：//rencai. people. com. cn/GB/362597/370672/.

③ 国家自然科学基金委员会. 国家杰出青年科学基金项目［EB/OL］.［2019 - 07 - 26］. http：//www. nsfc. gov. cn/publish/portal0/jgsz/08/default. htm#08.

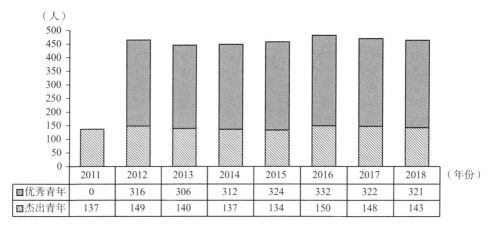

图 8 - 20　2011—2018 年度杰出和优秀青年数量变化

年份	2011	2012	2013	2014	2015	2016	2017	2018
优秀青年	0	316	306	312	324	332	322	321
杰出青年	137	149	140	137	134	150	148	143

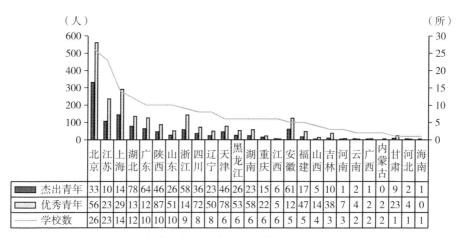

图 8 - 21　各省份拥有杰出和优秀青年的学校数及人数

	北京	江苏	上海	湖北	广东	陕西	山东	浙江	四川	辽宁	天津	黑龙江	湖南	重庆	江西	安徽	福建	山西	吉林	河南	云南	广西	内蒙古	甘肃	河北	海南
杰出青年	33	10	14	78	64	46	26	58	36	23	46	26	23	15	6	61	17	5	10	1	2	1	0	9	2	1
优秀青年	56	23	29	13	12	87	51	14	72	50	78	53	58	22	5	12	47	14	38	7	4	2	2	23	4	0
学校数	26	23	14	12	10	10	10	9	8	8	6	6	6	6	6	5	5	4	3	3	2	2	2	1	1	1

资料来源：高校全景数据平台。

　　由图 8 - 20 和图 8 - 21 可知，2011—2018 年，全国 137 所高校有国家杰出青年科学基金获得者，累计 1 138 人；174 所高校有国家优秀青年科学基金获得者，累计 2 233 人，人数接近杰出青年的 2 倍，仅次于万人计划的总人数。从年度分布看，2011 年仅有杰出青年，2012 年开始实行优秀青年科学基金项目后，每年的杰出青年和优秀青年总和在 450 人上下浮动保持平稳。从高校分布看，拥有杰出青年或者优秀青年的 189 所高校分布在 27 个省级行政区，其中北京、江苏、上海、湖北、广东、浙江和安徽这 7 个省份拥有杰出青年和优秀青年的学校数较多且相应的学者数也较多，而海南、内蒙古、广西、云南、河北和河南这 6 个省份拥有的杰出青年和优秀青年 2011—2018 年度累计值之和都小于 10 位，学校数小于等于 3 所，可见国家杰出青年科学基金和国家优秀青年科学基金虽覆盖面较广，但由于经济发展以及高等教育发展的差异，这两项基金的获得者在地区间差距明显。

以上是国家层面比较有代表性的 6 项国际化人才引进计划，每项计划都有明确的目标取向，通过直观的图表和简单的数据呈现，可以清晰地了解这些政策的实施，使我国众多高校都引进了国际化人才，建立了雄厚的师资队伍，得以带动学科、学生、学校和科研等的国际化发展。然而这些政策的不足之处在于，没有考虑到地区的发展差异性，在经济发展和高等教育发展较好的区域，有更好的条件引进国际化人才，而在经济发展和高等教育发展相对薄弱的地区引进的国际化人才较少。从均衡发展角度来讲，这些地区应被扶持，需要引进更多的国际化人才以促进经济和高等教育的发展，如此，我国才能从整体上提高国际竞争力。

（二）加强国际合作与交流，提升科技创新的国际化水平

科技创新的国际化是科技发展的必然趋势，也是经济全球化背景下的必然选择。国际化人才的集聚是实现这一目标的重要基础。如作为世界上互联网行业最发达地区，美国硅谷 70% 以上的人才是外国族裔。创新是驱动"互联网＋"实现的唯一途径。观察美国的例子可以发现，一个地区的创新文化，根本上源于多元化的人才集群效应。美国一直在享受国际人才红利，来保持领先世界的创新步伐。在美国，专利创造 1/3 来自国外移民。我们熟悉的谷歌里，30% 都是亚裔，其中大部分是中国裔。①

"中国的硅谷"中关村是"互联网＋"创业最集中的区域，同时也是我国首个人才特区。截至 2013 年底，中关村的人才数量已经达到 189.87 万人，超过硅谷的 138.47 万人，但结构方面，人才国际化程度低严重阻碍了中关村人才结构的优化。目前，中关村外国人才比例仅有 0.56%，硅谷这一数字达 36%；而且，在中关村吸引的外国人才中，多数是海外华人华侨，占 74.86%，真正的蓝眼睛黄头发的外籍人才并不多。②

"互联网＋"时代，我国的人才政策开放程度还要继续增加。这不仅是我国政府主观意向，也是客观现实所需。建议从以下两个方面着手：

引进世界级理工院校教育资源，加强创业教育。世界著名的理工类大学，如麻省理工学院、以色列理工学院等，是当前世界互联网弄潮儿的摇篮。我国可以直接与这些大学建立联系，允许有能力、有创意的毕业生直接来华工作。或者，让这些大学在我国建立分校，教育资源共享，实现两国人才培养的互通互联。创业教育被联合国教科文组织称为教育的"第三本护照"。中国现在开始有了创新

① 王辉耀，中国须争取国际人才红利．环球时报［N］．2015－8－4．
② 上海现代服务业联合会．王辉耀：中国须争取国际人才红利［EB/OL］．［2019－07－26］．http：//www.ssfcn.com/detailed.asp? id=570570．

创业的意识，但是创业教育和创业培训都非常薄弱。我国教育部 75 所直属高校公布应届生创业情况的数据只有 15 所，创业率普遍不足 1%。发达国家如美国创业率达到 20% 以上。目前，可以考虑将目前已有的高质量的创业孵化器升级，建成创业大学。创办创业大学，也可以采取中外合作的模式，把全球的创业人才吸引到中国来。

开展创新创业国际合作，构建人才环流共享网络。创新国际合作的模式，比如哑铃模式，即研发在硅谷、伦敦，创业在中国。目前，人才环流已经逐渐成为人才跨国流动的主要形式。科学技术性人才更是如此。硅谷 75% 的外族裔人才，印度裔和华裔占绝大多数。在硅谷有过创业经历，或现在依然保有创业企业的科技华人华裔人才，如果在国内与硅谷间常来常往，可以直接带动硅谷的先进技术流、信息流回国。中美之间出台 10 年往返签证后，我国人才往返硅谷之间已经十分方便。建议再针对性地挑选世界高层次科技园区，与之建立 10 年有效期签证协议，或建立"科技人才签证"，规定持有签证的人才在世界几大科技园区实现多地免签待遇，让人才交叉流动。[①]

（三） "一带一路" 对国际化人才培养的挑战与机遇

中国特色社会主义进入新时代，中国提出的"一带一路"倡议、构建人类命运共同体的理念，在国际上受到普遍欢迎。随着"一带一路"倡议的实施，对我国教育的国际化和国际化人才的培养形成了新的挑战与机遇。教育部在《关于做好新时期教育对外开放工作的若干意见》和《推进共建"一带一路"教育行动》中，将拔尖创新人才、非通用语种人才、国际组织人才、国别和区域研究人才及来华杰出人才五大类人才列为重点培养方向。国家层面对国际化人才的顶层设计，使重新思考高校国际化人才培养现状、问题及出路成为必然。目前我国国际化人才队伍与预期有较大差距，主要存在以下几方面的问题：

一是国际化人才资源严重短缺。国际化人才是指具有国际视野、通晓国际规则、能够参与国际事务和国际竞争的国际化人才。围绕《推动共建丝绸之路经济带和 21 世纪海上丝绸之路的愿景与行动》提出的"政策沟通、设施联通、贸易畅通、资金融通、民心相通"目标，国际化人才要求能够熟练掌握外语，与相关国家顺畅进行政策、项目、金融、商贸等方面合作的人才。经济"走出去"和国际产能合作过程中，海外市场开拓由于缺乏懂外语、懂技术、懂管理、懂国际运作的国际化人才，以至于在市场开拓、研发设计、商务谈判、项目管理等过程中受到制约。文化"走出去"和国家形象塑造过程中，由于缺乏国际化人才，导致

优秀作品对外传播受到制约、国家话语权薄弱等问题严重。

二是现有国际化人才知识结构单一。高等教育国际化人才培养起步晚，院校教育专业设置与国际化素养培养相脱离，外语专业在人才培养中偏重技能性训练，在人文社科知识系统化掌握方面欠缺。"各类技术人才、科技人才、项目人才广泛缺乏，特别是具有国际背景和金融专业能力的领导人才极其稀缺。"无论是外语专业还是其他专业，国际化人才培养大多止于外语语言能力的培养，在一定程度上缺乏掌握对象国文化、社会、政治、经济状况等素养，对于国际通行规则、不同文化之间的融合、世界政治经济的走向等整个国际生态的了解和掌握也很欠缺，尤其是从中国传统文化背景出发，从当代中国现实状况出发，做出不同于其他文化背景的人的理解与判断，更是软肋。

三是国际资源引进力度不足。在国际化人才培养方面，与国际合作有待加强。引进国际化人才的观念滞后，引进动力不足，如何了解、评价、甄选国际化人才是目前的主要困扰之一。此外，引进国际化人才的平台较少，程序不规范，"熟人介绍"是引进国际化人才的主要手段之一，容易造成职位不匹配问题和人才浪费的现象。

为了适应"一带一路"对国际化人才的需要，进一步加强国际化人才队伍建设，提出以下几点建议：

一是进一步调整高等教育学科体系安排，正确处理人才培养"专与博"的关系，加大国际化通识教育力度。我国目前高校的人才培养模式是在中华人民共和国成立后仿效苏联专才教育模式建立起来的，专业划分较窄，这种模式在中华人民共和国成立初期对迅速培养出经济建设所需要的高级专门人才非常必要，但其固有的缺点日益发展为严重的弊端，专业划分过细和学生知识结构单一严重影响到国际化人才培养和人才队伍建设的需要。有必要大力深化通识教育改革，进一步推动专才教育向通识教育转型，秉承通识教育与专业教育相融合的理念，将国际化作为通识教育的必修内容，使学生对于中国的历史和目前中国的国际地位、影响和贡献有均衡的理解，并对不断变化的国际形势有比较深入的认识，培养具有跨文化素养能力的国际化人才，为具备国际事务洞察力和处理能力打下扎实的基础。通过加大国际化通识教育力度，逐步改变国际化人才队伍结构。

二是大力发展终身教育，坚持培养"外语＋"人才。一方面，高校要将外语教育和跨文化能力的培养放在同等重要的位置。首先，语种实现多元化发展。目前，我国外语人才主要集中在英、俄、德、法、日、西、阿等通用语方面，非通用语人才比较缺乏，语种分布已经明显滞后于中国对外交往的实际需求。其次，加快复语型、复合型人才的培养。随着基础教育阶段外语教育水平的显著提升，大学的外语教育必须随之做出相应的调整，要根据外语人才的流向与反馈，调整现有专业培养方向，或进行跨专业、跨院系、跨院校的合作，重点培养对外交流合作领域急需的专业人才，如"一带一路"急需的金融、贸易、财务、法律、新闻人才及工程技术类人才。最后，跨文化能力的培养迫在眉睫。当前，单纯技术层面的外语交流已经远远不能满足现实需求，不管是经济领域还是文化、教育领域，对外交流合作越来越依赖双方思想文化层面的相互理解与认同，因此跨文化思维的沟通是当前减少风险成本、决定合作成效不可或缺的一环。[①] 另一方面，国际化人才培养是一个长期、持续的过程，国际化人才知识更新和能力提升需要与时俱进，仅依靠院校教育远远不够。必须大力倡导和发展终身教育，为国际化人才持续充电提供良好的平台和保障。并且，在职人员是当前推进"一带一路"建设和全球化进程的中坚力量。通过继续教育，更新优化在职人员知识结构，在原有专业基础上，补充外语能力和国际化素养，推进"外语＋"人才培养，实现现有专业人才、外语人才向国际化人才转型，加快国际化人才队伍建设。

三是坚持"以我为主"，搭建国际化人才交流合作平台。现在全球化发展迅速，走出去的步伐太快，我们非常缺乏国际化人才，现在仅靠培养、发现已经不能解决问题，有必要树立共享国际化人才的理念。党的十八大提出一个很重要的理念就是共享，人才的共享也很重要。我们需要"以我为主"分享全球的人才，让全球的人才都为我们国际化来服务。通过打造共享国际国内经济、贸易等各行各业的人才共享平台，重视人才引进，加强人才交流合作，实现国际化人才互联互通。

随着"一带一路"倡议的实施，我国逐渐成为"一带一路"国家教育合作与交流的重点。来自"一带一路"国家的留学生规模迅速扩大。一方面，我国高等院校要积极推动与"一带一路"国家高等院校的合作与交流。如建立"国际教育学校联盟"对接"一带一路"沿线各国，为开展教育互联互通、人才培养培训、共建丝路合作机制，实施"留学中国"行动。推动与"一带一路"国家加强高等教育合作，实现资源共享、优势互补。同时，高等院校还应发挥好世界高等教育的连接作用，将自身建立的大批西方发达国家的教育合作资源，在"一带一路"框架内进行教育资源的重新整合与连接，保障人才培养方向、人才培养标准符合国家对外开放发展新格局。

归根结底，要树立人才培养的全球化观念，即以全球性眼光审视人才培养的标准、内容、层次、机制，加强顶层设计和体系性变革，最终使培养的人才具有全球性竞争力。

---

① 陈海燕."一带一路"战略下我国国际化人才培养的现状、问题与出路 [J].北京教育（高教），2017（5）：15 – 18.

第三节　"中国制造"和应用型技术人才队伍建设

制造业是一个国家经济的主体，制造业是立国之本、兴国之器、强国之基，是一个国家综合实力的体现。中华人民共和国成立70年来，我们国家通过全体中国人民的不懈努力，从一个制造业非常薄弱的国家发展为世界第一大制造业国家，但我们还不是制造业的强国。从"中国制造""中国精造"到"中国创造"，是一个立足中国人力资源动态比较优势，积极参与国际市场分工，逐渐从价值链低端向价值链高端的转化，从传统加工制造向现代高科技装备制造转移，从制造业为重心向以服务业为重心演变，这样一种长期积累、循序渐进的改革和发展进程。①

2010年，中国超过美国，成为世界第一大制造国。2017年中国的制造业从2010年占全球的19.8%，成长到占全球制造业的28.57%，中国的人均制造业增加值是发展中国家人均制造业增加值的2~10倍。在整个工业化过程当中，制造业高速地发展，制造业占国内生产总值的比重也比较高。我们现在的主要问题是制造业大而不强，就是效益不高离建设制造强国还有巨大的距离。所以制造业要做强，不是一味地去追求规模，一定要在制造业的高端领域下功夫，在制造业的质量、效益上下功夫。②

"功以才成，业由才广。"高素质的人才资源是产业转型发展的第一要素，创新驱动实质上是人才驱动。应用型人才作为我国人才队伍中的骨干力量，在建设人力资源强国中的地位日益显要，是我国实现社会主义现代化的人力资源支持，对推动经济社会发展和科技创新起着重要的支撑作用。从战略发展的角度看，一方面，要坚持发挥人力资源数量丰富的短期比较优势，积极促进加工制造等劳动密集型产业由粗放型的低端产品向精品型的高品质产品转型；另一方面，要通过建设高素质的应用型人才队伍，提高人力资源的质量和完善人力资源的结构，积极提高劳动力素质和专业化技能，提升"中国制造"的技术含量及附加值水平。从而使中国经济发展逐渐从低端的"中国制造"走向高水平的"中国创造"。

应用型人才对社会经济发展的重要性日渐显现，加快培养应用型人才已经成为一种共识。党的十八大报告提出"努力办好人民满意的教育……加快发展现代职业教育"，十八届三中全会《中共中央关于全面深化改革若干重大问题的决

---

① 李宝元，等. 人力资源强国之路——中国人本发展战略研究报告 [M]. 北京：经济科学出版社，2011.

② 苏波. 中国制造业的现状和未来 [EB/OL]. [2019 - 05 - 10]. http：//www.sohu.com/a/313229828_99915460.

定》（以下简称《决定》）提出"加快现代职业教育体系建设，深化产教融合、校企合作，培养高素质劳动者和技能型人才"，为我国高等职业教育发展进一步指明方向。2014 年 6 月国务院发布《关于加快发展现代职业教育的决定》，并据此制定了《现代职业教育体系建设规划（2014—2020 年)》，明确了我国高等职业教育发展的总体要求、基本架构、重点任务、制度保障、机制创新等，为我国高等职业教育发展描绘了科学的蓝图。2014 年 6 月召开了改革开放以来的第七次全国职业教育工作会议，习近平主席就加快发展职业教育做出了重要批示，提出要更好支持和帮助职业教育发展，为实现"两个一百年"奋斗目标提供人才保障；李克强总理强调职业教育大有可为，应当通过职业教育使"中国制造"更多走向"优质制造""精品制造"，使中国服务塑造新优势、迈上新台阶。2015 年 10 月 21 日，教育部、国家发展改革委及财政部联合发布《关于引导部分地方普通本科高校向应用型转变的指导意见》，全面引导地方普通本科院校向应用型大学转变。该文件的出台，首次将高校转型培养应用型人才上升至国家层面，是我国关于高层次应用型人才培养的第一个顶层文件。

一、我国应用型人才队伍建设的现状分析

2014 年，国务院发布《关于加快发展现代职业教育的决定》，全面部署加快发展现代职业教育，加强应用型人才培养。关于应用型人才的内涵，学术界没有统一的鉴定。目前，学者们对应用型人才概念研究的思路大体上有两种：一种是总体上从培养目标的指向上进行定义，认为应用型人才培养目标是面向生产实践，重于应用型和实践性指向，主要培养特定职业岗位的应用型、实践型、技能型和操作型人才。另一种是具体通过与学术型人才的对比，从知识、能力、素质三大方面，对其特征进行描述性的界定和分类。

应用型人才主要指本科层次以下的由中职或高职院校培育的技能型人才。所谓技能型人才，广义地讲，是指具有良好的职业道德，掌握一定技术理论和专业知识，直接从事操作、提供生产性劳动或服务，为本单位、本部门的生产、经营或服务做出贡献的工人；狭义地讲，技能型人才是指能将专业知识和技能应用于所从事的专业社会实践的专门的人才类型，是熟练掌握社会生产或社会活动一线的基础知识和技能，主要从事一线生产的技术或专业人才。应用型人才作为当前的热点问题，其研究都与人力资源强国战略和国家政策有密切的关系。

一是我国目前劳动就业人口中技能劳动者数量偏少、供需矛盾突出。当前我国劳动就业人口中技能劳动者总量严重不足，技工短缺现象尤其严重。据人力资源和社会保障部的统计数据显示，目前我国技能劳动者数量超过 1.65 亿，只占全国就业人员总量的 21.3%，但其中高技能人才只有 4 791 万人，占就业人员总

量的 6.2%。从数据可以发现，无论总量上还是比例上，我国的高技能人才均与我国经济高质量发展提出的要求有相当大的差距。同时近年来技能劳动者的求人倍率一直在 1.5∶1 以上，高级技工的求人倍率甚至达到 2∶1 以上，表 8 - 24 反映了近 10 年来我国城市劳动力市场求人倍率情况，如图 8 - 22 所示，我们可以发现，我国城市劳动力市场严重缺乏高级工程师、高级技师和技师，供需矛盾十分突出。初步估算，我国的高级技工缺口将近千万人。国务院在《中国制造 2025》提出了制造业升级的宏伟目标，10 年以后我国的产业工人数量有望达到 1 亿人。按照比例推算，制造业高级蓝领工人的缺口将扩大到 4 000 万 ~ 5 000 万人左右。[①]

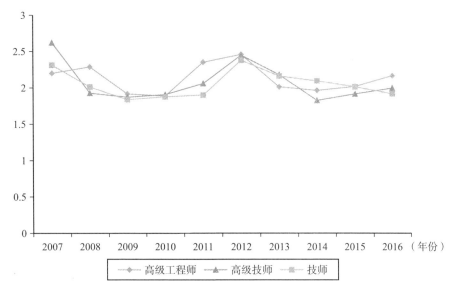

图 8 - 22　城市劳动力市场求人倍率情况

资料来源：前瞻数据库．

　　造成中国技能劳动者供不应求有多方面的原因，一方面，是社会经济的快速发展对技能劳动者产生了强大的需求，而人才培养周期较长，一定时期内供给跟不上需求增长。另一方面，是中国在技能型人才培养方面存在诸多不足，中国现行教育体制重学历教育、轻技能培训是技能人才短缺的主要原因。

　　近 10 年以来，我国具有等级职业资格证书的技能工人的数量不断增加，但是具有技师和高级技师职称资格证书的人才数量缺口仍然比较大。如图 8 - 23 和表 8 - 6 所示，2007 年底，我国有 996 万人获得了等级职业资格证数，其中获得

---

① 张娜. 没有高技能人才难撑起高质量发展 [EB/OL]. (2018 - 03 - 05). http：//www. sohu. com/a/224840261_115495.

技师和高级技师职业资格证的人数为 32.1 万人，占整个获得等级职业资格证书人的 3.22%，截至 2016 年底，我国具有等级职业资格证的人数为 1 446 万人，其中获得技师和高级技师职业资格证的人数为 47 万人，仅占整个获得等级职业资格证书人的 3.25%。

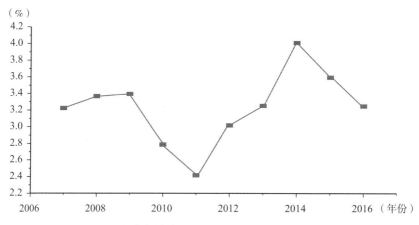

图 8-23 具有高级技术职称的人占据有技术职称的人的比重

着眼于可持续发展和人才的总体要求，2010 年 6 月，中共中央、国务院印发了《国家中长期人才发展规划纲要（2010—2020 年)》（以下简称《人才规划纲要》），推出了统筹六大人才队伍建设的发展战略。其中《人才规划纲要》提出，要打造一支宏大的高素质专业技术人才队伍，培养造就一大批技艺精湛的高技能人才，即应用型人才，到 2020 年，专业技术人才总量达到 7 500 万人，高技能人才总量达到 3 900 万人，其中，高级、中级、初级专业技术人才比例为 10∶40∶50，技师、高级技师达到 1 000 万人左右。[①] 党的十八大以来，我国不断加强专业技术人才队伍建设，在国家政策的大力支持以及社会的高度关注下，专业技术人才队伍蓬勃发展。截至 2015 年底，全国专业技术人才总量达 7 328.1 万人，比 2010 年增加 1 778 万，增幅 32%，高、中、初级比例为 11∶36∶53。[②] 按此趋势发展下去，我国将提前达成人才发展目标。

但我国专业人员获得资格证书的情况不容乐观，2010 年，我国累计专业技术人员资格证书获得者为 2 046.6 万人，截至 2017 年底，我国累计专业技术人员资格证书获得者为 2 620 万人，年平均增长率为 0.036 与现实差距较大（见表 8-6）。

① 中华人民共和国中央人民政府. 国家中长期人才发展规划纲要（2010—2020 年）[EB/OL]. (2010 - 06 - 06). http://old. moe. gov. cn/publicfiles/business/htmlfiles/moe/info_list/201407/xxgk_171904. html.

② 赵兵. 我国专业技术人才队伍壮大 素质提高 结构优化 [N]. 人民日报，2017 - 08 - 21（1）.

表8-6　　　　　　　全国累计专业技术人员资格证书获得人数　　　　　单位：万人

年份	2010	2011	2012	2013	2014	2015	2016	2017
全国累计								
专业技术人员资格证书获得者	2 046.6	1 400	1 575	1 791.9	2 530.8	1 797	2 358	2 620

注：年平均增长率（m）计算公式：$m = \sqrt[n]{\dfrac{B}{A}} - 1$（其中 B 为最后一年数据，A 为第一年数据，n = 年数 -1）。

二是我国目前技能人才培养体系基本形成但结构有待优化。我国已经建立起了世界上规模最大的职业教育体系，基本上具备了大规模培养技术技能人才的能力。[1] 2017 年，全国职业教育学校共有 1.07 万所，其中，普通中等专业学校 3 346 所，职业高中 3 617 所，技工学校 2 490 所，成人中等专业学校 1 218 所，高职（专科）院校 1 388 所。中等职业教育招生 582.43 万人，占高中阶段教育招生总数的 42.13%。高职（专科）院校招生 350.74 万人，占高等教育招生总数的 46.06%。其中，中等职业教育在校生 1 592.50 万人，占高中阶段教育在校生总数的 40.10%，高等（专科）教育在校生 110.50 万人，占高等教育在校生总数的 40.13%。近 10 年我国职业教育的规模不断扩大，如图 8-24 所示，近 10 年我国高等专科学校在校人数从 860.59 万人增至 1 082.89 万人，中等职业教育在校人数略有减少，但变化幅度不大。

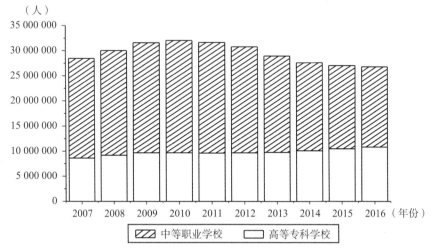

图8-24　2007—2016 年职业教育在校生数量变化情况

---

[1] 于志晶，刘海，岳金凤，等. 中国制造 2025 与技术技能人才培养 [J]. 职业技术教育，2015，36（21）：10-24.

除此之外，近年来我国劳动力中接受职业教育的比重提升，如图 8 - 25 所示，2010 年新增劳动力中受职业教育的比重为 3.64%，2015 年比重最大为 32.07%，2016 年略有下降为 21.98%。

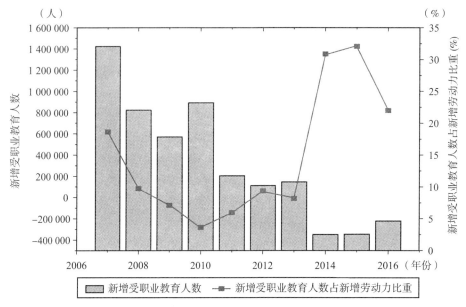

图 8 - 25　新增受职业教育的人口数占新增劳动力的比重

二、我国应用型人才队伍建设情况的分析

应用型人才队伍度量或评价涉及众多的因素和变量，为了全面、准确地反应被评价目标的情况，在评价目标应用型人才队伍时，本书设置了 5 个二级指标和 32 个三级指标。5 个二级指标分别是：应用型人才队伍数量指标、应用型人才资源结构指标、应用型人才资源发展指标、应用型人才资源素质和应用型人才资源环境指标。

1. 应用型人才队伍的数量指标

在一定的历史时期，人力资本是促进一个国家和地区发展进步的最根本的因素，人力资源存量水平在很大程度上决定着该地区的人才水平，反映该地区人才发展未来的状况，是判断一个国家从人口大国进入人力资源大国的基准，也是建设人力资源强国的重要基础。2017 年我国劳动年龄人口平均受教育年限为 10.5 年，说明我国职业教育体系在改善劳动力素质结构，提升劳动力人口学历层次、提高国民整体素质、增强国家综合竞争力等方面发挥了重要作用。应用型人才作为我国建设人力资源强国的重要支柱之一，主要通过职业教育培养，包括高等职业教育和中等职业教育。高等职业教育培养高级技术应用型人才，中等职业教育培养掌握某一特定职业或职业群中从业所需的实际技能和知识的技能型人才。招生人数、在校人数和毕业人数是反映职业学校学生规模的三大指标，其中招生数和毕业生数分别反映学生的流入和流出量，在校生数反映的是学生的续存量，直接体现了未来应用型人才的整体数量，如表 8 - 7 和图 8 - 26 所示。

表 8 - 7　　　　　2007—2016 年中、高等职业院校招生、在校、毕业人数　　　单位：人

年份	高等职业院校招生人数	中等职业院校招生人数	高等职业院校在校人数	中等职业在校人数	高等职业院校毕业人数	中等职业院校毕业人数
2007	2 838 223	8 100 241	8 605 924	19 870 065	2 481 963	5 309 032
2008	3 106 011	8 121 103	9 168 042	20 870 873	2 862 715	5 806 595
2009	3 133 851	8 685 241	9 648 059	21 951 663	2 855 664	6 251 904
2010	3 104 988	8 704 191	9 661 797	22 384 976	3 163 710	6 652 949
2011	3 248 598	8 138 664	9 588 501	22 053 300	3 285 336	6 603 460
2012	3 147 762	7 541 349	9 642 267	21 136 871	3 208 865	6 748 946
2013	3 183 999	6 747 581	9 736 373	19 229 706	3 187 494	6 744 396
2014	3 379 835	6 197 618	10 066 306	17 552 823	3 179 884	6 229 463
2015	3 484 311	6 012 490	10 486 120	16 567 024	3 222 926	5 678 833
2016	3 432 103	5 933 411	10 828 898	15 990 127	3 298 120	5 036 240

资料来源：《中国教育统计年鉴》（2007—2016 年）.

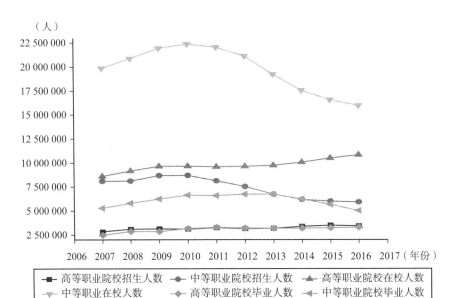

图 8 - 26　2007—2016 年中、高等职业院校招生、在校、毕业人数

资料来源：《中国教育统计年鉴》（2006—2016 年）.

表 8 - 7 和图 8 - 26 显示了 2007—2016 年我国中等职业院校与高等职业院校历年的招生人数、在校人数和毕业人数。观察图 8 - 28 可以发现，近 10 年以来，我国高等职业院校无论从招生人数、在校人数还是毕业人数看，基本呈现增长趋势。其中，2015 年招生人数最多为 3 483 311 人，2016 年在校人数和毕业人数最多，分别为 10 828 898 人、3 298 120 人，年平均增长率分别为 2.13%、2.59%、3.21%。而中等职业院校的人数先增加后减少，2010 年可以看作一个分水岭。2010 年前中等职业教育人数逐年增加，2010 年后中等职业教育呈现全面减弱的势头。2010 年招生人数和在校人数最多，分别为 8 704 191 人、3 285 336 人，2013 年毕业人数最多，为 6 748 946 人，这个与招生年份不谋而合。究其原因，除了生源数量总体减少之外，更主要的是随着社会经济的发展，社会用人单位对人才需求的重心上升，以及高等教育的发展对高中阶段教育产生强大的拉力作用，严重影响和制约了中等职业教育的发展。2018 年，全国有职业院校 1.17 万所，招生 928.24 万，在校生规模达 2 685.54 万。中职学校招生和在校生分别占高中阶段教育的 41.34%、39.47%，高职（专科）院校招生和在校生分别占高等教育的 46.63%、40.05%。职业教育的发展呈现一种稳定增长的发展态势。

2. 应用型人才队伍的结构指标

中国正由"人口红利期"进入"人口负债阶段"，劳动人口的下降以及人口老龄化势必会对未来中国经济社会的可持续发展带来巨大挑战。当前中国正从人力资源大国迈入人力资源强国的关键期，其建设人力资源强国已不能仅仅依靠人力资源数量上的优势，应更多地转向人力资源结构优化来驱动。

如图 8 - 27 所示，2007—2016 年我国具有大专以上学历的人口比例稳中有升，

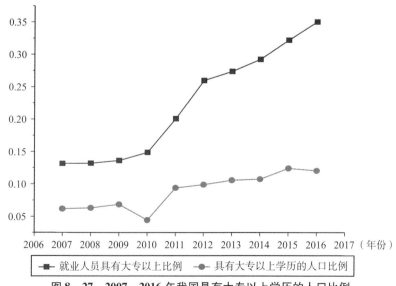

图 8 - 27　2007—2016 年我国具有大专以上学历的人口比例

2007 年具有大专以上学历的人口比例为 6.16%，2016 年增加到 12.4%，10 年之间大约翻了一番。从就业人员的学历结构看，2007—2016 年我国就业人员中具有大专以上学历的比例逐年上升，2007 年就业人员中具有大专以上人口的比例为 18.62%，2016 年增加到 35%，增加了大约 1.9 倍。

除此之外，近年来我国劳动力中接受职业教育的比重提升，如图 8 – 28 所示，2010 年新增劳动力中受职业教育的比重为 3.64%，2015 年比重最大为 32.07%，2016 年为 21.98% 略有下降。

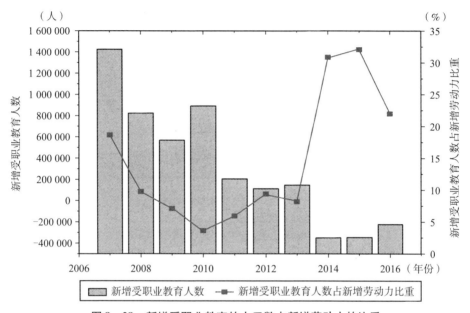

图 8 – 28　新增受职业教育的人口数占新增劳动力的比重

资料来源：《中国教育统计年鉴》（2007—2017 年）.

3. 应用型人才队伍的发展指标

如表 8 – 8 所示，近 10 年来我国中等职业教育在校人数占高中阶段在校人数的比例超过 40%，其中 2010 年高达 47.8%，高等职业教育在校人数占高等教育在校人数的比例超过 39%。中、高等职业教育占据了高中阶段教育和高等教育阶段的半壁江山，在国家经济转型和产业升级中起着举足轻重的作用。大力发展现代职业教育，更是被党和政府提到了与推动工业化、信息化、城镇化、农业现代化同步发展的战略层面。充足的职业教育经费投入是保障应用型人才充分发展的重要基础。应用型人才发展指标主要包括中等职业教育经费总投入占全国高中阶段教育经费总投入的比重、普通高职高专教育经费总投入占全国高等教育经费总投入的比重、中等职业学校生均教育经费总支出、普通高职高专生均教育经费支出和职业教育经费支出总额全国占比。

表 8 - 8　　中、高等职业教育在校人数占中、高等教育在校人数阶段的比例

年份	高等职业院校在校人数（人）	普通高等学校在校生数（人）	高等职业院校在校人数占高等教育在校人数的比例（%）	中等职业在校人数（人）	高中阶段在校生数（人）	中等职业院校在校人数占中等教育在校人数的比例（%）
2007	8 605 924	18 848 954	45.66	19 870 065	45 274 908	43.89
2008	9 168 042	20 210 249	45.36	20 870 873	45 760 735	45.61
2009	9 648 059	21 446 570	44.99	21 951 663	46 409 122	47.30
2010	9 661 797	22 317 929	43.29	22 384 976	46 773 297	47.86
2011	9 588 501	23 085 078	41.54	22 053 300	46 866 060	47.06
2012	9 642 267	23 913 155	40.32	21 136 871	45 952 782	46.00
2013	9 736 373	24 680 726	39.45	19 229 706	43 699 228	44.00
2014	10 066 306	25 476 999	39.51	17 552 823	41 706 510	42.09
2015	10 486 120	26 252 968	39.94	16 567 024	40 376 929	41.03
2016	10 828 898	26 958 433	40.17	15 990 127	39 700 588	40.28

　　表 8 - 9 显示了 2007—2016 年我国中、高等教育阶段教育经费总投入情况。观察表 8 - 9 发现，近 10 年我国职业教育经费总投入逐年增长。中等职业教育经费总投入年平均增长率为 11.65%，高等职业教育经费总投入年平均增长率为 14.28%。但从总量上看，中等职业教育经费与普通高中教育经费投入相比总量低，普通高职高专教育经费与普通本科教育经费投入总量相比，差距甚大。

表 8 - 9　　　　　2007—2016 年中、高等教育阶段教育经费总投入

年份	全国高中阶段教育经费总投入（千元）	中等职业教育经费总投入（千元）	普通高中教育经费总投入（千元）	全国高等教育经费总投入（千元）	普通高职高专教育经费总投入（千元）	普通本科教育经费总投入（千元）
2007	224 530 267	85 179 826	139 350 441	376 230 072	55 220 624	321 009 448
2008	265 147 909	104 924 351	160 223 558	434 687 795	69 442 987	365 244 808
2009	297 831 092	119 886 746	177 944 346	464 500 894	92 111 827	372 389 067
2010	336 065 590	135 730 990	200 334 600	562 907 706	105 148 913	457 758 793
2011	413 286 412	163 850 301	249 436 111	688 023 164	125 078 924	562 944 240

续表

年份	全国高中阶段教育经费总投入（千元）	中等职业教育经费总投入（千元）	普通高中教育经费总投入（千元）	全国高等教育经费总投入（千元）	普通高职高专教育经费总投入（千元）	普通本科教育经费总投入（千元）
2012	490 524 453	190 930 756	299 593 697	801 488 477	141 043 589	660 444 888
2013	522 413 749	199 786 913	322 626 836	797 576 578	145 239 472	652 337 106
2014	526 505 748	190 651 999	335 853 749	869 365 509	151 776 704	717 588 805
2015	576 613 359	213 780 101	362 833 258	951 817 799	172 625 920	779 191 879
2016	615 521 155	222 289 874	393 231 281	1 012 464 513	183 603 006	828 861 507

资料来源：《中国教育经费统计年鉴》（2007—2017 年）.

　　总体上，2007—2016 年我国中等职业教育和普通高职高专生均教育经费总支出增长稳定，近 10 年来我国职业教育生均教育经费总额逐年增长。其中 2007 年最少，中等职业教育生均教育经费为 6 252.5 元，普通高职高专生均教育经费为 10 899.985 元；2016 年最多，中等职业教育生均教育经费为 16 986.47 元，普通高职高专生均教育经费为 20 458.13 元。中等职业教育生均教育经费年平均增长率为 11.7%，普通高职高专生均教育经费年平均增长率为 7.25%，如图 8 - 29 所示。

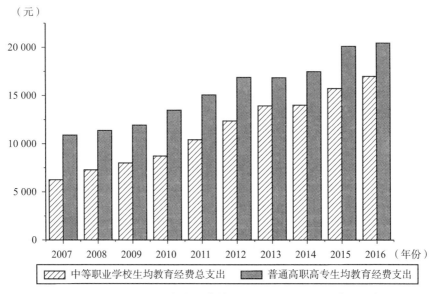

图 8 - 29　2007—2016 年中、高等职业教育生均教育经费总支出

4. 应用型人才队伍的质量指标

"职工平均工资"是反映某一国家或地区职工工资水平的主要指标,"职工平均工资"作为劳动力的价格,是最重要的劳动力市场数据之一,在社会经济中具有重要作用。"职工平均工资"的高低能够间接体现一个国家或地区人才的综合素质。图8-30是2007—2016年我国部分应用型行业职工平均工资,职工平均工资的上涨,实际上是劳动力价格的提高。依据经济学理论,价值决定价格,而价格又是价值的表现,因此职工平均工资的上涨也是劳动力价值提升的表现。在我国应用型行业,劳动力的价值与人才的综合素质密切相关,劳动者的生产经验、劳动技能以及文化科学知识得到有效提升,其参与的物质资料生产过程也会随之不断发展、革新,从而在整体上实现劳动力的升值。综上所述,近年我国部分应用型行业职工平均工资呈现上升趋势,体现了我国应用型人才素质在不断提高,我国具备一支高素质的应用型人才队伍。

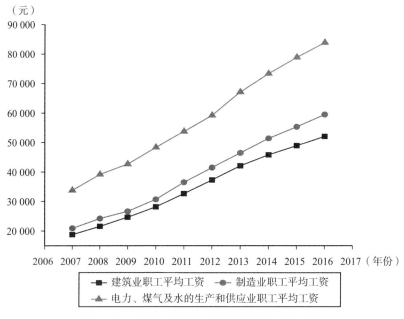

图8-30 2007—2016年部分行业职工平均工资

资料来源:《中国统计年鉴》(2007—2016年).

5. 应用型人才队伍的保障指标

良好的人才环境是吸引和培养人才的关键,是我国应用型人才队伍建设的保障。环境分为自然环境和社会环境,其中,社会环境对人才的成长与发展起主要作用。本书选取了高职专科院校数、中等职业教育学校数和职业技术培训机构数

3 个硬件指标，以及党中央、省政府等出台的应用型人才政策数量 1 个软件指标作为评价标准，对我国的应用型人才队伍的环境进行评价。

2007—2016 年我国中等职业教育学校数、高职专科学校数和职业技术培训机构数。观察图 8 - 31 可以发现，近 10 年来，我国高职专科院校数逐年增加，2007 年我国高职院校只有 1 168 所，2016 年我国高职院校 1 359 所，增加了 191 所。相反，而中等职业学校数和职业技术培训机构数却呈现减少趋势。从中等职业教育学校数来看，2007 年 14 832 所，2008 年增加到 14 847 所，此后一直减少，2016 年减少到了 10 893 所。从职业技术培训机构数来看，2007 年 178 900 所，2016 年减少到了 93 358 所。①

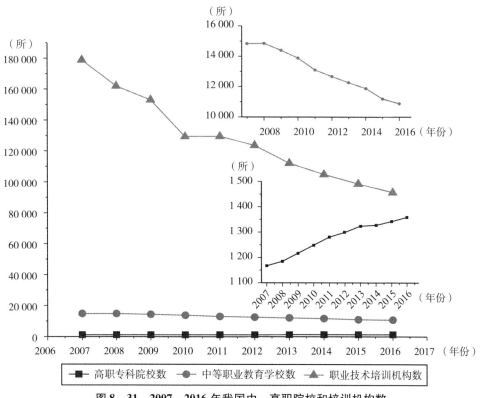

图 8 - 31 2007—2016 年我国中、高职院校和培训机构数

在职业教育发展过程中，政府占据主要引导地位。职业教育的健康快速发展，离不开政策的宏观引导。表 8 - 10 和图 8 - 32 显示了搜集到的我国职业教育颁布的政策数量的变化情况。观察表 8 - 10 和图 8 - 32 可以发现，我国职业教育

① 教育部. 教育统计数据 [EB/OL]. [2019 - 07 - 27]. http://www.moe.gov.cn/jyb_sjzl/.

政策文本数量整体波动比较大，其中 2014 年最少为 14 个，2011 年最多为 31 个，这样的数量变化与《国家中长期教育改革与发展规划纲要（2010—2020 年)》的颁布密切相关。在 2007—2016 年间，平均每年颁布 21.4 个政策。

表 8 - 10　　　　　　　2007—2016 年我国职业教育政策文本数量

年份	2007	2008	2009	2010	2011	2012	2013	2014	2015	2016
数量	16	20	24	23	31	25	18	14	23	20

资料来源：蒋春洋. 我国职业教育政策研究——以 2002—2016 年职业教育政策文本数量为例［D］. 沈阳：沈阳师范大学，2017：13.

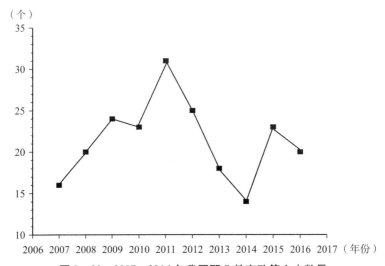

图 8 - 32　2007—2016 年我国职业教育政策文本数量

表 8 - 11 显示了 2007—2016 年我国不同层次职业教育的政策数量情况。在两种层次的职业教育分类中，政策文本数量总计 106 个。总体而言，我国职业教育的政策数量呈现先上升后下降的趋势，且中等职业教育的政策数量明显高于高等职业教育的政策数量，占比 68％，如图 8 - 33 所示。直到 2013 年才有所减少。

表 8 - 11　　　　　　2007—2016 年我国不同层次职业教育政策文本数量

年份	2007	2008	2009	2010	2011	2012	2013	2014	2015	2016	小计
中等职业教育	8	12	9	11	13	10	4	2	2	1	72
高等职业教育	4	1	5	4	4	7	2	1	2	4	34
总计	12	13	14	15	17	17	6	3	4	5	106

资料来源：蒋春洋. 我国职业教育政策研究—以 2002—2016 年职业教育政策文本数量为例［D］. 沈阳：沈阳师范大学，2017：19.

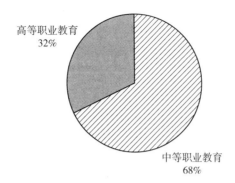

图 8-33　2007—2016 年我国不同层次职业教育政策文本情况

从应用型人才数量看，我国应用型人才存量基本上呈现上升趋势。随着 2010 年《国家中长期人才发展规划纲要（2010—2020 年）》的颁布，我国职业教育迅速发展，职业院校的招生规模迅速扩大。尤其是高等职业院校，无论从招生人数、在校人数还是毕业人数看，基本呈现增长趋势。中、高等职业教育占据了高中阶段教育和高等教育阶段的半壁江山，近 10 年来我国中等职业教育在校人数占高中阶段在校人数的比例超过 40%，高等职业教育在校人数占高等教育在校人数的比例超过 39%。但近 10 年来，由于人口的变化，生源数量总体减少，加上随着社会经济的发展，"普高热、职教冷"的"生源大战"局面愈演愈烈，社会用人单位对人才需求的重心上升，以及高等教育的发展对高中阶段教育产生强大的拉力作用，我国的中等职业教育的学生数量萎缩，中等职业教育的发展道路上阻碍重重，严重影响和制约了中等职业教育的发展。

从应用型人才结构上看，我国具有大专学历的人数越来越多，劳动力中接受职业教育的人数逐年提升，但我国技能劳动者总量严重不足，技工短缺现象突出，且应用型人才队伍专业技术层次偏低，具有技师和高级技师职称的人才数量缺口比较大。2007 年底，我国有 996 万人获得了等级职业资格证书，其中获得技师和高级技师职业资格证的人数为 32.1 万人，占整个获得等级职业资格证书人的 3.22%，[①] 截至 2018 年末，全国累计共有 2 913 万人取得各类专业技术人员资格证书，其中获得技师和高级技师职业资格证的人数为 35 万人，仅占整个获得等级职业资格证书人的 1.20%。

从应用型人才队伍的发展看，我国职业教育经费总投入逐年增长。近 10 年来，我国中等职业教育经费总投入年平均增长率为 11.65%，高等职业教育经费总投入年平均增长率为 14.28%。我国职业教育生均教育经费总额逐年增加，中

---

① 人力资源和社会保障部 . 2007 年劳动和社会发展事业统计公报［EB/OL］.［2019 - 07 - 27］. http://www.mohrss.gov.cn/SYrlzyhshbzb/zwgk/szrs/tjgb/201710/W020171031593144299142.pdf.

等职业教育生均教育经费从 2007 年的 6 252.5 元，增加到 2016 年的 16 986.47 元，普通高职高专生均教育经费从 2007 年的 10 899.985 元增加到 2016 年的 20 458.13 元，年平均增长率分别为 11.7% 和 7.25%。但与普通高中、本科教育经费投入差距甚大。2016 年，我国中等职业教育经费投入 222 289 874 元，而普通高中教育经费投入 393 231 281 元；高等职业教育经费投入 141 043 589 元，普通本科教育经费投入 660 444 888 元，从总量上看，中等职业教育经费与普通高中教育经费投入相比总量低，普通高职高专教育经费与普通本科教育经费投入总量相比，差距甚大。[①]

从应用型人才队伍质量看，我国应用型人才队伍的素质逐年提升。职工平均工资间接反映了我国应用型人才队伍的素质。就职工平均工资看，建筑业职工平均工资从 2007 年的 18 758 元上涨到 2016 年的 52 082 元，增加了 2.78 倍；制造业职工平均工资从 2007 年的 20 884 元上涨到 2016 年的 59 470 元，增加了 2.85 倍；电力、煤气及水的生产和供应业职工平均工资从 2007 年的 33 809 元上涨到 2016 年的 83 863 元，增加了 2.48 倍。[②]

就应用型人才队伍的环境看，我国的应用型人才培养有一个良好的政策环境。在 2007—2016 年间，平均每年颁布 21.4 个政策。在政策的引导下，近 10 年来，我国高职专科院校数逐年增加，2007 年我国高职院校只有 1 168 所，2016 年我国高职院校 1 359 所，增加了 191 所，高职院校的增加为我国应用型人才的培养提供了更多可能。

三、深化体制改革 推进应用型人才队伍建设

当前中国已经发展成为世界第二大经济体。我国经济要想持续繁荣发展，关键在于人才。目前中国正处于经济优化阶段，需要大批从事设计、运行、操作和服务的应用型人才。[③] 应用型人才培养是中国社会经济发展的客观要求，也是中国教育适应科学技术进步和社会经济发展与转型的必然要求。大力推动应用型人才培养，有利于弥补我国人力资源劣势，增强我国经济的综合竞争力。构建科学、合理、可量化的应用型人才综合评价指标体系，能够诊断与评估我国在应用型人才建设中具备的优势与存在的问题，对科学评价我国的应用型人才队伍质量，了解我国应用型人才队伍建设现状，及提升我国应用型人才培养质量，驱动

---

① 人力资源和社会保障部. 2018 年度人力资源和社会保障事业发展统计公报［EB/OL］.［2019 - 07 - 27］. http：//www. mohrss. gov. cn/SYrlzyhshbzb/zwgk/szrs/tjgb/201906/W020190611539807339450. pdf.

② 《中国统计年鉴》（2007—2016 年）。

③ 张太发，蔡吉花，李文宇. 数学专业特色应用型人才培养模式的研究与实践［J］. 经济研究导刊，2013（27）：93 - 95.

社会经济发展等都有重要的现实意义。

1. 深化职业教育体制改革，建立现代职业教育体系，构建高素质的应用型人才培养的新机制

我国正处在高速工业化的发展阶段，各行各业都需要数以百万计拥有一定职业素质和技能的劳动大军。虽然我国已经建立了世界上规模最大的职业教育体系，但现行的职业教育体系无论是在数量上还是在质量上，仍不能有效地满足经济发展对应用型人才的需求。相对封闭的职业学校教育系统与多元开放的社会需求严重脱节。一方面，随着市场的多元化，以及国民经济各行业蓬勃发展，社会对各类职业技术人才的需求越来越强烈；另一方面，由于长期体制性阻滞所构成的以学校教育为主体的人才培养模式，相对于社会需求来说，长期处于投入不足、发展不充分和供给极度紧张的状态。

首先，完善职业教育顶层设计。尽快修订《中华人民共和国职业教育法》完善顶层设计，这是职业教育改革的制度保障。同时，为保证职业教育积极、稳妥地改革，在法律尚未修订的情况下，先以行政法规、部门规章的形式，完善相关政策，引导、规范职业教育改革。①

一是财政投入力度的加大，从根本上改变了职业教育的经费来源结构。职业教育目前有三种主要的经费来源：财政性教育经费、民办学校举办者投入、事业收入。根据《中国教育经费统计年鉴》（2006—2017）统计，2005—2016年，中职教育的财政性经费占比由 53.09% 上涨到 87.67%。民办学校举办者投入占比较低，2006 年的 3.67% 是其历史最高值，随后迅速下滑到 1% 以内，2016 年仅为 0.36%。随着 2009 年起逐步实施"中职免费"，事业经费占中职经费的比重大幅下滑，2016 年时仅为 8.79%。高职教育经费结构的变化趋势与之类似。2005 年和 2006 年是民办学校举办者投入的最高峰，占到高职经费的 16% ~18%，随后迅速下降到 2% 以内。在 2010 年以前，事业经费一直是高职教育最主要的经费来源，2010 年之后，伴随着一系列高职财政政策的实施，财政性经费反超事业经费成为第一大经费来源，随后两者差异越来越大。2016年，高职财政性经费占比 62.51%，事业经费占比已经下滑至 32.34%。如图8 - 34 和图 8 - 35② 所示。

---

① 薛二勇，单成蔚. 探索职业教育发展新路径 [N]. 人民日报海外版，2019 - 03 - 25 (5).

② 田志磊，赵晓塱，张东辉. 改革开放四十年职业教育财政回顾与展望 [J]. 教育经济评论，2018. 3 (6)：73 - 91.

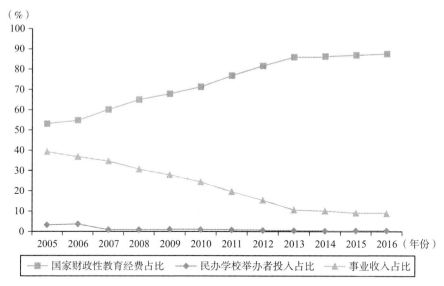

图 8 – 34　中等职业教育经费来源结构（2005—2016 年）

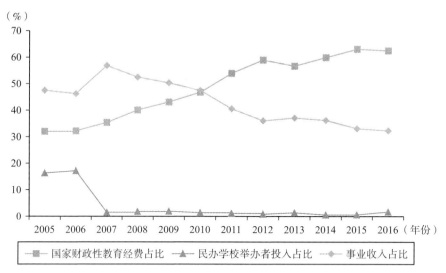

图 8 – 35　高等职业教育经费来源结构（2005—2016 年）

　　二是从制度与政策推动民办职业教育的发展。社会力量兴办的职业教育，一直是我国现代职业教育的重要组成部分。据统计，2017 年，全国共有独立设置的中等职业学校 8 367 所（不含技工学校）、高等职业院校 1 388 所，其中，社会力量举办中职学校 3 410 所（含民办 2 069 所）、高职院校 412 所（含民办 320

所），分别约占中、高职学校总数的四成和三成，合计占比 39%。[①]

但是，从整体看，社会力量兴办职业教育还面临着法律地位不明确、参与渠道不畅通、制度环境不完善等困境，需要在坚持党的领导，坚持立德树人，坚持职业教育公益属性的前提下，不断加强制度机制建设，鼓励社会力量兴办职业教育，推进职业教育多元办学格局的形成。继续发挥国有企业职业教育重要办学主体作用，对与企业主业发展密切相关、产教融合且确需保留的企业办职业院校，可由国有企业集团公司或国有资本投资运营公司进行资源优化整合，积极探索集中运营、专业化管理。[②] 经过深化抽入体制与机制的改革，职业教育要基本完成由政府举办为主向政府统筹管理、社会多元办学的格局转变，由追求规模扩张向提高质量转变，由参照普通教育办学模式向企业社会参与、专业特色鲜明的类型教育转变，大幅提升新时代职业教育现代化水平，为促进经济社会发展和提高国家竞争力提供优质人才资源支撑。

其次，优化职业教育的院校布局。形成区域职业人才培养总体规划，职业教育的人才培养规模、结构、层次要与之相匹配。优化职业教育院校和相关专业的设置，大力支持和引导能够匹配、促进区域经济社会发展的职业院校与专业。同时，根据区域情况，科学、有序调整职业院校的管理层级。此外，要畅通渠道，职业院校要参与国家和地方的从业资格、行业标准等的建设，有针对性地培养技能人才。

在中国经济走向高质量发展、亟须壮大实体经济的情况下，迫切需要发展高水平职业教育，培养数量充足、能力过硬的技术技能人才作为支撑与保障。有必要研究我国未来 10 年、20 年、30 年的产业布局及人才培养方向（尤其是职业教育），通过改革和创新职业教育体制与机制来为经济高质量发展服务，进一步完善学历教育与培训并重的现代职业教育体系，探索专业学位研究生培养新模式，构建产业应用型人才培养培训的新体系。这样才能更好地培养、吸纳高素质的应用型人才以及兼具学术研究和应用能力的创新人才。

为了落实国务院《国家职业教育改革实施方案》，2019 年教育部出台了《关于实施中国特色高水平高职学校和专业建设计划的意见》提出职业教育要"以习近平新时代中国特色社会主义思想为指导，牢固树立新发展理念，服务建设现代化经济体系和更高质量更充分就业需要，扎根中国、放眼世界、面向未来，强力推进产教融合、校企合作，聚焦高端产业和产业高端，引领职业教育服务国家战略、融入区域发展、促进产业升级，为建设教育强国、人才强国作出重要贡献。"

---

① 教育部.鼓励社会力量兴办职业教育［EB/OL］.（2019 – 03 – 20）［2019 – 07 – 27］.http://www. moe. gov. cn/jyb_xwfb/moe_2082/zl_2019n/2019_zl18/201903/t20190320_374395. html.

② 潘海生，肖鹏程，肖冰，等.鼓励社会力量兴办职业教育［EB/OL］.（2019 – 03 – 28）.http://www. cqzyjy. com/index. php? s = /articles/113724. html.

提出要集中力量建设50所左右高水平高职学校和150个左右高水平专业群，打造技术技能人才培养高地和技术技能创新服务平台，支撑国家重点产业、区域支柱产业发展，引领新时代职业教育实现高质量发展。

再次，建立普职教育融通渠道。第一，打通普职教育通道。改革考试招生政策，为中等职业、技术学校学生提供参加高考的机会，自由选择高考继续深造或走上技术工作岗位。第二，打通高职院校与本科教育通道。针对当前高职院校学生面临的学业天花板，在保证职业教育质量一定标准的基础上，放开渠道，建立质量认证体系＋学分转换体系，为高职教育学生创造读本科的机会，提升学历层次和研究生层次的教育相衔接。第三，教育教学内容的相互融通。职业院校需要加大力度培养学生的人文素养，增加其发展的后劲和潜力。第四，以能力为标准，统一就业政策。改变用人办法、标准，进一步淡化片面的学历要求，将能力、技术、职业资格等作为重要指标纳入招聘、晋升、考核与管理之中。①

目前，我国已经构建了包括初、中、高等三级职业教育体系，并且实行职业学校和在职培训相互融通的完善的体系，但相对于普通教育和社会需求来说，其发展规模、层次、水平都存在诸多的困难与挑战。一是从规模上职业教育尤其是中等职业教育有逐渐缩小的趋势；层次上高等职业教育被限定在专科层次；水平上第一级职业教育的生源都列在末位，成为民众教育选择的无奈之举，其培养质量也不能满足企业对高素质技术人才的需求。为了加快发展现代职业教育，建设现代职业教育体系，服务实现全面建成小康社会目标，2014年，国家出台了《现代职业教育体系建设规划（2014—2020年）》。规划提出要牢固确立职业教育在国家人才培养体系中的重要位置，到2020年，形成适应发展需求、产教深度融合、中职高职衔接、职业教育与普通教育相互沟通，体现终身教育理念，具有中国特色、世界水平的现代职业教育体系，建立人才培养"立交桥"，形成合理教育结构，推动现代教育体系基本建立、教育现代化基本实现。

最后，进一步提升职业教育质量。提高职业教育的生均教育经费；构建专、兼职相结合的师资队伍，引入技能突出、实践性强，以技术工人为主的兼职教师队伍；建立更加紧密的校企合作、共同育人的体制机制；给予高职院校更大的专业设置权，高职院校可以依据地方经济社会发展、产业布局的需要，灵活设置专业，以积极主动、迅速快捷、有针对性地调整人才培养方案，培养适用人才。

职业教育是教育和社会实际相结合的有效载体。要深化教育体制改革，支持企业和社会力量兴办职业教育，用高素质人力资源推动高质量发展。校企间的合作模式是对应用型人才培养的重要方法，也是比较有效的应用型人才培养方法。政府层面就要能从社会经济发展的视角，能够对校企间按照人才培养的客观规律

---

① 薛二勇，单成蔚. 探索职业教育发展新路径［N］. 人民日报海外版，2019－03－25（5）.

进行加强合作，能够对校企合作的指导作用进行充分发挥。也可从经济补偿的角度，对企业专项资金的投入进行加强，这样就能对应用型人才的培养提供有力保障。要坚持市场需求导向。充分发挥市场在资源配置中的决定性作用，扩大职业院校办学自主权，推动学校面向社会需求办学，增强职业教育体系适应市场经济的能力。职业院校应当根据自身特点和人才培养需要，主动与具备条件的企业在人才培养、技术创新、就业创业、社会服务、文化传承等方面开展合作。要充分调动社会力量，吸引更多资源向职业教育汇聚，促进政府办学、企业办学和社会办学共同发展。在开展国家产教融合建设试点的基础上，建立产教融合型企业认证制度，对进入目录的产教融合型企业给予"金融 + 财政 + 土地 + 信用"的组合式激励，并按规定落实相关税收政策。进一步发挥行业、企业、学校和社会各方面的积极作用，激发职业教育办学活力，最大限度地释放改革红利。

在企业认同参与校企合作对于企业人力资源建设的战略意义背景下，与行业领先企业在人才培养、技术创新、社会服务、就业创业、文化传承等方面深度合作，形成校企命运共同体。职业院校要避免在不断增加应对体系建设的精力，而放松对区域产业需求的关注。要把握全球产业发展、国内产业升级的新机遇，组建职业教育集团，推进实体化运作，实现资源共建共享。吸引企业联合建设产业学院和企业工作室、实验室、创新基地、实践基地，进一步推行面向企业真实生产环境的任务式培养模式。主动参与供需对接和流程再造，推动专业建设与产业发展相适应，实质推进协同育人。施行校企"联合培养、双主体"育人的中国特色现代学徒制。

面向区域或行业重点产业，依托优势特色专业，健全对接产业、动态调整、自我完善的专业群建设发展机制，促进专业资源整合和结构优化，发挥专业群的集聚效应和服务功能，实现人才培养供给侧和产业需求侧结构要素全方位融合。校企共同研制科学规范、国际可借鉴的人才培养方案和课程标准，将新技术、新工艺、新规范等产业先进元素纳入教学标准和教学内容，建设开放共享的专业群课程教学资源和实践教学基地。组建高水平、结构化教师教学创新团队，探索教师分工协作的模块化教学模式，深化教材与教法改革，推动课堂革命。建立健全多方协同的专业群可持续发展保障机制。

2. 大力弘扬工匠精神，构建具有中国特色的现代学徒制

2014 年国务院出台《关于加快发展现代职业教育的决定》将现代学徒制试点列为推进人才培养模式创新的重要举措，现代学徒制工作上升为国家层面的教育战略。2014 年教育部正式启动国家级现代学徒制的试点工作，"现代学徒制"成为当前我国职业教育改革中的热点之一。但是，建立具有中国特色的现代职业教育制度，要从我国的实际出发，必须建立在我国工业化进程的历史和现实的基础上。

在我国的职业教育体制中，一直没有将这种以企业为主体的技术教育方式作为职业教育的重要补充。并且视师徒制为一种落后的用工制度加以否定，而没有对师徒制从技术教育的角度加以改造。以学校教育为主体的职业教育体制存在诸多问题。第一，应用技术的发展日新月异，学生在学校期间所学到的最新技术到了毕业时已经落后，早已不是什么最新的技术。第二，在企业工作的技术人员要想进行创造性的开发研究，就必须具有坚实的基础。前者只靠学校办不到，需要企业的参与，后者则需学校的参与。"技术教育如果离开企业内技术教育，将是没有意义的。"因此，学校教育应保持基础教育的特色，企业则应建立长期的技术培训机制。①

职业教育从教育体系中分化出来，成为独立的教育形式，是适应职业分化和技能分层的双重需要。一方面，以知识为主体的社会阶层是分层的，律师、医生、政府官员是大学教育的对象，而职员、护士、普通文员则属于职业教育的对象；另一方面，以技术为核心的专业人才也具有一定的层次，以科学知识为主体的工程师、设计师属于大学教育的对象，而技术员、工艺员、绘图员等属于职业教育的对象。各种职业按层次构成其知识和能力的结构，教育则是职业分层的关键因素之一。以就业为导向的职业教育与劳动力市场密切相关。只有当劳动力市场形成以技术为导向时，才能为职业教育的发展创设良好的社会环境。

职业技术教育无论定位在什么样的职业类型上，要达到一个职业人员的基本要求，即完成一个人的初始职业化都是困难的。学校教育只能起到一个专业基础教育，还需要在岗学习、适应的过程。从这个角度讲，无论何种层次的专业教育都是一样的。因而，一个成熟的职业教育体系一定是一种制度化教育和非制度化教育相结合、学校教育和企业再教育相补充的多层次、多元化的体系。

要以我国新型工业化建设为基础来构建具有中国特色的"工厂学徒制"。我们正在探索一条具有中国特色的工业化发展道路。在"十二五"末，我国的经济总量和制造业总量都将进入世界前列，成为名副其实的"经济大国"和"制造业大国"，但是我国还不是"制造业强国"更不是"经济强国"。在各种发展要素的制约下，我国经济在经历几十年高速增长后将进入中低速增长的新常态。我国低成本资源和要素投入形成的驱动力明显减弱，需要依靠更多更好的科技创新为经济发展注入新动力。实现由"中国制造"向"中国精造"和"中国创造"转型。关键是要建设一支规模宏大、结构合理、素质优良的企业技能型人才队伍。要实现这一目标，就必须在建立以职业院校为主体的"现代学徒制"同时，建立以工厂为主体的新型"工厂师徒制"。

---

① 楼世洲. 我国近代工业化进程中的师徒制与现代转型 [J]. 中国职业技术教育，2016 (34)：77 – 81.

要在全社会倡导和弘扬"工匠精神"。2016 年李克强总理在政府工作报告中提出要着力"培育精益求精的工匠精神"。提出要注重培养专业精神、职业精神、工匠精神，这是成为人才很重要的素质。国务院在《贯彻实施质量发展纲要2016 年行动计划》中更加明确提出，要通过"开展质量素养提升行动，塑造精益求精、追求质量的工匠精神。"一方面，工匠精神对促进我国制造业的质量提升具有重要意义；另一方面，工匠精神是实现我国由"中国制造"向"中国精造"的核心价值观。从根本上说，工匠精神包含着三层蕴意：一是工匠精神体现为对质量和品质的专业追求，从而实现产品的科技、艺术和社会价值的提升；二是工匠精神体现为培养各行各业具有精益求精的职业品质、技术素养和创新能力的专门化高素质技术人才；三是工匠精神是要培育一种全社会精益求精、追求卓越的职业态度、专业精神和人文素养。我们要把践行工匠精神教育融入职业教育制度建设，形成科学有效的技术人才成长机制。

工匠精神的培育是职业教育健康发展的"真内核"。职业教育是培养中高级技能型人才的主体，坚持以"工匠精神"作为指导，才能在办学指导、教学方式、师资建设以及德育建设上进一步提升职业教育的内涵。工匠精神的培育是职教学生谋生立命的"软实力"。工匠精神的培育有助于工作主体自我价值的实现，增强学生的就业竞争力，极大提高人力资本的高附加值，促进学生的职业生涯发展。实践与事实证明，具备良好工匠精神的学生更受企业青睐。因此，我们要把践行工匠精神教育融入职业教育制度建设，形成科学有效的技术人才成长机制。"工匠精神"应该成为学校职业教育的灵魂，成为每一个接受职业教育的学生所努力向往的一种境界，它是职业教育"立德树人"的特征和灵魂，是职业教育内涵发展的指导思想，是职业教育文化软实力的象征。

3. 注重宏观政策的引导、加大职业技能和培训的体制与机制

国务院印发的《国家职业教育改革实施方案》把党中央、国务院奋力办好新时代职业教育的决策部署细化为若干具体行动，提出了 7 个方面 20 项政策举措，包括完善现代职业教育体系、健全国家职业教育制度框架、促进产教融合校企"双元"育人、建设多元办学格局、完善技术技能人才激励保障政策、加强职业教育办学质量督导评价、做好改革组织实施工作等，引来社会高度关注。这份文件被视为"办好新时代职业教育的顶层设计和施工蓝图"的文件。2019 年教育部会同国家发展改革委员会、财政部、市场监管总局制定了《关于在院校实施"学历证书＋若干职业技能等级证书"制度试点方案》，启动了"学历证书＋若干职业技能等级证书（简称 1＋X 证书）制度试点工作。提出要进一步完善职业教育和培训体系，按照高质量发展要求，坚持以学生为中心，深化复合型技术技能人才培养培训模式和评价模式改革，提高人才培养质量，畅通技术技能人才成长通道，拓展就业创业本领。

建立国家资格框架体系。建立资历框架，实质上是终身教育的一种制度创新和实践探索。资历框架衔接各级各类正规教育和非正规教育、非正式学习，提供多样化的受教育机会和途径，支持跨地区乃至跨国的人员流动和学习流动，成为实现终身学习的基本制度。

国家资历框架的功能和益处可以概括为四个方面：一是架桥梁，统一各个资格子系统如学校教育和校后培训、普通教育和职业教育、专业证书和职业证书；二是立标尺，建设一个更为科学规范、系统全面、清晰透明的资格标准体系，改革当前资格体系的弊端和不足；三是促学习，即支持个体的终身学习和学习流动，认可和认定其各类正规、非正规的学习形式和成果；四是定规划，作为一个长期的政策规划，可以推动各级各类社会、教育和培训资源的整合，建设一个适应未来需求、弹性灵活的终身学习制度。

资历框架从运行角度来讲，至少包括七个支撑系统：一是资历标准系统。即各资历级别的学习成果标准，一般通用标准由综合各方力量和代表的专家团队共同研制完成，覆盖各领域的行业标准则由行业部门分头组织完成；二是资历认证系统。大多数是由普通学校、职业技术学校、大学和公立或私人培训机构等，经政府批准或授权按资格标准，就相应资格提供评价认定、颁发资格证书以及相关服务；三是课程建设系统。按照学习成果标准，由教育机构和相关培训机构等设计课程，并经审定后提供给学习者选择；四是学分转换系统。学分是学习者学习成果和学习量的计量单位，不同教育系统和学习活动之间的衔接和互通，通过学分来实现累积、认证和转换；五是非正规教育和非正式学习成果认定系统。该系统依据能力等级标准，对各类正规教育、非正规和非正式学习成果进行评价、认定和认证；六是质量保障系统。包括对教育和培训提供机构进行审查、对课程及实施情况进行评审和评估、对学分认证和转换活动进行监督等的机制；七是支持系统。包括学习者账号库、评审通过的课程库、专业资格目录、可公开查询的资格登记注册系统等。[①]

产教融合、校企合作，是当前促进职业教育内涵发展的关键。牢固确立产教融合作为职业教育工作的基本理念，明确职业教育是国民教育体系和人力资源开发的重要组成部分的这一基本定位，深入推进职业教育主动紧密结合产业发展，主动对接产业需求，主动融入经济社会发展全过程，并把发展职业教育作为全社会的共同任务，使职业教育决策、实施和评价成为教育界与产业界的共同责任。

要统筹职业教育和普通教育、继续教育发展，建立学分积累和转换制度，畅通人才成长通道。优化职业教育体系结构和空间布局，形成普通教育与职业教育相互沟通、全日制与非全日制协调发展，学历教育与非学历培训沟通衔接，公办

---

① 王海东、王全珍. 我国国家资历框架体系建设研究综述［J］. 中国职业技术教育，2018（34）：33.

与民办共同发展的现代职业教育新格局。

应用型人才培养目标的实现，还要地方政府的政策引导和资金支持，政府要注重从政策上来实施优化措施，在对应用型人才的培养、使用的定位方面加以明确化。一方面，政府要结合地方产业发展的需要，出台相应的扶持应用型人才队伍建设的政策和措施，对地方产业的集聚和转型发展能够加以促进，对应用型人才培养和使用的政策体系进行科学化的构建。另一方面，政府要以提高质量、促进就业、服务发展为导向，发挥政府在职业教育体系建设中的引导、规范和督导作用，深化重要领域和关键环节的改革。中央政府加强职业教育体系的顶层设计，完善体系建设、管理、运行的法律法规和基本制度。不仅如此，要能充分注重在监督指导的职能上充分发挥，进行多渠道的支持校企间的合作。

对接科技发展趋势，以技术技能积累为纽带，建设集人才培养、团队建设、技术服务于一体，资源共享、机制灵活、产出高效的人才培养与技术创新平台，促进创新成果与核心技术产业化，重点服务企业特别是中小微企业的技术研发和产品升级。加强与地方政府、产业园区、行业深度合作，建设兼具科技攻关、智库咨询、英才培养、创新创业功能，体现学校特色的产教融合平台，服务区域发展和产业转型升级。进一步提高专业群集聚度和配套供给服务能力，与行业领先企业深度合作，建设兼具产品研发、工艺开发、技术推广、大师培育功能的技术技能平台，服务重点行业和支柱产业发展。

适应城市化和产业转移的发展趋势，加大进城农民工的培养和培训。改革开放以来，全国农民工总量一直保持稳中有增，目前已接近 3 亿人。根据国家统计局《2017 年农民工监测调查报告》显示，截至 2017 年，全国农民工总量为28 652 万人，其中，外出农民工 17 185 万人。1980 年及以后出生的新生代农民工占全国农民工总量的 50.5%，逐渐成为农民工主体。农民工是新时期产业工人的重要组成部分，是社会主义现代化建设的重要力量。深入实施农民工职业技能提升计划，帮助农民工特别是新生代农民工增加受教育培训机会，提高专业技能和胜任岗位能力，将他们培养成为高素质技能劳动者和稳定就业的产业工人。

2014—2017 年，全国累计开展政府补贴性农民工职业技能培训 3 856 万人次。但从《2017 年农民工监测调查报告》显示数据来看，全国农民工接受过非农职业技能培训的仅占 30.6%，人社部印发《新生代农民工职业技能提升计划(2019—2022 年)》将新生代农民工职业技能提升计划的目标任务，确定为实现培训的普遍、普及和普惠上。在政策设计上，以新生代农民工为核心受益群体，通过多种举措，鼓励农民工、培训机构、用工单位参与到培训中来。

结合新生代农民工特点，在三个方面突破传统做法，明确提出新要求。一是创新培训内容和方式。当前，制造业重点领域、现代服务业和乡村振兴需要大量的技能人才，我们明确提出要对新生代农民工积极开展产业发展和就业需求量大、急需紧缺职业（工种）技能培训，促进他们成为产业工人。要改变传统单一的集中授课、填鸭式教学等模式，逐步推广企校合作、工学一体化、"互联网＋职业培训"、职业培训包、多媒体资源培训等灵活多样的培训方式。二是扩大培训供给。各地培训机构发展不均衡，制约了培训规模和效果。我们明确提出要通过政府示范激励，带动社会培训资源参与。逐步推进职业技能培训市场化、社会化。推动落实劳动者自主选择、按标准领取补贴的政府购买服务方式。三是做好公共就业服务。就业是民生之本，检测培训质量效果的根本指标也是就业。为促进培训就业一体化，我们明确提出，支持职业培训机构与行业协会、大中型企业、劳务输出机构等建立联合体，开展培训就业一站式服务。推进劳务输入地与输出地联动对接，延长新生代农民工跨区域培训就业服务链条。

第九章

面向应用型人才队伍建设的职业教育政策研究[*]

当今经济、社会、科技等建设中，应用型人才有着举足轻重的作用，各国政府都非常重视应用型人才的培养与管理。我国在 1978 年后，由计划经济逐步走向社会主义市场经济，从"封闭"快速走向了开放，从一国市场走向了多国市场，加入世贸组织以及通过"一带一路"逐步走向世界。在走向世界中需要人才的储备与支撑，特别是应用型人才。改革开放至今，伴随经济与社会的变迁，应用型人才的内涵不断得以丰富与发展，对应用型人才的培养也不断发生变化，作为与经济最密切相关的职业教育，在应用型人才的培养中有着独特的地位。基于应用型人才培养的职业教育政策在其中发挥着重要的指导与引领作用。

教育为经济发展培养人才，职业教育更是与经济有着最为紧密与直接的关系，对经济的发展提供重要的人才储备。西方发达国家如瑞士、比利时、德国等的国际竞争力之所以强大的原因便是得益于职业教育体系下的人才培养。目前我国的职业教育，按照多样化指标以及分类类型进行分析，中国的职业教育在层次结构多样化与完备性上处于世界的最高水平，[①] 然而其与发达国家职业教育国际竞争力相较甚远。所谓"职业教育的国际竞争力体现在一个国家的职业教育体系能否为全民，尤其是处在不利地位的民众提供有效的生活与生产技能培训，协助他们消除贫困，为劳动者一生的职业发展提供教育服务，为适龄人口进入职场作技术准备等方面做出贡献的能力。"[②] 构成职业教育国际竞争力的相关影响因素在不断地发生变化，根据陈衍等将职业教育机构、规模、质量、效益、机会、投

---

* 本章由查国硕参与撰写。

① 周南照. 中国教育竞争力国际比较研究［M］. 北京：教育科学出版社，2010.

② 陈衍，于海波，徐梦佳. 职业技术教育国际竞争力比较分析［J］. 高等工程教育研究，2016（6）：164.

入作为一级指标，就中国职业教育国际竞争力比较分析，得出中国的国际竞争力一级指标处于一种非常不平衡的状态。由此也造成我国的制造业质量竞争力低于世界上制造业总量占 70% 以上 15 个主要国家的均值，排在制造业竞争力的倒数第三位。[①] 职业教育要发展，则必须在应用型人才的培养下功夫，提高职业教育培养人才的应用型是职业教育发展的必行之路。应用型人才培养是职业教育发展的"真内核"。

随着改革开放的深入，各方形势下要求产业结构调整。首先，全民生活水平提升，占比重较大的人群对私人订制、个性化产品需求与日俱增，主观上要求产业、产品进一步合理升级。其次，中国作为人力资源大国的优势正在减弱。一方面，劳动年龄人口不断减少，根据《2015 年国民经济和社会发展统计公报》显示，2015 年 60 岁以下（不含 60）16 周岁以上劳动年龄人口较 2014 年减少了478 万人，占总人口比率仅 66.3%，劳动年龄人口绝对量连续四年逐年下降。[②] 另一方面，人口老龄化形势不断加剧，2011—2015 年，老年抚养比连年上升。[③] 中国经济的发展需要考虑到未来人口与生产结构的变化，更需要思考如何将现有人口资源转换为人口红利，以此规避我国经济发展过程中出现"中等收入陷阱"的风险。我国制造 2025 规划纲要中指出，经济发展进入新常态，制造业在其中担当大任，所谓"形成经济增长新动力，塑造国际竞争新优势，重点在制造业，难点在制造业，出路也在制造业。"[④] 而我国制造业国际竞争力水平较发达国家还有很长距离。中国的经济要发展，产业结构的变革与调整要跟上，应用型人才培养势在必行。应用型人才的培养是当今产业结构变革中的"急需求"。

首先，关于应用型人才的基本问题，定义与内涵是进行研究的逻辑起点。任何一项研究都离不开对研究问题的定义，笔者通过对应用型人才有关文献的阅读、分析、归纳得出关于应用型人才的定义与内涵界定众说纷纭。但是，可以从以下两个方面进行概括。

一方面，从广义上讲，应用型人才指能够将专业知识与专业技能转化至社会实践中去的专门人才，其中包括了不同教育类型下的各个层级的人才。如刘维俭与王传金所说的："应用型人才就是从事能够利用科学原理来为社会创造直接利益工作的专门人才"。[⑤] 其知识结构、工作职能与主要任务与学术性人才具有显著差别。杨科正也曾指出，应用型人才应是能够熟练掌握社会活动、社会生产所

---

① 杨芷晴. 世界主要国家制造业的质量竞争力测评［J］. 财政研究，2015（9）：28 - 32.

②③ 余兴安. 中国人力资源发展报告. 2016［M］. 北京：社会科学文献出版社，2016.

④ 中华人民共和国中央人民政府. 国务院关于印发《中国制造 2025》的通知［EB/OL］.（2015 - 05 - 19）. http：//www. gov. cn/zhengce/content/2015 - 05/19/content_9784. htm？gs_ws = tsina_635676330957801580.

⑤ 刘维俭，王传金. 从人才类型的划分论应用型人才的内涵［J］. 常州工学院学报（社科版），2006：98.

需的基本知识与技能，能够且其主要从事一线生产的技术人才、专业人才。① 陈晔等人则从知识、素质及能力三个维度对应用型人才内涵进一步界定。② 普林林对应用型人才的论述则主要从知识的应用能力、职业能力、素质及经济的适应性四个维度进行。③ 陈锋等人则从理论基础和技术能力两个维度出发，提出了"应用型人才是掌握能够直接创造财富所需知识的人，更应能够承担起转化应用与实际生产的任务。"④

　　另一方面，是对应用型人才的狭义定义，则将其限制在某一类型的教育中进行定义或者是作为教育层级中较高层级的定义范围。如周敏认为应用型作为一个相对的概念，它是相对于理论型而言的。因而在周敏看来应用型人才的概念应当置于培养的层次与科类中进行解读，而不是作为一个笼统的概念存在。⑤ 王建华认为应用型是高等教育的基本属性，应用型的高等教育结构仍旧处于高教系统的边缘，应用型是高等教育发展到一定阶段的必然取向。⑥ 李桂霞等认为应用型人才的对象指向为从事生产一线的技术或者专业人才，其内涵必然会随着高等教育的不断发展而延展开来。⑦ 郑爱丽也认为应用型人才是作为一种与理论型人才相对应的专门人才类型，是高层次、高素质人才。⑧ 杨兴林认为应用型人才的培养主要由应用型本科进行培养。⑨ 范秀娟将应用型人才与学术型（理论型）人才作为人才互斥的"一体两面"，其认为"应用型人才主要是指从事非学术研究性工作的实际操作者，侧重于实际的操作。"⑩ 宋克慧等在解读应用型人才时将之与认识世界的研究型人才相对应，将应用型人才定义为改造世界的一类人才类型。⑪ 然而作为应用型人才，其培养与应用型人才相互联系也相互区别。高翔对于应用型人才的界定介于学术性人才和技能应用人才之间，他指出，应用型人才既非单纯的学术研究，也非单纯的技能应用，或可以说应用型人才是要兼顾二者特色的工程应用型人才。⑫ 宋思运将应用型本科人才等同于工程型人才。周谷平、

────────────────

　　① 杨科正. 论面向地方优化专业课程结构 [J]. 教育评论, 2010 (5)：81 - 83.

　　② 陈晔, 林铿, 孙忠梅. 地方高校应用型人才培养模式探索 [J]. 中国高校科技, 2012：45.

　　③ 普林林. 完善我国应用型人才培养的职业教育体系的思考 [J]. 教育与职业, 2011 (18)：12.

　　④ 陈锋, 吴明晖, 颜晖. 影响应用型人才培养质量的关键环节探讨 [J]. 中国大学教学, 2011 (5)：23.

　　⑤ 周敏. 独立学院本科应用型人才培养模式研究 [D]. 武汉：武汉理工大学, 2006：21 - 22.

　　⑥ 王建华. 高等教育的应用型 [J]. 教育研究, 2013 (4)：52 - 56.

　　⑦ 李桂霞, 钟建珍, 王立虹. 构建应用型人才培养模式的探索 [J]. 教育与职业, 2005 (20)：4.

　　⑧ 郑爱丽. 高等院校应用型人才培养问题研究 [J]. 中国冶金教育, 2007 (2)：10.

　　⑨ 杨兴林. 应用型人才及其培养模式的研究 [J]. 黑龙江高教研究, 2007 (6)：164.

　　⑩ 范秀娟. 我国本科应用型人才培养的探索和研究 [D]. 兰州：兰州大学, 2010：7.

　　⑪ 宋克慧, 田圣会, 彭庆文. 应用型人才的知识、能力、素质结构及其培养 [J]. 高等教育研究, 2012, 33 (7)：95.

　　⑫ 高翔. 培养应用型创新人才的认识与实践 [J]. 商场现代化, 2006：256.

徐立清指出应用型人才非低层次人才，应用型人才的培养教育亦非低层次教育。[①] 潘懋元、石慧霞认为应用型人才是大学所培养的人才类型之一。[②]

其次，对应用型人才特点的解读，隶属于其基本问题分析之一。华小洋等人关于应用型人才的理解更加凸显对其发现、分析并创造性地解决实际问题的能力上，集中于对应用型人才的知识、能力与素质的全面考察。[③] 其倾向于强调应用型人才的综合性。宋思运总结出应用型本科人才应综合具备创新型、能力性、实践性、市场性与复合型这五大特点。[④] 刘国买认为应用型人才具备较厚的基础理论知识、较强的专业知识和岗位技能是其两个重要特征。[⑤] 冯东认为应用型人才具有应用型、行业性和社会性三个重要的特点。[⑥] 通过以上对应用型人才概念、特点的分析，可以看出应用型人才的特点具体包括以下四个方面的内容：一是，服务于生产一线；二是，具有理论知识、专业能力、专业素质、专业情感四个维度的素养；三是，人才发展递进体系较为完整；四是，职业具有生涯的可持续发展能力。

再次，关于应用型人才的分类，也是其基本问题之一，标准不一、划分不一。主要有以下几种分类方式：第一，从应用型人才的层级角度进行划分。陈冬仿将应用型人才的层级划分为基础层次的技能应用型、中级层次的知识应用型与高级层次的创造应用型。[⑦] 且不同层级的人才通过不同的学校类型进行培养。周宏等依据科技研究成果转化为社会生产的不同阶段，将应用型人才的类型分为两阶段、三种类型，分别是：工程型（第一阶段）、技能型和技术型（第二阶段）。[⑧] 刘维俭、王传金也认可周宏等人的这一种划分标准。[⑨] 第二，将应用型人才纳入不同的教育类型培养中进行划分，可以分为本科应用型人才的培养以及高职应用型人才的培养。他们在人才的培养目标、知识构建、能力培养上有着非常鲜明的区别。普林林则认为应用型人才主要是在职业教育的系统内进行培养的人

---

① 周谷平，徐立清. 论新建本科院校应用型人才培养目标定位 [J]. 浙江万里学院学报，2005，18（3）：5 - 6.

② 潘懋元，石慧霞. 应用型人才培养的历史探源 [J]. 江苏高教，2009（1）：7 - 10.

③ 华小洋，蒋胜永. 应用型人才培养相关问题研究 [J]. 高等工程教育研究，2012（1）：101 - 102.

④ 宋思运. 应用型本科人才培养模式的构建 [J]. 徐州工程学院学报，2005，20（s1）：11.

⑤ 刘国买. 应用型人才综合素质和创新能力培养的探讨 [J]. 中国大学教育，2009（7）：73.

⑥ 冯东. 地方本科院校应用型人才培养的若干问题 [J]. 教育评论，2012（2）：12 - 15.

⑦ 陈冬仿. 提高人才培养质量是教育教学改革的根本使命和本质要求 [J]. 河南教育（高校版），2015（8）：15 - 16.

⑧ 周宏，邓日成. 中国应用型人才评价研究 [M] //潘晨光. 中国人才发展报告2009. 北京：社会科学文献出版社，2009.

⑨ 刘维俭，王传金. 从人才类型的划分论应用型人才的内涵 [J]. 常州工学院学报（社科版），2006，24（3）：100.

才，其完整的体系应该包括初级、中等以及高等职业教育这几个部分。① 华小洋、蒋胜永认为应用型人才作为一种类型可分为综合性应用型人才、领军人物以及专门性应用型人才。② 第三，从应用型人才的培养机构划分，可以划分为部属高校应用型人才的培养、地方高校应用型人才培养以及独立学院应用型人才的培养。不同培养机构所肩负的使命是不同的，部属高校主要从国家的整体利益出发，故其人才的培养具有全局性和前瞻性的特点。而地方高校的应用型人才的培养则是肩负着为地方经济发展服务的重担，相对而言，更具有针对性与适用性。第四，按照学科类别整合分类。应用型人才可以划分为复合应用型、现场应用型和职业应用型三种。③ 按照学科以及层次的复合标准对应用型人才进行分类，李素芹认为可以分为工程应用型（主要针对理工科专业）、技术应用型（主要针对理工科专业）和知识应用型（主要针对文科类与理科类专业）三类。④

最后，关于应用型人才的评估问题。关于应用型人才评估方面，主要涉及评价的影响因素和评价的体系等研究。就评价体系的构建来说，其中陈文远等基于高等教育评价中的生存论、发展性教育理论、教育目标分类理论、第四代教育评价理论和多元评级理论探寻地方本科高校素质的应用型人才评价体系。该评价体系涵盖了学业与非学业因素，作为一级评价指标层划分为可操作的 4 个二级指标，10 个三级指标。⑤ 苟海霞等运用层次分析法建构人才评价体系，提出了能力、人格、业绩、知识等作为评价的一级指标。⑥ 潘玉驹，廖传景认为应用型人才评价应重视评价的四个特性，过程性、系统性、动态性与发展性，注重糅合一切影响培养质量的因素，采用多元的考核方式，促进人才的培养。但同时也不能忽视突出能力的评价。⑦ 邱妘从平衡计分卡工作原理出发，从定性与定量两个角度，知识、能力、素质三个要素层面构建了国际应用型创新人才的评价指标。⑧ 陈晓平等从教育联盟合作的角度进行应用型人才的评价体系构建，从政府、学

---

① 普林林. 完善我国应用型人才培养的职业教育体系的思考［J］. 教育与职业，2011（18）：12.

② 华小洋，蒋胜永. 应用型人才培养相关问题研究［J］. 高等工程教育研究，2012（1）：101 – 102.

③ 陈新民. 民办高校人才培养改革的理论与实践［M］. 杭州：浙江大学出版社，2007.

④ 李素芹. 应用型人才相关问题辨析［J］. 扬州大学学报（高教研究版），2014，18（1）：15.

⑤ 陈文远，等. 地方本科高校高素质应用型人才评价体系研究［J］. 高等工程教育研究，2011（5）：139 – 143.

⑥ 苟海霞，王鸿喜，孙立威. 地方应用型人才评价体系构建研究［J］. 现代教育管理，2009（6）：40.

⑦ 潘玉驹，廖传景. 基于社会需求的应用型本科人才培养及评价［J］. 高教发展评估，2014，30（5）：93.

⑧ 邱妘. 国际化应用型创新人才评价体系构建［J］. 宁波大学学报（人文社科版），2007，20（6）：76 – 79.

校、企业三个方面作为一级指标进行相关层面的指标建设。[①] 也有研究者从人才评价体系之外进行研究，对涉及评价的相关因素进行研究。沈杨从雇主评价的角度，探讨了雇主评价具有时效性、功利性、随机性、灵活性、内隐性、自发性、外部性等方面的特点，因此，沈杨认为，在应用型人才培养监督过程中雇主评价是非常有效的手段。[②]

第一节　恢复中等教育结构，调整中等职业 教育阶段（1978—1992 年）

在职业教育政策中，综合考虑方方面面不太可能，因此本书依据经济发展的重要阶段性结合具有重要指导意义的职业教育政策。依据经济发展态势下对职业教育体系建设的阶段性建设重点进行，将研究分为四个时期：第一个时期是恢复中等教育结构，调整中等职业教育阶段（1978—1990 年）；第二时期是调整中等教育结构，发展中等职业教育阶段（1991—1998 年）；第三时期是调整本专科结构，发展高等职业教育阶段（1999—2013 年）；第四时期是调整本科教育阶段，发展本科及以上层次的职业教育阶段（2014 年至今）。

其中选择将 1991 年、1999 年与 2014 年作为分期界限，缘由是 1991 年召开了全国职业教育工作会议，国务院发布了《关于大力发展职业教育的决定》，其中回顾 1978 年后职业教育的发展，但是也指明了中等职业教育发展中存在的问题，并提出了具体的方针。1999 年国务院批转了《面向 21 世纪教育振兴行动计划》，其中指出"2000 年高等教育本专科生在校生总人数达到 660 万人招生计划的增量将主要用于地方发展高等职业教育"，这一政策预示着高等专科职业教育迎来了"春天"。我国的高等教育也逐渐迈向高等"大众化"的康庄大道上来。随着我国对外开放程度的加深，教育自身的内在发展诉求以及产业结构的变化对职业教育领域中人才的层次逐步上移。于 2014 年《国务院关于加快发展现代职业教育的决定》提出发展本科层次的职业教育，职业教育的发展面临一个新的契机。以章节将以此阶段划分进行基于应用型人才培养的职业教育政策分析。

劳动力市场与培养人才进入的工作世界密切相关。劳动力市场结构的演变与分化是产业结构调整与行业结构变化的最直接的"晴雨表"，也是关切职业技术教育应用型人才培养的重要指向，对职业教育的政策调整及制定有着根本性的影响作用。劳动力需求是一种派生的需求，产业结构与不同产业间的劳动生产率决

① 陈晓平，周军，胡如夫. 应用型人才培养教育联盟合作评价体系构建研究 [J]. 高等工程教育研究，2015（5）：94.

② 沈杨. 应用技术大学人才培养质量雇主评价研究 [D]. 哈尔滨：哈尔滨理工大学，2015.

定了劳动力的就业结构。[①] 而劳动力的就业结构与职业教育之间有着千丝万缕的关系。下文中对于相关的职业教育政策的研究分析，都试图从产业结构的角度，分析其对相应时期的职业教育中应用型人才的要求。1978 年作为中国发生历史巨变的一个转折年，以经济建设为中心的确立，政府逐步实现了由"点"到"线"的改革开放格局，中国的职业教育也在不断前行。

一、政策背景：经济恢复与建设时期人才缺乏

（一）产业及产业结构变动

国民经济发展调整。经历"文革"的浩劫后，经济发展成为诉求，1975 年，"第五个五年计划"中提出建立独立的比较完整的工业体系和国民经济体系，1978 年进行了发展的调整。它改变了工业发展模式，由单一的公有制经济向多种经济成分并存的市场经济迈进，在 1977—1979 年间工农业生产总值超过计划，国民生产总值连年增长。为了进一步实现现代化建设，在 1980 年的政府工作报告中对有关行业进行具体的量化安排，如农业、工业中的轻工业、能源工业、原材料工业、机械工业、交通运输业等。大规模的工业化项目的实施，导致熟练工、半熟练工和中等技工存在着严重的缺口。

乡镇企业的复苏与第三产业的发展。在农业劳动生产率提升下物质得以丰富，同时更多的富余劳动力被解放出来，这些劳动力的安置需要非农产业的支持，乡镇企业应运而生，个体或者联合企业迅速壮大。此后国家也从政策上给予乡镇企业更多的扶持，乡镇企业取得了好成绩。1984—1987 年乡镇企业增长速度高达 35% 以上，1988 年更是达到了 36% 以上，在产值增长中更是超额完成"七五"计划产业目标，总产值增加额达到 1 731.4 亿元。[②] 乡镇企业数量的增长下对从业人员的需求不断扩张。在第三产业中，1988 年相较于 10 年前来说，城镇社会劳动者中第三产业就业人数的比重为 42%，净增人口 2 515 万人[③]。而整个国民经济发展中，第三产业也得以快速发展，诸如服装、旅游、餐饮、服务等行业需要大量的经受过职业教育与培训的从业人员。同时，随着改革开放的不断扩大，外贸体制打破垄断经营，赋予了一批企业进出口经营权，对外贸易开始不断增长。

以上变化对产业结构和劳动力就业结构有着重大影响。表现在对有职业教育背景的初级、中级技工、技术员以及受过良好培训的城乡劳动者的人数与岗位要

① 周汉民. 上海职业教育事业蓝皮书. 2014 [M]. 上海：华东师范大学出版社，2014.
② 陈剑波. 波动与增长 1884—1988 年乡镇企业发展现状分析 [J]. 农业经济问题，1989（10）：32.
③ 李蔺田. 中国职业技术教育 [M]. 北京：高等教育出版社，1994：358.

求不断增多。因此对职业技术教育也有着新的要求，为了进一步顺应发展的需要，职业教育因时而变进行了职业教育政策的制定与调整。

（二）应用型人才的需求

"文化大革命"不仅在中国的政治界造成动荡，更让经济的发展停滞不前，同时教育界也深受其害。经济的建设靠人才，但是在"文化大革命"的破坏中，教育事业不能为经济发展提供所需。一方面，当时教育结构中，在中等教育中普通教育处于支配地位。中华人民共和国成立后普通高中大发展，人数激增，升学人数不多，更多的迈入生产的行列中，普通教育占据主导地位的教育结构与生产不能直接挂钩。另一方面，可以为经济发展提供技术工人的学徒工培训，一般需要 2~3 年的培养，培养周期较长，且效率较低，不能满足对人才需求激增的状况，因而需要注重教育结构的调整，以适应生产的需要。邓小平同志于 1978 年指出"教育事业与国民经济发展或者企业的经济发展相适应"，提出"扩大农业中学、中专、技校的比例"① 此次关于中等教育结构调整的提出，是之后中等教育变化的先声。

以党的十一届三中全会为节点，工作重心以经济建设为中心得以正确调整，经济得以恢复，教育事业的发展也应紧随其后。但是，即使到 1985 年我国工程师、技术员、熟练技工的比重才达到 1∶0.64∶4 的状态，与发达国家较为成熟的工业企业中三者的 1∶3∶10 的比重相比，相去甚远。② 从中可以看出在此前后我国熟练技工、技术员属于大量缺乏的状态。

结合当时的经济发展水平，按照工业化程度划分，在工业化初期阶段，要求与之相适应的应用型人才更多是熟练工、技术员层级。对其进行培养的主体主要是中等职业技术教育，包括中专、技校、职业高中以及成人中专这四个方面的职业教育类型。由于本书分析的主要是学校层面的职业教育政策，所以关于成人中专以及职业培训方面的相关情况描述不多。

二、政策分析：本时期职业教育主要政策文本分析

本阶段基于应用型人才培养的职业教育政策，通常有以下两种：一是，职业教育体系中的职业教育政策，诸如关于中等职业教育内容的职业教育政策。二是，职业教育体系外，普通教育系统中直接有利于或者间接促进应用型人才培养的政策。在本书中，也将后者归于职业教育政策的一个方面。

---

① 邓小平文选·第二卷 [M]. 北京：人民出版社，1994：107 - 108.
② 刘素云. 发展中等职业技术教育急需解决的问题 [J]. 福建师范大学学报，1986（2）：134.

伴随着中共中央对知识分子的拨乱反正，人才政策的调整也逐步展开。1977年，恢复了高考制度、中等专业教育的招生制度，颁布了一系列条例，意在促进我国应用型人才政策恢复与发展，为生产建设提供充足的、合乎质量的建设人才，建设社会主义。在邓小平"尊重知识、尊重人才"观念的引导下，我国应用型人才培养在酝酿之中。在此期间，1985年的《中共中央关于教育体制改革的决定》在其中起到了承前启后的作用。在以下政策文本梳理与分析中会有所体现。

（一）技校、中专改革政策文本梳理与分析

关于本时期的技校、中专的改革涉及从领导管理体制、培养、任用等三个方面，其中领导管理与任用对于应用型人才的培养影响深远。从培养的广义含义出发，管理与任用也在其中。下面文章将会以这三个主要方面进行政策的梳理。

1. 领导管理体制调整

管理不明，则行动不易，工作重心转移，教育事业中领导管理体制需要因时而变。关于中等职业教育领导管理体制改革的文本如表9-1所示，从领导机关与学校两个层面进行的领导管理体制改革。从国家政策角度较为完备地建立了从国家—地方—学校三级管理制度，有力地促进了中专、技校等中等专业学校的规范化建设与管理。基本形成了"上下协调、各有侧重、政府和社会共参与"的管理方式。到1988年职业教育办学与管理体制基本确定下来，如图9-1所示，中专的办学与管理以行业部门为主，技工学校管理是劳动部门进行综合管理，职业高中是教育部门进行管理，从某种程度上将各个部门的职责进行划分，为后续职业技术教育的教学与管理奠定了基础。在中等职业教育结构恢复初期阶段调动了各方面办学的积极性，在经费筹措、实习场所、学生分配以及对学校的业务指导等方面起着良好的作用。

表9-1　　1978—1990年间关于中等职业教育领导管理体制改革政策梳理

时间	文件名称	发文机构	关于领导管理体制改革的重要内容
1978年	《关于全国技工学校综合管理工作由教育部划归国家劳动总局的通知》	教育部、国家劳动总局	综合管理由教育部部分协助，国家劳动总局主管
1980年	《关于全日制中等专业学校领导管理体制的暂行规定》	教育部	对中等专业学校的分工分级式管理，对中等专业教育事业负责业务指导，制定了有关的具体方针、政策和规章制度

续表

时间	文件名称	发文机构	关于领导管理体制改革的重要内容
1983 年	《关于改革城市中等教育结构、发展职业教育的意见》	教育部	以职业技术教育司替代原中等职业教育司
1985 年	《中共中央关于教育体制改革的决定》以下简称"1985 决定"	中共中央	成立国家教育委员会对教育事业与部门进行统筹协调管理
1986 年	《关于建立职业教育委员会的通知》	国家教育委员会	正式成立职业技术教育委员会,委员会由各部门有关司局级负责人组成
1986 年	《普通中等专业学校设置暂行办法》	国家教委	加强对中专教育的宏观管理,规定学校设置相关标准
1987 年	《关于全国职业技术教育工作会议的情况报告》	国家教委等部门	大力改革职业技术教育的领导与管理体制,"地方必须实行垂直管理的行业,在有关职业技术教育的规划、布局等方面以地方政府为主进行管理。"

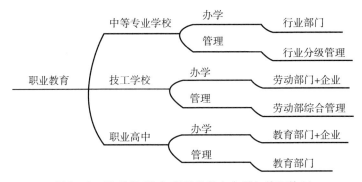

图 9-1 20 世纪 80 年代职业教育办学与管理体制

2. 培养方面的调整

在较为明晰的领导管理体制建设中,中专、技校的应用型人才培养从微观着手,也在紧锣密鼓的行进着。这一时期关于中专、技校中培养应用型人才的职业教育政策,从学校经费、招生、教学、师资、就业等方面着手,试图系统地进行应用型人才培养,具体的文本梳理如表 9-2 所示。

表 9 – 2　　　　　　中等职业教育中关于培养方面的职业教育政策梳理

类型	文件名称	关于培养改革的重要内容
技工学校	1979 年《技工学校工作条例（施行）》，后被 1986 年《技工学校工作条例》代替	培养上，四级技术工人为任务；招生上，依专业、工种差异而招收初中毕业（3 年学制）或高中毕业（2 年学制）文化程度；教学上，教学为主，理论教学与生产实习各占一半，依据情况，可调整。师资上，定期做考核；就业上，期满、合格者给予毕业证及分配
	1983 年《关于改革技工学校毕业生分配制度等问题的意见》	规定凡 1983 年以后招收的学生，毕业时根据需要和"三结合"的方针，统筹安排，择优分配，不合格者不分配
	1986 年《技工学校工作条例》	培养上，以中级技术工人为任务；经费上，提出建立独立的财务机构；招生上，依专业、工种差异而招收初中毕业（3 年学制）或高中毕业（2 年学制）文化程度；教学上，以教学大纲和教学计划进行；师资上，提出建立教学研究组，逐步实行聘任制，加强培训与进修；就业上，进行按"三结合"方针就业
普通中专	《1984 年普通中等专业学校招生规定》《关于 1985 年普通中等专业学校招生规定》	两个文件中对于招生方面进行了较为详细的说明。其中特别注意"中等专业学校（不含中师）的招生对象要逐步过渡到以招收初中毕业生为主。"特别强调新办学校特殊专业招收高中毕业生，其余应招收初中毕业生
	1979 年《关于中等专业学校工科专业二年制教学计划安排的几点意见》及 1986 年《关于制定和修订全日制普通中等专业学校（四年制）教学计划的意见（试行）》	两年制教学安排中规定了培养目标、学习年限、制定教学计划的原则以及具体的教学时数安排。四年制教学意见中力图保证学生的业务学习，合理安排普通课、基础课、专业课的比重，保证实践教学的时间

　　上述政策文件从经费、招生、教学、师资、就业等方面对中等教育中应用型人才培养进行了较为细致规划与行动。力求向着招生逐渐弹性化、教材逐渐规范化、多元化、师资逐渐专业化的方向发展。在上述政策的导向下，1990 年全国城市综合改革试验工作 15 个试点城市中，进行了调整改革中等教育。为了适应需求，沈阳市在调查企业的基础上，确定了职业教育的发展规模、布局、专业、层次结构。苏州市调整了中专的结构，绍兴将职业教育与劳动就业制度相结合，落实"先培训、后就业"的方针，其中规定不培训不给就业。沈阳市在招生方面进行了普通高中、中专、技校、职高统一命题、考试、评卷、录取的方式。试点

城市中职校与普通高中在校生的比例均达到或者超过 1∶1。①

任用制度是否完善也是职业技术教育能否健康发展的重要指标和重要的风向标。在这一阶段为了配合职业技术教育的培养，进行了"双轨制"的人才使用制度改革，试行分配与不包分配"双轨"的任用制度。具体表现在，中等专业学校由实行国家招生，毕业生统一分配的制度到试行不包分配；技工学校由包分配转向"三结合"就业。所谓"三结合"指的是"在国家统筹规划和指导下，实行劳动部门介绍就业、自愿组织起来就业和自谋职业相结合"的方针，也被称为"三结合"的就业方针。在 1984 年以后的供销社定向培养中，实行合同制。1988年中华人民共和国劳动人事部规定，从规定年份起毕业后实行劳动合同制。改革的核心是在中等职业技术教育中引入全面的竞争机制，从招生到录用，都实行优胜劣汰的原则。毕业生分配制度的改革，实质上是学校服务面上的改革。②

（二） 普通中学的体制改革政策文本梳理与分析

关于普通中学的体制改革主要体现在两条路径。一是，普通中学的职业技术课程的开设；二是普通中学的改制——职业高中、综合中学的建立。关于普通中学体制改革第一条路径的政策文本分析梳理如表 9 - 3 所示。通过表 9 - 3 中的政策，力图实现职业技术教育课程要素在普通教育中从城市到农村，从试行到必修课的凸显。

表 9 - 3　　　　　　关于普通中学中职业教育课程开设的政策文本梳理

时间	文件名称	发文机构	关于普通中学体制改革的重要内容
1980 年	《关于中等教育结构改革的报告》	教育部等	改课程，逐步增设职业教育课
1982 年	《关于普通中学开设劳动技术教育课的试行意见》	教育部	部署普通中学开设劳动技术课这项工作
1983 年	《关于加强和改革农村学校教育若干问题的通知》	国务院	农村普通高中也要开设必要的职业技术课程和劳动课。初中要么增设劳动技术课，要么在毕业年级时分设普通科和职业科
1987 年	《全日制普通中学劳动技术课教学大纲（试行稿）》	教育部	劳动技术课是普通中学的必修课，并且规定了初中与高中课程安排的课时

---

① 中华人民共和国国家教育委员会计划建设司 . 中国教育年鉴 1991 ［Z］. 人民教育出版社，1992：106.

② 李蔺田 . 中国职业技术教育 ［M］. 北京：高等教育出版社，1994：369.

对于路径二针对普通中学的改制而言，一是改办职业中学。其中，我国的职业高中产生于 20 世纪 60 年代，80 年代后职业高中得以进一步发展。二是兴办了综合高中，此阶段中尝试"2 + 1"普职分段式的综合高中试办，没有形成规模，因此这一时期将不做探讨。具体普通中学改办职业中学的政策文本梳理如表 9 - 4 所示。关于普通中学的体制改革，改变了普通中学的结构，充实了中等职业教育的范围。截至 1990 年底，以在校生为统计对象，我国高中阶段的中等职业技术学校占比 46% ，其中 1990 年招生数占整个高中阶段招生数的 48% 。①

表 9 - 4　　　　　　　　关于普通中学改办职业中学的教育政策梳理

时间	文件名称	发文机构	关于普通中学体制改革的重要内容	分析结论
1980 年	《关于中等教育结构改革的报告》	教育部等	部分普中改办为职业中学，职业中学的学生不统包分配，择优录取、采取"三结合"的就业方针	从普通高中改设到职业高中自身教学计划的政策出台，反映出在职业高中建设方面，国家在不断深入
1983 年	《关于改革城市中等职业教育结构、发展职业技术教育的意见》	教育部等	将部分普通高中改办为职业中学，发动各行业举办职业中学	
1983 年	《关于加强和改革农村学校教育若干问题的通知》	国务院	其中指出将一部分普通高中改办为农业中学或其他学校	
1985 年	《关于教育体制改革的决定》	中共中央	有计划地将一批普通中学改为职业高中	
1986 年	《关于制定职业高级中学（三年制）教学计划的意见》	国家教委	其中对职业高中制定教学计划的微观层面，诸如原则、目标、课程设置、时间等方面做出了规定与说明	

除了对普通中学进行改制，在职业中学中也没有忽视有关培养的微观层面，以表 9 - 5 作为其中的一个典型，从培养目标、经费、招生、教学、师资、就业等微观层面规定了当时职业高中的标准，是职业高中基于应用型人才培养角度的具体要求。

---

① 《中国教育年鉴》编辑部 . 中国教育年鉴 1991 [M]. 北京：人民教育出版社，1992.

表 9 - 5　　　　　　　　　　　　1990 年职业高中标准解析

类型	文件名称	关于培养改革的重要内容					
		目标	经费	招生	教学	师资	就业
职业中学	1990 年的《省级重点职业高级中学的标准》	中等技术、管理人员、中级技术员	生均经费比当地普通高中高两倍以上;通过投资、贷款、税收等扶持这些学校的校办企业	统招,并可因地制宜定向或者委培;学制3年	技艺性强的工种,实习学时数大于等于总学时数的一半	除特教专业外,专任教师比达到1:10;实习指导教师要有三年以上经验	专业对口率达70%以上

以上,主要是对 20 世纪 90 年以前的基于中等应用型人才培养的职业教育政策进行了梳理分析。但是,教育结构的完善一直在继续,1990 年初,李铁映讲话指出检验人才的标准是"德才兼备、又红又专",提出了"在发展九年义务教育的基础上,积极发展职业教育,培养初、中级人才摆到突出位置"[①]。

三、政策效果:本时期职业教育政策执行效果分析

基于一定背景下的政策制定,会产生一定程度上的效用。效用是检验政策文本执行或者制定目标与战略正确与否,以及改进的重要标准之一。这一阶段中最重要的文本便是"1985 决定"。以下将从量化的指标分析基于应用型人才培养的职业教育政策的效果。

(一)中等职业教育大发展

中等职业教育数量大变化。1978—1990 年是中等职业教育的恢复与调整期,中等职业教育发展迅速。虽然本书考察的主要是学校教育形式下的应用型人才培养。但是此阶段中成人中专起着不可估量的作用,也作为统计要素进行罗列。如表 9 - 6 显示,中专、技校、职业中学以及成人中专的学校数量不断增加,学生人数也在不断增加。1990 年与 1978 年相比中专学校数量增加 1.7 倍,中专学生数增长了 3 倍;技校学校数增长 2 倍,技校学生数增长 3.5 倍;职业中学后来居上,势力不容小觑。

---

① 张宝庆. 中国教育年鉴 [Z]. 北京:人民教育出版社,1992:28 - 32.

表 9 - 6　　　　　　　　　1978—1990 年中等职业教育发展情况　　　　　　　人数单位：万人

年份	中专			技校			职业中学			成人中专		
	学校数	学生数	专任教师数	学校数	学生数	专任教师数	学校数	学生数	专任教师数	学校数	学生数	专任教师数
1978	1 714	52.92	6.93	2 013	38.19	2.79						
1979	1 980	71.41	7.88	2 933	63.99	4.53						
1980	2 052	76.12	9.09	3 305	70.03	6.13	3 314	45.36	2.31	43 293	296.27	1.78
1981	2 170	63.2	9.83	3 669	67.92	7.97	2 655	48.08	2.88	38 258	311.87	3.64
1982	2 168	62.8	11.02	3 367	51.19	7.40	3 104	70.35	4.04	48 385	326.39	4.79
1983	2 229	68.84	11.58	3 443	52.52	8.12	5 481	122.01	7.34	46 776	326.57	3.10
1984	2 293	81.12	11.84	3 465	62.76	7.84	7 002	174.48	10.38	1 389	32.40	2.14
1985	2 529	101.29	12.80	3 548	74.17	8.89	8 070	229.57	14.07	2 305	66.26	3.69
1986	2 741	114.59	14.33	3 765	87.2	10.3	8 187	256.0	16.36	2 628	73.81	4.64
1987	2 854	122.26	15.59	3 952	103.1	11.38	8 381	267.6	18.45	2 643	80.12	4.99
1988	2 957	136.82	16.77	3 996	116.08	12.48	8 954	279.37	20.28	2 897	103.37	5.98
1989	2 940	149.29	17.09	4 102	126.70	12.92	9 173	282.27	21.38	2 817	110.56	5.97
1990	2 956	156.71	17.60	4 184	133.17	13.55	9 164	295.01	22.40	4 942	158.79	9.78

注：中专的数据不包括中等师范学校，其中 1980—1985 年为成人中等技术学校，1986—1990 年为成人中等专业学校.

伴随着中等职业教育中学校数的增加，相应的学生增长，也带来了中等学校在校生构成的变化。从表 9 - 7 中我们可以看出这一时期的职业教育政策在中等学校结构的调整中作用重大。其中，中等职业学校在校生的构成百分比逐渐增大。中等职业学校在校生构成比中，1990 年比 1980 年提高 26.8%，普通高中在校生构成比，1990 年比 1980 年降低 26.8%。中等职业学校在校生与普通高中构成比越加均衡。基本实现了"1985 决定"中对于中等教育结构的调整的目标。

表 9 - 7　　　　　　　中等学校在校生构成百分比的变化

年份	普通高中	中等职业学校
1980	81.1	18.9
1985	64.1	35.9
1989	55.2	44.8
1990	54.3	45.7

中等职业教育培养质量得到认可。除了中等职业教育培养人数的增加之外，在培养质量方面也得到了国家的认可，李鹏总理在 1986 年指出中专毕业生适应性强、工作踏实对生产与管理都发挥了重要的作用。根据中国教育年鉴编辑部出版的《中国教育年鉴（1982—1984）》相关统计指出，全国的专门人才中一半以上职称在技术员之上，其中工程师、助理工程师所占职称比重达到 52%，超过半数。[①]

（二）产业结构中就业人口比重缓慢变化

此阶段产业结构的发展，技术工人的应用型人才培养内在诉求较大。这一阶段的中等职业教育的发展有力地增加了劳动力的受教育水平，为此阶段就业人口在三大产业中的比重变化奠定了基础。

根据图 9 – 2 的统计数据，我们可以看出，三大产业在 GDP 的比重中发生了较为显著的变化。1978—1990 年第一产业比重下降 1.1%，第二产业下降 6.6%，第三产业增加 7.7%，截至 1990 年基本形成 27∶41∶32 的产业结构格局。与此相对应的是就业人口在三大产业中的比重也在不断发生着变化。如图 9 – 3 所示，就业人口中在三大产业中的比重分配中第一产业的就业人口比重最高，呈现出逐年下降的态势，第二、第三产业吸纳就业人口的比重连年上升，态势缓慢。但在就业人口的吸纳中，第二、第三产业对就业人口的吸纳比重由 1978 年的 29.5% 增长到 1990 年的 40%，增长了 10.5%。对于这部分就业人员的培养，在此间的中等职业技术教育的大发展为其提供了强有力的智力后盾支撑。中等技术教育在此期间输送了大量的受过较为专业课程与实训的中专、技校、职业中学中的毕业

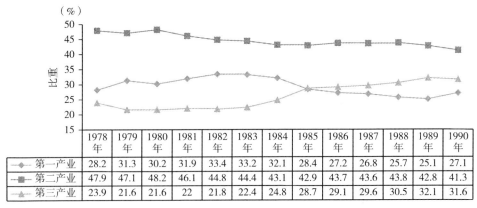

（%）

	1978年	1979年	1980年	1981年	1982年	1983年	1984年	1985年	1986年	1987年	1988年	1989年	1990年
第一产业	28.2	31.3	30.2	31.9	33.4	33.2	32.1	28.4	27.2	26.8	25.7	25.1	27.1
第二产业	47.9	47.1	48.2	46.1	44.8	44.4	43.1	42.9	43.7	43.6	43.8	42.8	41.3
第三产业	23.9	21.6	21.6	22	21.8	22.4	24.8	28.7	29.1	29.6	30.5	32.1	31.6

图 9 – 2　三大产业在 GDP 的比重变化（1978—1990 年）

① 中国教育年鉴编辑部. 中国教育年鉴（1982—1984）［Z］. 长沙：湖南教育出版社，1986：327 – 328.

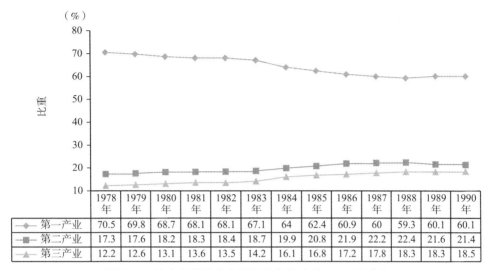

图 9 – 3　按产业分就业人员比重变化（1978—1990 年）

	1978年	1979年	1980年	1981年	1982年	1983年	1984年	1985年	1986年	1987年	1988年	1989年	1990年
第一产业	70.5	69.8	68.7	68.1	68.1	67.1	64	62.4	60.9	60	59.3	60.1	60.1
第二产业	17.3	17.6	18.2	18.3	18.4	18.7	19.9	20.8	21.9	22.2	22.4	21.6	21.4
第三产业	12.2	12.6	13.1	13.6	13.5	14.2	16.1	16.8	17.2	17.8	18.3	18.3	18.5

人才。大量的农业人口向非农产业转移过程中，成人中专的作用功不可没。在 1980—1990 年，假使成人中专的学生流失率为 0 的情况下，成人中专（技校）向社会输送了近 1 880 万人。需要注意的是，此阶段的中专教育是培养中高层次的技术人才，作为管理人才的后备军。

其中，乡镇企业吸纳劳动力表现突出，在 20 世纪 90 年代初期吸纳农村劳动力一亿多人。职业教育一方面，可以为产业就业人口变化提供强有力的应用型人才的智力基础支撑，另一方面，也可以有着较为显著的经济效益。据《中国教育年鉴 1991》统计，以农民人均收入与受教育情况对比发现，受过职业教育培训的用户收入最多，收益为 740.9 元，比当时的高中生高 101 元。[①]

第二节　调整中等教育结构，发展中等职业教育阶段（1991—1998 年）

一、政策背景：经济与教育发展的宏观需求

（一）产业结构变化的新需求

1992 年邓小平同志南方谈话后，中国向世界敞开的范围和领域拓宽，逐步

---

① 《中国教育年鉴》编辑部 . 中国教育年鉴 1991 ［Z］. 北京：人民教育出版社，1992：247.

形成全方位开放格局下的中国市场。党的十四大确立的社会主义市场经济体制改革的目标，促进了我国经济发展的活力。在 1993 年的政府工作报告中进一步指出在接下来的五年中加快基础设施和基础工业建设，诸如交通运输业、邮电通信业、加强新老基地的技术改进以及积极发展第三产业。这些产业的兴起对职业教育变化有着重要影响。观察 1992 年的产业结构，在其中贡献率最大的是第二产业在国内生产总值中的贡献率为 63.2%，第三产业的贡献率为 28.7% 与 1978 年相比也有着较为显著的提升。在其中第一产业的贡献率降到 1992 年 8.1%[①]，降幅最为明显。第二产业成为此时中国经济最大的增长产业，特别是这一阶段的乡镇企业在原先的基础上进一步得以发展。企业数量在 1998 年达到 27 658 个，从业人员超过一亿人，达到 1.25 亿人，各种层次的专业人才供不应求。

经济类型多样化。20 世纪 90 年代开启了我国经济由"计划"迈向市场的篇章。我国社会主义经济的所有制类型初步形成，1992 年后，经济类型重新被划分为 8 种，同时带来了从业人员就业去向的转变。比如，90 年代后期大量的国企工人下岗。这些使得教育需要由主要面向国有单位向着多方服务的角度迈进。经济类型变化对职业教育的影响还可以从职业教育中相关专业报名人数的增减窥探一二。在当时据统计，1993 年中专招生增长约 27 万人，其中 9.5 万人为财经专业，占 35%，在职业高中中财经的增长也是最快的，比 1992 年增长 4%[②]。

科技进步快发展。随着改革的深入，科技成果的国际流通加快，高新技术产业发展迅猛，在工业产值中的比重不断提升。诸如深圳 1991—1998 年，高新技术产值年均递增 61.5%，1998 年产值高达 655 亿元，占深圳工业总产值比重的 35.4%。[③]

应用型人才新要求。经济的发展，特别是第二、第三产业的变化，带来了产品市场的发展。同时，技术市场、人才市场等其他市场也相继孕育，以及科技的进步等对职业教育培养的一线技术工人要求也随之提升，在知识与能力结构中有所变化。必然也对高级应用型人才的需求呈现增长趋势，职业教育的层次上更高要求。这一阶段的应用型人才涉及工业化发展中的中等技术技能人才以及高级人才，是这一阶段特别急需的应用型人才。

（二）职业教育自身发展的背景

通过以上对以技工应用型人才培养为主的职业教育阶段分析，得出职业教育无论是在学校数量，还是在整个中等教育结构中占比来说，都显示职业教育的进步。1990 年以后高中阶段职业教育招生占整个高中阶段招生总数的 50.3%，所

---

① 资料来源：中国统计年鉴 2015 光盘版。

② 《中国教育年鉴》编辑部. 中国教育年鉴 1994 ［Z］. 北京：人民教育出版社，1995：78.

③ 李德成. 深圳：吸引外资发展高新技术产业 ［J］. 中国外资，1995 (5)：15 - 16.

占比重已然超过半数,高中阶段职业教育的发展迅猛。1991 年比例由 50.3% 上升到 53.8%。[①] 高中阶段的职业教育大发展,主观上为经济发展提供了初、中级应用型人才。此后政府着重进行了相应的调整,基于应用型人才培养的职业教育政策发展迈向新的台阶。不仅表现在数量上的提高,更注重在内涵的提升上,注重教育质量。接下来,本书将延续应用型人才从培养的相关脉络进行这一时期我国职业教育中促进应用型人才发展的政策解读,以期总结出此阶段的应用型人才发展的特点。

二、政策分析:本时期的职业教育政策文本分析

1991 年《国务院关于大力发展职业技术教育的决定》(以下简称"1991 决定")的颁布一方面,对这一阶段的工作成效进行了肯定,另一方面,对于此阶段中需要继续改进的地方予以指示。在"1991 决定"中比较系统全面的规划了职业教育。首先,表现在对职业教育中应用型人才的人才培养和培训,继续坚持岗前培训、建立就业训练中心、广泛开展短期职业技术培训、发展中等和高等职业教育培养人才。其次,对于职业教育中的应用型人才进行任用方面,在城市和农村中的某些专业实行未经职业教育不可上岗,规定单位的招工、招干首先从专业对口的职业院校的毕业生中择优录取,对职业教育中的应用型人才的认可和使用做了基本的规范。最后,对于在职人员(这其中必然包括应用型人才)进行职业技术培训的成人教育。这样形成了一套从培训到认可、使用再到发展的应用型人才培养路径。"1991 决定"是此阶段基于应用型人才培养的职业教育政策的集大成者。

此后,1993 年《中国教育改革与发展纲要》对 90 年代职业教育改革,提出了"建立示范性骨干学校或者培训中心"的要求,提出联合办学、产教结合的办学及教育理念,以及提出发展专科教育,为这一阶段的职业教育发展找出路。后者更是凸显了质量提升的诉求,以及普职融通与上升的走向。同时这一阶段基于应用型人才培养的职业教育的地位得以确立。以 1996 年的《职业教育法》为标志,职业教育迈向了更加广阔的道路。1996 年劳动部《关于印发〈职业技能开发事业发展"九五"计划和 2010 年长远规划〉的通知》更是基于此阶段的人才培养比例做出了规划,并提出了相应的举措。在以上四个宏观的教育政策背景下,结合对这一阶段的两大类的应用型人才分类,将这一时期中观、微观的基于应用型人才培养的技校、中专的职业教育政策进行以下梳理。

---

① 中国教育年鉴编辑部. 中国教育年鉴 1993 [Z]. 北京:民教育出版社,1992.

（一） 学校领导管理体制的调整

在上一阶段基本形成了应用型人才培养的领导管理体制，较为清楚明确地规定了管理部门。但是在执行过程中仍旧存在着各部门分工不明，中央权力过大的现象，地方弹性小。职业教育的显著特征之一便是服务的地域性，即服务于地方经济的发展与要求。在中央的统一部署下，会出现"一刀切"现象不利于培养契合地方特色的应用型人才。本阶段继续理顺领导管理体制，这仍是十分必要且重要的。政府通过一系列的职业教育政策促进政策放权，将中央权力下放到地方，以期进一步规范基于应用型人才培养的职业学校的布局管理，实现职业学校的管理朝着更加科学的方向迈进。这一阶段中等职业教育领导管理体制改革，见表 9 - 8，从中可以看出调整、撤并是这一阶段中等职业教育改革的主旋律，"简政放权"、统一管理是这一阶段改革的目标。

表 9 - 8 1991—1998 年中等职业教育领导管理体制改革梳理

时间	文件名称	发文机构	关于领导管理体制改革的重要内容
1993 年	《关于深化技工学校教育改革的决定》	劳动部	技工学校实行政府统筹管理下的校长负责制，实现独立自主的办学实体
1995 年	《关于普通中专教育（不含中师）改革与发展的意见》	国家教委	改革管理体制，为学校扩大自主权，逐步形成政府、社会、学校的有效管理和参与办学的体制
1998 年	《国务院关于调整撤并部门所属学校管理体制的决定》	国务院	进行了国务院机构改革，对国务院的九个部门进行改革或者组建；对这些主管部门所属的学校进行管理体制的调整，其中"46 所中等专业学校和技工学校划转为地方管理"
1998 年	《关于调整撤并部门所属学校管理体制的实施意见》	国务院	中专与技校由部门管理转向地方管理。其中对中专与技校的负责与管理单位、经费来源、招生等进行了规定

（二） 中专、 技校培养方面的调试

伴随着领导管理体制的改革，专业目录的修订，中专与技校应用型人才的培养在这个阶段的培养方面，从招生、教学、师资角度上朝着更加市场化，更加规范化的方向发展。1993 年国家教委颁布了《普通中等专业学校专业目录》要求自上而下分工进行，以期实现合理的专业结构与布局。同时基于表 9 - 9，对此

阶段职业教育政策进行梳理，可以分析出中等职业教育试图在经费来源上逐步打破国家财政的唯一来源，开始寻求多元化经费支持；在招生制度中逐步减弱计划性，使招生体制朝着规范化方向进展；在教学中逐步重视教材建设，以期实现教学质量的提升；在就业上不断推广自主择业下，提升对毕业生质量的把关。

表 9 – 9　　　　　　　　　　　1991—1998 年政策中关于培养梳理

类型	文件名称	关于培养改革的重要内容
总概	1998 年《面向 21 世纪深化职业教育教学改革的原则意见》	职业教育的培养需要同现代化建设要求相适应，为了培养直接在生产、服务、技术管理第一线工作的应用型人才，在教学内容上进行了较为严格的规定
职业中学	1993 年《全国职业中学校长主要职责及岗位要求（试行)》	其中对校长的主要职责、岗位要求进行了相关规定
技工学校	1993 年《关于深化技工学校教育改革的决定》	招生上，指导性招生可依据情况扩招；教学上，提出"具有竞争活力"的教学制度；师资上，实行技工学校教师资格证书制度和考核制度；就业上，自主就业，毕业生考核"双证书"制度
中专	1994《关于普通中等专业学校招生与就业制度改革的意见》的通知	招生计划体制从 1994 年起不在下达分校招生计划。形式上，采取国家任务计划与调节计划相结合。招生上，扩大学校自主权；就业上，对毕业生就业制度进行改革，由统包统配转向市场
	1995《关于普通中专教育（不含中师）改革与发展的意见》	经费上，由纯国家财政转向以此为主，多方结合的方式；招生上，逐步过渡为全面上学缴费制度；教学上，实行"三结合"，加强投入，实现基地建设；实行校办产业、产教结合的发展路径；就业上，实行不同形式就业
	1997 年《关于普通中等专业学校招生并轨改革的意见》	招生上，实行学生缴费，统一分数录取

（三）　评聘分离任用制度的建立

改革开放后，国家的任用政策由原先的包分配向"双轨制"的就业方式转变。在这一阶段经济的市场化程度的提高，需要教育中对待就业的态度更加开放，更加"市场化"。

首先，国家职业资格证书制度开始萌芽。国务院于 1993 年，《关于〈中国教育改革和发展纲要〉实施意见》中正式提出职业资格制度。当年 7 月劳动部颁布

《职业技能鉴定规定》的通知，明确指出国家实行职业技能鉴定证书制度。[①] 此后，我国开始实行从工人技术等级考核和技师、高级技师资格考评向职业技能鉴定制度的转轨。[②] 紧接着 1994 年我国劳动人事制度进行了"两种证书制度"的重大改革。劳动部、人事部于 1994 年的 2 月专门下发了通知，对职业资格证书的性质、管理、范围、评价等方面进行了首次界定。1994 年 3 月《职业资格证书规定》的颁发，职业资格制度正式实施，劳动部为此专门成立职业技能鉴定中心。1995 年 1 月人事部颁发《职业资格证书制度暂行办法》，其中，对实施进行了较为细致的解读，为我国职业资格证书制度从"文件"转向"行动"，提供了借鉴。

其次，全国实行专业技术资格评价与聘用分开制度。1994 年 7 月发布的《国务院关于〈中国教育改革与发展纲要〉的实施意见》指出："建立两种证书制度"更好的贯彻 1993 年《中国教育改革和发展纲要》中提出的"优先录用经过职业技术教育和培训的毕业生，专业性、技术性较强的岗位应该获得岗位资格证书后上岗"的这一规定。政府拥有评审权、用人单位具有聘用权。一方面，提高了专业技术人员获得专业技术资格证书的人数增加，为市场提供了较为合格的人才。但是也存在相关隐患，并不能立即兑现待遇，随着时间的延续，积累的资格人员则越多，使后来的人才降低了申报的热情，也进一步导致了"过度教育"的产生和延续。在某种程度上使得专业技术人才评价制度对人才评价功能流失。

最后，市场化下的择业方式。1997 年自主择业与"调节性计划"（招生计划中部分"定向生""委培生""自费生"）合轨并一，标志着我国招生和毕业生就业制度开始跨入市场化的运作轨道。1999 年在校生感受是最深刻的，在当时已有相当比例毕业生不包就业，同时与干部指标脱钩。在面向多种所有制形式的单位团体和逐渐成熟的劳动力大军中，多种形式的就业形式愈加凸显。

三、政策效果：本时期职业教育政策执行效果

（一）中等职业教育大繁荣

本阶段基于应用型人才培养的职业教育，其发展的重心仍旧是大力发展中等职业技术教育，探索中等职业教育的内涵发展之路并优化结构。

这一时期，基于应用型人才培养的中等职业教育发展从学校、学生数量角度来看，中等职业教育得到了很大发展。如表 9 – 10 所示，1991—1998 年内中等职业教育的学校数不断增加，学生数也不断提高，专任教师数整体呈现增长的状

---

① 注：当时的凭证有《技术等级证书》《技师合格证书》和《高级技师合格证书》等。

② 杨金土.90 年代中国教育改革大潮丛书·职业教育卷［M］.北京：北京师范大学出版社，2002.

态。与此同时，此阶段中等职业技术学校（含中师）招生数量和在校生数的比重也在不断提升，到 1998 年高中阶段职业教育在校学生数、招生数占整个高中阶段中的比重分别为 60% 和 56.9%，超过高中阶段的半数以上。[①]

中等层次应用型人才培养的师资队伍局部缓增。这一阶段颁布了一些试图提升有关中等教育质量的教学和师资的政策。这些政策所带来的直观方面的变化，是在职业中学中专任教师的数量呈现缓慢的增幅，但是从中专、技校、成人中专的专任教师数据看，专任教师数仍旧较少。这一状况会在一定程度上使得培养的质量短时间内得不到提升。

表 9 - 10　　　　　　1991—1998 年中等职业教育发展概况一览表　　　　　单位：万人

年份 / 学校类别	中专（1993—1998 年包括中师数量）			技校			职业中学			成人中专		
	学校数	学生数	专任教师数	学校数	学生数	专任教师数	学校数	学生数	专任教师数	学校数	学生数	专任教师数
1991	2 977	161.60	17.51	4 269	142.21	14.36	9 572	315.55	23.47			
1992	2 984	174.28	17.81	4 392	155.60	14.68	9 860	342.76	24.8	4 776	174.43	10.54
1993	3 964	282.03	23.93	4 477	173.90	15.03	9 985	362.59	26.17	4 783	206.76	10.39
1994	3 987	319.79	24.70	4 430	187.09	15.29	10 217	405.61	27.66	4 811	263.81	10.96
1995	4 049	372.15	25.68	4 521	188.60	15.29	10 147	448.32	29.21	4 904	290.79	11.27
1996	4 099	422.79	26.74	4 467	191.81	15.44	10 049	473.27	30.76	5 070	309.71	12.13
1997	4 143	465.42	27.64	4 395	193.10	11.57	10 047	511.89	32.24	5 113	266.38	12.68
1998	4 109	498.08	27.85	4 362	181.30	15.34	10 074	541.62	33.57	5 068	305.06	12.73

资料来源：教育部发展规划司编. 中国教育统计年鉴 2002 [Z]. 北京：人民教育出版社，2003：15.

（二）　产业结构中就业人口比重缓慢变化

中等职业教育为产业中输送大批应用型就业人口。1991—1998 年，第二产业稳步发展，第一产业与第三产业以 1996 年为拐点，在国民生产总值中的比重分别呈现出急速下降与较快上升的态势。就业人口中在三大产业中的比重分配如图 9 -4 和图 9 -5 所示，1998 年第一产业吸纳就业人口数较 1991 年下降近 10%，1998 年第三产业吸纳就业人口的比重较 1991 年增长 7.8%。就业人口的转移以及就业劳动力的增长，需要大量的技术工人。在此间，中等职业技术教育的继续

① 中国教育年鉴编辑部. 中国教育年鉴 1993 [Z]. 北京：民教育出版社，1999.

发展为其提供了强有力的后盾支撑。以 1998 年为例这一期间内中等职业教育领域的毕业生数量达到 471.1 万人。①

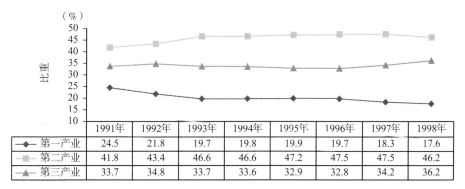

	1991年	1992年	1993年	1994年	1995年	1996年	1997年	1998年
第一产业	24.5	21.8	19.7	19.8	19.9	19.7	18.3	17.6
第二产业	41.8	43.4	46.6	46.6	47.2	47.5	47.5	46.2
第三产业	33.7	34.8	33.7	33.6	32.9	32.8	34.2	36.2

图 9 – 4　三大产业在 GDP 的比重变化（1993—2002 年）

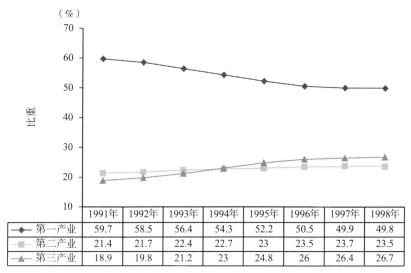

	1991年	1992年	1993年	1994年	1995年	1996年	1997年	1998年
第一产业	59.7	58.5	56.4	54.3	52.2	50.5	49.9	49.8
第二产业	21.4	21.7	22.4	22.7	23	23.5	23.7	23.5
第三产业	18.9	19.8	21.2	23	24.8	26	26.4	26.7

图 9 – 5　分产业就业人口比重

（三）　补偿性的应用型人才职业教育政策的创建

需要注意的是，1978—1998 年中等教育结构的恢复与调整中，中专虽是中等教育重要组成部分，但是这一时期的中专培养的是企业中的中高级技术人员，也是后备管理干部。这一阶段中成人中专、技工学校、职业中学为此时期的以技术

① 中国教育年鉴编辑部. 中国教育年鉴 1999 ［Z］. 北京：民教育出版社，1999：140 中相关数据整理所得。

工人为侧重点的应用型人才培养主体。

职业教育政策的补偿性。此时对于应用型人才培养，从总体上没有形成一定的体系，更多的是在中等教育层次的培养体系中"各自为政"，各自有着自己的招生—教学—就业/升学的培养路径。但是就这一阶段的中等教育结构调整来说，更多是出于弥补缺陷、抵消损失，也就是从补偿的出发点进行的。从数量上尽量满足工业初步发展需求的应用型人才。因而这一阶段基于应用型培养的职业教育政策具有补偿性。在经济、教育的修正中实现对初、中级人才职业教育缺乏的补偿，以突破人力资本的瓶颈，保持人力资本和工业发展的良性互动。

虽然这一阶段的职业教育政策执行中，获得了此阶段中应用型人才数量的增长，在一定程度上促进了产业结构的变化。但是，这一阶段的应用型人才培养仍旧存在着严重的问题，最突出的问题就是拙劣的质量问题。没有合格的教师、标准化的设施和其他所必需的硬件设备，普通中学的改制通常只是表面上名称的变化，在实质上，学校的内部未发生其他改变。但是质的提升跟不上量的发展。在中等专业学校中，中专、技校、职业中学的专任教师的增长远低于学生数的增长，这就必然会带来中等职业培养的质量问题。如20世纪90年代末期，国有企业的转型，其中很多接受过中等职业教育的职工下岗。同时，据世界银行的报告称中等职业教育的贡献率没有想象中的大，在企业的招聘中普通中学的学生的能力与适应性更强。

因此，就这一阶段的执行效果反馈来看，中等职业教育培养的质量问题得到了一定程度上的重视，但是在实际的执行中效果不佳。1978—1998年中等职业教育的大发展，迫切需要内涵的提升。

第三节　调整本专科结构，发展高等职业
教育阶段（1999—2013年）

由于工业化进程的发展，以及教育的自身发展，这一阶段中调整本专科结构发展高等职业教育是此阶段应用型人才的发展趋势。但是在这一阶段中，中等职业教育的相关概况对高等职业教育的发展有着重要的影响，所以在本书中将继续对中等层次的应用型人才培养进行梳理。但也明确重点，这一阶段职业教育政策的重点在于发展高等职业教育。

随着2001年中国加入世贸组织，迄今已超18年之期，在进入世界市场中，我国人才需求结构也随之发生着重大的变化。但是在刚入世不久，2003年在中国，近八成的经营者认为本行业存在技术员"短缺"的情况。①

_____

① 杨进，明航. 我国制造业发展对技能型人才的需求分析 [J]. 教育与职业，2008（11）：6.

这一时期出台了对职业教育有着重要推动的宏观政策。以 1999 年国务院批转了《面向 21 世纪教育振兴行动计划》为代表，其中指出 "2000 年高等教育本专科生在校生总人数达到 660 万人招生计划的增量将主要用于地方发展高等职业教育"，这一政策预示着高等专科职业教育迎来了 "春天"。随后，2004 年的《2003—2007 年教育振兴行动计划》（以下简称 "计划"）特别提出培养各级各类高技能人才，其中提到了软件产业的实用型人才；2005 年的《国务院关于大力发展职业教育的决定》，2010 年 7 月国务院发布《国家中长期教育改革和发展规划纲要（2010—2020 年)》（以下简称 "纲要"）这些文件对职业教育的指导意义重大，在职业教育的发展中更加注重教育公平的实现以及教育结构的调整。伴随着这些具有重大指导意义的文件，也出台了更为具体的职业教育。特别是 "纲要"，具有很强的指导性

一、政策背景：产业升级与技工荒现象频发

（一）产业及产业结构变动

产业结构新变化。中国确立市场经济制度后，工业化进程加快，基于 GDP 的衡量标准，我国 2003 年以后进入工业化中期阶段。同时随着中国加入世界贸易组织（World Trade Organization，WTO）后，因劳动力廉价，国际资金逐渐流入，中国的投资呈现增长状态。产业的跨国转移，制造业、技术资金转移以及服务业转移悄然兴起，对中国的产业结构带来新的影响。从表 9 - 11，可以看出，第一产业在 GDP 中的比重逐渐降低，2009 年后降至 10% 以下。二产、三产比重实力相当，但是分别呈现出缓慢的降低与增长态势。2013 年第三产业占 GDP 的比重超过第二产业，相对应第三产业的贡献率呈现整体上升的态势，虽然在2008—2010 年间受国际上经济危机的影响比重下跌，但是在 2011 年后逐渐呈现平稳上升的态势。

表 9 - 11　　　　　　三大产业占国内生产总值的比重及在其中的贡献率　　　　单位：%

年份＼产业	第一产业		第二产业		第三产业	
	占 GDP 比重	贡献率比重	占 GDP 比重	贡献率比重	占 GDP 比重	贡献率比重
2003	12.3	3.1	45.6	57.9	42.2	39
2004	12.9	7.4	45.9	51.7	42.0	40.9

产业 年份	第一产业		第二产业		第三产业	
	占 GDP 比重	贡献率比重	占 GDP 比重	贡献率比重	占 GDP 比重	贡献率比重
2005	11.6	5.3	47.0	50.3	41.2	44.4
2006	10.6	4.4	47.6	49.7	41.3	46.1
2007	10.3	2.7	46.9	49.9	42.9	47.4
2008	10.3	5.3	46.9	48.4	42.8	46.3
2009	9.8	4.1	45.9	51.9	44.3	44.0
2010	9.5	3.6	46.4	57.2	44.1	39.2
2011	9.4	4.2	46.4	51.5	44.2	44.3
2012	9.4	5.3	45.3	49.3	45.3	45.4
2013	9.3	4.4	44.0	48.0	46.7	47.6

注：本表数据按照当年价格计算.
资料来源：《中国统计年鉴 2016》光盘整理所得.

产业变化下，对从业人员素质的要求升高。随着产业的发展通常是以技术的进步为前提，在新时期，技术的发展对从业人员的技术层次要求更高。人工智能、智能机器人等新兴生产系统的技术进步，使从事简单操作地一般性技能岗位下降，甚至消失，制造业服务化下对从业人员的复合性能力要求提高。在浙江 2012 年便做出了全面"机器换人"的决策，2013—2015 年的三年间浙江减少普通劳动用工 194.5 万人。[①] 同时技术的更新换代周期短，出现了职业岗位快速生成与灭亡周期的特点，从业人员可能需要多次再就业。在此情况下需要从业人员提升自我的关键能力，在风云变幻的职业变化中"以不变应万变"。

科技进步新要求，创新型应用型人才缺口大。自进入 21 世纪以后，互联网的更新迭代周期短，进程快。其中带来了高技术产业突飞猛进的发展，高技术产业产值不断增长。如图 9 - 6 所示，2008 年上海高技术产业产值接近 6 000 亿元，2010—2013 年均超过 6 000 亿元。

① 新蓝网．拥有全国 15% 工业机器人浙江"机器换人"走在全国前列［EB/OL］．(2016 - 04 - 01)．http：//n.cztv.com/news/11986533.html.

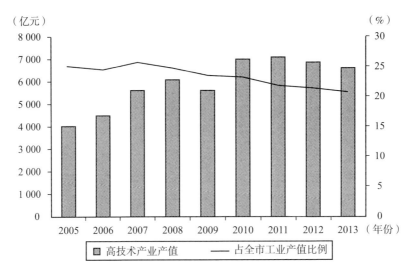

图 9 - 6　上海高技术产业发展情况

资料来源：上海高技术产业变化情况与启示 ［EB/OL］. (2016 - 01 - 07). http：//www. stcsm. gov. cn/jdbd/sswgg/zlhb/343324. html/.

我国经济与科技的高速发展对我国应用型人才的影响主要体现在以下两个方面：一方面，我国经济的产业结构、行业结构和产品结构进行了比较大的调整，特别是 2001 年加入世界贸易组织后，需要更多外向型的应用型人才。另一方面，是经济高增长下，与之相适应的以高新技术为先导的制造业，即制造业服务化程度的提高对应用型人才需求量的增加。要求从业人员兼备更高层次的理论基础和更强的实践能力。一部分生产领域的操作人员，在工作的环境变化中，已经由体力技能操作，转向智力技能操作。科学技术的进步与发展需要熟悉多种技术的高素质人才。

（二）满足需要的应用型人才严重缺乏

1. "技工荒" 问题突出

劳动供给的结构性失衡。在产业结构的变动中，以发达地区为代表出现 "技工荒" 现象。以上海市为例，2006 年锅炉检修工、电机、变电检修工、港航桥吊司机的应用型人才的招工中，以高级及以上为主，年薪可达 10 万元以上。远远超于当时上海的平均工人工资（据《上海统计年鉴 2007》数据显示，2006 年上海市职工平均工资为 29 596 元①）。这反映出，一方面，劳动力市场对高级的

---

① 上海科技. 上海高技术产业变化情况与启示 ［EB/OL］. (2016 - 01 - 07). http：//stcsm. sh. gov. cn/jdbd/sswgg/3515. htm.

应用型人才紧缺的尴尬；另一方面，也折射出上一阶段中基于应用型人才培养的职业教育政策在培养人才的质量方面的处境。中等职业教育作为培养初、中级技工为目标，与市场需求的"高技术"的应用型人才要求不符。2005 年据报告指出，当年深圳的劳动力市场对技能人才需求 10.5 万人，但是具备技能等级的求职人员有 5.3 万人，技工缺口达到需求的一半左右，其中高级技师缺乏现象更加明显，达到 3 万多人。出现了三个岗位"抢"一个中级技工，五个岗位"抢"一个高级技工的情形。当时深圳的技能结构呈现出"金字塔型"的技术工人梯队。[①] 然而国际上职业教育发达的国家呈现的技工人才是"橄榄型"的结构，工业发达国家则为 35∶50∶15，即初级与高级技工的人数比例较少，中级技工人数较多。2004 年浙江杭州，据杭州服装协会统计指出，服装业的技师严重缺乏，平均每 20 家服装企业拥有一位服装技师。[②] 浙江省于 2004 年 1 月 16 日下发了《关于大力实施人才强省战略的决定》，把高级技能人才培养列为人才队伍建设的重点之一。

2. 技能人才求人倍率居高不下

所谓求人倍率指的是有效需求人数除以有效求职人数，表明了劳动力市场中岗位对应下的求职人数，反映了劳动力市场的供需情况。[③] 求人倍率大于 1 则说明职位供过于求，表示劳动力市场中劳动力缺乏，求人倍率的值越大，则相应的劳动缺口则越大。假设每年的 7 月份是毕业月，进入劳动力市场的毕业生数众多，按照技能等级分组，对每年的第三季度所缺的技能人数的求人倍率进行统计，可以初步反映出对于高层次的应用型人才的培养状况。结果如图 9 - 7 所示。

通过图 9 - 7，结合 2003—2013 年部分数据，整体显示，市场对于职业资格等级的求职者是具有较大的需求缺口，职业资格的五个等级中求人倍率均大于 1。更为显著的是对具有高级技能以上的职业资格的需求缺口中连续 10 年的求人倍率均值均大于 1.5。其中对技师、高级技师的求人倍率居高不下，在 2012 年竟然高达 2.5 以上。显示出劳动市场中高技能人才的缺乏。同时结合表 9 - 12 可以看出，从 2003—2013 年中对于职高、技校、中专的高中毕业生人数的需求呈每年逐步增长的态势。从中可以推断出，职业教育领域中我国各层次的应用型人才需求缺口均较大。

---

① 新浪网. 技能结构不合理 深圳技能人才缺口 5 万多［EB/OL］. (2005 - 03 - 19). http：//news. si-na. com. cn/o/2005 - 03 - 19/19565406762s. shtml.

② 浙江在线. "技工荒"的背后：职业教育与企业需求的错位［EB/OL］. (2004 - 08 - 04). http：//zjnews. zjol. com. cn/05zjnews/system/2004/08/04/003145404. shtml.

③ 百度百科. 求人倍率［EB/OL］. https：//baike. baidu. com/item/% E6% B1% 82% E4% BA% BA% E5% 80% 8D% E7% 8E% 87/5722604？ fr = aladdin.

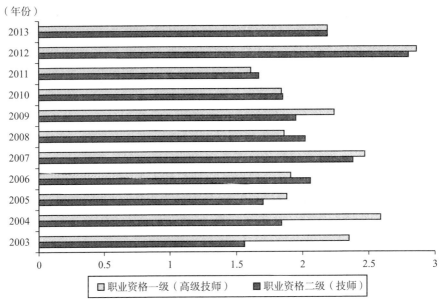

图 9-7 2003—2013 年按照技术等级分组的求人倍率变化表——基于每年的第三季度的数据

资料来源：中国就业网 2003 年第三季度—2013 年第三季度部分城市公共就业服务机构市场供求状况分析．

表 9-12   **2003—2013 年按照文化程度进行分组的求人倍率**
变化表——基于每年第三季度数据统计

文化程度 年份	高中		大专	大学
		职高、技校、中专		
2003	0.89		0.77	0.82
2004	0.91		0.94	0.84
2005	0.94	0.9	0.85	0.96
2006	0.99	0.92	0.9	0.9
2007	0.99	0.98	0.84	0.89
2008	1.01	1.15	0.87	0.87
2009	0.96	1.15	0.82	0.78
2010	1.08	1.29	0.89	0.73
2011	1.12	1.36	0.94	0.85
2012	—	—	—	—
2013	1.21	1.42	1.00	0.95

资料来源：中国就业网 2003 年第三季度—2016 年第三季度部分城市公共就业服务机构市场供求状况分析，2012 年数据不全，2014—2016 年部分数据不全．

（三）职业教育作为教育发展的重点战略

与经济发展水平、产业结构相适应，我国做出了将职业教育作为教育发展战略的重点之一。所谓教育的战略地位指的是，教育国家和社会中所处的地位以及发挥的作用。以何种教育类型作为阶段性战略重点，是与国家经济发展水平相适应的。国际上，在 20 世纪 80 年代以来一些职业教育发达国家因时而进，制定了新的发展规划或者战略。如澳大利亚在 2003 年底出台了《塑造未来——澳大利亚 2004—2010 年职业教育与培训国家战略》（Shaping our Future：Australia's National Strategy for Vocational Education and Training 2004—2010），2006 年澳大利亚政府又紧锣密鼓的出台了《构建技能澳大利亚——职业教育与培训的新方向》。韩国于 1997 年成立了韩国职业教育与培训研究院。

国际上关于职教的先进做法，为我国的职业教育发展提供了经验借鉴。在此期间我国政府也高度重视提升职业教育的地位，具体表现主要是通过 2002 年以后的三次全国职业教育工作会议及全国人才工作会议，逐步确定了职业教育的战略地位。具体见表 9 – 13，2002 年后的全国职教工作会议及全国人才工作会议梳理显示，从召开的机构上看，以国务院的名义召开，显示会议的重要性。从召开的次数看，2002—2005 年密集地召开了三次职业教育工作会议，从侧面显示出职业教育发展中存在着较为突出的问题，需要政策加以斧正。

表 9 – 13　　2002—2013 年后的全国职教工作会议及全国人才工作会议梳理

时间	名称	重要内容	出台文件	重要讲话
2002 年	第四次全国职业教育工作会议	会中对此阶段职业教育发展面临的形式、问题、机遇与挑战进行了说明。总结经验、分析形势，确立职教战略地位，明确指导思想、目标和思路。会上明确指出了必须大力发展高等职业教育	会后印发《国务院关于大力推进职业教育改革与发展的决定》以下简称"2002 决定"。以及两个重要的配套文件	朱镕基总理在全国职业教育工作会议上的讲话
2004 年	第五次全国职业教育工作会议	讨论《关于进一步加强职业教育工作的若干意见》	教育部等七部门就意见指出"职业院校制造业与现代服务业技能型紧缺人才培养培训计划"	

续表

时间	名称	重要内容	出台文件	重要讲话
2005 年	第六次全国职业教育工作会议	明确职业教育的地位与作用，提出改革的目标任务与政策措施，首次提出了职业教育是经济社会发展的重要基础和教育工作的战略重点。首次提出了要发展中国特色的职业教育，发展中国特色的高等职业教育体系		温家宝总理做了题为"大力发展中国特色的职业教育"的重要讲话
2003 年	第一次全国人才工作会议	指出了现代化建设需要的高层次、高技能和复合型人才短缺，将高技能人才的培养纳入人才强国的战略部署中。提出"造就数以千万计的专门人才""开创人才辈出、人尽其才的新局面"	制定下发了《关于进一步加强人才工作的决议》（以下简称"2003年人才决议"）	

同时，21 世纪以来，对政府工作报告中职业教育与应用型出现的频次统计显示，如图 9 - 8 所示，在政府工作报告中 2006—2013 年的 8 年间，职业教育在政府工作报告中超过 3 次及以上出现的频次占 7 年。侧面显示出职业教育在国家的政府工作中占据较为重要的位置。

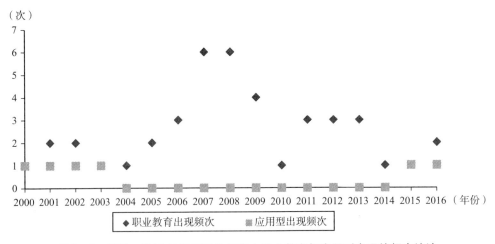

图 9 - 8　2000—2016 年政府工作报告中职业教育与应用型出现的频次统计

我们可以观察到，国家对于职业教育的发展越加重视，同时教育部"十一五"期间，也将职业教育作为教育发展的三大战略重点之一。这是对职业教育的根本性改变，职业教育在中国的教育体系中处于边缘地位，缺乏长期的规划。而此次战略重点地位的确立，使职业教育真正纳入事业规划的重要组成部分。

二、政策分析：本时期的职业教育政策文本分析

（一）关于中等职业教育的政策文本梳理

中等职业教育迈入内涵提升阶段。在 20 世纪 90 年代后半阶段，国家政策对中等教育中普通教育与中等职业教育的结构进行了调整。伴随着九年义务教育的全面普及，中等职业教育在量的发展基础上，进一步迈向质的提升阶段。在这一阶段中国家出台了有关中等职业教育的各种政策，从政策的层次角度进行分类，分为宏观、中观和微观。从政策的内容角度对三个层次进行划分，每一层次都包含着不同的内容。这一时期职业教育政策涉及的内容更聚焦、政策颁布密度更大。

中等职业学校领导管理体制更明晰。从学校管理体制来说，1999 年国家密集地颁布了相关政策，在管理体制上进一步简政放权，理顺了管理关系。具体如表 9 - 14 所示。

表 9 - 14　　　　　　　　1999 年有关中等职业教育管理政策梳理

时间	名称	颁布机构	关于学校领导管理改革的内容
1999 年	《国务院关于调整五个军工总公司所属学校管理体制的决定》	国务院	对包括原"五公司"所属下的 98 所中等专业学校、232 所技工学校的管理体制进行了调整。"五公司"直接管理并由财政部拨付事业费的 14 所中专，原则上划转地方管理相关事宜。其余由下属企事业单位承办的中专和技校仍归原单位进行举办，但是在教育业务与技校上分归地方教育部门与劳动部门
1999 年	《关于进一步调整国务院部门（单位）所属学校管理体制和布局结构的决定》	国务院	规定除个别部门外"国务院部门和单位不再直接管理学校"
1999 年	《关于调整中等职业学校布局结构的意见》	教育部	指出部门、行业和地方分别举办中等职业学校的布局已不适应社会主义市场经济的发展。其中指出可采用合并、共建、联办、划转等方式进行布局结构的调整

在办学与招生等方面如表 9 - 15 所示，其中关于办学的两个政策有力地推动了中等职业教育主体作用的发挥，有利于中等职业教育呈现出"百花齐放"的状态。在招生工作方面的一系列政策、举措拓展了实现教育公平的路径。

表 9 - 15　　　　　　1999—2013 年有关中等职业教育办学、招生政策梳理

内容	年份及文件	发文机构	关于中等职业教育的重要内容
办学	2006 年《关于大力发展民办中等职业教育的意见》	教育部	肯定了民办中等职业教育的意义，与公办中等教育可形成优势互补，共同发展的格局。对发展民办中等职业教育进行了政策、管理、宣传方面的规定
招生工作方面	2004 年《教育部关于贯彻落实全国职业教育工作会议精神进一步扩大中等职业学校招生规模的意见》	教育部	在招生方面提出 2004 年全国中等职业学校的规模不少于 600 万人
	2012 年《关于扩大中等职业教育免学费政策范围进一步完善国家助学金制度的意见》	财政部、国家发改委、教育部、人力资源和社会保障部	从 2012 年秋季学期开始符合条件的学生免除学杂费*，进一步完善中等职业教育国家助学金制度

注：* 满足条件包括公办中等职业学校全日制正式学籍一、二、三年级在校生中所有农村（含县镇）学生、城市涉农专业学生和家庭经济困难学生免除学费（艺术类相关表演专业学生除外）。

从进一步提高中等职业教育的办学质量角度来说，可以通过提升师资、教学、管理等微观方面进行着手调整与改革。在本时期，为了进一步提升职业教育领域的教师水平，除了一些统筹性政策中有相关涉及，也体现在更具体的师资政策中，如表 9 - 16 所示，从经费上给予基础保证，从职业教育师资培训体系上给予体系支撑，从师资上给予优化，从管理上给予规范监督。这一系列的政策、举措有力地推动了职业教育师资队伍的专业化建设。力求为中等职业教育质量建设打下基础保障。

表 9 - 16　　　　　　1999—2013 年有关中等职业教育培养政策梳理

文件颁布时间与名称	发文机构	关于中等职业教育的重要内容
2006 年《关于实施中等职业学校教师素质提高计划的意见》	教育部财政部	5 年时间，截至 2010 年，培训 15 万名中等职业学校的专业骨干教师
2007 年《关于"十一五"期间加强中等职业学校教师队伍建设的意见》	教育部	队伍规模扩大，素质结构优化培训体系更加完善，教师管理制度更加健全。从组织领导、经费投入、宣传力度三方面保驾护航

续表

文件颁布时间与名称	发文机构	关于中等职业教育的重要内容
2007 年《中等职业学校重点专业师资培养培训方案、课程和教材开发项目实施办法》	教育部 财政部	专项资金，开发 80 个重点专业的师资培训方案、课程、形成培训包，完善职业教育师资培训体系
2007 年《中等职业学校紧缺专业特聘兼职教师资助项目实施办法》	教育部 财政部	支持引导紧缺专业教师的不足，面向社会聘请专业技术人员、高技能人才担任兼职教师，优化教师队伍结构
2007 年《中等职业学校教师素质提高计划专项资金管理暂行办法》	教育部 财政部	针对提高中等职业学校素质计划的专项资金的投向、使用、拨付方式等方面做出了具体的规定与说明
2011 年《关于实施职业院校教师素质提高计划的意见》	教育部 财政部	在师资方面指出 2011—2015 年 5 年间组织 45 万职业院校专业骨干教师参加培训；支持 2 万名中等职业学校青年教师进企业；支持建立兼职教师岗；支持建设职教师资专业点
2011 年《教育部关于进一步完善职业教育教师培养培训制度的意见》	教育部	大力加强职业教育"双师型"教师队伍建设，通过多渠道招收师范生、完善职业师范生实践实习制度等举措来完善职业教育教师培养培训制度
2011 年《教育部关于"十二五"期间加强中等职业学校教师队伍建设的意见》	教育部	兼职教师的比例达到 30% 以上，逐步提高研究层次的教师、教师资格、职务、编制制度改革取得实质性进展，比例更加优化

（二）　普通中学的体制改革政策文本梳理与分析

关于普通中学的体制改革，主要体现在：普通中学职业技术课程的开设以及普通中学的改制中。在以技工应用型人才培养阶段，普通中学的改制更多体现在职业技术课程的开设以及职业中学的建立方面。但是，在此阶段关于普通中学的改制，则主要体现在综合高中的建立方面。

先进地区勇"试水"。上海市于 1995 年进行综合高中的办学探索，试点进行了"双学籍、双文凭"的教育方式。[①] 在此后 4 年，上海市教委发文进行综合高中试点。关于综合高中的教育政策文件不多，仅有 1999 年教育部颁发的《面向21 世纪教育振兴计划》，其中提到"可发展部分综合高中"的描述。

---

① 许英. 上海市试办综合高中的经验与问题.[J] 中国职业技术教育，2001（9）：39 – 40.

虽然关于综合高中的相关政策不多,但是各地区依据自身的情况进行了综合高中的实践。2000 年南京市进行了 8 所重点职业中学试点招生,宁夏回族自治区也提出"部分普高改综合高中",形成普高、职高、综合高中协同并进之势。浙江省于 2001 年也下发了关于综合高中的文件,对省内综合高中的实施提供思路。① 上海市发出了《关于本市中等学校进行综合高中试点工作的意见》的通知,试图总结归纳相关做法,为促进综合高中的发展提供借鉴。但在 2010 年统计中,以综合高中称呼者寥寥无几。②

(三) 高等职业教育发展的教育政策文本梳理与分析

这一时期调整本专科结构发展高等职业教育是这一阶段的主旋律与重点。在这段时间中,依据高等职业教育的发展情况,分为两个时期,分别是高等专科职业教育萌芽与发展时期和高等本专科教育调整时期。其中以 2005 年作为分界点,缘由是 2005 年国务院颁布了《国务院关于大力发展职业教育的决定》,文件指出"加强示范性职业院校建设",提出了"1 000 + 100"示范性职业院校建设目标。即"重点建设 1 000 所示范性中等职业学校和 100 所师范性高等职业院校。"对高等职业教育的规范与质量提升有着非凡的意义。但是,需要注意的是,在高等专科职业教育最初发展时期,本书将 20 世纪 80 ~ 90 年代的酝酿事件也叙述在内,以期准确实现对高等专科职业教育阶段政策发展的清晰认识。

1. 专科层次的高等职业教育量的大发展 (1999—2004 年)。

高等职业教育开始提出。此阶段在第二、第三产业的发展、相应的新兴产业的出现以及职业教育自身发展的诉求方面,提出了对职业教育培养的人才要求转向更高层次的要求,专科层次应用型人才培养政策则因时而进。我国的高等职业教育是在职业大学的基础上演化发展的。80 年代初一批职业大学应运而生,旨在为当地培养实用型的高等专门人才。职业大学的实践为探索高等职业教育的办学提供了借鉴与经验。1986 年全国职业技术教育工作会议上,时任国务院副总理李鹏提出一部分"电大"、高等专科应划入高等职业教育这个层次,③ 高等职业教育也在官方文件中被使用。高等职业教育是"本土化且国家化的教育概念",④ 可以说是中国融合高等教育与职业教育领域独创了"高等职业教育"这一称谓。

---

① 资料来源:《关于进一步完善与推广综合高中教育模式的意见》,其中提出了综合高中的培养目标。
② 常宝宁. 我国综合高中发展的现状、问题与对策研究 [J]. 教育发展研究,2015 (2): 69 - 74.
③ 人民教育出版社. 教育改革重要文献选编 [M]. 北京: 人民教育出版社,1988: 345.
④ 葛锁网. 高等职业教育人才培养模式研究 [M]. 研究出版社,2004: 25.

　　关于高等职业教育的培养目标，随后进行了专门性的探讨，理清了相关表述。1990 年 11 月召开了全国普通高等教育工作座谈会，此次会议具有历史性意义。原因有二，一是，在召开部门上首次由国家教育行政部门召开；二是，内容上全面研究高等专科教育，这具有很强的专门性。1991 年《关于加强普通高等专科教育工作的意见》的颁布，指出"高等专科教育是培养高等应用型专门人才"。1994 年全国教育工作会议中李鹏同志发表报告，① 其中指出高等教育需要适当扩大规模，重点是"高等专科教育与高等职业教育"。李岚清同志指出要加快教育改革，促进教育事业发展强调高职是培养更多的"工艺型、应用型人才"。1996 年召开了全国职业教育工作会议中，确定通过"三改一补"的方针大力发展高等职业教育。具体的内容包括改革当时的高专、职业大学、成人高等学校，以中专学校办高职为补充。1996 年 6 月 20 日王明达同志在全国职业教育工作会议上的总结讲话再次重申职业学校的培养目标是培养各类应用型人才，"确定一些省市和学校进行高职的试点"，关于试点的协调工作由职教司负责。② 1997 年张天保同志指出，我国高等教育培养的人才规格和类型尚不能满足社会对高层次实用人才的需求，发展高等职业教育是为了培养"实用型、技能型人才"。由此明晰了我国应用型人才培养的体系中离不开高等教育的层次。

　　此阶段糅合社会、经济、科技等发展的诉求，专科层次应用型人才顺呼而下。接下来文章将对此阶段基于应用型人才培养的我国高等职业教育政策从领导管理、培养、任用三个角度进行文本梳理与分析，见表 9 - 17。

表 9 - 17　　　　　　　　基于应用型人才培养的高等职业教育政策梳理

时间	文件名称	发文机构	关于高等职业教育政策内容
1993 年	《国家教委关于加快改革和积极发展普通高等教育的意见》	国务院	发展的两个重点，在层次上大力发展专科教育，特别是面向农村、乡镇企业、中小企业、第三产业的专科教育
1995 年	《关于推动职业大学改革与建设的几点意见》	国家教委	围绕着培养应用型人才的特点，规定了职业大学改革建设的基本要求以及基本保障
1996 年	《中华人民共和国职业教育法》		其中规定了高等职业学校教育的实施主体可分为高等职业学校或者是普通高等学校。高等职业教育的法律地位得以明确

① 报告名称为"动员起来，为《实施中国教育改革和发展纲要》而努力"。

② 王明达. 在全国职业教育工作会议上的总结讲话 [J]. 中国职业技术教育，1996（7）：31.

时间	文件名称	发文机构	关于高等职业教育政策内容
1998 年	《面向 21 世纪教育振兴计划》	教育部	发展方式上，提出了"三多一改"指出多渠道、多规格、多模式发展高等职业教育，并对其进行教学改革；管理职能上，由高等教育司负责；教学上，进行课程、教学基地建设；师资上，培养"双师型"教师
1999 年	《关于 1999 年新增 10 万高职生使用高职高专教材的通知》	教育部	主要是针对教材，组织专家进行教材的遴选与推荐。有关学校也可使用高职或者技术应用型人才培养目标下自编教材，原则上不得借用、使用本科或者中专教材
2000 年	《高等职业学校设置标准（暂行)》	教育部	其中对于高职设置所必需条件，如专职教师配备，学校及校舍面积、教学等各方面进行详细的规定
2000 年	《关于加强高职高专教育人才培养工作的意见》	教育部	明确高职高专教育人才培养目标、内容。其中规定了高等职业教育的发展思路，以"应用"为重点。对高职高专中的教学提出了要求，指出建立相对独立的实践教学体系
2002 年	《国务院关于大力推进职业教育改革与发展的决定》以下简称"2002 决定"	国务院	扩大高等职业教育的规模，为"十五"期间输送 800 多万名高等职业学校毕业生。加强中职与高职、职教与普教、成教之间的衔接与沟通，建立成长立交桥。办学方式、课程体系、招生考核等方面做出了初步规定
2002 年	《关于加强高职（高专）院校师资队伍建设的意见》	教育部	重视高职阶段的教师队伍建设问题
2004 年	《关于以就业为导向深化高等职业教育改革的若干意见》	教育部	针对办学问题，提出"以服务为宗旨，以就业为导向，走产、学、研结合的发展之路"

表 9 - 17 结合表 9 - 18，从其中我们可以分析出：首先，从文件的间隔年限来看，所罗列相关文件颁布间隔时间不超过两年，一方面，说明国家对高等职业教育的关注增多；另一方面，也从侧面反映了高等职业教育的发展是此阶段的"急需求"；其次，从文件中关于高等职业教育的内容来说，培养目标上指出高等职业教育是培养高层次的应用型人才，领导管理上明确职责，教学上试图契合职业教育特点，师资上注重教师的素质，同时关注中、高衔接的职业教育体系的建构。

表 9 – 18　　2004 年关于高等职业教育应用型人才培养的职业教育政策

文件名称	关于培养改革的重要内容				
	目标	办学招生	教学	师资	其他
2004 年《关于以就业为导向，深化高等职业教育改革的若干意见》	高技能人才，扭转过多强调学科性的倾向	专业设置社会性增强，按照技术领域和职业岗位（群）的实际要求灵活设置专业。依据就业率进行专业的撤减	改进教学法，借鉴经验，推行弹性学制和以学分制的教学管理	师资上，学校教师进企业，增强实践力。聘请符合要求的社会人员作为兼职教师，单独制定适合"双师型"教师发展的评聘制度	"双证书"的就业方式
2004 年《关于进一步加强职业教育工作的若干意见》	提升高技能人才数量与所占比	在高等教育中，招生规模占一半以上；办学上，促进多元办学格局	教学上更加自主化，专业设置上更加社会化、进行精品课程与精品教材建设；推行选修或者学分制；注重实训基地建设，力争 2007 年建成一批满足需要的实训基地	从人事上，调动"双师型"教师队伍建设	就业上，完善准入制度和职业资格证书制度；将就业率作为办学质量与效益的重要指标。专科层次不再升格为本科。经费来源上，逐步建立多方分担，多种所有制并存的投入新机制度；政府安排职业教育专项经费，"以奖代补"

　　高等职业教育领导管理关系逐渐明确。20 世纪 90 年代的后半阶段，在一系列政策大力发展高等职业教育的同时，1998 年教育部进行了机构的改革与调整，1999 年第三次全国教育工作会议后，明晰了部分高等职业教育的责任主体是省级人民政府，为高等职业教育的管理理顺了关系。在 2000 年国务院办公厅正式下达文件《国务院办公厅关于国务院授权省、自治区、直辖市人民政府审批设立高等职业学校有关问题的通知》，高等职业教育设置权到省级人民政府，分地调动了政府办学的积极性，打开了我国高等职业教育多渠道、多机制、多类型的办学局面。1998 年增拨 11 万个招生指标，分布于 20 个省份，发展高等职业教育。1999 年教育部投入了 2 500 万元启动 "21 世纪高职高专教学改革和建设计划"。

　　通过以上领导管理体制的调整，高等职业教育在招生、教学、课程、教材等方面朝着更加市场化和规范化的方向迈进。当时的高等职业教育分为五类，有短期职业大学、职业技术学院、民办高校；有普通专科学校；有本科院内设立的高等职业教育机构，有少数重点中专也有部分成人高校成为当时举办高等职业教育的学校。同时针对新招收的专科学生采取毕业不包分配，自主择业的方式进行就业。

2. 调整本专科结构下的高等职业教育的发展（2005—2013 年）

招生更优化。2010 年，教育部颁布了《关于 2010 年部分高等院校开展单独招生改革试点工作的通知》，对如何开展以及开展的要求做出了规定。其中一大突破便是，关于高职的录取时间先于高考录取时间。而此前关于高职院校的招生录取一直是在高考之后，这在某种程度上造成了高职生源质量的"降低"。此通知打破了高职录取作为"第二次选择"的存在，在一定程度上为高等职业教育进行"正名"。

培养内涵化。在培养方面，高等职业教育政策文件较多，涉及的内容较广。主要的政策罗列见表 9 – 19。从中，可以分析出这一阶段高等职业教育，在办学招生上，更加突出市场与就业的导向性；在教学上，力求以标准规范教学实施与管理，在师资上，力求增强教师的实践性，以求达到"双师型"的要求标准。同时在培养上面重视技能大赛的重要作用，为此 2013 年教育部也制定了《全国职业院校技能大赛三年规划（2013—2015 年)》，以期通过完善的赛事制度提升赛项水平，一方面，提升职业教育的社会影响力，另一方面，通过比赛提升学生的技能水平。

表 9 – 19　　　　2005—2013 年基于应用型人才培养的高职院校政策梳理

文件名称	关于培养改革的重要内容				
	目标	办学招生	教学	师资	其他
2006 年《关于进一步加强高技能人才工作的意见》	技能人才结构更加合理	部分职业院校进行预备技师考核试点	产学结合；以市场为导向，教学改革深化为手段，以国家职业标准为依据，进行目标与课程的设置	建立现代企业职工培训与该技能人才校企合作制度	社会各方力量共同参与
2006 年《关于实施国家示范性高等职业院校建设计划加快高等职业教育改革与发展的意见》	提升示范校的人才培养质量	招生规模计划调整与经济社会发展相适应。扩大跨省招生规模与数量	从"硬件"条件进行提高，如教学条件、实训基地的建设。从"软件"上对教学内容、方法、手段和评价进行优化	制定了专门的教师队伍培养支持政策与办法。重视企业中人才的聘请与任用	有条件的院校建立职业技能鉴定机构。吸引企业参与，强化资金管理
2006 年《关于全面提高高等职业教育教学质量的若干意见》	全面提高职业学校教学质量		从专业角度，根据区域经济发展，进行灵活调整与设置。从课程的角度，与企业进行合作开发，从培养模式的角度，推广工学结合、校企合作。教学评价的角度，对教学的质量进行评估与反馈	提高具有企业经历的教师比，以进企业顶岗的角度进行教师实践能力的培养	"双证书"制度，注重毕业生的就业质量与就业率

续表

文件名称	关于培养改革的重要内容				
	目标	办学招生	教学	师资	其他
2011 年《关于推进高等职业教育改革创新，引领职业教育科学发展的若干意见》	职业教育科学发展	推广单独招生的经验。以"知识+技能"为考核办法	积极发挥行业在专业配置中的作用。在教学中实现专业与行业岗位的对接。在学时与组织形式等上面加以完善	进一步完善符合高职特色的教师专业技术职务的评审标准。加大对教师的培训力度	统筹中等、高等协调发展

基于应用型人才培养的高等职业教育重评估。在表 9-19 的几个指导性文件中，高等职业教育在相关的人才评估等方面也做出了探索，如针对人才的评估，教育部于 2008 年颁布了《高等职业院校人才培养工作评估方案》，从中进一步细化具体的培养工作的指标。一方面，为人才的评估提供了参考，另一方面，对职业院校培养工作的改善指明了方向。再如针对毕业生就业问题，2009 年教育部颁布了《关于加快高等职业教育改革促进高等职业院校毕业生就业的通知》、2010 年《关于大力推进高等学校创新创业教育和大学生自主创业工作的意见》为具体地指向了培养的最后环节，更是提出了通过提升职校学生的创新能力和创业教育。示范校建设中，2010 年进一步加强相关实施，新增骨干高职院校进行示范性建设，实施一系列措施提高人才培养的质量与办学水平。

三、政策效果：本时期职业教育政策执行效果

（一）职业教育培养规格的变化

1. 中等职业教育的低谷与回升

中等职业教育在前一阶段得到长足的发展，在此阶段中，中等职业教育开始走向下坡，以高中阶段的中等教育为例，1998 年高中阶段职业教育在校学生数、招生数占整个高中阶段中的比重分别为 60% 和 56.9%，超过高中阶段的半数以上。特别是 1999 年高等教育扩招政策出台以后的三年间，1999—2001 年间，中等职业教育的招生量逐渐减少。2002 年召开全国职教工作会议后，采取了一系列的政策举措，在 2002—2010 年得到了快速的回升，2010 年招生人数比 2001 年增加 470.47 万人。具体这一时期的职业高中、中专、成人中专、技校等招生人数与毕业人数相比见表 9-20。中等职业教育学生数在整个高中阶段中比例逐渐降低，2003 年呈现为 39∶61 的状态。

表 9 - 20　　　　　1998—2015 年当年招生人数及毕业生数统计　　　　单位：万人

年份	当年招生人数及毕业生数				总数
	职业高中	中专	成人中专	技校	
1998		166.83	110.61	57.86	
		129.31	109.93	69.09	
1999	160.38	163.37	97.97	51.55	473.27
	143.69	140.15	118.81	66.25	468.9
2000	150.39	132.59	74.94	50.38	408.3
	149.92	150.72	111.40	64.62	476.66
2001	155.05	127.68	62.11	55.10	399.94
	141.98	150.29	90.63	47.70	430.6
2002	187.36	155.31	57.55	73.33	473.55
	121.61	144.15	68.86	45.43	380.05
2003	197.26	183.88	42.98	91.64	515.76
	112.67	148.45	40.03	47.31	348.46
2004	212.66	203.84	40	109.70	566.2
	125.56	140.58	39.55	53.50	359.19
2005	248.21	241.13	47.95	118.37	655.66
	153.09	156.71	39.39	69.00	418.19
2006	288.02	278.89	46.16	134.76	747.83
	170.31	182.37	39.94	86.43	479.05
2007	302.18	297.29	52	158.55	810.02
	190.88	202.27	38.09	99.66	530.9
2008	290.66	303.78	55.83	161.84	812.11
	211.63	220.56	38.9	109.57	580.66
2009	313.17	311.71	86.89	156.75	868.52
	229.15	241.52	38.99	115.53	625.19
2010	278.67	316.61	116.11	159.02	870.41
	230.2	264.64	48.81	121.64	665.29
2011	246.43	299.57	103.96	163.90	813.86
	217.8	270.23	53.09	119.22	660.34

续表

年份	当年招生人数及毕业生数				总数
	职业高中	中专	成人中专	技校	
2012	213.9	277.36	105.81	157.06	754.13
	217.44	265.31	71.63	120.51	674.89
2013	183.53	271.47	86.26	133.50	674.76
	204.52	265.21	87.83	116.88	674.44
2014	161.54	259.66	74.16	124.41	619.76
	178.37	247.73	90.05	106.79	622.95
2015	479.82			121.40	601.2
	473.27			94.60	567.9

注：其中1998与1999年的资料来源《中国教育年鉴》相关年份，1998年数据未能收集到职业高中的招生与毕业生数据。2000—2015年资料来源《中国教育统计年鉴》相关年份.

伴随着高等教育政策的影响，中等职业教育政策的调整与改进，中等职业教育学生占高中阶段的比例有所回升，具体见图9-9，2002—2010年基本形成52∶48的态势，但是此后中等职业教育学生数处于不断下滑态势。

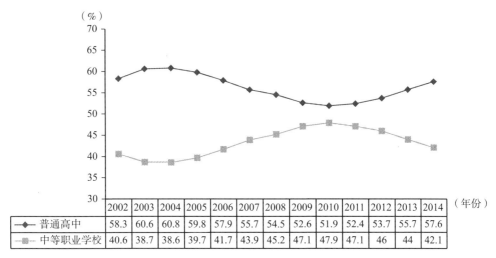

（年份）	2002	2003	2004	2005	2006	2007	2008	2009	2010	2011	2012	2013	2014
普通高中	58.3	60.6	60.8	59.8	57.9	55.7	54.5	52.6	51.9	52.4	53.7	55.7	57.6
中等职业学校	40.6	38.7	38.6	39.7	41.7	43.9	45.2	47.1	47.9	47.1	46	44	42.1

图9-9 高中阶段教育学生数的构成

资料来源《中国教育统计年鉴》，其中对高中阶段学生构成，分成普通高中、成人高中、中等职业教育三类，其中成人高中占比较小，故而图表中数值没有显示出来。普通高中与中等职业教育的比例相加不等于100.

2. 高等职业教育的发展

在世纪之交，高等教育管理体制进一步理顺、布局结构进一步调整，高等教育在这一时期规模不断扩大，办学效益得以进一步提升。1999—2013年，职业技术学院由161所增至1 186所，增加了1 025所职业技术学院，具体见表9-21。在这期间高等（专科）院校的数量呈现缓慢增长的态势，但是相对职业技术学院来说则增加幅度显著，具体见图9-10，特别是2007年以前，职业技术学院数量属于激增状态。

表 9 – 21 　　　　1998—2003 年普通高等（专科）职业院校数 　　　单位：所

年份	普通高等学校数	高职专科院校	
			职业技术学院数
1998	1 022	432	101
1999	1 071	474	161
2000	1 041	442	184
2001	1 225	628	386
2002	1 396	767	548
2003	1 552	908	711
2004	1 731	1 047	872
2005	1 792	1 091	921
2006	1 867	1 147	981
2007	1 908	1 168	1 015
2008	2 263	1 184	1 036
2009	2 305	1 215	1 080
2010	2 358	1 246	1 113
2011	2 409	1 280	1 143
2012	2 442	1 297	1 164
2013	2 529	1 327	1 186

资料来源：1. 中国教育年鉴；2. 中国教育事业统计年鉴；3. 中国教育统计年鉴中相关数据整理。其中 2009 年的职业技术学院数量为笔者推算所得.

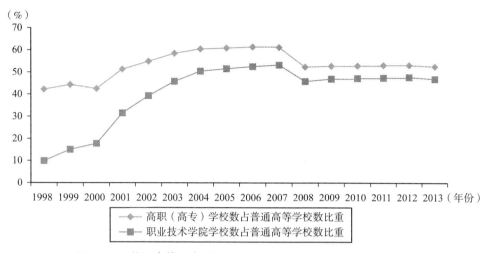

图 9 - 10　普通高等（专科）职业院校数占普通高等院校数的比重

资料来源：根据历年中国教育年鉴整理所得．

　　伴随着学校数量的增加，相应的职业院校的招生数、在校生数以及毕业生数也在不断增加。2014 年职业技术学院在校生为 1 006.63 万人，比 1998 年增长了889 万人。2014 年的专科的招生数比 1998 年多约 295 万人，是 1998 年的 7.9 倍，具体见表 9 - 22。高等职业教育学校数量的增加，相应招生数、毕业生数量的增加为社会上的高素质技能人才提供了强有力的智力支持。

表 9 - 22　　　　　　　　　　普通专科（高职）学生数　　　　　　　　单位：万人

年份	招生数	毕业生数	在校生数	生师比
1998	43.05		117.41	11.09
1999	40.21	21.01	87.83	12.23
2000	104.59	45.41	216.07	17.65
2001	130.1	46.85	294.69	17.15
2002	161.70	68.15	376.28	14.20
2003	199.64	94.79	479.36	14.75
2004	237.43	119.49	595.65	13.15
2005	268.1	160.22	712.96	14.78
2006	292.96	204.80	795.50	18.26
2007	283.82	248.20	860.6	17.20
2008	310.6	286.27	916.80	17.27

续表

年份	招生数	毕业生数	在校生数	生师比
2009	313.4	285.57	964.81	17.35
2010	310.5	316.37	966.18	17.21
2011	324.86	328.53	958.85	17.28
2012	314.78	320.87	964.23	17.23
2013	318.4	318.75	973.64	17.11
2014	337.98	317.99	1 006.63	17.57

资料来源：根据历年中国教育年鉴整理所得.

　　针对高职高专毕业生的培养质量来说，从客观上说，高职高专毕业生质量在逐步提升，具体表现在高职高专的校友满意度在不断地提升。2014 届校友满意度相较于 2009 届提升了 19%，对母校的推荐度 2014 届较 2009 届上涨了 19%。具体见图 9 - 11，在职位的晋升中，在大学毕业三年内获得职位晋升的比例，其中对于 2011 届毕业生的调查来说，高职高专毕业生晋升比例为 60%，高于本科毕业生 54% 的比重。[①] 从就业率来说，在高职高专中，由于产业升级的需要，据调查 2010—2014 届毕业生中，高职高专的就业率中大部分都有所上升。甚至在麦可思调查中的 12 个专业大类中，其中 11 个都呈现上升趋势。[②] 高职高专毕业半年后的就业满意度来说，2014 届比 2011 届高 11%。这些都反映了在政策的指导下，高等职业教育的培养质量得到了一定程度的提升。

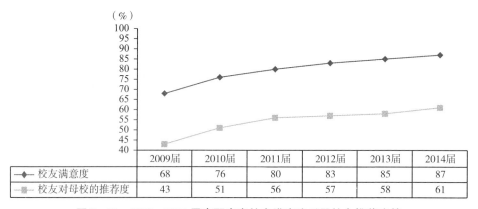

（%）	2009届	2010届	2011届	2012届	2013届	2014届
校友满意度	68	76	80	83	85	87
校友对母校的推荐度	43	51	56	57	58	61

图 9 - 11　2009—2014 届高职高专校友满意度以及校友推荐度简

资料来源：根据麦可思研究所的就业蓝皮书整理所得.

①② 麦可思研究院.2015 年中国高职高专生就业报告 [M].北京：社会科学文献出版社，2015.

（二）产业结构中就业人口学历的提升

1. 产业结构中就业人口文化程度的提升

各类型应用型人才培养最终要进入市场，在三大产业中发挥作用。2003年—2015年，第二产业中具有大专以上的文化程度的就业人员比重呈逐步增长的态势，特别是电力、热力、燃气及生产和供应业从业人员中的学历水平逐步提高，2014年已经接近到41%。在制造业和采矿业中就业人员的学历水平也在逐步提升，如图9–12所示。①

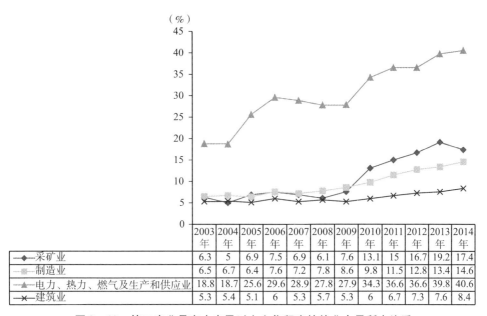

	2003年	2004年	2005年	2006年	2007年	2008年	2009年	2010年	2011年	2012年	2013年	2014年
采矿业	6.3	5	6.9	7.5	6.9	6.1	7.6	13.1	15	16.7	19.2	17.4
制造业	6.5	6.7	6.4	7.6	7.2	7.8	8.6	9.8	11.5	12.8	13.4	14.6
电力、热力、燃气及生产和供应业	18.8	18.7	25.6	29.6	28.9	27.8	27.9	34.3	36.6	36.6	39.8	40.6
建筑业	5.3	5.4	5.1	6	5.3	5.7	5.3	6	6.7	7.3	7.6	8.4

图9–12　第二产业具有大专及以上文化程度的就业人员所占比重

此外在第三产业的从业人员中，从总体上看各个行业在2003—2014年具有高中文化程度的就业人员呈现间歇性的下降态势，其中选取了几个与技能关联性较大的行业，从中可以"管中窥豹"。具体见图9–13，在2003—2014年与应用型人才密切相关的部分第三产业中显示，在交通运输、仓储和邮政业中具有高中文化程度的就业人数比重值，围绕26%的比重上下波动，波动幅度较小。居民服务、修理和其他服务行业中呈现螺旋式增长的态势，具有高中文化程度的就业人员比重，由2003年的20.8%增长到2014年的24.2%，增长了3.4%。

---

① 中华人民共和国统计局人口和统计就业司. 中国人口和就业统计年鉴2014［EB/OL］. http：//navi. cnki. net/KNavi/YearbookDetail？pcode＝CYFD&pykm＝YZGRL&bh＝.

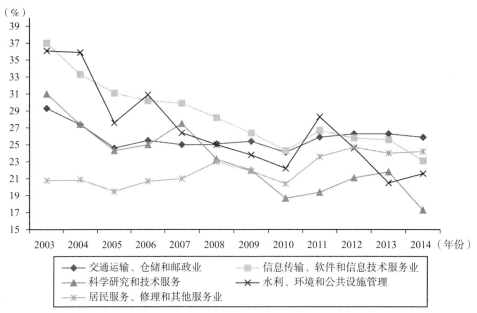

图 9 – 13　2003—2014 年部分第三产业中具有高中文化程度就业人数所占比重

资料来源：根据 2004—2015 年《中国人口和就业统计年鉴》数据整理计算所得.

　　整体上伴随着第三产业中具有高中文化程度的就业人员所占比重的降低，及高等职业教育的发展，具有大专文化及以上程度的就业人数呈现整体上增长的态势。具体如图 9 – 14 所示，在交通运输、仓储和邮政业，水利、环境和公共设施管理，以及居民服务、修理和其他服务业中，具有大专以上文化程度的就业人员比重，都呈现出平缓的增长态势。在科学研究与技术服务中具有大专以上文化程度就业人员所占比重呈现出螺旋式增长态势。在第三产业的不同行业中，整体上具有大专以上文化程度的就业人员比重呈现出上升的态势。

　　2. 高技能人才队伍建设成效显著

　　高技能人才队伍建设成效显著。除了三大产业中就业人员的学历层次提升反映了这一时期的职业教育政策对应用型人才发展的促进以外，同时这一阶段中最能反映应用型人才队伍建设与发展的，便是高技能人才队伍的建设。2003 年在全国第一次人才工作会议上，赋予了高技能人才的地位，其中，明确提出它是国家人才队伍的重要组成部分。同时采取措施，积极提高我国高技能人才的地位，2008 年做出了将高技能人才纳入享受国务院特殊津贴范围之内。截至 2015 年高技能人才队伍建设开创了新的局面。一方面，我国的高技能人才数量不断增加，详细介绍如图 9 – 15 中 2004—2015 年所示，高技能人才数变化，我们可以看出我国高技能人才数量呈现出连年较快的增长速度，截至 2015 年底，我国的技能劳动者达到 16 500 万人，其中高技能人才高达 4 501 万人，与 2004 年的高技能人才数量相比提高了 142%。

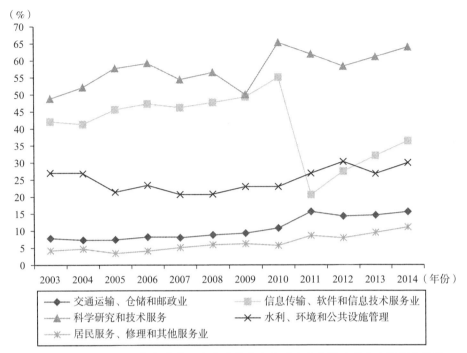

图 9 - 14　2003—2014 年部分第三产业中具有大专以上文化程度就业人员所占比重

资料来源：根据 2004—2015 年《中国人口和就业统计年鉴》数据整理计算所得.

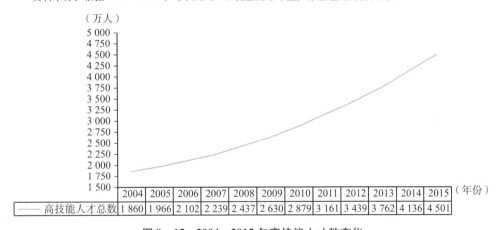

	2004	2005	2006	2007	2008	2009	2010	2011	2012	2013	2014	2015
高技能人才总数	1 860	1 966	2 102	2 239	2 437	2 630	2 879	3 161	3 439	3 762	4 136	4 501

图 9 - 15　2004—2015 年高技能人才数变化

资料来源：2004—2010 年的数据出自：凌光. 我国中长期高技能人才需求预测研究［J］. 职教论坛，2014（9）：13. 整理，2010—2015 年的数据是根据中华人民共和国人力资源和社会保障部网站的相关数据整理所得.

（三）　调整性的应用型人才职业教育政策的发展

基于应用型培养的职业教育政策在调整中。此阶段基于应用型人才培养的职业教育政策由于产业结构变化的诉求，对不同层次、类型、规格的人力资源提出要求，进而影响职业教育结构的调整。这时期基于应用型人才培养的职业教育政策，重点仍旧是发展中等职业教育层次，在加快发展中等职业教育的过程中，注重质的提升，以求实现对岗位的匹配与契合。与此同时，特别是受经济大潮影响下进行的高等教育扩张，高等职业教育进入教育结构调整的舞台。在调整中不断形成以中等职业教育为主体，高等职业教育相匹配，并且试图搭建中等—高等职业教育相衔接的初、中、高等应用型人才培养体系。高等职业教育特别是专科层次的职业教育成为应用型人才培养的新增长点与发展重点。

基于应用型人才培养的职业教育政策在持续调整。这一阶段，中等与高等应用型人才在数量上面有所增长，为经济与社会的发展提供了必要的智力支持与人力保障。但是，在此过程中，我国的工业化进行呈现出飞速发展。特别是 2001 年加入 WTO，对于兼具技能与知识的应用型人才需求众多。但是由于我国短时间内进行了大规模职业教育扩张，学校数量的增加、学生数量的增多，对于所需求的"硬件"与"软件"不达标。学校"硬件"诸如实训基地的建设，"软件"如专任教师、"双师型"教师的增长。这些都客观上需要基于应用型人才培养的职业教育政策进行持续的调整。

高等职业教育结构矛盾依然突出。虽然这一阶段中，我国基本搭建起"中等—高等"的职业教育体系构想，但是鉴于高等职业教育办学目标和办学模式出现了偏差，导致我国高等职业教育下培养的人数多，但结构化矛盾依旧显著。突出表现在我国的制造业质量竞争力上，武汉大学质量发展战略研究院的杨芷晴选取了占世界制造业总量70%以上的 15 个主要国家进行对比见图 9－16，我们可以看出，总体来说中国仍旧处于工业化中期阶段，与世界主要国家的制造业竞争力相比，制造业质量低。

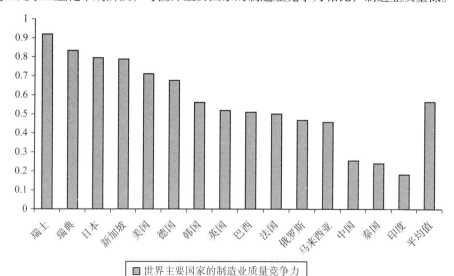

图 9－16　世界主要国家的制造业质量竞争力

资料来源：杨芷晴．世界主要国家制造业的质量竞争力测评 ［J］．财政研究，2015（9）：28－35．

　　高等职业教育的毕业生习得水平有待提高。针对 2008—2014 届的大学毕业生来说，无论是本科生还是高职高专生，在其毕业时掌握的基本工作能力水平上低于工作岗位要求达到的基本工作能力水平的情况，见表 9 - 23。特别随着经济的进步、科技的发展，大学生在掌握基本能力水平上越发低于岗位所需要达到的基本工作能力。以高职高专生为例，2008 届高职高专生所掌握水平与要求所达到水平相差 6%，但是到了 2014 届这一水平的差异增长到 11%。虽然在前述中，侧面显示职业教育的培养质量有所提升，但是从整体地要求来说，对于应用型人才培养的质量需要进一步加以重视与研究。

表 9 - 23　　　　　　　　　2008—2014 届毕业生掌握的基本能力

水平与岗位要求达到的基本工作能力　　　　　　　　单位：%

基本工作能力		2008 届	2009 届	2010 届	2011 届	2012 届	2013 届	2014 届
掌握的基本能力水平	平均	49	51	51	49	49	52	53
	本科	50	52	53	51	50	53	54
	高职高专	48	50	50	47	48	51	52
岗位要求达到的基本工作能力水平	平均	55	60	60	61	61	64	65
	本科	56	61	62	62	62	65	66
	高职高专	54	59	58	59	59	63	63

　　注：在对 2011 届能力的调查中，调查方式发生可变化，只关注了同职业中最重要的前五项能力，而 2011 届之前的数据是调查中的前十项能力.

第四节　调整本科教育阶段，发展本科阶段职业教育（2014 年至今）

一、政策背景：产业升级与智能化发展

（一）产业及产业结构变动

　　产业结构新变化。随着技术革新的加快，以及国家不断进行的产业结构调整，我国的产业结构在 2014 年第三产业占 GDP 的比重以及对 GDP 的贡献率高于第二产业，甚至在 2015 年的数据显示中第三产业占 GDP 的比重超过半数。第三产业已然成为经济增长的"领头羊"。具体见表 9 - 24。

表 9 – 24　　　　　　　三大产业占国内生产总值的比重及在其中的贡献率　　　　　单位：%

产业 年份	第一产业		第二产业		第三产业	
	占 GDP 比重	贡献率比重	占 GDP 比重	贡献率比重	占 GDP 比重	贡献率比重
2014	9.1	4.8	43.1	47.1	47.8	48.1
2015	8.9		40.9		50.2	

注：本表按照当年价格计算.

资料来源：《中国统计年鉴 2016》光盘整理所得，其中 2015 年的产业贡献率数据缺失.

"工业 4.0" 推动。德国于 2013 年提出基于网络实体系统与物联网下的物联信息系统（Cyber Physical System，CPS），以期提升制造业的智能化水平的"工业 4.0"目标，在全世界产生了广泛的关注与影响。2014 年李克强总理访问德国，两国发表《中德合作行动纲要：共塑创新》，开启了工业 4.0 的合作时代。2015 年 2 月在青岛建立首个"工业 4.0"联盟，智能化生产时代已然来临。

科技进步迭代快，创新型、应用型人才缺口大。在北京、深圳、上海、广州等城市中高新技术产业发展飞速，在高新产业技术下衍生出新岗位。以 2016 年的上海为例，上海在先进制造业、现代服务业、互联网 + 、文化创意等领域的应用型人才、特别是中高级应用型人才的缺口特别巨大。[1]

产业变化、科技的更新迭代加快，对从业人员素质的要求升高。随着产业的发展通常是以技术的进步为前提，在新时期，技术的发展对从业人员的技术层次要求更高。主要表现为：一是，工作过程分工弱化，操作技能复合化。人工智能、智能机器人等新兴生产系统的技术进步，使从事简单操作地一般性技能岗位下降，甚至消失，制造业服务化下对从业人员的复合性能力要求提高。在浙江 2012 年便做出了全面"机器换人"的决策，2013—2015 年的三年间浙江减少普通劳动用工 194.5 万人。[2] 二是，人才结构扁平化，工作方式多变化。同时技术的更新换代周期短，出现了职业岗位快速生成与灭亡周期的特点，从业人员可能需要多次再就业。在此情况下需要从业人员提升自我的关键能力，在风云变幻的职业中，"以不变应万变"。三是，服务生产创新型。随着我国人们生活水平的提高，消费观念的巨变。表现在消费层次上由原先的低层次的消费品转向中高档的消费品，由消费性产品转向艺术性产品，对于产品的质量要求更严格；还表现在人们的消费文化"求异"上，对产品的要求不再是批量生产、单一结构，而是倾

---

① 许阳，吴佳妮. 纵向贯通，横向融通：上海职教实践探索 [EB/OL]. (2016 – 08 – 19). http://www.sohu.com/a/111168737_115443.

② 新蓝网. 拥有全国 15% 工业机器人 浙江"机器换人"走在全国前列 [EB/OL]. (2016 – 04 – 01). http://n.cztv.com/news/11986533.html.

向于个性化以及工艺品的多元消费文化。① 为此智能化生产下"人"的主体地位更加突出，创新性生产和创新型人才要求则呼之欲出。

（二）技师、高级技师求人倍率居高不下

与前述一样，假设每年的 7 月份是毕业月，进入劳动力市场的毕业生数众多，按照技能等级分组，对每年的第三季度所缺的技能人数的求人倍率进行统计，结果如图 9 - 17 所示。2014 年以后对技师、高级技师的求人倍率十分高，其中，对技师的求人倍率超过 2.5，达到历史的新高值。

据麦肯锡全球研究院的估计，在 2020 年，中国至少短缺 2 400 万名受过高等教育的劳动者，在这个巨大的缺口中，对本科生的需求量达到 800 万名，对高职高专的毕业生需求量是本科毕业生的两倍，高达 1 600 万。② 面对数量如此巨大的高等教育的培养，职业教育应该进一步加强对政策执行的检测与预定，以求实现职业教育政策前瞻性，有效指导高等职业教育的发展。

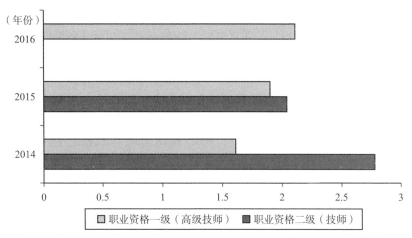

图 9 - 17　2014—2016 年按照技术等级分组的求人倍率变化表—基于每年的第三季度的数据

资料来源：中国就业网 2014 年第三季度—2016 年第三季度部分城市公共就业服务机构市场供求状况分析，2014—2016 年部分数据不全．

（三）《中国制造 2025》的强势推动

《中国制造 2025》与职业教育密切相关。作为我国政府实施制造强国战略的

---

①　查国硕．工匠精神的现代价值意蕴［J］．职教论坛，2016（7）：72 - 75．

②　麦可思研究院．2015 年中国高职高专生就业报告［M］．北京：社会科学文献出版社，2015：197 - 198．

第一个十年行动纲领,《中国制造 2025》受世界瞩目。其中指出,"我国经济发展进入新常态,形成经济增长新动力,塑造国际竞争新优势,重点在制造业,难点在制造业,出路也在制造业"。① 职业教育和制造业关系莫大,所以在《中国制造 2025》后,我国的职业教育随之进行了调整。在"中国制造 2025"时代,将技术、生产与人的关系重新进行定义,技术背后人的要素更加得以凸显。艺术是技术的最高形式,而人是艺术的创造者,只有将人的作用凸显,才能把握住技术的意义。同时在《中国制造 2025》中,提出十大重点领域,每一领域除了要求从业人员具备精湛的操作外,也需要具备信息运用能力的创新型能力。而这类复合型、创新型人才需要职业教育顺势而改。

二、政策分析:本时期的职业教育政策文本分析

2014 年是中国职业教育具有重大历史意义的一年。2014 的政府工作报告中,提出"高校向应用型转变",接下来在这一年颁发了具有里程碑意义的《国务院关于加快发展现代职业教育的决定》(以下简称"2014 决定"),同时召开了第七次全国职教工作会议。"2014 决定"关于高等职业教育发展中提出"接受本科层次职业教育的学生达到一定的规模"。这一说法具有重要的历史意义,就之前中国职业教育体系建设来说,拓展了高等职业教育宽度。在这一决定中同时提出了"引导普通本科院校转型发展",转型发展的方向是应用技术型高等学校。为了进一步促进职业教育体系建设颁布了《现代职业教育体系建设规划(2014—2020 年)》,同时 2014 年教育部颁发了《教育部关于开展现代学徒制试点工作的意见》。2016 年 12 月更是颁布了《技工教育"十三五"规划》,虽然这不是直接的职业教育政策,但是它对于职业教育的发展影响深远。

从文件的属性角度分析,"决定"文件偏重纲领性和效力性,"计划""规划"偏重指导性,有着更强的可操作性。从文件的内容角度分析,这些文件涉及了发展职业教育的方方面面,特别是"2014 决定"在职业教育体系构建、职业教育教师队伍建设、校企合作等方面与之前的职业教育政策有着高度的一致性与继承性,如表 9 – 25 所示。

---

① 中华人民共和国中央人民政府."国务院关于印发《中国制造 2025》的通知 [EB/OL]. (2015 –
05 – 19). http://www.gov.cn/zhengce/content/2015 – 05/19/content_9784.htm.

表 9 - 25　　　　　　　2014—2016 年与职业教育相关的政策梳理

政府部门	政策文件名	主要内容
国务院	2014 年《国务院关于加快发展现代职业教育的决定》	目标：形成中国特色兼世界水平地现代职教体系；办学招生：突出职业教育特色，强化校企协同育人。多元主体组建职教集团；教学：培养模式创新，健全课程衔接体系；师资：专兼结合的"双师型"教师队伍。探索在职业院校设置正高级教师职务
教育部、国家发展改革委等六部门	2014 年《现代职业教育体系建设规划（2014—2020 年）》	办学招生：扩大办学自主权。实现政府、企业与社会办学。推动职业教育集团化发展；教学：产教融合。职业教育融入全过程，专业设置与产业需求、课程与职业标准、教学过程与生产过程对接；试图形成普通教育、职业教育、继续教育体系有序衔接的发展
财政部教育部	2014《关于建立完善以改革和绩效为导向的生均拨款制度加快发展现代高等职业教育的意见》	为高职院校办学经费投入机制建立设定了时间与路线。明确责任主体，地方是公办高职院校生均拨款制度的责任主体。2017 年各地生均财政拨款水平不低于 12 000 元
教育部	2015 年《高等职业教育创新发展行动计划（2015—2018 年）》	系统地将要求、任务与举措，以及保障措施进行清楚、明确的划分与罗列，具有很强的导向性
教育部	2015 年《职业院校管理水平提升行动计划（2015—2018 年）》	其中从招生、教学、实习、财务等方面提出了具体的要求，以期提高职业院校管理工作的规范、科学与精细化水平
人社部	《技工教育"十三五"规划》	办学上："校企双制、工学一体"实现 90% 以上校企培养的覆盖率；教学上：实现"三对接"即专业设置与产业需求对接、课程内容与职业标准对接、教学过程与工作内容对接，2020 年一体化课程在技校覆盖率 70% 以上；培育工匠精神

三、政策效果：本时期职业教育政策执行效果分析

由于这一时期的职业教育政策颁布时间短，教育政策的效用具有延时性，因此在本阶段中的职业教育政策执行效果分析及证明较不明显。较为显性的变化如下：

职业教育体系建设初步完成。改革开放后，随着工业化进程的推进，社会分工的不断变化，职业教育体系的建构逐渐纳入国家层面的搭建。从"1985 决定"

的正式出台，其中明确重点——中等职业技术教育、建构体系——逐步建立由层级变化，即由高到低，兼顾行业、结构联系职业教育与普通教育的体系。"1985决定"的提出，也成为中国主动进行建构职业教育体系时期的节点。1996年《中华人民共和国职业教育法》的颁布与实施，为我国职业教育走上法制化、制度化提供了法律上的依据及保障。"1999决定"中提出大幅扩大高中阶段教育和高等教育的规模，更进一步在"1999行动计划"中规定2000年高等教育扩招的部分主要用于地方发展高等职业教育。"2002决定"提出构建适应社会主义市场经济的体制，与市场需求和劳动就业紧密结合，结构合理、灵活开放、特色鲜明、自主发展的现代职业教育体系。时隔3年，在"2005决定"中进一步提出构建有中国特色的现代职业教育体系。后"2014决定"更坚定、更明确地提出"到2020年，形成具有中国特色、世界水平的现代职业教育体系"。具体见表9-26。

表9-26　　　　　　　　中国特色现代职业教育体系梳理简表

时间	1985年	1991年	1996年	2002年	2005年	2014年
文件	《关于教育体制改革的决定》	《国务院关于大力发展职业技术教育的决定》	《中华人民共和国职业教育法》	《国务院关于大力推进职业教育改革与发展的决定》	《国务院关于大力发展职业教育的决定》	《国务院关于加快发展现代职业教育的决定》
名称	职业技术教育体系	职业技术教育体系的基本框架	职业教育体系	现代职业教育体系	有中国特色的现代职业教育体系	有中国特色、世界水平的现代职业教育体系

职业教育的梯次高移。主要通过以下两种方式实现。第一，建立中职升高职通道。2014年国务院《关于加快发展现代职业教育的决定》中，指出拓宽高职院校毕业生接受本科教育通道，高职院校毕业生可通过专升本考试对口进入本科高校相关专业学习。吉林、辽宁、上海、江苏、江西、湖北、四川等根据相关产业升级的需要开展五年一贯制、中高职"3+2"、中职本科"3+4"、高职本科"3+2"分段培养。广西柳州实施"企业走出去职业教育伴随计划"，与印尼职业院校合作，在当地为上汽通用五菱印尼工厂培养人才。[①]

第二，建立中职—本科及以上培养通道。2014年《国务院关于加快发展现代职业教育的决定》中提出了建立高层次应用型人才选拔的研究生考试招生制

① 中华人民共和国中央人民政府. 国务院关于落实职业教育法执法检查报告和审议意见的报告[EB/OL]. (2016-02-26). http://www.gov.cn/guowuyuan/vom/2016-02/26/content_5046412.htm.

度，搭建成长的"立交桥"。在这个政策的推动下 2014 年上海市打通了中职和本科的通道。据 2016 年的数据显示，已有 21 个专业 26 个专业点开展中本贯通培养；涉及 22 所中职校，12 所本科院校，包括上海电机学院、上师大天华学院、上海商学院等本科院校。天津中德应用技术大学是全国首所高职院校升级为应用技术本科的高校，开启了我国构建职业教育"中职、高职、本科、硕士"有效衔接的现代职教体系新里程。① 它探索了"中高本硕"应用型、技术技能型人才建设的培养通道。湖北 2015 年批准了 14 所转型发展试点高校，并进行首次招生试点，2015 年湖北有 1 400 人通过此种途径上大学，打破了高等职业教育止步于大专的藩篱。2016 年 4 月前又增加了 9 所，截至 2016 年 4 月湖北省本科院校应用型的试点约占湖北省高校数量的 40%。②

技能人才队伍建设加强。在政策的引导下，高层次的人才培养与选拔在缓慢推进。实施国家高技能人才振兴计划，加强应用型人才培训基地，提倡工匠精神，进行技能大师工作室建设。据人社部 2016 年第四季度发布会指出，2016 年新增高技能人才 290 万人。③ 同时《技工教育"十三五"规划》的提出，为技工的应用型人才发展指明了方向，开拓了道路。截至 2015 年底，我国已重点建设 500 个国家级技能大师工作室，力争到 2020 年底，国家重点支持建设 1 000 个左右技能大师工作室。④ 同时，在国家层面上新建了 400 个高技能人才培训基地。

---

① 参考消息. 我国首所应用技术大学秋招本科生报到入学［EB/OL］. (2016 – 09 – 06). http：//www.cankaoxiaoxi.com/edu/20160906/1294437. shtml.

② 人民网. 人力资源社会保障部：去年新增 290 万高技能人才［EB/OL］. (2017 – 01 – 24). http：//finance. people. com. cn/n1/2017/0124/c1004 – 29045043. html.

③ 人社部 2016 年第四季度新闻发布会［EB/OL］. http://www. chinajob. gov. cn/NewsCenter/content/2017 – 01/23/content_1276239. htm.

④ 中华人民共和国人力资源和社会保障部 职业能力建设司. 2011—2015 年已建成 500 个国家级技能大师工作室［EB/OL］. (2016 – 02 – 15). http：// www. mohrss. gov. cn/zynljss/ZYNLJSSgongzuodongtai/201602/t20160215_233301. html.

第十章
财政转移和教育均衡发展的实证研究*

　　教育，是公民的一项基本权利，是实现自我发展与社会生存发展的重要基础。教育，是实现社会公平的有力保障，是国家繁荣发展的重要基石。我国地域辽阔，人口众多，区域经济发展水平长期存在差异，各行政区的财政能力不同，因而在教育投入上也不尽相同。"经济基础决定上层建筑"，在教育上财政投入较大的地区，教育的发展相对较快。财政有限的地区，在教育投入总量上相对较少，投入结构也较为不均衡，教育的发展受到一定的制约，长此以往地区间教育发展的差异就形成了。

　　2017年中共十九大报告指出"中国特色社会主义进入新时代，我国社会主要矛盾已经转化为人民日益增长的美好生活需要和不平衡不充分发展之间的矛盾"。这一战略判断，高度总结了我国的实际发展状况，尤其与我国的教育实际相切。

　　在这样的时代背景下，以中央财政政策为切入点，对地区间教育均衡发展状况进行长周期的研究，具有很高的现实意义。

　　在市场经济条件下，发展的差异性和非均衡性是客观的、必然的，但实现公平、公正的发展，是人类社会进步的标志，是人类社会向高层次发展的必然趋势。

　　我国由于区域间经济发展不均衡，教育的发展也是呈现出非均衡状态。区域教育不均衡发展不仅损害教育公平，还会造成不同区域间公民的非平等受教育权。因此教育发展的区域不均衡问题成为政府和社会关注的重点。

　　首先，教育服务是公共服务的重要组成部分。随着2005年政府工作报告中"建设服务型政府"话语的提出，教育公共服务逐渐引起学界的关注，也成为政

＊ 本章由郭丽静参与撰写．

府的一项重要的教育职能和工作重点。教育公共服务是基本公共服务的重要内容之一。何鹏程认为，教育公共服务是由政府主导的公益性服务，它的特点是公众均能受益并能满足社会的教育共同利益需求。① 蒋云根提出，教育公共服务是"以教育公平为导向，以满足广大公民的教育需要为目的，对公共教育资源进行优化配置，实现为社会培养人才、提高全民素质、促进经济发展的社会生产与供给过程"。②

第二，财政转移支付是实现公共服务均等化的主要途径。转移支付制度是调节政府间责任与财力不对称、地区间财力不均衡而设立的。其目的是均衡公共财政和实现公共服务均等化。2010 年颁布的《国家中长期教育改革和发展规划纲要（2010—2020 年）》，明确提出要"逐步实现基本公共服务均等化"。教育服务作为公共服务的重要组成部分，均等化的目标不论地区差异还是个体差异，在内容上应当是一致的。财政转移支付中教育部分是由中央和省级政府对下级政府或学校拨款，实现教育资金的转移，以弥补教育资金的短缺问题，尽可能地减小地区间生均经费的差距，达到公共教育服务均等化，从而促进教育均衡发展。

第三，区域间教育均衡发展有助于社会公平。教育资源配置是教育发展的重要内容，而教育资源分配公平又是教育均衡发展的基础。完全由市场来调节教育资源配置，那么教育服务就等同于私人产品，这样势必会受到个人资本积累情况的影响，从而会出现财富积累较高的家庭可以承担较高学费，获取更多教育资源。相对应地，中、低收入家庭因支付能力有限，势必会减少教育需求，进而在教育资源和人力资本积累上需求下降。这样就会形成"马太效应"，贫富分化，社会流动减缓，一些家庭可能会陷入贫困陷阱。市场机制可以提高资源配置的效率，但不能保证公平，促进公平的主要责任在于政府。③ 为此，必须不断完善公共教育财政政策，对教育资源进行公平的配置，尤其是对于基本的教育服务，从而保证教育起点公平。

国家每年花数万亿人民币对地方进行财政转移支付，究竟是否起到了缩小区域教育投入差距，以及促进地区间教育均衡发展的作用？如果有，那么在 2009 年中央财政转移支付政策规范后实施以来，地区间各个教育阶段在教育投入水平上取得了怎样的成效？它还存在哪些问题需要进一步改进？本书的研究目的是通过观测东、中、西部（东部地区不含港澳台地区）各省份近 10 年来的教育投入状况，剖析中央财政转移支付政策在运行中存在的问题，提出相应的完善建议与策略，以便更好地发挥其在促进区域教育均衡发展中的作用。

---

① 何鹏程，宋懿琛．教育公共服务的理论探讨［J］．教育发展研究，2008（9）：39－48.

② 蒋云根．我国现阶段教育公共服务存在的问题及对策研究［J］天津行政学院学报，2008（3）：53－58.

③ 王善迈．公共财政框架下公共教育财政制度研究［M］．北京：经济科学出版社，2012：56－59.

第一节　中央财政转移支付与区域教育投入现状研究

财政转移支付本身属于财政再分配的范畴，是国家宏观调控和实现特定政治目标的主要手段之一。中央政府可以利用它弥补市场配置失灵、优化经济结构、合理配置资源。中央政府可以根据各地区的实际情况，重点扶持偏远、落后和少数民族地区，缩小各地区间的财力差异和教育投入差距，促进区域教育均衡，进而实现国家稳定发展和社会和谐的最终目标。

一、中央对地方转移支付现状分析

（一）中央对地方一般性转移支付现状

2018 年中央对地方税收返还和转移支付预算数为 70 344 亿元，比 2017 年执行数增加 5 204.4 亿元，增长 8%，其中，中央对地方转移支付 62 207 亿元，比 2017 年执行数增加 5 152.49 亿元，增长 9%。如加上使用以前年度结转资金 1 154.48 亿元，中央对地方转移支付为 63 361.48 元。其中，一般性转移支付预算数为 38 994.5 亿元，比 2017 年执行数增加 3 826.6 亿元，增长 10.9%。如加上使用以前年度结转资金 613.13 亿元，一般性转移支付为 39 607.63 亿元。其中，城乡义务教育补助经费预算数为 1 446.43 亿元，比 2017 年执行数增加 20.17 亿元，增长 1.4%。[①]

由图 10-1 中 2015—2017 年中央对地区一般性转移支付决算数可得，东部地区（不含港澳台地区）一般性转移支付决算数最低；2015 年以来，中西部地区一般性转移支付决算数最高的是四川、河南、湖南三省，最低的是青海、宁夏回族自治区、重庆三省；中西部地区 2015 年最高与最低的决算数的极差值是 1 763.06 亿元，2017 年最高与最低的决算数的极差值是 1 994.99 亿元。2015—2017 年，中央对中西部地区一般性转移支付决算数极差值有增加的趋势。总体来看，近三年来各省份决算数均呈上升趋势，增长率都在 15% 左右。

---

① 中华人民共和国财政部预算司关于 2018 年中央对地方税收返还和转移支付预算的说明 [EB/OL]. (2018 - 04 - 04)[2018 - 11 - 18]. http://yss.mof.gov.cn/2018zyys/201804/t20180403_2859403.html.

（亿元）

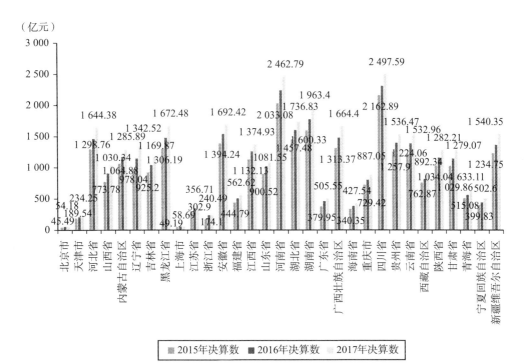

图 10 - 1　2015—2017 年中央对地区一般性转移支付决算数

（二）　中央对地方专项性转移支付现状

2018 年专项转移支付预算数为 23 212.5 亿元，比 2017 年执行数增加 1 325.89 亿元，增长 6.1%。如加上使用以前年度结转资金 541.35 亿元，专项转移支付为 23 753.85 亿元。其中，农村义务教育薄弱学校改造补助资金预算数为 360.5 亿元，比 2017 年执行数增加 5 亿元，增长 1.4%。主要是加大贫困地区义务教育薄弱学校改造力度。改善普通高中学校办学条件补助资金预算数为 49.5 亿元，比 2017 年执行数增加 4.06 亿元，增长 8.9%。主要是增加中西部贫困地区普通高中改造经费。现代职业教育质量提升计划专项资金预算数为 187.3 亿元，比 2017 年执行数增加 10 亿元，增长 5.6%。主要用于支持地方职业教育改革发展。支持地方高校改革发展资金预算数为 367.32 亿元，比 2017 年执行数增加 26.57 亿元，增长 7.8%。主要是支持地方高校"双一流"建设。

由图 10 - 2 中 2015—2017 年中央对地区一般性转移支付决算数可得，东部地区（不含港澳台地区）专项性转移支付决算数相对于中西部地区较低；2015 年以来，中西部地区专项性转移支付决算数最高的是四川、河南、湖南三省，最低的是青海、宁夏回族自治区、重庆三省；中西部地区 2015 年最高与最低的决算数的极差值是 1 058.07 亿元，2017 年最高与最低的决算数的极差值是1 085.38

亿元。2015 年到 2017 年，中央对中西部地区专项性转移支付决算数极差值增幅不明显。总体来看，近三年来东部地区专项性决算数没有明显增幅，上海、浙江、广东、江苏等地区出现了下降趋势。中西部地区，内蒙古自治区、黑龙江、吉林、广西壮族自治区、重庆、四川、云南地区有明显增长趋势，其余地区近三年专项性决算数均无明显变化。

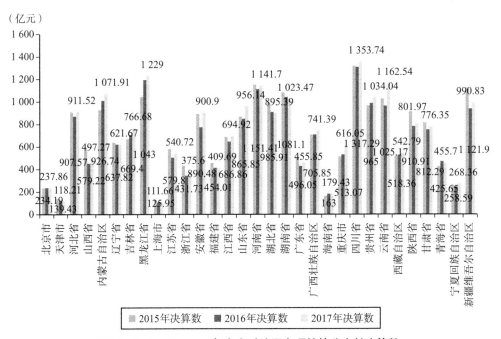

图 10 - 2　2015—2017 年中央对地区专项性转移支付决算数

二、区域教育投入现状分析

社会经济的发展推动了教育的蓬勃发展，现阶段我国教育发展状况主要体现在教育投入总经费增长迅猛，财政性教育经费为主体，2012 年实现了财政性教育经费占 GDP 的比重 4% 的目标。受地区间经济发展水平差异、政府教育投入、社会组织发展等多方面因素的影响，教育投入不均衡的状况仍然存在，突出表现在地区间教育投入不均衡，区域内部各个教育阶段不均衡。本节将从地区间教育经费投入均衡、各个教育阶段教育经费投入均衡两个维度进行分析，具体阐述有以下几点内容。

（一）区域间教育投入不均衡

区域间教育经费投入现状。在国家财政性教育经费投入占教育经费投入比重上，2012 年最高的五个省份依次是山东、河南、福建、江西、浙江；最低的五个省份是青海、重庆、内蒙古、宁夏、西藏；最高与最低地区极差在 12% 以上。2013 年最高前五个省份是山东、河南、浙江、广东、广西；最低五个省份是辽宁、宁夏、内蒙古、西藏、青海；最高与最低地区极差约在 10.9%。2014 年最高五个省份是山东、浙江、广东、福建、广西；最低五个省份是西藏、宁夏、辽宁、内蒙古、青海；最高与最低地区极差约在 8.8%。2015 年最高五个省份是山东、贵州、广西、福建、浙江；最低五个省份是西藏、宁夏、内蒙古、上海、青海；最高与最低地区极差在 9.6% 左右。2016 年最高五个省份是山东、贵州、广西、浙江、福建；最低五个省份是宁夏、上海、天津、西藏、青海；最高与最低地区极差在 10.7% 左右，如表 10 - 1 所示。

表 10 - 1　　国家财政性教育经费投入占教育经费投入比重 2012—2016 年　　单位：%

地区	2012 年		2013 年		2014 年		2015 年		2016 年	
最高地区	山东	22.21	山东	20.90	山东	20.34	山东	20.45	山东	20.82
最低地区	西藏	10.09	青海	10.03	青海	11.59	青海	10.77	青海	10.07
北京	16.60		16.75		16.76		14.77		13.77	
天津	17.67		18.10		17.92		14.36		11.51	
河北	19.51		17.45		17.15		17.77		18.44	
山西	17.77		16.88		16.07		17.50		17.72	
内蒙古	12.27		11.88		11.84		12.19		12.04	
辽宁	15.85		12.91		11.89		13.60		13.83	
吉林	18.25		15.38		13.85		14.62		13.83	
黑龙江	16.95		14.41		14.62		14.25		14.10	
上海	14.60		14.74		13.70		11.94		11.59	
江苏	17.98		17.55		17.53		18.00		18.45	
浙江	20.22		19.43		19.74		18.37		18.84	
安徽	18.06		16.82		15.93		16.35		16.49	
福建	20.43		18.46		18.99		18.67		18.46	
江西	20.41		18.79		17.93		17.75		18.20	
山东	22.21		20.90		20.34		20.45		20.82	
河南	21.00		19.75		18.21		16.92		16.70	
湖北	14.65		13.54		14.00		14.03		15.25	

续表

地区	2012 年	2013 年	2014 年	2015 年	2016 年
湖南	17.30	17.07	16.42	15.95	16.21
广东	19.16	19.23	19.44	15.93	16.69
广西	19.76	19.07	18.95	19.42	19.15
海南	16.37	15.25	15.52	16.66	15.54
重庆	13.70	13.29	13.53	13.71	14.13
四川	18.04	16.58	15.47	16.59	15.95
贵州	18.18	17.95	17.83	19.45	19.71
云南	18.59	16.38	15.08	16.08	17.22
西藏	10.09	10.88	12.03	12.95	11.07
陕西	19.56	18.58	17.53	17.07	17.69
甘肃	17.59	16.29	15.78	16.90	17.42
青海	14.42	10.03	11.59	10.77	11.07
宁夏	11.90	12.11	11.95	12.22	11.93
新疆	17.01	16.97	16.83	16.86	16.06

资料来源：中国教育经费统计年鉴（2013—2017）［M］. 北京：中国统计出版社，2014—2018.

由表 10-1 可知，自 2012 年以来国家财政性教育经费投入占教育经费投入比重最高的省份一直是山东，最低省份是青海、西藏地区。总体来看，国家财政性教育经费投入在东中西部（东部地区不含港澳台地区）三个地区教育经费投入的比重都呈下降的趋势，一是表明，东中西部三个地区在发展地区教育上更多依靠地方政府的财政性教育投入，二是表明，中央政府在地区间教育发展不均衡的状况下，在财政支持力度上并没有采取明显的差异化政策。

由表 10-2 可知，2012 年公共财政预算内教育经费占教育经费投入比重最高的省份是山东，最低省份是西藏地区；2016 年最高的省份是山东，最低省份是青海地区。总体来看，公共财政预算内教育经费在东、中、西部三个地区教育经费投入的比重，除重庆、贵州、西藏三地区以外，都呈下降的趋势。一是表明，东中西部三地区在发展地区教育上更多依靠地方政府的财政性教育投入，二是表明，中央政府在地区间教育发展不均衡的状况下，在财政支持力度上并没有采取明显的差异化政策。

表 10 - 2　　公共财政预算内教育经费占公共财政支出比例 2012—2016 年　　　单位：%

地区		2012 年	2013 年	2014 年	2015 年	2016 年
东部	北京	16.60	16.75	16.76	14.77	13.77
	天津	17.67	18.10	17.92	14.36	11.51
	辽宁	15.85	12.91	11.89	13.60	13.83
	上海	14.60	14.74	13.70	11.94	11.59
	江苏	17.98	17.55	17.53	18.00	18.45
	浙江	20.22	19.43	19.74	18.37	18.84
	福建	20.43	18.46	18.99	18.67	18.46
	山东	22.21	20.90	20.34	20.45	20.82
	广东	19.16	19.23	19.44	15.93	16.69
	海南	16.37	15.25	15.52	16.66	15.54
中部	河南	21.00	19.75	18.21	16.92	16.70
	安徽	18.06	16.82	15.93	16.35	16.49
	江西	20.41	18.79	17.93	17.75	18.20
	湖北	14.65	13.54	14.00	14.03	15.25
	湖南	17.30	17.07	16.42	15.95	16.21
	吉林	18.25	15.38	13.85	14.62	13.83
	黑龙江	16.95	14.41	14.62	14.25	14.10
	山西	17.77	16.88	16.07	17.50	17.72
西部	广西	19.76	19.07	18.95	19.42	19.15
	重庆	13.70	13.29	13.53	13.71	14.13
	四川	18.04	16.58	15.47	16.59	15.95
	贵州	18.18	17.95	17.83	19.45	19.71
	云南	18.59	16.38	15.08	16.08	17.22
	西藏	10.09	10.88	12.03	12.95	11.07
	陕西	19.56	18.58	17.53	17.07	17.69
	甘肃	17.59	16.29	15.78	16.90	17.42
	青海	14.42	10.03	11.59	10.77	11.07
	宁夏	11.90	12.11	11.95	12.22	11.93
	新疆	17.01	16.97	16.83	16.86	16.06
	内蒙古	12.27	11.88	11.84	12.19	12.04

资料来源：教育部《关于全国教育经费执行情况公告》，2011—2017 年．

（二） 区域内各个教育阶段投入不均衡

1. 区域内各教育阶段教育经费投入结构现状

2016 年全国财政性教育经费在各个教育阶段中分配比例显示中，义务教育占比最大，占比最小的是中等职业教育，其中东部地区（不含港澳台地区），包括：北京、天津、辽宁、上海、江苏、浙江、福建、河北、山东、广东、海南省份的高等教育所占比重最大，义务教育所占比重最小。而中部地区，包括吉林、黑龙江、山西、安徽、江西、河南、湖北、湖南的财政性教育经费在各个教育阶段中的分配和东部刚好相反，在义务教育上的比重较大，而在高等学校上的比重较小。西部地区，包括贵州、云南、西藏、陕西、甘肃、重庆、四川、宁夏、青海、新疆、内蒙古、广西的财政性教育经费在各个教育阶段中的分配和西部刚好类似，不过西部地区在义务教育上的比重比中部地区更大，在高等教育上的分配也更小，如图 10-3 所示。

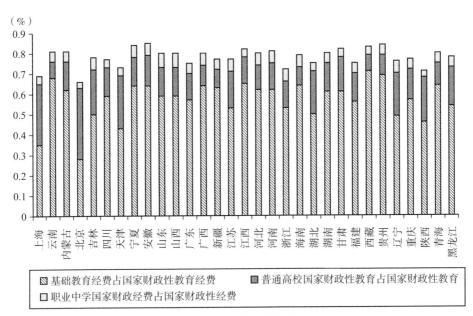

图 10-3 2016 年各省份各教育阶段教育经费投入结构

资料来源：2017 年中国教育经费统计年鉴 ［M］. 北京：人民出版社，2018.

根据图 10-4 可以看出，区域各省份在中等职业比重大致情况类似，与义务教育、高等教育相比，相差较大。这很大程度与国家政策重点在于加大义务投入均衡的原因有关。

2. 区域内各教育阶段生均预算内公用经费支出现状

地区间生均教育经费差异、地区间公用经费差异和地区间生均教育事业费差异都是反映我国31省行政区（不含港澳台地区）划间教育经费投入的不均衡程度的指标。由图10-4可以看出，东、中、西部三大地区在人均教育经费上的差距是非常显著的，自东向西人均经费逐渐减少。2016年东部地区，包括北京、天津、辽宁、上海、江苏、浙江、福建、河北、山东、广东、海南省份的义务教育生均预算内公用经费在各地区最高，中部地区，包括吉林、黑龙江、山西、安徽、江西、河南、湖北、湖南的义务教育生均预算内公用经费在各地区最低。如图10-4所示。

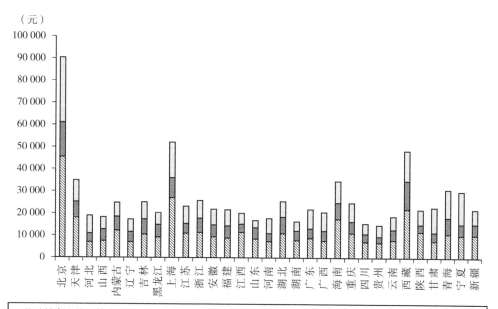

图 10 - 4　2016 年各省份各教育阶段生均教育经费情况

资料来源：教育部《关于2016年全国教育经费执行总结》，2017年12月5日.

从以上数据可以看出，2016 年全国基础教育（普通小学、普通初中、普通高中）、中等职业学校、普通高等学校生均公共财政预算公用经费支出情况是：全国普通小学为 2 610.80 元，比上年的 2 434.26 元增长 7.25%。其中，农村为 2 402.18 元，比上年的 2 245.30 元增长 6.99%。普通小学增长最快的是浙江省（22.99%）。全国普通初中为 3 562.05 元，比上年的 3 361.11 元增长 5.98%。其中，农村为 3 257.19 元，比上年的 3 093.82 元增长 5.28%。普通初中增长最快的是海南省（20.63%）。全国普通高中为 3 198.05 元，比上年的 2 923.09 元增长 9.41%。增长最快的是湖南省（38.13%）全国中等职业学校为 4 778.79 元，比上年的 4 346.94 元增长 9.93%。增长最快的是福建省（42.01%）。全国普通高等学校为 8 067.26 元，比上年的 8 280.08 元下降 2.57%。增长最快的是青海省（19.90%）。

三、中央财政转移支付中的教育转移支付情况分析

我国 2009—2018 年中央财政转移支付中各类教育转移支付的数额都有不同规模的增长。其中，专项性转移支付中教育转移支付 2009 从年的 520 亿元增长到了 2015 年的 1 655 亿元，增长了 3 倍左右。这期间，我国的转移支付的条目也由此发生了重大变化，见表 10 – 3。

表 10 – 3　　　　　　中央对地方转移支付决算 2012—2013 年　　　　　单位：亿元

2013 年中央对地方税收返还和转移支付决算			2014 年中央对地方税收返还和转移支付决算		
项目	预算数	决算数	项目	预算数	决算数
一、中央对地方转移支付	43 804	42 973	一、中央对地方转移支付	46 787	46 509
（一）一般性转移支付	24 538	24 363	（一）一般性转移支付	27 218	27 568
义务教育等转移支付	1 821	1 664	义务教育等转移支付	1 719	1 612
（二）专项转移支付	19 266	18 610	（二）专项转移支付	19 569	18 941
4. 教育	1 190	1 114	4. 教育支出	1 220	1 236
普通教育	965	897	其中：支持学前教育发展资金	149	149
职业教育	159	156	改善普通高中学校办学条件补助资金	40	40
成人教育		1	农村义务教育阶段学生营养改善资金	170	170
特殊教育	10	9	农村义务教育薄弱学校改造补助资金	309	308
教师进修干部继续教育	3	4	教育费附加	5	5
教育费附加安排的支出	8	5	现代职业教育质量提升计划专项资金	114	114
其他教育支出	44	41	特殊教育补助经费	4	4
			农村义务教育阶段教师特设岗位计划工资性补助资金	44	44
			中小学及幼儿园教师国家级培训计划资金	20	20
			支持地方高校发展资金	115	108
			基建支出	231	253

资料来源：财政部《关于 2014 年中央对地方税收返还与转移支付决算表》，2014 年 10 月 9 日．

　　2009 年、2010 年中的一般性转移支付中都含有教育转移支付总数。2011 年以后，一般性转移支付中的教育转移支付更换为义务教育转支付，说明 2011—2014 年国家重点对义务教育加大财政投入。但专项转移支付的规模太小、分配过程还不够透明，见表 10－4。

表 10－4　　　　　　中央对地方转移支付决算表 2015—2016 年　　　　　　单位：亿元

2015 年中央对地方税收返还和转移支付决算			2016 年中央对地方税收返还和转移支付决算		
项目	预算数	决算数	项目	调整预算数	决算数
一、中央对地方转移支付	50 765	50 079	一、中央对地方转移支付	52 941	52 574
（一）一般性转移支付	29 230	28 455	（一）一般性转移支付	32 018	31 865
城乡义务教育补助经费	1 233	1 233	城乡义务教育补助经费	1 353	1 345
（二）专项转移支付	21 534	21 624	（二）专项转移支付	20 924	20 709
4. 教育支出	1 718	1 655	支持学前教育发展资金	149	149
其中：支持学前教育发展资金	149	149	农村义务教育薄弱学校改造补助资金	328	336
农村义务教育薄弱学校改造补助资金	328	328	改善普通高中学校办学条件补助资金	40	40
改善普通高中学校办学条件补助资金	40	40	中小学及幼儿园教师国家级培训计划资金	20	20
中小学及幼儿园教师国家级培训计划	20	20	支持地方高校发展资金	91	91
支持地方高校发展资金	91	91	现代职业教育质量提升计划专项资金	177	177
现代职业教育质量提升计划专项资金	148	148	特殊教育补助经费	4	4
特殊教育补助经费	4	4	学生资助补助经费	380	371
学生资助补助经费	405	364	地方高校生均拨款奖补资金	253	253
地方高校生均拨款奖补资金	253	253			
基建支出	258	233			

　　资料来源：财政部《关于 2016 年中央和地方预算执行情况与年中央和地方预算报告》，2016 年 11 月 5 日.

　　2015 以后一般性转移支付中的义务教育转移支付更换为城乡义务教育转支付，说明 2015—2018 年国家重点加大对城乡义务教育的财政投入。由此，可以得出，我国的教育转移支付针对性越来强，对区域均衡的关注越来越向内部层级的方向发展（见表 10－5）。

表 10 – 5　　　　　中央对地方转移支付决算 2017—2018 年　　　　　单位：亿元

2017 年中央对地方税收返还和转移支付决算			2018 年中央对地方税收返还和转移支付预算	
项目	预算数	决算数	项目	预算数
一、中央对地方转移支付	56 512	57 029	一、中央对地方转移支付	62 207
（一）一般性转移支付	35 030	35 146	（一）一般性转移支付	38 995
城乡义务教育补助经费	1 432	1 426	城乡义务教育补助经费	1 446
（二）专项转移支付	21 482	21 883	（二）专项转移支付	23 213
支持学前教育发展资金	149	149	支持学前教育发展资金	149
农村义务教育薄弱学校改造补助资金	356	356	农村义务教育薄弱学校改造补助资金	361
改善普通高中学校办学条件补助资金	40	45	改善普通高中学校办学条件补助资金	50
中小学及幼儿园教师国家级培训计划	20	20	中小学及幼儿园教师国家级培训计划资金	20
现代职业教育质量提升计划专项资金	177	177	现代职业教育质量提升计划专项资金	187
特殊教育补助经费	4	4	特殊教育补助经费	4
学生资助补助经费	390	393	学生资助补助经费	415
支持地方高校改革发展资金	341	341	支持地方高校改革发展资金	367

资料来源：财政部《关于 2018 年中央和地方预算执行情况与年中央和地方预算报告》，2018 年 10 月 9 日.

　　专项转移支付中教育转移支付项目自 2014 年以后更加细化，由以往的普通教育、职业教育、特殊教育等大类转变成改善普通高中学校办学条件补助资金、现代职业教育质量提升计划专项资金、现代职业教育质量提升计划专项资金等具体化的项目，说明我国财政转移政策越来越具体化，资金透明化。

　　总体来看，中央财政转移支付并没有固定教育转移支付项目，而是根据每年教育实际需要进行针对性投入。自 2014 年以后，教育专项支付的条目更加具体化，主要为各个教育阶段学生资助、办学条件、高校发展基金项目。此外，决算数几乎都实现了预算的 100% 以上，最近一年的支付情况：2017 年中央对地方一般性转移支付决算数为 35 146 亿元，一般性转移支付预算数为 35 030 亿元。其中：城乡义务教育补助经费决算数为 1 426 亿元，完成预算的 99.6%，主要是地方动用了以前年度农村义务教育学生营养改善计划补助资金结转结余。2017 年中央对地方专项转移支付决算数为 21 883 亿元，完成预算的 101.9%。改善普通高中学校办学条件补助资金决算数为 45 亿元，完成预算的 114.5%，主要是贯彻落实《高中阶段教育普及攻坚计划（2017—2020 年）》，增加对地方的补助。学生资助补助经费主要是根据学生资助补助标准及享受政策的学生人数等据实安排，决算数为 392 亿元。

总体上看，我国 2009—2018 年中央财政转移支付中各类教育转移支付的数额都有不同规模的增长。其中，专项性转移支付中教育转移支付从 2009 年的 520 亿元增长到了 2015 年的 1 655 亿元，增加了 3 倍之多。这期间，我国的转移支付的条目也由此发生了重大变化。但是，中央财政转移支付并没有固定教育转移支付项目，而是根据每年教育实际需要进行针对性投入，并且专项转移支付分配并不是按公式拨款，操作也有待规范，因此，必须加强对专项转移支付使用的监督，提高其使用效率。

第二节　区域教育投入均衡性指标体系分析

区域教育投入均衡性的指标体系应定位于"政策评价"，因此要尽可能使同一层次各指标具有独立性。充分考虑各区域在教育投入总量和投入结构等方面的差异，采用"人均""生均"等指标；选用效率等比值型指标，减少或不用总量等规模型指标，消除总量或规模等政策覆盖面的差异性影响；尽可能用可统计的量化指标，资料来源以公布的各类年鉴和统计数据为主，同时在部分二级指标下适当选择定性指标，用来分析产生偏离的影响因素。评价指标的选择尽量能与国际通用指标对照，以便更好地与国际接轨。

一、区域教育投入均衡性指标的选取

本书在国家一般项目《区域教育可持续发展指标体系的研究》研究成果的基础上，采用教育指标的目标模式，以教育政策为着眼点，选取与政策目标相关的指标，形成一套以教育目标为主轴的教育指标体系。[①] 初步选取了关于区域教育投入水平的 30 余个指标，后因考虑到指标的可得性和客观性，进行了初步筛选，初步设计的指标体系主要包括 4 个一级指标，8 个二级指标和 20 个三级指标组成。如表 10 - 6 所示。

[①] 全国教育科学"十五"规划国家一般课题"区域教育可持续发展指标体系研究"（BGA050020）结题成果报告.

表 10 – 6   区域教育投入均衡性指标的选取

	一级	二级	三级
区域教育投入均衡性指标体系	教育总投入	教育经费总投入	各地教育经费总收入（千元）y18
			教育基本建设投资合计（千元）y21
		经费总投入结构	普通高校学杂费收入占普通高校经费总投入的比重 y13
			国家财政性教育经费占国内生产总值比重 y14
			国家财政性教育经费投入占教育经费投入比重 y15
			公共财政预算内教育经费占公共财政支出比例（%）y16
			学、杂费占教育经费总投入的比重 y17
			国家预算内投资资金占学校本年度完成投资资金比重 y20
	基础教育投入	教育经费投入	基础教育（小学＋中学）生均预算内教育事业费（元）y1
			基础教育生均预算内公用经费（元）y2
		经费投入结构	基础教育经费投入占教育经费总投入比重 y3
			基础教育学杂费收入占基础教育经费总投入的比重 y4
	职业教育投入	教育经费投入	职业中学生均预算内教育事业费（元）y5
			职业中学生均预算内公用经费（元）y6
		经费投入结构	职业中学国家财政性教育经费收入占教育经费总投入比重 y7
			中职学杂费占职业中学教育经费总投入比重 y8
	高等教育投入	教育经费投入	普通高校生均预算内教育事业费（元）y9
			普通高等学校生均预算内公用经费（元）y10
		经费投入结构	高等院校生均教育经费（元）y11
			普通高校国家财政性教育经费占教育经费总投入的比重 y12

二、区域教育投入均衡性水平分析

本书资料来源于 2009—2016 年连续 8 年的《中国教育事业统计年鉴》《中国教育经费统计年鉴》《中国财政统计年鉴》，以及中国统计局官网、中国财政部官网、中国教育部网以及各省份财政官网。在数据处理过程中，遇到样本在上述资料来源渠道未做统计的，都赋值为"0"来处理；依次计算各个省份在区域投入均衡性指标体系下的近 8 年的数据，运用 SPSS23.0 软件中的主成分分析法功能，对中国区域教育投入水平概况进行初步评价。由表 10 – 7 可得区域教育投入均衡性水平 $F = 0.5237 \times F1 + 0.2646 \times F2 + 0.1384 \times F3 + 0.0732 \times F4$。

经计算后，可得以下排名结果：

表 10 - 7　　　　　区域教育投入均衡性水平排名（2009—2012 年）

地区	2009 年		2010 年		2011 年		2012 年	
	F	排名	F	排名	F	排名	F	排名
北京	7 560 102.534	4	9 621 244.450	3	12 040 801.160	4	13 305 201.270	4
天津	2 185 976.545	27	2 766 024.679	27	3 990 344.134	26	4 910 908.980	26
河北	5 280 281.690	8	6 281 020.555	8	7 518 870.931	9	9 274 723.537	8
山西	3 192 535.068	19	3 887 309.871	21	4 715 219.905	22	5 717 264.269	22
内蒙古	2 928 085.753	24	4 066 417.221	18	4 818 545.228	21	5 284 656.791	24
辽宁	4 782 545.617	12	5 640 238.686	10	7 103 700.318	11	8 779 543.285	11
吉林	2 929 373.237	23	3 308 310.143	24	4 263 386.211	24	5 251 390.777	25
黑龙江	3 835 651.217	16	3 901 620.195	19	5 257 657.435	19	6 410 618.576	19
上海	5 110 799.200	9	6 083 940.997	9	7 709 228.665	8	8 799 127.333	10
江苏	9 634 053.379	2	11 728 686.660	2	14 409 124.830	2	17 251 444.260	2
浙江	7 235 183.301	6	8 753 642.734	5	10 245 347.430	5	11 400 315.080	7
安徽	4 286 683.442	14	5 376 232.543	13	7 463 289.289	10	8 723 542.133	12
福建	3 826 590.650	17	4 539 276.326	16	5 606 088.977	16	6 855 539.419	16
江西	3 077 436.300	21	3 629 709.295	23	5 361 519.800	17	6 826 825.283	17
山东	7 374 669.488	5	9 127 228.957	4	12 559 366.470	3	15 145 585.920	3
河南	6 422 730.996	7	7 636 495.993	7	10 096 179.250	6	12 881 179.970	5
湖北	5 077 978.477	10	5 590 869.443	11	6 786 391.627	13	8 483 424.886	14
湖南	4 784 863.697	11	5 439 032.161	12	6 851 861.967	12	8 895 703.421	9
广东	10 772 778.200	1	12 597 490.900	1	15 758 595.770	1	18 613 513.820	1
广西	3 418 286.077	18	4 435 869.364	17	5 316 345.391	18	6 684 365.390	18
海南	1 009 163.555	28	1 276 739.410	28	1 543 627.252	29	1 950 823.423	29
重庆	2 981 031.708	22	3 673 328.903	22	4 596 748.594	23	6 012 499.410	20
四川	8 016 553.448	3	8 634 866.763	6	9 712 148.909	7	12 344 899.520	6
贵州	2 814 095.888	26	3 296 475.176	25	4 175 555.216	25	5 791 811.124	21
云南	4238512.956	15	4 983 469.296	14	6 064 811.476	15	8 121 796.392	15
西藏	606 305.4192	31	651 635.360	31	824 640.3873	31	1 002 571.230	31
陕西	4 502 929.024	13	4 840 070.833	15	6 694 662.409	14	8 488 735.704	13

续表

地区	2009 年		2010 年		2011 年		2012 年	
	F	排名	F	排名	F	排名	F	排名
甘肃	2 864 280. 267	25	3 021 058. 949	26	3 598 328. 175	27	4 561 339. 849	27
青海	752 432. 4886	30	1 010 777. 764	29	1 564 405. 985	28	1 965 290. 214	28
宁夏	804 824. 0542	29	973 627. 7614	30	1 276 453. 496	30	1 411 543. 821	30
新疆	3 158 779. 408	20	3 890 820. 694	20	4 822 988. 817	20	5 639 550. 378	23

2009—2012 年，东部地区（不含港澳台地区）的教育投入均衡性水平高于中西部地区，其中，广东、江苏、北京位于全国前列，而海南的教育投入均衡性水平和西部地区水平相当；中西部地区，河南教育投入均衡性水平排名较高，原因可能是河南高等院校较少，基础教育学校较多，而国家在"十一五"规划期间重点推进义务教育区域间均衡发展，加大对基础教育转移支付力度。

西部地区，青海、西藏、甘肃、宁夏、贵州、新疆等省（自治区、直辖市）的教育投入均衡性排名没有明显变化，仍处于全国较低水平。说明在此期间，我国财政转移支付对缩小区域间教育投入差距力度不明显，如表 10 - 8 所示。

表 10 - 8　　　　　区域教育投入均衡性水平排名（2013—2016 年）

地区	2013 年		2014 年		2015 年		2016 年	
	F	排名	F	排名	F	排名	F	排名
北京	14 574 200. 140	4	15 953 139. 880	4	16 430 617. 840	4	17 481 555. 460	4
天津	5 566 156. 499	25	6 181 860. 107	23	5 528 226. 204	27	5 323 542. 058	27
河北	8 974 724. 079	11	9 360 466. 027	12	11 157 960. 210	9	12 517 636. 570	9
山西	6 018 287. 098	23	6 161 266. 631	24	7 660 378. 065	20	7 000 021. 792	23
内蒙古	5 648 062. 205	24	5 813 242. 587	25	6 407 025. 700	24	6 733 582. 196	24
辽宁	8 668 543. 008	14	8 035 609. 299	15	8 056 522. 349	19	8 500 234. 766	19
吉林	5 238 887. 968	26	5 124 332. 943	27	5 671 634. 172	26	6 094 614. 203	26
黑龙江	6 060 892. 336	21	6 403 872. 691	22	6 852 589. 066	23	7 127 590. 639	22
上海	9 569 450. 643	8	10 136 729. 250	8	10 819 402. 960	11	11 716 957. 260	11
江苏	18 409 894. 550	2	19 625 501. 470	2	21 109 368. 650	2	22 544 000. 000	2
浙江	12 542 777. 470	7	14 038 939. 740	6	15 244 428. 410	7	16 507 828. 170	5
安徽	9 504 714. 252	9	9 558 058. 157	11	10 658 622. 860	12	11 420 425. 680	12
福建	7 244 475. 153	17	7 988 084. 732	16	8 894 872. 709	16	9 291 764. 579	17

续表

地区	2013 年		2014 年		2015 年		2016 年	
	F	排名	F	排名	F	排名	F	排名
江西	7 315 528.058	16	7 796 557.173	17	8 542 323.718	18	9 285 765.760	18
山东	16 208 609.920	3	17 185 200.760	3	18 818 942.360	3	20 649 996.860	3
河南	13 650 425.940	5	14 154 071.820	5	15 562 110.560	5	15 674 215.610	7
湖北	8 851 313.327	12	9 768 884.316	10	11 426 896.830	8	12 788 055.320	8
湖南	9 432 097.858	10	10 008 109.580	9	10 869 279.340	10	12 338 705.180	10
广东	20 857 340.770	1	22 793 061.730	1	25 467 166.310	1	281 37 678.070	1
广西	7 144 065.853	18	7 725 237.103	18	9 081 682.584	15	9 844 038.048	14
海南	2 066 915.630	28	2 165 991.801	28	2 498 056.716	28	2 710 556.174	28
重庆	6 023 705.175	22	6 416 913.202	21	7 211 162.294	22	8 139 479.889	20
四川	12 742 988.020	6	13 580 873.180	7	15 291 061.130	6	16 392 164.730	6
贵州	6 655 337.081	19	7 333 958.638	19	8 669 786.272	17	9 490 995.538	16
云南	7 927 842.871	15	8 280 831.902	14	9 514 158.786	13	10 753 991.820	13
西藏	1 206 684.454	31	1 564 042.479	31	1 885 474.672	30	1 803 764.787	31
陕西	8 793 672.159	13	9 009 341.314	13	9 371 051.719	14	9 390 995.538	15
甘肃	4 640 959.262	27	5 190 100.404	27	6 031 607.807	25	6 656 805.982	25
青海	1 586 078.913	29	1 933 248.804	29	2 016 653.563	29	2 015 379.955	29
宁夏	1 536 075.422	30	1 635 076.905	30	1 851 270.813	31	2 006 701.454	30
新疆	6 336 871.276	20	6 680 675.934	20	7 364 610.621	21	8 107 522.853	21

　　2012—2016 年，东部地区的教育投入均衡性水平高于中西部区，其中，广东、江苏、山东、北京位于全国前列，而天津、海南地区的教育投入均衡性水平位于全国较低水平；中部地区教育投入均衡性高于西部地区，除甘肃、贵州、云南、广西地区全国排名有持续上升趋势以外，各省份总体排名没有明显变化趋势，说明在"十二五"期间，我国财政转移支付对缩小区域间教育投入差距力度仍不明显。

第三节　财政转移支付促进教育均衡发展的举措

　　教育不仅对于经济增长有重要的促进作用，其对经济发展方式的转变也有着重要的影响。教育的发展直接影响的是经济增长方式的转变，从而影响中国经济的长期可持续增长的实现，所以实现教育均衡发展至关重要。目前，我国教育投入水平有很大的不均衡性，尤其是区域之间各个教育阶段教育投入差异巨大，影响社会公平公正的实现。根据第二节的数据分析发现存在的问题，可以明显地看出今后财政转移支付政策改进的方向，包括以下几点内容。

一、规范财政转移支付的拨款制度

财政转移支付政策是国家进行宏观调控重要的财政手段，在中央财力一定的基础上，如何让财政教育转移支付更科学、更合理，对于实现教育发展均衡具有重要意义。建立合理的转移支付制度，有利于均衡与缩小地区发展差异，从而缩小地区间教育发展差异。

关于政府间财政转移支付的概念。对财政转移支付的理解，理论界基本达成共识，财政转移支付与购买性支出相区别，不以取得商品和劳务为目的，体现为单方面的资金转移。马海涛认为，政府间财政转移支付是财政资源在政府间的无偿流动，是单方面无偿让渡。[1] 在此基础上，马海涛认为狭义的财政转移支付仅限于政府的公共支出，钟晓敏则认为，狭义的转移支付是上级政府对下级政府的转移支付。

关于财政转移支付的方式。2007 年，中央将体制性补助列入财力性转移支付；安体富认为我国财政转移支付包括财力性转移支付、专项转移支付、税收返还及体制补助四种方式。[2] 张金艳认为我国财政转移支付包括税收返还、原体制补助、结算补助、过渡期转移支付和专项转移补助。[3] 2009 年后，原财力性转移支付改为一般性转移支付，原一般性转移支付改为均衡性转移支付。理论界从财政转移支付的形式、结构和作用角度对其进行分类，普遍认为我国当前的财政转移支付除了一般性转移支付和专项转移支付外，还包括税收返还、体制补助、结算补助等项目。

关于财政转移支付的均等化作用。张玉荣、冯毅选择了 2000—2008 年东北、东部、西部、中部及长三角、京津唐区域的有关数据，计算了财政泰尔指数及贡献值，认为财政转移支付的均等化作用显著。[4] 通过财政转移支付资金的分配，各省的财政差异下降了 53.49%，区域间差异下降 73.21%；从时间上看，这种

① 马海涛. 财政转移支付制度 [M]. 北京：中国财政经济出版，2004：44 - 45.
② 安体富. 中国转移支付制度：现状、问题、改革建议 [J]. 财政研究，2007（9）：2 - 5.
③ 张金艳. 国际贸易探索 [J]. 财政研究，2007（10）.
④ 张玉荣，冯毅. 政府间转移支付均衡区域间财力能力的效应分析 [J]. 统计与决策，2010（11）：101 - 102.

差异下降的趋势明显。李齐云、刘小勇分析了 1995—2004 年度各地区接受财政转移支付后的人均总财力基尼系数指标，认为财政转移支付对缩小地区间的财力差距发挥了重要作用。从结构看，专项转移支付一直发挥着缩小财力差距的作用，财力性转移支付 1999 年以后的作用明显，税收返还起到了逆向调节作用，但随着比重下降，逆向调节作用也逐渐降低。① 李安泽分析了财政转移制度的结构，认为税收返还和专项转移支付过多地向中、东部地区倾斜，西部地区补助较少；一般性转移支付虽然体现均等化作用，但规模和数量少，难以解决中部地区财力不足的问题。②

对于均等化作用的分析，不同专家学者从各自的角度进行研究得出的结论不尽一致。主要因为不同年份我国财政转移支付的项目变化较大，难以保持连续性，且在不同比较分析中建立了不同的计量经济模型，以及在模型中所考虑的因素略有差异等，导致测算结果各异。

第一，从我国教育投入的区域差异来看，国家应该加大对西部地区教育资源的投入，增加西部教育支出，改善当地人力资本状况，实现区域教育的均衡发展，进而实现经济增长可持续发展，从而带动区域经济均衡发展。

第二，国家应该建立区域间教育资源扶助体制，可通过由发达地区对经济欠发达地区实行教育资源资助，发达地区先进的教育资源共享等途径实现。通过中央的转移支付，以及地区之间的财政资助，双重途径解决区域教育配置失衡现象。实行发达地区对经济欠发达地区教育资源共享的形式促进教育资源均衡发展。例如，建立发达地区先进教师流动机制，提高欠发达地区的教育水平等。

第三，对教育专项资金拨付进行科学的论证，并提高使用效率。应当改变目前主要以政府政策为导向的教育专项资金拨款方式，以需要和可能为原则，充分考虑各地的教育发展规划和实际教育需求，建立教育专项资金备选项目库，按照轻重缓急确定优先发展项目，提高资金从下达到投入使用过程中的效率。

二、完善转移支付的监督和评价机制

财政转移支付的结构不合理。王元认为我国财力性转移支付中很多项目如调整工资转移支付、退耕还林转移支付、农村税费改革转移支付等项目实际上属于专项性质，真正意义上的具有均等化作用的一般性转移支付只占转移支付的 11% 左右，而专项达到近 60%，结构不合理。③

转移支付缺乏系统规划。邹广认为我国财政转移支付资金多头管理，没有专

① 李齐云，刘小勇. 分税制、转移支付与地区财政差距研究 [J]. 财贸经济，2009 (12)：69 – 76.

② 李安泽. 促进中部崛起的转移支付政策 [J]. 税务研究，2008 (2)：71 – 73.

③ 王元. 改革完善统一规范透明的财政转移支付制度 [J]. 经济研究参考，2009 (27)：31 – 34.

门机构进行统筹协调，不同名目的转移支付资金目标各异，难以达成一致。① 李萍认为税收返还是旧体制的延续，富裕地区由于经济发展水平高，获得较多的税收返还，而贫困地区获得的税收返还较少。② 李明晓认为我国专项转移支付存在项目设置交叉，部分项目与实际需求脱节，项目资金在当年不能及时拨付等问题。③

转移支付分配中存在的问题。宋媛认为专项转移支付在分配中人为因素较多，缺乏科学标准和依据，部分项目存在"人情款"的问题；专项资金的立项审批以及项目的确定、范围还不规范，一些专项资金的分配使用缺乏事权依据，没有法规可依。④

立法层次低，缺乏有效的监督。邹广认为我国的财政转移支付制度属于法规、规章范畴，立法层次较低，难以适应大规模的资金转移，制度运行中干扰因素较多，地方所获得的资金规模更多取决于政策变化及努力程度。⑤

总体上看，专家学者对财政转移支付问题的研究既有定量分析，也有实证分析，普遍认为现行转移支付存在结构不优、分配不透明、缺乏有效的监督等问题，需要在今后的改革中高度重视。

根据公共选择理论的经济人假说，政府机关及其工作人员是追求自身利益最大化的经济人，其目标既不是公共利益，也不是机构的效率，而是个人的效用。政府财政行为缺乏必要的约束，势必造成滥用财权的情况。为防止权力的滥用，除了应建立起权力制衡机制外，监督也不可或缺。相反，如果缺乏必要的规范和约束，那么就有可能导致政府及其官员对财政转移支付活动的随意性，从而导致人民利益遭受不应有的损害，转移支付的政策目标也就无法实现。因此，我国一是，应加强人大监督，使人大真正成为权力制衡的一方；二是，完善财政机关的内部监督；三是，提升审计机关监督的独立性；四是，鼓励和保障社会监督。从而保障人民利益，实现转移支付的目标。

转移支付制度的绩效评价，是近年来出现在西方国家政府公共支出管理的一项重要制度，其核心是强调转移支付管理中的目标与结果及其结果有效性的关系，形成一种新的、面向结果的管理理念和管理方式，以提高政府管理效率、资金使用效益和公共服务水平。⑥ 对于转移支付的执行绩效，应建立一个专门的考评体系和一系列的量化指标，对其进行社会效益、经济效益的考察评价，以保障

---

① 邹广. 我国转移支付的法治矫正 [J]. 法律适用，2010 (4)：38 – 41.

② 李萍. 转移支付制度规范化分析 [J]. 商业时代，2010 (7)：93 – 94.

③ 李明晓. 完善我国中央对地方政府转移支付制度的策略选择 [J]. 财税纵横，2009 (2)：69 – 71.

④ 宋媛. 以完善的财政转移支付制度推进西部大开发战略实施 [J]. 中央财经大学学报，2010 (9)：13 – 17.

⑤ 邹广. 我国转移支付的法治矫正 [J]. 法律适用，2010 (3)：38 – 41.

⑥ 杨之刚. 财政分权理论与基层公共财政改革 [M]. 北京：经济科学出版社，2006.

转移支付资金运用的政策性要求和不断提高资金的使用效率。

三、明确政府职能定位，实现经济建设型政府向公共服务型政府职能转变

从"财政转移支付对教育均等化的影响""转移支付对教育投入的影响"等方面研究现状进行综述，主要有以下几点内容。

（一）财政转移支付与各个教育阶段的教育投入均衡

财政转移支付与义务教育投入均衡。赵海利和高伟华借鉴发达国家因素法转移支付经验及浙江省经济发展数据，设计出基于义务教育财政供给能力、义务教育财政需求的因素法转移支付模型；模型检验结果表明，在现有转移支付规模不变的情况下，教育公平程度可以大幅度提升。[①] 崔盛利用 2002—2007 年的县级数据，对我国义务教育地方投入的差异进行了评述，并对转移支付和地方政府义务教育投入差异的关系进行了实证研究。[②] 研究表明，税收返还、财力性转移支付和一般性转移支付对于地方义务教育差异的缩小并没有显著效应，而专项转移支付和农村义务教育补助却能明显缩小地方义务教育投入差异。柏檀、周德群和王水娟通过构造教育财政分权指标，并基于 1998—2010 年的省级面板数据，证明重心偏下的基础教育财政分权制度以及对"普九"政绩考核的标尺竞争，在公共支出结构上造就了地方教育部门"重义务教育、轻学前教育"的严重偏向，这是导致"入园难、入园贵"问题的制度诱因。[③] 赵海利基于浙江省的数据分析义务教育专项转移支付与投入均衡，通过生均义务教育预算内支出的混合效应模型估计，生均义务教育专项转移支付，对生均义务教育支出的影响系数，显著大于1。说明上级教育专项转移支付对县级义务教育预算内支出产生了明显的示范效应[④]。

财政转移支付与高等教育均衡发展。付剑茹、何庆江和刘分龙基于地方高等教育收益溢出效应的视角对高等教育财政转移支付问题进行研究，得出结论应建立地方高等教育收益外溢测算模型，对我国地方高等教育收益溢出效应进行量化

---

① 赵海利，高伟华. 从教育公平看我国义务教育转移支付制度的完善 [J]. 上海教育科学，2012（12）：30-33.

② 崔盛. 转移支付和地方政府义务教育投入差异研究——基于县级面板数据的分析 [J]. 中国人民大学教育学刊，2014（9）：54-69.

③ 柏檀，周德群，王水娟. 教育财政分权与基础教育公共支出结构偏向 [J]. 清华大学教育研究，2015（3）：53-63.

④ 赵海利. 义务教育专项转移支付与投入均衡——基于浙江省的数据分析 [J]. 教育研究，2017（9）：46-54.

测算，并将此测算模型和测算结果作为高等教育财政转移支付的依据，对现行办法进行改进和完善，从而对地方高等教育收益溢出效应进行成本补偿与内部化。[1]

（二）我国财政转移支付对教育均等化的影响

国内转移支付对教育均等化影响的研究较少，并且不同学者得出了不同的结论。赵海利通过边际归宿及平均归宿的分析方法，利用 2006—2009 年的数据资料，对浙江省教育专项转移支付的公平性进行分析，得出教育专项转移支付的受益分布呈现"人均收入增加，受益份额逐渐下降"的分布格局，转移支付的最大受益者是低收入地区；这一结果表明，单纯从教育专项转移支付的受益分布来看，教育专项转移支付确实实现了缩小地区教育差距、促进教育均衡发展的政策目标。[2] 刘光俊和周玉蜜利用 1998—2010 年的省际面板数据，构建计量模型，发现财政分权与地区教育均等化显著负相关，转移支付则对地区教育均等化产生了很小的正向作用。[3]

（三）我国转移支付对教育投入的影响

邻俊伟、杨中全和段谋娟利用 1997—2004 年中国省级行政区域的数据，从地方政府教育投入努力程度的视角，对地方政府的教育财政政策绩效给予了实证分析，结果发现，现有的转移支付化制度和财政分权政策对地方政府本级教育投入的努力程度都产生了显著负向的影响，且不同地区对教育投入的努力程度由于自身发展水平的差异而存在明显的不同，经济发展水平高、市场化程度和城市化水平高的省份，地方政府会重视教育投入，而且政府会有更大的动力去促进教育投资的增加。[4] 曾明和李武龙利用中部 75 个城市 2005 年的数据，对财政与教育的关系进行了定量研究，发现被用到教育中去的转移支付资金只占一部分，并且回归系数不大，同时它还抑制了本级政府对教育的投入，即转移支付的增加对本地教育投入产生了替代效应。[5] 付文林和沈坤荣采用系统 GMM 估计法对省级面板数据进行实证分析，发现转移支付规模扩大，地方政府倾向于更大比例提高行

---

① 付剑茹，何庆江，刘分龙. 我国高等教育财政转移支付问题研究——基于地方高等教育收益溢出效应的视角 [J]. 高等财经教育研究，2013（12）：1-5.

② 赵海利. 教育专项转移支付的公平性分析——浙江省为例 [J]. 经济社会体制比较，2011（6）：85-95.

③ 刘光俊，周玉蜜. 财政分权、转移支付与教育服务均等化的关联度 [J]. 财政金融，2013（9）：57-63.

④ 邹俊伟，杨中全，段谋娟. 财政分权、转移支付与地方政府教育投入努力 [J]. 中央财经大学学报，2010（1）：12-16.

⑤ 曾明，李武龙. 财政转移支付与义务教育投入：中部城市为例 [J]. 南昌大学学报，2010（3）68-73.

政管理费和基本建设支出。[①]

　　邹俊伟、杨中全、段谋娟认为财政分权增加了地方政府的独立性，但现行官员考核体制使地方政府更注重增加经济发展方面的投入，这会挤占教育支出，通过选取了 1997—2004 年度各省份的财政性教育支出、转移支付等有关经济指标进行了实证分析，结论认为财政对教育的转移支付与地方政府增加教育投入呈负相关；从不同地区看，经济发展水平高的富裕地区更加重视教育事业的发展，教育支出规模较大。[②] 钟晓敏、赵海利认为目前的财政转移支付还不足以平和各地教育支出的差距，教育专项资金比例不协调降低了资金的使用效率。在考虑各种因素的基础上，以教育均等化为目标建立了因素法转移支付的理想模型，并测算了不同地区的补助标准和补助数量。[③]

　　明确政府作为统筹区域发展、统筹经济社会发展的宏观调控主体地位，实现经济建设型政府向公共服务型政府职能转变。政府作为公共政策的制定者与其作为公共政策的执行者，是教育资源配置的主体，对教育资源配置的格局产生直接的影响。根据书中实证结果，中央财政支付对于初、中、高等教育发展的影响效果不同，对于东、中、西部教育投入水平影响效果也有很大差异，主要原因在于政府角色定位不明确，政府职能泛化不清，政府职能未能实现从计划经济时期的经济建设型政府向与市场经济相适应的公共服务型政府职能的转变，我国政府在很大程度上依然执行建设型政府职能，在很大程度上过多的干预市场经济，按照新公共经济学理论，在市场经济条件下，政府的职能是提供公共服务，政府职能通过公共财政手段实现，公共财政就是市场经济条件下，政府用以弥补市场调节失灵向社会提供公共服务的行为方式。

　　我国东、中、西部的经济发展水平有很大的差距，教育资源配置也有很大差距，政府应该转变政府职能，通过公共财政手段，打破已有的利益分配格局，通过调节产业结构实现东、中、西部经济协调发展；加大对中等教育的公共财政支出力度，实现层级教育均衡发展；通过财政转移支付手段优化资源配置，优化财政转移支付资金的支出结构，对相对薄弱的地区提供更大的扶助，缩小地区经济发展差距，改善经济发展与教育发展不均衡的现状。在实现教育投入均衡的过程中，实现政府职能由经济建设型向服务型的转变意义重大。

　　① 付文林，沈坤荣. 均等化转移支付与地方财政支出结构 [J]. 经济研究，2012 (5)：45 – 57.
　　② 邹俊伟，杨中全，段谋娟. 财政分权、转移支付与地方政府教育投入努力 [J]. 中央财经大学学报，2010 (1)：12 – 16.
　　③ 钟晓敏，赵海利. 基本公共服务均等化下的我国义务教育转移支付模型 [J]. 财政研究，2009 (3)：13 – 16.

附 录

附表1

人力资源强国指标原始数据（2017—1998年）

年份	X1	X2	X3	X4	X5	X6	X7	X8	X9	X10	X11	X12	X13	X14	X15
2017	81 082.41	5.3200	404	77 640	0.07	0.12	0.81	-0.72	-0.69	1.42		6.3	3.13	15.33	12.25
2016	80 694	5.8600	387.8	77 603	0.07	0.11	0.82	-0.60	-0.50	1.10	0.3500	6.1	2.96	13.27	11.36
2015	80 091	4.9600	375.9	77 451	0.07	0.11	0.82	-1.20	-0.60	1.80	0.3219	6.4	2.78	12.43	10.54
2014	79 690	5.2100	371.1	77 253	0.06	0.11	0.83	-1.90	-0.20	2.10	0.2921	6.8	2.56	12.02	9.82
2013	79 300	4.9200	353.3	76 977	0.06	0.11	0.82	-2.20	-0.20	2.40	0.2735	7.2	2.29	11.31	9.38
2012	78 894	4.9500	324.7	76 704	0.07	0.12	0.82	-1.20	0.80	0.40	0.2596	7.3	1.98	10.53	8.84
2011	78 579	4.7900	288.3	76 420	0.07	0.12	0.81	-1.90	0.80	1.10	0.2006	9	1.74	10.07	7.92
2010	78 388	4.7900	255.4	76 105	0.07	0.13	0.80	-1.40	0.90	0.50	0.1486	10.1	1.41	8.77	6.91
2009	77 510	4.8700	229.1	75 828	0.07	0.14	0.79	-1.50	0.60	0.90	0.1361	8.9	1.18	7.60	5.98
2008	77 046	5.0800	196.5	75 564	0.08	0.15	0.77	-1.20	0.40	0.80	0.1319	9.1	1.09	7.30	5.45
2007	76 531	5.1700	173.6	75 321	0.08	0.16	0.76	-1.80	1.60	0.20	0.1315	13.6	0.90	6.27	4.75
2006	76 315	5.2800	150.3	74 978	0.09	0.20	0.71	-2.20	1.40	0.80	0.1344	12.1	0.73	5.52	3.80
2005	76 120	5.8900	136.5	74 647	0.08	0.22	0.70	-2.10	1.30	0.80	0.1430	10.7	0.65	4.96	3.30
2004	75 290	5.8700	115.3	74 264	0.10	0.24	0.66	-2.20	0.90	1.30	0.1350	9.5	0.60	4.45	2.93
2003	74 911	6.0100	109.5	73 736	0.08	0.24	0.68	-0.90	0.20	0.70	0.1160	9.4	0.47	3.94	2.67
2002	74 492	6.4500	103.5	73 280	0.08	0.24	0.68	0.00	-0.90	0.90	0.1090	8.3	0.44	3.45	2.45
2001	73 884	6.9500	95.65	72 797	0.08	0.24	0.68	0.00	-0.20	0.20	0.0840	7.6	0.43	3.06	2.27
2000	73 992	7.5800	92.2	72 085	0.09	0.24	0.68	-0.10	-0.50	0.60	0.0760	7.6	0.41	2.82	2.01
1999	72 791	8.1800	82.17	71 394	0.09	0.29	0.61	0.30	-0.50	0.20	0.0700	6.7	0.41	2.50	1.82
1998	72 087	9.1400	75.52	70 637	0.10	0.33	0.57	-0.10	-0.20	0.30	0.0680	6.8	0.42	2.35	1.67

年份	X16	X17	X18	X19	X20	X21	X22	X23	X24	X25
2017	183.64	170	8 897 800	134 240 000	21.55	0.0414	0.0213	0.48	0.776	10.2218
2016	175.38	165	8 045 000	114 070 000	19.57	0.0422	0.0211	0.50	0.775	8.6891
2015	171.82	164	10 600 500	98 357 900	17.64	0.0424	0.0207	0.49	0.768	7.357
2014	130.27	157	10 910 000	85 770 000	22.52	0.0410	0.0205	0.50	0.773	6.3676
2013	131.30	154	10 210 000	74 691 300	22.25	0.0411	0.0208	0.52	0.746	5.4832
2012	125.51	152	9 431 000	64 370 700	21.07	0.0428	0.0198	0.54	0.74	4.7204
2011	96.05	150	8 560 000	47 635 600	17.60	0.0380	0.0184	0.56	0.739	3.7467
2010	81.48	141.6	7 972 400	39 066 000	15.96	0.0355	0.0176	0.58	0.717	3.3511
2009	58.20	136.1	6 707 700	30 390 000	15.28	0.0350	0.0170	0.56	0.717	3.6396
2008	41.20	119.32	7 378 600	26 652 300	12.14	0.0327	0.0154	0.56	0.717	2.7278
2007	35.18	114.26	6 080 000	22 265 300	11.24	0.0306	0.0149	0.57	0.704	2.3332
2006	26.80	106.03	3 415 000	18 181 800	10.08	0.0289	0.0142	0.56	0.691	2.0379
2005	21.40	94.34	2 054 000	15 513 700	8.10	0.0276	0.0134	0.54	0.67	1.7872
2004	19.02	77.32	410 000	13 343 600	4.66	0.0276	0.0123	0.56	0.657	1.7075
2003	18.22	71.02	-900 000	10 846 700	6.86	0.0280	0.0131	0.63	0.624	1.7292
2002	13.24	63.32	-1 498 000	8 841 700	5.98	0.0287	0.0123	0.63	0.612	1.846
2001	11.43		-1 765 500	7 827 500	5.74	0.0276	0.0110	0.67	0.604	1.56
2000	10.53		-1 546 400	6 510 000	5.60	0.0256	0.0100	0.64	0.603	1.6315
1999	10.02		-1 289 400	5 234 500	5.23	0.0253	0.0083	0.80	0.496	
1998	6.79		-895 000	4 358 002	5.18	0.0239			0.448	

续表

年份	X26	X27	X28	X29	X30	X31	X32	X33	X34	X35	X36	X37	X38	X39
2017	0.1471	1.2651	1 690		0.457	0.2919	286.1	256.7	0.1289	0.467	0.4708	11.4577		64.69
2016	0.1475	1.259	1 775	10.23	0.427	0.2777	288.7	253	0.1204	0.465	0.4667	11.5251	0.0405	61.2
2015	0.147	1.2801	1 908	10.18	0.4	0.277	296.5	252.4	0.124	0.462	0.4730	11.5824	0.0408	58
2014	0.1487	1.2604	1 935	10.08	0.375	0.2383	310	248.8	0.1073	0.469	0.4698	11.6429	0.0404	55.63
2013	0.1527	1.1709	2 049	9.048	0.345	0.2593	322.7	241.8	0.1054	0.473	0.4725	11.7003	0.0404	52.66
2012	0.1613	1.4643	2 049	8.942	0.3	0.2489	341.1	233.5	0.0987	0.474	0.4756	11.7584	0.0405	49.38
2011	0.1631	1.8244	2 200	8.846	0.269	0.2379	349.5	225.3	0.0937	0.477	0.4899	11.8149	0.0415	45.75
2010	0.1576	2.112	1 820	8.21	0.265	0.1608	350.4	218.9	0.0441	0.481	0.5130	11.8716	0.0432	43.7
2009	0.1569	2.1173	3 000	8.38	0.242	0.1976	349.5	212.8	0.0683	0.49	0.5274	11.9296	0.0442	41.5
2008	0.1632	2.5945	2 053	8.27	0.233	0.1915	346.3	204.2	0.0629	0.491	0.5324	11.9903	0.0444	39.2
2007	0.1626	3.2727	1 960	8.186	0.23	0.1874	340.9	192.4	0.0616	0.484	0.5502	12.0524	0.0456	37.6
2006	0.1518	3.1905	1 905	8.04	0.22	0.1796	332.1	181.6	0.0583	0.487	0.5596	12.1162	0.0462	36.6
2005	0.1458	3.3874	1 625	7.831	0.21	0.1683	307	161.3	0.052	0.485	0.5637	12.1878	0.0463	35
2004	0.149	4.6381	1 488	8.01	0.19	0.1801	282.4	142	0.0542	0.473	0.5531	12.2596	0.0451	35
2003	0.1468	5.8211	1 166	7.911	0.17	0.1769	252.3	129.8	0.0515	0.479	0.5537	12.3335	0.0449	34
2002	0.1476	6.9757	1 071	7.734	0.15	0.1608	228.3	114.6	0.0441	0.4013	0.5432	12.4133	0.0438	34
2001	0.1431	6.8589	1 018	7.621	0.133	0.1576	202.1	93.1	0.0381	0.3921	0.5346		0.0460	36
2000	0.138	4.2746	896	7.114	0.125	0.1467	200	72.3	0.0354	0.3834	0.5288		0.0463	36
1999	0.1449	3.0652	513	7.179	0.091	0.128	203.2	59.4	0.0287	0.3856	0.5123		0.0453	35
1998	0.1536	2.3881	390	7.088	0.098	0.1245	197.8							

续表

年份	X40	X41	X42	X43	X44
2017	0.392	0.0837	7.4318	0.0394	7.7198
2016	0.379	0.0789	6.7569	0.0404	7.3125
2015	0.37	0.0835	6.3241	0.0405	6.8826
2014	0.361	0.0957	5.7346	0.0408	6.4875
2013	0.353	0.1051	5.2388	0.0407	6.1758
2012	0.349	0.1284	4.7593	0.041	5.6400
2011	0.344	0.1502	4.2452	0.041	5.1310
2010	0.342	0.1209	3.7147	0.0413	4.5730
2009	0.369	0.0869	3.2736	0.043	3.8400
2008	0.374	0.1459	2.9229	0.0405	2.9800
2007	0.379	0.1681	2.4932	0.0405	2.1000
2006	0.383	0.1162	2.1001	0.0415	1.3700
2005	0.388	0.1125	1.8364	0.042	1.1100
2004	0.41	0.1139	1.6024	0.0425	0.9400
2003	0.42	0.0899	1.404	0.042	0.7950
2002	0.422	0.1033	1.2422	0.0383	0.5910
2001	0.42	0.0812	1.087	0.036	0.3370
2000	0.426	0.0582	0.9371	0.031	0.2250
1999	0.477	0.0629	0.8346	0.031	0.0890

参 考 文 献

（一）专著类

［1］大国经济转型研究课题组．从人力资源大国迈向制造业强国［M］．北京：经济科学出版社，2012．

［2］高书国，杨晓明．中国人口文化素质报告［M］．北京：社会科学文献出版社，2004．

［3］高书国．教育指标体系：大数据时代的战略工具［M］．北京：北京师范大学出版社，2015．

［4］［美］卡尔·J. 达尔曼，曾智华，王水林，译．终身学习与中国竞争力［M］．北京：高等教育出版社，2007．

［5］李宝元．人力资本与经济发展［M］．北京：北京师范大学出版社，2000．

［6］李宝元，等．人力资源强国之路：中国人本发展战略研究报告［M］．北京：经济科学出版社，2011．

［7］李涛．人力资本投资与城市竞争力［M］．北京：社会科学文献出版社，2006．

［8］李维平．人才强国：理论探索与战略研究［M］．北京：中国人事出版社，2011．

［9］李忠民．人力资本——一个理论框架及其对中国一些问题的解释［M］．北京：经济科学出版社，1999．

［10］连玉明，武建忠．中国国力报告［M］．北京：北京世界知识出版社，2006．

［11］连玉明，武建忠．中国国力报告［M］．北京：中国时代经济出版社，2010．

［12］连玉明．中国城市蓝皮书四［M］．北京：中国时代经济出版社，2003．

［13］刘新平，张运良．教育统计与测评导论（第二版）［M］．北京：科学出版社，2013（1）：187．

［14］刘新平，张运良．教育统计与测评导论［M］．北京：科学出版社，

2013（1）：189.

[15] 马健生，等. 教育国际化政策及其实施效果的国际比较研究 [M]. 北京：北京大学出版社，2018.

[16] 倪鹏飞. 中国城市竞争力：理论研究与实证分析 [M]. 北京：中国经济出版社，2001.

[17] 倪鹏飞. 中国城市竞争力报告 No.1 [M]. 北京：社会科学文献出版社，2003.

[18] 乔云霞. 区域国际竞争力：理论研究与实证分析 [M]. 北京：经济科学出版社，2005.

[19] 邱询旻. 可持续竞争力论 [M]. 北京：中国经济出版社，2009.

[20] 舒尔茨. 人力资本投资 [M]. 北京：商务印书馆，1990.

[21] 王辉耀. 国际人才战略文集 [M]. 北京：党建读物出版社，2015.

[22] 王建民，等. 中国战略人才发展研究：宏观管理与"十三五"规划 [M]. 北京：北京师范大学出版社，2017.

[23] 谢仁业. 中国经济与高等教育相互关系与作用 [M]. 北京：高等教育出版社，1996.

[24] 谢维和. 中国高等教育大众化进程中的结构分析——1998—2004 年的实证研究 [M]. 北京：教育科学出版社，2007.

[25] 徐坚成. 人才国际竞争力研究：以上海为例 [M]. 上海：上海社会科学院出版社，2010.

[26] 于立军. 论高等教育与城市发展 [M]. 沈阳：辽宁人民出版社，2006.

[27] 于敏，等. 科技创新人才战略 [M]. 南京：东南大学出版社，2011.

[28] 袁振国. 我们离教育强国有多远 [M]. 北京：高等教育出版社，2014.

[29] 张力，高书国. 人力资源强国报告 [M]. 北京：北京师范大学出版社，2010.

[30] 张振助. 高等教育与区域互动发展论 [M]. 桂林：广西师范大学出版社，2003.

[31] 中国教育与人力资源问题报告课题组. 从人口大国迈向人力资源强国 [M]. 北京：高等教育出版社，2003.

[32] 中国人民大学竞争力与评价研究中心研究组. 中国国际竞争力发展报告 [M]. 北京：中国人民大学出版社，2003.

[33] 中央组织部人才工作局. 深化人才发展体制机制改革：地方实践 [M]. 北京：党建读物出版社，2017.

［34］中央组织部人才工作局．深化人才发展体制机制改革：顶层设计［M］．北京：党建读物出版社，2017.

［35］周洁．长三角产业转型与人力资源开发战略研究：基于世界主要都市圈和部分国家的经验［M］．北京：北京大学出版社，2010.

［36］朱红，朱敬，刘立新，等．中国高等教育国际竞争力比较研究［M］．天津：天津大学出版社，2010.

［37］余兴安，等．中国人力资源发展报告（2016－2018）［M］．北京：社会科学文献出版社，2016－2018.

［38］世界银行．2011年世界发展指标［M］．北京：中国财政经济出版社，2011.

［39］中国科协发展研究中心．中国科技人力资源发展研究报告（2012）［M］．北京：中国科学技术出版社，2013.

［40］中华人民共和国科学技术部．中国科技人才发展报告（2016）．北京：中国科学技术出版社，2017.

［41］张力．教育强国战略［M］．北京：学习出版社，2012.

［42］赵白鸽．人力资源强国战略［M］．北京：学习出版社，2012.

［43］楼世洲．区域教育可持续发展指标体系研究［M］．北京：教育科学出版社，2012.

［44］楼世洲，周红霞，项伟．经济社会发展与大学生就业研究［M］．杭州：浙江教育出版社，2017.

［45］楼世洲，吴海江．高校服务地方创新发展的政策研究［M］．北京：经济科学出版社，2018.

（二）期刊类

［1］蔡俊兰．高等教育与经济发展的协动性：广东与浙江的比较研究［J］．华南师范大学学报（社会科学版），2011（4）：148－152.

［2］陈昌贵．国际合作：高等学校的第四职能——兼论中国高等教育的国际化［J］．高等教育研究，1998（5）：11－15.

［3］陈晋玲．我国高等教育、产业结构高级化与经济增长的VEC模型分析［J］．武汉理工大学学报（社会科学版），2012（6）：320－324.

［4］陈丽媛，何瑞珠．中外合作办学政策在高等教育中的实践：多元视角的思考［J］．教育发展研究，2014（11）：24－29.

［5］迟景明．高等教育层次结构与经济发展关系的实证研究［J］．教育与经济，2010（1）：1－7.

［6］楚江亭，郭德侠．我国高等教育发展指标体系初探［J］．江苏高教，2003（1）：23－25.

［7］高耀，刘志明．长三角城市群高等教育与经济水平协调度实证研究
［J］．复旦教育论坛，2010（3）：58 – 65.

［8］郝寿义，倪鹏飞．中国城市竞争力研究——以若干城市为例［J］．经济
科学，1998（3）：50 – 56.

［9］何志方．高等教育规模与城市化联动发展的国际经验［J］．比较教育研
究，2001（9）：27 – 31.

［10］江新兴，王欣欣．国际化人才培养模式探索［J］．北京教育（高教），
2010（9）：61 – 63.

［11］姜尔林．市场转型背景下我国高等教育扩张的社会动力研究——地位
竞争的视角［J］．北京大学教育评论，2013（7）：85 – 98，191 – 192.

［12］解垩．高等教育对经济增长的贡献．基于两部门内生增长模型［J］.
清华大学教育研究，2005（5）：74 – 80.

［13］李建民．人力资本与经济持续增长［J］．南开经济研究，1999（4）：1 – 6.

［14］李丽莎．我国经济发展指标体系的构建与应用研究——基于经济发展
的数量与质量角度［J］．特区经济，2011（6）：295 – 297.

［15］李煜伟，倪鹏飞，黄士力，等．教育与城市竞争力的关联性研究［J］.
教育研究，2012（4）：29 – 34.

［16］刘巍．人均受教育年限三种计算方法的比较［J］．北京统计，2003
（6）：19 – 20.

［17］刘秀玲，谭会萍，苗芳．国际化人才培养系统的构建与实施［J］．大
连民族学院学报，2010（4）：383 – 385.

［18］倪鹏飞．城市人才竞争与城市综合竞争力［J］．中国人才，2002：14 – 18.

［19］聂江．以基尼系数衡量的教育不平等与中国的实证研究［J］．市场与
人口分析，2006（12）：42 – 47.

［20］钱争鸣，邓明．教育支出的产出效应研究—基于空间 Panel Data 与菲
德模型的数量分析［J］．教育与经济，2008（3）：51 – 56.

［21］屈彩云．中国国际竞争力分析——基于 WEF 全球竞争力评价体系［J］.
前沿，2018（3）：19 – 28.

［22］舒光伟．德国高等应用型人才培养的特征和启示［J］．全球教育展望，
2005（3）：72 – 75.

［23］孙继红，杨晓江，缪榕楠．区域高等教育发展综合评价实证分析［J］.
科学学与科学技术管理，2009（12）：122 – 127.

［24］孙伟，任之光，张彦通．海外高层次青年人才引进现状分析：以青年
千人计划为例［J］．中国科学基金，2016（1）：80 – 84.

［25］唐祥来．经济增长与教育发展水平之关系——一个比较分析［J］．安

徽大学学报（哲学社会科学版），2006（3）：118 - 123.

[26] 王子珍，杨丽. 农村劳动力受教育年限与农民收入的实证分析——以云南为例 [J]. 中国西部科技，2008（20）：36 - 38.

[27] 魏立才，赵炬明. "青年千人计划" 政策考察与建议——基于对第一至五批 "青年千人计划" 入选者信息的分析 [J]. 清华大学教育研究，2014（5）：81 - 87.

[28] 徐玲. 国际教育指标体系的分析与思考 [J]. 教育科学，2004（2）：18 - 21.

[29] 徐晓媛，高新柱. 我国高等教育对外交流与合作 30 年政策性分析 [J]. 现代教育管理，2012（12）：48 - 51.

[30] 许玲. 区域高等教育与经济发展水平协调性研究——基于 2004 年和 2011 年横截面数据的分析 [J]. 教育发展研究，2014（1）：24 - 29.

[31] 薛二勇. 中外合作办学改革和发展的政策分析 [J]. 中国高教研究，2017（2）：24 - 28.

[32] 杨河清，陈怡安. 海外高层次人才引进政策实施效果评价——以中央 "千人计划" 为例 [J]. 科技进步与对策，2013（16）：107 - 112.

[33] 张力. 关于人口的平均受教育年限 [J]. 科学决策，1999（3）：19 - 21.

[34] 张男星，王纾，孙继红. 我国高等教育综合发展水平及区域差异研究 [J]. 教育研究，2014（5）：28 - 36.

[35] 张晓雪，周亚，李克强，等. 劳动人口人均受教育年限的预测分析 [J]. 教育与经济，2002（1）：54 - 56.

[36] 张优良，张颀. 近 30 年来政策话语对教育开放的关注——基于《教育部工作要点》的文本分析 [J]. 现代教育管理，2015（11）：27 - 33.

[37] 赵岚. 中国农村适龄人口预期受教育年限展望 [J]. 教育科学，2006（2）：52 - 55.

[38] 中国教育科学研究院国际比较研究中心. 高等教育竞争力：模型、指标与国际比较 [J]. 教育研究，2012（7）：122 - 129.

[39] 朱冬辉. 高等教育国际竞争力指标体系的建立及提升问题初探 [J]. 统计与信息论坛，2005（6）：25 - 28.

[40] 朱妙芬. 基于城市竞争力的人力资源战略探讨 [J]. 现代管理科学，2003（2）：11 - 13.

[41] 朱文，张浒. 我国高等教育国际化政策变迁述评 [J]. 高校教育管理，2017（2）：116 - 125.

[42] Anh Thu Vo, Wanbing Shi. The Existing Problems of International Cooperative Talent Training Policy in Higher Education in Vietnam and the Reference of Interna-

tional Experience ［C］. Proceedings of the 3rd International Conference on Arts, Design and Contemporary Education （ICADCE 2017）, 2017 （144）: 706 - 710.

［43］ Jane, K. , James, J. F. F. , Philip, G. A. Internationalization: Concepts, Complexities and Challenges ［M］. Berilin: Springer Netherlands, 2007217 - 219.

［44］ Teichler, U. The Changing Debate on International isation of Higher Education ［J］. Higher Education, 2004 （1）: 5 - 26.

［45］ Damme, V. , Dirk. Quality issues in the international isation of higher education ［J］. Higher Education, 2001 （4）: 415 - 441.

［46］ Douglas Webster and Larissa Muller. Urban competitiveness Assessment in-Developing Country Urban Regions: The Road Forward, Paper Prepared for Urban Group, INFUD ［EB/OL］. （2000 - 05 - 29）. https: //pdfs. semanticscholar. org/ 183e/9e3086658da9fbf4ddc728d29ee5b37341cf. pdf.

［47］ Robert, J. Rogerson. Quality of Life and City Competitiveness, Urban Studies, 1999 （36）: 969 - 985.

［48］ Peter Karl Kresl, Singh, B. Competitiveness and the Urban Economy: Twenty-four Large US Metropolitan Areas ［J］. Urban Study, 1999 （36）: 1017 - 1027.

［49］ World Economic Forum. The Global Competitiveness Report 1996 ［R］. Geneva Switzerland, 1996.

（三）学位论文

［1］程金霞. 高等教育人力资源评估研究 ［D］. 山东: 山东大学, 2005.

［2］邓婕. 城市竞争力与大学生就业的关联性研究——以长三角五市为例 ［D］. 金华: 浙江师范大学, 2013.

［3］冯宇杰. 我国普通高等教育投入对经济增长贡献的研究 ［D］. 广州: 中山大学, 2005.

［4］郭世田. 当代中国创新型人才发展问题研究 ［D］. 山东: 山东大学, 2012.

［5］何建新. 人均受教育年限及其对经济影响的模型 ［D］. 杭州: 浙江大学, 2005.

［6］黄贝. 基于国际竞争力比较的高等教育强国建设研究 ［D］. 金华: 浙江师范大学, 2011.

［7］焦健. 高校本科应用型人才培养模式研究 ［D］. 太原: 山西财经大学, 2013.

［8］雷亚萍. 人力资本对城市竞争力的作用机理与实证研究 ［D］. 西安: 西安理工大学文, 2008.

［9］李芬芬. 我国人力资源开发及教育对策研究 ［D］. 厦门: 厦门大学,

2001.

　　[10] 李萍. 高等教育与区域经济互动发展研究 [D]. 西安：西北大学，2006.

　　[11] 李小江. 城市竞争力指标体系：理论机制与实证检验——以成都为例 [D]. 成都：西南财经大学，2011.

　　[12] 李兴华. 我国城市竞争力的理论研究与实证分析研究 [D]. 厦门：厦门大学，2006.

　　[13] 乔章凤. 研究型大学与城市科技创新发展研究 [D]. 天津：天津大学，2011.

　　[14] 熊汉宗. 英国、新加坡人才资源开发与管理政策及对我国的启示 [D]. 临汾：山西师范大学，2013.

　　[15] 徐延平. 高等学校学科创新引智基地人力资源风险管理研究 [D]. 天津：天津大学，2009.

　　[16] 杨宇轩. 高等教育层次结构调整与经济增长的关系研究 [D]. 成都：西南财经大学，2012.

　　[17] 于洋. 我国距高等教育强国有多远 [D]. 上海：华东师范大学，2009.

　　[18] 张航. 我国劳动力受教育年限与从业经验对经济增长的贡献率研究 [D]. 西安：西北大学，2011.

　　[19] 张铭钟. 我国西北五省（区）高等教育与区域经济互动模式构建 [D]. 徐州：中国矿业大学，2008.

　　[20] 朱新江. 论人力资本投资与城市竞争力——以浙江省湖州市为案例的研究 [D]. 杭州：浙江大学，2004.

（四）其他

　　[1] 蔡昉. 经济大势人口红利拐点已现 [EB/OL] (2016 - 10 - 07) [2018 - 12 - 01]. http：//theory. People. com. cn/n/2013/0128/c40531 - 20342794 - 2. html.

　　[2] 国际竞争力. [EB/OL]. (2018 - 11 - 25) [2018 - 12 - 01]. https：//wiki. mbalib. com/wiki/.

　　[3] 国家统计局国家数据网 [EB/OL] (2018 - 12 - 01). data. stats. gov. cn/；www. stats. gov. cn/tjsj/tjgb/qttjgb/qgqttjgb/200606/t20060609_30619. html.

　　[4] 教育部统计数据网. http：//www. moe. gov. cn/jyb_sjzl/.

　　[5] 前瞻数据库. https：//d. qianzhan. com/xdata/details/04a13f259bc72de2. html.

　　[6] 全球竞争力. [EB/OL]. (2018 - 11 - 27) [2018 - 12 - 01]. https：//www. weforum. org/reports.

　　[7] 世界银行开放数据库. https：//data. worldbank. org. cn/.

后　记

　　本书作为国家社科基金教育学 2013 年度重点招标项目"人力资源强国评价指标体系与实践路径研究"的结题成果，是我们课题组全体成员历时五年研究成果的结晶，王翠英和俞丹丰两位博士生协助我对全书进行了统稿和校对。作为课题主持人，谨此对全国教育规划办的领导、评审专家致以衷心地感谢。

　　2014 年课题组在金华召开开题报告会时，承蒙吴康宁教授、张斌贤教授、眭依凡教授、高宝立研究员，刘贵华主任，以及《中国社会科学》《教育与发展研究》《清华大学教育研究》等杂志的特约专家参加开题会议，对课题的研究方向、指导思想、理论基础、研究方法和技术路线给予了全面的指导和把关。在五年的研究过程中，课题组成员结合课题研究进展，先后在《教育发展研究》《华东师范大学学报》（教科版）、《中国人民大学教育学刊》《浙江师范大学学报》等学术期刊发表相关论文 8 篇，出版了国家社科院国家智库报告系列《中国大学科技创新力指数报告（2017）》。现能够将五年来的研究成果进行全面的梳理，形成书稿并付梓出版，特别感谢经济科学社申先菊编辑的指导和帮助。

　　人力资源强国的指标体系可在宏观、中观和微观三个层面来思考。本书的主要方法是采取定性研究与定量分析相结合的方式进行。通过分析教育发展与人力资源发展水平的关联性、人力资源与经济、社会发展之间的相关性研究，揭示人力资源强国的数量特征、质量特征、变化规律及发展趋势；通过对发展数据定量描述和定性分析，从纵向比较（历史性）和横向比较（国别与区域性）两个维度，揭示建设人力资源强国的内在本质、规律和特点；辅助之以社会调查和政策研究，为建设人力资源强国的理论和实践提供咨询性、政策性和战略性研究成果。由于受研究视野、理论基础、研究方法和数据来源的限制，我们的研究还有诸多不足之处，敬候批评指正。